Heinrich Pleticha (Hrsg.)
Geschichtslexikon

Heinrich Pleticha (Hrsg.)

GESCHICHTS-LEXIKON

Kompaktwissen für Schüler und junge Erwachsene

2., überarbeitete Auflage

Cornelsen
SCRIPTOR

Wir danken der Geschichtsredaktion des Cornelsen Verlags Hirschgraben für ihre freundliche Unterstützung.

Die Deutsche Bibliothek CIP-Einheitsaufnahme

Geschichtslexikon: Kompaktwissen für Schüler und junge Erwachsene /
Heinrich Pleticha (Hrsg.). – Frankfurt am Main: Cornelsen Scriptor, 1991
ISBN 3-589-20934-8
NE: Pleticha, Heinrich [Hrsg.]

1. Auflage 1991

6.	5.	4.	3.	2.	Die letzten Ziffern bezeichnen
96	95	94	94	92	Zahl und Jahr des Drucks.

Redaktion: Gabriele Teubner-Nicolai, Frankfurt am Main
Herstellung: Ursula Biehl-Vatter, Frankfurt am Main
Umschlagentwurf: Studio Lochmann, Frankfurt am Main, unter Verwendung eines Fotos der Bildagentur Helga Lade, Frankfurt am Main und einer Fotomontage aus der Zeitschrift „Life“ von 1970
Gesamtherstellung: Parzeller, Fulda
Vertrieb: Cornelsen Verlagsgesellschaft, Bielefeld
Printed in Germany
ISBN 3-589-20934-8
Bestellnummer 209348

Liebe Leserin, lieber Leser!

Was ist „Dreiklassenwahlrecht“, und was sind „Jungtürken“? Hängt die „Kongokonferenz“ mit der „Kongokrise“ zusammen? Was steht in der „Navigationsakte“, und was im „Restitutionsedikt“? Was war „Spießrutenlaufen“, und was genau bedeutet „Apartheid“? Solche und andere Fragen tauchen manchmal beim Lernen, bei der Vorbereitung eines Referats oder beim Fernsehen, beim Lesen einer Zeitung, eines Sachbuches oder auch eines historischen Romans auf. Oft suchen wir rasch nach einer Antwort, die klar und knapp sein soll.

Hier vermag dieses Lexikon zu helfen. Sicher kann es kein Lehrbuch und kein Geschichtswerk ersetzen, wohl aber ergänzen, und vor allem kann es die Arbeit erleichtern. Wer das Stichwortverzeichnis am Schluß dieses Buches aufschlägt, wird staunen, wieviele Begriffe und Namen hier aufgeführt werden. Es geht sozusagen um lauter Mosaiksteinchen, die sich je nach Bedarf einzeln verwenden oder auch zu größeren Bildern zusammenfügen lassen.

Bei der ungeheueren Fülle des Materials aus mehreren tausend Jahren Weltgeschichte von den frühen Hochkulturen bis zur aktuellen Zeitgeschichte konnten natürlich nicht alle Namen und Begriffe erfaßt werden, deshalb wird der Benutzer gelegentlich auch den einen oder anderen vermissen. Verlag, Herausgeber und Mitarbeiter haben sich aber bemüht, den Band gerade auf die Bedürfnisse von Schülern auszurichten, und deshalb auch die Lehrpläne der Bundesländer berücksichtigt. Man darf ruhig von Grundwissen sprechen, das hier aufgenommen und verarbeitet wurde, nach dem Prinzip, daß zwar nicht alles berücksichtigt werden konnte, was in der Geschichte wichtig ist, was aber berücksichtigt wurde, ist wichtig. Aber es finden sich auch ungewöhnliche Artikel z. B. aus der Alltagsgeschichte wie „Haus in der Antike“, „Kleidung“ oder „Wohnen im Mittelalter“. Sie sollen zum Blättern, Schmökern und Entdecken neuer Gesichtspunkte einladen. Um alle wichtigen historischen Begriffe, Namen, Ereignisse usw. zu erfassen, hätte es eines mehrbändigen Lexikons bedurft. Da aber eine Stichwort- und damit Faktenhäufung vermieden und das Wesentliche dafür übersichtlich und rasch erfaßbar hervorgehoben werden sollte, wurde ein ganz bestimmtes System angewendet, das man beachten muß, um sinnvoll und rasch arbeiten zu können.

1. Die Blockartikel

Alles ist auf das Wesentliche und auf rasche Information beschränkt, jedoch geben Blockartikel ausführlichere Auskunft zu bestimmten Themen, erlauben Rückblicke und arbeiten historische Zusammenhänge heraus. Auch hier mußte eine Auswahl getroffen, Schwerpunkte gesetzt werden. Deshalb wurde für jeden Buchstaben des Alphabets ein Blockartikel ausgewählt:

A: Altertum
B: Burg
C: Cluny
D: Drittes Reich
E: Entdecker
F: Französische Revolution
G: Griechen
H: Hanse
I: Imperialismus
J: Judenverfolgungen
K: Kloster
L: Lehnswesen
M: Mittelalter
N: Neuzeit
O: Ordenswesen
P: Papst
R: Ritter
S: Stadt im Mittelalter
T: Tempel
U: Unehrliche Leute
V: Völkerwanderung
W: Weltbild
Z: Zweiter Weltkrieg

2. Die Begriffsnester

In vielen Artikeln tauchen weitere Namen und Begriffe auf, die selbstverständlich in eigenen Artikeln ausführlicher hätten behandelt werden können, für die es aber oft genügt, wenn sie im richtigen Zusammenhang gesehen werden. So lesen wir beispielsweise in dem Artikel „Konstantin I., der Große“ von Kaiser **Diokletian**, vom System der **Tetrarchie**, von der Schlacht an der **Milvischen Brücke**, vom **Toleranzedikt** und von Byzanz als dem **Zweiten Rom**. Um diesen Zusammenhang nicht zu zerreißen, in denen sich ein Begriff durch andere erhellt, ist also ein „Begriffsnest“ gebildet worden. Die einzelnen erwähnten Begriffe, die „Nestwörter“, sind leicht zu erkennen, weil sie durch **fettere Schrift** hervorgehoben werden. Nun kann jeder sofort fragen, woher man denn wissen soll, daß etwa der Begriff **Toleranzedikt** nicht unter „T“ im Alphabet, sondern im Artikel „Konstantin I.“ zu finden ist. Keine Sorge, hier hilft das Stichwortverzeichnis!

3. Das Stichwortverzeichnis

Das Stichwortverzeichnis enthält die oben erwähnten „Nestwörter“ und verweist auf das dazugehörige Hauptstichwort. Die Nennung des Hauptstichwortes vermittelt bereits eine erste Ahnung, was es mit dem nachgeschlagenen Wort auf sich haben könnte. Im Artikel

selbst ist das Wort durch **fettere Schrift** hervorgehoben und leicht zu erkennen. Wer also **Toleranzedikt** sucht, findet im Stichwortverzeichnis den Hinweis, unter „Konstantin I.“, auf S. 210 nachzuschlagen.
Wo findet man jedoch **Walther von der Vogelweide** oder **Götz von Berlichingen**? Das Stichwortverzeichnis macht bei Namen einen Einschnitt mit dem Beginn der Neuzeit um 1500: Ersterer findet sich unter **Walther von der Vogelweide**, der *Ritter mit der eisernen Hand* ist unter **Berlichingen, Götz von** zu suchen. Im Zweifelsfall sollte man beide Möglichkeiten prüfen.

4. Die alphabetische Ordnung

Die alphabetische Ordnung des Registers und der Artikel ist leicht zu überschauen. Umlaute wie ä, ö, ü sind wie einfache Vokale a, o, u eingeordnet, ß wie ss. Zwei oder mehr Wörter sind wie ein Wort eingeordnet. Bei einigen wenigen Namen und Begriffen, die sowohl (in meist alter Schreibung) mit C wie mit K geschrieben werden, wurde die moderne Schreibweise gewählt, also Kolumbus, Kuba, Konquistadoren.

5. Die Verweise

Trotz vieler einzelner Hauptstichwörter und Nestwörter sollen aber Zusammenhänge rasch erkannt werden. Dazu dient der Verweispfeil. Er wird also nicht dazu genutzt, all die Begriffe zu markieren, die im Lexikon erklärt sind, sondern er will auf Zusammenhänge aufmerksam machen. Der Verweispfeil wurde sparsam verwendet, wo er aber auftaucht, sollte man ihn unbedingt beachten; denn manchmal ergibt sich aus solcher Zusammenschau auch ein klarer Zusammenhang.

6. Die Karten

Bilder, Schautafeln, Grafiken und Karten haben die gleiche Gewichtung wie die Texte und sollen diese sinnvoll ergänzen. Ein sorgfältiger Blick auf eine Karte oder Tabelle kann manchmal ebensoviel erbringen wie die Lektüre eines Textes.

7. Die Abkürzungen

Soweit wie möglich wurde auf Abkürzungen verzichtet.
Regierungszeiten von Personen sind durch ein vorangestelltes „R.“ von Lebensdaten abgesetzt. Friedrich II. von Preußen lebte also von 1712–86, als preußischer König regierte er von 1740–86 (R. 1740–86).

8. Die Museen

Geschichte lebt, kann nacherlebt und daher auch nachvollzogen werden, wenn wir historische Stätten und Plätze besuchen und versuchen, sie im Zusammenhang mit historischem Geschehen zu sehen, das sich in ihnen spiegelt. In Deutschland läßt sich der Bogen solcher Begegnung von den Großsteingräbern Norddeutschlands über Limes oder Saalburg zu den zahlreichen Burgen des Mittelalters, den mittelalterlichen Städten, den Prachtschlössern der absoluten Fürsten bis zu den dunklen Spuren der NS-Zeit etwa im Konzentrationslager Dachau ziehen.
Geschichte erleben wir aber auch in den zahlreichen, heute meist modern und lebendig eingerichteten Museen, die ganze Epochen oder bestimmte Teilbereiche vor allem auch aus der Kulturgeschichte behandeln. Da sie oft viel zu wenig beachtet werden, bringt das Lexikon eine Auswahl der wichtigsten historischen und kulturhistorischen Sammlungen aus den alten und neuen Bundesländern als Anregung für einen „Einstieg in die Geschichte". Natürlich ließe sich die Liste auch auf andere Museen ausdehnen, aber hier mußte eben wie bei den Stichwörtern selbst eine Auswahl getroffen werden.

Sicher kann und wird es vorkommen, daß die Auskunft, die das Lexikon erteilt, unbefriedigend bleibt, weil man einfach noch mehr wissen möchte. Dann müssen die Bibliotheken helfen. Die Stichwortverzeichnisse ihrer Kataloge sind nach dem gleichen oder einem ähnlichen System angelegt wie das dieses Buches. Sie verweisen auf die in der Bibliothek zum Thema vorhandene Literatur, die dann eine vertiefende Weiterbeschäftigung erlaubt.

Zum Schluß danke ich noch allen meinen Mitarbeitern und Frau Teubner-Nicolai vom Verlagslektorat, ohne die dieses sehr arbeitsaufwendige Buch nie zustande gekommen wäre!

Heinrich Pleticha — Würzburg, im Juni 1991

A

Abessinienkrieg In den Jahren 1935/36 war das Land im Nordosten Afrikas, das heutige Äthiopien, Schauplatz eines mit modernsten Waffen geführten Kolonialkrieges der Italiener. Diese fielen von Somalia her in das wehrlose Land ein. Mussolini, der Führer des faschistischen Italien, wollte Abessinien seinem neuen Imperium als Kolonie einverleiben und zugleich der Welt seine eigene Macht und Größe vorführen. Der abessinische Kaiser **Haile Selassie I.** (R. 1930–1974) rief den Völkerbund zu Hilfe, der Italien mit dem Abbruch der Handelsbeziehungen zur Umkehr bewegen sollte. Aber die USA schlossen sich den Sanktionen nicht an, Englands Forderung nach Sperrung der Öllieferungen ließ sich nicht durchsetzen, Hitler gewann durch Rohstoffe und Industriegüter Mussolini zum Bundesgenossen, um seine eigenen aggressiven Pläne in die Tat umsetzen zu können. Im April 1941 beendeten die britischen Truppen die italienische Herrschaft in Abessinien und holten den nach London geflohenen Kaiser wieder in sein Land.

Ablaß Erst im Mittelalter aufgekommen, bedeutete Ablaß den Erlaß kirchlicher Bußstrafen durch bestimmte fromme Werke wie Wallfahrten, Teilnahme an Kreuzzügen, Spenden für die Armen. Er umfaßte auch den Erlaß der befristeten Fegefeuerstrafen nach dem Tode. Nach und nach entstand die Praxis, sich durch den Kauf eines Ablaßbriefes von den oft bedrückend empfundenen zeitlichen Sündenstrafen zu befreien. Als es seit Ende des 15. Jh.s auch Ablässe für Verstorbene gab, wuchs die Nachfrage so stark an, daß sie zu einer großen kirchlichen Einnahmequelle wurden, mit der man z. B. den Bau der neuen Peterskirche in Rom finanzierte. Beim Volk führte die Ablaßpraxis zu der Ansicht,

Johannes Tezelius Dominicaner Münch/mit seinen Römischen Ablaßkram/welchen er im Jahr Christi 1517. in Deutschenlanden zu marckt gebracht/wie er in der Kirchen zu Pirn in seinem Vaterland abgemahlet ist.

O ihr deutschen mercket mich recht/
Des heiligen Vaters Papstes Knecht/
Bin ich/vnd br ing euch itzt allein/
Zehn tausent vnd neun hundert carein/
Gnad vnd Ablaß von einer Sünd/
Vor euch/ewer Eltern/Weib vnd Kind/
Sol ein jeder gewehret sein
So viel ihr leget ins Kästlein/
So bald der Gülden im Becken klingt/
Im hup die Seel im Himel springt/

Als Babst Leo der zehend genandt/
Nu mehr fast vnmüglich befand/
Das er das Römisch Jubel Jahr
Erlebet/hat er die faule wahr/
Des Ablaßkrams in Deutschenland/
Durch seine Kramknecht ausgesandt/
Dazu sich denn ohn all verdrieß/
Johann Tetzel gebrauchen ließ/
Der was itzt kaum dem Hencker entlauffen/
Als er wegen Ehebruchs solt ersauffen/
Wo nicht der from Fürst Friederich/
Seiner het angenommen sich/
Vnd beim Keyser Maximilian/
Ein gnedigste Fürbit gethan/
Hierbey es aber so nicht blieb/
Aus eim Ehebrecher wurd ein Dieb/
Welchr durch vermeint gewalt vnd macht/
Viel Gelds vnd Guts zu weg gebracht/
Als er die blinde Welt bered/
Das er den Himel feil tragen thet/
Wenn man nu Gelt gnug gebe dar/
Hets mit den Menschen kein gefahr/
So bald der Grosch im Kasten klingt/
So bald die Seel in Himel sich schwingt/
Durch diesen Teuffelischen Tandt/
Hat er betrogen sein Vaterland/
Biß ihn Gott hat ins Spiel gesehen/
Durch Doctor Luthern seligen/
Welcher ihm seinen Krämertisch/
Gewaltiglich zu Boden stieß/
Daher/Gott lob/biß auff die zeit/
Der Ablaßkram zerstrewet leit/
So bleibet nun Christi verdienst/
Einig allein vnser Gewinst/
Des Tetzels Kram vnd Bapsts Betrug/
Findet bey vns kein recht noch fug.

Flugblatt gegen Tetzels Ablußpredigten, 1517

man könne sich von seiner Sündenschuld ganz ohne innere Beteiligung und Reue *loskaufen*. Gegen diese Verrechenbarkeit der göttlichen Vergebung wandte sich Martin Luther 1517 mit seinen **95 Thesen**.
Eine Neuregelung der heute streng überwachten Ablaßpraxis erfolgte durch das **2. Vatikanische Konzil** (1962–65).

Abrüstung Seit der **Haager Friedenskonferenz** von 1899, einer ersten internationalen Abrüstungskonferenz, gab es immer wieder Versuche, Frieden und Sicherheit der Völker durch Maßnahmen zur Verringerung der Rüstung zu gewährleisten. Die ▶ Friedensbewegung erhielt durch neue politische Vorstellungen oder auch Erfahrungen von Kriegen immer wieder neuen Auftrieb. So spielte in den Anfängen der ▶ Sozialismus eine Rolle, und vor allem das Erlebnis des Ersten Weltkrieges ließ den **Pazifismus** anwachsen. Gleichzeitig entstanden aber auch gegenläufige Strömungen.
Nach dem Zweiten Weltkrieg hat sich unter den atomaren Supermächten ein *Gleichgewicht des Schreckens* eingestellt, denn die USA und die UdSSR besitzen genügend Atomwaffen, um den Gegner mehrfach vernichten zu können. Erst seit 1963 ist es zu einer Reihe von ernsthaften Abrüstungsvereinbarungen gekommen, so das **Atomteststoppabkommen** (1963), der **Weltraumvertrag** (1967), der **Atomwaffensperrvertrag** (1968). In diesem letzten Vertrag verpflichteten sich die Atommächte USA, Großbritannien und die UdSSR zu einer *Nichtverbreitung von Kernwaffen.* Der Vertrag trat 1970 in Kraft, mittlerweile sind ihm sehr viele Staaten beigetreten, auch die Bundesrepublik. Frankreich, die Volksrepublik China und einige andere Staaten lehnten die Unterzeichnung ab, da sie argwöhnen, von den Supermächten aus dem Kreis der Atommächte ausgeschlossen zu werden. Der Vertrag verbietet die Weitergabe, Herstellung und Annahme von Kernwaffen, läßt aber die friedliche Nutzung der Kernenergie zu.
Verhandlungen zwischen den USA und der UdSSR über die Festlegung einer Obergrenze bzw. auch eine Verringerung von strategischen Waffen führten 1969 und 1972 zu den zwei SALT-Verträgen (**SALT** = Strategic Arms Limited Talks). SALT II wurde wegen des sowjetischen Einmarsches in Afghanistan nicht ratifiziert, wird aber dennoch eingehalten. Gleichzeitig laufen seit 1973 die MBFR-Verhandlungen in Wien (**MBFR** = Mutual Balanced Forces Reductions). Diese Verhandlungen zwischen NATO und Warschauer Pakt zielten auf *beiderseitige und ausgewogene Truppenreduzierungen* in Mitteleuropa. – Weiterhin dient auch das **KSZE**-Abkommen der Friedenssicherung, zumindest in Europa.

Absolutismus ist die Regierungsform, die dem Herrscher die ungehinderte Macht in Gesetzgebung und Verwaltung gibt. Kein Gerichtshof, keine Ständeversammlung oder gar eine Volksvertretung bestimmt mit oder kontrolliert den Monarchen. Er steht über dem Gesetz. Für den europäischen Raum wird meist das 17. und 18. Jh. als Zeitalter des Absolutismus bezeichnet.
Absolutismus entstand da, wo die Ordnungen der Stände beseitigt wurden. Zwar behielten Adel und Geistlichkeit ihre Privilegien, z. B. die Steuerfreiheit, doch besaßen sie keinen Einfluß mehr auf die Leitung des Staates. Wo sich Widerstand regte, wurde er gebrochen. Wer sich unterwarf, konnte staatliche Aufgaben oder einträgliche Stellungen am Hof des absoluten Monarchen übernehmen.
Nachdem der Rationalismus des ausgehenden 17. und beginnenden 18. Jh.s die religiöse Ausnahmestellung des Herrschers („von Gottes Gnaden“) als Stellvertreter

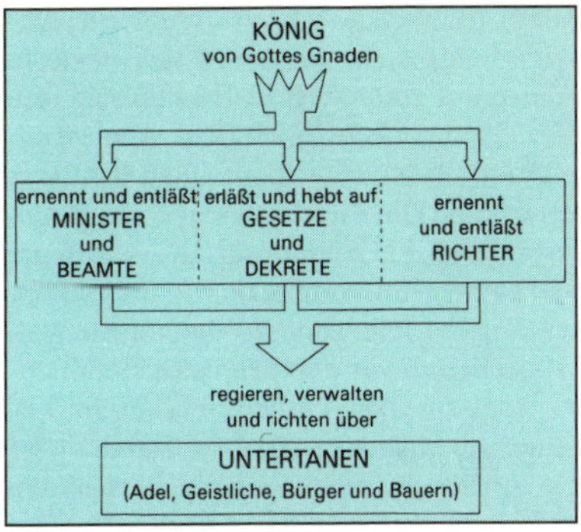

Das Regierungssystem des Absolutismus

Gottes beseitigt hatte, stützte sich der Absolutismus auf die Lehre vom **Gesellschaftsvertrag**. Danach wurde staatliche Herrschaft durch Einigung der Einzelnen untereinander geschaffen und auf einen Fürsten übertragen. Er hatte für die Ordnung im Inneren des Staates zu sorgen und die äußere Sicherheit zu garantieren. Ein Vorbild war Frankreich, wo sich Ludwig XIV. mit dem Staat gleichsetzte (*Der Staat bin ich*). Er stützte sich wie seine Nachahmer auf ein geschultes, von ihm völlig abhängiges Beamtentum, auf ein diszipliniertes Söldnerheer mit adeligem Offizierskorps und auf den unbedingten, notfalls durch drakonische Strafen erzwungenen Gehorsam aller Untertanen. Der Absolutismus führte u. a. in Preußen und Österreich die allgemeine Schulpflicht ein, um den Bildungsstand zu heben, der für die wirtschaftliche Entwicklung des Landes notwendig war. Gleichzeitig diente der Schulzwang dazu, gehorsame Untertanen heranzuziehen.

Während in Frankreich ein Zentralstaat entstand, der den Nationalstaat aller Franzosen vorbereitete, führte der Absolutismus in den deutschen Mittel- und Kleinstaaten dazu, sich aus der Bindung ans Reich noch stärker zu lösen. In Preußen und Österreich (nicht in Ungarn), in Hessen-Kassel und anderen deutschen Staaten wurden im 17. und 18. Jh. die traditionellen landständischen Verfassungen beseitigt. Der von Napoleon I. begründete Rheinbund hob die letzten Landstände auf, Sachsen und Mecklenburg ausgenommen.

Im **aufgeklärten** Absolutismus, den ▶ Friedrich d. Gr. in Preußen und **Joseph II.** in Österreich verkörperten, sollte alles für, aber nichts durch das Volk geleistet werden. Der Fürst, der sich auch als der „erste Diener seines Staats" verstand, wußte allein, was gut für die Untertanen war. Durch eine strenge Zensur hielt er umstürzlerische Gedanken und Meinungen fern. Aus der Fürsorge für die Untertanen wurden weitreichende Gesetzeswerke geschaffen, so die **Constitutio criminalis Theresiana** 1764 für Österreich und 1794 das **Allgemeine Landrecht** für Preußen. Durch sie wurden Folter und Geheimjustiz abgeschafft und ein großes Maß an Rechtssicherheit gewährt.

Als Wirtschaftsform des Absolutismus hatte sich der Merkantilismus durchgesetzt, der die Produktion gewinnbringender Ausfuhrgüter in staatlichen oder privilegierten privaten Manufakturen begünstigte. Damit die so gewonnenen Exportüberschüsse nicht wieder ins Ausland abflossen, wurden die Einfuhren (vor allem Kolonialwaren wie Kaffee, Tabak, Zucker) durch hohe Zölle belastet und damit gedrosselt. Als nachteilig erwiesen sich bald die Staatsmonopole für Porzellan, Gobelins u. a., weil keine Konkurrenz die Preise drückte und der Aufwand für die Verwaltung zu hoch war. Ähnlich erging es Kaufleuten und Gewerbetreibenden, die vom Staat subventioniert wurden; es fehlte jeder Anreiz, Handel und Produktion auf die Nachfrage, den Markt auszurichten.

In Frankreich brach der Absolutismus in der Revolution von 1789 zusammen, wurde aber von Napoleon I. nochmals belebt. In

Preußen wurde er durch die Stein-Hardenbergschen Reformen und die Revolution von 1848 überwunden. Der in Österreich 1849 erneut eingeführte Absolutismus scheiterte 1859 nach dem verlorenen Krieg gegen Italien.

Abt (aramäisch: abba = Vater). Nach der Regel des Hl. **Benedikt**, geb. um 480, heißt der Vorsteher einer Mönchsgemeinschaft, die in einem Kloster, einer Abtei, lebt, Abt. Dem *Vater des Konvents* sind die Ordensleute zu Gehorsam verpflichtet. Nach dem Kirchenrecht untersteht der Abt nur dem Papst oder dem jeweiligen Ordensoberhaupt und übt die Gerichtsbarkeit über die Bewohner des Klosters aus. Seit dem Mittelalter leiteten Äbte und Äbtissinnen als **Fürstäbte** bzw. **Fürstäbtissinnen** auch größere reichsunmittelbare Territorien, in denen sie geistliche und weltliche Hoheitsrechte (z. B. Steuern und Zölle) besaßen.

Achsenmächte Als Gegengewicht zur Komintern, dem Zusammenschluß kommunistischer Parteien, schlossen Deutschland und Italien 1936 den **Antikominternpakt**. Mussolini nannte ihn die *Achse Berlin–Rom.* Sie wurde im selben Jahr durch einen deutsch-japanischen Antikominternpakt verstärkt, dem Italien 1937 durch ein Abkommen mit Japan beitrat (*Achse Berlin–Rom–Tokio*). Dieser politische Bund wurde 1940 durch den **Dreimächtepakt** zum Militärbündnis erweitert. Deshalb trat Italien am 10. 6. 1940 in den Krieg gegen Frankreich und England ein und erklärte gemeinsam mit Deutschland am 11. 12. 1941 den USA den Krieg, nachdem Japan mit dem Angriff auf ▶ Pearl Harbor den Krieg gegen die USA eröffnet hatte. Japan griff jedoch nicht in den deutsch-sowjetischen Krieg ein (geheimer Nichtangriffspakt mit Moskau). Im weiteren Sinne werden alle Verbündeten Hitlers als Achsenmächte bezeichnet.

Adel (althochdt.: adal = Geschlecht, Abstammung) bezeichnet eine privilegierte Klasse mit elitärem Selbstbewußtsein, die eine eigene Lebensform pflegt. Adel ist ein zeitloses Phänomen, das in allen Kulturen vorkommt. Die Zugehörigkeit gründet sich fast immer auf Grundbesitz, die Ausübung bestimmter Staatsämter oder besondere militärische Fähigkeiten oder Leistungen. Oft stellten Invasoren den Kern eines neuen Adels in einem eroberten Land. Im Zuge der Abschließung des Adelsstandes wird die Aufnahme eines Außenseiters häufig zu einem selten praktizierten, rituellen Akt. Dann wird die Erbfolge zum ausschlaggebenden Kriterium der Zugehörigkeit.

Im Westen knüpfte der mittelalterliche Adel an die Tradition der römischen Senatorenschicht und an den auf dem Gefolgschaftswesen beruhenden germanischen **Kriegsadel** der Völkerwanderungszeit an.

Adelige spielen auf einem Gartenfest „Blinde Kuh", 17. Jh.

Er festigte sich durch die Ausbildung der Grundherrschaft, des Lehnswesens und durch die zunehmende militärische Bedeutung gepanzerter Reiter, der Ritter zur Zeit der Karolinger. Als sich die Erblichkeit der Lehen immer mehr durchsetzte, entwickelte sich der Adel zu einem geschlossenen Stand. In Deutschland begann im 10. Jh. der Aufstieg der oft unfreien ▶ Ministerialien, die schließlich dem niederen Adel zugerechnet wurden. Die zunehmende Bürokratisierung des Staatswesens führte im Frankreich des 13. Jh.s zur Bildung eines neuen **Amtsadels**, der **noblesse de robe**. Feuerwaffen und der Aufstieg des Bürgertums minderten nach 1500 die militärische und wirtschaftliche Bedeutung des Adels entscheidend, doch konnte er seine gesellschaftliche und politische Position bis weit in die Neuzeit, vielfach sogar bis ins 20. Jh., im wesentlichen behaupten.

Adenauer, Konrad (1876–1967) prägte als erster Kanzler die politische Entwicklung der jungen Bundesrepublik Deutschland. In Köln als Sohn eines späteren Kanzleirates geboren, wurde Adenauer nach dem Jura- und Volkswirtschaftsstudium 1917 Oberbürgermeister seiner Heimatstadt, von 1920 bis 1933 als Zentrumsabgeordneter Mitglied des Provinziallandtags und des Reichswirtschaftsrates. 1922 war er Präsident des Deutschen Katholikentages. 1933 verlor er alle Ämter; im Zusammenhang mit dem Attentat auf Hitler am **20. Juli 1944** wurde er vorübergehend verhaftet. Im Mai 1945 von den Alliierten als Oberbürgermeister von Köln wiedereingesetzt, arbeitete er in der britischen Zone am Aufbau der **CDU** mit. 1948/49 war er Präsident des Parlamentarischen Rates, der das Grundgesetz ausarbeitete, von 1949 bis 1963 Bundeskanzler des neuen Staates, dessen Außenpolitik er auch als Außenminister von 1951 bis 1955 maßgeblich bestimmte. Dabei ging er von einem von den

Adenauer (links) begrüßt de Gaulle bei dessen Staatsbesuch 1962 in Bonn

USA geführten Vereinten Europa aus. Die nationale Einheit durch Wiedervereinigung in Frieden und Freiheit schien ihm nur über eine Politik der Stärke gegenüber der UdSSR möglich. Diese setzte die politische, wirtschaftliche, militärische und ideologische Westbindung der Bundesrepublik voraus. In der Praxis hieß das, die Mitgliedschaft in internationalen Institutionen zu erwerben, also Beitritt zu:

○ **OEEC** (Organization for European Economic Cooperation), der späteren **OECD** (Organization for European Cooperation and Development) mit dem Ziel wirtschaftlicher Zusammenarbeit und Entwicklung der Mitgliedsstaaten, 1949

○ **Europarat**, wirtschaftliche und soziale Entwicklung, Sicherung der Grund- und Menschenrechte, Gründung des europäischen Gerichtshofes

○ **Montanunion**, Errichtung eines gemeinsamen Marktes für Kohle und Stahl, 1951

○ **WEU** (Westeuropäische Union) als Teil des westeuropäischen Verteidigungssystems, 1954

○ ▶ NATO, 1955.

Große Erfolge hatte Adenauer bei der Aussöhnung mit Frankreich, bei der Erreichung – bis auf wenige Vorbehalte – der Souveränität der Bundesrepublik (1955)

und durch die Aufnahme diplomatischer Beziehungen zur Sowjetunion, was 1955 die Heimkehr der zurückgehaltenen Kriegsgefangenen ermöglichte. Wirtschaftspolitisch bekannte sich Adenauer zur **sozialen Marktwirtschaft** Ludwig Erhards.

Der Kurswechsel von 1961/62, der sich in der Weltpolitik durch die Begriffe *Entspannung* und *Kooperation* zwischen Ost und West markieren läßt, zwang zur Umorientierung der Bonner Deutschlandpolitik. Adenauer geriet unter starken politischen Druck und zog sich 1963 weitgehend aus dem politischen Leben zurück.

Afrika-Erschließung

Die antiken Kenntnisse über Afrika beschränkten sich weitgehend auf die Küste Nordafrikas. Allerdings wird von ägyptischen Reisen nach ▶ Punt (Somalihalbinsel) um 1480 v. Chr. und von einer Ost-West-Umseglung Afrikas durch die Phönizier im Auftrag des Pharaos **Necho** um 600 v. Chr. berichtet. Um 460 v. Chr. hatten karthagische Schiffe unter **Hanno** den Golf von Guinea erreicht. Im Mittelalter kamen mit der Islamisierung durch die Araber Nachrichten aus den Ländern des östlichen und westlichen Sudan, so von der sagenhaften Handelsstadt Timbuktu in der Nähe des Niger, nach Europa. 1415 begann dann unter der tatkräftigen Förderung des portugiesischen Prinzen **Heinrich der Seefahrer** die Zeit der ▶ Entdecker. Die Portugiesen segelten entlang der afrikanischen Westküste, und 1487 erreichte **Bartolomeo Dias** das Kap der Guten Hoffnung.

Seit dem 16. Jh., während Kolumbus bereits den westlichen Seeweg nach Indien plante, waren die Küsten des Erdteils allgemein bekannt, und vor allem an der Westküste entstanden zahlreiche europäische Handelsniederlassungen, die Sklavenhandel betrieben. Sie nahmen auch Kontakt mit dem Inneren Afrikas auf, doch blieb dieser Bereich geographisch weitgehend unbekannt. Seine Erschließung wurde erst seit 1788 von der **Afrikanischen Gesellschaft** in London systematisch vorangetrieben. Die Forschungsreisen konzentrierten sich dabei vordringlich auf die Erkundung der großen Ströme wie Niger, Nil, Kongo und Sambesi sowie auf die Karawanenstraßen durch die Sahara. Knapp ein Jahrhundert reichte nun zur völligen Erforschung des Erdteils aus.

An dieser Aufgabe waren Reisende aus fast allen europäischen Nationen beteiligt. Zu den bedeutendsten Forschern gehörten die Schotten **Mungo Park** und **David Livingstone,** der Anglo-Amerikaner **Henry M. Stanley** und die Deutschen **Heinrich Barth** und **Gustav Nachtigal**. Ihre Motive dürften sehr vielfältig gewesen sein: unbekanntes Land erkunden und geographisch erschließen, Suche nach Abenteuer, Gier nach schnell erworbenem Reichtum. Einige kamen im Auftrag des eigenen Staates, um Kolonien zu gründen und sich in der Zeit des ▶ Imperialismus an der Aufteilung der Welt durch die europäischen Großmächte zu beteiligen. Fast 400 Männer sind bei den strapaziösen Reisen in das Innere des Kontinents umgekommen.

Ägypten

Im 4. Jt. v. Chr. entstanden am Nil Kleinstaaten, die sich zu zwei größeren Einheiten zusammenschlossen: Oberägypten im Niltal und Unterägypten im Delta des Stromes. Ein sagenhafter König **Menes** soll sie um 3000 v. Chr. vereinigt haben. Die Geschichte des vereinten Landes wird in vier Abschnitte gegliedert: **Altes Reich** (um 2650–2100), **Mittleres Reich** (um 2060–1780), **Neues Reich** (um 1580–700) und **Spätzeit** (700–332).

Im Alten Reich entstanden die ersten großen Steinbauten der Menschheit, die Pyramiden, und mit den Hieroglyphen eine der ältesten Schriften. Hauptstadt war Memphis an der Grenze von Niltal und Delta.

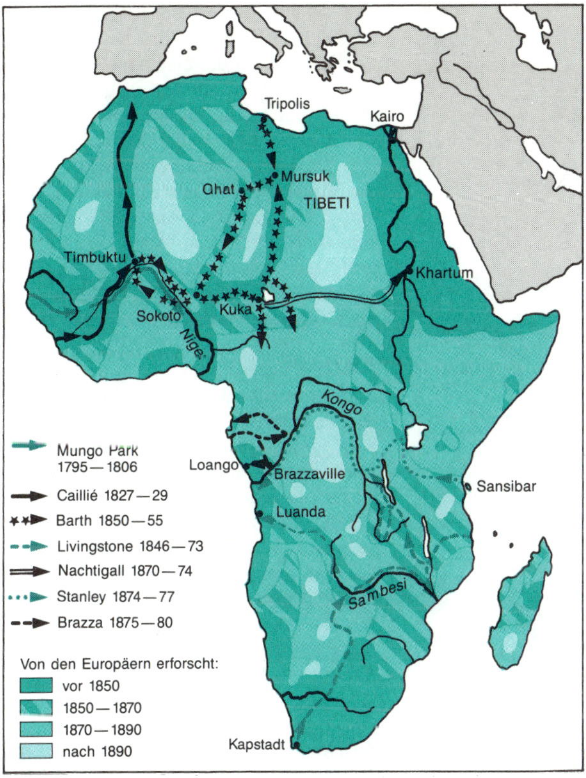

Entdeckung und Erforschung Afrikas durch Europäer im 19. Jh.

Das Alte Reich ging in Wirren unter, von denen wir wenig wissen. Lokalfürsten aus Theben, dem heutigen Luxor, haben Ägypten wieder geeint und nach Süden erweitert. Dieses Mittlere Reich unterlag dem Angriff asiatischer Fürsten. Die Angreifer nennt man **Hyksos** und die Zeit zwischen Mittlerem und Neuem Reich Hyksoszeit.

Wieder konnten Fürsten aus Ne das Reich einen, nachdem sie die Hyksos vertrieben hatten; das Neue Reich entstand. Alle großen Tempel, viele der heute von Touristen bestaunten Sehenswürdigkeiten und der größte Teil der ägyptischen Sammlungen in unseren Museen (vor allem in München, Berlin, Hildesheim, Hannover und Heidelberg) stammen aus dem Neuen Reich. Die Kulturzeugnisse dieser Zeit beeindrucken durch Schönheit, handwerkliche und künstlerische Vollendung. Mächtige Herrscher, u. a. ▶ Ramses II., dehnten die Südgrenze weit in den Sudan aus und eroberten Teile des Nahen Ostens. Ägypten war jetzt *die* Macht im Mittelmeerraum. Die Eroberungspolitik schwächte den Staat aber innenpolitisch, religiöser Streit (▶ Echnaton) und politische Uneinigkeit schadeten ihm. Deshalb geriet Ägypten in der Spätzeit, ja schon in der zweiten Hälfte des Neuen Reiches, immer wieder unter die Herr-

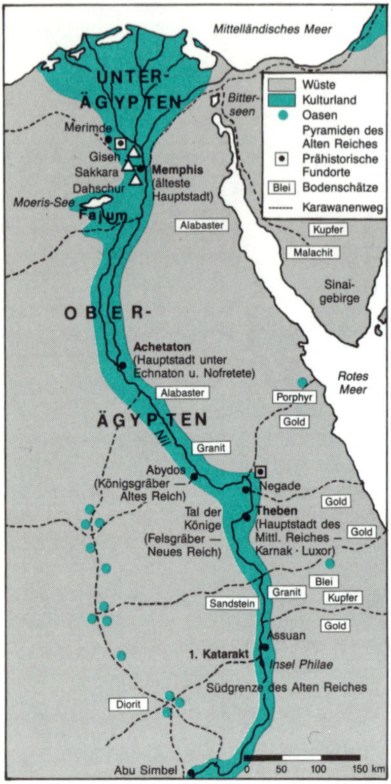

Ägypten zur Pharaonenzeit

schaft von Eroberern (Assyrer 670, Perser 525, Griechen 332 v. Chr.), 30 v. Chr. wurde es römische Provinz.

Seit dem griechischen Historiker ▶ Herodot (5. Jh. v. Chr.) wird die antike Geschichte Ägyptens bis zur Eroberung durch die Perser in die Regierungszeit von 30 Dynastien eingeteilt, doch beruht diese Ordnung auf teilweise unsicheren Überlieferungen.

Akkader Diese semitischen Nomaden waren aus der Arabischen Wüste in die offenen Ebenen Mesopotamiens eingefallen und seßhaft geworden. **Sargon I.** (etwa 2350–2295 v. Chr.), ihr bedeutendster Herrscher, schuf das erste von Semiten regierte Großreich mit der neugegründeten Hauptstadt Akkad. Die Sprache der Akkader lebte als Dialekt bei den Babyloniern und Assyrern fort und war im 2. Jt. v. Chr. die Sprache, in der sich Kaufleute, Diplomaten und Gelehrte vom Mittelmeer bis zum Indischen Ozean verständigen konnten. Das Akkadische wurde nach 1000 v. Chr. als Umgangssprache in Mesopotamien vom Aramäischen abgelöst.

Akzise bezeichnet eine seit dem Mittelalter in verschiedenen europäischen Ländern erhobene Verbrauchssteuer, z. B. auf Salz, Fleisch oder Getreide. Sie wurde im Laufe der Jahrhunderte auf immer mehr Waren ausgedehnt und verteuerte Güter des täglichen Lebens. In Preußen machte Friedrich Wilhelm I. (R. 1713–40) die Akzise zur wichtigsten Einnahmequelle des Staates, um den Staatshaushalt zu finanzieren. Die Akzise unterscheidet sich als indirekte Steuer von der **Kontribution**, einer direkten, für Grundbesitz zu entrichtenden Abgabe.

Albertus Magnus (um 1200–80) Als Graf von Bollstädt in Lauingen/Donau geboren, trat er 1223 dem Dominikanerorden bei und wurde bald als Lehrer an Schulen des Ordens eingesetzt. So lehrte er u. a. ab 1244 vier Jahre lang an der Universität Paris, der bedeutendsten Theologenschule jener Zeit. An der Schule in Köln zählte **Thomas von Aquin**, einer der bedeutendsten Philosophen und Theologen des Mittelalters, zu seinen Schülern.

Albertus Magnus war einer der Hauptvertreter der philosophischen Richtung der ▶ Scholastik, und er verbreitete die im europäischen Mittelalter bislang unbekannten philosophischen Lehren des Aristoteles aus der griechischen Antike. Dessen Er-

kenntnisse in Botanik, Zoologie und Chemie erweiterte er durch eigene Forschungen. Albertus Magnus vermittelte in seinen Werken auch arabisches und jüdisches Wissen an seine Zeitgenossen. Er war der vielseitigste Gelehrte seiner Zeit, aber seine ausgedehnten Kenntnisse brachten ihm auch den Ruf eines Zauberers ein.
Von 1260 bis 1262 war er Bischof in Regensburg, dann kehrte er nach Köln zurück, wo er auch starb. 1931 wurde er heiliggesprochen (Tag: 15. 11.), 1941 ernannte man ihn zum Schutzpatron der Naturforscher.

Alchimie/Alchemie Die Herkunft des Begriffs ist strittig, vielleicht hängt er mit dem griechischen Wort *chyma* (Metallguß) zusammen. Die Lehre von der Alchimie entstand im 2. Jh. n. Chr. in Ägypten, wo man naturwissenschaftlich-chemische Forschungen mit religiös-magischen Deutungen verband. Diese Mischung aus Fakten und Spekulation wurde über die Araber – daher im Wort auch der arabische Artikel *al* – seit den mittelalterlichen Kreuzzügen im Abendland bekannt und hier von ernsthaften Forschern wie von Scharlatanen aufgegriffen. Ihr Hauptziel war die Suche nach dem **Stein der Weisen**, mit dessen Hilfe unedle Metalle in edle verwandelt werden sollten. Während den einen dabei eine Fülle von Entdeckungen gelang, auf denen die moderne Chemie auf- und weiterbauen konnte, nutzten vor allem im 18. Jh. Abenteurer wie Graf **Cagliostro** die Alchimie für Betrügereien.

Alexander der Große (356–323 v. Chr.) wurde als Sohn des Makedonenkönigs Philipp und seiner Frau Olympias geboren. Der Knabe erhielt Aristoteles als Erzieher, den bedeutendsten griechischen Gelehrten der Zeit. An der Seite des Vaters kämpfte und siegte Alexander in der Schlacht von **Chaironeia** (338), in der die griechischen Stadtstaaten ihre Unabhän-

Alexander der Große während der Schlacht bei Issos, röm. Mosaik aus dem 3. Jh. v. Chr.

gigkeit einbüßten; nach dem Tod Philipps warf er einen letzten Aufstand der Griechen nieder (335).
Nach der Einigung Griechenlands unter seiner Herrschaft bereitete er den bereits von Philipp geplanten Feldzug gegen die Perser vor. Im Jahre 334 setzte er mit dem griechisch-makedonischen Heer über den Hellespont und errang am **Granikos** den ersten Sieg. 333 schlug er bei ▶ Issos den persischen Großkönig **Dareios III.** selbst und öffnete sich damit den Zugang ins Innere des Perserreiches. Doch ehe er den Euphrat überschritt, sicherte er sich die Mittelmeerküste von Syrien bis Ägypten. An der Mündung des Nils gründete er die Stadt Alexandria, die seinen Namen bis heute lebendig hält; auch später wurden in den eroberten Ländern viele Städte gegründet. Die Entscheidung über das Perserreich fiel 331 bei **Gaugamela**, Dareios entging der Gefangenschaft, wurde aber später von einem seiner Fürsten ermordet. Die Hauptstädte des Reiches und unermeßliche Schätze fielen nach diesem Sieg den Griechen zu.
Um das Riesenreich zusammenzuhalten, versuchte Alexander die persische Oberschicht für sich zu gewinnen und sie mit den makedonischen Eroberern in einer einheitlichen Herrscherschicht zu versöhnen.

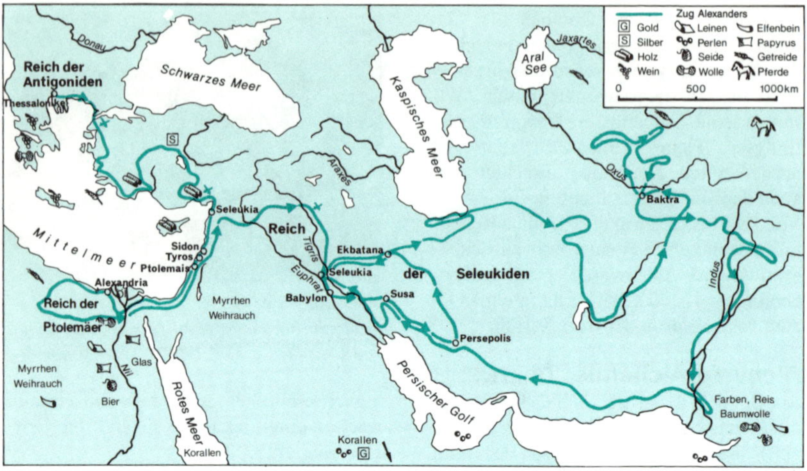

Die Eroberung des Perserreichs durch Alexander und die Reiche der Diadochen

Alexander selbst verstand sich als Nachfolger des besiegten persischen Großkönigs. Beides stieß im griechisch-makedonischen Heer nicht auf einhellige Zustimmung. In einem weiteren kühnen Feldzug unterwarf Alexander die östlichen Provinzen des Reiches und drang bis an die Grenzen der „bewohnten Welt" vor. Aber an dem indischen Fluß Hydaspes (jetzt Bias) verweigerten ihm seine Truppen die Gefolgschaft und erzwangen den Rückzug.

Alexander kehrte nach Persien zurück; mitten in den Vorbereitungen zu neuen Eroberungen und den Bemühungen, das Riesenreich zu festigen, starb er 323 in Babylon. Bald nach seinem Tod teilten die ▶ Diadochen das Reich auf. Es ist Alexanders Verdienst, daß über Jahrhunderte die hellenistische Kultur weite Teile der bekannten Welt prägte.

Alexandria Als Alexander der Große 332/331 v. Chr. Ägypten eroberte, gründete er im Westen des Nildeltas eine Stadt, der er seinen Namen gab. Zwar war dies keineswegs die einzige Alexanderstadt, aber sie wurde bald die bedeutendste. Ihre Blütezeit begann mit Ptolemaios I., einem General Alexanders, der nach dem Tod des Königs die Herrschaft über Ägypten an sich riß. Unter der Regierung der Ptolemäer wurde Alexandria zur größten griechisch geprägten Stadt überhaupt und zum bedeutendsten Handelsplatz und Kulturzentrum im östlichen Mittelmeerraum. In den Werkstätten an den großzügig und regelmäßig angelegten Straßen blühte die Produktion von Luxusartikeln, die in aller Welt gefragt waren; den Hafen überragte der **Leuchtturm von Pharos**, eines der Sieben Weltwunder. Nicht weit von den Palästen lag das **Museion**, wo Forscher und Wissenschaftler das Wissen der Zeit sammelten. Die Bibliothek enthielt 800000 Papyrusrollen.

Alfred der Große (849–99) 793 landeten die dänischen Wikinger zum ersten Mal auf ihren Raubzügen in England, um 850 überwinterten sie in Kent und besetzten bald darauf London. Aus dem Abwehrkampf der sieben angelsächsischen Königreiche (Kent, Sussex, Essex, Wessex, Eastanglia, Mercia, Northumbria) gegen die Dänen ging Alfred der Große, der König von Wessex (R. 871–899), als der erste große Herrscher der britischen Geschichte hervor. Bei **Edington** gelang ihm ein glänzender Sieg über die Dänen (878). Er baute eine eigene Flotte, legte Fluchtburgen und andere Befestigungen an und stellte ein schlagkräftiges Heer auf. In neuen Kämpfen (894–97) vertrieb er das Wikingerheer von der Insel, einigte die Angelsachsen unter seiner Führung und begründete durch den Wiederaufbau von Kirchen, Klöstern und Städten, die Sammlung von Gesetzen und vor allem durch die Einteilung in Grafschaften das angelsächsische Einheitsreich. Alfred der Große, der Werke der lateinischen Literatur ins Angelsächsische übersetzte, förderte auch das Schulwesen und prägte entscheidend das Geistesleben der Angelsachsen.

Algerienkrieg Kurze Zeit nach Beendigung des ▶ Indochinakrieges 1954 mußte sich Frankreich mit einem weiteren Konflikt in seinen Kolonien auseinandersetzen. Algerien, das seit 1830 französische Kolonie war, im Zweiten Weltkrieg einer der wichtigsten Stützpunkte des französischen Widerstandes gegen das Dritte Reich, forderte seit 1948 immer stärker seine Unabhängigkeit vom Mutterland. Das Festhalten am Kolonialbesitz löste 1954 einen Aufstand der **FLN**, der Nationalen Befreiungsfront, unter **Ben Bella** aus, der zunächst niedergeschlagen werden konnte und Ben Bella ins Gefängnis brachte. 1958 bildete sich eine algerische Exilregierung in Ägypten, mit der die französische Regierung unter **Charles de Gaulle** über die Entlassung in die Unabhängigkeit verhandelte. 1962 wurden Algerien unter Ben Bella ein unabhängiger Staat.

Die Auseinandersetzungen in Algerien stürzten Frankreich in eine innenpolitische Krise: Die Verhandlungsbereitschaft der französischen Regierung löste erbitterten Widerstand von Generälen und Algerien-Franzosen aus. So drohte in Frankreich selbst eine Intervention von Armee und Luftwaffe. In Algerien kam es zu Aufständen französischer Generäle und der in der **OAS** (Organisation de l'Armée Secrète) zusammengeschlossenen Franzosen. Alle am Konflikt Beteiligten setzten daher ihre Hoffnung auf den 1959 zum Regierungschef gewählten General de Gaulle, der sich von der Gewährung des Selbstbestimmungsrechts für die Algerier eine künftige Assoziation eines autonomen Algeriens mit Frankreich erhoffte. Das Abkommen von **Evian** 1962 sicherte die algerische Unabhängigkeit, beendete auch den innerfranzösischen Konflikt und stabilisierte Frankreich.

Alphabet So nennt man nach *alpha* und *beta*, den Anfangsbuchstaben des griechischen Alphabets, die gesamte Buchstabenfolge einer bestimmten Schrift oder Sprache. Zur Wiedergabe der gesprochenen Sprache erfand man ursprünglich Bildzeichen, so die frühere Form der Keilschrift und die Hieroglyphen für das gemeinte Wort, später auch für Silben und Buchstabengruppen. Das erste Alphabet entstand um 1500 v. Chr. im syrischen Ugurit. Aus den Hieroglyphen entwickelte das Handelsvolk der Phöniker im 12. Jh. v. Chr. ein Alphabet mit 22 Konsonantenzeichen, aus dem alle späteren Alphabete hervorgingen. Es wurde von den Aramäern bereits zum Schreiben von Vokalen benutzt. Aus dem aramäischen Alphabet gingen die arabische und die hebräische Schrift hervor.

Aber erst die Griechen vollzogen nach 1000 v. Chr. den entscheidenden Schritt von der Silben- zur Lautschrift. Mit der Entdeckung, daß die Sprache auf einer beschränkten Anzahl von Grundlauten beruht, die immer wiederkehren, war es möglich, die älteren Schriftsysteme ganz erheb-

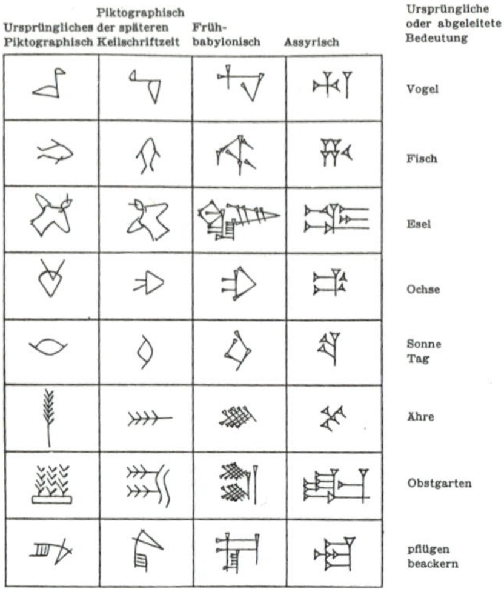

Entwicklung der Keilschrift aus Bildern

lich zu vereinfachen. Die Lautschrift war auch für breitere Kreise erlernbar und machte die geschriebene Sprache zum allgemeinen Verständigungsmittel. Die Griechen verwendeten die meisten phönikischen Konsonantenzeichen mit geringen Abänderungen, fügten für fehlende Laute neue Zeichen hinzu und bezeichneten mit den überflüssigen phönikischen Zeichen die Vokale, ohne die ursprüngliche Buchstabenfolge zu ändern. So entstand das heutige Alphabet. Die Römer übernahmen das griechische Alphabet entweder über die Etrusker oder die Westgriechen und schufen im 4. Jh. v. Chr. das lateinische Alphabet mit 21 Buchstaben. Diese Form verbreitete sich in ganz Westeuropa, während das heutige Alphabet der Russen und anderer Völker Osteuropas auf die kyrillische Schrift zurückgeht, eine weitere Form des griechischen Alphabets.

Altertum bezeichnet den Zeitraum von der ältesten Überlieferung von Schriftquellen durch die Sumerer etwa um 3000 v. Chr. bis zum Untergang der antiken Mittelmeerkulturen, dem Ende **Westroms** (476 n. Chr.). Die alten Völker und Stämme treten mit Hilfe des geschriebenen Wortes aus der Namenlosigkeit der Vorgeschichte heraus und entwickeln allmählich ein Geschichtsbewußtsein, das sich in Sagen, Tatsachenberichten und anderen schriftlichen Zeugnissen niederschlägt. Das Altertum wird in die drei großen Kulturkreise Alter Orient, Griechenland und Rom untergeteilt. Die Zeit der Griechen und Römer nennt man „klassisches Altertum" oder **Antike**. Im engeren Sinne umfaßt es jedoch nicht die frühen Kulturen am Indus (Induskultur) und Huangho (China), die frühen Kulturen West- und Nordeuropas (z. B. Megalithkulturen) sowie den amerikanischen Kontinent. Den langen Zeitraum des Übergangs, der mit Konstantin dem Großen einsetzt und bis zum Beginn des christlich-abendländischen Mittelalters im 6. und 7. Jh. fortdauert, nennt man **Spätantike**.
Die ältesten Kulturen, die sich in Staatsaufbau, Kunst, Kultur, Wirtschaft von den oft noch primitiven vorgeschichtlichen Stammesverbänden unterscheiden, nennen wir **Hochkulturen**. Sie entstanden etwa seit 3100 v. Chr. in den großen Flußlandschaften des Euphrat und Tigris (Mesopotamien) und des Nil (Ägypten). Der ständige Existenzkampf mit der Natur erzwang eine straffe Führung des Volkes. So entstanden Staatsgebilde mit einer geordneten Verwaltung. Durch gewaltige technische Leistungen wie den Bau von Deichen, Kanälen und künstlichen Bewässerungsanlagen nutzte man die immer wieder sintflutartig ansteigenden Flüsse für ei-

ne fruchtbare Kulturlandschaft. Nahrungsüberschüsse machten es möglich, einen Teil der Bevölkerung als Kaufleute, Priester, Beamte und Wissenschaftler von den Gemeinschaftsarbeiten freizustellen. Die Masse der Bauern und Handwerker lebte aber in Abhängigkeit und war zu Fronarbeit und Abgaben verpflichtet. An der Spitze stand ein Alleinherrscher, der sich als Stellvertreter des Stadt- oder Reichsgottes sah. Städtische Lebensweise, eine arbeitsteilige Wirtschaft und ein straff organisierter Staat, den schriftkundige Priester und Beamte verwalteten, sind die wichtigsten Merkmale der Hochkulturen des Alten Orients.
Die durch Schriftquellen bezeugte Geschichte des alten Ägypten beginnt um etwa 3000 v. Chr. mit der Vereinigung der Stämme Ober- und Unterägyptens zu einem Großreich. Im südlichen Mesopotamien entstanden die frühesten Staaten im 4./3. Jt. v. Chr. Ihre Bewohner werden nach ihrer Sprache als Sumerer und Semiten bezeichnet. Um 2350 v. Chr. gelangten die semitischen Akkader zur Herrschaft, und **Sargon** errichtete das erste, zeitweise über Mesopotamien hinausreichende Großreich. Nach dem Eindringen der Gutäer kam es mit der sog. III. Dynastie von Ur (etwa 2112–2004) zu einer Blütezeit der sumerischen Kultur. Das Wahrzeichen der mesopotamischen Stadt war der Tempelturm. Auch die Babylonier und Assyrer gründeten Großreiche. Hammurabi von Babylon (1792–1750) eroberte fast ganz Mesopotamien. Zu den weiterreichenden Errungenschaften Mesopotamiens zählen die Keilschrift, das geschriebene Recht und als bedeutendster Beitrag zur Weltliteratur das Gilgamesch-Epos (etwa 1900 v. Chr.). Das reiche Mesopotamien zog immer wieder kriegerische Gebirgsvölker an, z. B. die Hethiter aus Kleinasien. Im 8. und 7. Jh. erlebte das Reich der Assyrer seine größte Machtausdehnung, dann errang das Neubabylonische Reich (625–539) die Vormacht. Schließlich konnten die Perser unter König Kyros II. Babylon erobern. 331 v. Chr. zog der Makedonenkönig Alexander der Große in die Stadt ein. Nach 92 v. Chr. fiel Mesopotamien in die Hände der Römer. Zu den Staatsgründungen des Alten Orients zählt auch das Königreich der Israeliten (um 1020 v. Chr., ▶ David), das 932 v. Chr. in die Teilreiche Israel und Juda zerfiel. Gleichzeitig trat das Handelsvolk der Phöniker hervor.
Die griechische Geschichte wird gegliedert in die
- kultisch-mykenische Frühzeit 2000–1600 v. Chr.
- die mykenische Zeit 1600–1100 v. Chr.
- eine Übergangszeit 1100–800 v. Chr.
- das Zeitalter der Polis 800–336 v. Chr.
- den Hellenismus 336–30 v. Chr.

Im 3. Jh. v. Chr. entstand im Ägäischen Meer eine bronzezeitliche Kultur mit dem wichtigen Handelszentrum Kreta. Indogermanische Stämme (Achaier, Aioler und Ionier) aus dem Norden unterwarfen oder vertrieben um 1900 n. Chr. die Vorbewohner Griechenlands. Unter ihren Heerkönigen entstanden große Burganlagen (Mykenae). Die im 12. Jh. einwandernden indogermanischen Dorer zerschlugen diese reiche Kultur. Die in Bewegung geratenen griechischen Stämme besiedelten zwischen 800 und 500 v. Chr. die ägäischen Inseln, die Westküste Kleinasiens, weitere Plätze rund um das Mittelmeer und auch die Schwarzmeerküste. Durch die Kolonisation errangen die Griechen, die nicht nur gute Seefahrer, sondern auch er-

Concordia-Tempel bei Agrigent/ Sizilien, im 5. Jh. v. Chr. erbaut

folgreiche Händler waren, eine Vormachtstellung im Mittelmeerraum. Unter den vielen Stadtstaaten gewannen Sparta auf dem Peleponnes und Athen in der Landschaft Attika besondere Bedeutung. In Athen entstand die erste Demokratie, die allerdings noch nicht alle Bevölkerungsgruppen umfaßte. Europäische Kunst und Wissenschaften haben ihren Ursprung in dieser klassischen Zeit. Doch Athen und Sparta führten die Griechen in einen Bruderkrieg, den Peleponnesischen Krieg, der den Niedergang der Griechen und die Herrschaft Persiens in Kleinasien mit sich brachte. Der Makedonenkönig Alexander der Große (356–323 v. Chr.) eroberte das ganze Perserreich bis nach Indien und plante ein Weltreich, in dem alle Völker gleichberechtigt sein sollten. Unter seinen Nachfolgern, den Diadochen, zerfiel das Großreich wieder. Griechische Sprache, Kultur und Wissenschaft breiteten sich aber weiter aus, und so entstand die hellenistischen Weltkultur.
Die römische Geschichte wird in die Königszeit (8.–6. Jh. v. Chr.), in der die Etrusker die Herrschaft innehatten, die Republik (509/507 oder 470 v. Chr.–27 v. Chr.) und die Kaiserzeit (27 v. Chr.–476 n. Chr.) gegliedert. Aus dem kleinen Stadtstaat Rom wurde ein Weltreich, das sich über den gesamten Mittelmeerraum ausdehnte. Die in jener Zeit kaum beachtete Geburt Jesu (um 7 v. Chr.) in Bethlehem bildet die sogenannte Zeitenwende. Die römische Herrschaft schuf den politischen Rahmen für regen Handels- und Kulturaustausch. Griechisch-römische Kultur und Christentum verbreiteten sich auch im Westen Europas, bei den Kelten und Germanen. Die Romanisierung der Provinzen bedeutete einen ungeheuren Entwicklungsschub.
Die kulturellen Leistungen der Griechen und Römer lösten immer wieder Bewunderung aus und galten dann als Vorbild für die eigene Zeit, am ausgeprägesten im Klassizismus Ende des 18. Jh.s. Die wissenschaftliche Beschäftigung mit dem Altertum erwuchs aus dem Studium der antiken Schriftsteller in Renaissance und Humanismus und stützte sich seit dem 18. Jh. auch auf Funde und Ausgrabungen. Damals entdeckte man die Altertümer Ägyptens und des Alten Orients.
Aus der planlosen Suche von Altertümern entwickelte sich im 19. Jh. die Archäologie, die durch spektakuläre Funde und systematische wissenschaftliche Ausgrabungen wichtige Beiträge zur Erforschung des Altertums geleistet hat und auch heute noch leistet.

Altes Testament Die deutsche Entsprechung für das lateinische Wort Testament, *Bund,* verweist auf den Bund, den Gott *Jahwe* am Sinai durch Mose mit den zwölf Stämmen Israels geschlossen haben soll. Die **Zehn Gebote** sind Ausdruck dieses Bundes und bilden deshalb innerhalb der fünf Bücher Mose (Pentateuch) das Kernstück des Alten Testaments.
Die Bücher des Alten Testaments wurden in hebräischer Sprache verfaßt und sind im Laufe mehrerer Jahrhunderte entstanden. Daher gehören sie verschiedenen literarischen Gattungen und Themenbereichen an: Die Geschichtsbücher befassen sich mit der Zeit von den Erzvätern (Abraham, Isaak, Jakob) bis zur Zerstörung des Reiches durch die Chaldäer (Babylonische Gefangenschaft 586 v. Chr) und beurteilen das Schicksal des Volkes als Folge seines Gehorsams bzw. Ungehorsams gegen Gott. Außerdem gibt es prophetische Schriften, die gegenwärtige Mißstände verurteilen und vor zukünftigem Unglück warnen. Die Weisheitliteratur befaßt sich mit grundsätzlichen Lebensfragen in Form von Liedern, Spruchsammlungen und Klagegesängen.

Amerikanischer Unabhängigkeitskrieg Die Ursache für den Abfall der 13 englischen Kolonien in Nordamerika vom Mutterland lag in der unterschiedlichen Entwicklung des Lebensstils und der religiösen Weltanschauung in beiden Ländern, deren Wurzel bis zu den Puritanern zurückreicht. Der Streit entzündete sich am Versuch Englands, die Kosten des Siebenjährigen Krieges (1756–63) durch Steuern und Zölle teilweise auf die Kolonien abzuwälzen. Die Amerikaner bestritten dem Parlament in London dieses Recht, da sie keine eigenen Abgeordneten wählen durften (*No taxation without representation!*). 1770 schien der *Steuerstreit* durch Zugeständnisse Londons bereits beendet. Dann aber schlossen englische Behörden 1774

Der Geist von 1776, Gemälde von A.M. Willard 1876

nach einem Gewaltakt radikaler Amerikaner, die mit der Versenkung dreier Schiffe gegen den verhaßten Teezoll protestierten, den Hafen Bostons (**Boston Tea Party**). Alle Kolonien stellten sich hinter die in ihrer Existenz bedrohten Stadt. Auf dem **Kontinentalkongreß** organisierten die Abgeordneten der 13 Neu-England-Staaten eine gemeinsame Führung, ▶ George Washington stellte eine Armee auf, die trotz mancher Mißerfolge die englischen Truppen in Schach hielt. Nachdem Thomas Paines Schrift *Common Sense* mit mehr als einer halben Million Exemplaren nachhaltig propagandistisch gewirkt hatte, stimmte der Kontinentalkongreß am 4. 4. 1776 der u. a. von **Thomas Jefferson** entworfenen ▶ Unabhängigkeitserklärung zu. Das war die Geburtsstunde der USA.
England antwortete mit einem neuen Angriff, für den man auch 30000 deutsche Söldner gemietet hatte. Trotz einiger Erfolge (Einnahme New Yorks und Philadelphias) gelang es aber nicht, Washington

endgültig zu schlagen. Ein amerikanischer Sieg bei **Saratoga** brachte dann die Wende. Er ermöglichte es ▶ Benjamin Franklin, am 6. 2. 1778 ein Bündnis mit Frankreich gegen England abzuschließen. Erst der Einsatz einer französischen Flotte brachte den entscheidenden Sieg in der Schlacht bei **Yorktown** am 19. 10. 1781. England mußte nach dieser Niederlage die Unabhängigkeit der 13 ehemaligen Kolonien im **Frieden von Paris** am 3. 9. 1783 anerkennen.

Amphiktionie Den Zusammenschluß von Völkern oder Stämmen (meistens sechs oder zwölf) um ein zentral gelegenes Heiligtum nennt man Amphiktionie.
In Griechenland z. B. schlossen sich die Ionier zu solch einem kultischen Tempelverband zusammen. Die Insel Delos bildete ihren Mittelpunkt. Von größerer politischer Bedeutung war die Amphiktionie von Delphi mit zwölf Mitgliedern, deren Abgeordnete zweimal im Jahr zusammentraten. Ihre Aufgabe war es, das Heiligtum zu schützen und den Frieden unter den Bundesmitgliedern durch ein Schiedsgericht zu wahren. Im Falle eines Konflikts zwischen den Genossen hatten sie die Einhaltung gewisser Regeln im Krieg durchzusetzen.

Amphitheater Vom Theater und vom Zirkus unterscheidet sich das Amphitheater durch Anlage und Zweck. Die Römer bauten schon in republikanischer Zeit hölzerne Zuschauertribünen um eine elliptische Arena (griech.: amphi = um, herum). Die übereinandergestuften Sitzreihen wurden seit dem 1. Jh. v. Chr. in Stein ausgeführt. Die Arena diente als Schauplatz für Gladiatorenkämpfe, Tierhetzen; später fanden hier auch die Hinrichtungen der Christen statt. Bei einigen Amphitheatern ließ sich die Arena unter Wasser setzen, so daß Seeschlachten, **Naumachien**, mit 30 und mehr Schiffen inszeniert werden konn-

Das römische Amphitheater in Arles/Südfrankreich

ten. Das erste steinerne Amphitheater entstand in Pompeji; bald folgten andere, deren gewaltige Ruinen heute noch in Verona, Nîmes, Arles, Pula/Jugoslawien, El Djem/Tunesien erhalten sind und teilweise wieder für Freilichttheateraufführungen genutzt werden. Der großartigste Bau war das Amphitheatrum Flavium in Rom, das **Kolosseum**, das 87000 Sitz- und 15000 Stehplätze umfaßt haben soll.

Ämterlaufbahn In der Römischen Republik gab es nur unbesoldete Ehrenämter. Die Reihenfolge dieser Ämter und ein Mindestalter für den jeweiligen Amtsantritt waren zwingend: **Quästur** (30), **Ädilität** (37), **Prätur** (40), **Consulat** (43). Gegen Amtsmißbrauch waren Schranken errichtet: Befristung jedes Amts auf ein Jahr, doppelte Besetzung (Kollegialitätsprinzip), Rechenschaftsbericht nach Amtsablauf vor der **Volksversammlung** und Überwachung durch den Senat. Bewerber stellten sich der Volksversammlung zur Wahl, zunächst nur Adelige (**Patrizier**), später auch Männer aus dem Volke (**Plebejer**).
Zwei **Consuln** wechselten ständig in der Verantwortung für die Regierungsgeschäfte und den Oberbefehl über die Streitkräfte. Nach Ablauf des Amtsjahrs übernahmen sie als **Proconsuln** die Leitung einer Provinz. Die **Prätoren** waren für die Recht-

sprechung zuständig. Das Amt der **Censoren**, der obersten Steuerbeamten und *Sittenwächter* der Bürger, wurde als das angesehenste von ehemaligen Consuln verwaltet.
In Krisen stattete der Senat einen **Dictator** auf sechs Monate mit unumschränkter Macht aus. Ihn begleiteten 24, die Consuln 12, die Prätoren 6 **Lictoren**, die als Zeichen der Amtsgewalt Rutenbündel trugen. Gegen den Dictator erlosch auch das Einspruchsrecht der **Volkstribunen**, die sonst als Vertreter der Plebs zu deren Schutz gegen Entscheidungen der Beamten, des Senats und der Volksversammlung ein *Veto* einlegen konnten. Sie waren unverletzlich, niemand durfte sie behindern oder festnehmen. Als ihre Gehilfen verwalteten die **Ädilen** die plebejische Gemeindekasse, beaufsichtigten Markt, Verkehr, Feuerwachen und organisierten Spiele für die Plebs. Seit 336 v. Chr. übernahmen zwei adelige Ädilen die Getreideversorgung von Rom und richteten die Spiele in Rom aus. Die **Quästoren**, ursprünglich Hilfsbeamte der Consuln, u. a. als Untersuchungsrichter, verwalteten Staatsvermögen und Heeresausgaben. Mit der Sammlung aller Macht in einer Hand seit Cäsar und Augustus erlosch die Bedeutung des republikanischen Beamtentums.

Amun war Ortsgott der altägyptischen Stadt Theben und wurde Reichsgott, als die Fürsten dieser Stadt um 1580 v. Chr. das Neue Reich schufen. Man errichtete für ihn die größten Tempel, die die Ägypter je gebaut haben. Seinen Priestern gelang es am Ende des Neuen Reiches und in der Spätzeit, die Könige von sich abhängig zu machen, denn die Tempel des Amun wurden durch Geschenke der Gläubigen reich. Amun war ursprünglich ein Windgott und hat später viele andere Götter in sich aufgenommen, so den Sonnengott **Re**, mit dem er zu **Amun-Re** verschmolz.

Anabasis (griech.: Hinaufmarsch) Der Athener **Xenophon** (geb. um 430 v. Chr., Literat und Sportsmann) schloß sich 401 v. Chr. dem Feldzug des jüngeren **Kyros** gegen dessen Bruder, den persischen Großkönig **Artaxerxes**, an. Mit Kyros marschierten 10000 griechische Söldner – aber nur bis Kunaxa am Euphrat, wo Kyros Schlacht und Leben verlor. Die griechischen Befehlshaber gerieten in eine Falle der Perser. Xenophon war unter denen, die das führerlose Heer durch unwegsames, feindliches Land zurückführten. Sein Buch über den Zug der 10000 heißt Anabasis.

Anglikanische Kirche Der englische König **Heinrich VIII.** nahm den Streit um die Trennung von seiner ersten Frau **Katharina von Aragon** zum Anlaß, die Bindung der Kirche Englands an den Papst zu lösen. Mit der **Suprematsakte** von 1534 erklärte er sich selbst zu deren Oberhaupt. Viele Kirchengüter ließ er enteignen. Die so entstandene anglikanische Kirche erhielt 1549 mit dem **Common Prayer Book** einen Rahmen, der protestantische Lehren, katholische Gottesdienstformen und den hierarchischen Aufbau unter Bischöfen vereinte. Elisabeth I. legte 1571 mit den **39 Artikeln,** die calvinistische Einflüsse enthielten, die Glaubenssätze fest. – Auch heute noch ist die Anglikanische Kirche Staatskirche unter der englischen Krone, das Parlament erläßt die Kirchengesetze.

Anjou Diese Grafschaft an der unteren Loire mit der Hauptstadt Angers besaßen seit 887 die Robertiner, die als französische Könige **Kapetinger** genannt wurden. Sie setzten um 900 als Vizegrafen die **Fulkonen** ein. Diese machten sich um 950 selbständig, bauten ihr Land zu einem bedeutenden Feudalstaat aus und gewannen die benachbarten Grafschaften Touraine (1044) und Maine (1110) hinzu. Am erfolgreichsten war **Geoffroi V. Plantagenet** (*Ginsterbusch* nach seiner Helmzier). Er heiratete 1127 Mathilde, die Tochter König Heinrichs I. von England. Mit dessen Hilfe eroberte er die Normandie (1144), die er an seinen Sohn Heinrich gab. Dieser, als **Heinrich II. Plantagenet** König von England geworden, heiratete 1152 Eleonore von Aquitanien, was ihm die Grafschaften Poitou, Guyenne und Gascogne einbrachte. Damit war er auf dem Boden Frankreichs mächtiger als der französische König, blieb jedoch dessen Lehensmann.

Dem französischen König **Philipp II.** gelang es 1204, Anjou zu erobern, das von nun an jüngeren Brüdern des jeweiligen Königs zugeteilt wurde. Am bedeutendsten wurde **Karl von Anjou**, ein Sohn König Ludwigs VIII. von Frankreich. Er gewann die Grafschaft Provence hinzu und wurde von Papst **Urban IV.** 1263 mit dem Königreich Sizilien belehnt, das er gegen die Staufer halten konnte. Er ließ Konradin, den letzten Staufer, 1268 in seiner Hauptstadt Neapel hinrichten. Seine Herrschaft brach durch einen Aufstand gegen die französische Herrschaft, die **Sizilianische Vesper**, 1282 zusammen. Eine jüngere Linie, Anjou–Neapel, regierte dort 1380–1481. Das Kernland Anjou in Frankreich war inzwischen Kronland, also Hausbesitz der französischen Könige, geworden.

Das Haus Anjou zählt zu den bedeutendsten europäischen Herrscherhäusern des Mittelalters, Mitglieder des weitverzweigten Geschlechts waren Könige in England, Sizilien, Jerusalem, Ungarn, Polen und Aragonien. Eine erfolgreiche Heiratspolitik hat ihnen u. a. diese Machtstellung verschafft.

Anschluß Österreich wurde nach dem 1. Weltkrieg im **Frieden von Saint-Germain-en-Laye** zu Reparationszahlungen an die Siegermächte verpflichtet, eine Eingliederung ans Deutsche Reich wurde an Bedingungen geknüpft. 1922 bestätigte Österreich gegenüber dem Deutschen Reich seine unabhängige Stellung, zumal von den

Hitler auf dem Weg nach Wien am 12./13. März 1938

Siegermächten finanzielle Erleichterungen gewährt wurden. Doch das Anwachsen des Nationalsozialismus verstärkte sowohl im Reich als auch in Österreich den Druck in Richtung Anschluß. So mußte Kanzler **Schuschnigg** 1936 nach einem Abkommen mit dem Reich, die NS-Propaganda für einen Anschluß unbehindert zulassen. Als die Schutzmacht Italien auf die Seite Hitlers gewechselt war, wurde Schuschnigg am 12. 2. 1938 aufgefordert, den Nationalsozialisten **Seyß-Inquart** ins Kabinett aufzunehmen. Nachdem Hitler eine Volksbefragung verhindert hatte, erzwang er durch ein Ultimatum, daß Seyß-Inquart zum Kanzler ernannt wurde, worauf deutsche Truppen einrückten, *um jeder Bürgerkriegsgefahr zu begegnen.* Im Triumph zog Hitler in Linz und Wien ein. Am 13. 3. 1938 wurde der Anschluß vollzogen, Bundespräsident **Miklas,** der die Unterschrift verweigerte, abgesetzt; die Gegner brachte man in Konzentrationslager. Am 10. 4. sprachen sich bei einer Abstimmung im ganzen Reich 99,73 % für die Vereinigung aus, die de facto völkerrechtlich anerkannt wurde.

Apartheid Das Wort stammt aus dem Afrikaans und bedeutet *Trennung.* Gemeint ist die strikte Rassentrennung zwischen der weißen Minderheit von etwa 4,5 Mio. und der „Nicht-Weißen-Gruppe" von 15,2 Mio. Schwarzen, 2,8 Mio. Mischlingen und 0,8 Mio. Indern in der Republik Südafrika. Seit 1949 verhinderte die Regierung der Weißen durch konsequente Gesetzgebung jeden Einfluß der farbigen Bürger auf Politik und öffentliches Leben. Die **kleine** Apartheid sorgte für getrennte Schulen, Krankenhäuser, öffentliche Verkehrsmittel und verbot gemischt-rassige Eheschließungen, die **große** Apartheid bestimmte räumlich getrennte Wohnbereiche für jede Gruppe und gewährte in den Homelands für die schwarze Bevölkerung dieser Stammesgebiete eine gewisse Selbstverwaltung. Gegen diese Rassentrennung kämpfte der 1912 als Partei des Bantu-Stammes gegründete **ANC** (African National Congress), der sich für Demokratie und Rassenintegration einsetzte. Der **African National Congress** wurde 1960 verboten, als er sich unter seinem Führer **Nelson Mandela** mit anderen Gruppen zu der Organisation **Umhonzo we Siwze** (Speer der Nation) zusammenschloß. Deren Aufgabe war der bewaffnete Kampf gegen die Weißen. Nach blutigen Unruhen (Sharpeville 1961) und einer Reihe von Attentaten wurde Mandela zu lebenslanger Haft verurteilt. Bei der farbigen Bevölkerung stieß die Politik der Apartheid immer mehr auf Widerstand. Auch die Kritik bzw. der Boykott von Teilen der Weltöffentlichkeit haben nach langen Auseinandersetzungen zu einer Freilassung Mandelas 1989, einer Aufhebung der wichtigsten Apartheid-Gesetze 1990 und zu einer in Aussicht gestellten politischen Beteiligung der farbigen Bevölkerung geführt. Allerdings gibt es auch blutige Machtkämpfe zwischen verschiedenen schwarzen Gruppen um politischen Einfluß.

Appeasementpolitik Vor allem die britischen Premiers **Baldwin** und **Chamberlain** versuchten 1935–39, durch Zugeständnisse an Japan, Italien und Deutschland den Frieden zu sichern. Ausgehend von der Erkenntnis, daß die im ▶ Versailler Vertrag festgelegte Friedensordnung instabil bleiben mußte, solange drei Großmächte ihre Revision anstrebten, wollte man diese durch begrenzte Konzessionen dazu bewegen, eine internationale Ordnung zu akzeptieren. Hinter dieser Politik stand das Bedürfnis, die Weltmachtrolle Großbritanniens gegen die Unabhängigkeitsbestrebungen im Commonwealth und gegen die USA abzusichern. Den Höhepunkt des Appeasements, der *Beschwichtigung,* stellte das ▶ Münchner Abkommen vom 29. 9. 1939 dar.

Pont du Gard in Südfrankreich

Aquädukt (lat.: aqua ductus = Wasserleitung) heißt ursprünglich jede Wasserleitung, meinte aber dann jene brücken- und arkadenartigen, manchmal mehrgeschossigen Steinbauwerke, mit deren Hilfe man bei kontinuierlichem Gefälle Wasser über Täler und hoch durch die Ebenen in die Städte führte. 312 v. Chr. wurde zuerst eine solche Wasserleitung für die Versorgung Roms gebaut. In der Kaiserzeit versorgten schließlich 7 Aquädukte die Hauptstadt täglich mit mehr als 700000 Kubikmeter Wasser. Ähnliche Leitungen erhielten etwa 100 Städte im römischen Reich, in Südfrankreich der **Pont du Gard** und das Aquädukt bei Segovia/Spanien sind besonders gut erhalten.

Arbeiterbewegung Sie wurde durch die mit der Industriellen Revolution verbundenen sozialen Probleme hervorgerufen und stützte sich auf die in Industrie und Gewerbe tätigen Lohnarbeiter, die sich aufgrund ihrer gleichartigen sozialen Lage als eigenständige gesellschaftliche Klasse (in den Begriffen des Marxismus als „Proletariat“) begriffen. Sie organisierten sich in Gewerkschaften, Arbeiterparteien und anderen Verbänden und waren entschlossen, ihre Arbeits- und Lebensverhältnisse zu verbessern und sich politische Rechte (gleiches Wahlrecht) zu erkämpfen.

Die Arbeiterbewegung entstand zu Beginn des 19. Jh. in England, dem wirtschaftlich entwickeltsten Land, faßte nach vielen Rückschlägen auch in Deutschland Fuß und errang nach 1860 beinahe in allen europäischen Staaten große Bedeutung. Aus dem Zusammenschluß des 1863 von **Ferdinand Lassalle** ins Leben gerufenen **Allgemeinen Deutschen Arbeiterverein** mit der 1869 von **Wilhelm Liebknecht** und **August Bebel** gegründeten **Sozialdemokratischen Arbeiterpartei** entstand 1875 die **Sozialdemokratische Partei Deutschlands**, die sich für den Weg der sozialpolitischen Reformen und für die Mitverantwortung im Rahmen einer sozialen Demokratie entschied. Der Marxismus, von der SPD noch lange als Befreiungsidee verkündet, blieb für die praktische Politik nahezu ohne Bedeutung. Auch als Antwort darauf spaltete sich 1918 die **Kommunistische Partei Deutschlands** (KPD) ab, die dem bestehenden Staat (und

Erinnerungsblatt an den Einigungskongreß der deutschen Sozialdemokratie in Gotha 1875

der SPD als angeblichem *Arbeiterverräter*) kompromißlos feindselig gegenübertrat. Eine Sonderstellung nahm die von Bischof **Ketteler** und **Adolf Kolping** begründete christlich-soziale Arbeiterbewegung ein, die vor allem die Kirchen zur Verantwortung für die Lösung der Sozialen Fragen aufrief und das Los der Arbeiter durch Bildung und geselligen Zusammenhalt zu verbessern suchte.
Zu den großen sozialpolitische Errungenschaften der Arbeiterbewegung zählen u. a. der Achtstundentag, feste Löhne in Tarifverträgen, der Ausbau der Sozialgesetzgebung und die Mitbestimmung. ▶ Sozialismus

Archäologie ist die wissenschaftliche Altertumskunde, die sich mit der Hinterlassenschaft alter Kulturen befaßt. Schon in der Antike hat man Gräber geöffnet und an den Stellen früherer Siedlungen gegraben. Das Ziel war aber nicht wissenschaftliche Forschung, sondern Schatzsuche. Zu Beginn der Neuzeit veranlaßten die Humanisten viele Fürsten, sich für alte Kunstgegenstände zu interessieren und **Kuriositätenkabinette** anzulegen, aus denen manche unserer heutigen Museen entstanden. Die Fürsten schickten Aufkäufer in die Länder antiker Kulturen und finanzierten auch Ausgräber, die alte Stätten plünderten. Diese Raubgrabungen haben großen Schaden angerichtet, denn was sich nicht als Kunstgegenstand verkaufen ließ, wurde oft achtlos zerstört. Bei vielen Stücken in unseren Museen wissen wir daher nur wenig oder nichts über deren Fundstellen. Die Kenntnis aller Begleitumstände könnte uns jedoch manchmal viel mehr über die Vergangenheit verraten als das Fundstück alleine. Selbst Grabungen des vorigen Jahrhunderts haben noch unersetzliche Quellen des Wissens zerstört, da die Ausgräber oft noch immer mehr nach Schätzen als nach wissenschaftlicher Einsicht suchten.
Heute gehen die Archäologen mit größter Umsicht zu Werke. Physik, Chemie und andere Wissenschaften machen es möglich, selbst aus bescheidensten Resten erstaunliche Schlüsse zu ziehen. So können wir zum Beispiel mit Hilfe der Atomphysik uralte Knochen oder Holzstücke bis auf wenige Dutzende von Jahren genau datieren und mit ihnen das Alter von Häusern oder Gräbern bestimmen. Die elektronische Datenverarbeitung erleichtert es, Bruchstücke von Kunstwerken einander zuzuordnen, und selbst kleinste Stoffreste verraten in der chemischen Analyse oder unter dem Mikroskop ihre genaue Herkunft und lassen Schlüsse auf alte Handelswege zu. Ein großer Teil unserer Kenntnisse über die Antike stammt aus archäologischen Grabungen. Ihre Stätten sind Anziehungspunkte für den Tourismus und dadurch für

Ausgrabungsfeld in Habuba-Kabira am Euphrat

manches arme Land zu einem großen Wirtschaftsfaktor geworden.
Heute verlangen viele Länder die Rückgabe von Museumsstücken, die in der Vergangenheit illegal außer Landes gebracht worden waren. Andererseits wäre manches Kunstwerk verloren gegangen, wenn es nicht in die Museen der Industriestaaten gekommen wäre. Leider tauchen im Kunsthandel immer noch Objekte aus neuen ungesetzlichen Grabungen auf. Die Deutschen Archäologischen Institute arbeiten heute in vielen Ländern, um bedrohte Objekte zu retten und die Funde wissenschaftlich auszuwerten. Ihre Tätigkeit ist durch Landesgesetze und Verträge streng geregelt. Alle Staaten verlangen, daß einmalige Funde, die auf ihrem Gebiet gemacht werden, in ihre eigenen Museen kommen. Nur Duplikate werden noch für den Export freigegeben.
In Deutschland besteht heute die Hauptaufgabe der Archäologie darin, beim Straßen- oder Hausbau entdeckte Funde zu sichern und zu erforschen. Oft ist es ein Wettlauf gegen Bagger und Terminpläne der Baufirmen. Zugleich erschließt die Archäologie neue Arbeitsgebiete, so die **Industriearchäologie**, die den Anfängen der modernen Technik nachspürt. Ein anderer neuer Zweig ist die **Meeresarchäologie**, die versunkene Schiffe und deren Ladungen untersucht. Auch die erneute Bearbeitung früherer Funde mit modernen wissenschaftlichen Methoden bietet noch ein weites Betätigungsfeld.

Archimedes (um 287–212 v. Chr.) Dieser bedeutendste Physiker und Mathematiker der Antike löste bereits kubische Gleichungen, bestimmte die Quadratwurzel, berechnete Fläche und Umfang des Kreises, entdeckte den Schwerpunkt, den statischen Auftrieb und das spezifische Gewicht sowie das Hebelgesetz und die schiefe Ebene. Neben hydraulischen Vorrichtungen soll er auch Kriegsmaschinen gebaut haben, mit deren Hilfe seine Heimatstadt Syrakus auf Sizilien zwei Jahre lang der Belagerung durch die Römer widerstehen konnte. Ob er Belagerungsmaschinen des Gegners durch Brennspiegel zerstörte, ist strittig. Als die Römer 212 v. Chr. Syrakus eroberten, kam Archimedes ums Leben.

Archon (griech. = Herrscher) Die höchsten Beamten der griechischen Stadtstaaten hießen Archonten. Nachdem in Athen das Königtum abgeschafft worden war, wurden jährlich neun Archonten gewählt, seit den Reformen Solons 594 v. Chr. aus dem höchsten Stand. Der oberste Archon war oberster Richter und gab seinen Namen dem Jahr, der **Archon Basileus** (König) hatte Opfer und religiöse Feste, der **Archon Polymarchos** (Feldherr) das Heer zu leiten. Die übrigen sprachen Recht in Privatsachen. Nach ihrem Amtsjahr traten sie dem **Areopag**, dem höchsten Kriminalgericht, bei. Nachdem Kleisthenes die Archonten 508/7 entmachtet hatte, entwickelte sich das Archontat zum bedeutungslosen Ehrenamt.

Arianer Die Anhänger des alexandrinischen Priesters **Arius** (gest. 336 n. Chr.) leugneten die Wesensgleichheit Christi mit Gott, dem Vater, und verstanden Christus lediglich als *vornehmstes Geschöpf Gottes*. Unter dem Einfluß Kaiser Konstantins d. Gr. wurde die Lehre des Arius auf dem **Konzil von Nizäa** (325 n. Chr,.) verurteilt. Eine Reihe germanischer Stämme, u. a. Goten, Wandalen und Langobarden, nahm das Christentum in arianischer Form an. Als sich der Frankenkönig **Chlodwig,** König *der* aufstrebenden Macht Europas, im 5. Jh. zum katholischen Glauben bekannte, war der Untergang des Arianismus besiegelt.

Aristoteles (384–322 v. Chr.) Als Sohn eines griechischen Arztes in Stageiros/ Chalkidike geboren, kam er als junger Mann an die Akademie ▶ Platons vor den Toren Athens und wurde der bedeutendste Schüler des Philosophen. Nach dessen Tod verließ er Athen, lernte an Fürstenhöfen die Politik kennen und wirkte seit 342 v. Chr. als Erzieher des späteren Makedonenkönigs Alexander des Großen, dem er die Liebe zur griechischen Kultur einpflanzte. Der im Umgang mit dem mächtigsten Mann seiner Zeit stets selbstbewußt gebliebene Philosoph gründete in Athen eine eigene Schule, eine berühmte Bibliothek und ein Museum der Naturkunde. Alexander der Große half mit Geldspenden und ließ in allen Teilen seines Weltreiches seltene Tiere und Pflanzen für die Sammlungen des verehrten Lehrers zusammentragen. Aristoteles beschäftigte sich zugleich mit Philosophie, Politik, Kunst, Literatur und Naturwissenschaften und überschaute in einzigartiger Weise als Universalgelehrter das gesamte Wissen seiner Zeit.
Grundsatz seines politischen Denkens war der Satz, der Mensch sei ein von Natur auf Gemeinschaft angewiesenes Wesen, ein **zoon politikon**. Als beste Staatsform befürwortete er eine auf eine breite Schicht gegründete Aristokratie als Mitte zwischen Monarchie und Demokratie. Bis in die Neuzeit schöpften das christliche Europa, die jüdische Welt und das islamisch-arabische Geistesleben ihr Wissen aus den Werken des Aristoteles. Nach dem Tod Alexanders des Großen im Jahr 323 vertrieben die Athener den Philosophen, weil er ein Freund des Makedonen war. Aristoteles starb in Chalkis auf Euböa.

Armada (span. = Streitmacht) Meistens bezieht sich der Begriff auf die Flotte von 132 Schiffen, mit der **Philipp II.** von Spanien 1588 England besiegen wollte. Begründet wurde der Angriff mit Überfällen englischer Piraten, der Hilfe ▶ Elisabeths I. für den niederländischen Aufstand gegen die

Der Untergang der Armada

Spanier und der Hinrichtung Maria Stuarts. Nach einigen Gefechten im Ärmelkanal zersprengte die englische Flotte unter **Howard** und **Drake** bei Calais die spanischen Schiffe, noch bevor sie das spanische Landheer an Bord nehmen konnten. Während der Rückfahrt um Schottland geriet die Armanda in schwere Stürme. Nur 66 Schiffe kehrten wieder heim.

Armenier Im 8. Jh. v. Chr. wanderte von der unteren Donau her das indoeuropäische Volk der Armenier in den Raum zwischen Kaukasus und Mittelmeer. Es konnte aber nur zweimal einen Staat bilden, nämlich im 1. Jh. v. Chr. und von 1080 bis 1375. Sonst stand es immer unter Fremdherrschaft. Im **Osmanischen Reich** lebten die christlichen Armenier bis in die Mitte des 19. Jh.s ohne Probleme. Dann griff der ► Nationalismus auf die Türkei über, und die Moslems wurden fremdenfeindlich. Massaker forderten 1894/96 zwischen 50000 und 100000 Tote. Darauf wanderten viele Armenier aus, vor allem in die USA. Im 1. Weltkrieg verdächtigten die Türken die Armenier der Zusammenarbeit mit den Russen. Dies führte zum Massaker von 1915 mit 1,5 Mio. Toten. 1918 entstand zwischen Kaspischem und Schwarzem Meer ein neuer Armenierstaat. 1920 besetzte die Rote Armee das Gebiet; bis 1991 war es Sowjetrepublik. Es leidet unter Spannungen mit den Nachbarn, den moslemischen Aserbeidschanern. Die armenische Kultur erreichte schon in der Antike einen hohen Stand. Als erste haben die Armenier den Buchdruck im Orient eingeführt.

Assyrer Sie nannten sich nach **Assur**, dem Gott ihrer Hauptstadt am mittleren Tigris. Die semitisch-akkadischen Einwanderer bildeten bereits um 2400 v. Chr. ein assyrisches Reich unter der Oberhoheit der Sumerer. Der steile Aufstieg zur beherrschenden Macht des Nahen Ostens begann mit der Eroberung von Syrien, Babylon und Ostkleinasien um etwa 1100 v. Chr.; sogar Ägypten wurde assyrische Provinz. Die Assyrer hatten von den **Hethitern** die Kampftechnik mit Pferden vor schnellen Streitwagen übernommen und fertigten

Waffen aus Eisen. Mit rücksichtsloser Gewalt brachen sie jeden Widerstand. Ganze Völkerschaften wurden aus ihrer Heimat verschleppt. In ihren Städten am Tigris entfalteten sie eine rege Bautätigkeit und errichteten prachtvolle Tempel und Paläste. Hier wie beim Bau von Bewässerungsanlagen bewiesen sie hervorragende technische Fähigkeiten, wobei sie sich auf babylonische Errungenschaften stützten. In den Ruinen der Stadt Ninive fand man auch eine berühmte Bibliothek. Auf etwa 25000 Keilschrifttafeln sammelte König **Assurbanipal** die Schätze der Gelehrsamkeit und Dichtung Mesopotamiens, darunter das ▶ Gilgamesch-Epos. Die Babylonier vernichteten den verhaßten Kriegerstaat im Jahr 612 v. Chr.

Atatürk führt türkischen Lehrern die lateinische Schrift vor, 1928.

Atatürk (um 1880–1934) **Mustafa Kemal Pascha,** schloß sich den ▶ Jungtürken an und bekleidete im 1. Weltkrieg hohe militärische Ränge. 1920 revoltierten nationalgesinnte Türken unter seiner Führung gegen den **Frieden von Sèvres**, der die Türkei auf Anatolien beschränkte und den Griechen Gebiete an der türkischen Küste zusprach. Mustafa Kemal übernahm die Regierung, vertrieb 1922 die Griechen und schaffte das Sultanat ab. 1923 wurde er Präsident der Republik und begann die Modernisierung des Landes (Einehe, Verbot von Schleier und Fez, lateinisches Alphabet, Abschaffung des Kalifats). 1934 bekam er den Titel Atatürk, *Vater der Türken.* Ihm sind die Grundlagen der modernen Türkei zu verdanken, die Trennung von Staat und Religion, die Öffnung nach Europa.

Athen Das Gebiet von Athen war schon seit dem 2. vorchristlichen Jt. besiedelt, doch gewann die Stadt erst seit dem 7. Jh. an Bedeutung. Seine größte Blüte erlebte der Stadtstaat unter Perikles nach den Siegen gegen die Perser im 5. Jh. v. Chr. Den Kern der Siedlung bildete die auf einem 156 Meter hohen Felsplateau gelegene **Akropolis** (s. Rekonstruktion S. 362). Hier hatte die älteste Burg gestanden, hier wurde 447–38 v. Chr. der **Parthenon,** der große Haupttempel, zu Ehren der Stadtgöttin Athene errichtet. Unmittelbar davor stand, weithin sichtbar, eine etwa 10 Meter hohe Bronzestatue der Göttin. Am linken Rand des Plateaus lag das **Erechtheion,** ein etwas kleinerer Tempel, in dem jener Ölbaum wuchs, den Athene selbst den Bürgern geschenkt haben soll. Westlich der Akropolis bildete der **Areopag,** der Ares-Hügel, seit alten Zeiten eine heilige Stätte; hier tagte später der Oberste Gerichtshof. Noch ein Stück weiter westlich fanden auf dem Pnyx-Hügel die Volksversammlungen statt. Am Fuße von Areopag und Akropolis erstreckte sich im Norden die **Agora**, der große öffentliche Marktplatz Athens, mit wichtigen Amtsgebäuden, schönen Tempeln, zwei Wandelhallen und zahlreichen Verkaufsläden. Von der Akropolis aus führte die Heilige Straße, eine Prozessionsstraße, über die Agora westwärts bis zum Heiligtum von Eleusis. Um den durch Akropolis und Agora gebildeten Stadtkern lagerten sich die Wohn- und Handwerkerviertel (z. B. „Keramaikos“, das Töpferviertel). In seiner Glanzzeit besaß Athen etwa zehntausend Häuser und hatte knapp 100000 Einwohner. **Themistokles** umgab nach 480 v. Chr. die Stadt mit einer Mauer, an die Perikles die **Langen Mauern** anfügte, die Athen mit seinem Hafen **Peiraieus** (dem heutigen Piräus) verbanden und zwischen denen in Kriegszeiten die Landbevölkerung Attikas Schutz fand.

Athen erlebte noch einmal eine Blüte nach dem Peloponnesischen Krieg gegen Sparta Ende des 5. Jh.s. Dann sank Athens Macht: die Stadt fiel an die Makedonier, wurde 86 v. Chr. von Sulla erobert und römische Provinz, verarmte durch die Plünderungen der Völkerwanderung. 1834 wurde sie Hauptstadt des neuen Königreichs Griechenland.

Atombombe Atom- oder Kernwaffen gewinnen ihre Zerstörungskraft durch die Energien, die bei der Kernspaltung oder Kernverschmelzung freiwerden. Atombomben wurden von den USA im Jahr 1945 erprobt und zur Beendigung des Zweiten Weltkriegs im pazifischen Raum erstmals militärisch eingesetzt. Die Zündung der Bombe über dem japanischen **Hiroshima** am 6. August 1945 tötete 90000 Menschen unmittelbar (bis 1950 282000 Tote) und verletzte über 40000. Die zweite Bombe fiel drei Tage später auf **Nagasaki** (40000 Tote, 60000 Verletzte). Seit 1949 verfügt die Sowjetunion über die Atombombe, es folgten Großbritannien (1952), Frankreich (1960), die Volksrepublik China (1964) und Indien (1974).

Durch die Weiterentwicklung zur Wasserstoffbombe wurde die Atombombe zu einem Massenvernichtungsmittel von so ungeheurer, aber zugleich unkalkulierbarer Zerstörungskraft, daß ein militärischer Einsatz kaum möglich ist. Deswegen, aber auch wegen der immer größer werdenden Rüstungsausgaben, kam es seit 1963 zu Verhandlungen über Rüstungskontrolle und -abbau zwischen den USA und der UdSSR bzw. ihren Nachfolgestaaten. Bedrohlich für die Zukunft kann werden, wenn weitere Staaten in den Besitz von Atomwaffen gelangen.

Aufklärung *Aufklärung ist der Ausgang des Menschen aus seiner selbst verschuldeten Unmündigkeit.* Dieser Satz **Immanuel Kants** (1724–1804) enthält den Kern der Aufklärung. Er geht davon aus, daß der Mensch vernünftig ist und daß er sein ganzes Leben nach den Regeln der Vernunft gestalten kann, wenn er nur will. Lebt er nicht danach, dann sind alle Schwierigkeiten, wie Kant meint, selbst verschuldet. Dieser Mensch verfällt dem Aberglauben, er fürchtet sich vor Hexen und bösen Geistern, entscheidet auch wichtige Fragen nach Vorurteilen oder ungeprüften Traditionen. Kurz, er kann seine Umwelt nicht wirklich beurteilen und verhält sich wie ein unmündiges Kind. Das hat aber Folgen, weil dieser Mensch das Opfer von Mächten wird, die ihn wirtschaftlich ausbeuten, politisch unterdrücken und in jeder Hinsicht hilflos machen, was er in seiner Kritiklosigkeit oft nicht einmal bemerkt.

Die Aufklärung will nun den Ausgang aus dieser selbstverschuldeten Unmündigkeit zeigen. Das Ziel ist, mit einem modernen Ausdruck, der mündige Bürger: Er befreit sich mit Hilfe der Vernunft von Bevormundung durch Kirche und Fürsten, Tradition und Aberglauben. Er prüft und entscheidet alles nach den Regeln der Logik und mit den Mitteln wissenschaftlicher Erkenntnis. Ansätze solchen Denkens finden sich schon bei ▶ Sokrates in der griechischen Antike. Er meinte, der Mensch könne durch Gebrauch der Vernunft zur Weisheit kommen, der Weise aber werde immer richtig han-

Immanuel Kant

deln. Dieser Gedanke zieht sich in verschiedenen Abwandlungen durch die Geschichte der abendländischen Philosophie, bis er im **Rationalismus** der Aufklärung zur beherrschenden Idee wird. In ▶ Renaissance, ▶ Humanismus und ▶ Reformation wird die Aufklärung vorbereitet. Mit **Hugo Grotius** (1583–1645) und **Baruch Spinoza** (1632–77) in den Niederlanden, mit ▶ John Locke (1632–1704) und **David Hume** (1711–76) in England und mit **François-Marie Voltaire** (1694–1778) in Frankreich wird sie zur beherrschenden Strömung in der europäischen Philosophie. Zu ihren Hauptvertretern in Deutschland zählen **Christian Wolff** (1679–1754) und **Gotthold Ephraim Lessing** (1729–81). Mit dem Königsberger Philosophen Immanuel Kant erreichte sie ihren Höhepunkt. Der Aufstieg der modernen Naturwissenschaften hat der Aufklärung zum Durchbruch verholfen, denn mit ihrer Hilfe konnte sie manche ihrer Lehrsätze beweisen, und für die Erkenntnisfähigkeit der Menschen schien es in den naturwissenschaftlichen Fächern keine Grenze zu geben. Warum sollte es nicht auf allen Gebieten so sein?

Die Aufklärung hat die Neuzeit entscheidend gestaltet. Sie führte in der Staatslehre zur Idee vom Staatsvertrag, zur Lehre von der Gewaltenteilung und vom Widerstandsrecht, in der Justiz zum Naturrecht und zum Ende von Folter und Hexenverfolgungen, in der Pädagogik zu modernem Schul- und Universitätsbetrieb. Der Einfluß der Religion auf Politik und Kultur wurde zurückgedrängt, und es gibt eigentlich kein Gebiet, auf dem die Aufklärung nicht die Welt verändert hätte.

Der Wandel brachte aber nicht nur Gutes hervor. Der Glaube an die Allmacht der Vernunft führte zur Selbstüberschätzung. Auch meinte mancher, vernünftig sei vor allem, was ihm selber nützt. Wir fordern heute auch, daß der Mensch seine Vernunft gebrauchen soll und kann, begreifen aber immer mehr, daß der rationalen Erkenntnisfähigkeit Grenzen gesetzt sind, und daß auch andere Komponenten des Menschen zu ihrem Recht kommen müssen, wie zum Beispiel das Gefühl oder die Lebensqualität, die sich nur schwer rational begründen oder erklären lassen.

Augsburger Religionsfriede Von König **Ferdinand I.** und den Reichsständen ausgehandelt, wurde er 1555 auf dem Augsburger Reichstag als Reichsgesetz verkündet. Den Anhängern des Augsburger Bekenntnisses (Protestantismus) wurde Friede und gegenwärtiger Besitz garantiert. Den weltlichen Reichsständen wurde Religionsfreiheit gewährt; sie bestimmten die Religion ihrer Untertanen nach dem Grundsatz **cuius regio, eius religio** (= wessen Land, dessen Religion); bei einem Wechsel blieb nur die Auswanderung. Geistliche Fürsten verloren beim Wechsel ihre Würde; ihre Untertanen blieben ka-

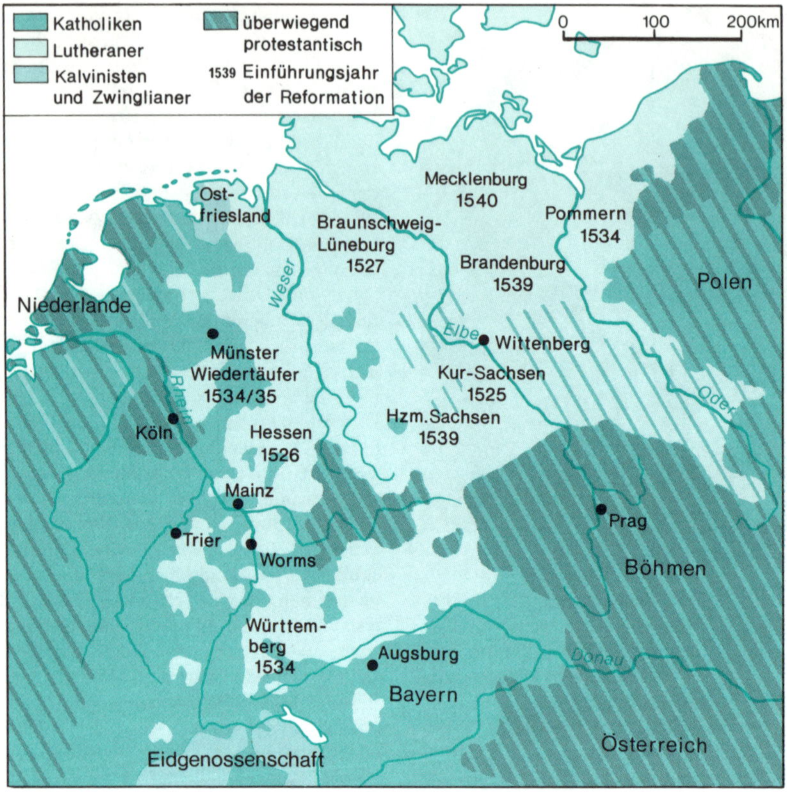

Die Konfessionen in Deutschland und Mitteleuropa 1555

tholisch. Die Reformierten unter Calvin erhielten erst 1648 die Gleichberechtigung mit Katholiken und Lutheranern.

Augustinus (354–430) Als Sohn eines Stadtrates in Tagaste/Nordafrika geboren, wurde Augustinus von seiner Mutter Monika christlich erzogen. In Mailand und Rom, wo er sich auf den Beruf eines Professors der Redekunst vorbereitete, entfremdete er sich zeitweilig dem christlichen Glauben, bis er durch die Predigten des Bischofs **Ambrosius** in Mailand ein neues Verhältnis zum Christentum gewann und sich 387 mit seinem Sohn taufen ließ. Vier Jahre später zum Priester geweiht, wurde er 395 Bischof von Hippo in der Nähe von Karthago, wo er in den langen Jahren seines Wirkens Irrlehren bekämpfte. Dabei handelte es sich um den **Donatismus**, der die Wirksamkeit der Sakramente von der Heiligkeit des Spenders abhängig machte; den **Manichäismus**, der sehr stark dualistisch geprägt war, also in Gut und Böse, Licht und Finsternis, Geist und Körper unterschied und über strenge Askese und

Selbsterkenntnis zur Erlösung gelangen wollte; die Lehre des **Pelagius**, der die Gnadenlehre von Augustinus bestritt. Diese augustinische Gnadenlehre, wonach der Mensch nicht durch eigene Kräfte, sondern nur durch die Gnade Gottes Seligkeit erlange, wirkte bis auf Luther.
Während in der Zeit des **Toleranzedikts von Mailand** 313, in dem Konstantin der Große den Christen Religionsfreiheit gewährte, die neue Religion auch zur Stützung des Römischen Reiches genutzt wurde, betonte Augustinus in seinem Hauptwerk *Der Gottesstaat* den endzeitlichen Charakter der Kirche. Augustinus gilt als der größte antike Kirchenlehrer, dessen Lehren lange wirkten. Er starb in Hippo während einer Belagerung durch die Wandalen.

Augustus (63 v. Chr.–14 n. Chr.) Gaius Octavius, später Julius Caesar Octavianus, wurde 63 v. Chr. geboren. Der Großonkel Gaius Julius Caesar nahm sich des frühverwaisten Knaben an, ließ ihn erziehen, adoptierte ihn und machte ihn zum Erben. Politisch unerfahren, aber intelligent und von einem starken Willen erfüllt, setzte er sich nach Caesars Tod gegen den Senat durch und schloß 43 mit **Marcus Antonius** und **Lepidus**, zwei Truppenführern Caesars, das **2. Triumvirat**. Dieser Dreimännerbund sollte auf der Grundlage eines auf 5 Jahre begrenzten Ausnahmegesetzes den römischen Staat neu ordnen. Nach einer blutigen Abrechnung in Rom und dem Sieg über die Caesarmörder bei **Philippi** (42) teilten die Triumvirn das Reich, wobei Octavianus den Westen, Marcus Antonius den Osten in Besitz nahm. Lepidus, der ursprünglich einen Teil Galliens und Spaniens erhalten hatte, zog sich 36 zurück. Das Einvernehmen war nicht von Dauer. Der Seesieg von **Actium** (31) über Marcus Antonius und dessen Selbstmord machten Augustus praktisch zum Alleinherrscher, zum ▶ Kaiser im Römischen Reich.
Anders als Caesar respektierte er die Formen und Institutionen der Republik und bezeichnete sich nur als **princeps** (der Erste), der bestimmte Ämter der Republik bekleidete. Freilich blieb er Oberbefehlshaber über das Heer, seit 38 nannte er sich **Imperator Caesar Divi filius**. Im Jahre 27 v. Chr. erhielt er vom Senat den Ehrennamen Augustus, d. h. der Erhabene.
Dem römischen Volk galt Augustus als der Mann, der nach 100 Jahren Bürgerkrieg den Frieden brachte. Er beendete die römi-

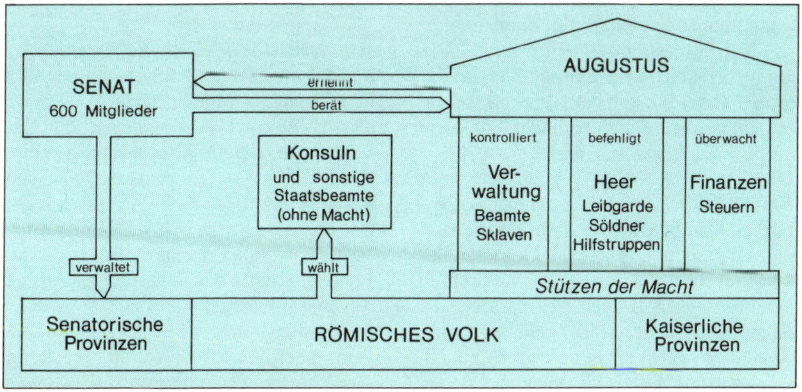

Die Prinzipatsverfassung des Augustus

Augustusstatue, Ausschnitt

schen Eroberungen im Osten, konzentrierte sich auf den germanischen Bereich und verstärkte die Gründung von Kolonien und die Romanisierung der eroberten Provinzen. Einen Rückschlag dieser Politik brachte die Vernichtung eines römischen Heeres im **Teutoburger Wald** durch die Germanen 9 n. Chr. Innenpolitisch knüpfte Augustus bei altrömischen Traditionen und Moralvorstellungen an. Rom, die Hauptstadt eines Weltreiches, ließ er prächtig zu einer Stadt aus Marmor ausgestalten. An der Blüte der Künste und vor allem der Literatur nahm er persönlich Anteil und förderte u. a. Livius, Horaz und Vergil.

Auspizien Schon griechische und etruskische Seher beobachteten das Erscheinen, die Flugrichtung und das Gebaren der Vögel und suchten daraus die Zukunft zu deuten. Diesen Brauch übernahmen die Römer und entwickelten daraus das **Auspizium**, die Vogelschau. Beauftragt war damit ein eigenes Priesterkollegium, die **Auguren**. Es gab erbetene und unerbetene Zeichen, die alle sehr sorgfältig beobachtet wurden. Höhere Beamte mußten vor politischen und militärischen Entscheidungen den Rat eines Auguren einholen. Mit der Zeit erlangten diese auf solche Weise auch politischen Einfluß, und ihr Amt wurde deshalb gelegentlich mißbraucht. Daher stammt der Ausdruck *Augurenlächeln,* der das spöttische Lächeln der Eingeweihten über die Leichtgläubigkeit anderer meint.

Aussatz (Miselsucht) ist im engeren Sinn die Lepra, eine Infektionskrankheit, deren Erreger 1869 entdeckt wurde. Sie bewirkt Hautverfärbungen, Verstümmelungen an Händen und Füßen, Entstellungen im Gesicht und Geschwürbildungen. Nach dem Dreißigjährigen Krieg verschwand sie aus Europa. Im Mittelalter wurden alle mit ansteckenden und ekelerregenden Hautkrankheiten Behafteten ausgesetzt, außerhalb der Städte in **Leprosorien** untergebracht. In diesen **Gutleutehäusern** wurden sie von ihren Verwandten verpflegt und von Freiwilligen oder Ordensleuten, z. B. Antonitern, betreut. Jeden körperlichen Kontakt mit ihnen mied man, die Toten begrub man abgesondert. Die Aussätzigen durften betteln, mußten aber die Gesunden mit Klappern warnen.

Auswanderer Zu allen Zeiten wanderten Menschen aus politischen, religiösen und sozialen Gründen in andere Länder aus. Als Beispiel seien die deutsche ▶ Ostsiedlung und die ▶ Hugenotten genannt. Eine weitere Auswanderungswelle begann um 1800, als in den meisten Staaten Europas die leibeigenen Bauern frei wurden. Viele von ihnen suchten außerhalb der Landwirtschaft Arbeit, fanden aber keine, da die ▶ Industrielle Revolution in vielen Ländern erst um die Mitte des 19. Jh.s begann oder intensiver wurde. Auch das durch bessere Ernährung und medizinische Versorgung verursachte Bevölkerungs-

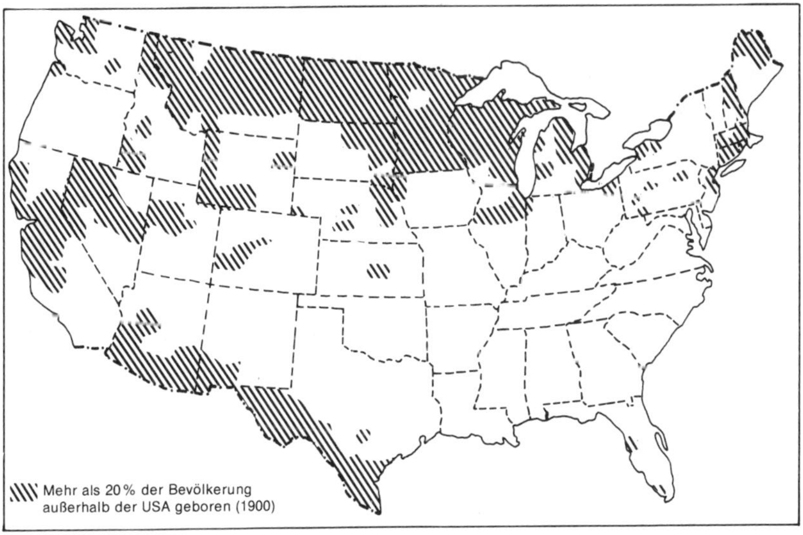

Haupteinwanderungsgebiete in den USA vor 1900

wachstum machte sich bemerkbar. Der Überhang an Arbeitskräften drückte die Löhne oft auf das Existenzminimum. Wegen begrenzter Aufnahmefähigkeit der Einwanderungsländer blieb die Zahl der Auswanderer aber noch niedrig. Obwohl die soziale wie die politische Lage sich um die Mitte des 19. Jh.s in den meisten Ländern Europas besserte und religiöse Probleme kaum mehr eine Rolle spielten, setzte aber eine Massenauswanderung ein, als der Eisenbahnbau in Übersee neuen Lebensraum erschloß und die Dampfschiffahrt die Reisekosten senkte. Wie viele Menschen Europa verlassen haben, wissen wir nicht genau, denn Statistiken fehlen oder sind unzuverlässig. Die Zahl der deutschen Auswanderer wird für die Jahre 1850 bis 1914 auf 6 bis 8 Mio. geschätzt. Mehr als 90 Prozent von ihnen gingen nach Nordamerika, einige Hunderttausend auch nach Argentinien und Chile. Die deutschen Kolonien in Afrika kamen wegen des Klimas wenig in Frage. 1913 lebten dort nur 23000 Deutsche. Auch aus Irland, Italien, Großbritannien und Osteuropa wanderten viele Menschen aus, die meisten ebenfalls nach Nordamerika. Nach dem 1. Weltkrieg setzte die Weltwirtschaftskrise eine neue Wanderungswelle in Gang. Nach dem 2. Weltkrieg gingen vor allem Flüchtlinge aus Osteuropa nach Westeuropa, Amerika und Australien (s. auch Schaubild S. 144).

Azteken 1519 begann der Spanier **Cortez** mit der Eroberung Mittelamerikas. Am schwersten wurde die Unterwerfung der Azteken. Diese hatten seit dem 13. Jh. n. Chr. im Hochland von Mexiko einen Staat um die Hauptstadt Tenochtitlán (heute Mexico City) errichtet, den eine einzige Idee beherrschte, nämlich der Dienst an den Göttern, besonders am Kriegs- und Sonnengott **Huitzilopochtli** und am Regen-

Moctezuma hält eine Ansprache während der Kämpfe um Tenochtitlan 1520, zeitgenöss. Miniatur.

gott **Tlaloc.** Wie die meisten anderen Indianervölker Mittelamerikas waren auch die Azteken von der Idee erfaßt, die Götter könnten schwach werden, Regen und Sonne ausbleiben, das Volk verhungern. Deshalb mußten die Götter gestärkt werden, und dazu gab es nur ein Mittel: Menschenblut. So bauten die Azteken unter Führung ihrer Könige und eines Kriegeradels einen Militärstaat auf und zwangen ihre Nachbarn, ihnen Menschen zu liefern, die auf den Altären der aztekischen Götter geopfert wurden. Man schnitt den Opfern bei vollem Bewußtsein das Herz aus dem Leib; Opferungen fanden bei allen größeren religiösen Festen statt.
Cortez konnte das starke Aztekenvolk und den letzten Herrscher **Moctezuma II.** nur besiegen, weil ihn andere Indianerstämme unterstützten, zum Beispiel die **Mixteken,** die sich ihrer Gegner nicht alleine erwehren konnten. Mit dem Reich der Azteken zerstörten die Spanier ein politisch, künstlerisch und sozial hoch entwickeltes Gemeinwesen, das über große astronomische und technische Kenntnisse verfügte.

B

Baal Die Völker des alten Palästinas und Syriens nannten ursprünglich jeden Stadtgott Baal (= Herr, Besitzer), vor allem aber den Himmels- und Wettergott, dessen regenspendende Gunst die Wüstenbewohner mit besonderer Hingabe erflehten. Die Propheten des Alten Testaments bekämpften ihn als heidnischen Götzen, die Griechen und Römer aber verbanden den Baal-Kult mit ihren Gottheiten, besonders mit Zeus bzw. Jupiter. Der römische Kaiser Elagabal (R. 218–222 n. Chr.) wollte den syrischen Kult um den Sonnengott als Staatsreligion einführen, scheiterte aber am Widerstand der Römer.

Babenberger Der Herzog von Baiern, **Heinrich der Zänker**, versuchte zweimal, den Nordgau, das Königsland zwischen Frankenjura und Eger, seinem Herzogtum einzuverleiben. Nachdem Kaiser **Otto II.**, sein Vetter, ihn besiegt hatte, trennte er 976 vom Herzogtum Baiern den Nordgau ab und verlieh ihn an **Berthold** aus der fränkischen Grafenfamilie der Babenberger. Sein Bruder **Luitpold** erhielt die baierische **Ostmark**. Sie gehörte zu den Marken, die von den Sachsenkaisern am Ostrand des Reiches aus den eroberten Gebieten gebildet worden waren. Diese dünnbesiedelten, aber waldreichen Gebiete waren an **Mark-**

grafen vergeben worden, die mit besonderen Vollmachten (z. B. dem Recht der Gütervergabe) ausgestattet waren und das Neuland zu verteidigen hatten, bis aus dem Reich Hilfe nahte. Zwischen Saale und Oder mußte man noch Aufstände der unterworfenen Slawen fürchten, in der Ostmark den Angriff der auf dem Lechfeld 955 besiegten Ungarn.
Luitpold, der seine Mark von der Enns bis zum Wienerwald vorgeschoben hatte, brauchte dringend Siedler für die riesigen Waldgebiete am Nordfuß der Alpen, vor allem aber für die zwischen Böhmerwald und Donau. Er gab daher große Grundstücke als Lehen (▶ Lehnswesen) an fränkische und baierische Adelige, die als nachgeborene Söhne nur wenig Grundbesitz hatten. Mit Knechten und Bauernsöhnen rodeten sie entlang der Bachläufe die zugewiesenen Wälder, bebauten die Felder und legten Dörfer an, die durch Palisadenzäune geschützt wurden. Die adeligen Grundherren jedoch erbauten Burgen inmitten ihres Besitzes, um Angreifer aufzuhalten.
Noch war die Besiedlung dünn. Daher vergab der Babenberger Lehen auch an die Bistümer Regensburg, Passau und Salzburg, die in der Ostmark bereits missionierten, jetzt aber als Grundherren auch Siedler einsetzten. In einer Belehnungsurkunde für das Bistum Freising taucht 996 erstmals der Name *Österreich* für Ostmark auf. Luitpolds Enkel **Adalbert** (1018–55), der in zähen Kämpfen die Mark bis zur March und Leitha erweitert hatte, holte die Orden der **Benediktiner**, **Zisterzienser** und **Augustiner**-Chorherren ins Land, um die Erschließung voranzutreiben. So entstanden als Rodungs- und Kulturzentren u. a. St. Florian, Melk, Göttweig, Klosterneuburg und Heiligenkreuz mit der Grablege der Babenberger. Die Städte standen im Gegensatz zu den Dörfern stets unter der Vormundschaft ihrer fürstlichen Gründer.
Kaiser Friedrich I. erhob 1156 Österreich zum Herzogtum, um **Heinrich Jasomirgott** als Verbündeten näher an sich zu binden. Dessen Sohn **Leopold V.** schloß einen Erbvertrag mit Herzog **Ottokar von Steiermark**. Als dieser 1192 kinderlos starb, fiel das Land an Leopold. Seine glänzende Hofhaltung in Hof, an dem **Walther von der Vogelweide** lebte, wurde zum großen Teil aus dem Lösegeld finanziert, das für den gefangenen englischen König Richard Löwenherz entrichtet wurde. Als sein Enkel **Friedrich der Streitbare** 1246 kinderlos starb, wollte Kaiser Friedrich II. die erledigten Reichslehen Österreich, Steiermark und Krain für seinen Enkel Friedrich reservieren. Nach Friedrichs II. Tod 1250 besetzten die Ungarn die Steiermark, König **Ottokar von Böhmen** hingegen Österreich. Nachdem König Rudolf von Habsburg König Ottokar besiegt und die Ungarn verdrängt hatte, belohnte er seine Söhne mit Österreich und der Steiermark. Diese Kerngebiete behielten die Habsburger bis 1918.

Babylon Der Name wird als *Gottestor* erklärt. Die Hauptstadt der berühmten Könige Hammurabi und Nebukadnezar II. lag am Euphrat südlich des heutigen Bagdad. Ausgrabungen unter Robert Koldewey legten 1899–1917 einzigartige Bauwerke und Kunstschätze frei, die zum Teil mehr als 3000 Jahre alt sind: u. a. die mächtige Doppelmauer mit ihren Toren, besonders dem Tor der Göttin ▶ Ischtar, das am Ende einer 180 Meter langen, prächtig ausgestatteten Prozessionsstraße lag. Den großen Königspalast umgaben künstlich bewässerte Terrassenanlagen, die als *Hängende Gärten der Semiramis* zu den Sieben Weltwundern des Altertums gezählt wurden. Im Herzen der Stadt am Ufer des Euphrat erhob sich der dem Gott **Marduk** geweihte Tempel, der als **Turm von Babel** in der Bibel überliefert ist. Er war mit 90 Meter Höhe der monumentalste Tempelturm Mesopotamiens. Mit

dem Niedergang des Neubabylonischen Reiches verlor die Hauptstadt an Bedeutung. Alexander der Große wollte sie 331 v. Chr. noch einmal zum Mittelpunkt eines Weltreiches machen, aber sein früher Tod vereitelte diesen Plan.

Bagdadbahn Eine von Georg von Siemens und der Deutschen Bank gegründete Eisenbahngesellschaft bekam 1903 vom osmanischen Sultan Abd ül-Hamid II. die Bauerlaubnis zu einer von der Anatolischen Bahn zum Persischen Golf abzweigenden Linie über Konia nach Bagdad und Basra. Die Bahn sollte zur Gesundung der osmanischen Wirtschaft beitragen und dem Deutschen Reich Einfluß in der Region eröffnen. Da der Nahe Osten aber traditionelle Einflußzone Englands, Rußlands und Frankreichs war, verfolgten diese Staaten das deutsche Engagement mit großem Mißtrauen. Der Bau der Bagdadbahn hat so ein Zusammengehen Englands und Rußlands in der englisch-russischen **Entente von 1907** (▶ Entente cordiale) mitbegünstigt. Die Bagdadbahn ist wie die Transsibirische Eisenbahn, Panama- und Suezkanal ein typisches technisches Großprojekt im Zeitalter des Imperialismus, mit dem Interessen gesichert und Machtbereiche erschlossen werden konnten.

Balance of Power Der englische Begriff *Gleichgewicht der Kräfte* bezeichnet den politischen Grundsatz Großbritanniens, die Vorrangstellung einer Macht, vor allem Frankreichs oder Deutschlands, auf dem europäischen Festland zu verhindern. Nur so konnte England sich mit seinem überseeischen Weltreich beschäftigen, ohne vom Kontinent aus bedroht zu werden. Um das europäische Gleichgewicht zu wahren, schloß England militärische Bündnisse gegen europäische Großmächte, die in den Besitz der Vormachtstellung gelangten oder danach strebten, z. B. gegen das Frankreich Ludwigs XIV. und Napoleons oder gegen Deutschland unter Wilhelm II. und Hitler. Bei Friedensverträgen, so im **Frieden von Utrecht** 1713 und von **Paris** 1814, wurde Europa unter den Großmächten so aufgeteilt, daß kein Staat stark genug war, den anderen zu unterwerfen, aber jeder so mächtig, daß er sich zur Wehr setzen konnte. Das Prinzip des europäischen Gleichgewichts prägte die englische Außenpolitik vom 17. bis ins 20. Jh. Es hat die politische Landkarte Europas immer wieder maßgeblich mitgestaltet.

Balkankriege Sie waren ein Vorspiel des 1. Weltkrieges. Zum Krisenherd wurde der Balkan durch den Zusammenbruch der türkischen Herrschaft, der das seit 1878 selbständige Bulgarien und Österreich-Ungarn auf den Plan rief. Bosnien und Herzegowina, die von Serben und Kroaten bewohnten Balkanländer, gerieten 1908 in den Besitz Österreich-Ungarns. Rußland protestierte, scheute aber vor einem Krieg zurück, Deutschland hielt zu Österreich. 1912 führten dann die Balkanstaaten Bulgarien, Serbien, Montenegro und Griechenland den 1. Balkankrieg gegen die Türken. Diese wurden bis Konstantinopel zurückgeworfen, der Großteil der Beute fiel an Bulgarien. 1913 führte Serbien die übrigen Balkanstaaten in den 2. Balkankrieg gegen Bulgarien. Als Sieger verdoppelte Serbien sein Territorium und fühlte sich ermutigt (mit Hilfe Rußlands), die Slawen des Balkans unter seiner Führung zu vereinigen – gegen die den slawischen Nationalisten verhaßte Doppelmonarchie. Ohne unmittelbar Krieg geführt zu haben, waren Rußland und Österreich-Ungarn tief in den Balkan-Konflikt verstrickt.

Baltikum *Baltia* nannten die Römer ein berühmtes Bernsteingebiet im Ostseeraum, als *Baltisches* Meer bezeichnete man deshalb die gesamte Ostsee. Später kam der Begriff Baltikum auf und meinte Livland, Estland und Kurland. Aus den Provinzen des zaristischen Rußland gingen 1918 die baltischen Republiken Lettland und Estland hervor, hinzu kam die Republik Litauen. In einem geheimen Zusatzprotokoll zum **Deutsch-Sowjetischen Nichtangriffspakt** vom 23. 8. 1939 legten Hitler und Stalin ihre Einflußbereiche im Baltikum und in Polen fest. Die baltischen Republiken wurden von der Roten Armee besetzt und als Sowjetrepubliken angegliedert. Hunderttausende der Bewohner wurden nach Asien und Sibirien verschleppt, Sprache und Kultur unterdrückt, eine Russifizierungspolitik begonnen. – Seit 1991 sind die baltischen Länder wieder unabhängige Staaten.

Bandung-Konferenz Im April 1955 trafen sich in der indonesischen Stadt Bandung Politiker aus 29 Staaten Afrikas und Asiens, um ein Gegengewicht gegen die Bündnisse der Großmächte zu schaffen. Sie forderten Unabhängigkeit der Kolonien, Selbstbestimmungsrecht der Völker, Gleichwertigkeit der Nationen, atomare Abrüstung und friedliche Zusammenarbeit. Damit begann eine verstärkte Zusammenarbeit von Ländern der Dritten Welt, die zu einer ganzen Reihe weiterer Konferenzen geführt hat, auch wenn die 2. Bandung-Konferenz 1965 nicht zustande kam.

Barbaren So nannten die Griechen alle Nichtgriechen, da deren unverständliche Sprache wie Gekrächze *bar-bar* klang. Die Verachtung der Ausländer schwand seit etwa dem 7. Jh. v. Chr. zunächst in den Kolonien, dann um 300 v. Chr. durch die stoische Philosophie, die Barbaren als Menschen wertete. Für die Griechen waren die Römer zunächst auch Barbaren; später bezeichnete man damit abwertend alle, die an der griechisch-römischen Kultur keinen Anteil hatten. Die Germanen, nun von den Römern beschimpft, erhoben **Barbarus** zum Ehrennamen: Bei ihnen ist der Tapfere gemeint, was sich bis heute im englischen *brave* niedergeschlagen hat.

Barock Das Wort stammt aus dem Portugiesischen und bedeutet die *unregelmäßige, schiefrunde Perle,* also das Absonderliche, Exzentrische, das nicht den klassischen Regeln der Renaissance gehorchte. Während man zunächst nur die Architektur und Plastik der Zeit von 1610–1720 so benannte, wird die Malerei bis 1750, die Literatur von etwa 1580–1640 und die Musik von 1600–1750 barock genannt.

In der Architektur wurden die rechteckigen Grundrisse der Renaissance kühn abgewandelt, durchbrachen Kurven und Kreise die Wände, wurden Durchblicke und Perspektiven geschaffen, um Licht und

Benediktinerstift Melk an der Donau, erbaut 1702–28

Schatten in den Räumen spielen zu lassen. Wenn Steine für die Prunkentfaltung zu schwer waren, täuschten Holz, Stuck und Freskomalerei edle Materialien wie Gold und Marmor vor. Hauptwerk war das Schloß des Fürsten, wobei **Versailles** (s. Foto S. 331) zum Vorbild wurde, dem auch die kleineren Fürsten Italiens und Deutschlands nacheiferten, dort allerdings erst 50 Jahre nach den schweren Schäden des Dreißigjährigen Krieges. Das Schloß sollte nicht nur komfortables Heim des Fürsten und Sitz der Verwaltung sein, sondern auch Macht und Reichtum des Staates zeigen und die Person des Herrschers verherrlichen, der im Zeitalter des ▶ Absolutismus niemand neben sich duldete. Bot die alte Residenzstadt nicht genügend großen Platz, dann erbaute man sich eine neue, wie z. B. Karlsruhe, auf dessen Schloßplatz hin alle Straßen radial zulaufen. Die Untertanen richten ihren Blick auf das Schloß, so wie die Dienerschaft auf den Fürsten, den man nur rückwärtsschreitend verlassen durfte.

Plastik und Malerei benutzen zwar noch die Motive aus der antiken Geschichte und Mythologie, doch herrscht statt der klassischen Ruhe und Schönheit nun Leidenschaft, Sinnlichkeit und Ekstase. Hauptwerke sind **Berninis** *Verzückung der hl. Theresa* in San Maria della Vittoria und die Gemälde von **Rubens, Rembrandt, Velázquez** und **van Dyck**, die auch in deutsche Schlösser und Galerien kamen. Die kostbarste Ausstattung mit Figuren und Bildern erhielten die katholischen Kirchen, vor allem die Wallfahrtskirchen, denn die Sinne der Gläubigen, die oft arm und unterdrückt leben mußten, sollten im Haus Gottes bereits einen Abglanz des Paradieses erleben. Den schönsten Zusammenklang der Künste lernt man in *Vierzehnheiligen* kennen, das **Balthasar Neumann** oberhalb von Lichtenfels errichtete.

Das barocke Lebensgefühl äußert sich am deutlichsten in der Literatur, die sowohl mit Formen und Bildern spielt, als auch Pathos und Verzückung (wie die Plastik) hervorbringt. Bald wird jede derbe Genußsucht gepriesen, bald die Welt verdammt und gehaßt, mal wird das Leben über alle Maßen geliebt, bald dem Tod als Erlöser gehuldigt. Diese Besonderheit der deutschen Barockliteratur findet man gerade bei den schlesischen Dichtern **Gryphius, Hofmannswaldau** und **Lobenstein**, die die Schrecken des Dreißigjährigen Krieges erlebt hatten. Die Gefährdung des Menschen, sein Elend und Glanz beherrschen auch die Textbücher des Theaters und der Oper.

Lange nannte man in der Musik die Zeit der Barockmusik das **Generalbaßzeitalter**, weil die Generalbaßmonodie Voraussetzung war für die Oper, die Kantate und das Oratorium, für die mehrchörige Musik in Venedig und für die anspruchsvolle Instrumentalmusik. Man hatte den kontrapunktischen Satz satt, in dem alle Stimmen gleichberechtigt und gleichartig waren, man wollte den Wetteifer weniger Stimmen hören und harmonische Fülle. Eingeführt wurde die neue Technik von **Monteverdi** und **Schütz** und erlebte Höhepunkte unter **Scarlatti, Vivaldi** und **Händel**. Zu Schloß und Kirche als Prachtbauten trat nun das Opernhaus, das auch für Ballett, Maskeraden, Bankette und Empfänge zur Verfügung stand. Hier kam es zum Gesamtkunstwerk, das alle Künste vereinte zum Schauspiel des Lebens.

Bartholomäusnacht Am 18. 8. 1572 heirateten der protestantische Herzog **Heinrich von Navarra** und die Schwester des französischen Königs **Karl IX.**, um ein Zeichen für die Versöhnung von Hugenotten und Katholiken zu setzen. Doch **Katharina von Medici**, die Mutter Karls, wollte den wachsenden politischen Einfluß der Hugenotten eindämmen und plante, ihren Anführer Admiral **Coligny** zu ermorden. Dabei spielten auch außenpolitische Motive eine Rolle, denn Coligny befürwortete eine Unterstützung des niederländischen Freiheitskampfes gegen Spanien. Der auch von Karl gebilligte Anschlag mißlang, aus Angst vor einem hugenottischen Gegenschlag wurde die katholische Bevölkerung von Paris zu einem Blutbad unter den noch in der Stadt weilenden Hochzeitsgästen aufgehetzt. In der Nacht zum 24. 8., dem Bartholomäustag, wurden Coligny und ca. 2000 andere Hugenotten ermordet. Das Morden der **Bluthochzeit**, wie sie auch genannt wurde, griff auf die Provinz über, ca. 10000 Hugenotten wurden getötet.

Bauern Die Entwicklung von der altsteinzeitlichen Wildbeuter- und Sammler-Kultur zum seßhaften, Getreideanbau und Viehzucht treibenden Bauerntum der Jungsteinzeit gilt allgemein als einer der folgenreichsten Schritte in der Menschheitsgeschichte. Keine Hochkultur ist ohne Bauerntum denkbar. Bahnbrechende Erfindungen sind in der Gesellschaft von Ackerbauern und Viehzüchtern entwickelt worden. Die für die bäuerliche Lebensform typische **Vorratswirtschaft** hat handwerkliche und künstlerische Tätigkeit stimuliert. Die Anfänge der **Ackerbaukulturen** lagen im Vorderen Orient. Erste Zeugnisse stammen aus dem Jordantal des 7. Jt.s. Von dort verbreitete sich das Bauerntum bis 3500 v. Chr. über ganz Europa. Die griechischen bzw. römischen familiar gebundenen Agrarbetriebe wurden dann im Laufe des 5. bis 2. vorchristlichen Jh.s durch mit Sklaven arbeitende Großbetriebe verdrängt.
Im europäischen Mittelalter war das Bauerntum zahlenmäßig der stärkste Stand in der Gesellschaft, politisch aber unmündig. Selbst der Name Bauer war zunächst nicht geläufig. Von einigen Alpenländern und Küstengebieten abgesehen, blieb der freie, grundbesitzende Bauer die Ausnahme. Die Regel war, daß die Bauern **Unfreie** sind, weil sie sich in die Bindung einer **Grundherrschaft** begeben haben, eine Sozialform, die bis ins 19. Jh. typisch war. Der Besitzer des Landes war ein adliger oder geistlicher **Grundherr**, für den der **Hörige** (der Unfreie) **Frondienste** oder **Herrendienste**, also Arbeiten auf Hof und Feld, leistete und Naturalien, später auch Geldabgaben abführte, während der Grundherr Schutzpflichten übernahm und die niedere Gerichtsbarkeit ausübte. Eine viel engere Form der Bindung war die ▶ Leibeigenschaft, bei der auch die Kinder für den Grundherrn arbeiten mußten und im **Gesindezwang** standen. Ein Ausscheiden aus der Abhängigkeit vom **Leibherrn** war hier nicht möglich.

Feldarbeit der Bauern, Holzschnitt von 1502

Die Sozialbindung der **Erbuntertänigkeit** (auch **Schollenpflichtigkeit** oder **Gutshörigkeit**) wie sie in der **Gutsherrschaft** des Ostens angetroffen wurde, machte den Bauern zu einem völlig unfreien Privatuntertan, während für die Mittelstellung zwischen Freiem und Leibeigenem die Bezeichnung **Halbfreier** angewendet wird. Immerhin war für Halbfreie auf der ihm zugewiesenen Hufe bei aller wirtschaftlichen und rechtlichen Abhängigkeit eine gewisse Selbständigkeit gewährleistet. Söhne freier Bauern wurden daher gerne Hörige, weil sie bei der Kolonisation und im Zusammenhang mit der Ausbreitung der Fronhofverbände mehr Privatinitiative entwickeln durften. Sinkende Agrarpreise bei gleichzeitigem Lohnanstieg, Hungersnöte, Seuchensterblichkeit, steigende Abgaben, ferner Einschränkungen im genossenschaftlichen Nutzungsrecht z. B. bei der **Allmende** (meist Weide, Wald, Ödland), verschlechterten im späteren Mittelalter die Lage der Bauern. Dienst- und Abgabenverweigerung, Abwanderung in die Städte nach dem Prinzip *Stadtluft macht frei,* aber auch gewalttätige Aufstände waren die Folge. Die militärische Niederlage der Bauern im ▶ Bauernkrieg (1524–25) hat die totale politische Entmündigung des Bauerntums auf Jahrhunderte eingeleitet.

Agrarreformen des 18. und 19. Jh.s, die Einführung der Agrarchemie und Landmaschinen, vor allem aber der Prozeß der ▶ Bauernbefreiung haben das Bild des neuzeitlichen Bauerntums verändert. Bäuerliche Lebensweise paßte sich zwar mehr und mehr der städtischen an, die Lohnentwicklung in der Landwirtschaft hielt aber mit jener der gewerblichen Wirtschaft nicht Schritt. Staatliche Subventionierung, Spezialisierung auf wenige Erzeugnisse und die Tendenz zum Nebenerwerb bestimmen heute das Bild der landwirtschaftlichen Betriebsstruktur.

Bauernbefreiung Es sind Reformen des 18. und 19. Jh.s, durch welche Bauern, die jahrhundertelang in ▶ Leibeigenschaft, Erbuntertänigkeit (ein der Leibeigenschaft ähnliches Abhängigkeitsverhältnis) oder persönlicher Unfreiheit lebten und zu Abgaben und Dienstleistungen gegenüber einem **Grund-** oder **Gutsherrn** verpflichtet waren, aus eben dieser Abhängigkeit gelöst wurden. Das bedeutete, daß der Bauer nun Beruf und Wohnsitz wählen, ohne Zustimmung seines Grundherrn heiraten durfte und vor Gericht seine Interessen eigenständig vertreten konnte.

Die Bauernbefreiung vollzog sich in den verschiedenen Ländern unterschiedlich. Revolutionär geschah dies in Frankreich, als die Nationalversammlung am 4. August 1789 alle Abhängigkeit aufhob. In Preußen setzten die Reformer **Stein** und **Hardenberg** die Bauernbefreiung in der Napoleonischen Zeit durch; in Österreich wurde sie von Maria Theresia und Joseph II. begonnen, endgültig erst 1848 durchgeführt, während in Rußland die Bauern erst 1861 die rechtlich-persönliche Freiheit erlangten.

Abgesehen von Frankreich, erhielten die Grundherren in allen Ländern für den Wegfall bäuerlicher Abgaben (Renten, Naturalien) und der Frondienste Entschädigungen. In den Gebieten östlich der Elbe und in Osteuropa, wo **Gutsherrschaft** verbreitet war, erfolgte diese Entschädigung

Grundherr		Gerichtsherr		Leibherr		Kirchenherr (Zehntherr)		Dorfgemeinschaft (Gemeinde)
Leistungen des Bauern	Leistungen des Herrn	Leistungen des Bauern	Leistungen des Herrn	Leistungen des Bauern	Leistungen des Herrn	Leistungen des Bauern	Leistungen des Herrn	Leistungen des Bauern
Getreide-abgabe Fastnachts-huhn Frondienste (Erntedienst und andere Arbeits-dienste) jährlich Beim Tode bestes Stück Vieh bestes Kleid Neulandzehnt Zinsen (Gült) für Schulden für Renten-rechte auf dem Land	Bau- und Brennholz Viehweide Schweine-mast im Wald	Rauchhuhn jährlich Korn (Vogt-steuer) Baufronen Holzfronen Erntefronen Jagdfronen	Gericht Urkunden-wesen Baurechte z. B. Mühlen	Frau: Leibhuhn Mann: Rauchhuhn jährlich Heiratser-laubnis gegen Abgabe Beim Tode bestes Stück Vieh bestes Kleid Abgabe bei Wohnsitz-wechsel (Abzugsgeld z. T. 15 % des Vermögens)	Schutz und Schirm ge-gen Feinde (öffentl. Sicherheit)	an Geist-lichen: Kleinzehnt Gemüse, Obst, Kraut, Hanf, Heu, Wein - - - - - - - an den Herrn: Großzehnt: Brotgetreide Blutzehnt: Ferkel, Saug-kälber, Jung-hühner, Milch, Butter, Wachs (= herr-schaftliche Nutzung der kirchlichen Einkünfte)	Bestellung des Geist-lichen Unterhalt der Kirche	Gerichtsgebühren Umlagen, Ortssteuer (Bede) Zuzugs- und Abzugs-gebühr Frondienste (Fuhr-dienste, Wegausbesse-rung u. a.)
gebunden an den Boden (Hofzins)		(Gerichts-abgaben)	Rechts-schutz	gebunden an die Personen (Rentenrecht)			(Seelsorge)	gebunden an die Dorf-genossenschaft

Dorfherrschaft seit etwa 1400 (Ideal-Beispiel)

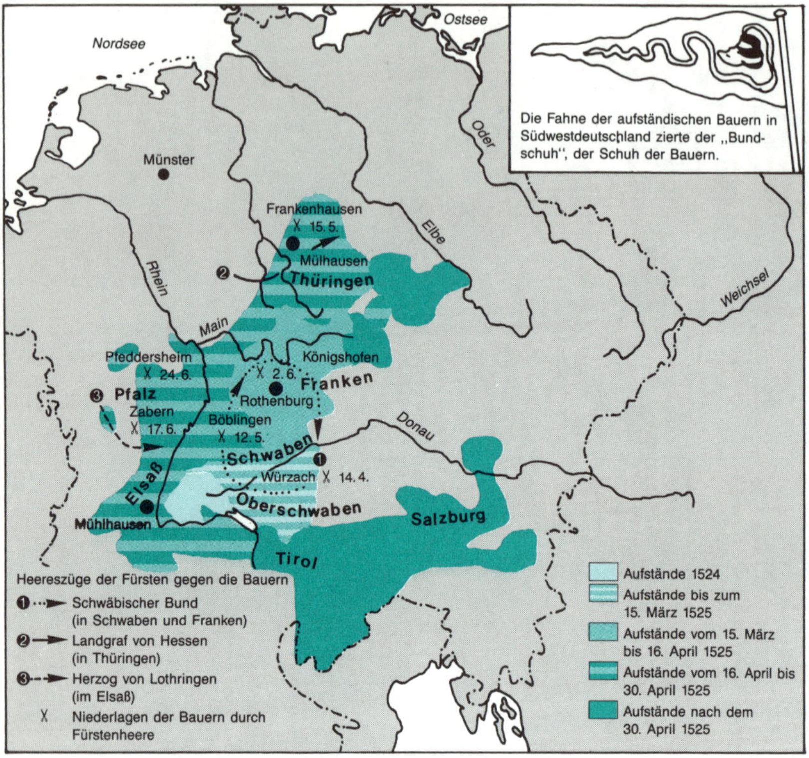

Die Ausbreitung der Aufstände

durch Landabgaben, was die Abtretung bis zur Hälfte des bisherigen Hoflandes bedeuten konnte. Dies wiederum begünstigte einerseits die gewinnsteigernde Vermehrung und Rationalisierung des Großgrundbesitzes, andererseits bedeutete es den Verlust der Existenzgrundlage vieler Bauern, die oft neuerlich als Landarbeiter in gutsherrliche Abhängigkeit gerieten oder sich in das Riesenheer des städtische **Industrieproletariats** einreihen mußten.

Die Bauernbefreiung bildete die Grundvoraussetzung für den Übergang einer ständisch-gebundenen in eine individualistische Gesellschaft, die jedem Menschen das Recht gewährleistet, selbständig zu planen und zu handeln, um durch freie Entfaltung aller Anlagen und Kräfte Glück und Wohlfahrt zu erlangen. Damit war nicht von vornherein zu erwarten, daß sich auch soziale Gerechtigkeit einstellen würde.

Bauernkrieg Schon bei den Aufständen des **Bundschuh** am Oberrhein 1493 beharrten die Bauern auf ihrem alten Recht gegenüber der Landesherrschaft, die das römische Recht und neue Steuern einführte. Gefordert wurde die Nutzung von Jagd,

Weide und Gewässer, die Abschaffung der Hörigkeit und der weltlichen Kirchenherrschaft. Der Bauernkrieg begann im Juli 1524 in der Landgrafschaft Stühlingen und erreichte im Dezember Oberschwaben. Die Reformation begünstigte den Aufstand insofern, als die Bauern ihre Forderungen aus der Bibel begründen konnten und sie neben dem alten Recht nun auch mit göttlichem Recht argumentierten. Sie bezogen sich dabei auch auf Luthers Schrift *Von der Freiheit eines Christenmenschen,* die sie auf ihr dieseitiges Leben bezogen auslegten. Die im März 1525 in Memmingen beschlossenen **zwölf Artikel** verlangten daher die reine Predigt des Evangeliums, freie Pfarrerwahl, Aufhebung des Kleinen Zehnten und der Leibeigenschaft. Die zwölf Artikel wurden sehr bekannt, vor allem da sie nach Gutenbergs Erfindung des Buchdrucks als Flugschriften verbreitet werden konnten.

Rasch breitete sich der Aufstand über Schwaben, Franken, Thüringen, Teile Österreichs und der Schweiz aus, z. T. schlossen sich Städte an. Die fränkischen Bauern, unterstützt von Würzburg und Rothenburg, forderten durch **Wendel Hipler** und **Florian Geyer** eine Neuordnung des Reiches mit einem die Landesherrn niederhaltenden starken Kaiser und einer Gesetzgebung, die ein **Bauernparlament** in Heilbronn vorbereiten sollte. Bei den Auseinandersetzungen entlud sich die Wut der Bauern in der Zerstörung zahlreicher Burgen und Klöster. Luther rief im Mai in seiner Schrift *Wider die mörderischen und räuberischen Rotten der Bauern* zur Vernichtung der Bauern auf, die der vor Gott eingesetzten Obrigkeit nicht mehr gehorchen wollten. Nach anfänglichen militärischen Siegen der Bauern unter ihrem Feldhauptmann **Götz von Berlichingen** wirkten sich die Uneinheitlichkeit der Ziele, die fehlende Planung und Führung immer mehr aus. Mit dem Heer des **Schwäbischen**

Die zwölf Artikel, Titelblatt einer Flugschrift von 1525

Bundes schlug Truchseß **Georg von Waldburg** zunächst die schwäbischen Bauern bei Wurzach und Böblingen, die fränkischen bei Königshofen/Tauber, Herzog Anton von Lothringen die elsässischen bei Zabern und Schwerweiler, Landgraf Philipp von Hessen die thüringischen unter **Thomas Müntzer** bei Frankenhausen. Etwa 100000 Bauern fielen, ein grausames Strafgericht folgte. Sieger waren die Landesfürsten. Für fast 400 Jahre schied die Bauernschaft aus dem politischen Leben Deutschlands aus.

Bayerischer Erbfolgekrieg Nach dem Aussterben der bayerischen Wittelsbacher 1778 beanspruchte Joseph II. Niederbayern und die Oberpfalz für Österreich. Friedrich d. Gr. fürchtete ein Erstarken Habsburgs, setzte sich für eine Seitenlinie der Wittelsbacher als Erben ganz Bayerns ein; es kam zu einem Krieg (1778/79), in dem aber kaum gekämpft wurde. Man bezeichnete ihn deshalb in Österreich als **Zwetschkenrummel** und in Preußen als **Kartoffelkrieg**. So unbedeutend er militärisch war, so wichtig wurden seine Folgen, denn seit dem von der Zarin Katharina II. vermittelten **Frieden von Teschen** war Rußland stets im europäischen Kräftespiel wirksam. Bayern fiel an die Pfälzer Wittelsbacher, Österreich erhielt zwar das bayerische Innviertel, konnte aber seine Verluste aus den ▶ Schlesischen Kriegen nicht durch Erwerb größerer Teile Bayerns ausgleichen. Damit war Preußen der Vorherrschaft in Deutschland einen Schritt näher gekommen.

Befreiungsbewegungen beanspruchen für sich das Recht, für die Freiheit ihrer Nation einzutreten, um Unterdrückung oder Fremdherrschaft zu beseitigen. Mit dem Ziel der Selbstbestimmung und staatlichen Unabhängigkeit ist in der Regel auch eine grundlegende Änderung der wirtschaftlichen und gesellschaftlichen Verhältnisse angestrebt.

Man unterscheidet zwischen gewaltfreien und mit militärischen Mitteln aus dem Untergrund operierenden politischen Organisationen. Ob eine Befreiungsbewegung mit friedlichen Mitteln, z. B. über Demonstrationen und Einflußnahme auf die öffentliche Meinung, arbeitet oder den bewaffneten Kampf sucht, hängt von ihrer politischen Bewegungsfreiheit, vom Grad ihrer Unterdrückung und ihrem Selbstverständnis ab. Im Zuge der Entkolonialisierung nach dem Zweiten Weltkrieg erzwangen Befreiungsbewegungen den Abzug der Kolonialmächte vor allem aus Staaten in Asien und Afrika. Noch heute operieren Organisationen in Afrika, Latein- und Mittelamerika, wobei es heute kaum noch um Entkolonialisierung geht. Die im Zusammenhang mit dem Nahostkonflikt entstandene **PLO** kämpft für einen unabhängigen Palästinenserstaat und ist inzwischen von der UNO ebenso anerkannt wie von der Vereinigung der Blockfreien Staaten. Auch anderen Befreiungsbewegungen ist es nach jahrelangen Kämpfen gelungen, eine völkerrechtliche Anerkennung zu erlangen, z. B. der **SWAPO,** die in Südafrika und Namibia gegen die Minderheitsherrschaft der Weißen eintritt. Meist werden die Organisationen finanziell, politisch oder militärisch von befreundeten Staaten unterstützt, ohne deren Hilfe sie kaum Aussicht auf Erfolg hätten. Beispiele hierfür sind die Lieferung von Waffen und Hilfsgütern an die Mudshahedin in Afghanistan, der Sturz des Diktators Somoza in Nicaragua durch die Sandinisten (1979). Zumindest während der Zeit des Kalten Krieges nach 1945 wurden die Organisationen von den beiden Großmächten UdSSR und USA zu Stellvertreterkriegen mißbraucht.

Befreiungskriege Viele Deutsche begrüßten Napoleon I. als Befreier vom Absolutismus, denn sie hielten ihn für einen Vertreter der Ideale der Französischen Revolution. Bald mußten sie aber erkennen, daß sie sich geirrt und die Herrschaft der eigenen absoluten Fürsten gegen die eines fremden Herrschers eingetauscht hatten. Dazu kam, daß die Franzosen während der Revolutionsjahre einen starken Nationalismus entwickelt hatten und die Bewohner der besiegten Staaten als Menschen zweiten Ranges behandelten. Das stieß auf umso größeres Mißfallen, als schon im 18. Jh. der Widerstand gegen die seit dem Dreißigjährigen Krieg bestehende kulturelle Vorherrschaft Frankreichs gewachsen war. Als dann die deutschen Fürsten den Anschein erweckten, sie seien zu politischen Reformen bereit, folgten ihnen die Völker begeistert in die Kriege von 1812 bis 1815, die Deutschland von der Herrschaft Napoleons befreiten. ▶ Völkerschlacht.

Belagerungsmaschinen Um bei Belagerungen die oft stark befestigten Burgen und Städte wirkungsvoll angreifen und erobern zu können, entwickelten schon die Römer Maschinen. Die Angreifer bauten sie normalerweise an Ort und Stelle aus Holz, da ein Transport viel zu schwierig gewesen wäre. Dazu gehörte vor allem die Gruppe der **Wurfmaschinen** oder **Onager.** Die größte und bekannteste war der **Triboc**, ein Wurfgeschütz mit einem festen Gegengewicht am Ende des Hebelarmes. Die **Biffa** oder **Blide** unterschied sich von dieser Geschützart nur durch ein bewegliches Gegengewicht am Hebel. Mit Hilfe dieser Maschinen konnten Steine von Faustgröße bis zu einem Gewicht von mehreren Zentnern über die Mauern auf die Verteidiger geschleudert werden. Die Wurfweiten lagen je nach Größe der Maschine und Geschoßgewicht zwischen 75 und 500 Metern.
Für den direkten Angriff auf die Mauern dienten Mauerbrecher, **Sturmböcke** oder **Widder**. Das waren riesige Baustämme, mit schweren Eisenspitzen versehen, die an Ketten an einem Gestell hingen und von bis zu fünfzig Männern rhythmisch gegen einen bestimmten Punkt der Mauer geschwungen wurden. Nasse Tierhäute schützten ihr Dach vor den Brandpfeilen der Verteidiger. Als wichtigste Angriffsmaschinen galten die Türme, mächtige hölzerne Gerüste von meist über 20 Meter Höhe. Sie waren in mehrere Stockwerke eingeteilt, in denen Bogenschützen lauerten, und auf der obersten Plattform stand manchmal eine Wurfmaschine. Bis zu 500 Mann mußten solche Türme über die zugeschütteten Gräben mühsam an die Mauern herantransportieren. Dann wurden Fallbrücken auf die Mauerkrone heruntergeklappt, über die die besten Angreifer vorwärtsstürmen konnten.

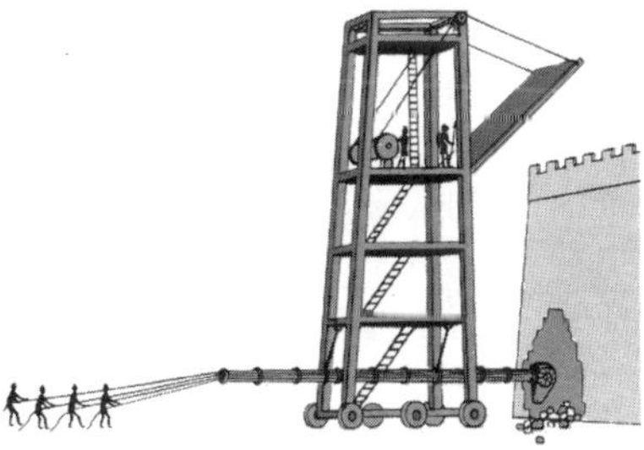

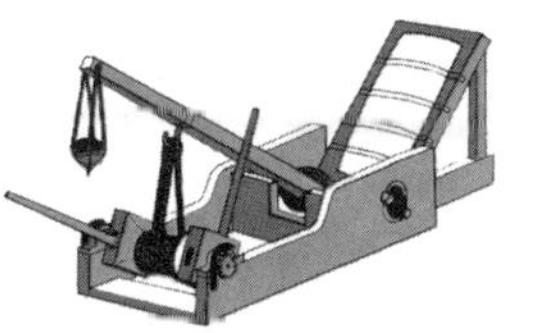

Belagerungsturm und Steinschleuder der Römer

Berliner Kongreß Als nach dem Russisch-Türkischen Krieg von 1877/78 im Frieden von San Stefano Rußland seine Interessen durchsetzen und sich eine erhebliche Beute an dem zerfallenen osmanischen Reich sichern wollte, führte das zu Spannungen mit Österreich und Großbritannien, die sich auf dem Balkan bzw. im östlichen Mittelmeer benachteiligt fühlten. Da ein neuer Krieg nun zwischen diesen drei Mächten drohte, schaltete sich Bismarck ein und lud die Beteiligten im Sommer 1878 zu einem Kongreß nach Berlin, wo er als *ehrlicher Makler* einen Interessensausgleich herbeizuführen suchte. Rußland, das einen Teil seiner Eroberungen wieder herausgeben mußte, fühlte sich benachteiligt, obgleich Bismarck es vor einer aussichtslosen militärischen Auseinandersetzung bewahrt hatte. Die Beziehungen Deutschlands zu Österreich dagegen verbesserten sich, und schon ein Jahr später kam es zum Abschluß des Zweibundes zwischen den beiden Monarchien. Die nationalen Probleme des Balkans und eine innere Befriedung blieben auch nach dem Kongreß ungelöst. S. Abbildung auf der folgenden Seite.

Vertreter der europäischen Großmächte auf dem Berliner Kongreß

Berliner Mauer Am 13. August 1961 riegelten Volksarmee und Volkspolizei der DDR den sowjetischen Sektor Berlins mit Stacheldraht ab. Trotz der dadurch ausgelösten internationalen Krise wurde die Sperre in den folgenden Monaten und Jahren zu einer stabilen Mauer mit nahezu unüberwindlichen Sicherungsanlagen ausgebaut. Die von der DDR-Führung als *antifaschistischer Schutzwall* bezeichnete Mauer hatte von Anfang an das Ziel, den Flüchtlingsstrom aus dem Osten zu unterbinden. Bis zum Mauerbau waren 3,2 Mio. Menschen in den Westen geflohen, so daß der zunehmende Arbeitskräftemangel die DDR-Wirtschaft vor immer größere Schwierigkeiten stellte. Seit dem November 1989 ist die Berliner Mauer überwunden. Mittlerweile ist sie größtenteils abgerissen und vermarktet worden.

Berlinkrise Die seit Kriegsende bestehenden Spannungen zwischen der Sowjetunion und den Westalliierten spitzten sich 1948 in Berlin zu, als die UdSSR versuchte auch im Westen der Stadt die Währung ihrer Zone einzuführen und damit die Westsektoren in ihren Einflußbereich einzubeziehen. Die westlichen Stadtkommandanten gaben nach der ▶ Währungsreform am 24. Juni 1948 DM-West in ihren Sektoren aus, vollzogen also den Anschluß an das Währungs- und Wirtschaftssystem der Westzonen. Daraufhin sperrte die UdSSR alle Land- und Wasserwege nach Berlin. Dies war möglich, da den Westalliierten nur die Luftkorridore im **Potsdamer Abkommen** vom 2. 8. 1945 vertraglich zugesichert worden waren. Durch die Insellage der Stadt war Westberlin nun fast ein Jahr (24. 6. 1948–12. 5. 1949) auf eine Versorgung aus der Luft angewiesen. Rohstoffe, Lebensmittel und Brennstoffe wurden während dieser Blockade über eine vom amerikanischen Militärgouverneur **Lucius Clay** organisierte Luftbrücke in die Stadt gebracht. Amerikanischen und britischen Flugzeugen gelang es in ununterbrochenen Einsätzen, zwei Mio. Menschen mit dem Nötigsten zu versorgen.
Als die Sowjetunion das Scheitern ihrer Blockade eingestehen mußte, gab sie das Vorhaben auf. Die Sowjetunion verlor stark an Ansehen bei der deutschen Bevölkerung, die sich nun eindeutig nach Westen orientierte. An der Krise um Berlin, dem ersten Höhepunkt des **Kalten Krieges**, wurde erkennbar, daß die Westmächte sowjeti-

schem Druck standzuhalten gedachten. Die Sowjetunion mußte akzeptieren, daß eine westdeutsche Staatsgründung von ihr nicht verhindert werden konnte, denn die USA hatten sogar durch die Stationierung von Atombombern in England ihre entschlossene Haltung während der Krise unterstrichen. Auch die Gründung der NATO im April 1949 demonstrierte deutlich westliche Verteidigungsbereitschaft.

Besatzungszonen Noch vor Ende des Zweiten Weltkriegs verständigten sich die USA, Großbritannien und die UdSSR auf der Konferenz von **Jalta** im Februar 1945 auf eine vorläufige Teilung Deutschlands in Besatzungszonen. Frankreich erhielt nachträglich eine eigene Zone aus den britischen und amerikanischen Besatzungsgebieten. Die ehemalige Hauptstadt Berlin wurde von den Alliierten gemeinsam besetzt und verwaltet. Man kam überein, einen **Alliierten Kontrollrat** für ganz Deutschland einzurichten, um eine einheitliche Politik in den besetzten Gebieten zu verwirklichen. Die Selbständigkeit der Besatzungsmächte in ihren Zonen sollte aber gewährleistet sein. Als Hauptziele der Besatzung wurden auf der **Potsdamer Konferenz** 1945 die sogenannten vier D's festgelegt: **Denazifizierung, Demilitarisierung, Demontage, Demokratisierung**. Diese allgemein gehaltenen Vereinbarungen legten die Siegermächte sehr unterschiedlich aus, so daß sich die Zonen bald auseinanderentwickelten. Während in der sowjetischen Besatzungszone eine Umgestaltung vorgenommen wurde mit dem Ziel einer kommunistischen Gesellschaftsordnung, orientierten sich die Westzonen an ihren Besatzungsmächten. Allmählich entstanden in den Zonen wieder deutsche Verwaltungen, Parteien wurden zugelassen, Wahlen abgehalten und begrenzte Selbständigkeit wurde erlaubt. Durch den Zusammenschluß der britischen und der amerikanischen Zone zur **Bizone** 1947 mit einem gemeinsamen Wirtschaftsrat war eine Vorentscheidung gefallen. Mit der Verschärfung des Kalten Krieges, insbesondere durch die Berlinkrise wurde eine Teilung Deutschlands auf der Konferenz von **Jalta** im Februar 1945 immer wahrscheinlicher. Frankreich erweiterte die Bizone 1948 zur **Trizone**, die durch die ▶ Währungsreform und die Einbeziehung in den ▶ Marshall-Plan eine eigene Entwicklung nahm. Aus den Westzonen entstand 1949 die Bundesrepublik, aus der sowjetischen Zone die DDR. Die ehemaligen deutschen Ostgebiete jenseits der Oder-Neiße-Grenze wurden nicht als Besatzungszonen behandelt, sondern galten als endgültig abgetrennt. Vgl. Karte S. 54.

Bibliothek (griech.: Aufbewahrungsort) Im Gegensatz zur Antike kannte man im Mittelalter keine öffentlichen Bibliotheken. Die Buchschätze wurden fast ausnahmslos in den Klöstern aufbewahrt, aber nur große Klöster besaßen eigene Bibliotheksräume – die Bestände lagen bei 500 bis maximal 1000 Büchern. Die Bücher wurden zur Weiterverbreitung in den **Scriptores**, den Schreibstuben, von Mönchen abgeschrieben und auch illustriert.

Schreibender Mönch, französische Handschrift des 14. Jh.s

Die Besatzungszonen in Deutschland

Seit der Mitte des 13. Jh.s begannen die neuen Orden (Franziskaner, Dominikaner) ihre Bücher auch den Laien zugänglich zu machen. An den neu gegründeten Universitäten wurden seit dem 14. Jh. meistens Pultbibliotheken eingerichtet, in denen die Bücher angekettet für die Benutzer bereitlagen (Kettenbücher). Allmählich begannen auch die Städte bescheidene Büchereien einzurichten, die aber höchstens 300 bis 400 Bände umfaßten. Größer waren die Bibliotheken einiger Fürsten z. B. die **Palatina** in Heidelberg oder die **Augusta** in Wolfenbüttel, auch die Privatgelehrter. **Konrad Peutinger** aus Nürnberg z. B. besaß um 1540 etwa 2000 Bücher. Volkstümliche Bibliotheken wurden ab ca. 1850 eingerichtet.

Biedermeier Der aus Biedermann und Bummelmeier zusammengezogene Name war Pseudonym für Adolf Kußmaul und Ludwig Eichrodt, die 1855–57 die **Fliegenden Blätter** mit Gedichten unfreiwillig-komischer Art belieferten. Sie beschrieben Biedermeier als jene *vormärzsündlichen Zeiten, wo Teutschland noch im Schatten kühler Sauerkrautköpfe gemütlich aß.* Der Begriff stand bald für den **Vormärz**, die Zeit vom Wiener Kongreß 1815 bis zur Revolution 1848. Während man lange eine gemächliche, leiblichen und musikalischen Genüssen hingegebene Lebensweise damit meinte, erfolgte um 1900 eine Aufwertung des Begriffs als Antwort auf den Protz der Gründerzeit, die Industrialisierung und Politisierung. Man übersah, daß nach dem Wiener Kongreß Bürger, vor allem Studenten, durch Metternichs System der ▶ Karlsbader Beschlüsse von der politischen Mitgestaltung hin zu Kunst, Musik und Häuslichkeit abgedrängt waren. Verengt galt jetzt Biedermeier als Inbegriff idealer Wohnkultur, eines schlichten, ornamentlosen Stils, der bei Möbeln gutes Material und handwerkliches Geschick zeigte. Entdeckt wurden die Maler **Friedrich** und **Runge,** der rührend-sentimentale **Spitzweg** und der vor allem Bücher illustrierende **Ludwig Richter.** Seit 1930 glaubte man, auch in der Literatur einen eigenen biedermeierlichen Stil mit der Verehrung des Kleinen und der Ehrfurcht vor Ordnungen in den Dichtungen von **Gotthelf, Mörike, Grillparzer, Raimund** und z. T. bei **Stifter** und **Droste-Hülshoff** zu finden. In der Musik gelten die Opernkomponisten **Kreutzer, Marschner, Lortzing, Nikolai** und **von Flotow** als Vertreter des Biedermeier, während von **Schubert, Schumann** und **Weber** aber nur die Gebrauchskompositionen dazu gerechnet werden. Biedermeier als die *gute, alte Zeit* erweist sich nur vordergründig als harmonisch und ruhig; alle geistigen, gesellschaftlichen und wirtschaftlichen Umbrü che des späteren 19. Jh.s waren dort bereits angelegt.

Bischof hieß in der christlichen Urkirche ein leitender Geistlicher. Er übernahm mit dem weiteren Aufbau der Kirche die Aufsicht über einen klar begrenzten Bezirk, die **Diözese**. Als der römische Kaiser **Theodosius** 391 das Christentum zur Staatsreligion erklärte, erlangten die Bischöfe auch rasch den Rang von weltlichen Amtsträgern, z. B. als Gerichtsherren. Sie wurden vollends in die politische Ordnung eingebunden, als die Karolinger und vor allem die ottonisch-salischen Kaiser sie mit weltlichen Besitz- und Herrschaftsrechten belehnten (▶ Reichskirchensystem), mit Schenkungen überhäuften und im Gegenzug die Bischofsstühle mit reichstreuen Kirchenmännern besetzten. Sie stammten meist aus dem Hochadel und traten im Lauf der Zeit immer machtbewußter als Fürstbischöfe auf. Im Investiturstreit im 11. Jh. entbrannte der Streit um die Einsetzung der Bischöfe, den letztlich die **Domkapitel**, geistliche Berater des Bischofs, und der Papst für sich entschieden.

Bismarck und Kaiser Wilhelm II. (links), Oktober 1888

Bismarck, Otto von (1815–1898)

Am 1. April 1815 zu Schönhausen an der Elbe als Sohn einer altmärkischen Rittergutsfamilie geboren, begann er, nach Studium und Militärzeit, seine politische Laufbahn als konservativer Abgeordneter des preußischen Landtags. 1851 bis 1859 wirkte er als Gesandter am Bundestag zu Frankfurt a. M., 1859 bis 1862 in St. Petersburg und Paris. 1862 wurde er preußischer Ministerpräsident. Schon damals hatte er seine eigentliche Aufgabe erkannt, die deutsche Frage in kleindeutsch-preußischem Sinne, also unter Ausschluß Österreichs, zu lösen. Die militärische Auseinandersetzung mit Österreich im ▶ Deutschen Krieg führte 1866 zur Auflösung des Deutschen Bundes. Die nördlichen deutschen Staaten schlossen sich 1867 unter preußischer Führung zum ▶ Norddeutschen Bund zusammen, die süddeutschen Staaten verhielten sich abwartend bzw. schlossen geheime Schutzverträge mit dem Bund ab. Der Sieg über Frankreich 1870/71 brachte Bismarck den größten politischen Erfolg: die Ausrufung eines deutschen Kaiserreiches unter dem preußischen Monarchen Wilhelm I.
Als Reichskanzler und Außenminister leitete Bismarck nun bis 1890 das Reich – verantwortlich nur dem Kaiser, nicht dem Parlament. Seine Bündnispolitik prägte die Überzeugung, daß nicht die Expansion, sondern die Sicherung des Erreichten deutsche Außenpolitik bestimmen muß. Diesem Prinzip treu bleibend, suchte er 1872 mit dem **Dreikaiserbündnis** (Deutschland-Österreich-Rußland), 1879 mit dem **Zweibund** (Deutschland-Österreich), 1884 mit dem Dreibund (Deutschland-Österreich-Italien) und 1887 mit dem ▶ Rückversicherungsvertrag (Deutschland-Rußland) den Interessen Deutschlands und dem Frieden Europas zu dienen. Eine durch den russisch-türkischen Krieg heraufziehende Krise meisterte er auf dem ▶ Berliner Kongreß von 1878.
Innenpolitisch war Bismarck nicht so erfolgreich. Sein Ziel, das deutsche Reich zu einem modernen Staat zu formen, löste Konflikte mit unterschiedlichen gesellschaftlichen Gruppen aus. Er versuchte die Arbeiterschaft durch eine ▶ Sozialgesetzgebung in die Gesellschaft zu intergrieren, gleichzeitig suchte er ihre politische Vertretung, die Sozialdemokratie, per ▶ Sozialistengesetze auszuschalten. Bismarck entfremdete auch weite Teile der katholischen Bevölkerung dem Staat durch seinen gegen den Katholizismus gerichteten ▶ Kulturkampf.
Nach dem Tod des Kaisers kam es 1890 zu persönlichen und sachlichen Gegensätzen mit dem jungen Nachfolger, Wilhelm II., die zu Bismarcks Entlassung führten. Bismarck zog sich auf sein Gut Friedrichsruh zurück und schrieb seine Memoiren *Gedanken und Erinnerungen.*

Blutgerichtsbarkeit Sie befaßte sich im Mittelalter mit besonders schweren Verbrechen wie Diebstahl, Raub, Mord und Totschlag, auf die meist **Strafen an Hals und Hand** (Todesstrafe) standen. **Strafen an Haut und Haar** (Züchtigungsstrafen) blieben der **niederen Gerichtsbarkeit** vorbehalten. Als Beweise galten Urkunden, Zeugen, Eid und ▶ Gottesurteil. Im späteren Mittelalter wurden auch Verfahren der ▶ Inquisition angewandt. Ursprünglich in der Hand des Königs, der die Aufgabe seinem Hofgericht übertrug, wurde die **hohe Gerichtsbarkeit** an Grafen und später an die Landesherren weitergegeben. Sie wurde durch eine rote Fahne, das **Blutbanner**, symbolisiert. Im späten Mittelalter kam die Bezeichnung **Halsgericht** auf.

Hinrichtungsmethoden im Mittelalter, Holzschnitt von 1509

Böhmen Die keltischen **Bojer** gaben dem Land im Westen der heutigen Tschechoslowakei den Namen. Um 60 v. Chr. wurden sie von Germanen verdrängt, die im 6. Jh. n. Chr. wieder abzogen, ihnen folgten vom Osten her die slawischen Tschechen. Sie standen im 9. Jh. unter der Herrschaft des Großmährischen Reiches. Im 10. Jh. entstand dann unter dem Hause **Přemysl** das selbständige christliche Herzogtum Böhmen. Es erkannte die Lehenshoheit der deutschen Könige an, erhielt 1198 die erbliche Königswürde und 1290 die Kurwürde des Reiches, das heißt der böhmische König gehörte zu jenen sieben Reichsfürsten, die seit 1257 den deutschen König wählten. Die Přemysliden starben 1306 aus und Böhmen fiel durch Erbschaft an die Luxemburger.
Vom 13. Jh. an kamen deutsche Einwanderer ins Land. Es waren vor allem Bergleute, Handwerker und Kaufleute. Durch seine gute Verkehrslage und den Reichtum an Bodenschätzen wurde Böhmen zu einem der wirtschaftlich und politisch stärksten Reichsländer, und unter Kaiser ▶ Karl IV. (1336–78) erreichte es den Höhepunkt seiner Bedeutung. Böhmens Hauptstadt Prag war politischer Mittelpunkt des Reiches und eine seiner bedeutendsten Kulturstädte; hier wurde die erste deutsche Universität durch Karl IV. 1348 gegründet.
Mit den ▶ Hussiten ging die Glanzzeit Böhmens zu Ende, denn das Land kam durch Kriege, religiöse und innenpolitische Auseinandersetzungen nicht mehr zur Ruhe. 1526 fiel es durch Erbschaft an die katholischen Habsburger und blieb bis 1918 unter deren Herrschaft. Zwar wählten die böhmischen Stände 1619 mit Kurfürst **Friedrich V.** von der Pfalz einen protestantischen Gegenkönig, doch dieser wurde 1620 am **Weißen Berg** bei Prag geschlagen (▶ Winterkönig). Damit war die Reformation in Böhmen zu Ende. Das Land verlor seine politische Eigenständigkeit, der tschechische Bevölkerungsteil stand seit der Mitte des 19. Jh.s in wachsender Opposition zu Österreich. 1918 wurde Böhmen zum Kern des neu gegründeten tschechoslowakischen Staates, in dem die Tschechen aber gegenüber Deutschen, Slowaken und Ungarn in der Minderheit waren.

Bolívar, Simón (1783–1830) ist der große Freiheitsheld der Völker Lateinamerikas. Als Sproß einer spanischen Einwan-

Simon Bolívar, Lithographie von Maurin

dererfamilie 1783 in Caracas/Venezuela geboren, früh verwaist, aber durch großes Vermögen abgesichert, ging Bolívar in jungen Jahren nach Frankreich und Spanien, wo er die triumphalen Erfolge Napoleons miterlebte. Er glaubte zum Befreier Südamerikas von den spanischen Kolonialherren berufen zu sein und beteiligte sich an dem Staatsstreich, durch den 1810 in seiner Heimat Venezuela die spanische Kolonialherrschaft gestürzt wurde. Zum Kampf entschlossen, vielseitig begabt, nicht nur als glänzender Truppenführer und Stratege, auch als Staatsmann mit politischer Weitsicht, stürzte sich Bolívar in den Befreiungskrieg gegen die Spanier. Mit seinem Marsch über die Anden, auf dem er sein Heer von den weiten Ebenen des Orinoco bis in das heutige Kolumbien führte, die Spanier im Überraschungsangriff besiegte, begründete er seinen legendären Ruhm als *Libertador,* als Befreiungsheld der spanischen Amerikaner. Er vereinigte Venezuela und Neugranada (später auch Ecuador) zur Republik Großkolumbien unter seiner Präsidentschaft. Nach der Befreiung Perus im Jahr 1822 wurde Oberperu selbständig und nannte sich nach seinem Befreier Bolivien. 1827 wurde Bolívar auch Präsident von Peru.

Im Sinn einer panamerikanischen Idee wollte er alle Völker des südamerikanischen Kontinents in einem Staatenbund vereinigen, der die Gegenmacht zum alten Europa bilden sollte. Für eine Übergangszeit billigte Bolívar diktatorische Maßnahmen, in seinem Herzen war er aber ein Anhänger der liberalen und demokratischen Staatsidee. 1826 berief er die Völker Amerikas zu einem Kongreß in Panama ein, der aber einen enttäuschenden Verlauf nahm. Nationale Eigeninteressen und Machtkämpfe durchkreuzten die hochfliegenden Pläne Bolívars, der verbittert und bereits todkrank alle Ämter abgab. Er starb auf der Flucht nach Europa bei Santa Maria in Kolumbien.

Bonifatius (672/73–754) stammt aus Wessex/Großbritannien, war also ein gebürtiger Angelsachse und hieß ursprünglich *Winfrid.* Nach erfolgloser Mission in Friesland wurde der Benediktinermönch 719 vom Papst mit der Germanenmission betraut und ihm der Name Bonifatius verliehen. Ab 721 missionierte er in Hessen und gründete die Klöster Amöneburg und Fritzlar. 722 wurde er Bischof, 732 Erzbischof und päpstlicher Beauftragter des ostfränkischen Missionsgebietes. Dort war Bonifatius, unterstützt von zahlreichen angelsächsischen Nonnen und Mönchen, erfolgreich. Um die Ohnmacht der alten Götter zu zeigen, fällte er 724 die Donareiche bei Geismar. Von Rom beauftragt, errichtete er die bayrischen Bistümer Salzburg, Freising, Regensburg und Passau, dann Eichstätt und Würzburg für Ostfranken, Erfurt für Thüringen und Büraburg für Hessen. 747 übernahm Bonifatius das Bistum Mainz, zog aber 754 nochmals nach Friesland, wo er erschlagen wurde. Der *Apostel der Deutschen* ist in seiner Lieblingsgründung, dem Kloster Fulda, begraben.

Bourbonen Die im Südosten der Grafschaft Bourges in Mittelfrankreich gelegene Herrschaft Bourbon ging 1276 in den Besitz Roberts von Clermont, eines Sohnes Ludwigs des Heiligen, über. 1327 zu Herzögen erhoben, stieg die Familie zu einem der mächtigsten Adelshäuser Frankreichs auf. Nach dem Tode Karls von Bourbon während des **Sacco di Roma**, der Plünderung Roms durch Söldner Kaiser Karls V. 1527/28, fiel das Herzogtum an die Seitenlinie **Bourbon-Vendôme**, die 1550 auch den Titel der Könige von Navarra erwarb. **Heinrich von Navarra**, mitverantwortlich für die ▶ Bartholomäusnacht, war ab 1576 der anerkannte Führer der Hugenotten, trat aber zum Katholizismus über, um 1589 die Nachfolge des letzten Königs aus dem Haus **Valois** antreten zu können. Die Bourbonen regierten in Frankreich bis 1792 und während der Restauration 1814–30. Ihre Nachfolge trat bis 1848 der *Bürgerkönig* **Louis Philippe** aus der Seitenlinie der **Orléans** an. Das seit dem Spanischen Erbfolgekrieg (1701–14) mit Unterbrechungen in Spanien regierende Haus **Bourbon-Anjou** herrschte 1735–1860 auch in Neapel-Sizilien.

Boxeraufstand *Boxer* nannten sich die Mitglieder eines chinesischen Geheimbundes, der sich zum Aufstand gegen die *Teufel aus dem Westen,* die Fremden, ferner zur Rache an den *langhaarigen Teufeln Nr. 2,* den christlichen Einheimischen, verschwor und das Pekinger Gesandtenviertel mit Gewalttätigkeiten überzog. Dieser Geheimbund entsprang verletztem Nationalstolz, denn im Zeitalter des Imperialismus wurde das Kaiserreich China von den europäischen Großmächten und Japan wichtiger Gebiete beraubt. Mit der Ermordung des deutschen und japanischen Gesandten im Jahr 1900 begann der Boxeraufstand. Ein internationales Expeditionskorps, in seinen Reihen viele Deutsche, wurde nach China geschickt, der Widerstand der Boxer 1901 gebrochen. China mußte eine Kriegsentschädigung von 739 Mio. Silberdollar zahlen und sich durch Sühnegesandtschaften bei den Europäern entschuldigen. Es war nun endgültig Beuteobjekt der europäischen Großmächte.

Brest-Litowsk Die militärische Lage und der wachsende Widerstand des Volkes gegen den Krieg zwangen Rußland am 3. März 1918 zum Friedensschluß von Brest-Litowsk mit den Mittelmächten, auch wenn das Land dabei große Verluste an Land und Menschen erlitt. Es verlor Finnland, das Baltikum, die Ukraine, Georgien und jene Gebiete, die die Türkei 1878 nach dem russisch-türkischen Krieg im **Frieden von San Stefano** an Rußland hatte abtreten müssen (Bessarabien, Teile Armeniens). Darüber hinaus mußte Rußland 6 Mio. Mark Kriegsentschädigung zahlen und in einigen Gebieten deutsche Besatzung bis zu einem allgemeinen Kriegsende akzeptieren.
Die junge Sowjetmacht nahm die harten Friedensbedingungen an, weil Lenin das Ende der militärischen Auseinandersetzungen für notwendig hielt, um im Inneren die Verhältnisse zu stabilisieren bzw. die kommunistische Umgestaltung der Gesellschaft voranzutreiben. Nach dem Zusammenbruch des Deutschen Reiches erklärten am 11. November 1918 die Westmächte und am 13. November 1918 die Sowjetunion den Vertrag für nichtig.

Bronzezeit Die Gewinnung von Kupfer und Zinn und die Verarbeitung von Metall an Stelle von Stein für Waffen und Werkzeuge gehören zu den wichtigsten Kultur-

leistungen der Menschheit. Am Beginn der Metallzeit im 3. Jt. v. Chr. steht das Kupfer, aber dann wurde eine Legierung aus Kupfer und Zinn gefunden, die einen neuen, weit härteren Rohstoff ergab: die Bronze. Beide Metalle wurden im Feuer geschmolzen und im Verhältnis 9:1 gemischt.
Die Bronze wurde im östlichen Mittelmeer bereits um 4000 v. Chr., in Mitteleuropa seit etwa 2000 v. Chr. verwendet. Die Zentren der neuen Kultur lagen in Gebieten, in denen das gegenüber dem Kupfer seltene Zinn häufiger gefunden wurde, z. B. in Südengland, in der Bretagne und im nordböhmischen Erzgebirge. Die notwendigen Erze wurden bereits von Bergleuten abgebaut; das kostbare Metall gewann man in kleinen Schmiedeöfen. Ein Netz von Handelswegen durchzog Europa, denn Bronze war überall begehrt und so förderte das neue Metall einen regen Kulturaustausch. Man fertigte Schmuckstücke (Ringe, Armreifen, Gürtelspangen), vor allem aber Waffen (Schwert, Dolch, Streitaxt). Seit etwa 800 v. Chr. folgte mit der Verarbeitung von Eisenerz eine neue Epoche der Menschheitsgeschichte, die ▶ Eisenzeit.

Buchdruck Johannes Gensfleisch, genannt **Gutenberg,** beschäftigte sich etwa seit 1436 in Straßburg mit den Problemen des Buchdrucks mit beweglichen Lettern, die man beliebig zusammensetzen und immer wieder verwenden konnte. 1448 kehrte er in seine Heimatstadt Mainz zurück und vervollkommnete seine Idee, bis 1455 das erste in dieser Weise gesetzte Buch erscheinen konnte. Es war eine lateinische Bibel mit je 42 Zeilen auf 1282 Seiten. Die Auflage dürfte zwischen 100 und 200 Exemplaren gelegen haben. 40 dieser Gutenbergbibeln sind erhalten geblieben. Für Gutenberg selbst war die Erfindung kein finanzieller Erfolg. Wir wissen, daß er lange Prozesse mit Kreditgebern und Mitarbeitern führen mußte. Ab 1465 sicherte der Erzbischof von Mainz Gutenbergs Lebensunterhalt. Gutenberg starb 1468; sein Geburtsjahr ist nicht genau bekannt – vielleicht 1396 oder 1397.
Seine Erfindung hat die Welt verändert. Bis dahin gab es nur handgeschriebene Bücher, die sehr selten und teuer waren; denn oft saß ein Schreiber jahrelang an einem einzigen Buch. Jetzt konnten Bücher und Flugblätter rasch und in großen Mengen hergestellt werden. Informationsstand und Bildung breiter Kreise stiegen, neue Ideen verbreiteten sich schnell. Ohne Gutenbergs Erfindung wäre z. B. die rasche Ausbreitung der Reformation oder die Verbreitung der zwölf Artikeln im Bauernkrieg kaum denkbar gewesen. Damit ist Gutenberg einer der Väter der modernen Welt. Die Universität Mainz trägt seit 1901 seinen Namen.

Bulle (lat.: bulla = Kapsel) Ursprünglich der Name für ein römisches Schmuckstück, wurde Bulle die Bezeichnung für das in eine Kapsel eingeschlossene, zweiseitig geprägte **Urkundensiegel** aus Gold, Silber, Blei oder Wachs, wie es seit Karl dem Großen bis ins 18. Jh. für ▶ Urkunden byzantinischer und abendländischer Kaiser sowie für päpstliche Kanzleien üblich war. Seit dem 13. Jh. bezeichnete man dann das besiegelte Schriftstück selbst als Bulle. Das bekannteste Beispiel ist die ▶ Goldene Bulle Kaiser Karls IV. aus dem Jahre 1356, die die deutsche Königswahl regelt.

Burenkrieg Die Buren (niederländisch: Bauern) sind die Nachkommen der seit 1652 von der **Niederländisch-Ostindischen Kompanie** in Südafrika angesiedelten Holländer und Rheinländer. Sie sprechen das aus niederländischen Dialekten hervorgegangene Afrikaans. Seit 1806 beherrschten die Engländer das Burenland, etwa 10000 Buren zogen deshalb 1835–38 im ▶ Großen Treck ins Landesinnere und gründeten kleine Republiken, von denen nach 1860 der Oranje-Freistaat und die Südafrikanische Republik übrigblieben. Unter dem Motto vom *Kap bis Kairo* strebte England nach einem geschlossenen Kolonialgebiet und wollte sich die Gold- und Diamantenminen der Buren aneignen.

Unter dem Burenpräsidenten **Ohm Krüger** (R. 1883– 1902), der mit seinen gegen die Engländer gerichteten Freiheitsparolen auch bei vielen Europäern Sympathie fand, begann 1899 der Aufstand der beiden Burenrepubliken. Er scheiterte nach Anfangserfolgen an der militärischen Stärke der von **Horatio Herbert Kitchener** geführten Briten und ihrer grausamen Kriegsführung. Als die Buren zum bewaffneten Untergrundkampf übergingen, antworteten die Engländer mit der *Taktik der verbrannten Erde* und schickten Frauen und Kinder der Buren in ▶ Konzentrationslager. 1902 wurden die Burenrepubliken britische Kolonien und 1910 mit Kapland zur Südafrikanischen Union vereinigt. Damit bildeten die Buren einen eigenen Staat im Rahmen des britischen Empire. 1961 riefen die Buren die unabhängige Südafrikanische Republik aus.

Burg Befestigte Anlagen gab es schon in der Steinzeit. Die Vorläufer der mittelalterlichen Burg waren aber die **Fluchtburgen** der Kelten und Germanen, das römische **Kastell** und der fränkische **Herrenhof**. Die frühen Burgen entstanden als Wehranlagen gegen die Überfälle der Normannen, Ungarn und Slawen. Bereits im 9./10. Jh. errichteten die mächtigen Adelsgeschlechter, zunächst in Flandern und Franken, befestigte Wohnsitze, von denen aus sie das umliegende Land beherrschten. Angesichts der ständigen Übergriffe benachbarter Adeliger und der politischen Wirren dieser Zeit konnte Herrschaft nur noch mit Hilfe von Burgen durchgesetzt werden.

Die Plassenburg bei Kulmbach, Holzschnitt von 1554

Burg Karlstein in Böhmen, von Karl IV. im 14. Jh. als Aufbewahrungsort für die Reichskleinodien erbaut.

Seit dem 11. Jh. erlebte der Burgenbau in Deutschland einen Aufschwung. Insgesamt 19000 Burgen sollen im Mittelalter entstanden sein, von denen heute noch 6500 – meist als Ruinen – erhalten sind. Längst war dem König das ursprüngliche Hoheitsrecht, Burgen zu bauen, entglitten. Die zum Landesherrn aufstrebenden Fürsten, Grafen, Bischöfe und Äbte suchten durch Burgen die Bewohner ihres Herrschaftsgebietes zu unterwerfen und jede Einmischung von außen zu verhindern. Auf den Burgen saßen Adlige oder Ministerialen, ursprünglich unfreie Dienstmannen, die von hier Verwaltungsaufgaben wahrnahmen, aber bald eigene Herrschaftsbereiche bildeten. Der Adel nannte sich nun nach seinen Stammburgen.

Die Burg war Herrschaftssymbol und der Mittelpunkt ritterlichen Lebens, erfüllte aber auch wirtschaftliche Funktionen. Die Burgherren verwalteten Besitzungen und sicherten Straßen, Flüsse und Brücken, wofür sie Zölle und andere Abgaben eintrieben. Im Schutz von Burgen ließen sich Handwerker und Kaufleute nieder, es entwickelte sich mit der Zeit städtisches Leben.

Die frühen Burgen waren noch kleinere, mehr oder weniger stark befestigte Anlagen, die gewissermaßen in Nachbarschaft zu den Dörfern standen. Seit dem 11. Jh. zogen die Adeligen aber auch auf schwer zugängliche Berge und steil abfallende Felsvorsprünge, um sich wehrhafter verteidigen zu können. Man unterscheidet verschiedene Typen der **Höhenburg**, z. B. die **Gipfelburg** auf der von allen Seiten unangreifbaren Spitze oder Kuppe eines Berges, die an einem Felsabfall gelegene **Hangburg** oder die nur von einer Seite erreichbare **Spornburg** auf einem auslaufenden Bergrücken. Vorwiegend im flachen Norden Deutschlands gab es **Wasserburgen**, die den Angreifer durch Schutzgräben abhielten. Der älteste Burgentyp ist die **Motte**, ein meist hölzernes Turmhaus, das auf einem künstlich aufgeworfenen Hügel stand. Hieraus entwickelte sich die in ganz Mittel- und Westeuropa verbreitete **Turmburg**. Ein anderer Burgentyp ist die **Hofburg**, die aus einem mauerumschlossenen Hof besteht. Aus der Wehrfunktion ergaben sich die charakteristischen

Bauteile. Die Burg wurde mit einem Graben und einer oft zwei Meter starken und mehr als zehn Meter hohen, manchmal doppelten Ringmauer geschützt, die mit Zinnen, später mit Schießscharten, mit Flankentürmen und Wehrgängen bewehrt war. Die Zugbrücke sicherte den Torbau, der oft mit weiteren Vorbauten eine regelrechte **Vorburg** bildete. Hauptturm war der im Burghof stehende **Bergfried**, der – auch als Machtsymbol bedeutsam – eine Höhe von 20 bis 40 Metern erreichen konnte. Er diente als letzte Zuflucht bei Angriffen. Der Burgherr lebte mit seinem Gefolge im **Palas**, dem häufig prachtvoll ausgestatteten Hauptgebäude. An der Ringmauer standen weitere Wohn- und Wirtschaftsräume (u. a. Ställe und Scheunen, Speicher, das Zeughaus mit Rüstkammer). Hinzu kommen die Burgkapelle und das Brunnenhaus.
Der heutige Besucher vermag kaum nachzuempfinden, wie bescheiden und beengt, nicht selten auch ungesund, das Leben hinter den Burgmauern sein konnte. Zwar standen seit dem 13. Jh. Kachelöfen in den herrschaftlichen Räumen, aber es fehlte an Licht und nicht selten an einfachsten hygienischen Dingen. Nur die großen Fürstenhöfe erreichten eine stattliche Größe, z. B. das staufische Wimpfen mit einem Umfang von 215 x 88 Metern, die Ritterburgen waren dagegen kaum 40 Meter lang. Anstelle von Burgen wurden seit der Wende zur Neuzeit Schlösser errichtet.

Bürger heißt im Mittelalter der freie, das Bürgerrecht besitzenden Stadtbewohner, der innerhalb der Mauern oder der städtischen Gemarkung Grund und Boden sein eigen nannte. Erworben wurde das Bürgerrecht durch einen Bürgereid, in welchem der **Burgfrieden**, die Wahrung des Friedens, beschworen werden mußte. Wer

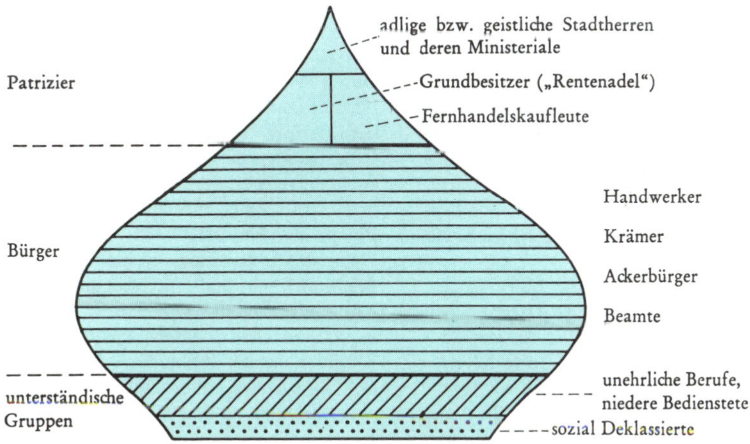

Gesellschaftsgliederung einer mittelalterlichen Stadt

Bürger geworden war, besaß persönliche Freiheit, d. h., er war von Herrenlasten und jeglicher Abhängigkeit frei. Dies war der Hauptunterschied zur Landbevölkerung. Mit dem Bürgerrecht wurde der Bürger in einer Bürgerwehr wehrpflichtig. Zur städtischen Freiheit gelangen konnte auch ein Höriger, falls sein ehemaliger Grundherr ihn nicht innerhalb eines Jahres zurückholte.
Die von den Stadtherrn – den weltlichen oder geistlichen Fürsten, zu deren Herrschaft die Stadt gehörte – gewährte Selbstverwaltung lag zunächst in den Händen herausgehobener Bürger. Dieses *ratsfähige* Patriziat nahm die Hoheitsrechte der Stadt wahr (Zoll, Münze, Markt, Gerichtsbarkeit). Der Rat wählte den Bürgermeister.
Als im 14. Jh. das zunftgebundene Handwerk zu großem Ansehen und Selbstbewußtsein gelangte, bemühte es sich, manchmal unter Anwendung von Gewalt, am Stadtregiment beteiligt zu werden. Diese Bürgerkämpfe endeten oft damit, daß Patrizier und Zünfte im Rahmen der Stadtverfassung gleichberechtigt waren. Es gab sogar Städte, in denen die Zünfte die Führung übernahmen.
Politisch völlig unbedeutend blieben in den Städten Handwerksgesellen und Tagelöhner, die eine breite Schicht von Unterprivilegierten bildeten. Das Besitzbürgertum hingegen bestimmte den Nah- und Fernhandel sowie die Finanzgeschäfte. Großen Einfluß nahm es auf das Leben und die Verwaltung der Kirchen; zahlreiche Kirchenbauten und Stiftungen gehen auf das Stadtbürgertum zurück.

Bürgerrechtsbewegungen entstanden Anfang des 20. Jh.s in den USA mit dem Ziel, den farbigen Einwohner die gleichen Rechte zu erkämpfen, wie sie die Weißen haben. Der wichtigste Führer war **Martin Luther King**, der 1968 ermordet wurde. Als 1964 die Rechtsgleichheit erreicht wurde, ging der Kampf gegen die Rassenvorurteile und die alltägliche Zurücksetzung der Farbigen weiter.
Seit den 70er Jahren gibt es in den kommunistischen Staaten Bürgerrechtsbewegungen, die zum moralischen Widerstand gegen die Menschenrechtsverletzungen aufrufen und bürgerliche Freiheitsrechte wie Presse- und Meinungsfreiheit einklagen. Dabei war wichtig, daß sich die Opposition in den Staaten selbst bildete, also nicht einfach als Einmischung des Westens abgetan werden konnte. Eine große Rolle spielte die von den Ostblockstaaten mitunterzeichnete Menschenrechtsakte der **KSZE** 1975, deren Einhaltung von den Bürgerrechtlern eingeklagt wurde. – Auch in Südafrika und China gab es Bürgerrechtsbewegungen gegen Rassenschranken bzw. für bürgerliche Freiheiten, die z. T. blutig niedergeschlagen wurden (Juni 1989 in Peking).

Burgund Graf **Richard von Autun** (gest. 921) gründete das Herzogtum, das 963 an eine Seitenlinie der **Kapetinger** kam. Diese regierten von Dijon aus ihren Staat mit straffer Verwaltung. König Johann II. von Frankreich erhob 1363 seinen Sohn **Philipp den Kühnen** zum Herzog von Burgund. Durch seine Heirat mit Margarethe von Flandern erhielt er die Grafschaften Flandern, Artois, Nevers, Rethel und die zum Reich gehörende Freigrafschaft Burgund. Aus den reichen Steuereinnahmen kaufte er die Grafschaft Charolais dazu. Sein Sohn **Philipp der Gute** (R. 1419–67) erkannte Heinrich VI. von England als König von Frankreich an und unterstützte ihn im Krieg gegen König Karl VII. von Frankreich. Er erreichte die Unabhängigkeit von Burgund, das um Holland, Hennegau, Namur, Brabant, Limburg und Luxemburg vermehrt wurde. An seinem glänzenden Hof blühte noch einmal die mittelalterliche Adelskultur auf. Bei seiner Heirat mit Isabella von Portugal stiftete er den Orden vom Goldenen Vlies (1430). Sein Sohn **Karl der Kühne** (R. 1467–77) versuchte zunächst vergeblich, von Kaiser Friedrich III. die Königswürde zu erhalten. Als er Lothringen als Bindeglied zwischen seinen Stammlanden im Osten Frankreichs und den Erwerbungen im Norden Frankreichs erobern wollte, verlor er 1477 bei der Belagerung Nancys Schlacht und Leben. Kaiser Maximilian I., der 1477 die Erbtochter Maria geheiratet hatte, verlor nach langen Kämpfen einen Teil des burgundischen Erbes an Frankreich.

Burschenschaft Ursprünglich waren die Studenten in Landsmannschaften unterteilt. 1815 vereinigten sich ehemalige Angehörige der Freiwilligenverbände, die in den Befreiungskriegen gegen Napoleon gekämpft hatten und die **Jahnschen Turner** in Jena zur Burschenschaft. *Turnvater Jahn* trat nicht nur für die Volkstümlichkeit von Sport ein, sondern kämpfte auch für die Einheit Deutschlands. Auf dem ▶ Wartburgfest von 1817 wurden das Programm der Burschenschaft – Einheit Deutschlands, Forderung einer Verfassung, Reform

Burschenschafter verbrennen auf dem Wartburgfest 1817 Schriften und Symbole der Reaktion.

des studentischen Lebens – verkündet. Die Ermordung des russischen Staatsrates **Kotzebue** durch den Burschenschafter **Sand** zog das Verbot der Burschenschaft als demagogische Bewegung durch die ▶ Karlsbader Beschlüsse 1819 nach sich. Die Verfolgung brachte vor allem in Preußen die Mitglieder der geheimen Burschenschaft ins Gefängnis, andere, wie **Karl Follen**, flohen ins Ausland. An der Revolution und den Barrikadenkämpfen von 1848/49 beteiligten sich viele Burschenschafter und etwa 150 von ihnen waren Mitglieder des Parlamentes in der Paulskirche.
In der zweiten Hälfte des 19. Jh.s verlor die Burschenschaft an politischem Einfluß und neigte auch immer mehr zu völkisch-nationaler Gesinnung. Heute sind die Burschenschaften auch an den Universitäten nur noch eine Randerscheinung.

Byzanz Im 2. Jh. n. Chr. verlagerte sich der Schwerpunkt des Römischen Reiches in die östliche Hälfte. Kriege mit den Parthern und gegen die Germanen an der Donau verlangten die häufige Anwesenheit des Kaisers im Osten. Da sich Kleinasien, Syrien und Ägypten wirtschaftlich stärker als die anderen Teile des Reiches entwickelten, verlegte Kaiser Konstantin 330 seine Residenz in die Stadt Byzantion am Bosporus, die schon ein Jahrtausend zuvor als griechische Kolonie gegründet worden war. Mit einem großen Bauprogramm verwandelte er sie in eine Weltstadt. So war es gerechtfertigt, daß die Menschen sie bald nach ihm nannten: *Constantinopolis,* Stadt Konstantins.
Unter seinen Nachfolgern wurde die Herrschaft über das Reich öfter geteilt, aber stets blieb Constantinopolis die Hauptstadt des Ostreiches, zu dem der Balkan, Kleinasien, der Nahe Osten, Ägypten und Libyen gehörten. Noch einmal konnte Kaiser **Justinian I.** (R. 527–65) das ganze Reich

von Byzanz aus vereinigen. Seine Feldherren **Belisar** und **Narses** schlugen während der Zeit der Völkerwanderung Hunnen, Wandalen und Ostgoten, dann aber gingen die beiden Reichsteile endgültig getrennte Wege. Für die Hauptstadt des Ostens setzte sich im Laufe der Zeit wieder der Namen Byzanz durch, und nach ihm nannte man dann den gesamten Ostteil des ehemaligen Römischen Reiches das Byzantinische Reich.
Der Westen des Reiches konnte nicht mehr gehalten werden, als die Langobarden 568 Teile Italiens besetzten, die Franken ihre Herrschaft nördlich der Alpen ausbauten und Awaren, Slawen und das Neupersische Reich immer stärker die Ostgrenzen bedrohten. Den entscheidenden Wandel brachte aber der Aufbruch des Islams im Nahen Osten im Jahr 634. Innerhalb von 10 Jahren verlor Byzanz Nordafrika und den Nahen Osten an die neue Macht; 674 belagerten die Araber erstmals Konstantinopel. Ende des 7. Jh.s eroberten die **Bulgaren** den südlichen Balkan; das Byzantinische Reich war nun im wesentlichen auf Kleinasien beschränkt.
Die nächste große Bedrohung kam in der 2. Hälfte des 11. Jh.s mit dem Einbruch der kämpferischen türkischen **Seldschuken** in den Osten Kleinasiens. Verwaltungs- und Heeresreformen sowie die ersten Kreuzzüge brachten vorübergehend Entlastung, doch mit dem 4. Kreuzzug kam 1204 die Katastrophe: Das christliche Heer eroberte und plünderte Konstantinopel. Die lateinische Christenheit des Westens nutzte die Gelegenheit, nach der endgültigen Kirchenspaltung von 1054 die ihr entfremdete griechische Kirche und den sie tragenden byzantinischen Staat zu zerstören. In den Nachfolgestaaten herrschten oft Thronwirren und Bürgerkrieg. Als die **Osmanen** schließlich 1453 Konstantinopel eroberten und die Herrschaft der ▶ Türken begann, ging ein Staat unter, der schon 200 Jahre lang nur noch ein Schatten seiner großen Vergangenheit gewesen war.

C

Caesar (100–44 v. Chr.) Gaius Julius Caesar, Politiker, Schriftsteller, Feldherr, Organisator eines Weltreichs, wurde als Sproß einer alten, vornehmen Familie geboren. Nach seinen Studien und ersten militärischen Erfahrungen begann er seine politische Karriere in Rom, durchlief die Ämter, bis er 59 Konsul wurde. Ein Jahr darauf schloß er mit dem reichsten Mann Roms, **Crassus**, und dem Feldherrn **Pompeius** ein Abkommen zur gegenseitigen politischen Unterstützung, das **1. Triumvirat**, das ihm die Statthalterschaft in Oberitalien und Südfrankreich sicherte. Damit hatte er die Chance, das freie Gallien bis 51 im Namen Roms seiner eigenen Herrschaft zu unterwerfen und sich eine bedeutende Machtbasis zu schaffen. Über diesen Kampf berichtete Caesars Buch *De Bello Gallico* (Der Gallische Krieg).

Caesar, Marmorbüste aus der Mitte des 1. Jh.s n. Chr.

Das Triumvirat brach auseinander, nachdem Crassus gefallen und Pompeius zu den innenpolitischen Gegnern Caesars gestoßen war. Als Caesar 49 mit seinem Heer den Grenzfluß seines Bereichs, den **Rubicon,** überschritt, begann der Bürgerkrieg. Pompeius wich nach dem Osten aus, wurde bei **Pharsalos** in Griechenland geschlagen und verlor schließlich in Ägypten das Leben. Caesar eroberte Ägypten und setzte ▶ Kleopatra als Königin unter römischer Oberhoheit ein. Die Anhänger des toten Pompeius und die Anhänger der Republik unterlagen in den folgenden Jahren bei **Thapsus** in Nordafrika (46) und bei **Munda** in Spanien (45) Caesars Heer.
Längst schon hatte Caesar kraft seiner diktatorischen Vollmachten, und der höchsten Ämter, die er in seiner Hand vereinte, die Neuorganisation des Reiches, z. B. Versorgung der Soldaten mit Land, Neugestaltung der Provinzverwaltung, Verleihung des Bürgerrechts in Angriff genommen. Zu den dauerhaftesten Reformen zählte die Einführung des **Julianischen Kalenders,** der die Zeitrechnung verbesserte. Zu den großen Plänen für die Zukunft gehörte ein Feldzug gegen die ▶ Parther im Osten des Reiches. Weit verbreitet war die Sorge, Caesar könnte nach der Königskrone greifen. Dagegen schlossen sich u. a. **Brutus** und **Cassius** in einer Verschwörung zusammen und ermordeten Caesar an den **Iden des Märzes** (15. 3.) des Jahres 44.

Calvin, Johannes (1509–64) In Nordfrankreich geboren, kam er beim Jurastudium in Paris mit Luthers Schriften in Berührung. 1536 ging er nach Genf, wurde Professor für das Neue Testament und schrieb sein Hauptwerk *Unterricht in der christlichen Religion.* Seine Forderungen nach strenger Kirchenzucht (u. a. Pflicht zum Gottesdienstbesuch, Überwachung des privaten Lebenswandels) führten 1538 zu seiner Ausweisung aus der Stadt. Als er zwei Jahre später zurückgerufen wurde, erließ er für die reformierte Kirche die **Genfer Kirchenordnung**, die zur Leitung der Kirche Prediger, Lehrer, Diakone und Älteste vorsah, die mit dem Rat der Stadt zusammenarbeiten sollten. Calvins Lehre von der **Prädestination**, wonach der Mensch von Gott zu Heil oder Unheil vorherbestimmt sei und daher seine Auserwähltheit durch sein Leben und Wirken beweisen müsse, erklärt die äußerst strenge Kirchenzucht der Calvinisten, denen selbst Theater- und Kartenspiel untersagt war. Zwischen den Anhängern und Gegnern Calvins gab es in Genf heftige Auseinandersetzungen, zahlreiche Anti-Calvinisten wurden verbannt oder auch hingerichtet, bis sich die neue Lehre durchsetzte.
Heute geht Calvins Wirkung weit über Genf hinaus. In der Schweiz, in Frankreich, England, den Niederlanden und Deutschland gibt es starke Einflüsse, auch die ▶ Puritaner stehen in seiner Tradition.

Cannae Im Jahre 216 v. Chr., im zweiten Jahr nach Hannibals Alpenüberquerung, lagerte das Karthagische Heer, von den Römern unbehelligt, tief im Süden Italiens, in Apulien. Senat und Volk drängten auf eine Entscheidung der Konsuln und forderten ein Ende der vorsichtigen Kriegsführung. Die beiden Konsuln führten das Heer in täglich wechelndem Oberbefehl und trafen im August auf den Gegner, wobei die Römer an Fußvolk, die Karthager an Reiterei überlegen waren. In der Schlacht bei Cannae gelang es Hannibal, das tiefgestaffelte römische Heer zu umfassen und zu vernichten. 48000 Römer sollen in einem stundenlangen Gemetzel umgekommen sein. Eine Entscheidung von Dauer führte der Sieg Hannibals in diesem ▶ Punischen Krieg aber nicht herbei.

Canossa Der Investiturstreit, eine der größten Krisen des Mittelalters, in der es um die Abgrenzung weltlicher und kirchlicher Macht ging, begann 1076 in Deutschland höchst dramatisch: König Heinrich IV. erklärte Papst Gregor VII. für abgesetzt und wurde daraufhin seinerseits vom Papst abgesetzt und mit dem ▶ Kirchenbann belegt. Die königsfeindlichen Reichsfürsten forderten nun, daß er sich vom Bann lösen lasse; den Papst forderten sie auf, nach Deutschland zu kommen. Heinrich zog dem Papst entgegen und traf ihn in der Burg Canossa am Nordabhang des Apennin als Büßender. Durch Verhandlungen erreichte er die Lösung vom Bann. So war der *Gang nach Canossa* nicht nur eine Demütigung, sondern auch ein diplomatischer Erfolg.

Heinrich IV. bittet den Abt von Cluny und Mathilde von Tuscien um Vermittlung, Buchmalerei um 1114.

Cavour, Camillo Benso di (1810–61) Der in Turin geborene Graf ist einer der Begründer des Königreichs Italien. Wegen seiner Kämpfernatur und politischen Begabung bewundert wie angefeindet, machte Cavour als Minister Karriere, wurde 1852 Ministerpräsident des Königreichs Piemont-Sardinien und verstand es durch geschickte Diplomatie, seinem Staat die Führungsrolle in Italien zu sichern. Er war ein überzeugter Anhänger der liberalen und nationalen Staatsidee, ein fortschrittlicher Politiker, aber kein Revolutionär. 1859 verband er sich mit Napoleon III., um an dessen Seite Österreich die Lombardei zu entreißen. Er trat Savoyen und Nizza, die Stammlande seines Königs, an Frankreich ab, um im Gegenzug die italienischen Mittelstaaten an Piemont anzuschließen. Als Guiseppe Garibaldi, der große Freiheitsheld der Italiener, mit seinen Anhängern die französischen Bourbonen aus Neapel verjagte und den Süden Italiens an Piemont-Sardinien anschloß, war der Schritt zur nationalen Einigung (ohne den Kirchenstaat und Venedig) vollzogen. Cavour erlebte 1861 noch kurz vor seinem Tod die Ausrufung des Königreichs Italien unter Viktor Emanuel II.

Chinesisch-Japanischer Krieg

Seit Ende des 19. Jh.s gab es Gegensätze und auch militärische Auseinandersetzungen zwischen China und Japan um Vorherrschaft im pazifischen Raum. 1894 wurde um den Einfluß in Korea gekämpft, 1895 mußte China die Unabhängigkeit Koreas anerkennen und den siegreichen Japanern u. a. Formosa abtreten. 1902 beteiligte sich Japan an der Seite der europäischen Großmächte und der USA an der Niederschlagung des ▶ Boxeraufstandes. Japans Machtstellung führte zur Anerkennung als Großmacht.

Innenpolitischer Druck (Bevölkerungswachstum, Nationalismus, Sendungsbewußtsein, wirtschaftliche Expansion) führten weiterhin zur Eroberung benachbarter Gebiete (u. a. 1910 Annexion Koreas). Ende 1931 besetzten die Japaner Schanghai und drangen immer weiter nach China vor. Offiziell wurde der Krieg erst 1937 erklärt, als die Kämpfe schon 6 Jahre in Gang waren. Bis 1941 eroberten die Japaner große Teile der nordchinesischen Tiefebene und des südchinesischen Berglandes. In der Mandschurei bildeten sie den neuen Staat **Mandschukuo** und setzten eine von ihnen abhängige chinesische Regierung ein.

In dem von Japan besetzten Gebiet leisteten u. a. die kommunistischen Partisanengruppen Widerstand gegen die Besatzer. Trotz der militärischen Erfolge Japans kapitulierte das freie China nicht, sondern trat am 11. 11. 1941 auch gegen das Deutsche Reich, den Bündnispartner Japans, in den Krieg ein. Mit dem Zusammenbruch Japans im August 1945 endeten die Kämpfe.

Christenverfolgung

Weil das Christentum im 1. Jh. als jüdische Sekte toleriert wurde, waren Verfolgungen zunächst selten. Seit dem Ende des 1. Jh.s und besonders unter Neros Regierung mehrten sich die Vorwürfe gegen die Christen. Die Hauptbeschuldigungen der Kaiser, aber auch des römischen Volkes waren: Gottlosigkeit, Mißachtung des Kaiserkults, Geheimbündelei. Die falsche Deutung des Liebesmahles brachte den Christen den Vorwurf widernatürlicher Menschenopfer und Blutschande ein. Seuchen, Teuerung und Kriege deuteten viele Römer als Strafen der Götter für die Duldung des Christentums.

Unterschiedlich waren die Formen der Verfolgung: Kirchen wurden zerstört, heilige Bücher verbrannt, christliche Beamte entlassen, Kleriker verhaftet. Viele Christen starben am Kreuz, wurden gesteinigt oder in der Arena wilden Tieren vorgeworfen. Erst 311 gewährte man den Christen die Ausübung ihres Glaubens. Zur römischen Staatsreligion wurde das Christentum im Jahre 391 erklärt.

Churchill (links) auf der Konferenz von Jalta im Februar 1945, zusammen mit Roosevelt (Mitte) und Stalin (rechts)

Churchill, Winston

(1874–1965) entstammte der berühmten Familie der Herzöge von **Marlborough** und machte – in der Schule ein hoffnungsloser Versager – im 1. Weltkrieg Schlagzeilen als Draufgänger und Kriegsheld. Er ging in die Politik und hatte verschiedene wichtige Ministerämter (Handel, Innen, Marine, Kolonien) inne. Während dieser Amtszeit versuchte er eine

Befriedung der Konflikte in Südafrika zwischen Engländern und Buren, nach dem ▶ Burenkrieg aber auch eine Lösung der Probleme in Irland und Palästina zu finden. Zunächst Mitglied der Konservativen Partei, wechselte er zwischenzeitlich zu den Liberalen. Churchill gewann schließlich den Ruf eines tüchtigen, aber auch unberechenbaren Politikers.
Churchill hatte sich nach dem 1. Weltkrieg vergeblich für einen Verständigungsfrieden mit Deutschland eingesetzt. Als entschiedener Gegner Hitlers wandte er sich vehement gegen die englische Appeasementpolitik, die durch Beschwichtigung und Zugeständnisse den Weltfrieden zu sichern glaubte. Der deutsche Feldzug im Westen am 10. 5. 1940 war Anlaß, Churchill zum Premierminister zu berufen. Es gelang ihm, den Kampfgeist der Briten zu wecken und deren Durchhaltewillen und Siegeszuversicht zu stärken. 1941 unterzeichnete er zusammen mit dem amerikanischen Präsidenten Roosevelt die **Atlantikcharta**, die wesentliche Punkte der gemeinsamen Kriegs- und Nachkriegspolitik festlegte, u. a. Verzicht auf Gebietsannexionen, Zusicherung des Selbstbestimmungsrechtes der Völker, Freiheit der Meere, Forderung nach einem dauerhaften Sicherheitssystem. Die Atlantikcharta wurde nach dem Krieg zu einem der grundlegenden Dokumente der UNO. Auch auf den Konferenzen der Alliierten in Teheran, Casablanca und Jalta wirkte Churchill maßgeblich an der Nachkriegsordnung mit.
1945 nach Beendigung des Krieges verlor Churchill sein Amt, wurde aber 1951 nochmals für 4 Jahre englischer Premier. Nach dem Krieg setzte sich Churchill für die Gründung der UNO ein, unterstützte die Bildung der NATO, aber auch die europäische Einigung und die Aussöhnung mit den Deutschen wurde von ihm vorangetrieben. Neben seiner politischen Tätigkeit wurde Churchill auch für seine schriftstellerische Arbeit berühmt; 1953 erhielt er für seine Geschichtswerke den Nobelpreis für Literatur.

Cicero (106–43 v. Chr.) Marcus Tullius Cicero stammte aus dem Ritterstand, war ein glänzender Redner und machte als Anwalt und Politiker schnell Karriere. Im Jahr 66 wurde er Prätor, oberster Justizbeamter, 63 Konsul. Im selben Jahr unterdrückte er die Verschwörung des **Catilina**, der gewaltsam das Konsulamt erringen wollte.
Cicero versuchte die römische Republik zu retten. Es gelang ihm aber nicht, im Jahr 59 die Wahl Caesars zum Konsul zu verhindern, der nach Alleinherrschaft zu streben schien. In den Jahren 58 und 57 lebte Cicero im Exil, schloß dann mit Caesar Frieden, hielt sich aber von der Politik fern. In diesen Jahren entstand ein großer Teil der Schriften, durch die er heute noch als einer der bedeutendsten Autoren in lateinischer Sprache gilt. Es sind vor allem die Bücher *Über den Redner* (55), *Über den Staat* (54–51) und *Über die Gesetze,* erst nach seinem Tode veröffentlicht.
Im Jahr 51 übernahm Cicero wieder ein politisches Amt, wurde Proconsul, Gouverneur der Provinz Kilikien. Im Bürgerkrieg zwischen **Pompejus** und Caesar schloß er sich Pompejus an, trat aber politisch nicht weiter hervor und wurde deshalb nach der Niederlage des Pompejus von Caesar begnadigt (47). An der Ermordung Caesars (44) hatte Cicero keinen Anteil. Er hat sie aber begrüßt, denn er sah noch einmal eine Chance für die bedrohte Republik.
Deshalb verbündete er sich als Führer des Senats mit Octavianus, dem späteren Kaiser Augustus, gegen **Antonius**, in dem er eine politische Gefahr sah. Als aber Octavianus mit **Lepidus** und Antonius das **2. Triumvirat**, ein Bündnis zur Neuordnung des Staates, schloß und wohl bereit war, den von Antonius gefürchteten Cicero zu opfern, blieb ihm nur die Flucht. Er versuch-

te, sich zu den Caesarmördern **Cassius** und **Brutus** in den Osten durchzuschlagen und wurde im Jahr 43 auf dem Weg dorthin ermordet.

Cid (um 1043–99) Eigentlich hieß er *Rodrigo Ruy Díaz de Vivar* und stand als Vasall im Dienst des Königs von Kastilien. Die moslemischen ▶ Mauren, die zu dieser Zeit Teile Spaniens beherrschten, gaben ihm den Beinamen *Cid* (Herr), die christlichen Spanier nannten ihn *el Campeador* (Kämpfer).
Schon zu seinen Lebzeiten und erst recht in späteren Dichtungen wurde Cid zur Idealgestalt des spanischen Ritters, der sich heldenhaft für die christliche Rückeroberung, die ▶ Reconquista, Spaniens von den Mauren einsetzt. Ein vorbildlicher christlicher Kämpfer war er allerdings nicht immer. Als König Alfonso ihn 1081 verbannte, kämpfte er für den muslimischen König von Saragossa. 1094 eroberte er das muslimische Königreich von Valencia und verteidigte es gegen das in Marokko und in Südspanien regierende arabische Herrscherhaus der **Almoraviden.**

Circus Bei den Römern waren schon seit ältesten Zeiten Wagenrennen sehr beliebt. Als Austragungsort diente der Circus (= Zirkus), eine langgestrecke Rennbahn, die von Zuschauertribünen umgeben war. Aus

Quadriga beim Wettrennen, römisches Relief

einfachen Anfängen entwickelten sich allmählich große Anlagen in zahlreichen römischen Städten. Die weiträumigste war der **Circus maximus** in Rom mit einer Länge von 600 und einer Breite von 150 Metern. Er bot auf den Rängen etwa 60000, später durch Erweiterungsbauten sogar maximal 150000 Zuschauern Platz. An den Spieltagen fanden ursprünglich 12, später 24 Rennen statt. Dabei wurden leichte Wagen mit Viergespannen benutzt, die in der Arena siebenmal die *Spina,* eine Mittelschranke, umrunden mußten. Dabei kam es immer wieder zu schweren Unfällen. Neben solchen Wagenrennen wurden in der republikanischen Zeiten auch Reiterkämpfe, Wettläufe, Faust- und Ringkämpfe veranstaltet.

Clive, Robert (1725–74), seit 1762 Baron von Plassey, ist der Begründer der britischen Herrschaft in Indien. Als der 18jährige als Schreiber in die **Ostindische Kompanie** eintrat, beherrschte die englische Handelskompagnie das Geschäft mit Baumwolle, Kaffee, Tee und den anderen Schätzen Indiens nahezu unangefochten. Aber das durch innere Unruhen zerrüttete Indien lockte auch die Franzosen an. Gefragt war deshalb nicht mehr kaufmännisches, sondern militärisches Wissen. Als Kriegskommissar gelang Clive 1757 bei **Plassey** mit nur 3000 Mann der entscheidende Sieg über das mit französischer Hilfe gebildete Riesenheer des Nabob, des Herrschers von Bengalen. Clive ließ sich ungeheure Mengen von Gold und Juwelen aushändigen und beherrschte fortan das Land. 1765 zwang er dem Mogul, dem Herrscher des indischen Großreiches, die britische Schutzherrschaft auf und erwarb mehrere Provinzen. Die Kompanie übte jetzt unmittelbare Macht über Millionen von Inder aus. 1767 in London wegen persönlicher Bereicherung angeklagt, beging Robert Clive Selbstmord.

Cluny Gegen die zunehmende Verweltlichung der Kirche und den Verfall der mönchischen Zucht in den Benediktinerklöstern wandte sich seit dem 10. Jh. eine Reformbewegung, die ihren Ausgangspunkt in Frankreich hatte. Im Mittelpunkt standen die Klöster in **Gorze** in Lothringen und Cluny in Burgund. Cluny wurde bereits seit seiner Gründung 910 dem ▶ Eigenkirchenrecht der adeligen Gründerfamilie, dem Herzog von Aquitanien, dem Einfluß des Königs und selbst des Bischofs entzogen und direkt dem Papst unterstellt. Dank einer Reihe hervorragender Äbte im 10. und 11. Jh. gewann Cluny einen bedeutenden Einfluß auf die Benediktinerklöster weit über die Grenzen Frankreichs hinaus. Dies gelang vor al-

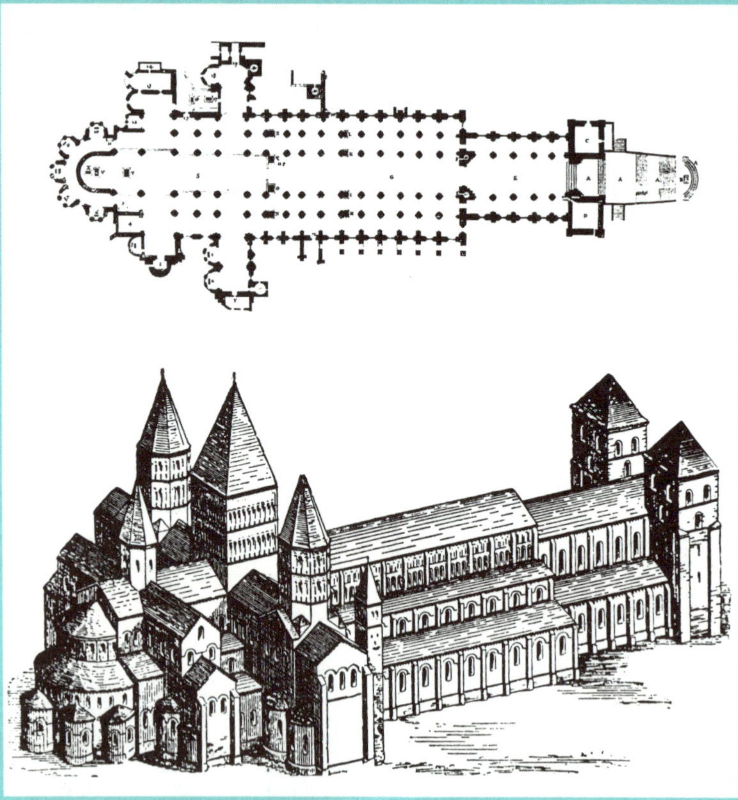

Grundriß und Ansicht der Klosterkirche auf einem Holzstich von 1890

lem durch das System der **Kongregation**, d. h. Cluny gründete Tochterklöster, die die Vorschriften des Mutterklosters übernahmen und auch dem Abt von Cluny unterstellt blieben. Ein Zentrum der klösterlichen Reformbestrebungen in Deutschland wurde später **Hirsau** im Schwarzwald. Alle diese Reformklöster zeichneten sich durch strenge Askese und tiefe Frömmigkeit der Mönche und durch glanzvolle Gottesdienste aus; der Kirchenbau der Cluniazenser entwickelte einen eigenen charakteristischen Stil, und auch sonst pflegten die Klöster untereinander einen engen Zusammenhalt. Weltlichen Einfluß, besonders auf die Wahl des Abtes, lehnten sie alle ab.
Zu den Zielen der **Cluniazensischen Reform** gehörte auch die Beseitigung der **Simonie**, worunter man die Erlangung geistlicher Ämter durch Kauf und schließlich die Einsetzung in ein geistliches Amt durch Laien verstand. So konnte sich diese Forderung bei strenger Auslegung auch gegen das ▶ Reichskirchensystem der ottonisch-salischen Kaiser richten. Zunächst allerdings hatte die Cluniazensische Reform keine antikaiserliche Spitze; sie fand vielmehr bei Kaiser Heinrich III. eifrige Unterstützung. Erst im Investiturstreit im 11. Jh. zur Zeit Kaiser Heinrichs IV. wirkte sie sich politisch aus.
Dann aber setzte seit dem 12. Jh. der allmähliche Niedergang der cluniazensischen Reformbewegung ein. Die Klosterkirche von Cluny, zur Erbauungszeit die größte der Christenheit, wurde in der Französischen Revolution zerstört.

Codex (lat. = Baumstamm) Die Römer nannten so die Holztäfelchen, auf denen sie Briefe und Notizen aufzeichneten. Sie waren mit einer Wachsschicht zum Schreiben überzogen und durch Riemen verbunden. Als die **Papyrusrollen** vom in Lagen gefalteten, doppelseitig beschreibbaren **Pergament** verdrängt wurden, diente die Form des Codex als Vorbild. Zwischen den Holzdeckeln verwahrte man die im Mittelalter oft mit Goldschrift und Ornamenten kostbar verzierten Handschriften, die vielfach von Mönchen geschrieben und illustriert wurden. Codex bezeichnet auch die mittelalterliche Handschrift; in einem engeren Sinn auch jede Sammlung von Urkunden und Gesetzen, z. B. den **Codex Justinianus** von 528–534, den der römische Kaiser Justinian in Auftrag gegeben hatte.

Condottiere Zugrunde liegt das italienische Wort *condotta* (Sold), nach anderer Auffassung leitet sich der Begriff vom lateinischen *conducere* (führen) ab und bedeutet *Heerführer.* Der Condottiere war im Italien des 14. und 15. Jh.s ein militärischer Unternehmer, ein Geschäftsmann, der auf eigene Rechnung Söldnertruppen anwarb und gegen Bezahlung die Kriege italienischer Städte und Fürsten führte; Kriege allerdings, in denen er seine kostbare Truppe nicht gerne dem Risiko einer verlustreichen Entscheidungsschlacht aussetzte. Statt dessen zog es der Condottiere vor, den Gegner auszumanövrieren und dabei das flache Land auszuplündern. Zunächst waren es Deutsche und Engländer, seit dem Ende des 14. Jh.s Italiener, die das Kriegsgeschäft betrieben.

Einer der berühmtesten Condottiere, **Colleoni** (1400–75), kämpfte für Neapel, für Venedig, für Mailand und wieder für Venedig, wo man ihm auch ein prächtiges Reiterdenkmal errichtete. Sein Zeitgenosse **Francesco Sforza** (1401–66) erkämpfte sich in Mailand gar die Herzogswürde.

Cro-Magnon

In einer Höhle im Vézèretal im westlichen Frankreich wurden 1868 beim Bahnbau fünf menschliche Skelette geborgen. Fachleute stellten fest, daß es sich dabei um einen der bedeutendsten Funde aus der **Altsteinzeit** handelte; sie gehörten zu einer Menschenrasse, die ab 60000 v. Chr., nach dem ▶ Neandertaler gelebt hatte und bereits zu den **Altmenschen** (Homo sapiens fossilis) gehörte, Vorläufern des heutigen Menschen, von denen sie sich im Aussehen nur noch wenig unterschieden. Später wurden in Frankreich und Spanien noch zahlreiche Spuren dieser Rasse entdeckt, die ihren Namen nach dem ersten Fundort erhielt. Etwa seit 12000 v. Chr. entwickelte sich aus dieser Rasse der Mensch der Jetztzeit.

Cromwell, Oliver

(1599–1658) stammte aus dem kleinen englischen Landadel und führte das Leben eines strenggläubigen Puritaners. Auch als Abgeordneter des Parlaments erregte er zunächst kein besonderes Aufsehen. Erst mit dem Ausbruch des ▶ Englischen Bürgerkrieges (1642–49) wurde er schlagartig berühmt. Als einer der Oberbefehlshaber der *Neuen Armee* des Parlaments bildete er ein straff diszipliniertes, durch den Glauben fanatisiertes Reiterheer. Cromwells Reiter schlugen in Schlachten bei **Marston Moor** 1644 und **Naseby** 1645 die Königstruppen.

Nach der Hinrichtung **Karls I.** 1649 wurde die **Commonwealth of England**, die Republik, ausgerufen. Dennoch blieb das Parla-

Oliver Cromwell, Kupferstich des 17. Jh.s

ment schwach, das Land schien eher unter Militärherrschaft zu stehen. Cromwell regierte ab 1653 als Lordprotektor wie ein strenger Hausvater das Land, seit 1655 mit diktatorischen Vollmachten. England sollte aus dem Geist Gottes in ein wohlgeordnetes Gemeinwesen umgewandelt werden, der Lebenswandel jedes Einzelnen sollte sich streng an der Religion ausrichten. Cromwell tolerierte alle Religionsgruppen, außer Anglikanern und Katholiken, die Stützen der alten Monarchie.

Außenpolitisch schuf Cromwell die Grundlagen für die englische Weltmachtstellung und drängte die wirtschaftliche Macht Spaniens und Hollands, z. B. mit der ▶ Navigationsakte von 1651, zurück. Diese legte fest, daß nur englische Schiffe Waren von und nach England befördern durften.

Als Cromwell auf dem Höhepunkt seiner Macht starb, brach sein Lebenswerk rasch zusammen. Das neue Parlament entschied sich gegen das Regiment der Puritaner und holte die Stuarts als Könige nach England zurück.

D

Dalai Lama Er ist das religiöse Oberhaupt des **Lamaismus**, einer tibetischen Sonderform des **Buddhismus**, und Verkörperung des Gottes Bodhisattwa. Der gegenwärtige Dalai Lama lebt in Indien im Exil, um ihn schart sich der Widerstand der Tibeter gegen die chinesische Besetzung ihres Landes. 1950 hatte China das Land besetzt, 1951 wurde Tibet in den chinesischen Staatsverband eingegliedert; 1959 mußten der Dalai Lama und viele Tibeter nach einem mißlungenen Aufstand fliehen. Die Funktion des Dalai Lama (Weltmeerpriester) und den Titel gibt es seit 1678, und seit jener Zeit war sein Inhaber immer Haupt der antichinesischen Partei des Landes. Sein Gegenspieler ist traditionell der **Pantschen Lama** (Juwel des großen Gelehrten), ein anderer ranghoher Priester, der die prochinesische Partei Tibets führt.

Dante Alighieri (1265–1321) Italiens größter Dichter wurde als Sohn adliger Eltern in Florenz geboren. Schon im Alter von zwölf Jahren wurde er mit einem Mädchen verlobt, das er aber erst mit 31 Jahren heiratete, nachdem ein anderes Mädchen, das er innig verehrte und als Beatrice zu einer Hauptfigur seiner Dichtung machte, gestorben war. Er bekleidete ab 1296 verschiedene öffentliche Ämter und nahm auf Seiten der ▶ Guelfen am politischen Leben seiner Vaterstadt teil. Diese setzten sich für politische Unabhängigkeit Florenz' und gegen Einmischungsversuche des Papstes zur Wehr. Nach der Niederlage seiner Partei 1302 wurde er verbannt und zum Tode verurteilt. Fortan führte er ein unstetes Wanderleben in Mittel- und Oberitalien. Wahrscheinlich in dieser Zeit begann er auch mit der Niederschrift seines Hauptwerks, der später so benannten **Göttlichen Komödie**, in der er seine philosophischen, theologischen und politischen Ideen in 40000 Versen als Wanderung durch Hölle, Fegefeuer und Paradies darlegte. Seine Vaterstadt sah er nie mehr wieder; er starb in Ravenna.

Dareios I. (522–486 v. Chr.) Die Übersetzung seines Namens lautet *Der das Gute festhält.* Die Perser nennen ihn auch den Großen, denn er hatte während seiner Regierung 522–486 v. Chr. das Reich des Kyros erneuert. Im Jahre 517 teilte er das Land in 20 (später 28) **Satrapien**, Statthalterschaften, und kontrollierte sie streng (vgl. Karte S. 286). Straßenbau und eine stabile Währung förderten die Stärke des Landes. Dareios hat auch den willkürlichen Steuererhebungen ein Ende gemacht und feste Beträge eingezogen. Er dehnte seine Herrschaft auf Makedonien und Thrakien auf dem Balkan aus, schob die Ostgrenze seines Reiches an den Indus vor, scheiterte aber in einem Krieg gegen die ▶ Skythen. Als er 492 zur Vergeltung für den **Ionischen Aufstand** einen Feldzug gegen die Griechen unternahm, ging die persische Flotte in einem Sturm am Athos verloren und das Heer erlitt 490 bei **Marathon** eine vernichtende Niederlage. Wegen seiner politischen und religiösen Duldsamkeit gilt er als der bedeutendste unter allen orientalischen Herrschern.

Darwinismus bezeichnet die von **Charles Darwin** 1859 in seinem Hauptwerk *Die Entstehung der Arten* aufgestellten Theorien von der Abstammung der Arten und von ihrer Umwandlung. Voraussetzung ist die Veränderlichkeit der Merkmale der Lebenswesen und die Überproduktion von Nachkommen. Dabei überleben im *Kampf ums Dasein* im statistischen Durchschnitt nur diejenigen, die ihrer Umwelt am besten angepaßt sind. Diese Auslese durch *natürliche Zuchtwahl* ist kein akuter *Kampf,* sondern führte im Lauf der Erdgeschichte zum Wandel der Arten – eine Vorstellung, die als Evolution im Widerspruch zur Schöpfung als einmaligen Akt steht. Diese lange außerhalb der Biologie bekämpfte Selektionstheorie hat in der modernen Genetik eine klare Grundlage erhalten.
Darwins Theorie, die durch ihre naturwissenschaftliche Ausrichtung sich gegen die bisher übliche teleologische Weltsicht wendet, also den Glauben, die Welt und ihre Entwicklung sei von Gott gelenkt, hatte um 1900 auch großen Einfluß auf die Sozialwissenschaften. Der **Sozialdarwinismus** bezieht Darwins Gedanken auf die Gesellschaft, auch wenn damit gesellschaftliche Entwicklungen wissenschaftlich korrekt nicht faßbar werden.

David (um 1000–960 v. Chr.) Der zweite König von Israel entriß den Bewohnern Kanaans die Stadt Jerusalem und machte sie zur Hauptstadt seines Großreiches. Es reichte von der Mittelmeerküste Palästinas und Syriens bis zum Roten Meer und zum Jordanland und vereinigte die Nord- und Südstämme Israels. David überführte die Bundeslade mit den Gesetzestafeln – Zeichen der Gegenwart Gottes – nach Jerusalem und plante den Bau des Tempels. Die jüdische Überlieferung betont seine außergewöhnliche Körperkraft, aber im Bericht vom Zweikampf des Hirtenbuben gegen den Riesen Goliath auch seine List. David galt als Prophet, begnadeter Sänger und Dichter. Seit der Kreuzfahrerzeit wird sein Grab auf dem Zionsberg in Jerusalem vermutet. Juden, Christen und Moslems verehren gleichermaßen den großen König des biblischen Volkes.

Dekabristen (russ.: dekabr' = Dezember) wurden die Teilnehmer eines Militärputsches genannt, die sich nach dem plötzlichen Tode des Zars **Alexander I.** im Dezember 1825 erhoben, um das selbstherrliche russische Herrschaftssystem und die Leibeigenschaft abzuschaffen, die nach ihrer Überzeugung die Haupthindernisse der inneren Erneuerung Rußlands bildeten. Die Verschwörer, durchweg junge Adelige und Gardeoffiziere, deren Berühung mit dem Liberalismus Westeuropas im Zeitalter der Befreiungskriege Anfang des Jahrhunderts zum Schlüsselerlebnis geworden war, scheiterten binnen weniger Stunden. 121 von ihnen wurden vor Gericht gestellt, fünf zum Tode, über hundert zu sibirischer Zwangsarbeit verurteilt, die Überlebenden erst 1856 anläßlich der Krönung von Zar **Alexander II.** begnadigt.

Delphi An den Ausläufern des Parnaß in Mittelgriechenland liegt Delphi, das Heiligtum und zugleich die Orakelstätte des Gottes **Apollon**. Hier suchten die Gläubigen aus ganz Griechenland, den Kolonien und später auch aus der hellenistischen und der römischen Welt Rat und Deutung der Zukunft. Der Gott sprach dabei durch den Mund einer Prophetin, der **Pythia**. Die alte Vorstellung, daß Pythia auf einem Dreifuß über einer Felsspalte saß, aus der betäubende Dämpfe aufstiegen, und wirre Worte stammelte, die dann von den Priestern gedeutet wurden, gilt heute als überholt. Doch ist immer noch nicht klar, wie es wirklich zu den Weissagungen kam. Alle Fragen waren zugelassen, nur nicht die nach dem

Blick vom Theater auf die Ruinen des Apollon-Heiligtums in Delphi

Zeitpunkt des Todes. Verschiedentlich wurde die Zweideutigkeit der Orakelsprüche beklagt. So erfuhr der Lyderkönig **Krösos**, er werde ein großes Reich zerstören, wenn er seinen Gegner, die Perser, angreife. Erst zu spät erkannte er nach seiner Niederlage, daß damit das eigene gemeint war. Allerdings verfügten die Priester dank ihrer Verbindungen in ganz Griechenland auch über hervorragende politische, wirtschaftliche und psychologische Erfahrungen, die ihnen oft zutreffende Voraussagen erlaubten. Die Glanzzeit des ▶ Orakels lag im 7. und 6. Jh. v. Chr. Seit 586 v. Chr. hielt man wie in Olympia Spiele zu Ehren des Gottes ab, ein prächtiger Tempel wurde gebaut und Delphi erhielt aus allen Teilen Griechenlands reiche Weihegeschenke. Die Priester bewahrten sie in Schatzhäusern auf, die im heiligen Bezirk an der Straße zum Tempel standen. Der Niedergang Delphis setzte allmählich in römischer Zeit ein.

Demokratie Aus dem griechischen *demos* (Volk) und *kratein* (herrschen) gebildet, bedeutet Demokratie Herrschaft des Volkes. Die Anfänge der Staatsform liegen im antiken Griechenland. Durch die Reformen ▶ Solons (594 v. Chr.) und die Verfassung des ▶ Kleisthenes (508 v. Chr.) ging die Macht in Athen in die Hände des Volkes über. Unter ▶ Perikles (gest. 429 v. Chr.) erlebte die attische Demokratie um Athen ihre Blütezeit. In der Volksversammlung kamen die über 30 Jahre alten männlichen Vollbürger zusammen und entschieden über alle wichtigen Fragen. Man spricht von einer **direkten Demokratie**. Attika hatte damals etwa 300000 Einwohner, Frauen, Sklaven und Fremde besaßen keine politischen Rechte. Der Kreis der politischen aktiven Bürger war also stark eingeschränkt.
Unsere moderne Demokratie entstand unter Bedingungen, die für den Stadtstaat Athen nicht gegeben waren. Die Weite des Landes und die große Bevölkerungszahl machen eine Volksversammlung aller Bürger unmöglich. Es werden deshalb Männer und Frauen gewählt, die für eine bestimmte befristete Zeit stellvertretend für die Bürger die höchste Gewalt im Staat ausüben (**parlamentarische Demokratie**). Die Abgeordneten beraten und beschließen in den Parlamenten die Gesetze und überwachen deren Ausführung durch die Regierung. Volksabstimmungen bilden eine Ausnahme. Im Gegensatz zum 18. und 19. Jh. ist das Wahlrecht nicht an das Geschlecht (Frauenwahlrecht erst im 20. Jh.) oder das Steueraufkommen (**Zensuswahlrecht**) gebunden. Formen der direkten Demokratie haben sich noch in der Schweiz erhalten. Im Gegensatz zur parlamentarischen Demokratie sind im **Rätesystem**, das aber bis heute nicht für längere Zeit verwirklicht wurde, die Volksvertreter an die Weisungen ihrer Wähler gebunden und jederzeit abrufbar.

Deutscher Bund Mit der Unterzeichnung der **Deutschen Bundesakte** vom 8. Juni 1815 legte der Wiener Kongreß den künftigen verfassungsrechtlichen Rahmen Deutschlands fest. Anstelle des Deutschen

Reiches trat ein locker gefügter Staatenbund aus 35 innerlich souveränen Fürstenstaaten und 4 Freien Städten zum Zwecke der äußeren und inneren Sicherheit Deutschlands und zur Aufrechterhaltung des europäischen Gleichgewichts. Einziges Organ war die **Bundesversammlung**, auch **Bundestag** genannt, ein unter dem Vorsitz Österreichs in Frankfurt/Main tagender Gesandtenkongreß, dessen Mitglieder an die Weisungen ihrer Regierungen gebunden blieben. Im Deutschen Bund gab es kein Staatsoberhaupt, keine Bundesregierung, keine einheitliche Verwaltung oder Rechtsprechung. Da bei wichtigen Beschlüssen Zweidrittelmehrheit erforderlich war, besaß die Bundesversammlung nur wenig politischen Spielraum. Die Bundesstaaten konnten landständische Verfassungen einführen. Der ▶ Deutsche Krieg von 1866 zwischen Österreich und Preußen bedeutete das Ende des Deutschen Bundes, der sich als Vollzugsorgan der Restauration erwiesen hatte.

Deutscher Krieg In den drei ▶ Schlesischen Kriegen und im ▶ Bayrischen Erbfolgekrieg hatten zwischen Österreich und Preußen schon im 18. Jh. heftige Kämpfe um die Vormacht in Deutschland getobt. Dieses Problem wurde in der deutschen Einigungsbewegung in der 2. Hälfte des 19. Jh.s wieder aktuell. Österreich hatte sich für eine **großdeutsche Lösung** unter seiner Beteiligung eingesetzt und die Führung beansprucht. Bismarck wollte eine **kleindeutsche Lösung** ohne Österreich, denn er erkannte den Führungsanspruch der Habsburger nicht an, außerdem wollte er die vielen Slawen Österreichs nicht in einem neuen Deutschen Reich haben. Viele deutsche Fürsten und auch der Großteil der Bevölkerung waren für eine großdeutsche Lösung, weil sie ein Übergewicht Preußens fürchteten und außerdem Österreich als traditionellen Bestandteil des Reiches sahen. Da Bismarck seine Vorstellungen gegen Österreich bei der Mehrzahl der Fürsten wie gegen das Volk nicht durchsetzen konnte, mußte er Österreich mit Gewalt aus der deutschen Politik ausschalten. Das geeignete Mittel schien ihm Krieg zu sein, der damals als *Fortsetzung der Politik mit anderen Mitteln* galt. Als Vorwand diente die ▶ Schleswig-Holsteinische Frage. Bei Königgrätz erlitten die Österreicher eine schwere Niederlage und mußten Frieden schließen. Gegen die öffentliche Meinung in Preußen setzte Bismarck durch, daß Österreich zwar aus der deutschen Politik ausscheiden, aber weder Reparationen zahlen noch Gebiete abtreten mußte. Damit sicherte er sich die österreichische Neutralität für den Fall eines Krieges mit Frankreich. Österreich aber wandte sich dem Balkan zu und stellte damit eine der Weichen auf dem Weg in den Ersten Weltkrieg.

Deutsches Reich Nach dem Ende des Deutsch-Französischen Krieges erreichte Bismarck in Verhandlungen den Zusammenschluß der süddeutschen Staaten mit dem ▶ Norddeutschen Bund zum Deutschen Reich. Am 18. 1. 1871 wurde im Spiegelsaal des Schlosses von Versailles der preußische König **Wilhelm I.** zum Deutschen Kaiser ausgerufen.

Die Verfassung des Norddeutschen Bundes wurde zum Vorbild der Reichsverfassung von 1871, in der Kaiser und Reichskanzler eine starke Machtposition eingeräumt wurde. Bismarck, der erste Kanzler, hatte sich damit entscheidenden Einfluß gesichert, so daß dem **Reichstag** als Volksvertretung und dem **Bundesrat** als Organ der Länder wenig Mitwirkungsmöglichkeiten blieben.

Nach der Reichsgründung kam es durch unkontrollierte Spekulation zu einem stürmischen Wirtschaftsaufschwung, der 1873 im **Gründerkrach** zusammenbrach (▶ Gründerjahre). Bis zum Ende des Jh.s

Die Kaiserproklamation in Versailles, Gemälde von 1885

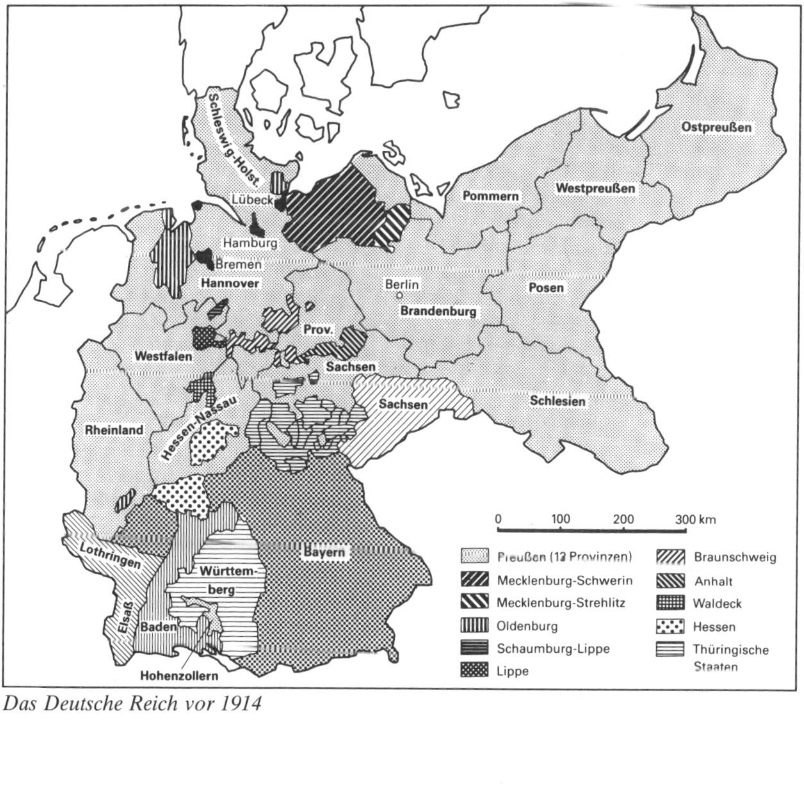

Das Deutsche Reich vor 1914

überwand das Land die Krise und entwickelte sich zur führenden Wirtschaftsmacht Europas. Innen- wie außenpolitisch bestimmte Bismarck bis 1890 die Grundlinien der Politik. Um seine politischen Vorstellungen durchzusetzen, verbündete er sich jeweils mit einer Partei und spielte sie gegen die anderen politischen Richtungen aus. Zuammen mit den Liberalen vertrat er so den Kurs der **Freihandelspolitik** und wandte sich im ▶ Kulturkampf gegen den Einfluß der katholischen Kirche und der von ihr abhängigen Zentrumspartei. Als er 1879 auf die Linie einer antiliberalen **Schutzzollpolitik** umschwenkte, gewann er das Zentrum als Bündnispartner, stellte den erfolglosen Kirchenkampf ein und erklärte die Sozialisten zu Reichsfeinden. Den Aufstieg zur stärksten Partei konnten allerdings weder ▶ Sozialistengesetze noch eine für die damalige Zeit recht fortschrittliche ▶ Sozialgesetzgebung verhindern.

Außenpolitisch verfolgte das Reich bis 1890 das Konzept, keine Gebietsansprüche zu stellen, mit Hilfe eines ausgeklügelten Bündnissystems Konflikte aus Mitteleuropa abzulenken und Frankreich, den möglichen Kriegsgegner Deutschlands, zu isolieren (**Zweibund** mit Österreich-Ungarn 1879, **Dreikaiserbündnis** 1881 und ▶ Dreibund 1882 mit Österreich-Ungarn und Rußland, ▶ Rückversicherungsvertrag mit Rußland 1887).

Nach der Entlassung Bismarcks 1890 erhob Kaiser ▶ Wilhelm II. für das Reich den Anspruch, als führende Wirtschaftsmacht Europas auch weltpolitisch eine angemessene Rolle zu spielen. Daraus ergaben sich rasch Konflikte mit den europäischen Kolonialmächten, die bereits große Teile der Welt untereinander aufgeteilt hatten. Die aggressive und nicht selten ungeschickte Politik Wilhelms provozierte internationale Krisen und isolierte das Reich binnen weniger Jahre. Insbesondere die vom Kaiser betriebene **Flottenpolitik** (Ausbau der Flotte) wurde von England, der führenden Seemacht, als bedrohlich empfunden und führte zu einem antideutschen Bündnis zwischen England, Frankreich und Rußland (▶ Entente cordiale).

Als 1914 der Erste Weltkrieg ausbrach, schlossen die deutschen Parteien einen **Burgfrieden**, und selbst die SPD, die bisher im scharfen Gegensatz zur imperialistischen Politik des Kaisers gestanden hatte, stimmte für die Bewilligung der Kriegskredite. Während des Krieges wurden die politischen Entscheidungen immer mehr von der Obersten Heeresleitung bestimmt, die bis zuletzt auf einen **Siegfrieden** setzte. 1917 kam es zur innenpolitischen Krise, da Vertreter eines **Verständigungsfriedens** und demokratischer Reformen immer mehr Anhänger gewannen. Das Ende des Kaiserreichs nahte, als US-Präsident Wilson die Demokratisierung Deutschlands zur Vorbedingung eines Waffenstillstands machte und der Kaiser nach der durch einen Matrosenaufstand ausgelösten ▶ Novemberrevolution 1918 abdankte. Aus den revolutionären Unruhen entstand im Januar 1919 die Weimarer Republik.

Deutsch-Französischer Krieg

(1870/71) Für sein Stillhalten im Deutschen Krieg von 1866 zwischen Preußen und Österreich um die Vormacht im Deutschen Bund hatte Napoleon III. vergeblich auf die Abtretung von Gebieten an der Ostgrenze Frankreichs gewartet. Als die Aussicht bestand, daß ein katholischer Hohenzollern-Sigmaringer spanischer Thronfolger werden könnte, protestierte Paris sofort gegen solche Pläne, die seine europäische Vormachtstellung gefährden könnten. Der französische Botschafter verlangte von dem auf Kur in Bad Ems weilenden preußischen König für alle Zukunft den ausdrücklichen Thronverzicht. Der König wies dieses Ansinnen zurück. Bismarck veröffentlichte die über diesen Vorgang be-

Napoleon III. (links) und Bismarck am Morgen nach der Schlacht bei Sedan, Gemälde von Camphausen, 1878

richtende **Emser Depesche** in inhaltlich verkürzter und damit verschärfter Form. Daraufhin erklärte Frankreich am 19. Juli 1870 den Krieg an Preußen, das sofort in den süddeutschen Staaten Bundesgenossen fand.

Die anfangs zahlenmäßige Überlegenheit der aufmarschierenden deutschen Armeen führte bereits am 2. September zur Kapitulation der Festung **Sedan** und der Gefangennahme Napoleons. Damit endete das französische Kaiserreich. In Paris wurde eine Republik ausgerufen, die nunmehr einen Nationalkrieg zu führen bereit war. Die neuen französischen Heere wurden jedoch geschlagen oder über die Schweizer Grenze abgedrängt. Paris kapitulierte im Januar 1871.

Im gleichen Monat, am 18. 1., erfolgte im Spiegelsaal des Schlosses zu Versailles die Ausrufung **Wilhelms I.** zum deutschen Kaiser. Der im Mai 1871 geschlossene **Frankfurter Friede** verpflichtete die ▶ Dritte Republik Frankreich zur Abtretung von Elsaß und Teilen Lothringens sowie zur Zahlung einer Kriegsentschädigung in Höhe von 5 Milliarden Goldfrancs. Obgleich es sich um altes Reichsland handelte, um das es seit Jahrhunderten Streit gab (▶ Réunionen), belastete die Abtretung in der Folgezeit die deutsch-französischen Beziehungen schwer und war 1914 eine Hauptursache für den Eintritt Frankreichs in den Krieg gegen Deutschland.

Diadochen (griech. = Nachfolger) Die Generäle Alexanders des Großen hielten nach seinem Tod 323 v. Chr. zunächst an der Einheit des Reiches fest und bestellten den Feldherrn **Perdikkas** zum Reichsverweser. Nachdem aber Alexanders Halbbruder und unmündiger Sohn ermordet worden waren, zerfiel das Reich in Teile. Die Könige dieser Teilreiche stützten sich auf Söldnerheere und funktionierende Beamtenapparate, bekämpften sich aber trotz gemeinsamer Tradition und Kultur (▶ Hellenismus). Erst 281 v. Chr. endeten die Kämpfe, die neu entstandenen Monarchien erkannen sich im wesentlichen an. **Antigonos** besiegte **Kassander** in Makedonien, **Seleukos** verdrängte **Lysimachos** aus Vorderasien. **Ptolemaios** behielt Ägypten (vgl. Karte S. 18). In der Folgezeit bauten die Ptolemäer Alexandria zum Kriegshafen aus und strebten die Herrschaft im östlichen Mittelmeer an. Die Seleukiden in Syrien verloren das einstige Persien an die Parther und Kleinasien an Kleinkönige, die dann von den keltischen **Galatern** bedrängt wurden. Später unterwarf Rom die Teilreiche.

Wegen der besonderen Härte, mit der die Kämpfe um Alexanders Nachfolge ausgetragen wurden, nannte man später ähnliche Auseinandersetzungen ebenfalls Diadochenkämpfe.

Doge (lat.: dux = Heerführer, Herzog) Seit 697 n. Chr. war der Doge der Inhaber der höchsten ausübenden Gewalt in Venedig. Ursprünglich ein Beamter des Byzantinischen Reiches, wurde er seit dem 8. Jh. von städtischem Adel gewählt und konnte von ihm auch wieder abgesetzt werden. Am Adel scheiterte 1032 der Versuch, das Amt erblich zu machen und damit zu einer monarchischen Staatsform zu gelangen. Dem Dogen blieb zwar der Oberbefehl über die Flotte, aber er wurde fortan vom Rat der Zehn, der obersten venezianischen Gerichtsbehörde, kontrolliert und war praktisch auf seinem Amtssitz, der Dogenpalast, verwiesen. Schon im Spätmittelalter nahm der Doge fast nur noch repräsentative Aufgaben wahr und das Amt verschwand 1797, als Napoleon I. die Republik Venedig auflöste.

Dolchstoßlegende Nach dem 1. Weltkrieg vertrat der ehemalige Feldmarschall **Paul von Hindenburg** vor einem parlamentarischen Untersuchungsausschuß – unter Berufung auf einen englischen General – die Auffassung, die Heimat habe die Front im Stich gelassen, und die deutsche Armee sei *von hinten erdolcht worden.* Diese These benutzten die konservativ-nationalistischen Kreise aber auch die Nationalsozialisten als Propaganda gegen die junge Weimarer Republik: Die sozialistischen Träger der Novemberrevolution von 1918 hätten die deutsche Niederlage verschuldet und seien schuld am Zusammenbruch des kaiserlichen Deutschlands.

Wahlplakat der Deutschnationalen Volkspartei (DVP) zur Reichstagswahl am 7. 12. 1924

Dollfuß, Engelbert (1892–1934) war ab 1931 österreichischer Landwirtschaftsminister, ab 1932 Bundeskanzler und Außenminister. 1933 wurden auf sein Betreiben die kommunistische und die nationalsozialistische Partei Österreichs verboten. Nach dem Beispiel von Hitlers politischer Kampftruppe, SA, schuf er einen Kampfbund, die **Vaterländische Front**. Mit deren Hilfe schaltete Dollfuß 1934 die Sozialistische Partei gewaltsam aus und regierte ohne Parlament (Verfassung vom 1. Mai 1934). Außenpolitisch näherte er sich dem faschistischen Italien und Ungarn und war entschiedener Gegner eines Anschlusses Österreichs an das Deutsche Reich. Sein Ziel war ein christlicher, autoritär geführter und berufsständisch aufgebauter Staat. Genossenschaftsähnliche Verbände würden dann bestimmte Bereiche verwalten, um den Individualismus einer modernen Wirtschaftsgesellschaft und die sozialen Gegensätzen zu beseitigen. Alle Versuche, einen solchen **Ständestaat** zu errichten, sind bisher gescheitert. Bei einem mißlungenen Putsch österreichischer Nationalsozialisten wurde Dollfuß am 25. Juli 1934 erschossen.

Dom (lat.: domus domini = Haus des Herrn) bezeichnet heute jede große Kirche, vor allem Bischofskirchen. Deren zutreffender richtiger Name ist aber **Kathedrale,** weil in ihr die Kathedra, der Thron-

Der romanische Dom von Speyer

Die gotische Kathedrale von Reims/Frankreich

sessel des Bischofs, steht. Große Klosterkirchen nannte man **Münster** (lat.: monasterium = Kloster). Später ging die Bezeichnung Münster ganz allgemein auch auf Dome über. In der Zeit der Romanik (950–1150) und der Gotik im 13. Jh. wurden im deutschen Sprachgebiet große Dome gebaut. Beispielhaft für den romanischen Baustil stehen die Dome von Bamberg, Mainz, Speyer und Worms, für den gotischen Köln und Straßburg. Sie dienten dem Gottesdienst und dem Ruhme Gottes. Deshalb waren sie oft auch viel größer, als für die Gottesdienste nötig gewesen wäre. Bei den Domen der Romanik waren die Kaiser Bauherren, in der Gotik wetteiferten Bischöfe und Städte im Bau möglichst großer Dome. Oft haben sich die Bauherren finanziell übernommen, und so blieb mancher gotische Dom unvollendet. Erst die nationale Begeisterung des vorigen Jh.s ermöglichte es, beispielsweise den Bau des Kölner Doms zu Ende zu führen.

Dominat Der erste römische Kaiser, Augustus, verzichtete auf eine im Hellenismus übliche Herrschaftsform, nämlich als Kaiser über Recht und Gesetz zu stehen. Er gründete seine Stellung im Reich auf mehrere republikanische Ämter gleichzeitig, allerdings beließ er auch dem Senat noch bestimmte Rechte. Im Laufe des 3. Jh.s erlangte das römische Kaisertum eine Position, die als *Freiheit von allen rechtlichen Bindungen* bezeichnet werden kann. Im Dominat galt die kaiserliche Gewalt nunmehr als göttlich gegeben. Die dem Herrscher innewohnende göttliche Kraft wurde kultisch verehrt. Anrede und Titel hießen *Dominus* (Herr), aus Reichsbürgern wurden *subiecti* (Untertanen, Unterworfene). Sie durften sich nur kniefällig dem in prächtigem Ornat auftretenden Kaiser nähern.

Dragonaden René de Marillac, königlicher Intendant, Verwalter des Poitou, des Landes um Poitiers, „erfand“ 1681 eine

Methode, um widerspenstige Untertanen, besonders die Hugenotten, zum Einlenken zu bringen. Er quartierte in ihren Häusern die doppelte Anzahl berittener Soldaten, **Dragoner**, ein, die beköstigt werden mußten. Auf Anraten seines Ministers Louvois führte Ludwig XIV. 1685 diese Dragonaden in ganz Frankreich ein, um die Protestanten zum alten Glauben zu bekehren. Da Mißhandlungen, Verwaltigungen und Plünderungen durch die Dragoner nicht bestraft wurden, erwies sich die Maßnahme als sehr wirksam. Viele der so Genötigten wanderten daraufhin in andere Länder aus.

Dreibund Da Bismarck nach der Schlacht von Königgrätz 1866 Österreich-Ungarn geschont hatte, konnte das Deutsche Reich mit seinem Nachbarstaat schon 1879 den **Zweibund** schließen, der 1882 als geheimes Verteidigungsbündnis für fünf Jahre mit Italien zum Dreibund erweitert wurde. Sollte einer der Partner von zwei oder mehr Großmächten angegriffen werden, mußten die beiden anderen in jedem Fall helfen. Ohne ihm beizutreten, wurde Rumänien 1883 durch Verträge an Österreich-Ungarn und das Deutsche Reich gebunden. Bei der Vertragsverlängerung 1887 wurde der Dreibund durch Sonderverträge mit Italien belastet. So versprach Österreich-Ungarn bei Landerwerb auf dem Balkan Italien einen Ausgleich, und das Deutsche Reich garantierte bei einem Konflikt Italiens mit Frankreich Flottenhilfe im westlichen Mittelmeer. Obwohl der Dreibund 1912 verlängert wurde, trat Italien auf die Seite der Alliierten und erklärte am 23. 5. 1915 Österreich-Ungarn den Krieg.

Dreiklassenwahlrecht Preußen führte im Mai 1849 ein beschränkt allgemeines, mittelbares, ungleiches und nicht geheimes Wahlsystem ein, mit der Begründung, Fleiß, Besitz und Intelligenz dürften „nicht der Kopfzahl zum Opfer gebracht werden“. Mittelbar war dieses Wahlrecht, weil die Wähler nicht direkt den Abgeordneten wählten, sondern Wahlmänner für die Wahl der Abgeordneten. Die Wähler wurden je nach Höhe ihrer Steuerleistung in drei Klassen eingeteilt, die dann jeweils in sich geschlossen aus der Urwählerliste ihres Wahlbezirks die gleiche Anzahl von Wahlmännern wählten. Zur 1. Klasse, die der Höchstbesteuerten, gehörten nur wenige. So besaß sie, gemessen an der Masse der Wähler mit geringerem Steueraufkommen, einen überproportionalen Einfluß auf die Repräsentativorgane. Dadurch konnten z. B. im Jahre 1903 die Konservativen mit über 300000 Stimmen 143 Abgeordnete durchbringen, während die Sozialdemokraten leer ausgingen, obgleich sie eine ähnlich hohe Stimmenzahl erreicht hatten. Dieses Wahlrecht blieb im wesentlichen bis zur Revolution von 1918 in Kraft und galt bei Gemeinderats- und Landtagswahlen.

Dreißigjähriger Krieg (1618–48) Am Vorabend des Krieges hatten sich die evangelischen und katholischen Reichsstände bereits zu militärischen Bünden zusammengeschlossen, um die ihnen im Augsburger Religionsfrieden von 1555 zugestandenen Rechte zu sichern. Die protestantische ▶ Union stützte sich dabei auf Frankreich, die katholische **Liga** auf Spanien. Als trotz der Zusicherung der Gewissensfreiheit und des Rechtes auf freie Religionsausübung Kaiser **Ferdinand II.** in seinen habsburgischen Erblanden rücksichtslos zur Gegenreformation, zur Rekatholisierung, überging, rebellierten die böhmischen Stände. Sie erklärten den Kaiser für abgesetzt und wählten den pfälzischen Kurfürsten **Friedrich V.** zum König.

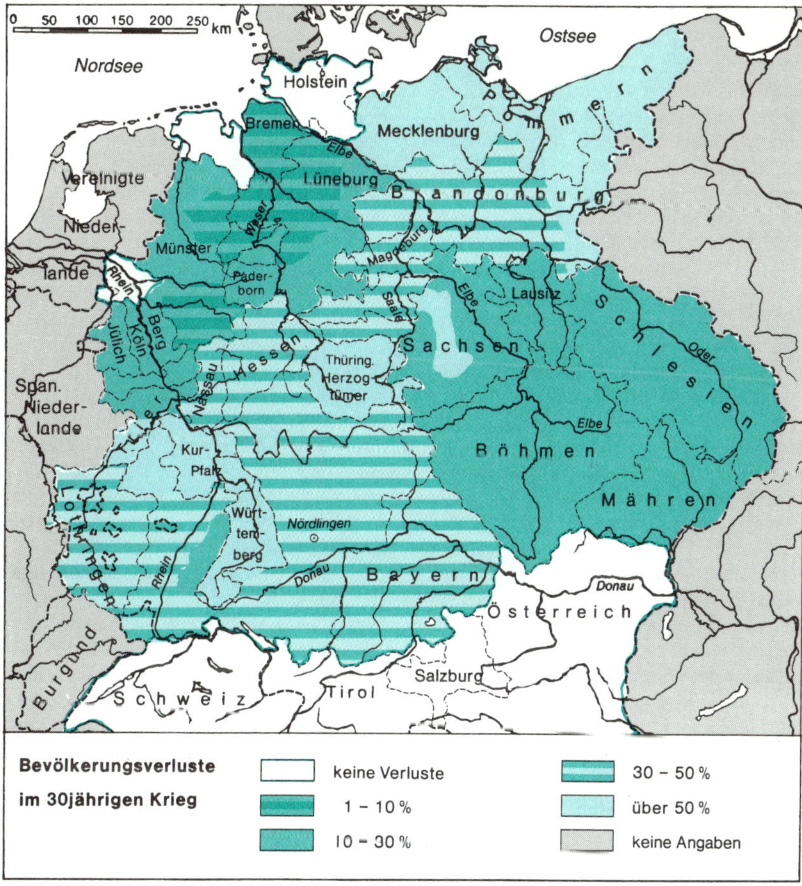

Im **Böhmisch-Pfälzischen Krieg** (1618–23) wurde der Winterkönig, wie er auch genannt wurde, in der Schlacht am **Weißen Berg** 1620 besiegt, er verlor seine Kurwürde an Bayern. Die Gegenreformation wurde in Böhmen gewaltsam durchgeführt und furchtbare Rache an den Protestanten genommen (Hinrichtungen, Enteignungen, Vertreibungen). Die Union löste sich auf.

Der Dänenkönig **Christian IV.** suchte die schwelende Krise auszunutzen und in Norddeutschland seine Machtposition gegen Schweden auszubauen. Er unterlag aber im **Niedersächsisch-Dänischen Krieg** (1625–29) dem Heerführer der Liga, **Tilly**, bei **Lutter am Barenberge**, wurde aus dem Reich vertrieben und mußte sich zur Neutralität verpflichten. Die Protestanten zwang man im **Restitutionsedikt** von 1629, alle seit 1552 eingezogenen geistlichen Güter zurückzugeben.

Während die katholischen Fürsten die Liga

schwächten, indem sie beim Kaiser auf die Absetzung Wallensteins, des militärischen Führers der Liga, drängten, weil er ihnen zu mächtig geworden war, setzten die Protestanten hingegen ihre Hoffnung auf den Schwedenkönig Gustav II. Adolf. Dieser konnte im Verlauf des **Schwedischen Krieges** (1630–35) das Heer der Liga schlagen, fiel aber 1632 in der Schlacht bei **Lützen**. Nach der Niederlage der schwedischen Armee bei **Nördlingen** (1634) kam es zum Kompromißfrieden zwischen dem Kaiser und der Mehrzahl der protetantischen Reichsstände. Eine gemeinsame Reichsarmee sollte die fremden Truppen vertreiben. Frankreichs Kardinal Richelieu gelang es aber, den schwedischen Reichskanzler **Oxenstierna** zur Fortsetzung des Krieges gegen Habsburg zu bewegen. Der **Schwedisch-Französische Krieg** (1635–48) wurde zum Erschöpfungskrieg für beide Seiten. Jahrelange Vorverhandlungen leiteten 1648 zum **Frieden von Münster und Osnabrück** über, der Schweden und Frankreich Gebietsgewinne brachte und sie zu Ordnungsmächten im Reich und in Europa bestimmen sollte. Das Ergebnis des ▶ Westfälischen Friedens veränderte für Jahrhunderte die politische Landkarte Europas und besiegelte in Deutschland den Verlust der kaiserlichen Zentralgewalt und die politische und militärische Ohnmacht des Reiches.

Dreyfus-Affäre 1894 wurde der französische Hauptmann und Jude Alfred Dreyfus in einem regelwidrigen Militärgerichtsprozeß wegen Landesverrats und Spionage für Deutschland zu lebenslänglicher Verbannung auf die Teufelsinsel (Guyana) verurteilt. Das mörderische Urteil sollte Juden vom Eintritt ins Offizierskorps abschrecken, war aber auch Ausdruck antisemitischer Tendenzen. Obwohl das einzige Beweisstück als Fälschung entlarvt wurde, sträubte sich der Generalstab gegen eine Revision. Der Schriftsteller Emile Zola erreichte mit seinem offenen Brief *J'accuse* (Ich klage an) an den Präsidenten der Republik die Wiederaufnahme des Verfahrens. Das Kriegsgericht in Rennes verurteilte Dreyfus 1899 jedoch erneut, diesmal zu 10 Jahren Gefängnis, die ihm durch eine Begnadigung erlassen wurden. Erst 1906 wurde Dreyfus rehabilitiert. Die Affäre hatte eine schwere Staatskrise verursacht und die Linke 1899 an die Regierung gebracht.

Dritte Republik Nach dem Sturz Napoleons III. wurde 1870 in Frankreich die Dritte Republik ausgerufen, die 1940 im 2. Weltkrieg unterging. Ihre Zeit wurde von drei Zielen beherrscht: Revanche für die Niederlage von 1870/71, Rückeroberung Elsaß-Lothringens und Rückkehr Frankreichs zur Weltmacht durch Kolonial- und Bündnispolitik.

1891 schloß Frankreich ein Bündnis mit Rußland, 1898/99 wurden nach der Krise von ▶ Faschoda die Kolonialstreitigkeiten mit England beigelegt, 1902 folgte ein geheimer Neutralitätsvertrag mit Italien für den Fall eines deutsch-französischen Krieges und 1904 ein Bündnis mit Großbritannien, die ▶ Entente cordiale. Allmählich wurde die Einkreisung Deutschlands vollendet.

In der Nachkriegspolitik gegenüber dem 1918 besiegten Deutschland spielte Frankreich eine entscheidende Rolle. Es gewann im Versailler Vertrag Elsaß-Lothringen zurück und dazu den größten Teil der deutschen Kolonien Kamerun und Togo, ferner als Mandate (Auftragsverwaltung des Völkerbundes) aus dem Erbe der Türkei Syrien und den Libanon. Bündnisse mit Polen, der Tschechoslowakei, Belgien, Jugoslawien und Rumänien sollten die Vorherrschaft Frankreichs auf dem Kontinent

sichern. Bis 1924 trieb Frankreich eine extrem deutschfeindliche Machtpolitik (▶ Reparationen, ▶ Ruhrkrise).
Ab 1924 folgte die Zeit der Verständigungspolitik unter **Aristide Briand** (siehe Foto S. 359), die der Aufstieg Hitlers beendete. 1935 wurde die antideutsche Politik durch Bündnisse mit Großbritannien und der Sowjetunion fortgesetzt. Aktionen gegen Hitler blieben aber aus; Frankreich betrieb einen Kurs der Beschwichtigung; ▶ Appeasementpolitik, denn das seit dem Beginn der Dritten Republik von inneren Krisen geschüttelte Land hatte nach 1918 vermehrte Angst vor ernsten politischen Verwicklungen. Erst der deutsche Angriff auf Polen führte am 3. 9. 1939 zum Krieg mit Deutschland, der mit der französischen Kapitulation 1940 das Ende der Dritten Republik brachte.

Drittes Reich Schon das Mittelalter kannte die Idee von einem kommenden Reich Gottes, in dem alle Nöte und Gegensätze aufgehoben sein sollten. In dieser Tradition schrieb Möller van den Bruck 1923 ein Buch über *Das Dritte Reich,* ein künftiges Deutschland, in dem alle tatsächlichen oder vermeintlichen Fehler des 2. Reiches, des wilhelmischen Kaiserreiches (die Herrschaft des mittelalterlichen Kaiser galt als das 1. Reich) und der Weimarer Republik überwunden werden sollten.

Hitlerjugend auf dem Reichsparteitag in Nürnberg 1933

Deutschland sollte dann wieder als strahlende Macht dastehen. Von diesem Buch hat die **NSDAP**, die Nationalsozialistische Deutsche Arbeiterpartei, den Begriff übernommen und ihre Herrschaft ab 1933 als Drittes Reich bezeichnet.
Die Propaganda der Nationalsozialisten zeigte schon vor 1933, welche Ziele sie hatten: Sie wollten die Verluste des 1. Weltkriegs rückgängig machen, *Lebensraum im Osten* erobern, alle deutschsprechenden Völker in einem **Großdeutschen Reich** vereinigen, dieses unter Anschluß der anderen *germanischen* Völker in ein **Großgermanisches Reich** verwandeln und mit ihm die Weltherrschaft erringen. Sie hatten diese Ziele eines extremen deutschen Nationalismus mit ihrer **Rassentheorie** verbunden. Danach sollten die Germanen allen anderen Rassen überlegen sein, besonders den Slawen, Negern und Juden. Für den Zusammenbruch Deutschlands 1918 machten sie Sozialisten (▶ Dolchstoßlegende) und Juden verantwortlich. Gegen sie richtete sich daher ihr besonderer Haß.
Am 30. 1. 1933 beauftragte Reichspräsident **von Hindenburg** Adolf Hitler mit der Bildung einer Koalitionsregierung, denn für eine Alleinregierung war die NSDAP im Reichstag zu schwach. Der neuen Regierung gehörten nur zwei Nationalsozialisten, aber fünf Minister aus dem Kabinett des abgelösten Reichskanzlers **von Papen** an, die meisten Minister waren parteilos. Sofort begannen die Nationalsozialisten, alle anderen politischen Kräfte auszuschalten. Der **Reichstagsbrand** am 27. 2. 1933 wurde von Propagandaminister **Joseph Goebbels** den Kommunisten angelastet und führte am 28. 2. zur **Notverordnung zum Schutz von Volk und Staat** und am 24. 3. zum **Ermächtigungsgesetz**. Damit waren die Grundrechte aufgehoben und die gesetzgebende Gewalt vom Reichstag auf Hitler übergegangen. Es folgte die **Gleichschaltung**, d. h. das Verbot aller politischen Parteien im Juni sowie die Auflösung der Gewerkschaften und aller Organisationen, die Hitler hätten gefährlich werden können. Alle Vereine, Berufsverbände und Körperschaften wurden verboten oder zwangsweise in NS-Organisationen integriert. Presselenkung und Staatsrundfunk sorgten für einseitige Information des Volkes; die Geheime Staatspolizei, **Gestapo**, unterdrückte jede Opposition, politische Gegner wurden in Konzentrationslager gebracht. Im Juli 1934 (**Röhmputsch**)ließ Hitler seine Gegner in der Partei, vor allem Führer der **SA** (Sturmabteilung) ermorden, von denen er fürchtete, sie würden seine Annäherung an Industrie und Reichswehr stören. Als Hindenburg am 2. 8. 1934 starb, übernahm Hitler auch die Funktion des Reichspräsidenten und war als ‚Führer und Reichskanzler' nun unumschränkter Herr Deutschlands.
Wie hatte es dazu kommen können? Seine den verschiedensten Richtungen angehörenden Gegner waren uneinig und hatten ihn unterschätzt. Teile der Beamtenschaft waren Anhänger des Nationalsozialismus oder sympathisierten zumindest mit ihm. Viele Menschen setzten angesichts sozialer Not während der ▶ Weltwirtschaftskrise ihre Hoffnungen auf einen *starken Mann,* der die Arbeitslosigkeit beseitigen sollte. Sie bejahten auch die kompromißlos ablehnende Haltung der Nationalsozialisten gegenüber dem Versailler Vertrag und fürchteten eine kommunistische Diktatur mehr als die Radikalität Hitlers. Die **Reichswehr** blieb politisch neutral, weil Hitler ihre Stellung nicht antastete, ja sie sogar stärkte und bewußt mit dem **Tag von Potsdam** am 21. 3. 1933, dem Jahrestag der Eröffnung des 1. Reichstages

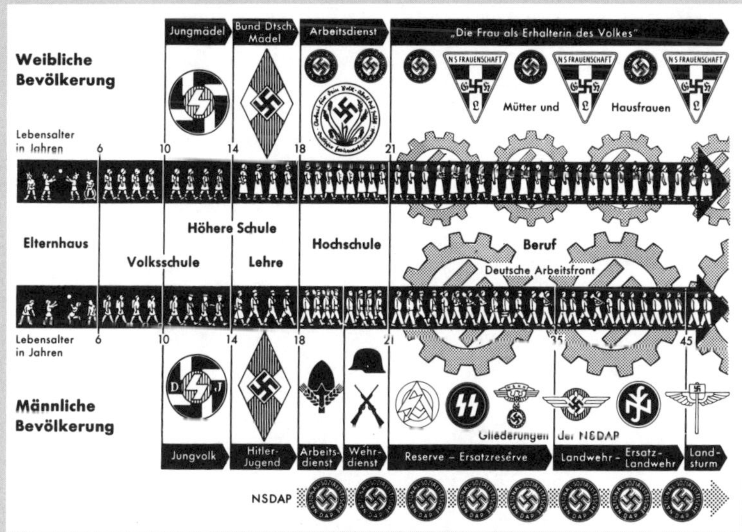

Die Einbindung der Bevölkerung in NS-Organisationen

nach Gründung des Deutschen Reiches, an die militärische Tradition Preußens anknüpfte. Die Vereidigung der Streitkräfte auf ihn persönlich und die unmittelbare Unterstellung der Wehrmacht unter seinen Befehl vervollständigten Hitlers Macht. Und die Hoffnungen, die viele in ihn setzten, schienen sich zu erfüllen. Die Arbeitslosigkeit war nach zwei Jahren durch Ankurbeln der Rüstungsindustrie, Bau von Autobahnen usw. beseitigt; schon im Oktober 1933 verließ die deutsche Delegation die 2. Genfer Abrüstungskonferenz und das Reich trat aus dem ▶ Völkerbund aus, der als Instrument der Sieger galt. Im März 1935 kehrte das Saargebiet, das nach dem 1. Weltkrieg für 15 Jahre der Verwaltung des Völkerbundes bis zu einer Volksabstimmung unterstellt worden war, ins Reich zurück. Ebenfalls im März wurde die allgemeine Wehrpflicht verkündet, im Juni ein deutsch-britisches Flottenabkommen unterzeichnet, und im März 1936 kündigte Hitler die 1925 geschlossenen **Verträge von Locarno** (Anerkennung der Grenzen) und ließ das entmilitarisierte Rheinland besetzen. In drei Jahren waren große Teile des Versailler Vertrages außer Kraft gesetzt. Als dann noch die Olympischen Spiele 1936 ein riesiger Propagandaerfolg für das Dritte Reich wurden, schien für Hitler nichts mehr unmöglich, zumal Bündnisse mit den ▶ Achsenmächten Japan und Italien seine außenpolitische Lage verbesserten. Angesichts der Erfolge Hitlers, die ihnen direkt zugute kamen oder ihren politischen Vorstellungen entsprachen, ignorierten viele Menschen die unübersehbaren Rechtsbrüche des Nationalsozialismus.

In einer geheimen Konferenz am 5. 11. 1937 verkündete Hitler sein nächstes Ziel: Krieg, um seine Weltmachtspläne zu verwirklichen. Die widerstrebende Wehrmachtsführung wechselte er im Januar 1938 aus, und im März folgte der Anschluß Österreichs ans Reich. Im Herbst provozierte er in der ▶ Sudetenfrage eine internationale Krise, besetzte im März 1939 die restliche Tschechoslowakei (▶ Protektorat) und befahl am 11. April die Vorbereitung des Angriffs auf Polen, der am 1. September den 2. Weltkrieg auslöste.
Der menschenverachtende Charakter des Dritten Reiches zeigte sich früh: Ermordung von Widersachern im Röhmputsch, Vernichtung politischer Gegner in Konzentrationslagern, die Rassenpolitik gegen die jüdische Bevölkerung. Hitlers *Mein Kampf* machte keinen Hehl aus seinen Zielen. Ebenso war das Judenprogrom vom 9./10. November 1938, die **Kristallnacht**, ein Signal für den Charakter des Nationalsozialismus, dennoch vermochte sich niemand die ▶ Endlösung vorzustellen. Ungeschickte Propaganda der Gegner und die Luftangriffe auf die Zivilbevölkerung im Krieg sicherten dem Nationalsozialismus die Unterstützung vieler Deutscher, selbst wenn sie dessen Unrechtscharakter erkannt hatten.
Es gab im Dritten Reich keine gegen den Nationalsozialismus gerichtete Massenbewegung. Große Teile des Volkes waren von den Erfolgen Hitlers geblendet, auch in der Führungsschicht hatte er viele Anhänger. Die wenigen entschiedenen Gegner aber waren uneinig über die Berechtigung des **Widerstandes** (Bindung durch Soldaten- oder Beamteneid), über Ziele und Methoden (gewaltsamer oder gewaltloser Widerstand), und manche fürchteten für den Fall eines Staatsstreichs einen Bürgerkrieg. Die Menschen jedoch, die sich gegen die nationalsozialistische Politik wehrten, kamen aus allen sozialen Schichten und politischen Gruppen.
KPD und SPD gingen nach dem Verbot ihrer Organisationen in den Untergrund, großenteils auch ins Ausland, und versuchten dort, Aufklärung und Widerstand zu organisieren. Für die Gegnerschaft zum Nationalsozialismus in der evangelischen Kirche stehen Namen wie **Martin Niemöller** und **Dietrich Bonhoeffer**, der hingerichtet wurde. Eher konservativ ausgerichtete Bürgerliche und Adelige organisierten sich im **Kreisauer Kreis** um Graf **von Moltke** und um den Oberbürgermeister von Leipzig **Carl-Friedrich Goerdeler**. Von dort gab es Beziehungen zu Offizieren, wie dem 1938 zurückgetretenen Generalstabschef **Ludwig Beck**, die mit Hitlers Expansionspolitik nicht einverstanden waren. Sowohl Goerdeler als auch Beck hatten wiederum Verbindungen zur Gruppe um Graf **von Stauffenberg**. Je mehr Zeit verging, umso mehr baute Hitler seine Herrschaft auch mit Mitteln des Terrors aus, z. B. mit dem für politische Straftaten zuständigen **Volksgerichtshof**, und umso aussichtsloser wurden Aktionen gegen ihn. Widerstand von Einzelpersonen und kleinen Gruppen, wie der **Weißen Rose** der **Geschwister Scholl**, hatten keine Aussicht auf Erfolg. Mehrere Attentate auf Hitler scheiterten. Das von Offizieren geplante, von Oberst von Stauffenberg ausgeführte Attentat am 20. Juli 1944 schlug ebenso fehl wie der gleichzeitige Militärputsch in Berlin.
Eine der größten Lasten der deutschen Geschichte ist es, daß der Nationalsozialismus nicht verhindert oder von innen heraus überwunden wurde, sondern erst mit der bedingungslosen Kapitulation am 7./8. Mai 1945 sein Ende nahm.

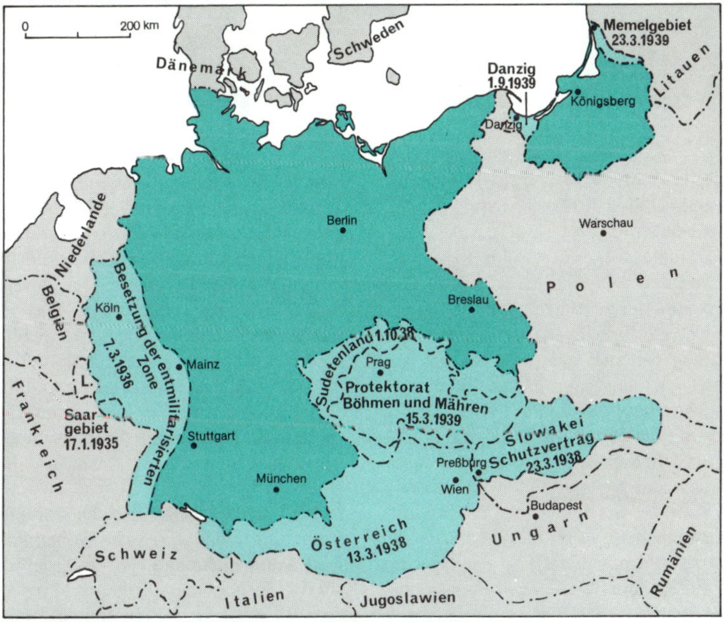

Die Erweiterung des deutschen Machtbereichs 1935–39

Dschingis Chan (um 1155 oder 1167–1227) **Temudschin**, der Sohn eines kleinen mongolischen Stammesfürsten unter der Hoheit der türkischen Keräiten, unterwarf ab 1188 die Stämme seiner Heimat, war 1206 Herr der ▶ Mongolen und nahm den Titel Dschingis Chan (ozeanischer Chan) an. 1215 griff er das Chin-Reich in Nordchina an, eroberte Peking, weite Teile Chinas und 1219 Korea. Seine 1218 nach Westen entsandten Reiterscharen unterwarfen den Norden Irans und stießen in die Ukraine vor. Als er starb, hinterließ er ein mächtiges Reich vom Gelben bis zum Schwarzen Meer. Der Bestand seines Reiches beruhte auch auf religiöser Toleranz und rascher Anpassung an fremde Kulturen.

E

Echnaton (1364–47 v. Chr.) Er war als **Amenophis IV.** (R. 1375–48) König der 18. Dynastie Ägyptens im Neuen Reich und mit **Nofretete** verheiratet. Um 1355 versuchte er, den monotheistischen Kult des Gottes **Aton** durchzusetzen, um die Macht der Priester zu brechen. Aton bezeichnete in früh-ägyptischer Zeit die Sonne, als Gottheit wird sie als Sonnenscheibe dargestellt. Amenophis nannte sich fortan Echnaton (der dem Aton wohlgefällig ist) und gründete die neue Hauptstadt Achet-Aton, das heutige Amarna.
Dem Volk war der Glaube an einen Gott unverständlich, denn bis dahin wurden etwa 700 Götter angebetet und die Priester der alten Kulte hetzten gegen den König. Die von seiner Religionsreform verursachten innenpolitischen Schwierigkeiten zwangen ihn, die Außenpolitik zu vernachlässigen; Ägypten verlor seine Vormachtstellung im Nahen Osten.

Echnaton und Nofretete, dargestellt um 1355 v. Chr.

Von Amarna aus entwickelte sich in der ägyptischen Kunst ein neuer Stil, der Bewegung in die bisher sehr formalen und unbewegten Darstellungen brachte. Die Lyrik (Sonnenhymnen Echnatons) gab der ägyptischen Literatur neue Züge. Das Ende Echnatons ist unklar; es war von revolutionären Unruhen begleitet. Echnaton mußte die alten Kulte wieder zulassen und nahm auch seinen ursprünglichen Namen wieder an. Sein Schwiegersohn ▶ Tut-ench-amun wurde sein Nachfolger.

Eichmann-Prozeß Nach jahrelanger Suche spürte der israelische Geheimdienst **Karl Adolf Eichmann** 1960 in Argentinien auf, wo der SS-Obersturmbannführer nach dem 2. Weltkrieg untergetaucht war. Er wurde nach Israel entführt und dort vor Gericht gestellt. Eichmann, im Dritten Reich Leiter des **Judenreferates** im Reichssicherheitshauptamt und während des Krieges Organisator der Transporte in die Massenvernichtungslager, wurde angeklagt, an Gewaltverbrechen des NS-Staates mitgewirkt zu haben. Der Prozeß fand weltweite Beachtung und endete 1961 mit einem Todesurteil gegen Eichmann.

Eidgenossenschaft Die amtliche Bezeichnung für die Schweiz lautete *Schweizerische Eidgenossenschaft,* ein Name, der auf die Entstehung des heutigen Staates hindeutet. Unter den staufischen Kaisern gehörte der größte Teil der heutigen Schweiz zum Deutschen Reich; im 13. Jh. gewannen im Norden und Osten die aufstebenden Grafen von Habsburg jedoch

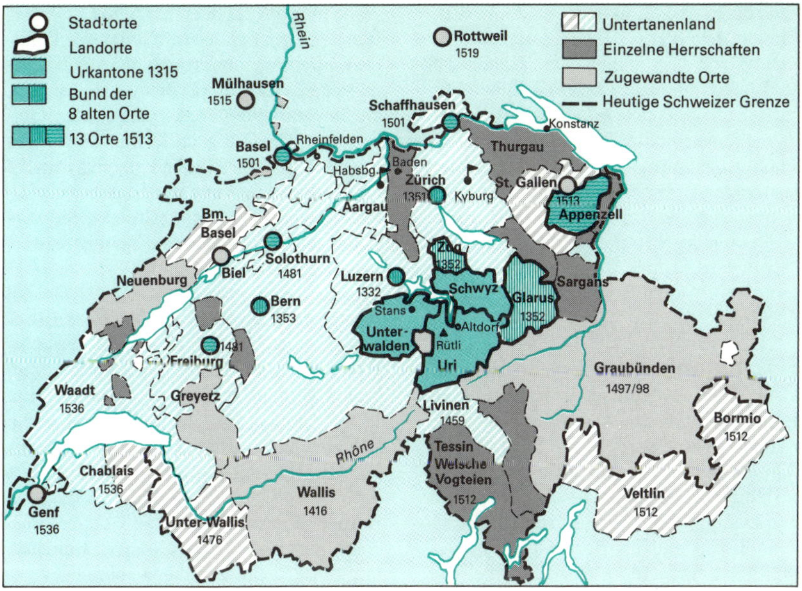

Die Entstehung der Schweiz

immer mehr Einfluß. Da den Orten Uri und Schwyz von Friedrich II. die Reichsunmittelbarkeit zugestanden worden war, wehrten sie sich gegen die Ausdehnungspolitik der Habsburger. Die drei **Urkantone** Uri, Schwyz und Unterwalden schlossen sich 1291 zur Wahrung ihrer Rechte und des Landfriedens zu einem **Ewigen Bund** zusammen und stellten sich bei Thronstreitigkeiten stets auf die Seite der habsburgischen Gegner. In der Schlacht am **Morgarten** 1315 erlitt das Ritterheer der Habsburger eine verheerende Niederlage, die auch das Ende der ritterlichen Kampfweise einläutete. Dem Ewigen Bund schlossen sich nun weitere Orte zur Eidgenossenschaft an, auf die der Name **Schwyz** überging. Der Bund weitete sich aus, gewann an innerer Festigkeit, an Selbstbewußtsein und äußerer Schlagkraft. Nach etlichen Kämpfen gegen kaiserliche Heere schied er nach dem gewonnenen **Schwabenkrieg** gegen Maximilian I. 1499 faktisch aus dem Deutschen Reich aus. Die endgültige Bestätigung der Unabhängigkeit folgte mit der Neuordnung Europas nach dem Dreißigjährigen Krieg im Westfälischen Frieden 1648.

Nach der Niederlage gegen die Franzosen bei **Marignano** 1515, die den Versuch einer selbständigen Italienpolitik beendete, verhielt sich die Schweiz im wesentlichen bei allen europäischen Auseinandersetzungen neutral.

Eigenkirchenrecht Lagen im frühen Mittelalter Kirchen, Klöster oder später sogar Stifte und Bistümer auf dem Grund und Boden eines **Grundherrn**, dann besaß dieser das Eigenkirchenrecht. Dies beinhaltete das Aufsichts- und Nutzungsrecht über

Vermögen und Einkünfte und die Entscheidungsbefugnis bei Berufung und Entlassung von Geistlichen. Der Höhepunkt des Eigenkirchenwesens lag im frühen Mittelalter. Seit Papst ▶ Gregor VII. (R. 1073–85) wurde das Eigenkirchenrecht als **Simonie** bekämpft, d. h. Verkauf oder Kauf geistlicher Ämter oder Dinge waren nicht mehr erlaubt. So starb diese Rechtsform im 12. Jh. aus, an ihre Stelle trat vielfach das **Patronatsrecht**, das Recht, der Kirche einen verbindlichen Besetzungsvorschlag zu machen.

Eisenbahn Im Bergbau gab es schon im 16. Jh. Schienenbahnen. In England wurden sie in der Frühzeit der Industriellen Revolution verbessert und ab 1804 von Dampflokomotiven gezogen. Damit war die moderne Eisenbahn geschaffen. Die ersten Dampfeisenbahnen wurden in der Eisenindustrie und im Bergbau verwendet. 1825 gab es in Deutschland schon mehr als 50 km dampfgetriebener Industriebahnen, also 10 Jahre vor der ersten öffentlichen Eisenbahn für den Personenverkehr von Nürnberg nach Fürth.
Die Eisenbahn hat die Welt verändert. Sie fuhr schneller und billiger als die bisherigen Verkehrsmittel. Jetzt konnte der Massentransport von Menschen und Gütern einsetzen. Bahnhofshallen, Brücken, Tunnels, Lokomotiven und Signalanlagen stellten die Technik vor neue Aufgaben. Die Kriegführung wurde durch den schnellen Transport verändert, und die Erschließung der riesigen Wirtschaftsräume in Amerika, Asien, Afrika und Australien wäre ohne die Eisenbahn nicht möglich gewesen. In Deutschland hat der Bahnbau die Einzelstaaten näher zusammengebracht und dadurch einen Beitrag zur Reichseinigung geleistet.
Jahrzehntelang war Großbritannien im Bahnbau wie in der Industrialisierung führend. Erst in der Mitte des vorigen Jh.s hat die deutsche Technik aufgeholt. Da der Bau der Eisenbahnen sehr teuer war, konnte er nur durch moderne Banken und durch **Aktiengesellschaften** finanziert werden, die die Spargelder der kleinen Leute mobilisierten. Der Lkw im Güter- sowie das Flugzeug und der Pkw im Personenverkehr haben die Bedeutung der Eisenbahn nach dem 2. Weltkrieg eingeschränkt. Sie versucht heute, mit höheren Reisegeschwindigkeiten wieder aufzuholen.

Eisenzeit Schon gegen Ende der Bronzezeit tauchte zunehmend das Eisen als Werkstoff für Geräte und Waffen auf. Wahrscheinlich haben die Hethiter um 1200 v. Chr. die Eisentechnik erfunden, die sich von ihnen aus über den Vorderen Orient, die Balkanhalbinsel und von Südost nach Nordwest fortschreitend über ganz Europa, aber auch nach Indien und Nordchina ausbreitete. Da Eisenerz weit verbreitet ist, konnt es nahezu überall gewonnen und von den Schmieden bearbeitet werden. Diese gewannen deshalb auch als Handwerker besonderes Ansehen.
Die vorchristliche Eisenzeit wird heute in zwei große Abschnitte eingeteilt, die nach wichtigen Fundorten benannt sind. Der ältere umfaßt etwa die Zeit von 1000 bis 500 v. Chr. Er erhielt seinen Namen nach dem Ort Hallstatt im Salzkammergut/Österreich, an dem zu dieser Zeit Salzbergbau betrieben und der durch seine ausgedehnten Gräberfelder bekannt wurde. Hier lebten kriegerische Bauern, die zugleich regen Handel trieben. Wir begegnen ihren Spuren von Ostfrankreich über Süddeutschland bis zur Balkanhalbinsel. Die jüngere Eisenzeit, die etwa um 500 v. Chr. begann, heißt auch **La-Tène-Zeit**, nach einem Fundort am Nordrand des Neuenburger Sees in der Schweiz. Träger dieser Kultur waren die ▶ Kelten. Sie besaßen schon bessere Geräte und Waffen als die Menschen der **Hallstattzeit**. Auch sie betrieben regen

Handel und übernahmen manche Anregungen von den Völkern im Mittelmeerraum. Die späte Latène-Zeit reicht etwa bis in das 1. nachchristliche Jh., dann spricht man von der nachchristlichen Eisenzeit, die in Mitteleuropa bis zu den germanischen Staatenbildungen am Ende der Völkerwanderung, in Nordeuropa bis zu den Wikingern reicht.

Eldorado Gold ist neben Kupfer das älteste benutzte Metall, aus Flüssen herausgewaschen oder im Bergbau gewonnen. Die Suche nach neuen Goldquellen war auch immer wieder die Triebfeder für Entdeckungsfahrten und Eroberungen. Nach der Entdeckung Amerikas suchten die spanischen Konquistadoren nach dem sagenhaften Goldland Eldorado, das im Norden Südamerikas vermutet wurde. Auch das Handelshaus der ▶ Welser, die Besitzungen an der südamerikanischen Küste hatten, schickten eine Expedition aus. Doch das Goldland blieb ebenso ein Phantom wie der ▶ Priester Johannes und die **Sieben goldenen Städte**. Die ersten Nachrichten vom Reichtum dieser Städte im Süden der heutigen USA brachte 1513 ein Franziskanerpater nach Mexiko. Daraufhin wurde eine Expedition mit spanischen und indianischen Teilnehmern zusammengestellt, die zwar den Rio Grande und den Grand Canyon entdeckten, aber außer einem Verband großer indianischer Pueblos keine reichen Städte fanden.

Elisabeth I. (1533–1603) Die spätere Königin von England, Tochter **Heinrichs VIII.**, wurde vor allem durch die Hinrichtung ihrer Mutter **Anna Boleyn** – wegen angeblichen Ehebruchs – geprägt. Nach ihrer Thronbesteigung 1559 erneuerte Elisabeth die anglikanische Kirche, die Katholiken wurden zunächst toleriert. Ihre Herrschaft blieb immer durch Verschwörungen bedroht, die zunächst die Ansprüche **Maria Stuarts**, der katholischen Königin Schottlands, auf die englische Krone unterstützten. Maria, seit 1568 die Gefangene Elisabeths, wurde 1587 hingerichtet, die Katholiken unter scharfe Ausnahmegesetze gestellt. Elisabeth gelang es, soziale Not per Gesetz zu lindern; vor allem aber erlebte die Kultur unter ihrer Regierung eine Blütezeit. Stellvertretend für dieses **Elisabethanische Zeitalter** steht der Name **William Shakespeares**.

Elisabeth I. von England

Die Außenpolitik beherrschte der Konflikt mit Spanien, der mit dem Sieg über die ▶ Armada siegreich für England endete. Mit der Weltumsegelung durch **Francis Drake**, dem Erwerb der ersten Kolonie in Nordamerika und der Gründung der Ostindischen Kompanie (▶ Handelskompanie) begann der Aufstieg Englands zur Weltmacht. Die *jungfräuliche Königin* blieb unverheiratet, da ihr verschiedene Eheprojekte eher als diplomatische Waffe dienten.

Endlösung Die Nationalsozialisten verstanden darunter verschiedene Pläne zur Vertreibung der Juden aus Europa bzw. zu deren Massenvernichtung. Zuerst wollten sie die Juden zum Auswandern aus

Deutschland zwingen, dann planten sie ein jüdisches Siedlungsgebiet in Polen (1939), einen jüdischen Staat auf Madagaskar oder in Sibirien (1940), in den alle europäischen Juden zwangsweise umgesiedelt werden sollten. Die Meinungen der NS-Führer waren darüber nie einheitlich. Die radikalsten unter ihnen haben wohl schon früh mit dem Gedanken des Massenmordes gespielt. Die Deportation der europäischen Juden in das besetzte Polen und ihre Tötung in **Vernichtungslagern** wurde auf der **Wannseekonferenz** am 20. 1. 1942 organisatorisch vorbereitet.

Englischer Bürgerkrieg Die Nachfolger der Königin ▶ Elisabeth I. aus dem Geschlecht der Stuarts gerieten im 17. Jh. bald unter starken Druck. Wirtschaftliche Veränderungen, die nicht ohne Inflation und Not vor sich gingen, führten zum Aufstieg eines neuen, puritanisch gesinnten Mittelstandes, der das Königtum und seine stärkste Stütze, die Anglikanische Kirche, mit Mißtrauen betrachtete. Auch riefen Versuche König Karls I. (R. 1625–49) in England den Absolutismus durchzusetzen, Widerstand hervor. In England gab es damals viele Gemeinwesen (Grafschaften, Städte, Gilden usw.), die sich selbst verwalteten und die nun fürchteten, königlichen Beamten unterstellt zu werden. Landadel (**Gentry**) und Bürgertum (**City**), die Gegner des Königs, machten das Unterhaus des Parlaments zu ihrem Instrument, da dieses das Recht der Steuerbewilligung ausübte. 1640 erzwang ein Aufstand in Schottland – die Presbyterianischen Schotten wehrten sich gegen die Einführung der anglikanischen Kirche – nach elf Jahren Alleinherrschaft des Königs die Einberufung eines neuen Parlaments zur Bewilligung der Kriegssteuer. Als dessen Wortführer **John Pym** nicht nur die Hinrichtung des Ministers Strafford durchsetzte, sondern dem König auch wichtige Rechte nehmen wollte, begann 1642 der Bürgerkrieg. Zunächst stand der königstreue Westen und Norden gegen Schottland und den stärkeren Südosten Englands, wo das Parlament seine Machtbasis hatte. Nach einigen Erfolgen wurden die königlichen Truppen bei **Maston Moor** (2. 7. 1644) und **Naseby** (14. 6. 1645) geschlagen. Entscheidenden Anteil daran hatte eine von ▶ Cromwell aufgestellte Reitertruppe, die **Ironsides**, die von da an die puritanisch geprägte Partei der **Independenten** bildete. Diese ging 1648, als sich ein Ausgleich zwischen König und Parlament abzeichnete, gegen beide vor und blieb bei **Preston** siegreich (19. 8.). Cromwell vertrieb die widerstrebende Parlamentsmehrheit (Pride's Purge), ließ Karl I. am 19. 1. 1649 hinrichten, England wurde unter der Herrschaft Cromwells bis 1660 Republik.

Entdecker Die ältesten Entdeckungen in der Antike wurden im Zusammenhang mit Eroberungszügen, Handelsfahrten und der Suche nach neuem Siedlungsraum gemacht.
Dazu gehören auch die Fahrten nach ▶ Punt oder die in der Bibel erwähnten Handelsreisen in das Goldland **Ophir**, dessen Lage bis heute nicht bekannt ist. Etwa um 600 v. Chr. umsegelten phönikische Schiffe im Auftrag des Pharao Necho zum ersten Mal Afrika. Der karthagische Kapitän Hanno drang um 525 v. Chr. mit seinen Schiffen bis zum „Götterberg“ vor, den man im Golf von Guinea an der afrikanischen Westküste zu lokalisieren sucht. Der erste bedeutende Einzelreisende war der Grieche **Pytheas** aus Massilia (Marseille), der um 325 v. Chr. eine Schiffsreise

um die britischen Inseln und vielleicht bis nach Island oder Norwegen unternahm. Von China aus drang zwischen 138 und 115 v. Chr. **Tschang-kien** westwärts bis Zentralasien und nach Birma vor.

Die „Santa Maria“, das Schiff von Christoph Kolumbus

Im Mittelalter verbanden die Wikinger Eroberungs- und Entdeckungsreisen. **Erik der Rote** entdeckte 982 von Island aus Grönland, sein Sohn **Leif** gelangte 1002 von hier aus westwärts bis an die Küste Nordamerikas, die er **Vinland** (Weinland) nannte. Nachdem im 12. und 13. Jh. schon einzelne europäische Reisende bis zu den Mongolen vorgestoßen waren, gelangte der Venetianer **Marco Polo** 1271 als Siebzehnjähriger mit seinem Vater und seinem Onkel auf einer Handelsreise bis an den Hof des Mongolenkaisers **Kublai Chan** in China. Er blieb dort 24 Jahre, bereiste weite Teile Chinas und schrieb darüber nach seiner Rückkehr 1295 den berühmtesten Reisebericht des Mittelalters. Ähnlich berühmt wurde später der Bericht des Arabers **Ibn Battuta** (1304–77), der jahrelang Nord- und Ostafrika, Zentralasien, Indien und China bereiste und über seine Erlebnisse und Erfahrungen ein großes Werk verfaßte.

Robert Scott findet Amundsens Zelt am Südpol am 18. Januar 1912.

Die großen Entdeckungsreisen der Neuzeit begannen mit der von Prinz **Heinrich dem Seefahrer** eingeleiteten Erkundung der Westküste Afrikas durch portugiesische Schiffe (▶ Afrika-Erschließung). Sie erreichte ihren Höhepunkt mit der Entdeckung des Seeweges nach Indien 1497/98 durch Vasco da ▶ Gama. Kurz zuvor hatte der Genuese Christoph ▶ Kolumbus 1492 mit drei spanischen Schiffen auf dem Westwege über den Atlantik Indien zu erreichen versucht, und dabei die Küste Amerikas wiederentdeckt. Der neue Kontinent erhielt seinen Namen aber nicht nach ihm, sondern nach dem weniger bedeutenden italienischen Seefahrer **Amerigo Vespucci** (1451–1512), der zwei Entdeckungsreisen nach Mittel- und Südamerika unternahm und als erster vermutete, bei dem von Kolumbus entdeckten Land müsse es sich um einen neuen Kontinent handeln. Goldgier und Abenteuerlust trieben zahlreiche Spanier nach Amerika. Diese ▶ Konquistadoren entdeckten neue Gebiete und erschlossen sie, zerstörten aber auch alte indianische Kulturen. Auf der Suche nach dem Goldland ▶ Eldorado wurde das Orinoco-Gebiet erkundet, und **Franscesco de Orellana** (um 1505–45) befuhr 1541–43 den Amazonas vom Oberlauf bis zur Mündung. **Hernando Cortez** (1485–1547, abgebildet S. 326) eroberte das Aztekenreich in Mexiko, **Francisco Pizarro** (1478–1541) das Inkareich in Peru. **Vasco Nunez de Balboa** (um 1475–1517) durchquerte als erster die Landenge von Panama und erreichte 1513 den Stillen Ozean.

Die Suche nach einer Nordwestpassage an Amerika vorbei nach Indien führte zur Erschließung der Ost- und Nordostküste Amerikas, wobei vor allem Martin Frobisher (um 1535–94) und Henry Hudson (um 1550–1611) hervortraten. Die erste Erdumseglung unternahm 1519–22 der Portugiese **Fernão Magellan** (um 1480–1521), der dabei die später nach ihm benannte Meeresstraße entdeckte.

Während von Afrika im 16. Jh. nur die Küstenlinien bekannt waren, erkundeten portugiesische, englische und holländische Seefahrer den Indischen Ozean und die indonesische Inselwelt. Sibirien wurde im Zuge der Eroberungen durch die ▶ Kosaken erforscht.

Das 17. Jh. war die große Zeit der französischen Entdecker in Nordamerika. **Samuel de Champlain** (um 1567–1635) legte mit seinen Reisen seit 1603 im Gebiet des St. Lorenz-Stromes die Grundlagen für Französisch-Kanada, **Louis Joliet** (1645–1700) und **Jacques Marquette** (1637–75) drangen von den Großen Seen zum Mississippi vor, die genaue Erforschung dieses Flusses war aber **Robert de la Salle** (1643–87) zu verdanken, der ihn 1681/82 bis zum Golf von Mexiko befuhr.

Der bedeutendste Entdecker des 18. Jh.s war der englische Seefahrer **James Cook** (1728–79). Auf drei jeweils mehrjährigen Reisen erforschte er den Pazifischen Ozean von der Beringstraße bis zur Antarktis, umsegelte Neuseeland, erforschte die Ostküste Australiens und räumte mit der Vorstellung eines Südkontinents auf. Er wurde auf Hawaii von Eingeborenen erschlagen. Die wenigen noch bestehenden Lücken schloß u. a. bis zum Ende des Jh.s **Jean de la Perouse** (1741–88). Die wissenschaftliche Erforschung der Anden Südamerikas begründete der Naturwissenschaftler **Charles de la Condamine** (1701–74). Sein Werk setzten 1799–1801 **Alexander von Humboldt** (1769–1859) und der Botaniker **Aimé Bonpland** (1773–1858) fort, denen auch wichtige Entdeckungen im Bereich Orinoco-Amazonas gelangen.

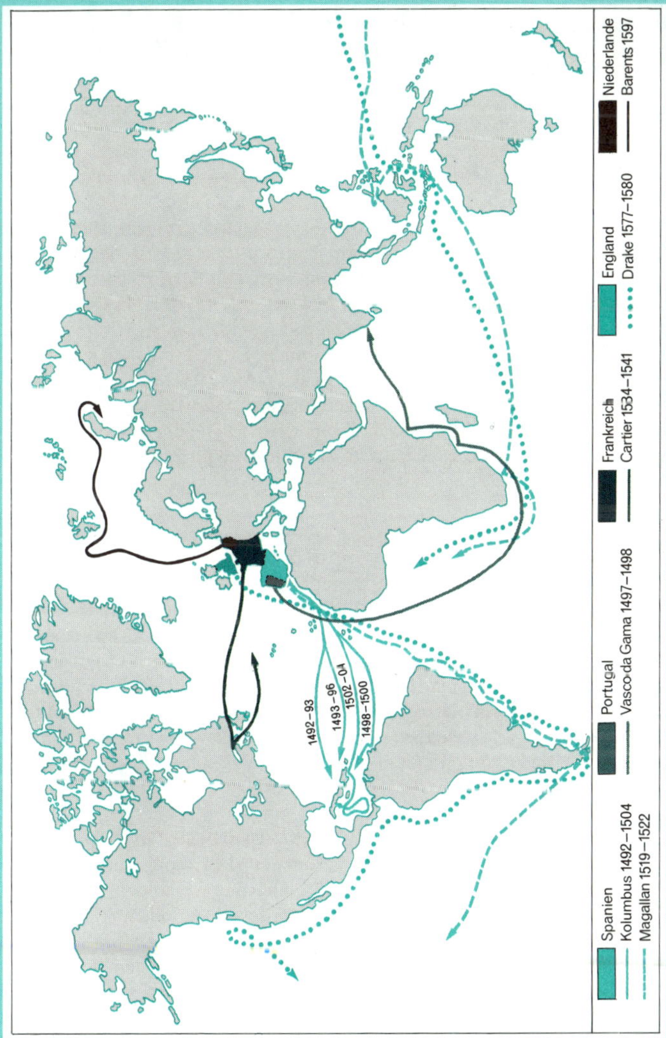

Die wichtigsten Entdeckungen bis 1580

Die Erforschung Afrikas setzte seit Ausgang des 18. Jh.s ein und erreichte vor allem in der 2. Hälfte des 19. Jh.s ihren Höhepunkt. Parallel dazu erfolgte die Erkundung Arabiens, dem bisher unbekanntesten Gebiet Asiens. Sie ist in erster Linie drei Reisenden zu danken, dem Deutschen **Carsten Niebuhr** (1733–1815), dem Schweizer **Johann Burckhardt** (1784–1817) und dem Engländer **Richard Burton** (1821–90). Auch die Erforschung Australiens, von dem bis Ausgang des 18. Jh.s nur die Küstengebiete bekannt waren, schritt nun rasch voran und war Männern wie **John Stuart** (1815–66), der 1860 den Mittelpunkt Australiens erreichte, **Edmund Kennedy** (1818–48) oder **Ludwig Leichhardt** (1813–48) zu danken. Die beiden letztgenannten kamen auf ihren Reisen ums Leben.
Die Erforschung des Nordpols entwickelte sich aus der auch bis zum 19. Jh. noch nicht abgeschlossenen Suche nach der Nordwestpassage. **John Franklin** (1786–1847) blieb mit zwei Schiffen im Polareis verschollen. Die Suche nach den Überresten seiner Expedition führte bis 1854 zu mehreren Forschungsreisen. Der Norweger **Fridtjof Nansen** (1861–1930) glaubte 1893–96 mit seinem Schiff *Fram* die Eisdrift nutzen und so zum Pol gelangen zu können. Das Unternehmen mißlang; erst 1909 gelangte der Amerikaner **Robert Peary** (1856–1920) bis zum Pol. Den Südpol erreichte 1911 als erster der Norweger **Roald Amundsen** (1872–1928) in einem dramatischen Wettlauf drei Wochen vor dem Engländer **Robert F. Scott** (1868–1912), der mit seinen Begleitern auf dem Rückweg umkam.

Entente cordiale (franz.: herzliches Einvernehmen) nennt man die 1904 zwischen England und Frankreich erfolgte Einigung über ihre Afrikapolitik. Dabei verzichtete Frankreich auf sein Mitspracherecht in Ägypten, während England die französische Vormachtstellung in Marokko anerkannte. In diesem Vorgang sehen viele Historiker einen Wendepunkt in der diplomatischen Geschichte Europas. Es besteht kein Zweifel, daß Deutschlands unnachgiebige Haltung in der **Flottenpolitik** England auf die Seite Frankreichs getrieben hat. Prestigedenken des deutschen Kaisers Wilhelm II., aber auch der angebliche Schutz deutscher Auslandsinteressen ließen das Reich ab 1898 den Ausbau der Flotte forcieren. Dadurch sah sich England in seiner Vormachtstellung auf See bedroht. Rüstungsbegrenzungen scheiterten kurz vor dem Ausbruch des 1. Weltkrieges am Widerstand der deutschen Marine. Aus der Entente cordiale sollte sich 1907 eine **Tripelentente**, ein Dreierbündnis mit Rußland entwickeln. Zwar muß eine Entente nicht bedeuten, daß zwischen Staaten ein förmliches Bündnis besteht, aber daß die Entente cordiale den Anfang einer Reihe von militärischen Vereinbarungen für einen kriegerischen Konflikt mit dem Deutschen Reich bedeutet hat, ist heute unbestritten.

Entkolonialisierung Die Auflösung kolonialer Herrschaftsverhältnisse hatte 1776 mit der Unabhängigkeitserklärung der britischen Kolonien in Nordamerika begonnen und sich während und nach den Napoleonischen Kriegen um 1900 mit dem Befreiungskampf der südamerikanischen Kolonien gegenüber Spanien und Portugal fortgesetzt (▶ Bolívar). In der 2. Hälfte des 19. Jh.s errichteten zwar europäische Mächte in Afrika, Süd- und Ostasien neue

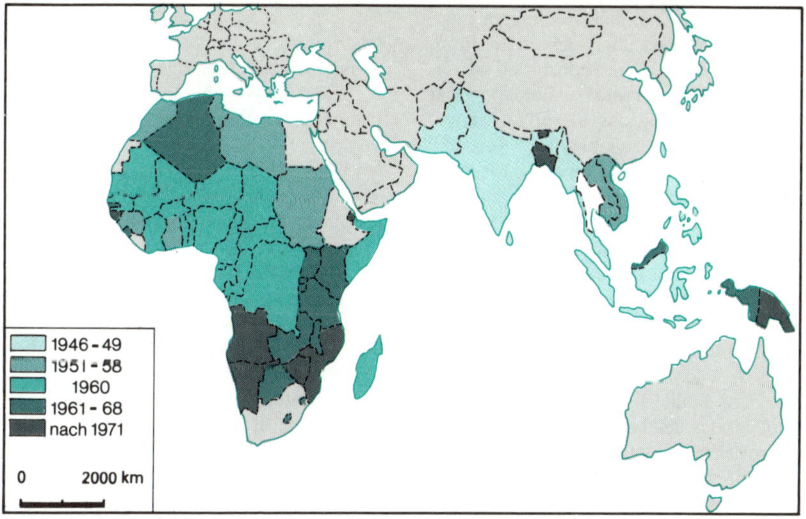

Die Kolonien in Afrika und Asien werden unabhängig.

Kolonien (vgl. Karte S. 169), gleichzeitig gewannen aber die Europäer in den britischen Siedlungskolonien Kanada, Australien, Neuseeland größere politische Rechte. Seit 1907 erhielten diese sich schon selbst regierenden Länder den Status von Britischen **Dominien**. Nach dem britischen Recht bedeutet dies volle Selbstregierung, Treue zur britischen Krone und freiwillige Mitgliedschaft im Commonwealth. Da ein Teil der Kolonien mittelbar und unmittelbar in die Kampfhandlungen beider Weltkriege verwickelt wurde, lockerten sich vor allem dort die kolonialen Herrschaftsverhältnisse, und nationale Befreiungsbewegungen, zu denen auch Angehörige der europäisch erzogenen Elite stießen, gewannen an Bedeutung und Einfluß. Diese sich schon in den 30er Jahren anbahnende Entwicklung setzte sich unmittelbar nach dem 2. Weltkrieg in verstärktem Maße fort. Die Kolonialmächte reagierten unterschiedlich, zeigten sich teils zu Entgegenkommen und Verhandlungen bereit, gingen andererseits aber auch mit Waffengewalt gegen die Befreiungsbewegungen vor, so daß sich die Zusammenstöße zu regelrechten Kriegen ausweiteten.

In Süd- und Ostasien leiteten die japanischen Eroberungen während des 2. Weltkriegs die Entkolonialisierung ein. In Niederländisch-Indien wurde unmittelbar nach Kriegsende die Unabhängigkeit Indonesiens ausgerufen, die Holländer versuchten zwar, den neuen Staat in eine Art niederländisches Commonwealth einzubinden, doch hielt diese Union nur fünf Jahre. In Britisch-Indien, wo Gandhi durch seine Politik des zivilen Ungehorsams die Bindungen an Großbritannien gelockert hatte, vollzog sich der Übergang reibungslos. Der Subkontinent wurde bereits 1947 in die Unabhängigkeit entlassen, zugleich aber in die Indische Union und Pakistan geteilt; Konflikte und militärische Auseinandersetzung zwischen den beiden neuen Staaten folgten.

Ähnlich vollzog sich der Übergang in ande-

ren britischen Kolonien wie Singapur und Ceylon. Demgegenüber suchten die Franzosen ihre Kolonien in Südostasien weiterhin an das Mutterland zu binden. Zwar wurde schon 1946 das bisherige Französisch-Indochina als unabhängige Republik Vietnam in der Französischen Union anerkannt; doch begannen noch im gleichen Jahr die Feindseligkeiten mit den **Vietminh** (unter der Führung von **Ho Chi-minh)**, die 1950 zum offenen Krieg führten. Nach dem Fall der Festung Dien Bien Phu endete 1954 die französische Herrschaft in Laos, Kambodscha, Vietnam (▶ Indochina-Krieg, ▶ Vietnamkrieg).
Die Entkolonialisierung Afrikas beginnt 1951 mit der Unabhängigkeit Libyens von italienischer Kolonialherrschaft und endet 1990 mit der Unabhängigkeit Namibias. In den dazwischenliegenden 38 Jahren erhielt fast der gesamte Kontinent seine Unabhängigkeit. Bis 1958 waren es nur sechs Staaten gewesen, 1960 folgten gleich 18 weitere, bis 1980 noch einmal 24. In den ehemaligen britischen Kolonien vollzogen sich die Übergänge verhältnismäßig unproblematisch. Belgien hatte seine Kongo-Kolonie völlig unvorbereitet in die Unabhängigkeit entlassen (▶ Kongokrise). Die Entwicklung in Französisch-Nordafrika war gekennzeichnet durch das französische Bemühen, den Kolonialstatus mit geringfügigen Erleichterungen möglichst lange aufrecht zu erhalten. Während die französische Regierung dabei gegenüber Tunesien und Marokko einlenkte, erhielt Algerien erst nach schweren inneren Kämpfen 1962 seine Unabhängigkeit (▶ Algerienkrieg).
Auch wenn vielen Kolonien zunächst der Start in die Unabhängigkeit relativ problemlos gelang, zeigten sich doch häufig ähnlich gelagerte Folgeprobleme. Die z. T. willkürliche Grenzziehung der Kolonialherren unabhängig von Stammes- oder Religionszugehörigkeit erschwerte Zusammenwachsen und inneren Zusammenhalt; Bürgerkriege, Grenzschwierigkeiten, zwischenstaatliche Auseinandersetzungen folgten. Andere Staaten wurden zwar politisch unabhängig, aber ihre wirtschaftliche Überlebenschance war gering. Versuche, sich zusammenzuschließen und einen dritten Weg zu finden, wie z. B. auf der ▶ Bandung-Konferenz, stehen neben engen Anlehnungen an eine der Supermächte.

Entnazifizierung Auf den Konferenzen in Jalta im Februar und Potsdam im August 1945 beschlossen die Alliierten u. a., die NSDAP und alle ihre Organisationen zu verbieten und Nationalsozialisten aus allen staatlichen, kulturellen und wirtschaftlichen Stellungen zu entfernen. Der zuerst in der amerikanischen Zone verwendete Fragebogen – jeder Bewerber um eine Stelle mußte fast 150 Fragen beantworten – wurde auch in den anderen Zonen eingesetzt. Dabei mußten Einkünfte und Parteimitgliedschaft bis 1932 zurück aufgedeckt werden, dann erfolgte eine Einstufung in die sechs Kategorien Hauptschuldige, Belastete, Aktivisten, Minderbelastete, Mitläufer und Entlastete. Spruchkammern, mit deutschen Anklägern und Richtern besetzt, verurteilten Hauptschuldige und Belastete zu Gefängnis bis zu 10 Jahren oder zu Amtsverlust und die Minderbelasteten und Mitläufer zu Geldbußen. Die Entnazifizierung kam in Verruf, weil die Spruchkammern in den Besatzungszonen verschieden streng vorgingen, weil auf Denunziation gehört wurde und zahlreiche Gefälligkeitsatteste, *Persilscheine*, über das Verhalten ehemaliger NSDAP-Mitglieder von Nichtbelasteten ausgestellt wurden.

Entstalinisierung Das im Westen verwendete Schlagwort wurde gebräuchlich für einen Prozeß der Abkehr von der Herrschaftsweise Stalins, wie er durch die aufsehenerregende Rede des sowjetischen Parteisekretärs **Nikita Chruschtschow** 1956 auf

……

……

104. Sind Ihnen von einer der oben angeführten Organisationen irgendwelche Titel, Orden, Zeugnisse, Dienstgrade verliehen oder andere Ehren erwiesen worden? …… 105. Falls ja, geben Sie an, was Ihnen verliehen wurde, das Datum, den Grund und Anlaß für die Verleihung. ……

……

106. Waren Sie Mitglied einer politischen Partei vor 1933? …… 107. Falls ja, welcher? …… 108. Welche politische Partei haben Sie in der Novemberwahl 1932 gewählt? …… 109. Und im März 1933? …… 110. Waren Sie 1933 Mitglied einer verbotenen Oppositionspartei oder -gruppe? …… 111. Welcher? …… 112. Seit wann? …… 113. Waren Sie jemals Mitglied einer nach 1933 aufgelösten oder verbotenen Gewerkschaft oder eines Berufs- oder Wirtschaftsverbandes? …… 114. Sind Sie jemals aus dem Beamtenstand, dem Lehrerberuf oder aus einer kirchlichen oder irgendeiner Stellung auf Grund aktiven oder passiven Widerstandes gegen die Nazis oder ihre Weltanschauung entlassen worden? …… 115. Wurden Sie jemals aus rassischen oder religiösen Gründen oder weil Sie aktiv oder passiv den Nationalsozialisten Widerstand leisteten, in Haft genommen oder in Ihrer Bewegungs- oder Niederlassungsfreiheit oder sonstwie in Ihrer gewerblichen oder beruflichen Freiheit beschränkt? …… 116. Ist die Antwort auf eine der Fragen von 110 bis 115 bejahend, so sind Einzelheiten, sowie Namen und Anschriften von zwei Personen, welche dies wahrheitsgemäß bezeugen können, anzuführen. ……

……

……

Auszug aus dem Fragebogen der britischen Militärregierung zur Entnazifizierung

dem XX. Parteikongreß der KPdSU eingeleitet wurde. Zu den typischen Kennzeichen der Entstalinisierung gehört die Verurteilung des Personenkults, die Rehabilitierung aller dem Stalinismus zum Opfer gefallenen Persönlichkeiten, die Ächtung führender Stalinisten als Parteifeinde sowie die Beseitigung der Verfügungsgewalt einzelner über den Sicherheitsapparat. Angestrebt wurde die Wiederherstellung des Herrschaftsmonopols der Partei, die Stärkung einer kollektiven Führung und des Zentralkomitees. Da die erhoffte Freiheit in nur begrenztem Umfang eintrat, entstand in der Mitte der 60er Jahre eine starke russische ▶ Bürgerrechtsbewegung ebenso wie in anderen östlichen Staaten.

Entwicklungshilfe Etwa drei Viertel der Menschheit lebt in Ländern, die durch Armut und Unterentwicklung gekennzeichnet sind. In diesen Staaten müssen mindestens 750 Millionen, d. h. jeder Dritte, unter menschenunwürdigen Bedingungen und ständig vom Hungertod bedroht ihr Leben fristen. Die ▶ Vereinten Nationen versuchen durch Hilfsprogramme, Krankheit, Analphabetismus und Unterernährung zu bekämpfen. Langfristig sollen diese Staaten durch eine eigenständige wirtschaftliche Entwicklung ihrer Bevölkerung befriedigende Lebensbedingungen bieten können. Vielfältige Hilfsaktionen von Staaten, kirchlichen Organisationen und privaten Initiativen wirken bei der weltweiten Entwicklungshilfe zusammen. Neben günstigen Krediten werden viele Milliarden als Zuschüsse, die nicht zurückgezahlt werden müssen, an notleidende Länder gegeben. Wichtig als *Hilfe zur Selbsthilfe* ist vor allem die technische Unterstützung durch die Industriestaaten. Auf diesem Wege werden einheimische Fachkräfte geschult, Landwirtschafts- oder Industrieprojekte gefördert, einzelne Gewerbezweige in Modelleinrichtungen entwickelt oder Lehrpersonal ausgebildet, das sein technisches, medizinisches oder wirtschaftliches Wissen weitervermitteln kann. Auch der wirtschaftliche Austausch mit den Industriestaaten ist von großer Bedeutung, da er den Ländern der sog. Dritten Welt dringend benötigte Devisen bringen soll, um Schulden zu bezahlen und weitere Entwicklungsmaßnahmen zu finanzieren.

Trotz großer Anstrengungen reicht die Entwicklungshilfe bei weitem nicht aus. Die Kluft zwischen armen und reichen Staaten wächst weiter. Eine Hauptschwierigkeit bei der Bekämpfung des Elends liegt in der schwer zu beeinflussenden Bevölkerungsexplosion der Dritten Welt, deren Wirtschaftswachstum viel zu gering ist, um sich bei stetig fallenden Preisen für ihr Rohstoffangebot gegenüber der Konkurrenz der Industriestaaten auf dem Weltmarkt behaupten zu können.

Enzyklopädisten hießen die Gründer, Mitarbeiter und Herausgeber der *Enzyklopädie oder kritisches Wörterbuch der Wissenschaften, Künste und Gewerbe,* die als Zusammenfassung des Wissens im Geist der Aufklärung 1751–80 in 35 Bänden in Paris erschien. Nachdem **d'Alembert**, der das Fach Mathematik bearbeitet hatte, auf Druck des Staates und der Jesuiten aus der Leitung ausgeschieden war, trieb **Diderot** das Werk alleine voran. Bedeutende Mitarbeiter waren: **Rousseau** (Musik), **Voltaire** und **Condillac** (Philosophie), **Marmontel** (Literaturkritik), ▶ Montesquieu (Artikel *Geschmack*), Baron **Holbach** (Naturwissenschaften), **Turgot** (Volkswirtschaft). Vor allem die Tafelbände, in denen auch alle Gewerbe mit ihren Arbeitsgängen genauestens abgebildet sind, machen das Werk bis heute zu einer hervorragenden kulturgeschichtlichen Quelle.

Erster Weltkrieg Im Juni 1914 ermordeten serbische Attentäter in Sarajewo den österreichischen Thronfolger und lösten dadurch die Kriegserklärung Österreichs an Serbien aus. Rußland trat Serbien, Deutschland Österreich zur Seite. Der Glaube, Schnelligkeit sei kriegsentscheidend, führte zur Kriegserklärung Deutschlands an Frankreich, um einem französischen Angriff zuvorzukommen und zum Überfall Deutschlands auf das neutrale

Englischer Panzer überwindet einen Graben ...

und deutsche Soldaten mit Gasschutzmasken an der Westfront.

Belgien, um Frankreich von Norden her zu überrennen. Dies wiederum löste den Kriegseintritt Englands und der Länder des Commonwealth gegen Deutschland aus. Die Türkei trat gegen Rußland in den Krieg ein und Japan nutzte die Gelegenheit, um sich deutschen Kolonialbesitz in Asien anzueignen. Auch um deutsche Kolonien in Afrika wurde gekämpft, und so war es zu einem Weltkrieg gekommen und zu jenem Zweifrontenkrieg gegen Rußland und Frankreich, den Bismarck gefürchtet hatte. Der für diesen Fall vorgesehene ▶ Schlieffen-Plan scheiterte, und das erhoffte schnelle Kriegsende in einem **Bewegungskrieg** blieb aus. Die Fronten kamen im Stellungskrieg zum Stillstand, neue Waffen

(Panzer, Flugzeuge, Giftgas) brachten die Rüstungsüberlegenheit der Gegner in ▶ Materialschlachten immer mehr zur Geltung. 1915 griff Italien Österreich an und eine Seeblockade verschlechterte die Lage Deutschlands und seiner Verbündeten immer mehr. Der deutsche Versuch, England durch den ▶ U-Boot-Krieg niederzuringen, blieb erfolglos. Der Zusammenbruch Rußlands 1917 verbesserte die deutsche Lage nicht, da die USA im selben Jahr an der Seite der Gegner in den Krieg eintraten. Der Hungerwinter 1917 machte die Lage Deutschlands und seiner Verbündeten vollends hoffnungslos, im Herbst 1918 zerfielen die deutschen Bündnisse, und im November mußte das Deutsche Reich kapitulieren.

Schon während des Krieges und besonders nachher wurde in allen Ländern die Kriegsschuldfrage gestellt. Heute besteht Einigkeit darüber, daß nur wenige den Krieg wollten, daß aber kaum jemand ernsthaft versuchte, seinen Ausbruch zu verhindern. In vielen Ländern herrschte Pessimismus und die Ansicht, nur eine grundlegende Änderung könne die politischen und sozialen Probleme lösen. Da die meisten Menschen vom Grauen eines modernen Krieges keine Ahnung hatten, schien der Krieg, wenn er auch nicht gewollt war, doch das große Reinigungsgewitter bringen zu können, und so torkelte die Welt, zusätzlich von nationaler Begeisterung angestachelt, in das Verhängnis. Die Folgen hat niemand geahnt. Der 1. Weltkrieg veränderte die Welt durch den Niedergang der alten europäischen Großmächte und führte zum Aufstieg der Sowjetunion, der Vereinigten Staaten und Japans. Durch den im Krieg und in den Friedensdiktaten gesäten Haß und durch seine wirtschaftlichen und sozialen Folgen (▶ Inflation, Weltwirtschaftskrise) hat er die alte Welt zerstört und einen Teil der Weichen in den 2. Weltkrieg gestellt.

Etruskischer Ehegatten-Sarkophag

Etrusker Im 7. Jh. v. Chr. blühte in Mittelitalien, ab dem 6. Jh. auch in der Poebene und in Kalabrien, die Kultur eines Volkes, das die Römer *Tusci* oder *Etrusci* nannten. Ihre Herkunft ist umstritten, die Schrift nicht ausreichend entziffert. Sie waren keine Indoeuropäer; Sprache und Religion deuten auf Kleinasien als Ursprungsgebiet hin. Sie sind um 900 v. Chr. in Italien eingewandert, lebten anfangs unter Königen, ab dem 5. Jh. in republikanischen Stadtstaaten, die sich zu lockeren Bünden zusammenschlossen. Etwa 575–470 v. Chr. stand auch die Stadt Rom unter der Herrschaft etruskischer Könige aus dem Geschlecht der **Tarquinier**.

Der Bund der mittelitalienischen Etruskerstädte hatte sein religiöses Zentrum in Voltumna. Die meisten religiösen Bräuche und Einrichtungen der Römer (Eingeweideschau, Blitzorakel, Auspizien), die Form ihrer Tempel wie die Verfassung ihres Staates haben etruskische Wurzeln.

Die Etrusker waren kunsthandwerklich und technisch (Gewölbebau, Eisen- und Kupferverhüttung und -bearbeitung) sehr begabt. Sie trieben Handel bis in den Norden Europas und weit in den Nahen Osten. Ihre aufwendig gebauten und kunstvoll ausgestatteten Gräber zeigen uns heute noch den hohen Stand ihrer Kultur und erzählen viel von ihren Lebensgewohnheiten. Ab dem 4. Jh. v. Chr. wurden die Etrusker von neuen Mächten bedrängt. Im Süden waren es die ▶ Samniter, im Norden die ▶ Kelten, und in Mittelitalien wuchs die Macht der Stadt Rom. Im Jahr 280 unterwarfen die Römer die letzten freien Städte der Etrusker, deren Volk und Kultur dann ganz im Imperium Romanum aufgingen.

Eugen, Prinz von Savoyen

(1663–1736) Der Sohn einer Nichte **Mazarins**, des wichtigsten französischen Staatsmanns dieser Zeit, war von der Familie für den geistlichen Stand bestimmt; vom französischen Sonnenkönig Ludwig XIV. ehrenrührig abgewiesen, trat er 20jährig in den Dienst des habsburgischen Kaisers. Der von Gestalt unansehnliche Prinz begann in den ▶ Türkenkriegen seine Karriere als Feldmarschall, die mit der Eroberung Belgrads 1717 ihren Höhepunkt erreichte. Im ▶ Spanischen Erbfolgekrieg wies er zusammen mit dem Herzog von **Marlborough**, dem führenden englischen Staatsmann, französisches Vormachtstreben in seine Schranken. Als Präsident der Geheimen Staatskonferenz hat er die künftige Entwicklung Österreich-Habsburgs mitbestimmt. Er gilt als Verfechter der Aufklärung und der Idee der Staatsräson und fühlte sich stets als erster Offizier seines Kaisers. Seine Stellung hat er, der *Philosoph im Kriegsgewand* und Förderer von Kunst und Wissenschaft, nie mißbraucht. Die Nachwelt hat seine Ritterlichkeit und Feldherrnkunst gerühmt.

Europäische Vereinigung

Europa als geographischer Begriff findet sich erstmals bei ▶ Herodot im 5. Jh. v. Chr. Europäer sein heißt aber nicht nur, in einem bestimmten Erdteil zu wohnen, sondern auch, ein bestimmtes Bewußtsein zu haben. Es hat eine seiner Wurzeln in der christlichen Lehre von der Gottesebenbildlichkeit und dadurch von der Würde des Menschen und seiner Verpflichtung für den Mitmenschen durch das Gebot der Nächstenliebe. Die zweite Wurzel liegt in der griechischen Lehre von der Selbstverantwortlichkeit eines jeden Menschen, von der Möglichkeit des Fortschritts und von der Demokratie. Die dritte Wurzel schließlich waren Technik und Staatsdenken des Römischen Reiches. Auf diesem Hintergrund entstand in der späten Antike das Christliche Abendland. Dies umfaßte aber nur den westeuropäischen Teil des früheren Römischen Reiches, denn schon früh ging der griechisch-orthodoxe christliche Osten (Byzanz) aus religiösen Gründen (Streit zwischen Päpsten und Patriarchen der Ostkirche um die Vorherrschaft über die Christenheit) und auch aus politischen Gründen (Streit zwischen byzantinischen und römischen Kaisern um die politische Vorherrschaft) eigene Wege. Auch Teile des Balkans und das frühe Rußland verloren unter dem Einfluß von Byzanz für lange Zeit den Anschluß an die Entwicklungen in der lateinischen Welt. Die Einheit Westeuropas (Vorherrschaft des Kaisers, gemeinsame Religion, gemeinsame Kultursprache Latein) erhielt durch die Reformation einen ersten Schlag und zerbrach schließlich seit dem Ausgang des 18. Jh.s am ▶ Nationalismus. Auch Klassen- und Rassenhaß sowie der Zerfall Europas in Demokratien und Diktaturen haben neben zwei Weltkriegen das Bewußtsein für die Einheit Europas zerschlagen. Schon bald regten sich Gegenstimmen. Zu Beginn des 18. Jh.s schrieb der Abbé de Saint Pierre nach dem Spanischen Erbfolgekrieg (1701/14): *Wozu war dieser Krieg notwendig, wenn dieser Streitfall nachher doch am grünen Tisch erledigt wird?* Und der deutsche Dichter Novalis mahnte 1799: *Es wird so lange Blut über Europa strömen, bis die Nationen ihren fürchterlichen Wahnsinn gewahr werden, der sie im Kreise herumtreibt . . . die anderen Weltteile warten*

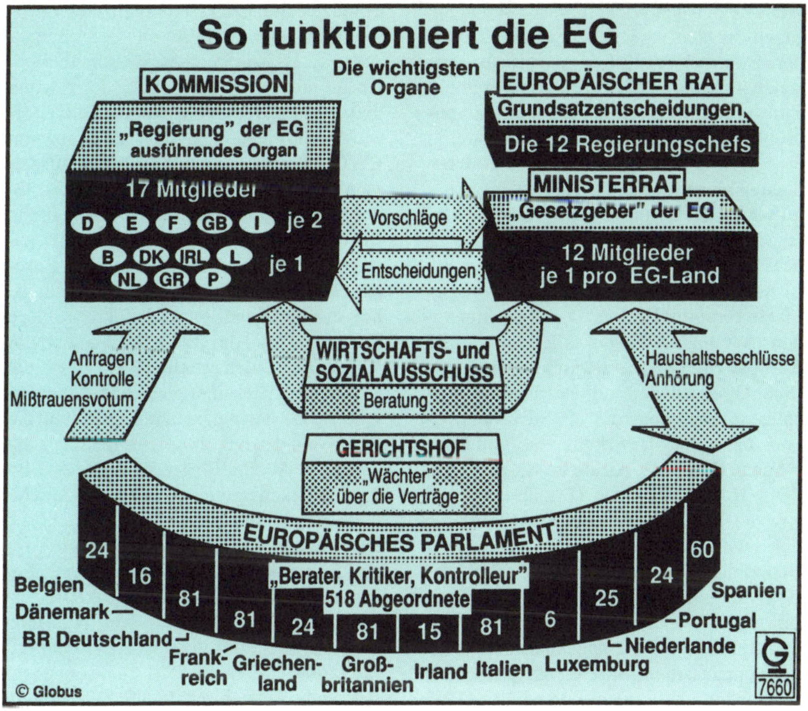

auf Europas Versöhnung und Auferstehung, um sich anzuschließen. Der Glaube der Aufklärung an Vernunft und Fortschritt wollte den Kampf aller gegen alle nicht akzeptieren.

Manche erwarteten von der Französischen Revolution und ihrer Parole von *Freiheit, Gleichheit und Brüderlichkeit* die Einigung Europas, andere meinten, Napoleon I. werde dem ganzen Kontinent Frieden und Freiheit bringen, und wieder andere hofften, Demokratie und Parlamentarismus würden die Probleme lösen, denn nur die Fürsten hetzten die Staaten aus Machtgier aufeinander. Auch in der marxistischen Parole *Proletarier aller Völker vereinigt euch* sah mancher die Rettung, doch all diese Hoffnungen erfüllten sich nicht, und in der zweiten Hälfte des 19. Jh.s gewannen der gegenseitige Haß und der Egoismus auch in den Demokratien die Oberhand. Beides führte in den 1. Weltkrieg, der mit 10 Mio. Toten, der inneren Zerrüttung der Staaten Europas und deren Abstieg von der Weltmacht endete. Wohl mahnten nun einzelne Stimmen zur Umkehr. Graf Coudenhove-Kalergi gründete 1923 die **Paneuropa-Bewegung**. **Briand** und ▶ Stresemann arbeiteten an der deutsch-französischen Aussöhnung, doch all diese Versuche blieben ergebnislos.

Die Neubesinnung begann während des 2.

Weltkriegs in den Widerstandsbewegungen gegen die deutsche Besetzung und unter dem Eindruck des Kalten Krieges auch bei vielen Politikern, die in einem vereinten Europa ein Bollwerk gegen den Kommunismus sahen. Schon 1946 rief ▶ Churchill in Zürich zur Schaffung der **Vereinigten Staaten von Europa** auf. Wenige Tage später wurde in Hertenstein am Vierwaldstätter See von der Europäischen Föderalistenbewegung die **Europaunion** gegründet. Sie ist heute noch Hauptträger der Werbung für ein vereintes Europa. Daneben entstanden viele andere Organisationen, wie die **Europäische Parlamentarische Union**.

1948 tagte, wieder auf Betreiben Churchills, in Den Haag der erste Europakongreß, der unter Mitwirkung von **Paul Henri Spaak** (Belgien), **Alcide de Gasperi** (Italien), **Robert Schuman** (Frankreich) und Konrad ▶Adenauer 1948 zur Gründung der **OEEC** (Organization for European Economic Cooperation) und 1949 zur Gründung des **Europarats** in Straßburg führte. 1950 regte der französische Außenminister Robert Schuman die Schaffung eines gemeinsamen Marktes für Kohle und Stahl (**Montanunion)** an, und am 18. 4. 1951 unterzeichneten die Bundesrepublik Deutschland, Italien, Frankreich und die Beneluxländer den Vertrag, in dem erstmals sechs Staaten Hoheitsrechte an eine Gemeinschaft abtraten. Der 1952 geborene Plan, eine **Europäische Verteidigungsgemeinschaft** (EVG) zu schaffen, scheiterte am Widerstand Frankreichs.

Die großen Erfolge der Montanunion führten am 25. 3. 1957 zur Gründung der **Europäischen Wirtschaftsgemeinschaft** (**EWG**) und der **Europäischen Atomgemeinschaft** (**Euratom**) durch die Römischen Verträge. Ihr Ziel war, die gesamte Wirtschaft der Mitgliedsländer zu vereinen. Eine erste Erweiterung kam 1963 durch die Assoziierung von 17 afrikanischen Staaten, die später auf 66 Länder aus *A*frika, der *K*aribik und dem *P*azifik (**AKP-Staaten**) erweitert wurde. 1967 legte man die Verwaltung von EWG, Montanunion und Euratom zusammen, schuf das **Europaparlament** in Straßburg, den Ministerrat, die **Europäische Kommission** als Vorstufe einer gemeinsamen Regierung in Brüssel sowie den **Europäischen Gerichtshof** und den **Rechnungshof**, der die Finanzen der EG kontrolliert. Zugleich wurde das Ziel geändert. Aus der Wirtschaftsgemeinschaft EWG wurde die **EG** mit dem Ziel einer politischen Gemeinschaft. 1968 fielen die letzten Zölle, und die freie Wahl des Arbeitsplatzes in allen Ländern, die Abschaffung aller anderen Binnenschranken und die Schaffung einer einheitlichen Währung wurden vereinbart. 1973 traten Großbritannien, Dänemark und Irland bei, 1978 entstand mit dem **Europäischen Währungssystem** (EWS) die erste Vorstufe einer gemeinsamen Währung, 1979 wählten die Bürger der EG erstmals direkt das Parlament, 1981 kam Griechenland in die Gemeinschaft, und 1986 folgten Portugal und Spanien. Bis Ende 1992 sollen alle Wirtschaftsgrenzen zwischen den Mitgliedern beseitigt werden (**Gemeinsamer Markt**). Die damit nötige Übertragung von immer mehr nationalen politischen Rechten auf die Gemeinschaft wird zwar Schwierigkeiten bereiten; andererseits sind die Vorteile eines Großraums klar: kostengünstige Produktion durch Großserien, Konzentration von Forschungsmitteln, Abbau bürokratischer Handelshemmnisse, sichere Absatzmärkte, größere gemeinsame Durchsetzungskraft gegenüber den Weltmächten.

F

Fabelwesen Fabeltiere, Ungeheuer und Mischwesen aus verschiedenen Tieren oder aus Mensch und Tier, spielten in der Antike und im Mittelalter in Religion, Sage und Dichtung und in der Kunst eine wichtige Rolle. Man glaubte, daß die einen das Leben bedrohten, andere wieder den Menschen halfen und sie schützten, und machte sie für unerklärliche Naturerscheinungen verantwortlich. Zu den Fabelwesen gehörten **Drache** und **Einhorn**, zu den Ungeheuern der Höllenhund **Kerberus** oder die neunköpfige Wasserschlange **Hydra**, zu den Mischwesen der **Basilisk** (Hahn/Drache), die **Chimäre** (Löwe/Ziege/Schlange), der **Kentaur** (Mensch/Pferd) und die ▶ Sphinx. Die Nachbildungen solcher Wesen bewachten bei den Völkern des Alten Orients die Tempel und Paläste, so etwa bei den Assyrern die geflügelten Stiere. Manche dieser Figuren begegnen uns dann wieder bei den Bauplastiken an mittelalterlichen Domen, aber auch in Sage und Dichtung (Drache in der Siegfriedsage); sie leben sogar im Volksglauben bis heute fort.

Falkenbeize Die Jagd mit dem Falken gehörte im Mittelalter zu den vornehmsten Formen der Jagd. Dabei wurden junge Falken sorgfältig abgerichtet, bis sie sich an ihre Besitzer bzw. an die Jäger gewöhnten. Bei der Jagd saßen sie auf der Faust des **Falkners**, aufgescheuchtes Feder- und Kleinwild wurde von ihnen zwar geschlagen, aber die Falken kehrten wieder zu ihrem Herrn zurück. Als besonders tüchtige Falkenjäger galten die Araber, von denen die abendländischen Ritter auf den Kreuzzügen viele Erfahrungen übernahmen. In Europa war die Falkenbeize alleiniges Vorrecht des Adels. Dementsprechend begegnen uns Jäger auf den zeitgenössischen Bildern der **Manessischen Handschrift** und in Dichtungen, und Kaiser Friedrich II. (1192–1250) schrieb selbst ein Buch über die Falkenjagd.

König Konradin auf der Falkenjagd, Manessische Handschrift, 14. Jh.

Falklandkrieg Nach der Landung argentinischer Truppen auf den englischen Falkland-Inseln kam es im April 1982 zum Krieg Argentiniens mit Großbritannien, das nach verlustreichen Kämpfen die Inselgruppe im Juli 1982 zurückeroberte. Argentinien beansprucht seit seiner Unabhängigkeit von Spanien 1816 die Inseln im südlichen Atlantik, die nach seiner Darstellung von Großbritannien widerrechtlich besetzt wurden. Der seit langem schwelende Konflikt wurde von der argentinischen Militärdiktatur bewußt zu diesem Zeitpunkt zugespitzt, um durch den Krieg von inneren Schwierigkeiten abzulenken. Die Niederlage wurde zum Anstoß für eine Demokratisierung Argentiniens.

Faschismus In der Antike waren Rutenbündel mit einem Beil, die **fasces**, die Würdezeichen der römischen Magistrate. Im 19. Jh. nannten sich sozialrevolutionäre Vereinigungen Italiens **fasci** (Bünde). Benito Mussolini übernahm am Ende des 1. Weltkrieges dieses Symbol für die von ihm gegründeten Kampfbünde, die **fasci di combattimento**. Aus ihnen ging 1921 die Faschistische Partei Italiens hervor. Sie war nationalistisch, antidemokratisch, antisozialistisch, antikirchlich; ihr Ideal war der autoritär geführte Ständestaat. Partei und Staat waren nach dem Führerprinzip ausgerichtet und strebten nach dem totalitären, die gesamte Gesellschaft erfassenden und durchorganisierenden Staat.

Die wirtschaftliche und soziale Krise Italiens ermöglichte 1922 nach dem **Marsch auf Rom** den Faschisten eine Diktatur zu errichten. Damit begann das Massensterben der Demokratien, das bis 1939 fast ganz Süd-, Mittel- und Osteuropa erfaßte.

Linke bezeichnen alle damals entstandenen Diktaturen als faschistisch; sie gelten als letzter Rettungsversuch des Kapitalismus vor der drohenden sozialistischen Revolution. Diese **Faschismustheorien** werden von anderen Richtungen als unzulässige Vereinfachung abgelehnt, da zum Beispiel das Dritte Reich und Mussolinis Italien große Unterschiede aufwiesen. So fehlte in Italien die Rassenlehre. Ein anderer Erklärungsansatz sind **Totalitarismustheorien**, die als gemeinsames Merkmal vergleichbare Techniken der Herrschaftsausübung untersuchen. Damit können faschistisch und kommunistisch orientierte Regime gleichermaßen analysiert werden.

Neofaschismus wird heute neben **Neonazismus** als gleichwertiger Begriff für rechtsradikale Bewegungen verwendet, die sich ideologisch an Faschismus und Nationalsozialismus orientieren. Der Verfassungsschutzbericht des Bundesinnenministeriums hat allerdings zu verstehen gegeben, daß rechtsextremistische Gruppierungen nur zum Teil als neonazistisch zu bezeichnen seien. 1987 wurde die Mitgliederzahl rechtsextremistischer Gruppierungen in der Bundesrepublik Deutschland mit 25000 veranschlagt.

Faschoda Für wenige Wochen rückte 1898 der kleine, unbedeutende Handels- und Militärposten Faschoda (seit 1905: Kodok) am Oberen Nil in den Brennpunkt der Weltpolitik. Zwei Jahre zuvor war eine französische Expedition unter der Führung des Hauptmanns Marchand von der Westküste Afrikas aufgebrochen, hatte den Kontinent durchquert und am 10. 7. 1896 in Faschoda die französische Flagge gehißt. Mit der Besetzung des Stützpunkts durchkreuzten die Franzosen aber wichtige britische Pläne für den Aufbau ihres Kolonialreiches vom Kap bis nach Kairo. Deshalb fuhr Lord Kitchener, der erst wenige Wochen zuvor die Truppen des Chalifal während des ▶ Mahdiaufstandes besiegt hatte, mit sudanesischen und britischen Soldaten auf dem Nil südwärts und zwang Marchand, die französische Flagge wieder einzuholen. Damit aber drohte zwischen

Frankreich und Großbritannien ein militärischer Zusammenstoß, der erst durch das Nachgeben Frankreichs vermieden werden konnte. Der sich damit anbahnende Ausgleich kolonialer Interessengegensätze führte schließlich zur britisch-französischen ▶ Entente cordiale gegen Deutschland.

Februarrevolution Unter Februarrevolution versteht man zwei verschiedene Ereignisse: Erstens die französische Revolution vom 24. 2. 1848, die den *Bürgerkönig* **Louis Philippe** stürzte, mit ihm die Herrschaft der Bourbonen über Frankreich beendete und die **Zweite Französische Republik** schuf. Sie löste auch in Deutschland, Österreich und anderen Staaten Europas liberale Revolutionen gegen Absolutismus und Restauration aus.
Zweitens wird die russische Revolution vom März 1917 (nach dem alten russischen Kalender Februar) so genannt. Sie stürzte die Zarendynastie **Romanow** und verwandelte Rußland in eine Republik. Damit war der Weg für die sozialistische Oktoberrevolution geebnet.

Fehde bezeichnete im Mittelalter den Streit, die Feindschaft oder den Privatkrieg zwischen Parteien (Sippen, Familien, Städten, Adeligen) zur Durchsetzung vermeintlichen oder tatsächlichen Rechts, wenn keine ordentliche Gerichtsbarkeit angerufen werden konnte und somit Selbsthilfe geboten schien. Die Eröffnung und Beendigung einer Fehde vollzog sich nach bestimmtem Ritual (Fehdebrief, abschließender Sühnevertrag). Die mittelalterliche Hoffnung auf einen Ewigen ▶ Landfrieden ohne Faustrecht und Fehden konnte erst durch eine neuzeitliche Staatsordnung erfüllt werden.

Feme (mhd. = heimliches Gericht) Aus den fränkischen Grafengerichten waren im hohen Mittelalter in Westfalen Landgerichte hervorgegangen. Als königliche Gerichte beanspruchten sie im 14. Jh., todeswürdige Verbrechen in ganz Deutschland abzuurteilen, wenn der zuständige Richter das Recht verweigert hatte. Freischöffe dieser geheimen Gerichte konnte jeder unbescholtene freie Mann werden. Der Freigraf (= Richter) nahm den Neuling auf *roter,* d. h. westfälischer Erde auf und verpflichtete ihn zu strenger Geheimhaltung *vor Weib und Kind, vor Sand und Wind.* Das *stille Gericht,* besetzt mit dem Freigrafen und sieben Freischöffen, urteilte nur in auswärtigen Rechtsfällen. Der Verurteilte wurde sofort gehängt. Blieb er dem Gericht fern, wurde er verfemt, geächtet und konnte ohne Prozeß gehängt werden. Am Widerstand der Fürsten und Städte, die die Gerichte als Eingriff in ihren Herrschaftsbereich empfanden, und auch des Kaisers, brach die Macht der Feme im 15. Jh.

Fernkaufleute Deutschland war im Mittelalter durch Handelsstraßen mit den großen Wirtschaftsgebieten des Mittelmeeres, der Nord- und Ostsee verbunden. Dabei spielten wagemutige und weltgewandte Fernkaufleute die entscheidende Rolle. Um sich auf den weiten, beschwerlichen und immer gefährlichen Kauffahrten gegenseitig zu schützen, zogen sie meist in langen Trecks. Vor Antritt der Fahrt versicherten sich die Kaufleute durch heilige Eide der gegenseitigen Unterstützung. Aus diesen **Schwurbrüderschaften** gingen seit dem 10. Jh. die frühen **Kaufmannsgilden** hervor, die eine eigene Gerichtsbarkeit, z. B. zur Bestrafung unredlichen Geschäftsgebarens, ausbildeten. Das Kaufmannsrecht wurde vielfach der Grundstock des ▶ Stadtrechts, denn die reichen, selbstbewußten Kaufleute bildeten die städtische Oberschicht, das ▶ Patriziat. Es entstanden Handelsgesellschaften und Kaufmannsgenossenschaften, z. B. die ▶ Hanse. Daneben behaupteten sich mächtige Unterneh-

Das Warenhaus der deutschen Kaufleute in Venedig, Kupferstich von 1616

merfamilien wie die **Tucher** in Nürnberg oder die ▶ Welser und ▶ Fugger in Augsburg.

Flüchtlingsbewegungen Im Unterschied zu den großen Wanderbewegungen in der Geschichte wie der Indoeuropäischen Wanderung oder der ▶ Völkerwanderung, die über längere Zeiträume mehr oder minder freiwillig oder nur unter allgemeinem Druck wie etwa der Suche nach günstigen Weide- und Wohnplätzen ausgelöst wurden, gab es zu allen Zeiten Flüchtlinge, Vertriebene und Verschleppte. Die häufigsten Ursachen für solche kurzfristig erzwungenen Völkerbewegungen lassen sich deutlich an der Geschichte der Israeliten aufzeigen. Dürre und Hunger zwangen die nomadisierenden Josephstämme wahrscheinlich zur Abwanderung nach Ägypten. Die als Flucht aus Ägypten bekannte Rückwanderung wurde durch die Unterdrückung in Ägypten, also im weiteren Sinne durch politische Ursachen ausgelöst. Waren diese Wanderungen noch freiwillig erfolgt, so wurden seit 701 v. Chr. mehrfach Teile der israelitischen Bevölkerung nach den Einfällen der Assyrer und Babylonier zwangsverschleppt (**Babylonische Gefangenschaft**), andere Volksteile flüchteten als Folge der kriegerischen Ereignisse nach Ägypten, wo im Nildelta noch israelitische Kolonien existierten.

Unmittelbare Kriegseinwirkungen und langfristige, durch Zerstörung und Hunger ausgelöste Kriegsfolgen blieben bis zum Ende des Mittelalters bestimmend für zahlreiche kleinere Fluchtbewegungen, die als so selbstverständlich hingenommen wurden, daß sie in zeitgenössischen Berichten nur selten, in Geschichtsbüchern so gut wie überhaupt nicht erwähnt werden. Zu der ersten großen Fluchtbewegung infolge rassischer und religiöser Verfolgungen kam es 1492 in Spanien, als schätzungsweise mehrere hunderttausend Juden Kastilien und Aragon verlassen und nach Nordafrika auswandern mußten. Die Glaubenskriege in Mittel- und Westeuropa im 16. und 17. Jh. hatten Vertreibung und Flucht aus religiösen Gründen zur Folge. So verließen nach dem Edikt von Nantes 1685 etwa 300–500000 Hugenotten Frankreich und suchten eine neue Heimat in den protestantischen deutschen Ländern.

Im 20. Jh. erreichten Vertreibungs- und Fluchtbewegungen erschreckende und bis dahin unvorstellbare Ausmaße. Schon nach den verlorenen Balkankriegen von 1912/13 verließen etwa eine halbe Million Türken die bisherigen europäischen Provinzen der Türkei, und nach der Niederlage der Griechen im Kampf gegen die Türkei flüchteten ebenso viele Griechen aus Kleinasien auf die Balkanhalbinsel. Eigene schlechte Erfahrungen hinderten die Türken keineswegs an einem Vernichtungsfeldzug gegen die im Osmanischen Reich lebenden Armeniern, dem Hunderttausende zum Opfer fielen. Weitere Hunderttausende flüchteten nach Rußland. Sie bildeten den Bevölkerungskern der 1918 ausgerufenen Sowjetrepublik Armenien. Nach der Oktoberrevolution verließen viele Russen ihre Heimat. Ihre Zahl ist aber bei weitem nicht so hoch, wie die der Deportierten, die unter der Herrschaft Stalins nach Sibirien und Mittelasien verschleppt wurden. Sie wird auf etwa 6 Mio. geschätzt.

Die Flüchtlingskatastrophe des 2. Weltkriegs begann schon 1937 nach dem Überfall Japans auf China, als nach vorliegenden Schätzungen etwa 40 Mio. Chinesen vor den Japanern flüchteten. Im Zuge der Judenverfolgungen wurden im Dritten Reich fast sechs Millionen Menschen deportiert und umgebracht. Die Zahl der **Fremdarbeiter**, die während des Krieges nach Deutschland verschleppt wurden, lag bei etwa zehn Mio. Der Vormarsch der Roten Armee in den letzten beiden Kriegsjahren löste die dramatische Flucht von Mio. Deutschen aus. Dieser Strom setzte sich unmittelbar nach Kriegsende, bedingt durch die sogenannte **Umsiedlung** der deutschen Bevölkerung aus den polnisch besetzten Ostgebieten und aus den deutschsprachigen Teilen der Tschechoslowakei, fort. Insgesamt 12,6 Mio. Deutsche flüchteten oder wurden vertrieben, etwa 2 Mio. kamen dabei ums Leben. Es gehörte zu den großen Leistungen der ersten Nachkriegsjahre, daß es gelang, diese Flüchtlinge im zerstörten Nachkriegsdeutschland zu integrieren.

Erneut angefacht wurden die Flüchtlingsströme in der Dritten Welt durch die ▶ Entkolonialisierung. Da die Kolonialmächte in Asien und Afrika ihre Grenzen willkürlich und ohne Rücksicht auf Völker und Religionsgemeinschaften gezogen hatten, brachen mit Beginn der Unabhängigkeit alte unterdrückte Gegensätze wieder auf und wurden Ursache von Bürgerkriegen, Völkermord und Vertreibung (Biafra, Kongo). Besonders hart waren große Teile der indischen und pakistanischen Bevölkerung betroffen. Bis 1951 zogen fast 6 Mio. Hindus aus Pakistan nach Indien, während umgekehrt 4,4 Mio. Moslems flüchteten. Etwa 2 Mio. Menschen überlebten die Flucht in beiden Richtungen nicht. Der Bürgerkrieg in beiden Teilen Pakistans löste eine neue Flüchtlingswelle aus, fast 10 Mio. flüchteten über die indische Grenze, 3 Mio. verloren ihr Leben.

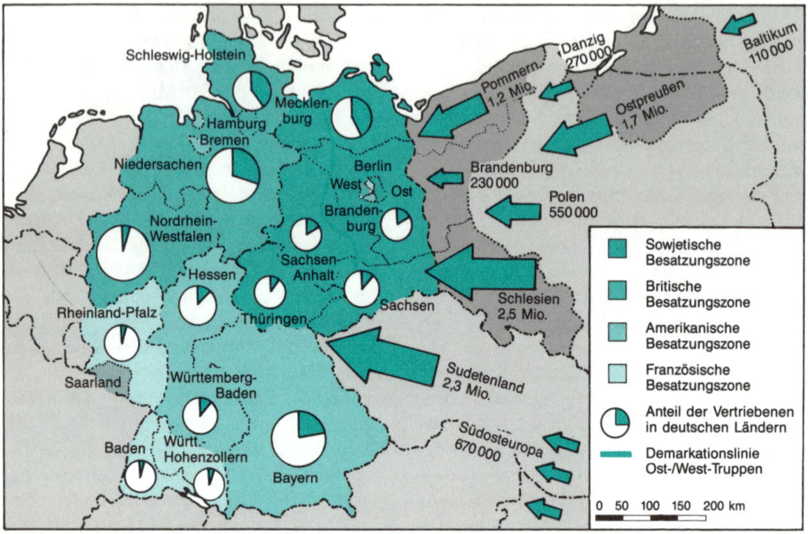

Flüchtlinge und Vertriebene aus den ehemaligen deutschen Ostgebieten und Osteuropa nach 1945

Neben solcher Elendsbilanz nehmen sich die Zahlen in Vorderasien vergleichsweise unbedeutend aus, wenn in ihnen auch die gleiche Tragik und Brisanz stecken. So verließen freiwillig oder gezwungen seit der Gründung des Staates Israel etwa 4,6 Mio. Palästinenser ihre angestammte Heimat und warten immer noch auf eine Lösung ihres Problems. In Sri Lanka, Thailand, Kambodscha und Vietnam sind die Verhältnisse seit Mitte der 70er Jahre nicht mehr zur Ruhe gekommen. Politische Spannungen, wirtschaftliche Not, aber auch falsche Wunschvorstellungen von besseren Lebensverhältnissen führen nach wie vor zu einem Strom von Asylsuchenden in die europäischen Industrieländer.

Seit Ende des 1. Weltkriegs fehlte es nicht an Versuchen, die Not der Flüchtlinge zu mildern und die anfallenden Probleme zu lösen. Das Rote Kreuz und der Völkerbund leisteten Hilfe (**Nansen-Paß** für politische Flüchtlinge), nach dem 2. Weltkrieg betreute die Hilfsorganisation der **UNRRA** die Flüchtlinge und Verschleppten. Sie wurde 1947 aufgelöst, ihre Aufgaben übernahm die Internationale Flüchtlingsorganisation und seit 1951 der Hochkommissar für Flüchtlingsfragen bei den Vereinten Nationen.

Föderalismus (lat. foedus: = Bündnis, Vertrag) Man versteht darunter eine Verbindung mehrere Einzelstaaten unter einer gemeinsamen Regierung. Diese Vereinigung kann entweder in Form eines **Bundesstaates** oder eines lockeren **Staatenbundes** bestehen. Die einzelnen Mitglieder verwalten sich weitgehend selbst, sind aber verpflichtet, den anderen Beteiligten gegenüber Bundestreue und Bundesgesinnung zu beweisen. Sie müssen also neben ihrer Selbständigkeit immer das Wohl des Bundes vor Augen haben. Beispiel für ei-

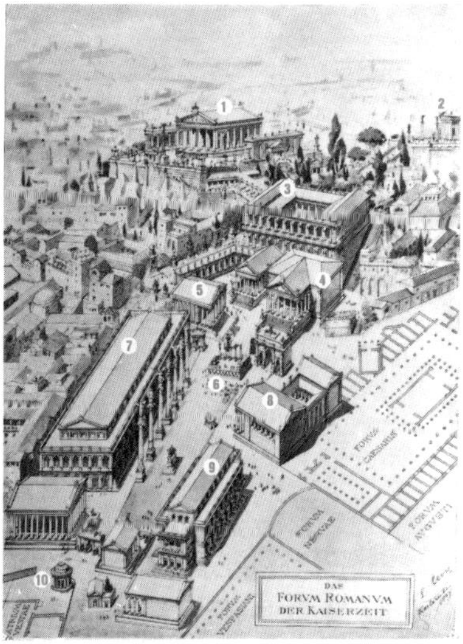

Forum Romanum:
1 Jupitertempel auf dem Kapitol,
2 Tempel der Juno auf der Burg,
3 Tabularium (Staatsarchiv),
4 Tempel der Concordia,
5 Tempel des Saturn,
6 Rednertribüne,
7 Basilica (Markt- und Gerichtshalle),
8 Curia (Versammlungsort des Senats),
9 Basilica Aemilia,
10 Tempel der Vesta

nen Bundesstaat, eine **Föderation**, ist die Bundesrepublik Deutschland, die den Förderalismus als Verfassungsprinzip im Grundgesetz verankert hat und in der z. B. die Kulturhoheit bei den einzelnen Ländern liegt, Außenpolitik und Wehrhoheit dagegen beim Gesamtstaat. Der Deutsche Bund von 1815–66 war dagegen ein Staatenbund, eine **Konföderation**, mit größtenteils voller Souveränität der Mitgliedsstaaten und schwacher Zentralgewalt. Das Gegenteil eines förderalistischen Staates ist ein **Zentralstaat**.

Forum Romanum Jede römische Stadt hatte als Zentrum einen Marktplatz (**forum**), an dem die wichtigsten öffentlichen Gebäude standen und wo sich das politische Leben abspielte. Wir bezeichnen heute noch eine öffentliche Veranstaltung als Forum. Das Forum Romanum, der Marktplatz der Stadt Rom, entstand im 6. Jh. v. Chr. zwischen den Siedlungen auf dem Kapitol, Palatin, Esquilin und Quirinal, nachdem ein versumpftes Tal durch die **Cloaca Maxima**, den wichtigsten Abwasserkanal Roms, entwässert worden war. Ab dem 4. Jh. v. Chr. wurde hier kein Markt mehr abgehalten; das Forum war nur noch religiöser und politischer Mittelpunkt. Die Tempel der wichtigsten Götter, der Senat, der goldene Meilenstein als Reichszentrum, die **Regia** (Amtssitz des höchsten Priesters), die **Rostra** (Rednertribüne der Volksversammlung) hatten hier ihren Platz. Unter Caesar und Augustus, also um die Zeitenwende, wurde der Ausbau im wesentlichen abgeschlossen. In der Kaiserzeit wurde das nur 115 x 60 m große Forum durch die Kaiserforen erweitert. Seit der Spätantike verfiel es und wurde erst im 19. Jh. wieder freigelegt.

Franken Der fränkische Kernstamm der ▶ Salier wurde z. T. als Bundesgenossen der Römer in Nordbrabant angesiedelt, eroberte nach Abzug der Römer Flandern und das Land bis Lüttich-Tournai. Im 5. Jh. besetzte er den größten Teil des noch unter römischer Herrschaft stehenden Galliens. Nach 406 drang der zweite Kernstamm, die **Ripuarier**, vom Niederrhein bis zur Mosel und zu den Ardennen vor. Dem ▶ Merowinger **Chlodwig I.** aus dem salischen Kernstamm gelang Ende des 5. Jh.s die Einigung der zahlreichen Stämme und die Beseitigung vieler Teilkönigtümer. Unter ihm entschlossen sich die Franken zur Annahme des katholischen Christentums und gegen den Glauben der ▶ Arianer. Chlod-

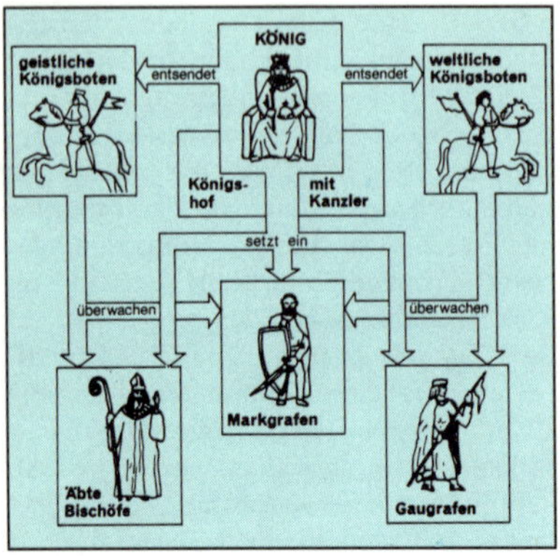

Die Verwaltung des Fränkischen Reiches

wig unterwarf die **Alemannen** und **Westgoten**, seine Nachfolger breiteten das Fränkische Reich über Hessen, Thüringen, Bayern und Burgund aus, bis es unter den ▶ Karolingern und besonders ▶ Karl dem Großen seine größte Ausdehnung und Machtentfaltung erlebte. Der Name blieb nur den heutigen Franken erhalten, während Flamen, Niederländer, Rheinländer, Pfälzer und Lothringer ein eigenes Stammesbewußtsein entwickelten.

Unter den Franken verlagerte sich der Schwerpunkt der europäischen Geschichte vom Mittelmeerraum nach Norden. Die Reste spätantiker römischer Kultur wurden mit germanischen und christlichen Vorstellungen verschmolzen und für das Abendland prägend.

Franklin, Benjamin (1706–90) Der Schriftsteller, Naturwissenschaftler und Politiker zählt zu den Vätern der amerikanischen Unabhängigkeitserklärung von 1776. Er schmiedete als großer Diplomat das kriegsentscheidende Bündnis mit Frankreich gegen England und war am **Friedensschluß von Versailles** zwischen England und den Vereinigten Staaten 1783 beteiligt.

Der Buchdrucker aus Philadelphia war in jungen Jahren zum wohlhabenden Zeitungsverleger aufgestiegen. Er griff selbst zur Feder und riß seine Leser durch die kühnen Visionen einer Union der nordamerikanischen Kolonien mit. Als sich die Kolonien gegen das englische Mutterland auflehnten, fiel ihm die Rolle eines umjubelten politischen Führers zu. Auch heute noch genießt er hohes Ansehen in den USA, weil er der amerikanischen Vorstellung vom privat erfolgreichen, aber zum Dienst an der Nation bereiten Politiker wie kaum ein anderer entspricht. Er war zugleich ein tüchtiger Erfinder. Franklin experimentierte mit der Elektrizität, bewies, daß der Blitz eine elektrische Entladung ist und erfand dabei den Blitzableiter.

Franz von Assisi (1182–1226) hieß eigentlich Giovanni Bernardone und wurde als Sohn einer reichen Kaufmannsfamilie in Assisi geboren. Nach einer schweren Krankheit und Bekehrungserlebnissen pflegte er Aussätzige und lebte wie ein Bettler. Als sich ihm Gleichgesinnte anschlossen, gab er ihnen die Regel, sich zum Dienst an Menschheit und Kirche in Armut und Buße zu verpflichten. 1210 billigte Papst Innozenz III. die Brüdergemeinschaft, 1212 entstand eine Schwesterngemeinschaft unter der Leitung der adligen **Klara von Assisi**.

Durch sein vorbildliches Leben und die einfache, aber kraftvolle Sprache seiner Predigten zog Franz von Assisi bereits zu Lebzeiten viele Menschen in seinen Bann, die sich im dritten Orden der Laien zusammenschlossen. Der von ihm gegründete Orden wurde zu einem der größten der katholischen Mönchsorden; **Minderbrüder, Minoriten, Kapuziner** und **Klarissen** leben nach seiner Regel. Er wurde schon zwei Jahre nach seinem Tod heiliggesprochen. Bereits schwer erkrankt und fast erblindet, schrieb er den berühmten *Sonnengesang*, in dem er seine Liebe zur gesamten Schöpfung zum Ausdruck brachte.

Franz Joseph I. (1830–1916) übernahm mit 18 Jahren mitten in der Revolution von 1848 als Kaiser die österreichische Regierung. Den Aufstand der Ungarn, die unter der Führung **Kossuths** für einen Nationalstaat kämpften, warf er mit russischer Hilfe nieder. Zwar konnte er die kirchlichen Kreise gewinnen, indem er die strenge Kirchenaufsicht des ▶ Josephinismus aufhob, doch zwang ihn die Niederlage gegen Sardinien-Piemont 1859 zu einer liberalen Verfassung. Diese jedoch wurde vor allem von den Ungarn abgelehnt, weil man sie als aufgesetzt empfand. Der Einfluß in Deutschland ging im Krieg von 1866 nach der Niederlage von ▶ Königgrätz verloren, zwang aber zum Ausgleich mit Ungarn. Ungarn bekam wieder eine eigene Verfassung, Franz Joseph ließ sich auch zum König von Ungarn krönen, um die enge Verbindung der beiden Reichshälften zu dokumentieren.

Trotz vieler innerer Schwierigkeiten erlebte die **Doppelmonarchie** nach 1870 einen wirtschaftlichen und kulturellen Aufstieg. Der von Rußland geförderte Panslawismus, der die **Befreiung** aller slawischen Völker forderte, wirkte im Vielvölkerstaat jedoch als Sprengmittel. Die Ermordung des österreichischen Thronfolgers in Sarajewo führte zum 1. Weltkrieg. Der Kaiser erlebte die Niederlage und Auflösung des Vielvölkerstaates nicht mehr.

Franz Joseph war populär wegen seiner schlichten Lebensweise und der Schicksalsschläge (Ermordung seines Bruders und dessen Frau; Selbstmord seines einzigen Sohnes), die er gottergeben hinnahm.

Französische Revolution Die Kriege Ludwigs XIV., die verschwenderische Hofhaltung und die Unfähigkeit der Herrscher zu Reformen führten Frankreich im 18. Jh. mehrfach an den Rand der Revolution. Auf der einen Seite stand der König, der den absolutistischen Staat zu verwirklichen suchte. Auf der anderen Seite stand eine bunt zusammengesetzte Opposition aus Adligen und hoher Geistlichkeit, die ihre Privilegien (Steuerfreiheit und Zugang zu Staatsämtern) verteidigten. Dazu kamen durch den Merkantilismus reich gewordene Unternehmer, die

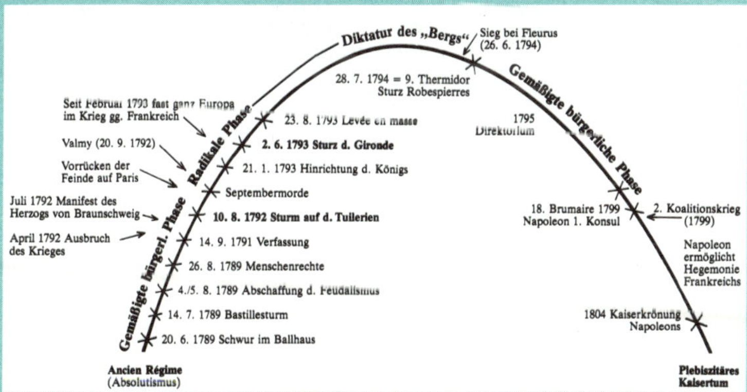

Verlaufskurve der Französischen Revolution 1789–1804

Erschreckt sehen Adel und Geistlichkeit, wie der Dritte Stand, das Bürgertum, seine Fesseln zerbricht, zeitgenössisches Flugblatt.

keinen Einfluß auf die Politik hatten, aber hohe Steuern zahlen mußten. In diesem bildungsbewußten Bürgertum fielen die Ideen der Aufklärung von Gewaltenteilung und neue Vorstellungen von Freiheit, die **Voltaire**, ▶ Montesquieu und die ▶ Enzyklopädisten vortrugen, auf fruchtbaren Boden. In den bürgerlichen Salons beobachtete man gespannt, wie die liberalen Gedanken sich in England und in Nordamerika durchsetzten. Auch der niedere Klerus war gebildet, lebte aber schlecht, weil er am Reichtum der Kirche und ihrer hohen Würdenträger keinen Anteil hatte. Er trug den ▶ Liberalismus aus den bürgerlichen Salons in die Gemeinden. Mißstimmung herrschte auch unter der Landbevölkerung. Sie stöhnte unter hohen Abgaben (bis zu 70 %), die noch dazu von Ort zu Ort stark schwankten, willkürlich festgesetzt und oft rücksichtslos eingetrieben wurden.

Nach 1760 verschärfte sich die Lage. Stadtproletariat und landwirtschaftliche Lohnarbeiter (mehr als 50 % der Bevölkerung) lebten von der Hand in den Mund. Mißernten führten zu Preissteigerungen, Wirtschaftskrisen und zu Hungerrevolten des Proletariats. 1788 mußte der Staat seine Zahlungsunfähigkeit erklären. Zu spät und zu zaghaft versuchte **Ludwig XVI.** (R. 1774–93). die Privilegien von Kirche und Adel einzuschränken, die Steuern zu vereinheitlichen und den Gemeinden Selbstverwaltung zu gewähren. Die Reformen seiner Minister **Turgot** und **Necker** blieben ungenügend oder scheiterten an der Kurzsichtigkeit der adeligen *Hofpartei* um Königin **Marie Antoinette**.

1788 war die finanzielle Lage des Staates so schwierig geworden, daß dem König nichts übrigblieb, als erstmals seit 1614 die ▶ Generalstände zum 1. 5. 1789 nach Versailles einzuberufen, um über eine Steuerreform zu beraten. Unter ihnen waren viele Vertreter liberaler Ideen und einige, die als Freiwillige am amerikanischen Unabhängigkeitskrieg teilgenommen hatten und nun die Gelegenheit sahen, Frankreich nach dem Vorbild der Vereinigten Staaten umzugestalten. **Freiheit, Gleichheit** und **Brüderlichkeit** hieß die Parole. Am Hof und bei den privilegierten

Schichten stießen sie auf Unverständnis oder Ablehnung. Der König machte eine kleine Konzession und gestand den Bürgern, dem **Dritten Stand**, 600 Abgeordnete zu, genau so viele, wie die beiden anderen Stände zusammen hatten. Er bestand jedoch auf getrennter Abstimmung nach Ständen und lehnte die geforderte Abstimmung nach Köpfen ab; Adel und Geistlichkeit hätten die Bürger so immer im Verhältnis 2:1 niederstimmen können.
Der Hof hatte aber die Entschlossenheit der Bürger unterschätzt. Sie orientierten sich an dem Flugblatt des **Abbé Sieyès** *Was ist der dritte Stand? Alles!* und forderten Freiheit und Gleichheit. Als der König diese verweigerte, zogen Bürger und einige Abgeordnete des Klerus und des Adels unter Führung des Grafen **Mirabeau** in das Ballspielhaus von Versailles und erklärten sich am 17. 6. 1789 zur Nationalversammlung. Der König verlangte die Auflösung, doch ihre Mitglieder schworen am 20. 6., nicht vor Erfüllung ihrer Forderungen auseinanderzugehen. Damit war dem König offen der Gehorsam verweigert, die Revolution war ausgebrochen. Am 6. 7. erklärte sich die Bürgersammlung zur **Verfassungsgebenden Nationalversammlung** (**Konstituante**) und begann, eine Verfassung zu diskutieren.
Den zweiten Schritt der Revolution vollzog das Volk von Paris. Der König hatte Truppen zusammengezogen, und wilde Gerüchte liefen um. Darauf stürmte die Bevölkerung am 14. 7. das Waffenarsenal und die **Bastille**, ein Gefängnis und verhaßtes Symbol des alten Systems; gleichzeitig erhoben sich die Bauern. Damit hatten auch die kleinen Leute dem König den Gehorsam aufgekündigt, die alte Ordnung begann zu zerbrechen. Das Heer löste sich auf, **Lafayette** organisierte eine Bürgermiliz. Am 4./5. 8. verkündete die Konstituante die ▶ Bauernbefreiung, die Abschaffung aller Feudalrechte und am 26. 8. die **Menschenrechte** nach dem Vorbild der USA. Der König zögerte, und man fürchtete im Volk eine Gegenrevolution der alten Mächte. Da zogen am 5. Oktober Tausende von Frauen nach Versailles (**Zug der Marktweiber**) und zwangen die königliche Familie, sich in die Tuilerien, das Stadtschloß, nach Paris *unter die Kontrolle des Volkes* zu begeben. Doch auch die Nationalversammlung geriet immer stärker unter den Einfluß der „Straße". Überall entstanden politische Klubs, wie der der ▶ Jakobiner, die durch Zeitungen, Flugblätter und Gerüchte Einfluß auf den Gang der Dinge nahmen.
Im April 1790 wurden die Kirchengüter verstaatlicht. Sie dienten als Deckung für das neu eingeführte Papiergeld, die **Assignaten**. Da zuviel Papiergeld ausgegeben wurde, kam es zu einer Inflation. Unruhen folgten. Im Juni 1790 wurde der Erbadel abgeschafft, und im Juli wurden die Klöster aufgelöst, die Schulen verstaatlicht, die Zivilehe eingeführt. Der Staat bezahlte die Priester und verlangte von ihnen einen Treueeid. Viele Geistliche weigerten sich, diesen Eid abzulegen, und wurden verfolgt. 1791 verabschiedete die Nationalversammlung eine Verfassung. Frankreich wurde **konstitutionelle Monarchie** mit einem nach **Zensuswahlrecht** (nur von Wohlhabenden) gewählten Parlament als Gesetzgebungsorgan, unabhängigen Gerichten und der Krone als Spitze der Verwaltung. Ludwig XIV. schien dies nicht annehmbar. Er versuchte zu fliehen, wurde in Varennes festgenommen, nach Paris gebracht, mußte einen Eid auf die Verfassung leisten und war nun fast machtlos.

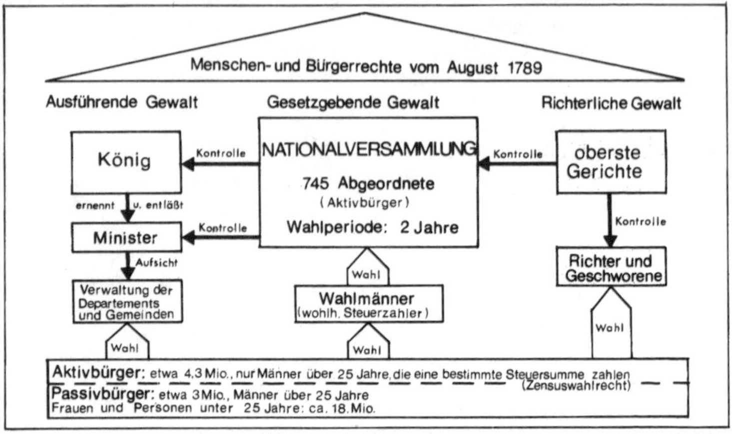

Die Verfassung von 1791

Im neuen Parlament hatten die Republikaner eine Mehrheit. Die gemäßigten **Girondisten** verloren Einfluß zugunsten der radikalen **Bergpartei**, als sich im Krieg gegen Österreich und Preußen militärische Niederlagen einstellten. Der König wurde der Zusammenarbeit mit dem Gegner verdächtigt; am 10. August 1792 stürmte das Volk die Tuilerien, die königliche Familie wurde inhaftiert und die Republik ausgerufen.

Der neu gewählte **Nationalkonvent** mit Mehrheit der Bergpartei machte dem König den Prozeß und ließ ihn am 21. Januar 1793 hinrichten. Unter dem Druck der radikalen Bevölkerung von Paris wurde die Verfassung suspendiert. Die Staatsgewalt ging auf den **Wohlfahrtsausschuß** über; jetzt waren die Radikalen um **Robespierre, Danton, Marat, Saint-Just** an der Macht; die Zeit des Terrors, der *Schreckensherrschaft,* begann. Royalisten- und Bauernaufstände in der Vendée wurden rücksichtslos niedergeschlagen, die Führer der Girondisten ermordet, und wer nur in den schwächsten Verdacht kam, ein Gegner zu ein, endete unter der Guillotine. In Paris wurden in wenigen Monaten etwa 3500 Menschen hingerichtet; in ganz Frankreich waren es zwischen 50000 und 70000. Ein neuer Kalender wurde eingeführt, die Religion verboten und durch einen *Kult der Vernunft* ersetzt.

Im Juli 1794 gelang es gemäßigten Kräften, Robespierre zu stürzen und die Demokratie dem Namen nach wiederherzustellen. Doch konnte die Regierung (**Direktorium** 1795–99) wegen der verheerenden Wirtschaftslage auch nur diktatorisch regieren und wurde schließlich von Napoleon I. durch einen Staatsstreich beseitigt. Frankreich, das zehn Jahre zuvor das Joch des Absolutismus abgeschüttelt hatte, verwandelte sich wieder in eine absolutistische Monarchie. Die Ideen der Revolution Freiheit, Gleichheit und Brüderlichkeit blieben jedoch für die weitere Entwicklung Europas wirksam.

Frau Die Frau hat in den frühen Hochkulturen und der klassischen Antike nach außen eine im allgemeinen untergeordnete Rolle gespielt, doch darf ihr indirekter Einfluß auf das öffentliche Leben nicht unterschätzt werden. In Ägypten zeigt schon die Bezeichnung *Herrin des Hauses,* daß ihr in diesem Wirkungskreis eine durchaus gleichberechtigte Stellung eingeräumt war. Insgesamt gelang es viermal Prinzessinnen, auf legalem Wege den Pharaonenthron zu besteigen u. a. ▶ Hatschepsut. In Griechenland war der Wirkungskreis der Frau enger gezogen, ihre Rechtsfähigkeit gering. Doch von einigen gebildeten **Hetären** (griech.: Gefährtinnen, d. h. die Freundinnen bedeutender Männer) konnte, wie man bei **Aspasia**, der Freundin des Perikles sieht, schon ein starker politischer und kultureller Einfluß ausgehen. Dem wachsenden Einfluß der Frau in der hellenistischen Zeit, der sich besonders deutlich bei Königinnen wie **Arsinoë**, Tochter von Ptolemais I. (3. Jh. v. Chr.), oder ▶ Kleopatra zeigt, stand im Römischen Reich ein ausgeprägtes Patriarchat gegenüber, das die Frau nahezu rechtlos der Gewalt des Vaters oder Gatten unterordnete. Allerdings konnte die Familienmutter gerade durch die Erziehung ihrer Söhne auf längere Sicht auch politischen Einfluß ausüben, wie das Beispiel **Cornelias**, der Mutter der Gracchen im 2. Jh. v. Chr. beweist. Sie ist der früheste Typ einer hochgebildeten Römerin. In der Kaiserzeit erlangten im römischen Herrschaftsbereich vereinzelt Frauen beachtliche Machtpositionen, so etwa **Zenobia**, die Königin von Palmyra in Syrien. Während aber griechische Frauen zurückgezogen im Hause bleiben mußten, konnten Römerinnen wenigstens am kulturellen und gesellschaftlichen Leben teilnehmen, Spiele und sogar politische Versammlungen besuchen. In frühchristlicher Zeit änderte sich für die Frau nichts, ihr Auftreten war durch die Forderung *mulier taceat in ecclesia* (die Frau schweige in der Gemeinde) umrissen. Im Mittelalter herrschte ein gewisser Frauenüberschuß, obwohl das Durchschnittsalter der Frauen infolge vieler Todesfälle im Kindbett und wegen der überdurchschnittlichen Arbeitslast in den bäuerlichen Haushalten niedriger lag als das der Männer. Die Arbeit der Bürgerfrauen beschränkte sich zwar ebenfalls vorwiegend auf das Haus, jedoch konnten sie bestimmte Handwerksberufe – vor allem im Bereich des Ernährungsgewerbes – ausüben und Handel treiben. Eine Sonderstellung nahmen die als Hebammen oder in der ambulanten Krankenpflege tätigen **weisen Frauen** ein, die hohes Ansehen genossen. Die weiblichen Orden nahmen ursprünglich als Nonnen nur Frauen adliger Herkunft auf, die so eine ordentliche Versorgung erhielten. Gerade aus diesen Kreisen stammten einige der gebildetsten Frauen des Mittelalters z. B. **Hroswitha von Gandersheim**. Adlige Frauen waren in ihrem Einfluß keineswegs auf den Haushalt oder auf karitative Tätigkeit beschränkt. Sie wirkten oft stärker als ihre Männer auf das kulturelle Leben, wurden verehrt und als Vorbilder besungen (▶ Minnesang). Verschiedentlich prägten sie auch die Politik ihrer Zeit, so etwa die Königinnen **Adelheid** und **Theophanu** im 10. Jh., die Markgräfin **Mathilde von Tuscien** (s. Abb. S. 68), die im Investiturstreit zwischen König und Papst vermittelte oder die Kaiserin **Konstanze**, die Gattin Heinrichs VI. Eine weitere Aufwertung in ihrer Stellung erfuhr die Frau seit der Renaissance, dies konzentrierte sich aber in erster Linie auf Adel und bürgerliche Oberschicht, während der Großteil der Frauen in bürgerlichen und bäuerlichen Familien auf den Haushalt beschränkt blieb. Da die Frauenklöster seit dem ausgehenden Mittelalter ihre Aufgaben als Bildungsstätten vernachlässigt hatten, waren junge Frauen, die sich weiterbilden wollten, auf ihre eigene Initiative ange-

wiesen. Dementsprechend beschränkte sich die Bildung vorwiegend auf die aus der Lektüre erwachsenen literarischen Kenntnisse. Vor allem in der höfischen Gesellschaft spielten Frauen eine zunehmende Rolle, Fürstinnen wurden zu Förderinnen der Künste z. B. **Anna Amalia** von Sachsen-Weimar. Eine andere Art Emanzipation in Form von größerer persönlicher Freiheit und vor allem Freizügigkeit suchte im 18. Jh. das sog. **galante Frauenzimmer**. In der Romantik gründeten gebildete Frauen der bürgerlichen Gesellschaft wie z. B. **Rahel Varnhagen** Salons, von denen ein nachhaltiger literarischer Einfluß ausgehen konnte.
In der Schulbildung blieben die meisten Frauen auf die Volksschule beschränkt, höhere Schulen für Mädchen gab es bis ins 19. Jh. nur vereinzelt auf privater Basis. Das Hochschulstudium für Frauen führten seit der Mitte des 19. Jh.s einzelne europäische Staaten nur sehr zögernd ein, in Deutschland war es erst seit etwa 1900, allgemein seit 1908 gestattet.
Erst innerhalb der letzten hundert Jahre hat die außerhäusliche Erwerbstätigkeit der Frau begonnen, und noch heute sind in den europäischen Ländern Benachteiligungen der Frau deutlich feststellbar.

In Berlin wurde das Plakat mit der Begründung verboten, die Schlagzeile beleidigte die Obrigkeit.

Frauenwahlrecht Als erste Staaten führten 1861/2 Australien und Neuseeland, 1862/3 Schweden und Finnland, 1869 der USA-Staat Wyoming das Stimmrecht der Frauen bei Wahlen ein. Im Kampf um die völlige politische Gleichstellung der Frauen spielten die **Suffragetten** (lat.: suffragium = Stimmrecht) aus dem England der Zeit vor 1914 eine große Rolle. Die radikalen Frauenrechtlerinnen suchten durch Demonstrationen, Hungerstreiks, aber auch gewaltsame Aktionen die Bevormundung durch die Männer anzuprangern und den Frauen ihre Unterdrückung vor Augen zu führen. Nach dem 1. Weltkrieg erlangten die Frauen in Großbritannien, in den USA, im Deutschen Reich und in anderen Demokratien das Stimmrecht, in der Schweiz (mit Ausnahme einzelner Kantone) erst 1971. Frauenwahlrecht allein bedeutet jedoch nicht die politische Gleichberechtigung der Frauen. Diese beinhaltet auch den freien Zugang zu öffentlichen Ämtern und die Überwindung männlicher Vorherrschaft in den Parteien, in den Parlamenten und in den Kirchen.

Freihandel Der englische Verfechter der vollen Freiheit der Wirtschaft, **Adam Smith**, vertrat bereits im 18. Jh. die Auffassung, wenn der Staat Produktion, Kauf, Verkauf und Austausch der Waren völlig den Bürgern überlasse, werde der Wettbewerb der Tüchtigsten beste Waren garan-

tieren, die Gesamtheit der Bürger Nutzen haben und Wohlstand einkehren. Im Rahmen des Wettbewerbs der Völker wiederum komme es zu einer Art von Arbeitsteilung mit optimalen Kostenvorteilen, da jede Nation nur das produzieren werde, was für sie am günstigsten ist. Als Voraussetzung zu dieser Entwicklung forderten die Vertreter der Freihandelslehre den Abbau der Zölle und des staatlichen **Protektionismus**, des planmäßigen Schutzes der eigenen, inländischen Waren, sowie die Abschaffung der Zünfte.
Im 19. Jh. kam es zu einer Freihandelsbewegung, die z. B. auch vom Deutschen Zollverein mitgetragen wurde. England blieb beim Freihandel, während Deutschland und Frankreich nach der schweren Wirtschaftskrise von 1873 wieder zur **Schutzzollpolitik** zurückkehrten. Auch nach der Weltwirtschaftskrise von 1929 ergriffen die Staaten wieder verstärkt Schutzmaßnahmen für inländische Waren. Nach dem 2. Weltkrieg versuchte man auf internationaler Ebene mit dem **GATT** (General Agreement on Tariffs and Trade = Allgemeines Zoll- und Handelsabkommen) die Handelsschranken abzubauen.

Freiheit der Meere Bereits 1609 forderte der niederländische Jurist und Staatsmann **Hugo Grotius** erstmals die Freiheit der Meere, die später dann von internationalen Konferenzen in Paris 1856 und London 1909 als Grundsatz des **Völkerrechts** anerkannt wurde. Dieses Recht erlaubt in Friedenszeiten den Schiffen aller Länder das Befischen und Befahren aller offenen Meere. Mit dem U-Boot-Krieg der beiden Weltkriege, in dem ganze Meere auch für neutrale Staaten gesperrt wurden, erhielt die Freiheit der Meere einen ersten Schlag. Sie wird heute von immer mehr Staaten durch die Ausdehnung der Hoheitsgewässer auf bis zu 200 Seemeilen vor der Küste bedroht.

Freikorps Bereits in den Schlesischen Kriegen des 18. Jh.s setzten beide Kriegsgegner, Friedrich II. von Preußen und Maria Theresia, Freitruppen, freiwillige Verbände, zur Aufklärung ein, um den feindlichen Nachschub zu stören. In den Kriegen gegen Napoleon wurden ebenfalls Freiwilligenkorps gebildet, z. B. u. a. von **Lützow**, dem sich vorwiegend patriotisch gesinnte Studenten anschlossen.
Die nach dem 1. Weltkrieg in Deutschland aufgestellten Freikorps waren teils umbenannte Heereseinheiten, teils Freiwilligenverbände, die nach den Bestimmungen des Versailler Vertrags der Reichswehrführung unterstanden. Sie wurden 1919 im Baltikum unter Graf von der Goltz gegen die Rote Armee und im Reich gegen linksradikale Aufstände eingesetzt. Freikorps kämpften 1921 in Oberschlesien gegen Polen, die das Land besetzen wollten. Nach Auflösung der Freikorps bzw. der Übernahme großer Teile in die 1921 gegründete Reichswehr, beteiligten sich ehemalige Angehörige dieser meist republikfeindlichen Verbände am ▶ Kapp-Putsch und an **Fememorden**. Einem solchen politischen Mord fielen z. B. **Matthias Erzberger** und **Walter Rathenau** zum Opfer, die sich für einen Verständigungsfrieden nach dem 1. Weltkrieg einsetzten, bzw. eine Verbesserung der Reparationsverpflichtungen per Verhandlung erreichen wollten. Freikorps traten auch illegalen Wehrverbänden bei, so beteiligten sich einige dieser bewaffneten Gruppen (Bund Oberland) am Hitlerputsch 1923.

Friedensbewegung Menschen aus vielen Nationen trafen sich schon Ende des 19. Jh.s zur Sicherung des Friedens, vor allem, um internationale Streitigkeiten durch Schiedsgerichte zu schlichten. Diese Vorstellung konnte auf den beiden **Haager Friedenskonferenzen** 1899 und 1907 – mit vielen Vorbehalten besonders von deut-

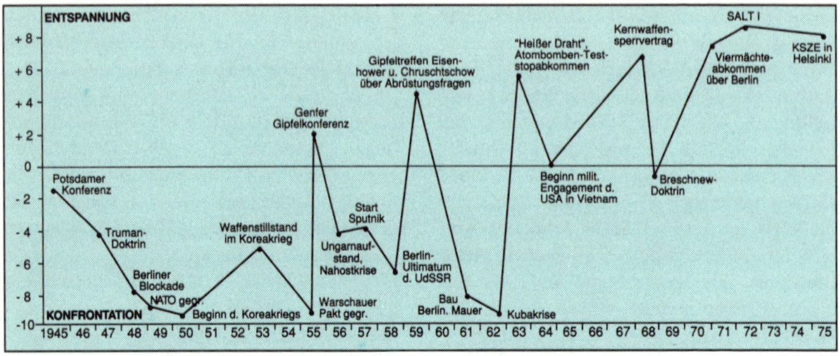

Entwicklung der Beziehungen zwischen den USA und der UdSSR 1945–75

scher Seite – vertraglich verankert werden. Man einigte sich auch über die *Humanisierung* der Kriegsführung, u. a. durch die Tätigkeit des 1864 gegründeten Roten Kreuzes. Der Schwede **Alfred Nobel**, Erfinder des Dynamits, stiftete den Friedensnobelpreis, den 1905 die Österreicherin **Bertha von Suttner** erhielt, die mit ihrem Erfolgsroman *Die Waffen nieder* das Signal zur Gründung von Friedensgesellschaften in Österreich und Deutschland gegeben hatte. Aber all diese Bemühungen konnten den 1. Weltkrieg nicht verhindern.

Der 1919 gegründete Genfer ▶ Völkerbund, dem die USA nicht angehörten, die UdSSR, Japan und Deutschland nur zeitweise, besaß so gut wie keine Machtmittel und versagte angesichts der Kriegspolitik Hitlers vollständig. Aus der Erfahrung zweier schrecklicher Weltkriege wurden 1945 die ▶ Vereinten Nationen (UNO) mit Sitz in New York gegründet, denen nahezu alle Staaten der Welt angehören. Trotz etlicher Mißerfolge und Schwächen übt die UNO eine wichtige Vermittlertätigkeit bei allen zwischenstaatlichen Konflikten aus.

In den 50er Jahren bildete sich in den westlichen Staaten, vor allem in der Bundesrepublik Deutschland, eine Bewegung gegen die Atombewaffnung, die als Vorläufer der Friedensbewegung betrachtet werden kann. Hunderttausende von Menschen beteiligten sich an den Demonstrationen gegen den Nachrüstungsbeschluß der NATO vom 12. 12. 1979. Gleichzeitig entstand unter dem Motto *Schwerter zu Pflugscharen* eine vor allem von jungen Christen getragene Friedensbewegung in der DDR.

Auf staatlicher Ebene begann 1973 in Helsinki eine *Konferenz über Sicherheit und Zusammenarbeit in Europa* (**KSZE**), an der 32 europäische Staaten (außer Albanien), der Vatikan, ferner die USA und Kanada teilnahmen. Das Schlußdokument vom 1. 8. 1975 besteht aus mehreren Teilen, die man auch *Körbe* nennt. Korb 1 behandelt die politischen und militärischen Prinzipien, Korb 2 regelt die Zusammenarbeit in den Bereichen Wirtschaft, Wissenschaft und Umwelt, Korb 3 zeigt Möglichkeiten der Zusammenarbeit in humanitären und anderen Angelegenheiten auf, z. B. Reiseerleichterungen oder die Verbesserung des Austausches von Meinungen und Informationen. Die KSZE-Schlußakte ist zwar kein völkerrechtlicher Vertrag, legt aber die Staaten auf gemeinsame Bemühungen um eine gute Nachbarschaft in Europa fest. Der *Geist von Helsinki* prägt auch die Folgetreffen in Belgrad, Madrid und Wien.

Friedrich I. (um 1122–90) Als die Reichsfürsten 1152 einstimmig den Staufer **Friedrich Barbarossa** (Rotbart) zum deutschen König wählten, hofften sie, den alten Streit zwischen den Hohenstaufen und den Welfen um die Vorherrschaft im Reich zu beenden, da Friedrich und der Welfenherzog Heinrich der Löwe verwandt waren. Von den Nachbarn und den Reichsfürsten geachtet, ging Friedrich daran, die Rechte des Reiches in Italien wiederherzustellen. Nach sechs Italienzügen, die Triumphe und Niederlagen gebracht hatten, erreichte Friedrich, seit 1155 Kaiser, einen Interessenausgleich zwischen dem Reich, dem Papst und den Städten der Lombardei.
Die Auseinandersetzung mit Heinrich dem Löwen konnte Friedrich für sich entscheiden. Heinrich hatte ihm die Gefolgschaft bei einem Italienzug verweigert, Friedrich machte ihm den Prozeß und entzog ihm seine Lehen. Sein mächtigster innenpolitischer Gegner verlor damit seine Machtbasis. Die Heirat seines Sohnes Heinrich mit der Erbin des Normannenreiches im Süden Italiens eröffnete weitere glänzende Aussichten. 1189 brach der Kaiser, schon hochbetagt, zum 3. Kreuzzug auf. Im folgenden Jahr ertrank er beim Baden in einem Fluß in Kleinasien.
Schon den Zeitgenossen galt er als Vorbild ritterlichen Herrschertums und Erneuerer des Reiches. Später entstand die Sage, der Kaiser ruhe im **Kyffhäuser** (einem Waldgebiet in Nordthüringen), um einst das Reich wieder machtvoll auferstehen zu lassen, eine Vorstellung, die entstand, als das Deutsche Reich politisch schwach war.

Friedrich I., Darstellung aus dem 12. Jh.

Friedrich II. (1194–1250) Nach dem frühen Tod seines Vaters **Heinrich VI.** 1197 wurde der Hohenstaufer als Zweijähriger zum deutschen König gewählt. Seine Mutter, die Normannenprinzessin **Konstanze**, übernahm für ihn die Regentschaft im Königreich Sizilien, das sie mit in die Ehe gebracht hatte. 1198 starb auch sie, Papst **Innozenz III.** wurde Friedrichs Vormund; während der Vormundschaft eignete er sich Reichsgut in Italien an. Als Friedrich 1208 volljährig wurde, übernahm er die Herrschaft in Sizilien und zog auf Drängen des Papstes nach Deutschland, wo man den Enkel Friedrich Barbarossas begeistert begrüßte. Eine erneute Königswahl und Krönung folgten, der Gegenkönig **Otto IV.**, ein Welfe, starb aber 1218. Dennoch konnte Friedrich die königliche Macht nicht wiederherstellen, er mußte sich 1220 die Wahl seines Sohnes Heinrich zum König mit der Abgabe von Zollrechten usw. von den Fürsten erkaufen. 1231 mußte Friedrich im **Statutum in favorum prinzipum** den weltlichen Fürsten die Gleichstellung mit den geistlichen bestätigen. Friedrich gelang es aber, im Reich den alten Streit zwischen Staufen und Welfen beizulegen.

So wenig Friedrich sich im Deutschen Reich letztlich durchsetzen konnte, in Sizilien und Süditalien nutzte er die von den Normannen gelegten Grundlagen für einen starken, modernen Staat und schuf einen zentral gelenkten Beamtenstaat. Hier konnte er auch seinen Neigungen nachgehen: Beschäftigung mit Philosophie und Naturwissenschaften, eigene Schriftstellerei über das moderne Staatswesen, Diskussionen mit arabischen Gelehrten.
Doch der Papst konnte sich mit der Machtfülle des Kaisers nicht abfinden. Zum Streit kam es wegen eines von Friedrich versprochenen, aber hinausgeschobenen Kreuzzugs, der Papst belegte den Kaiser dafür mit dem Bann. Trotz des Banns unternahm Friedrich den Kreuzzug und gewann die Heiligen Stätten durch Verträge. Während der Abwesenheit des Kaisers überfiel der Papst dessen italienischen Besitzungen; der Friedensschluß von 1230 löste den Bann und gab Friedrich Raum, sich um deutsche Angelegenheiten zu kümmern und für die Nachfolge seines Sohnes **Konrad** zu sorgen, – Heinrich war nach einer Empörung gegen seinen Vater abgesetzt worden. Friedrich gelang es noch einmal, auch die aufständischen Städte der Lombardei zu besiegen, doch machte dies wiederum Papst **Gregor IX.** zu seinem Gegner. Bann und schließlich sogar die Absetzung des Kaisers auf dem **Konzil von Lyon** 1245 folgten.

Friedrich II., der Große (1712–86)

Der junge preußische Prinz fand beim Vater, Friedrich Wilhelm I., kein Verständnis für seine musischen Interessen und versucht mit 18 Jahren, dessen strengem Regiment durch Flucht zu entkommen. Er wurde gefangen und entging nur mit Not der vom Vater wegen Hochverrats geforderten Todesstrafe. Daraufhin zog er sich nach Rheinsberg zurück, umgab sich dort mit Künstlern und Philosophen und arbeitete

Friedrich II. in Begleitung seiner Generäle von Seydlitz (links) und von Ziethen (rechts)

verbissen an seiner Bildung. Daneben achtete er darauf, weitere Konflikte mit seinem Vater zu vermeiden, und erfüllte die ihm auferlegten Pflichten mit peinlicher Genauigkeit. Er beschäftigte sich mit dem Studium all jener militärischen und politischen Fragen, die er als zukünftiger König brauchte.
Als Friedrich II. auf den Thron kam (R. 1740–86), zeigten sich in den ▶ Schlesischen Kriegen (1740–63) sofort sein Ehrgeiz wie seine Fähigkeiten als Politiker und Heerführer. Er hat aber nicht nur Preußen durch diese Kriege stark erweitert und auf den Rang einer europäischen Macht geführt, die im Reich den Führungsanspruch gegen Habsburg-Österreich anmeldete, sondern sich auch um den inneren Ausbau des Staates verdient gemacht: Anfänge der Bauernbefreiung, Urbarmachung von Sümpfen, Kanalbauten, Förderung der Gewerbe und der Landwirtschaft, Ausbau des Schulwesens und der Universitäten und andere Fortschritte haben ihm im Volk schon

zu Lebzeiten den Beinamen *der Große* eingetragen, den er sich auch durch seine Toleranz in Religionsfragen verdiente. Seine Popularität zeigt sein zweiter Beiname *Alter Fritz. Ich bin der erste Diener meines Staates,* dieser Ausspruch des Königs war nicht nur Programm eines **aufgeklärten Absolutismus**, sondern gelebte Wirklichkeit. Friedrichs Ansehen als verantwortungsbewußter Fürst hat ihn ebenso überlebt wie sein Ruf als Komponist, dessen Werke heute noch gespielt werden.

Friedrich Wilhelm von Brandenburg, der Große Kurfürst (1620–88) erhielt diesen Beinamen, weil er aus einem Fleckenteppich bedeutungsloser Territorien die Anfänge eines einflußreichen Staates schuf. In den Friedensschlüssen am Ende des Dreißigjährigen Krieges spielte er die Großmächte geschickt gegeneinander aus und erhielt Halberstadt, Magdeburg, Minden und Hinterpommern; große Teile Vorpommerns kamen erst im ▶ Nordischen Krieg, Ende des 18. Jh.s hinzu. 1660 erreichte Friedrich Wilhelm die Souveränität für das Herzogtum Preußen und schlug 1675 bei **Fehrbellin** die Schweden so entscheidend, daß sie in Deutschland keine Rolle mehr spielten und Preußen künftig in den Angelegenheiten Nordostdeutschlands ein entscheidendes Wort mitzureden hatte. Deshalb schuf er auch 1688 das erste stehende Heer von 31 000 Mann. Friedrich Wilhelm unterstützte die Ansiedlung von 20000 Hugenotten in seinem dünn besiedelten Land, führte eine moderne Verwaltung ein, förderte alle Gewerbe, beschnitt die Adelsprivilegien und stärkte so sein Land auch wirtschaftlich.

Friedrich Wilhelm I. (1688–1740) Äußerste Sparsamkeit und Pflichtbewußtsein waren die Leitsätze seiner Regierung (R. 1713–40); für Kultur interessierte sich der König nicht. Die Wirtschaft wurde nach den Regeln des Merkantilismus geführt und der Anspruch des Absolutismus auf völlige Beherrschung des Staates durch den König durchgesetzt. Friedrich Wilhelms Lebensziel war die militärische Stärkung Preußens, daher auch sein Beiname *Soldatenkönig.* Bei seinem Tode hinterließ er ein zwar kleines, doch äußerst leistungsfähiges Land mit einem hervorragend ausgebildeten und ausgerüsteten stehenden Heer von 80000 Mann. Dies waren die Voraussetzungen, von denen aus sein Sohn, Friedrich der Große, Preußen auf den Rang einer Großmacht führen konnte.

Fronde In Deutschland wurde das Wort bis ins 19. Jh. in der Bedeutung von *Frondienst* verwendet. Heute meint es eine Opposition des französischen Hochadels und der Gerichte (Parlamente) in den Jahren 1648–53. Sie richtete sich gegen den Absolutismus Ludwigs XIV. und seines Ministers Mazarin und entzündete sich an der Weigerung, einen Steuererlaß des Königs anzuerkennen. Es fiel der Krone schwer, die bewaffneten Aufstände der Fronde zu unterdrücken.

Frühkapitalismus Um 1500 veränderte sich die Weltwirtschaft stark. Schon in den vergangenen 200 Jahren hatten manche Kaufleute in der ▶ Hanse Fernhandel betrieben, jetzt aber nahm er große Formen an. Das Patriziat, die städtische Oberschicht, organisierte die Produktion standardisierter Exportwaren mit Hilfe des **Verlagswesens**. In ihm arbeiteten von Zünften unabhängige Handwerker auf Kosten und Risiko des Bestellers. Reste davon haben wir heute noch in der Heimarbeit. Niedrige Löhne für die Handwerker und hohe Gewinne im Fernhandel konzentrierten große Kapitalbeträge in den Händen weniger Familien (▶ Fugger, ▶ Welser, **Thurn und Taxis** u. a.). Sie gaben den stets geldhungrigen Fürsten (Übergang vom

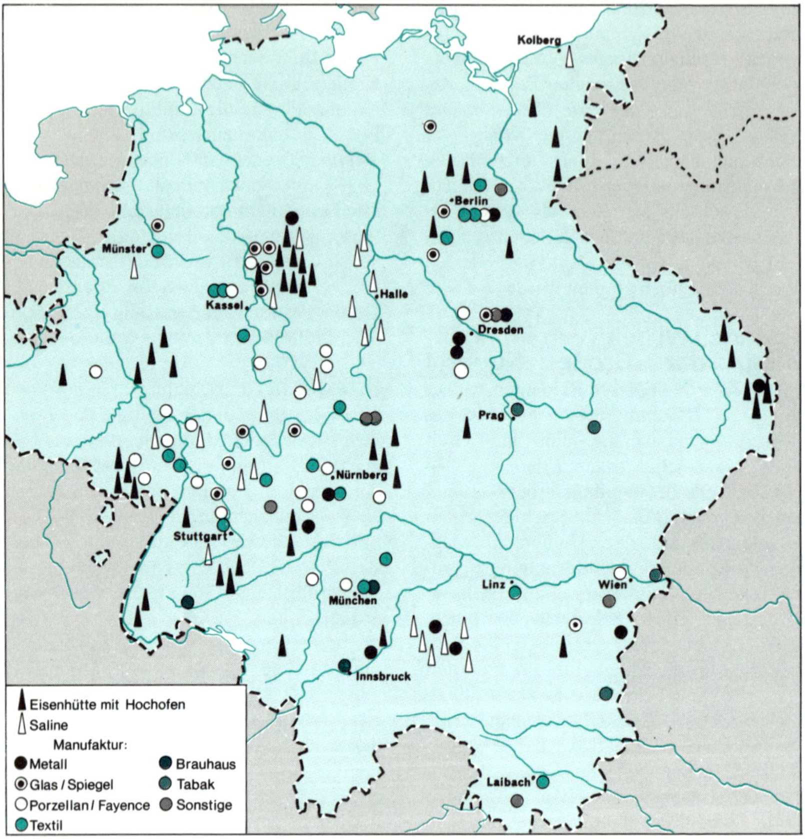

Staatliche Hütten, Salinen und Manufakturen im 18. Jh.

Ritter- zum teueren Landsknechtsheer) Kredite und bekamen als Gegenleistung Privilegien (Handels-, Bergbau-, Postmonopole), die wieder hohen Gewinn abwarfen. Die Geldwirtschaft (Tausch von Ware gegen Geld, im Gegensatz zum Naturaltausch Ware gegen Ware) setzte sich durch. Der Ausbau der Städte (Rathaus, Bürgerhaus, Spitäler, Brunnen usw.) machte große Fortschritte; das Großbürgertum wurde zum Kulturträger (Ratsschulen, Aufträge an Künstler). Andererseits wuchsen in den Städten politische und soziale Spannungen zwischen Patriziat und Handwerk. Die Zünfte verlangten, in der Stadtpolitik mitzuwirken. Wo sich das Patriziat durchsetzte, wurden die Städte groß und politisch stark und erlangten **Reichsfreiheit**, waren damit direkt dem Kaiser unterstellt. Wo die Zünfte siegten, blieben sie unbedeutend, weil die Handwerker in der Regel den wirtschaftlichen Fortschritt hemmten.

In Deutschland störten **Ritteraufstand** (1523), Bauernkrieg, Reformation, Ausbildung geschlossener Herrschaftsgebiete der Fürsten (**Territorialherrschaft**), **Münzzersplitterung** (jeder Landesfürst prägte eigene Münzen) und Zollgrenzen sowie der Dreißigjährige Krieg die wirtschaftliche Entwicklung. Das Reich nahm nicht an Kolonialgründungen und deren wirtschaftlichen Vorteilen teil. Es geriet gegenüber den Staaten am Atlantik ins Hintertreffen. Merkantilismus und **Manufakturen** (zentralisierte Handwerksarbeit, zum Teil mit Arbeitsteilung) beschleunigten ab dem 18. Jh. die Entwicklung, doch während in England schon um 1760 der Übergang zum **Hochkapitalismus**, das heißt zur Industriellen Revolution einsetzte, verzögerte er sich bei uns um ein halbes Jahrhundert.

Jakob Fugger in seinem Kontor

Fugger Der Ahnherr Hans kam als Webermeister nach Augsburg. Jakob I., gestorben 1469, wurde Stammvater der heutigen Linien und Gründer des Handelshauses. Seine Söhne Ulrich, Georg und Jakob II., der Reiche, schufen das große Vermögen und die Weltstellung des Handels- und Bankhauses. Schon 1485 griff Jakob II. ins Finanzwesen Tirols ein und verhalf Kaiser Maximilian I. zum Besitz des silberreichen Landes. Da er die Kupferbergwerke in Ungarn, Kärnten, Tirol und Spanien kaufte oder pachtete, errichtete er ein einträgliches Kupfermonopol. Ab 1505 beteiligte er sich am ostindischen Gewürzhandel. Als Bankier der Päpste war er 1517 am Ablaßhandel beteiligt und finanzierte 1519 die Wahl Karls V. zum Kaiser, damit dieser die riesigen Geldzuwendungen für die Kurfürsten aufbringen konnte. Im gleichen Jahr stiftete er die **Fuggerei** in Augsburg, die erste große Sozialsiedlung im Reich, die heute noch als Stiftung besteht. Die Stadt verdankt ihm auch die Fuggerkapelle bei St. Anna, den ersten Renaissancebau auf deutschem Boden, dazu das Fuggerhaus am Weinmarkt. Um an Bargeld zu kommen, hatte ihm Maximilian I. 1507 Weißenhorn und die Grafschaft Kirchberg verpfändet, womit die Fugger 1530 auf die schwäbische Grafenbank kamen.

Seine Neffen Georg Raymund und Anton erlitten, durch ihre Bindung an Karl V. in den spanischen Staatsbankrott gezogen, schwere Verluste. Es gelang ihnen nicht, sich von den Habsburgern zu lösen. 1552 mußte Anton den Kaiser durch Zuschüsse vor einer Niederlage durch den Fürstenbund retten, um sein eigenes Vermögen nicht einzubüßen. Zugunsten seines Neffen Hans-Jakob zog er sich vom Geschäft zurück, hinterließ aber noch 6 Millionen Goldkronen und weitere Herrschaften, deren Grundbesitz noch heute Nachkommen der Fugger gehört.

G

Gallien In den Jahren 58 bis 51 v. Chr. hatte Caesar von der römischen Provinz **Narbonensis**, die heutige Provence in Südfrankreich, aus Gallien bis an den Rhein und an die Nordsee erobert. Der letzte Aufstand der Gallier unter **Vercingetorix** war 52 von den Eroberern blutig niedergeworfen worden. Fortan fügten sich die Unterlegenen der römischen Herrschaft, aus der ihnen in den kommenden Jahrhunderten auch Vorteile erwuchsen. Vor allem herrschte Ruhe im Land und an den Grenzen zu den unruhigen Germanen.
Was die Provinz Narbonensis längst kannte, bekamen nun auch die neuen Provinzen. Zu Zentren der römischen Verwaltung und Kultur wurden die nach römischem Muster erbauten Städte, in denen sich bis heute Zeugnisse römischer Baukunst erhalten haben. Dort entwickelte sich ein reiches kulturelles Leben, wurden Tempel und Theater errichtet, und entstanden Textil- und Keramikmanufakturen, die auch für den Export arbeiteten. Die Landwirtschaft blühte auf, und manche ihrer Produkte, wie Schinken, Käse und Mastgänse, waren auch in Rom geschätzt. Der Adel öffnete sich bereitwillig den römischen Einflüssen. Er schickte seine Söhne auf die Lateinschulen in den Städten, wo sie Zugang zur Kultur der Mittelmeerwelt fanden.
Die alten keltischen Traditionen, auch die kultischen Überlieferungen der **Druiden**, wurden verdrängt, die Sprache der Kelten wich mehr und mehr der lateinischen, die mit Soldaten, Beamten und Händlern ins Land kam. So entwickelte sich das Altfranzösische aus dem **Provinzlateinischen**, und aus dem Zusammenleben von Galliern und Römern erwuchs eine eigene reiche **galloromanische Mischkultur**, in der freilich die römischen Elemente dominierten.

Gama, Vasco da (1468/9–1524) wurde in einer kleinen portugiesischen Hafenstadt geboren. Als gerade Achtundzwanzigjähriger erhielt er 1497 vom portugiesischen König den Auftrag, mit vier Schiffen und 160 Mann Besatzung den Seeweg um das Kap der Guten Hoffnung, um Afrika herum, nach Indien zu suchen. Tatsächlich erreichte er im Mai des folgenden Jahres Calicut an der vorderindischen Westküste. Dort blieb er fünf Monate, trat dann die Heimreise an und erreichte mit noch 55 Mann im August 1499 wieder Portugal. Drei Jahre später wiederholte er die Indienfahrt noch einmal. 1524 wurde er mit 16 Schiffen ein drittes Mals als Vizekönig der neuen portugiesischen Besitzungen in Indien ausgesandt, starb aber im selben Jahr in Kotschin in Vorderindien. Vasco da Gama, der den Seeweg nach Indien fand, zählt zu den großen Entdeckern der frühen Neuzeit Europas.

Gandhi, Mohandas Karamchand (1869–1948) wurde **Mahatma** (Sanskrit: Große Seele) genannt. Der indische Freiheitskämpfer, der in London studiert hatte und von Beruf Rechtsanwalt war, lebte 1893 bis 1914 in Südafrika, wo die indische Minderheit mit demütigenden Rassenschranken konfrontiert war. Gandhi entwickelte hier seine Methode des gewaltlosen Widerstandes.

Gandhi mit Anhängern auf dem Salzmarsch, Frühjahr 1930

Nach seiner Rückkehr nach Indien wurde er zum Führer des **Indischen Nationalkongresses**, dem Motor der indischen Befreiungsbewegung. Die Engländer sollten zum Rückzug aus Indien gezwungen werden, aber nicht in einem blutigen Kolonialkrieg, sondern durch **passiven** Widerstand. Die Anhänger Gandhis kauften keine englischen Waren mehr, sie legten die Ämter nieder, die sie von den Engländern bekommen hatten und verweigerten den Behörden die Steuern. Gandhi und seine Anhänger wollten in der Auseinandersetzung mit der Kolonialmacht die moralischen Sieger bleiben. Das äußerste Mittel des gewaltlosen Widerstandes war der Hungerstreik. Am Ende seines Lebens hatte Gandhi mehr als sechs Jahre im Gefängnis gesessen und fast ein Jahr, 342 Tage, gehungert. Um die Macht und die Abhängigkeit von der englischen Textilindustrie zu brechen, rief Gandhi die Inder dazu auf, zur Handspinnerei zurückzukehren. 1930 führte er seine Anhänger im *Salzmarsch* zum Meer, um dort heimisches Salz zu gewinnen und gegen das Salzmonopol der Engländer zu protestieren. Selbstgenügsamkeit, Hingabe an den Nächsten und auch Achtung der **Parias** (der Unberührbaren), die auf der untersten Stufe im hinduistischen Kastensystem stehen, waren die Tugenden, die er vorlebte. Nach 28 Jahren Kampf, Gandhi war 78 Jahre alt, entließ England 1947 die Kolonie in die Unabhängigkeit. Aber die schwelenden Gegensätze zwischen Hindus und Moslems entluden sich in einem Bürgerkrieg. Noch einmal trat Gandhi, der sich 1934 von der Politik zurückgezogen hatte, vor die Öffentlichkeit und versuchte, die Einheit des Landes zu wahren. Trotz seiner Vermittlung wurde Indien in eine mehrheitlich hinduistisch geprägte Indische Bundesrepublik und das moslemische Pakistan geteilt, zwischen beiden Staaten gibt es bisher Grenzstreitigkeiten und Konflikte. Am 30. 1. 1948 erschoß ein hinduistischer Nationalist den Mahatma.

Garibaldi, Giuseppe (1807–82) Der Abenteurer, Revolutionär und italienische Nationalheld kämpfte 1833 mit dem Geheimbund **Giovine Italia** gegen die Fremdherrschaft der französischen Bourbonen und österreichischen Habsburger in Italien. **Guiseppe Mazzini** hatte diesen Bund innerhalb der Bewegung des **Risorgimento**, der *Wiedererstehung* Italiens, gegründet und verfocht eine italienische Republik als Ziel. Nach einem fehlgeschlagenen Aufstand 1834 zum Tode verurteilt, floh Garibaldi nach Südamerika und focht dort für Demokratie und Freiheit, kehrte aber bei Beginn der revolutionären Unruhen 1848 nach Italien zurück. Mit seinem *Zug der Tausend,* der 1860 Sizilien und Unteritalien befreite, schuf er die Grundlage für die spätere Bildung des Königsreichs Italien. Als legendäre Gestalt wurde er in ganz Europa zum Symbol der ▶ Italienischen Einigung.

Gaullismus General **Charles de Gaulle** (1890–1970, abgebildet S. 13), der am 18. Juni 1940 von England aus zum Widerstand (▶ Résistance) gegen die deutsche Besatzung aufrief und nach der Befreiung Frankreichs der erste Ministerpräsident wurde, verlor 1946 den Rückhalt in den Parteien und mußte zurücktreten. In der Zeit der IV. Republik 1947–58, die durch schwere Krisen, zuletzt einen Militärputsch in Algerien, geprägt war, wurde de Gaulle zum Hoffnungsträger der nationalgesinnten Franzosen. Als Präsident der V. Republik 1959–69 besaß er eine starke, alles beherrschende Stellung.

Wesentliche Elemente gaullistischer Politik waren die Modernisierung der Wirtschaft, eine an nationalen Interessen orientierte europäische Einigung, die Atomrüstung und eine Außenpolitik, die Frankreich eine Führungsrolle in Europa verschaffen sollte. Der Austritt aus den militärischen Organisationen der NATO 1966 war Ausdruck dieses Unabhängigkeitsstrebens. Die Gaullisten bilden bis heute eine der großen französischen Parteien, seit 1976 **RPR** (Rassemblement pour la République) genannt.

Gegenkönig Ein Gegenkönigtum entstand dann, wenn sich die wahlberechtigten Fürsten nicht auf einen Kandidaten einigen konnte, es also zu einer Doppelwahl kam. Ein Gegenkönig konnte auch von einem Teil der Fürsten gegen den herrschenden König gewählt werden, um diesen zu verdrängen. Häufig folgte eine kriegerische Auseinandersetzung und immer ein Streit darüber, welcher der beiden Könige rechtmäßig in sein Herrscheramt gelangt war. Gegenkönige signalisierten, daß die machtpolitischen und rechtlichen Grundlagen des Königtums ins Wanken geraten waren. Das Gegenkönigtum kam mit dem Investiturstreit Ende des 11. Jh.s auf, also mitten in der Krise des Reiches, und wurde dadurch möglich, daß in Deutschland **Wahlkönigtum** und **Erbmonarchie**, die beiden Prinzipien der Thronnachfolge, lange Zeit miteinander konkurrierten. Die Epoche der Gegenkönige begann mit der Wahl Herzog Rudolfs von Rheinfelden gegen den herrschenden König Heinrich IV. (1077) und dauerte bis zur Wahl des Kurfürsten Ruprecht von der Pfalz gegen König Wenzel (1400). Die ▶ Goldene Bulle von 1356 regelte erstmals die Wahl und wurde auch im wesentlichen eingehalten.

Unter den 12 Gegenkönigen waren nicht wenige, die ihr Herrscheramt mit Erfolg verteidigten und in die Geschichtsbücher als die bessere Wahl eingingen.

Gegenreformation Dieser Begriff umfaßt in Deutschland die Zeit zwischen dem Augsburger Religionsfrieden von 1555 und dem Ende des Dreißigjährigen Krieges 1648. In diesem Zeitraum wurde der katholische Glaube in protestantisch gewordenen Gebieten oft gewaltsam wiedereingeführt. Davon abzuheben sind alle innerkirchlichen Reformbewegungen, die es bereits vor der Reformationszeit gegeben hat und die dann im Konzil von Trient, im ▶ Tridentinum, ihren Höhepunkt fanden. Die Gegenreformation blieb nicht auf Deutschland beschränkt; von der Mitte des 16. Jh.s an erfaßte sie auch Frankreich, die spanischen Niederlande und England.

Im Deutschen Reich galt seit 1555 der Rechtsgrundsatz, daß es den weltlichen und geistlichen Fürsten gestattet war, die Konfession ihrer Landeskinder zu bestimmen, nach dem Motto **cuius regio, eius religio** (wessen Land, dessen Religion). Um 1555 waren nur noch ca. 10 % der Bevölkerung und von den Fürstentümern lediglich die Habsburger und Wittelsbacher (seit 1613 auch Pfalz-Neuburg) katholisch geblieben. Die katholisch gebliebenen Fürsten versuchten, die Fürstbistümer politisch und militärisch vor Zugriffen prote-

stantischer Nachbarn zu schützen bzw. jene zurückzugewinnen, die in der vorausgegangenen **Säkularisation**, der Umwandlung kirchlichen Besitzes in weltlichen, protestantischem Herrschaftsgebiet einverleibt worden waren. So erklärt es sich, daß bayerische Prinzen fast 200 Jahre lang als Erzbischöfe von Köln in Personalunion die Bistümer Lüttich, Münster, Paderborn und Hildesheim regierten.
Vorkämpfer der Gegenreformation wurden die Orden der ▶ Jesuiten und die **Kapuziner**, eine strenge Richtung der Franziskaner. Die Jesuiten konnten z. B. in Polen den Katholizismus bewahren. Frankreich dagegen erlebte blutige Hugenottenkriege, viele Hugenotten wanderten aus. In England scheiterte die Gegenreformation.
Am Ende der Gegenreformation waren im Deutschen Reich wieder ca. 40 % der Bevölkerung katholisch. Die Konflikte zwischen den Konfessionen trieben indes das Reich von einer Krise zur anderen, ehe der Dreißigjährige Krieg zuerst Deutschland, dann fast ganz Europa in eine religiös-politische Katastrophe stürzte.

Geißler In Mittelitalien, später auch in Mittel- und Nordeuropa, traten erstmals 1260 Laien in Gruppen auf, die sich morgens und abends mit entblößtem Oberkörper öffentlich geißelten. Frauen geißelten sich in verschlossenen Kirchen. Die Bußbewegung der **Flagellanten** (lat.: flagellum = Geißel) zogen in Scharen durch die Länder und lebten von Almosen. Die Ursachen für die Massenbewegung sind einerseits in den politischen und sozialen Unruhen der Zeit zu suchen, andererseits in der allgemeinen religiösen Erregung, die durch Predigten vom bevorstehenden Weltuntergang gesteigert wurde. Krankheiten und Pestepidemien wurden als Strafe Gottes und als Aufforderung zur Buße gedeutet. Im Pestjahr 1348 entluden sich die Spannungen in ▶ Judenverfolgungen.
Als die Geißler begannen, in ihren Liedern Kirche und Klerus als pflichtvergessen und verschwendungssüchtig anzugreifen, wurde ihr Auftreten verboten. In Spanien konnte sich die Selbstgeißelung – wenigstens in der Karwoche – bis heute halten.

Generalstände (franz.: général – allgemein) 1302 berief der französische König erstmals Geistlichkeit, Adel und Bürger zu einer allgemeinen Ständeversammlung zusammen. Er gestand ihnen das Recht der Steuerbewilligung zu. Während des Absolutismus versuchten die französischen Könige, sich von den Generalständen unabhängig zu machen, indem sie sie von 1614 an nicht mehr zusammenriefen. Dagegen entstand die adlige Opposition der ▶ Fronde: sie wurde mit Gewalt unterdrückt. Erst als die Herrschaft **Ludwigs XVI.** wankte, berief er die Generalstände 1789 wieder ein, konnte aber damit die Französische Revolution nicht mehr verhindern.

Germanen Von einem Volk der Germanen darf man eigentlich nicht sprechen, denn strenggenommen waren sie eine ganze Gruppe von Völkern, deren Herkunft trotz sorgfältiger archäologischer Forschungen heute immer noch nicht ganz geklärt ist. Bis zur Mitte des 1. vorchristlichen Jt.s hatten sich in Nord- und Mitteldeutschland schon einige Kulturgruppen herausgebildet, aus denen dann Stämme hervorgingen. Diese Stammesbildung war etwa bis 100 v. Chr. weitgehend fortgeschritten, zugleich begannen die ersten größeren Wanderungen, die zu Verschiebungen im Stammesgefüge führten. Mehrere Stämme drangen aus ihren Siedlungsgebieten westlich der Elbe ostwärts in den Raum zwischen Oder und Weichsel vor, wo sie sich als **Ostgermanen** bis etwa zum Beginn des 4. Jh.s n. Chr. hielten. In Skandinavien siedelten die **Nordgermanen**, während die Stämme in West- und Süddeutschland, aber

Abgesandte germanischer Stämme wollen mit dem römischen Kaiser verhandeln, Ausschnitt von der Trajan-Säule in Rom, 2. Jh. n. Chr.

auch die nach den Britischen Inseln gewanderten **Angeln** und **Sachsen**, zu den **Westgermanen** gezählt werden.

Die ältesten ausführlichen Nachrichten über die Germanen überlieferte Caesar in seinem *Gallischen Krieg.* 98 n. Chr. veröffentlichte der römische Geschichtsschreiber **Tacitus** ein kleines Werk *Über Herkunft und Lage der Germanen*, später allgemein nur *Germania* genannt. Trotz mancher Ungenauigkeiten ist es auch heute noch eine wichtige Quelle über germanisches Leben im 1. Jh. n. Chr. Zu dieser Zeit reichte das Siedlungsgebiet der Germanen schon von Südskandinavien bis zur Donau und vom Rhein bis über die Weichsel hinaus. Tacitus gliederte sie in drei Stände: Freie, Halbfreie und Sklaven. Am Kriegsdienst beteiligten sich nur Freie, unter denen der Adel eine bevorzugte Stellung einnahm und auch die Anführer stellte. Die Halbfreien waren an die Scholle gebunden, Knechte waren zwar unfrei, doch ging es ihnen keineswegs schlecht. Das Rechtswesen beruhte auf mündlich weitergegebenem Recht; Streitigkeiten schlichteten von den Freien gewählte Richter auf der Volks- und Gerichtsversammlung, dem **Thing**.

Das Alltagsleben spielte sich in vorrömischer Zeit noch vorwiegend in Einzelhöfen und kleineren Dörfern ab, später gab es im Rheingebiet auch größere Siedlungen mit städtischen Charakter. Die Häuser im Norden ähnelten dem heutigen niedersächsischen Bauernhaus, mit Wohnräumen und Stallungen unter einem Dach, bei den Stämmen im Süden waren sie kleiner. Im Vordergrund des Alltagslebens stand harte bäuerliche Arbeit, vorwiegend Getreideanbau. Jagd und Müßiggang spielten nur eine sehr untergeordnete Rolle.

Zu Beginn des 3. Jh.s n. Chr. gerieten die germanischen Stämme in Bewegung und rückten gegen die Grenzen des Römischen Reiches vor. Aus der Vielzahl kleinerer Stämme traten im Westen die **Sachsen, Sueben, Alemannen** und die ▶ Franken hervor, bei den Ostgermanen die **Burgunder**, **Gepiden**, ▶ Wandalen und ▶ Goten. Gerade diese vier Stämme suchten sich neuen Siedlungsraum, so daß sich bis zum 4. Jh. eine völlig neue Verteilung herausbildete, die sich aber in der ▶ Völkerwanderung wieder auflöste.

Getto Der Name kommt von einer Insel in Venedig, auf die 1516 alle Juden der Stadt zwangsweise umgesiedelt wurden. Danach nennt man die von Behörden erzwungenen jüdischen Stadtviertel so, die nur über eine kleine Fläche verfügten und mit einem nächtlichen Ausgehverbot belegt waren. Die Einschließung in Gettos wurde von kirchlicher Seite besonders eifrig in Spanien und Südfrankreich betrieben. In einigen deutschen Städten, z. B. in Köln, Frankfurt am Main, Worms und Regensburg, gab es ebenfalls Gettos. Innerhalb der Judenviertel gab es eine Selbstverwaltung mit eigener Gerichtsbarkeit und Kulturhoheit. Mit dem Erwerb der Bürgerrechte durch die Juden im 19. Jh. wurden die Gettos abgeschafft, als letztes das im päpstlichen Rom 1870.

Gewaltenteilung soll eine unrechtmäßige und tyrannische Herrschaft schon im Ansatz verhindern. Man ging davon aus, daß die Aufgaben des Staates so aufgeteilt werden müssen, daß jeder Machtausübende auf die Wirkung anderer, von ihm völlig unabhängiger Organe angewiesen ist. Die **Legislative** (Gesetzgebung), die **Exekutive** (Verwaltung, Polizei, Diplomatie usw.) und die **Judikative** (Rechtsprechung) sollten voneinander getrennt arbeiten und sich dabei gegenseitig kontrollieren.
Trotz einiger Ansätze in der Antike entwickelten erst ▶ Locke und ▶ Montesquieu im 17./18. Jh. eine anwendbare Theorie der Gewaltenteilung. Diese wurde mit der Unabhängigkeitserklärung der Vereinigten Staaten von 1776 erstmals als Programm verkündet und verwirklicht. Heute ist die Gewaltenteilung ein wichtiges Element demokratischer Verfassungen. Im Kommunismus wird sie abgelehnt.

Gewerkschaften sind Vereinigungen von Arbeitnehmern, die ihre Interessen gegenüber den Arbeitgebern und gegenüber dem Staat durch gegenseitige Hilfe und gemeinsames Handeln wahrnehmen. Das wichtigste Kampfmittel ist der Streik. Die Gewerkschaften entstanden als **Arbeitervereine** zuerst 1829 in England. In Deutschland schlossen sich Mitte des 19. Jh.s die Buchdrucker und Zigarrenarbeiter, dann weitere Handwerkergesellen und Facharbeiter zusammen. Unter Führung von **Carl Legien** bildeten 1890 die sozialistischen Gewerkschaften als Dachverband die *Freien Gewerkschaften Deutschlands* (1913: 2,5 Mio. Mitglieder). Daneben gab es Gründungen der Liberalen (1913: 100000 Mitglieder) und ab 1895 die christlichen Gewerkschaften (1913: 340000 Mitglieder).
1913 waren bereits 40 % der Industriearbeiter in einer Gewerkschaft. Dabei hatte die soziale Absicherung am Arbeitsplatz Vorrang vor politischen Forderungen. Die Gewerkschaften erkämpften die Gleichberechtigung als Verhandlungs- und Vertragspartner der Arbeitgeberverbände. Das Aushandeln der Löhne und Gehälter in Tarifverträgen ist noch immer eine der Hauptaufgaben der Gewerkschaften, aber heute kämpfen sie vor allem auch um Mitbestimmung in den Betrieben.

Gilgamesch war ein König der ▶ Sumerer in Uruk, der etwa 2700 v. Chr. regiert haben soll und in Mesopotamien nicht nur als Gott verehrte wurde, sondern auch als Volksheld. Um Namen und Taten dieses glanzvollen Herrschers ranken sich die Heldensagen des **Gilgamesch-Epos**, das zu den ältesten Dichtungen der Menschheit (überliefert seit etwa 1900 v. Chr.) zählt. Jahrhundertelang wurden seine Kämpfe mit wilden Tieren und übermenschlichen Wesen, seine Suche nach dem ewigen Leben und die Begegnung mit Utnapischtim, dem Helden der Sintflut, in den wichtigsten Sprachen des Nahen Ostens aufgeschrieben. In den Ruinen des Palastes von Ninive fand man eine um 1200 v. Chr. entstandene Fassung des Epos in der Sprache der ▶ Akkader, die auch die aus der Bibel bekannte Geschichte der **Sintflut** einbezieht.

Gladiator Von den Etruskern übernahmen die Römer den Brauch kultischer Kämpfe. Diese verwandelten sich im Lau-

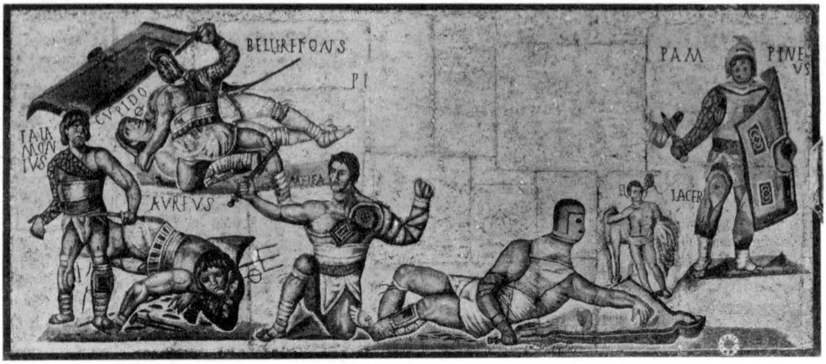

Gladiatorenkämpfe, römisches Mosaik aus dem 4. Jh. n. Chr.

fe der Zeit in rein sportliche Veranstaltungen und verkamen am Ende des 2. Jh.s v. Chr. zur blutigen Volksbelustigung. Kriegsgefangene, Sklaven und verurteilte Verbrecher wurden gezwungen, im Circus auf Leben und Tod miteinander zu kämpfen. Seit Caesar gab es auch Söldner als Gladiatoren. Sie fochten anfangs nur mit dem römischen Kurzschwert, dem gladius, später auch mit anderen Waffen. Seit 105 v. Chr. veranstalteten ehrgeizige Politiker Kämpfe, um sich beim Volk beliebt zu machen. Von der Gladiatorenschule in Capua ging der Aufstand des ▶ Spartacus aus.

Glorreiche Revolution Nachdem die Stuarts 1660 auf den englischen Thron zurückgekehrt waren, betrieb **Karl II.** eine flexible Politik, sein Bruder und Nachfolger **Jakob II.** (R. 1685–88) wich von dieser Linie ab. Selbst Katholik, förderte er seine Glaubensgenossen. Auch versuchte er, ein stehendes Heer aufzubauen. Dadurch brachte er sogar die Stützen der Monarchie, die Partei der **Tories** und die anglikanische Geistlichkeit, gegen sich auf. Die Geburt eines katholischen Thronfolgers und ein Prozeß gegen sieben Bischöfe heizten den Konflikt an. Daher forderten einige Adelige **Wilhelm von Oranien**, den Statthalter der Niederlande, und seine Frau Maria, die protestantische Tochter Jakobs, zum Eingreifen auf. Als Wilhelm 1688 mit einem Heer in England landete, floh Jakob II. nach Frankreich, ohne Widerstand zu leisten. Der Oranier wurde als **Wilhelm III.** (R. 1689–1702) König. Er beschwor die **Bill of Rights**, welche die Rechte des Königs zugunsten des Parlaments beschnitt, u. a. wurde festgelegt: Besteuerung und Truppenaushebung nur mit Zustimmung des Parlaments, Sicherung der Geschworenengerichte, Ausschluß der Stuarts von der Thronfolge.
Die *glorious revolution* wurde, gerade weil sie unblutig verlaufen war, von den Zeitgenossen als glorreich empfunden, aber auch weil der alte Rechtszustand ohne tiefgreifende politische und gesellschaftliche Veränderungen wiederhergestellt wurde.

Goldene Bulle (lat.: bulla = Kapsel) Das im Jahr 1356 unter Karl IV. erlassene Reichsgrundgesetz, das nach der goldenen Siegelkapsel der Urkunde benannt ist, regelte erstmals umfassend die **Königswahl** im Deutschen Reich. Zuständig für die Wahl war das Kurkollegium, dem die drei Erzbischöfe von Mainz, Köln und Trier, der König von Böhmen, der Pfalzgraf bei

Rhein, der Herzog von Sachsen und der Markgraf von Brandenburg angehörten. Ausschreibung und Durchführung der Wahl lagen beim Mainzer Erzbischof, der als letzter seine Stimme abgab und damit die Wahl entscheiden konnte. Als Ort der Wahl wurde Frankfurt am Main, als Krönungsort Aachen, um sich in die Tradition Karls des Großen zu stellen, festgelegt. Die Goldene Bulle hat die vorausgegangenen Doppelwahlen des ▶ Gegenkönigtums weitgehend ausgeschlossen. Weiterhin wurde festgelegt, daß die Territorien der weltlichen Kurfürsten unteilbar und nach dem Recht der **Primogenitur**, d. h. der Erstgeborene erbt das gesamte Land, zu vererben sind. So sollten Streitigkeiten um die Kurwürde und damit Auswirkungen auf das gesamte Reich vermieden werden. Die Goldene Bulle blieb bis zum Ende des Reiches wirksam.

Die Goldene Bulle:
links die Vorderseite, rechts die Rückseite

Goten Etwa 330 v. Chr. bereiste der Grieche Pytheas aus Massilia (Marseille) den Norden Europas und berichtete nach seiner Heimkehr von den Goten, die er kennengelernt hatte. Es war die erste Nachricht, die über die Germanen zu den Mittelmeervölkern kam. Die Goten lebten ursprünglich in Skandinavien (Gotland), zogen um 450 v. Chr. an Oder und Weichsel und von dort im 3. Jh. v. Chr. über den Balkan ans Schwarze Meer. Im 3. Jh. n. Chr. unternahmen sie immer wieder Beutezüge gegen den Balkan und Kleinasien. So plünderten sie zum Beispiel 268 n. Chr. Sparta.

Im Jahr 269 spaltete sich das Volk. Die Westgoten schlossen mit dem Kaiser von Byzanz einen Bundesgenossenvertrag, zogen in jahrelangen Wanderzügen über den Balkan, durch Italien und Gallien und errichteten in Spanien und Südfrankreich einen eigenen Staat. Er wurde ab 507 von den Franken auf die Pyrenäengrenze zurückgedrängt und erlag innerhalb von wenigen Jahren dem 711 beginnenden Angriff islamischer Völker von Nordafrika her.

Die Ostgoten blieben zunächst in den alten Wohnsitzen am Schwarzen Meer und errichteten gemeinsam mit kleineren Germanenvölkerern und Zuwanderern aus den Steppen des Ostens einen Staat, der um die Mitte des 4. Jh.s fast das ganze Gebiet der europäischen GUS-Staaten beherrschte. Als um 375 die Hunnen aus Asien heranstürmten, gerieten die Ostgoten zunächst unter deren Hoheit, entzogen sich ihr aber 454 durch Abwanderung. Sie schlossen mit Byzanz einen Bundesgenossenvertrag, bekamen Land an der Donau zugewiesen, wurden arianische Christen und siedelten sich 489 unter der Führung Theoderichs in Italien an. Sie hatten formal stets die Oberhoheit von Byzanz anerkannt, waren aber in der Praxis unabhängig, bis Kaiser **Justinian I.** sie im 6. Jh. von seinen Feldherrn **Belisar** und **Narses** unterwerfen ließ, um Italien wieder selbst kontrollieren zu können.

Gotik 1151 entstand in St. Denis bei Paris der erste gotische Bau Europas. Die gotische Architektur drückte ein neues Weltbild aus, das den Reformen von ▶ Cluny entsprach. Die Bauten strebten in die Höhe, auf den Himmel zu. Wandflächen wurden durch optische Tricks und große farbige Fenster aufgelöst und ließen strahlendes Licht in die weiträumigen Bauten. Reiche Bauplastik ergänzte die Architektur. Buchmalerei und Tafelbilder (Altäre)

Marienkrönung am Portal des gotischen Münsters in Straßburg

erreichten einen künstlerischen Höhepunkt. Fresken (Wandbemalung) und Mosaik spielten wegen der Auflösung der Wandflächen eine geringe Rolle. Die Gotik war die Bauzeit der großen Kathedralen (vgl. S. 83); für den Palast- und Wohnbau war sie technisch wenig geeignet.
Als in Italien im 14. Jh. die Renaissance mit ihrem Ideal der Ausgewogenheit senkrechter und waagrechter Linien entstand, wurde die Dynamik der Gotik als barbarisch empfunden. Da die Eingesessenen auch die frühere Herrschaft der Goten über Italien als barbarisch verleumdet hatten, übertrug man jetzt die Bezeichnung *gotisch* auf den abgelehnten Stil der Kunst. In Deutschland wurde die Gotik erst im 16. Jh. von der Renaissance abgelöst.

Gottesfrieden Die Gottesfriedensbewegung entstand um 1000 n. Chr. in Burgund, wo das Fehdewesen des Adels besonders überhandgenommen hatte. Es handelt sich um eine vor Gott beschworene Vereinbarung, bestimmte Gruppen der Bevölkerung (z. B. Geistliche, Kaufleute, Bauern), Kirchen, Klöster oder Straßen vor den gewalttätigen Übergriffen des verfeindeten Adels zu schützen. Die Fehde sollte auch an bestimmten Feiertagen, an den Wochenenden und in der Adventszeit, Fastenzeit und Karwoche ruhen. Diese Form des Gottesfriedens nannte man vulgärlateinisch **Treuga Dei**. Das einzige Strafmittel war der Kirchenbann, so daß der Erfolg gering blieb. Im 11. Jh. versuchten die Kaiser, durch den Erlaß von Landfrieden den öffentlichen Frieden zu sichern.

Gottesurteil War in einer rechtlichen Auseinandersetzung, z. B. bei einer Anklage wegen Mord oder Ehebruch, kein Zeugenbeweis möglich, konnte sich der Beschuldigte durch ein **Ordal**, wie das Gottesurteil auch genannt wurde, vom Vorwurf reinigen. Einfach war das Losen, gefährlich die Feuerprobe, wobei über glühende Pflugscharen zu laufen war. Beim Kesselfang mußte der Beschuldigte einen Gegenstand aus siedendem Wasser holen. Bei der Wasserprobe war schuldig, wer – gefesselt – oben schwamm, denn das *reine* Wasser nahm keinen Übeltäter auf. Gottesurteile waren bereits, nach einem bestimmten Ritual ablaufend, im fränkischen Recht vorgesehen. 1215 verbot man sie auf dem Laterankonzil, doch war die Wasserprobe bei Hexenprozessen bis zur Neuzeit üblich.

Gerichtseid und Wasserprobe, dargestellt im Sachsenspiegel

Göttinger Sieben Die Göttinger Universitätsprofessoren **Wilhelm Eduard Albrecht, Friedrich Christoph Dahlmann, Heinrich Ewald, Georg Gottfried Gervinus, Jakob** und **Wilhelm Grimm** sowie **Wilhelm Eduard Weber** hatten ihren Landesherrn Ernst August, König von Hannover, des Verfassungsbruchs beschuldigt, weil er die Verfassung von 1833 aufgehoben hatte. Daraufhin entließ sie der Monarch am 14. 12. 1837 aus dem Staatsdienst und verwies sie des Landes binnen drei Tagen. Der Protest der Göttinger Sieben wurde in Deutschland stark beachtet, belebte die liberale Bewegung und begründete den politischen Ruf des deutschen Professors. Fünf der Göttinger Sieben wurden 1848 als Abgeordnete in die ▶ Paulskirche gewählt.

Gracchen Der Preis für den Aufstieg Roms zur Herrschaft über den Mittelmeerraum mußte mit der Verarmung des Kleinbauerntums durch die lange Abwesenheit von ihren Feldern und der damit verbundenen Schwächung der Wehrkraft teuer bezahlt werden. Dieser bedrohlichen Entwicklung suchten nacheinander zwei Brüder über das Amt des ▶ Volkstribunen entgegenzuwirken:
Tiberius Sempronius Gracchus (162–133 v. Chr.) konnte ein längst vergessenes Ackergesetz wieder rechtskräftig werden lassen, das den Besitz an Staatsland auf eine Höchstgrenze von 250 ha festlegte, so daß aus dem vom Staat eingezogenen Ackerland neue Bauernstellen geschaffen werden konnten. Eine dreiköpfige Ackerkommission überwachte diese schwierige Umverteilung. Der Volkstribun setzte sich bei seiner Reformgesetzgebung mit Hilfe einer Volksabstimmung gegen das Veto seines Amtskollegen durch, das wider die republikanische Verfassung verstieß. Als er aber auch in die Befugnisse des Senats eingreifen und sich – wiederum gesetzwidrig zum Volkstribun des folgenden Jahres wählen lassen wollte, erklärte der Senat den Notstand. Tiberius wurde bei einem Tumult erschlagen.
Gaius Sempronius Gracchus (153–121 v. Chr.) suchte zehn Jahre später das Reformwerk seines Bruders fortzusetzen und brachte als Volkstribun neue Gesetze zur Milderung der Militärstrafen ein. Sozial Schwachen verhalf er zu billigerem Brot, in Afrika wollte er für Siedler Kolonien zur Verfügung stellen. An einem Gesetz, das den Bewohnern Italiens außerhalb Roms das römische Bürgerrecht verleihen sollte, scheiterte seine jetzt gesetzlich möglich gewordene Wiederwahl zum Volkstribun. Dem Gesetz wollten nicht einmal seine Anhänger zustimmen, und da Gaius zur Gewalt aufrief, erklärte der Senat den Notstand. Gaius ließ sich von einem Sklaven töten; zahllose Anhänger fanden bei Tumulten den Tod.

Graf Seit Karl dem Großen lag die Verwaltung des Reiches bei den Grafen, die in einem nicht immer klar abgegrenzten Bezirk das Heeresaufgebot befehligten und im Namen des Königs Recht sprachen. Das Amt wurde an königliche Gefolgsleute, auch Nichtadelige, vergeben, aber bald in den vornehmen Familien erblich. **Landgraf, Markgraf** und **Pfalzgraf** bezeichneten besondere königliche Dienste.
Seit dem 11. Jh. geriet das Amt in den Besitz der aufstrebenden Landesherren. Vom späteren Mittelalter an war Graf dann nicht mehr ein Amt, sondern ein Familientitel, den auch der Landesherr verlieh. Die Grafschaften mit einer Landesherrschaft zählten zum Hochadel und waren im Reichstag auf einer eigenen **Grafenbank** vertreten, die übrigen Grafen führten den niederen Adel an.

Gregor VII. (um 1020–85) Der spätere Papst wurde in der Toskana als Kind kleiner Leute geboren. Nach der Erziehung in Rom ging er als Mönch Hildebrand nach ▶ Cluny, wo er zum Anhänger des dortigen Reformgeistes wurde. Sein Aufstieg begann, als er Archidiakon in Rom wurde, also eines der höchsten kirchlichen Ämter übernahm, das Vertretung des Bischofs,

Kontrolle über den Klerus und auch Rechtsprechung beinhaltete; für Papst Leo IX. leitete er die Geschäfte der Kurie, der päpstlichen Verwaltungsbehörde.
1073 wurde er unter tumultartigen Umständen zum Papst gewählt und begann alsbald sein Reformprogramm zu verwirklichen. Einen Teil des Klerus brachte er durch die strenge Durchsetzung des Zölibats gegen sich auf. Gregors **Dictatus Papae**, ein Hauptdokument der Reformzeit, forderte unumwunden die Unterwerfung der weltlichen Macht unter die geistliche. Seine unbeugsame Haltung in dieser Forderung führte 1075 zum ▶ Investiturstreit mit dem deutschen König Heinrich IV. Er erlebte die Unterwerfung Heinrichs in Canossa, aber auch die Niederlage gegen Heinrich, vor dem er 1084 aus Rom fliehen mußte. Er starb als Verbannter in Salerno.

Griechen An Kunstwerken jener Zeit erkennen wir, daß Griechenland im Neolithikum (Jungsteinzeit – ab 6000 v. Chr.) zum Kulturkreis des Nahen Ostens gehörte. Die Menschen verehrten vor allem die **Magna Mater** (Große Mutter), eine Erd- und Fruchtbarkeitsgöttin. Ihr Kult war in ganz Vorderasien, Nordafrika und Europa verbreitet.
Um 2000 v. Chr. drangen mit der **1. Indoeuropäischen Wanderung** neue Völker vom Balkan her in Griechenland ein. Es waren **Achäer** und **Ioner**. Sie vermischten sich mit der Urbevölkerung der **Karer, Pelasger** und anderen Völkern und gerieten unter den kulturellen Einfluß der ▶ Minoischen Kultur Kretas. Aus dieser Mischung entstand die ▶ Mykenische Kultur mit dem Schwerpunkt auf der Peloponnes, benannt nach der Stadt Mykenae. Ihre Völker waren Pferdezüchter, Streitwagenkämpfer, bildeten kleine Königreiche mit stark befestigten Burgen und bauten Kuppelgräber für ihre Toten.

Ringer auf einer griechischen Vase, 5. Jh. v. Chr.

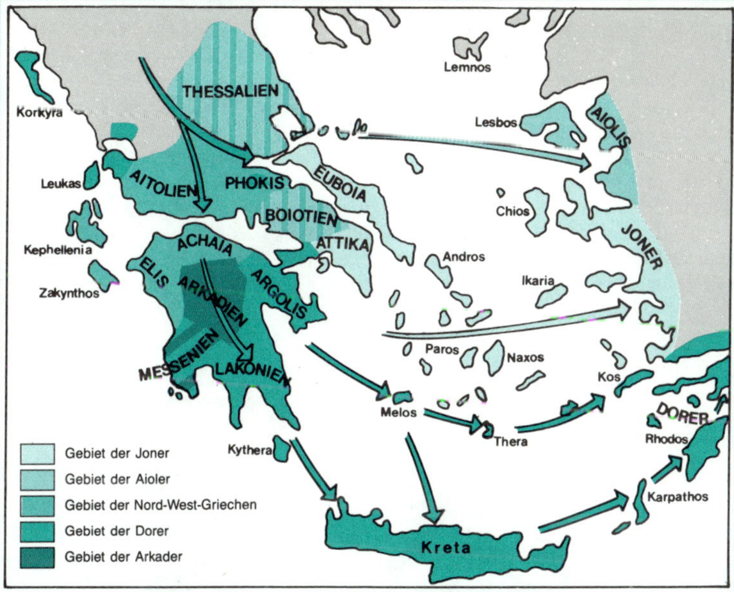

Die Besiedlung Griechenlands

Um 1200 v. Chr. begann die **2. Indoeuropäische Wanderung**. Mit ihr kamen die **Dorer**, ein weiterer griechischer Stamm. Sie zerstörten die Mykenische Kultur und siedelten hauptsächlich in Nord- und Mittelgriechenland. Die dort lebenden Archäer und Ionier wanderten unter ihrem Druck nach Kleinasien und auf die Inseln aus. Da das dorische Bauernvolk damals auf einer niedrigen Kulturstufe stand, dauerte es einige Jahrhunderte, bis in Griechenland wieder Wesentliches geschah.
In der **Archaischen Zeit** (800–500 v. Chr.) entwickelten die Griechen dann jene Kultur, die unsere eigene Welt mitgestaltet hat. Es war die Idee der ▶ Polis mit den Idealen der *Autarkie* (Selbstversorgung), der *Autonomie* (politische Selbständigkeit) und der geistigen Unabhängigkeit. Jetzt nannten sich die Griechen *Hellenen* und ihr Land *Hellas.* Sie entwickelten ihre politische Ordnung weiter, verwandelten Monarchien in Aristokratien und dann in Demokratien: nur Sparta behielt Könige. Die spartanische Polis entwickelte sich auch zu einem umfangreichen Flächenstaat, während die anderen Stadtstaaten sich auf einen engen Raum beschränkten und Bevölkerungswachstum durch ▶ Kolonisation in Grenzen hielten.
Die Ideale der demokratischen Polis hoben das Selbstbewußtsein der Griechen so weit, daß sie alle anderen Völker als ▶ Barbaren ansahen. Das steigerte sich, als es

ihnen in den Perserkriegen gelang, die persische Großmacht bei Marathon (490) und bei Salamis (480) vernichtend zu schlagen. Aber nicht nur diese Siege, sondern auch die von den Griechen vollbrachten Leistungen in der Mathematik, Geographie, Philosophie und Kunst haben dazu beigetragen.
Daß Philipp II. von Makedonien und sein Sohn Alexander die griechischen Stadtstaaten schließlich doch unterwerfen konnten, lag u. a. daran, daß in den griechischen Kriegen des 5. Jh.s v. Chr. (v. a. im Peloponnesischen Krieg 431–404) viele Ideale untergegangen waren. Der ▶ Hellenismus vereinheitlichte die Kultur der griechischen Völker. Er schuf eine Einheitssprache (koine), während es bis dahin nur lokale Dialekte gegeben hatte. Im Hellenismus entstand aus einer Mischung hellenischer und nahöstlicher Ideen ein letzter Höhepunkt griechisch beeinflußter Kultur und eine der wichtigsten Grundlagen des Römischen Reiches.

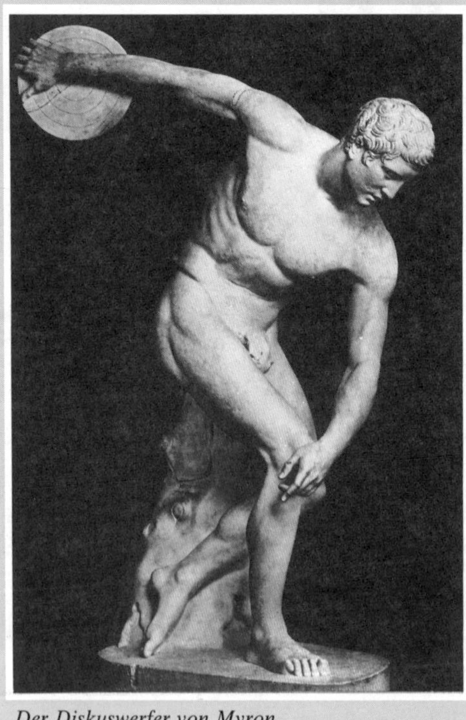

Der Diskuswerfer von Myron

Griechischer Bürgerkrieg Nach dem Ende der deutschen Besatzung Griechenlands kam es im Jahr 1944 zu bewaffneten Auseinandersetzungen zwischen der kommunistisch orientierten Widerstandsgruppe **ELAS** und der monarchistischen **EDES**, die von den Briten unterstützt wurde. 1945 wurde ein Waffenstillstand vereinbart. Als sich aber die Mehrheit der Griechen in einer Volksabstimmung für die Rückkehr König **Georgs II.** aussprachen, entzündete sich der mit ca. 45000 Toten besonders erbittert geführte Bürgerkrieg. Weil eine Einmischung des kommunistischen Nachbarn Jugoslawien drohte und die neutrale Türkei unter starken diplomatischen Druck der Sowjetunion geriet, verkündigte der amerikanische Präsident **Harald S. Truman** im März 1947 als Richtschnur der Außenpolitik, allen freien Völkern Unterstützung gegen äußere und innere Bedrohung zu leisten (**Truman-Doktrin**). Gestützt auf die amerikanische Hilfe, beendeten die Regierungstruppen im Jahr 1949 blutig den Bürgerkrieg.

Griechische Unabhängigkeit Vom russischen Odessa aus verbreiteten sich zu Beginn des 19. Jh.s Geheimgesellschaften, die Griechenland von der türkischen Herrschaft befreien wollten. 1821 verkündete der Fürst **Ypsilanti**, ein in russischen Diensten stehender Grieche, den nationalen Befreiungskampf. Ein Jahr später erklärte ein Nationalkongreß die Unabhängigkeit des Landes. Viele gebildete Europäer schwärmten für den Wiederaufstieg der Hellenen und halfen mit Geldspenden, andere, wie der englische Dichter Lord **Byron**, traten als Kriegsfreiwillige in die Partisanenarmee ein. Die Großmächte gerieten unter den Druck der öffentlichen Meinung Europas. Um die Griechen aus einer ausweglosen Kriegslage zu befreien, vernichtete ein Geschwader Englands, Frankreichs und Rußlands in der Schlacht von **Navarino** (1827) die osmanische Flotte, ohne der Türkei den Krieg zu erklären. England betrachtete Griechenland als Sperre gegen ein Ausgreifen Rußlands ins Mittelmeer; der russische Zar glaubte, dieses Ziel mit den Griechen zu erreichen. Frankreich wollte vor allem Österreich überspielen, um es politisch zu isolieren. Die in der ▶ Heiligen Allianz beschworene Einheit der europäischen Mächte war zerbrochen.
Der neue griechische Staat, der noch nicht Kreta, die Ionischen Inseln, den größten Teil Thessaliens und etliche Inseln umfaßte (hier bestand die türkische Herrschaft fort), war im Innern noch ungefestigt; der erste Präsident wurde ermordet. Die Griechen blieben auf fremde Hilfe angewiesen. 1832 bestimmten die Großmächte **Otto I.**, einen Sohn König Ludwigs I. von Bayern, zum König, die Nationalversammlung stimmte zu. 1862 wurde der Wittelsbacher durch einen Militäraufstand vertrieben und der dänische Prinz **Wilhelm Georg** auf den Königsthron erhoben. Dessen Familie regierte bis 1923 und von 1935 bis 1973.

Große Armee Die Franzosen sprechen von zwei *Grande Armées:* Erstens von dem Heer, das Napoleon I. 1805 für einen Angriff auf England zusammenstellte, der wegen des Verlustes der Flotte bei **Trafalgar** nicht zustande kam. Dieses Heer marschierte dann 1806 gegen Preußen. Zweitens meinen sie damit jene 453000 Mann, die Napoleon 1812 gegen Rußland führte. Diese Armee bestand zum Großteil aus Einheiten, die die Verbündeten stellen mußten, und erlitt schwerste Verluste. Alleine von den 33000 Bayern, die dazugehörten, kamen 30000 ums Leben.

Großer Treck Um dem Einfluß der Briten zu entgehen, die seit 1806 das Kapland in Südafrika besetzt hatten, zog ein Teil der dort seit 1652 siedelnden Buren (Nachkom-

Die Buren auf dem Großen Treck

men holländischer Siedler) in kleinen und größeren Gruppen nach Norden. 1836/37 vereinigten sie sich zum Großen Treck mit dem Ziel, jenseits der Drakensberge einen neuen Staat zu gründen. Mit ihren schwerfälligen Ochsengespannen überschritten sie auf gefährlichen Wegen das 2700 Meter hohe Gebirge, um im Gebiet des heutigen Natal eine neue Heimat zu suchen. Führer des gewagten und strapazenreichen Unternehmens waren **Piet Retief** und **Andries Pretorius.** Retief wurde in Natal während seiner Verhandlungen mit dem Zulukönig **Dingaan** von diesem ermordet. Als Dingaan die ahnungslosen Buren danach überfallen wollte, konnte ihn Pretorius besiegen und mit seinen Siedlern 1839 den ersten **Buren-Freistaat** gründen.

Großgriechenland Im Rahmen der großen griechischen Kolonisationsbewegung des 8. Jh.s v. Chr. gelangten griechische Siedler nach Sizilien und in den Süden der Apeninhalbinsel. Dort entstanden an den Küsten entlang griechische Niederlassungen, die sich zu wichtigen Handelsplätzen und Kulturzentren entwickelten. Dabei gerieten die Städte auf Sizilien bald in erbitterte Konkurrenz zu den Karthagern, die ihre Stützpunkte im Westen der Insel hatten. Besonders in Sizilien, in geringerem Maß in Unteritalien, bot das Land größere Räume zur Entfaltung; die Städte wurden größer, reicher, mächtiger als die Städte im Mutterland. Großgriechenland nannte man daher, vielleicht mit einem Anflug von Neid, die Kolonialgebiete im Westen; und dort sah man gelegentlich mit Herablassung auf die Städte der alten Heimat.
Den glänzendsten Aufstieg erlebte Syrakus, 734 von Korinth aus gegründet, Selinus, Gela und Akragas sind weitere Beispiele. Trotz ihres Reichtums und ihrer Macht unterlagen sie Karthargo, das aber nach der Niederlage im 1. Punischen Krieg Sizilien an Rom verlor. In Unteritalien soll Cumae bei Neapel die älteste griechische Siedlung gewesen sein. Von dort wurde dann Neapel (= Neustadt) gegründet. Günstige Voraussetzungen für eine Besiedlung bot die Küste um den Golf von Tarent, sprichwörtlich für Reichtum und verschwenderischen Lebensstil wurde hier die Stadt Sybaris.

Großsteingräber In der **Jungsteinzeit**, um das 5. Jt. v. Chr., kam bei verschiedenen Völkern von der Pyrenäenhalbinsel bis nach Skandinavien die Sitte auf, ihre Toten einzeln oder in Sippen in gewaltigen Steingräbern, in **Megalithgräbern**, zu bestatten. Zu den bekanntesten Formen zählen die **Dolmen** (keltisch: Steintische) und die etwas jüngeren **Ganggräber**, bei denen ein aus Steinplatten gebildeter Gang zur Grabkammer führte. Beide waren ursprünglich von Erdhügeln überdeckt und liegen heute erst frei. Die Menschen konnten sich später die Entstehung dieser oft gewaltigen Anlagen nicht erklären und nannten sie deshalb **Hünengräber** (Hüne = Riese) oder Hünenbetten. Bei uns finden sich solche Großsteingräber in Norddeutschland, wo es noch über 500 Fundstätten vor allem in der Lüneburger Heide und in Oldenburg gibt.

Gründerzeit Der Sieg über Frankreich und die Reichsgründung 1871 setzten in Deutschland großen Optimismus frei. Mit den französischen Reparationen bezahlte das Deutsche Reich die Kriegskosten, und so war in der Wirtschaft reichlich Geld verfügbar. Optimismus und gute Versorgung mit Geld führten zur Hochkonjunktur in der Wirtschaft, zur Gründung vieler neuer Unternehmen, aber auch zu wilden Spekulationen. Diese scheiterten im **Gründerkrach** von 1873, der die Gründerzeit im engeren Sinne beendete. Im weiteren Sinne sprechen wir auch von den Jahren bis 1890 als Gründerzeit. Sie wurden 1882 von einer zweiten Wirtschaftskrise unterbrochen, doch brachten sie im ganzen einen starken Aufschwung und den endgültigen Durchbruch der Industriellen Revolution in Deutschland. In den Großstädten können wir an den vielen Neubauten der damaligen Zeit (Bürgerhäuser und Mietskasernen) die wirtschaftliche Entwicklung heute noch ablesen.

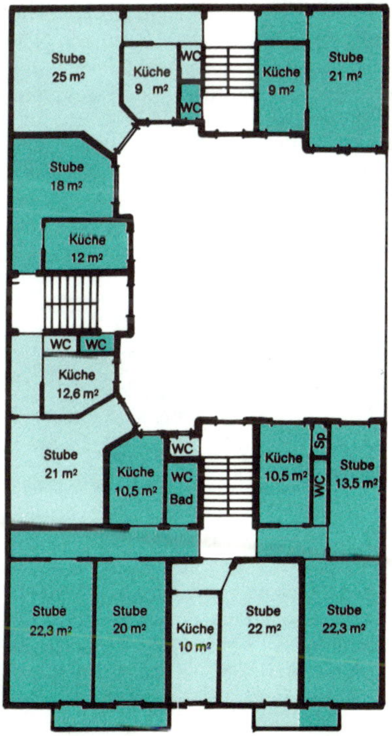

Grundriß einer Berliner Mietskaserne

Grundgesetz 1948 entschieden sich die Westmächte für die Schaffung eines deutschen Teilstaates. Die Ministerpräsidenten der drei westlichen ▶ Besatzungszonen stimmten jedoch wegen der damit verbundenen Spaltung nur einer provisorischen Staatsgründung zu. Da die gesamte Nation nicht durch eine Nationalversammlung repräsentiert werden konnte, trat ein ▶ Parlamentarischer Rat zusammen. Die von ihm erarbeitete vorläufige Verfassung wurde bewußt Grundgesetz genannt, da sie auf absehbare Zeit nicht für ganz Deutschland gelten konnte. Es sollte seine Geltung verlieren, wenn *eine Verfassung in Kraft tritt, die von dem (gesamten) deutschen Volk in freier Entscheidung beschlossen worden ist* (Art. 146 GG). Anknüpfend an die Weimarer Verfassung sollte mit dem Grundgesetz eine freiheitlich-demokratische Grundordnung geschaffen werden, in der Menschenwürde, Demokratie, Gewaltenteilung, Rechtsstaatlichkeit und Föderalismus zu den unantastbaren Grundsätzen gehören. Mit der Verkündigung des Grundgesetzes am 23. Mai 1949 wurde die Bundesrepublik Deutschland gegründet.

Grundlagenvertrag Der 1973 in Kraft getretene Vertrag regelte die Beziehungen der beiden deutschen Staaten Bundesrepublik und DDR auf der Grundlage der Gleichberechtigung. Er war als Beitrag zur Entspannung gedacht. Die Partner erklärten sich zum Gewaltverzicht und zur Unverletzlichkeit der Grenzen, bei aller unterschiedlichen Auffassung bezüglich der nationalen Frage, bereit. Der Vertrag betonte die Souveränität der Vertragspartner, die sich zu normalen Beziehungen auf humanitärem, wirtschaftlichem, wissenschaftlichem und technischem Gebiet verpflichteten.

Guelfen und Ghibellinen So lauten die italienischen Namen der beiden großen rivalisierenden deutschen Dynastien der Welfen und der Hohenstaufen, wobei die Bezeichnung Ghibellinen wohl von der staufischen Stadt Waiblingen in Württemberg herzuleiten ist. Die Namen sind zuerst um 1240 in Florenz nachweisbar; sie entstanden aber sicher schon während der Machtkämpfe zwischen Welfen und Hohenstaufen, vielleicht um 1215. In der Spätzeit Friedrichs II. erhielten die Namen eine neue Bedeutung: Nun stand Ghibellinen für die Kaisertreuen, Guelfen für die Päpstlichen. Gegen Ende des 13. Jh.s, nach dem Untergang der Hohenstaufen, bezeichneten die Namen die politischen Parteien in den italienischen Städten. Die Adelspartei der Ghibellinen stand der Volkspartei der Guelfen in den innerstädtischen Kämpfen feindselig gegenüber. Daran änderten auch päpstliche Verbote der Namen nichts.

Gustav II., Adolf (1594–1632) Mit 17 Jahren zum König von Schweden ausgerufen, gelang es dem reformfreudigen Herrscher, in einer Reihe von siegreich geführten Kriegen gegen Dänemark, Rußland und Polen die schwedische Großmachtstellung an der Ostsee auszubauen. Durch seinen Eintritt in den Dreißigjährigen Krieg gegen das Deutsche Reich hoffte er, seine Herrschaft über den Südrand der deutschen Ostsee ausdehnen und dabei die Herzogtümer Mecklenburg und Pommern seinem Besitz eingliedern zu können. Sein Sieg über den kaiserlichen Feldherrn **Tilly** bei **Breitenfeld** 1631 hat die Wiedereinführung des Protestantismus in Norddeutschland ermöglicht. In der Schlacht bei **Lützen** gegen Wallenstein am 16. 11. 1632 ist der Schwedenkönig gefallen.

H

Habsburger Die wohl auf Guntram den Reichen (um 950) zurückgehende Familie erwarb früh Besitz, vor allem im Elsaß, im Klettgau und erhielt die namengebende Hab(icht)sburg im Aargau. Durch kluge, meist kaisertreue Politik mehrten die Habsburger weiterhin ihren Besitz. Rudolf IV., als deutscher König ▶ Rudolf I. (R. 1273–91), gewann durch seinen Sieg über Ottokar von Böhmen die Herzogtümer Österreich und Steiermark. Sein Sohn **Albrecht**, deutscher König von 1298–1308, sicherte nach dem Aussterben der Przemysliden (böhmisches Herzogsgeschlecht, 936–1306) seinem Sohn Rudolf Böhmen, doch starb dieser schon 1307. Nach Albrechts Ermordung gingen Königswürde und Böhmen an die Luxembur-

Grabmal Rudolfs I. im Dom von Speyer

ger. Die Habsburger bauten vor allem ihre österreichischen Erblande aus, allerdings verloren sie alle Besitzungen in der Schweiz an die ▶ Eidgenossenschaft. Als die Luxemburger 1437 ausstarben, gewannen die Habsburger ihre alte Stellung im Reich zurück. **Albrecht V.** aus der *Albertinischen* Linie – die Familie hatte sich 100 Jahre vorher in diese und die *Leopoldinische Linie* geteilt – erhielt durch seine Ehe kurzzeitig wieder Böhmen und auch Ungarn. Seit Kaiser Friedrich III. (R. 1440–93) aus der Leopoldinischen Linie blieb die deutsche Königskrone mit einer Ausnahme (Karl VII. 1742–45) bis zum Ende des Alten Reiches 1806 bei den Habsburgern.
Durch Erbfälle begünstigt hielt ▶ Maximilian I., der Sohn Friedrichs III., ab 1493 den ganzen Besitz der Habsburger in seiner Hand vereint. Vor allem seine geschickte Heiratspolitik brachte die Habsburger auf den Höhepunkt ihrer Macht: Seine eigene Heirat mit Maria, Erbtochter Karls des Kühnen von Burgund, brachte die reichen Niederlande, sein Sohn **Philipp** heiratete die spanische Erbin Johanna die Wahnsinnige. Maximilians Enkel ▶ Karl V. erhielt so neben den alten Besitzungen 1516 Spanien mit seinen amerikanischen Kolonien und Neapel-Sizilien. Da diese Ländermasse kaum regierbar war, überließ Karl 1521/22 seinem Bruder Ferdinand die österreichischen Erblande, so daß sich das Haus wieder teilte. Die spanische Linie der Habsburger, fortgesetzt von **Philipp II.** (R. 1556–98), erlosch 1700, der ▶ Spanische Erbfolgekrieg schloß sich an. Der Ahnherr der österreichischen Linie, Kaiser **Ferdinand I.**, bekam durch Erbvertrag 1526 Böhmen und Ungarn, doch besetzten die Türken den größten Teil Ungarns. Mit seinen Enkeln, den Kaisern **Rudolf II.** (R. 1576–1612) und **Matthias** (R. 1612–19), endete diese Linie im Mannesstamm. Da die Nachkommen Ferdinands von Tirol wegen der Unebenbürtigkeit seiner Frau Philippine Welser von der Nachfolge ausgeschlossen waren, wurde der Besitz von der *steirischen* Linie unter Kaiser **Ferdinand II.** (R. 1619–37) übernommen. Er vertrieb zunächst den Winterkönig aus Böhmen, stand dann gegen Protestanten, Schweden und Franzosen im Dreißigjährigen Krieg.
Unter seinem Enkel **Leopold I.** (R. 1658–1705) wurde in den Türkenkriegen Ungarn befreit. Aus dem Spanischen Erbfolgekrieg konnte sein Sohn **Karl VI.** 1714 nur die Nebenländer Neapel-Sizilien, Mai-

land und die spanischen Niederlande retten. Durch die ▶ Pragmatische Sanktion sicherte er die Unteilbarkeit der habsburgischen Lande und bewahrte seiner Tochter Maria Theresia den Thron. Ihre Söhne und Enkel regierten als Kaiser im Reich, besaßen den neu geschaffenen Kaisertitel für Österreich, ▶ Franz Joseph I. schuf 1867 die Doppelmonarchie Österreich-Ungarn, sein Großneffe **Karl I.** mußte 1918 auf den Thron verzichten. – Die Republik Österreich erzwang die Aufgabe jeglicher Thronansprüche bzw. verwies die Habsburger bei Nichtverzicht des Landes.

Die Engelsburg in Rom

Hadrian (76–138) Publius Aelius Hadrianus war ein Verwandter des Kaisers **Trajan** und zunächst Statthalter von Syrien. Im Jahr 117 ließ er sich in Antiochia zum Kaiser ausrufen, mit der Begründung, sein Vorgänger Trajan habe ihn adoptiert. Seine Gegner behaupteten, die Adoption sei nicht gültig gewesen und Hadrian daher ein Usurpator, ein Thronräuber. Unabhängig davon war seine Regierung für das Imperium ein Segen. Hadrian verzichtete, gegen den Widerstand des Senats, auf teure Eroberungen, sicherte die Grenzen durch Verstärkung des Limes und den Bau des Hadrianwalls in Schottland, baute Städte, Straßen und Wasserleitungen, vereinheitlichte die Rechtspflege, förderte die Bauern und sah auf vielen Reisen überall selbst nach dem Rechten. In Rom ließ Hadrian die heutige **Engelsburg** als sein Mausoleum bauen, in Tivoli bei Rom seine Sommerresidenz, die **Villa Adriana**, mit ihren heute noch berühmten Gärten. Hadrian förderte die Verbreitung der griechischen Kultur im Römischen Reich; er selbst schrieb seine Lebensgeschichte auf, dichtete und beschäftigte sich mit Philosophie. Im Osten des Reiches genoß er göttliche Verehrung. Er blieb kinderlos und adoptierte 137 den späteren Kaiser **Antoninus Pius** als Nachfolger.

Hadrianswall Für die seefahrenden Mittelmeervölker war **Britannien** wegen des Zinnreichtums der Insel schon früh ein lohnendes Ziel. Römische Heere betraten Britannien erstmals in den Jahren 55 und 54 v. Chr. unter der Führung Caesars von Gallien aus. Das Ergebnis dieser Machtdemonstration war bescheiden. Die Römer kehrten erst unter Kaiser Claudius im Jahre 43 n. Chr. wieder und begannen mit der systematischen Eroberung und Organisation des Landes. Es dauerte zwei Jahrzehnte, bis sie die Insel bis zur Mitte, und weitere zwei Jahrzehnte, bis sie Wales erobert hatten. Dieses eroberte Land ließ Kaiser Hadrian 122–128 nach Norden durch einen doppelten Wall sichern, der nach ihm benannt wurde. Vor allem gegen die Angriffe der keltischen **Pikten** diente der Doppelwall als Schutz. Die Grenzbefestigung war ca. 120 km lang, hatte 17 Kastelle, 80 Tore und 320 Türme. Britannien blieb, anders als Gallien, ein Außenposten der Römer am Rand der Welt. Zwar fehlt es nicht an Resten römischer Bauwerke, z. B. in Bath oder auch in London, aber die sprachlichen Spuren von 350 Jahren römischer Herrschaft sind gering. Nach 400 verschwanden die letzten Römer aus dem Land.

Hambacher Fest nannte man die Volksversammlung auf dem Hambacher Schloß bei Neustadt an der Hardt vom 27.–30. Mai 1832. Tausende von liberal, demokratisch und republikanisch gesinnten Bürgern kamen zusammen, um ihren Willen zu Deutschlands Wiedergeburt in Einheit und Freiheit zu zeigen. **Jacob Siebenpfeiffer** und **August Wirth**, die Hauptredner, forderten eine revolutionäre, nationaldeutsche Demokratie. Es kam auch zu Sympathiekundgebungen für die Polen, die nach der Niederwerfung des polnischen Aufstandes durch die russische Besatzungsmacht im November 1830 nach Deutschland geflüchtet waren. Einige polnische Redner sprachen sich für einen gemeinsamen deutsch-polnischen Freiheitskampf aus. Metternich mobilisierte – wie nach dem ▶ Wartburgfest – den Deutschen Bund, der auch die letzten Reste von Versammlungs- und Pressefreiheit beseitigte. Die Redner beim Hambacher Fest flohen oder wurden zu hohen Strafen verurteilt. Ihre Vordenker **Karl von Rotteck** und **Karl Theodor Welcker** wurden bei der Schließung der badischen Universität Freiburg entlassen.

Hammurabi Das reiche, fruchtbare Zweistromland Mesopotamien an Euphrat und Tigris lockte seit der Zeit der Sumerer im 3. Jt. v. Chr. immer wieder Nomadenstämme aus den Steppen und Wüsten Arabiens an. Nach 2000 v. Chr. erhob eine semitische Erobererdynastie den Ort Babylon zur Hauptstadt eines neuen Reiches. Aus dieser Dynastie stammte König Hammurabi, der die rivalisierenden Mächte ausschaltete und in der ersten Hälfte des 18. Jh.s v. Chr. ein Großreich gründete, das

Hammurabi erhält die göttlichen Gesetze.

vom Persischen Golf bis Syrien ganz Mesopotamien umfaßte. Doch Hammurabi war nicht nur Eroberer, sondern auch fürsorglicher Herrscher, Gesetzgeber und Reformer. Berühmt wurde vor allem die Gesetzessammlung, die auf einer hohen Steinsäule eingehauen und öffentlich ausgestellt war – darüber ein Bild des thronenden Sonnengottes, der dem König die Gesetze verkündet. Die Gesetze waren streng, und vor dem Recht waren auch nicht alle gleich. Erreicht aber war Rechtssicherheit.

Handelskompanien Nach der Entdeckung Amerikas Ende des 15. Jh.s war im Überseehandel viel Geld zu verdienen, doch stiegen auch die Risiken. Ein Kaufmann mußte für den Überseehandel ein ganzes Schiff ausrüsten und beladen, während für den Handel nach Venedig oder Lyon ein Pferdefuhrwerk oder einige Tragtiere gereicht hatten. Deshalb legten Kaufleute ihr Kapital zusammen und gründeten Handelsgesellschaften, an denen sich manchmal auch Fürsten beteiligten. Um den Kolonialhandel kontrollieren und von den Gewinnen hohe Steuern erheben zu können, erlaubten die meisten Herrscher nur jenen Gesellschaften den Handel mit ihren Kolonien, die dazu von ihnen ausdrücklich privilegiert waren.

Die bekanntesten Handelskompanien der Neuzeit waren die 1600 geschaffene **Britisch-Ostindische Kompanie** und die 1602 gegründete **Niederländisch-Ostindische Kompanie**. Sie bekamen von ihren Regierungen das alleinige Recht für den Handel mit den Kolonien ihrer Staaten – so organisierte die Niederländisch-Ostindische Kompanie den Gewürz- und Tabakhandel mit Indonesien. Sie verwalteten auch im Auftrag der Regierungen weite Gebiete, weil diese selbst dazu gar nicht das nötige Personal hatten.

Noch in den achtziger Jahren des 19. Jh.s stattete Bismarck deutsche Handelskompanien mit hoheitlichen Befugnissen aus, und diese Kompanien gründeten eine Reihe von Kolonien in Afrika und in der Südsee. Bismarck hoffte dadurch politischen Schwierigkeiten aus dem Weg gehen zu können, denn die Niederlage einer privaten Gesellschaft hätte das Ansehen des Reiches nur am Rande berührt.

Es zeigte sich aber bald, daß diese Vermischung von privatem Unternehmertum mit Staatsaufgaben überholt war. Die aufblühende Marktwirtschaft forderte Freihandel, den die Monopole der Handelsgesellschaften behinderten.

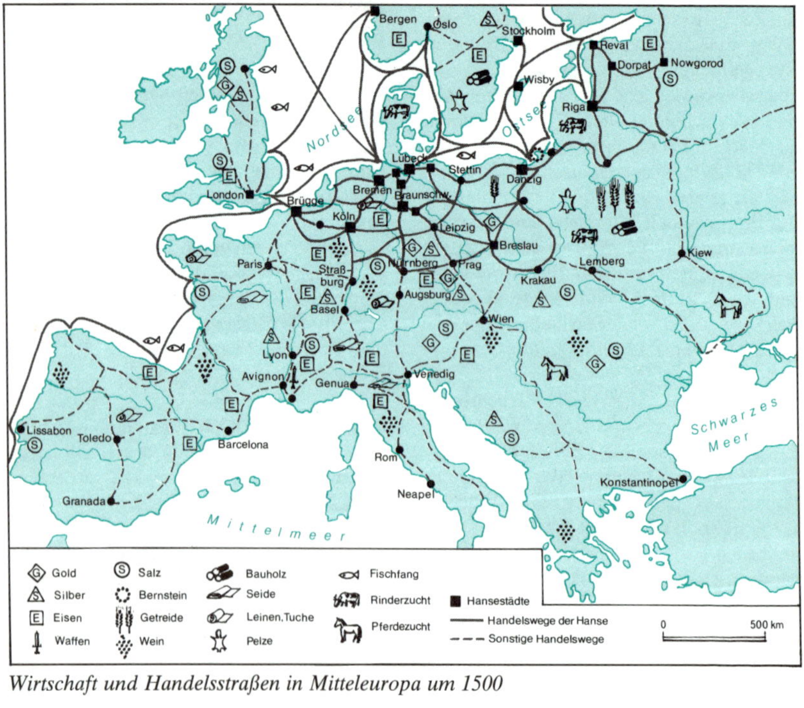

Wirtschaft und Handelsstraßen in Mitteleuropa um 1500

Handelsstraßen Fernhandel ist so alt wie die ältesten Kulturen der Menschheit. Schon Funde aus Gräbern der Jungsteinzeit (5000–1800 v. Chr.) zeigen, daß manche Dinge über erstaunliche Entfernungen transportiert wurden. So finden wir Bernsteinperlen in Gräbern Mesopotamiens und Ägyptens, die über die **Bernsteinstraße** von den Küsten der Ostsee kamen. Das Salz aus dem Salzkammergut fand seinen Weg über die **Salzstraße** durch halb Europa nach Frankreich und Rußland, und Zinn aus Cornwall wurde durch Frankreich ans Mittelmeer gebracht. Diese Handelsstraßen waren keine ausgebauten Wege, sondern nur relativ gut begehbare Routen. Sie folgten immer den großen Flußtälern und dort, wo diese endeten, den Küsten der Meere.
Schon in der Antike reichten die Handelsverbindungen Europas bis ins fernste Asien. Die **Seidenstraße** führte aus China durch die Wüsten Innerasiens von Oase zu Oase bis ans Schwarze Meer. Der Weg war lang und gefährlich, doch waren die Gewinne beim Gelingen der Reise so hoch, daß sich immer wieder wagemutige Kaufleute auf den Weg machten. Auf den Handelsstraßen kamen aber nicht nur Waren aus fernen Ländern, sondern auch Nachrichten und Ideen, und mancher Heerzug nahm Wege, die Kaufleute erschlossen hatten. So kamen Hunnen, Awaren und Mongolen entlang der Seidenstraße nach Europa. Viele Städte lebten damals vom vorbeiströmenden Handel. Die wichtigsten mittelalterlichen Handelsstraßen Deutschlands gingen von der Nordsee über den Rhein und von der Ostsee über Leipzig und Nürnberg nach Süddeutschland sowie von Frankfurt über Nürnberg nach Prag. Die eigentliche Blüte des Fernhandels begann mit dem Frühkapitalismus, mit der Entdeckung und Erschließung neuer Länder und Erdteile und neuen Wirtschaftsbedingungen in Europa.

Hannibal (247/6–183 v. Chr.) kämpfte zunächst unter dem Oberbefehl seines Vaters **Hamilkar Barkas** im karthagischen Heer in Spanien. Nach der Ermordung seines Schwagers **Hasdrubal** übernahm er den Oberbefehl; die Zerstörung Sagunts gab Anlaß zum zweiten ▶ Punischen Krieg (218–201) mit Rom. Einem Angriff der Römer kam er zuvor, indem er mit einem stattlichen Heer von ca. 60000 Fußsoldaten und Reitern sowie mit 37 Kriegselefanten die Alpen überquerte. In einer Reihe von Schlachten – besonders bei ▶ Cannae – brachte er dem Gegner schwere Niederlagen bei, ohne aber den Krieg für sich entscheiden zu können. Selbst der Abfall römischer Bundesgenossen und sein Bündnis mit dem Makedonenkönig **Philipp V.** verhalfen ihm zu keinem durchschlagenden Erfolg.
Im weiteren Verlauf des Krieges eroberten die Römer Spanien zurück und zwangen Hannibal durch ihre Landung in Nordafrika zur Rückkehr. In der Schlacht von **Zama** 202 wurde Hannibal von seinem bedeutendsten Gegner **Publius Cornelius Scipio** – mit dem Beinamen Africanus Maior – mit der gleichen Einkreisungstaktik, die er selbst in Cannae angewendet hatte, vernichtend geschlagen.
Nach Kriegsende bekleidete Hannibal in Karthago das Amt eines **Suffeten**, das mit dem des römischen Konsuls vergleichbar ist. Er setzte sich für Reformen des Gerichtswesens und der Finanzverwaltung ein und versuchte auch, in der Landwirtschaft Verbesserungen durchzuführen. Darüber geriet er jedoch in Konflikt mit dem Adel. Er verließ seine Heimat, ging nach Syrien an den Hof des Königs **Antiochos III.** und befürwortete im syrisch-römischen Konflikt 193–188 einen Angriff auf Italien. Die Niederlage der Syrer zwang ihn wieder zur Flucht. Er wurde Ratgeber bei König **Prusias von Bithynien** im Nordwesten Kleinasiens. Der geforderten Auslieferung an die Römer entzog er sich durch Gift.

Vor dem Wind segelnde Hanse-Kogge, Holzschnitt 1486

Hanse Seit dem 12. Jh. bezeichnete das althochdeutsche Wort *hansa* (bewaffnete Schar) deutsche Kaufmannsgenossenschaften, die sich zur Wahrung ihrer auswärtigen Handels- und Sicherheitsinteressen zusammenschlossen. Seit der Mitte des 14. Jh.s trat der Name *dudesche hanse* für einen Bund zahlreicher westfälischer, sächsischer, pommerscher und preußischer Städte unter Führung Lübecks in Erscheinung, der auf den Handelserfolg und die Sicherheit seiner Fernkaufleute im In- und Ausland hinwirken wollte. In ihrer Blütezeit umfaßte die Hanse an die 200 Städte unterschiedlichsten Rechtscharakters. Wichtigstes Organ war der **Hansetag**, auf dem gemeinsame Beschlüsse gefaßt werden konnten, so z. B. der Ausschluß eines Mitglieds. Ansonsten war der Bund nur locker organisiert und selten ganz einig. Über binnenländische Fernstraßen verbunden, verknüpften die hanseatischen Kaufleute den Ostsee- mit dem Nordsee-Raum, wobei sie sich auf ausländische Kontore und Stapelmöglichkeiten in London, Brügge, Bergen und Nowgorod stützten, die Vorzugslage Deutschlands als geographisches Zentrum damaligen Welthandels ausnützend. Der wirtschaftliche Aufschwung der Hanse hing zweifellos auch mit dem Prozeß der Ostsiedlung zusammen, aus dem viele Städte hervorgingen, die großen Wirtschaftsbedarf hatten. Durch die Verbindung des englisch-niederrheinischen mit dem ostelbisch-baltischen Wirtschaftsraum stand der Kaufmannschaft ein riesiges Güterpotential zur Verfügung. Der Westen lieferte Tuche, Wein, Südfrüchte und Erzeugnisse aus dem Orienthandel, der Osten Holz, Getreide, Flachs, Pelze, Wachs und Honig. Aus den nordischen Staaten kamen der Stockfisch und der eingesalzene Hering. Manche Kaufmannsgeschlechter erzielten großen Profit, wenngleich die Handelskosten erheblich waren, z. B. weil den ▶ Koggen, den Handelsschiffen, Schutzmannschaften mitgegeben werden mußten.

Bei der Größe des Handelsimperiums konnte es nicht ausbleiben, daß die Hanse auch in die große Politik hineingezogen wurde. Ernsthafte Konflikte gab es wiederholt mit Dänemark. Als z. B. **Waldemar IV., Atterdag** (R. 1340–75) den Einfluß des Städtebundes im Ostseeraum gewaltsam zurückzudrängen suchte, nahm Lübeck mit der sog. Kölner Föderation den Kampf auf. Im **Frieden von Stralsund** (1370) erlangte die Hanse ihre Privilegien wieder und durfte nun 15 Jahre lang den Sund, die Meerenge zwischen Schweden und den dänischen Inseln, kontrollieren, was die Herrschaft über die Ostsee bedeutete. Neuerliche Konflikte mit Dänemark leiteten indes die Wende in der Entwicklung ein, zumal unterschiedliche Interessen der Hansestädte deutlich wurden und die Aktivität der Kaufleute nachließ. Teilweise hatten die Städte mit sich selbst genug zu tun, als die Bürgerkämpfe zwischen Patriziern und Zünften ausbrachen, manchmal machten sich die Städte gegenseitig Konkurrenz, während sich nichthansische Städte in den Handel einschalteten. Andere Gründe für den Abstieg waren die Schließung der auswärtigen Kontore in Nowgorod und London, die Konkurrenz der ▶ Fugger, die Verschiebung der Heringsschwärme, aber auch die Verlagerung der Seewege durch die Entdeckung neuer Erdteile Ende des 15. Jh.s oder das Vordringen holländischer Kaufleute in den Ostseeraum. Die Territorialfürsten trugen auch dazu bei, daß die Hanse geschwächt wurde, indem sie innerhalb ihrer Territorien selbständige Städte überfielen und sie zwangen, aus der Hanse auszutreten. Da ihr der staatliche Rückhalt fehlte und es ihr zudem nicht gelang, eine eigene Güterproduktion aufzubauen, wie es England und die Niederlande taten, verdämmerte die Hanse nach dem Dreißigjährigen Krieg. Im Jahre 1669 hielt der berühmte Städtebund in Lübeck seinen letzten Hansetag ab, auf dem nur acht Städte vertreten waren.

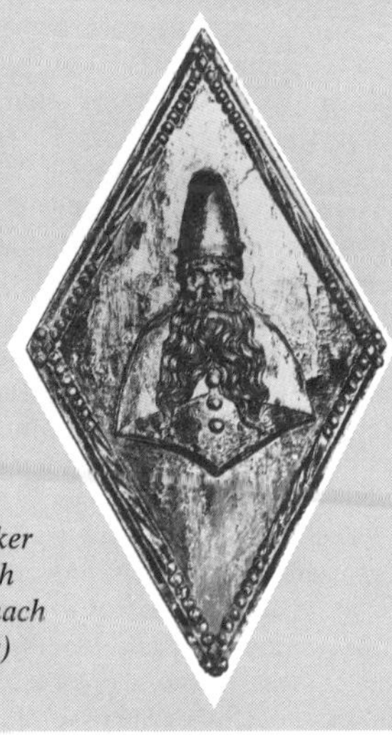

Wappen der Lübecker Kaufleute, die nach Bergen (links) und nach Nowgorod (rechts) fuhren

Hatschepsut Frauen haben in der Antike als Herscherinnen mehrmals eine große Rolle gespielt. Die erste von ihnen war die ägyptische Königin Hatschepsut (R. 1490–68 v. Chr.), Tochter **Thutmosis I.**, Gemahlin ihres Stiefbruders **Thutmosis II.** und Vormund ihres Stiefsohnes **Thutmosis III.** In Ägypten wurde das Recht zur Herrschaft in der weiblichen Linie weitergegeben, doch konnten nur Männer regieren. Hatschepsut durfte zwar nach dem Tod ihres Mannes die Vormundschaft für den Stiefsohn übernehmen, hätte aber bei dessen Volljährigkeit die Herrschaft übergeben müssen. Da sie selbst weiterregierte, galt sie als Usurpatorin, als Thronräuberin. Thutmosis III. hat nach ihrem Tod fast alle ihre Namensinschriften und Statuen zerstören lassen, obwohl Hatschepsut viel für ihr Volk getan hatte. Ihr Totentempel in Deir el-Bahari bei Luxor setzt ihr heute noch ein Denkmal.

Haus in der Antike Angesichts der bedeutenden öffentlichen Bauten in den antiken griechischen Städten überrascht es, daß die Wohnbezirke, etwa in Athen, unübersichtlich, teilweise sehr einfach und abweisend waren. Die Häuser hatten keine Fenster zur Gasse hin, und die Türen blieben verschlossen, denn der Mann war selten zu Hause, und die Frau blieb hinter den Mauern des Anwesens. Als Baumaterial für die Häuser dienten ungebrannte Ziegel, Holz oder einfach Lehm, der mit Stroh vermengt war. Falls ein Obergeschoß vorhanden war, konnte man auch einen Raum vermieten. Eigentliche Mietshäuser mit mehreren Stockwerken gab es in Griechenland nicht. Gewiß kannte man auch ansehnlichere Häuser reicherer Leute, auch Villen vor der Stadt; die Bodenfunde ergeben aber nicht immer ein klares Bild. Meist gehörte zu den Häusern ein Innenhof, in dem sich das tägliche Leben abspielte und wo auf offenem Feuer auch die Mahlzeiten bereitet wurden. Seit der hellenistischen Zeit war der Innenhof in repräsentativen Häusern von Säulen umgeben und bildete das sogenannte *Peristyl.*
Im Inneren des Hauses waren die Räume der Frauen streng abgetrennt; zu ihnen hatte nur der Hausherr Zutritt. Die Sklaven hatten nicht immer einen eigenen Raum; sie suchten sich, je nach Jahreszeit, ihren Schlafplatz im Haus oder im Hof, mußten ihn aber gelegentlich mit dem Hund oder den Hühnern teilen. Sehr einfach waren die sanitären Einrichtungen. Da das Wasser meist aus öffentlichen Brunnen herbeigebracht werden mußte, gab es viel zu schleppen. Man ließ sich dann in einem Raum mit Wasser begießen, das irgendwo unter der Türe abfloß. Der Abort: das war ein schlichter Sitz in einer Kammer oder ein Tongefäß im Schlafraum. Spärlich war auch die Ausstattung der Zimmer. Ein wenig Behagen dürfte das eheliche Schlafgemach geboten haben: eine Truhe, ein Kästchen, eine ordentliche Bettstatt. Im übrigen benügte man sich auch in wohlhabenden Häusern in Athen mit dem nötigsten Hausrat, den man je nach Bedarf hierhin oder dorthin brachte: ein paar Sitz- oder Liegemöbel und kleine Tische.
Die Römer übernahmen im Hausbau manche Errungenschaften der Etrusker, so etwa in der Zimmermannskunst und in der Mauertechnik. Aus etruskischen Anregungen entwickelte sich der Haustyp des **Atriums**, das seit dem 4. Jh. v. Chr. das Haus der vornehmen Römer wurde. Aus gebrannten Ziegeln erbaut, war es dank seinem rechtwinkligen Grundriß für die regelmäßige römische Stadtanlage wie geschaffen. Zur Straße hin öffneten sich nicht selten Werkstätten und Läden, zwischen denen man hindurchschritt, um ins Atrium zu gelangen, den eigentlichen Hauptraum. In seiner Mitte öffnete sich das Dach, so daß das Regenwasser in ein Becken im Boden gelangte. Rings um diese Mitte gruppierten sich

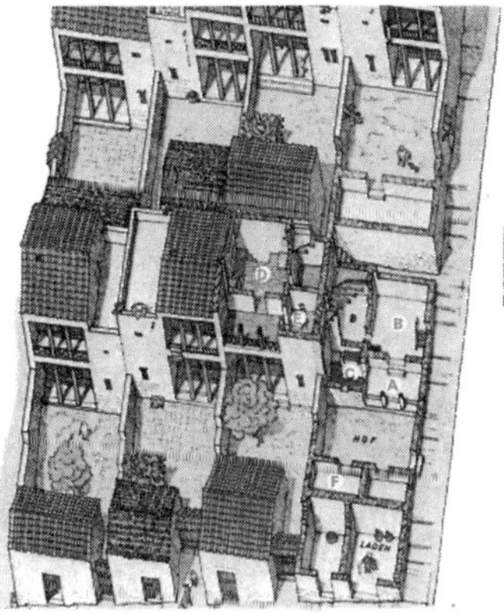

Griechisches Haus: *A Halle, B Wohnraum, C Symposienraum, D Schlafraum, E Frauenraum, F Vorrat, Handwerk, Stall*

Römisches Haus: 1 Haustür, 2 Korridor, 3 Laden/Werkstatt, 4 Atrium, 5 Regenbecken, 6 Seitenflügel, 7 Schlaf-, Wohn- und Wirtschaftsräume, 8 Eßzimmer, 9 Gesellschaftsraum, 10 Gang, 11 Garten

die Räume, die der Familie dienten und wo auch die Sklaven bisweilen ihr Unterkommen hatten. Seit dem 2. Jh. v. Chr. schloß sich häufig ein weiterer Trakt an, der einen kleinen Garten umfaßte. So sahen freilich nur die Wohnungen reicherer Leute aus. Die ärmeren, vornehmlich in Rom, lebten auch in vielstöckigen Mietskasernen. Die Wasserversorgung war durch ▶ Aquädukte gewährleistet, die das Wasser zu öffentlichen Brunnen leiteten. Privatbäder mit allen Raffinessen gab es in den eleganten Häusern. Dort erwarteten den Besucher auch Aborte mit Wasserspülung und Marmorsitzen, während die Bewohner der Mietskasernen auf einfache Töpfe oder auf öffentliche Latrinen angewiesen waren. Richtige Küchen kamen erst spät auf; ihre Ausstattung blieb in den meisten Fällen bescheiden. Bei den kleinen Leuten war natürlich auch das Mobiliar recht einfach. Reichverzierte Prunkstücke, Polster auf Sitz- und Liegemöbeln (beim Gastmahl lag man zu Tische), verschließbare Truhen für Kostbarkeiten, darunter auch Buchrollen, gehörten zur Ausstattung reicher Häuser. Dort fand sich auch ein Tempelchen zur Verehrung der Haus- und Familiengeister.

Hausmeier (lat.: maior domus = Hausältester) In der späten Herrschaftszeit der Dynastie der ▶ Merowinger, seit der Mitte des 7. Jhs. n. Chr., zerfiel das Frankenreich in Teilreiche. Die Könige führten ein Schattendasein, während der Adel um Machtpositionen kämpfte. Die größte Durchsetzungskraft besaßen die jeweiligen Hausmeier. Ursprünglich Vorsteher des königlichen Haushalts und Anführer des kriegerischen Gefolges des Königs, machten sie das einflußreiche Amt in ihren Familien erblich und gelangten zu großem Besitz an Land und Leuten. Am erfolgreichsten waren die Hausmeier von **Austrien**, dem Land zwischen Rhein und Maas. **Pippin der Mittlere**, einer der frühen Karolinger, machte sich praktisch zum Herrn des Frankenreichs, nachdem er 687 seinen stärksten Rivalen besiegt hatte. Doch nach der Krone griff er nicht. Erst der Enkel, **Pippin der Jüngere**, tat 754 diesen Schritt vom Hausmeier zum König der Franken.

Heerschild hieß das Recht, die Vasallen, die Gefolgsleute, aufzubieten. Im ▶ Sachsenspiegel, einem Rechtsbuch des 13. Jh.s, wurde eine Heerschild-Ordnung festgelegt, die besagte, wessen Vasall man werden konnte ohne sein *Schild,* seinen Rang, zu verlieren und sozial abzusteigen. Es gab: 1. den König, 2. die geistlichen Fürsten, 3. die weltlichen Fürsten, 4. die Grafen und freien Herren, 5. die ▶ Ministerialen, ehemals unfreie, aufgestiegene Beamte, 6. die Mannen der Freien und Ministerialen und 7. die übrigen ritterbürtigen Leute, die kein **aktives Lehnsrecht** besaßen, d. h. kein Lehen vergeben durften.

Heilige Allianz 1815 unterzeichneten in Paris Zar Alexander I. von Rußland, Kaiser Franz I. von Österreich und König Friedrich Wilhelm III. von Preußen eine gemeinsame Erklärung. Darin bekundeten sie, ihre künftige Außen- und Innenpolitik nach christlichen Prinzipien zu gestalten, um *Religion, Frieden und Gerechtigkeit* zu schützen und wie *drei Zweige ein und derselben Familie* in Brüderlichkeit zu regieren. Mit dieser Allianz hofften die Monarchen, den auf dem ▶ Wiener Kongreß erzielten Gesamtzustand Deutschlands und Europas aufrechterhalten und den Schutz von Thron und Altar gewährleisten zu können. Fortan sollte das monarchische Prinzip unangetastet bleiben und die so lange ersehnte Ruhe in Europa endlich einkehren. In der Folgezeit traten bis auf Großbritannien und den Kirchenstaat alle europäischen Mächte der Allianz bei.

Heiligenverehrung In der Urkirche wurden nur Märtyrer als Heilige verehrt, da man an ihre besondere Fürbitte glaubte. In Heiligenkalendern wurden für jeden Tag im Kirchenjahr entsprechende Gedächtnislegenden festgehalten. Seit dem 4. Jh. verehrte man auch berühmte Ordensleute und Bischöfe als Heilige, wenn ihnen besondere Tugenden oder Wunder nachgesagt wurden. Lag bis ins 10. Jh. die Befugnis zur Heiligsprechung bei den Bischöfen, übte dieses Recht dann fast nur noch der Papst aus, der sich den Forderungen der Volksfrömmigkeit ebensowenig widersetzen konnte, wie er Heiligsprechungsanträge von Königen und Fürsten hätte abweisen wollen. Heiligenverehrung äußerte sich meist in der Errichtung von Nebenaltären in Kirchen, ferner in Reliquienverehrung und Wallfahrten. Der heftigen Kritik an den oft auswuchernden Formen der Heiligenverehrung durch die Reformatoren setzte die katholische Kirche auf dem Trienter Konzil, dem ▶ Tridentinum von 1545, den theologischen Hinweis auf die fürbittende Funktion der Heiligen entgegen.

Heinrich IV. (1050–1106) stammte aus dem Geschlecht der Salier und kam nach dem frühen Tod seines Vaters **Heinrich III.** als Sechsjähriger auf den Thron. In den Jahren der Unmündigkeit konnten der hohe Adel seine Macht auf Kosten des Königtums ausweiten. Der junge König stützte sich deshalb vorwiegend auf den niederen Adel, die ▶ Ministerialen und die aufstrebenden Reichsstädte. In Heinrichs Regierungszeit erreichte die Auseinandersetzung zwischen Papst und König um die Vorherrschaft ihren Höhepunkt im ▶ Investiturstreit. Gegenseitige Absetzung und Bann des Königs wurden als Waffen eingesetzt, die Fürsten verbündeten sich mit Papst Gregor VII. Sie zwangen Heinrich, innerhalb eines Jahres die Lösung vom Kirchenbann zu erwirken, was Heinrich mit seinem Bußgang nach ▶ Canossa zwar erreichte, was aber die Wahl eines Gegenkönigs und jahrelange militärische Auseinandersetzungen nicht verhindern konnte (vgl. Abb. S. 72). Auch als Gregor 1084 nach der Belagerung Roms fliehen mußte, konnte sich Heinrich, inzwischen von einem Gegenpapst zum Kaiser gekrönt, nur mühsam behaupten. Zeitweise verlor er jeglichen Einfluß im Reich, so zäh er auch an königlichen Rechten festhielt. 1104 verbündete sich sein Sohn Heinrich, der um die Nachfolge fürchtete, mit den Fürsten und dem Papst, um ihn zur Abdankung zu zwingen. Vor einer endgültigen Entscheidung starb Heinrich IV.

Heinrich der Löwe (um 1129–95) Der Sohn der mächtigen Welfendynastie wurde 1142 mit dem Herzogtum Sachsen belehnt. 1156 erhielt er von dem Hohenstaufer Friedrich I., wie sein Vater auch, das Herzogtum Bayern hinzu; 1158 gründete er München. Der Schwerpunkt seiner Politik aber lag in Sachsen. Von hier aus betrieb er Machtpolitik nach Osten. Er gründete Lübeck und förderte den Ostseehandel, erweiterte seinen Einfluß auf die Kirche und baute Braunschweig zu seiner Residenz aus. Seine aggressive Politik schuf ihm Feinde unter den Fürsten, die bei Kaiser Friedrich I. Gehör fanden, als Heinrich diesen beim Heerzug in Italien 1176 im Stich ließ. Im folgenden Prozeß verlor der Welfe seine Herzogtümer und mußte 1181 bis 1194 verbannt in England leben. Versuche, das Verlorene zurückzugewinnen, scheiterten. Schließlich söhnte er sich mit Friedrichs Nachfolger **Heinrich VI.** aus. Bis zu seinem Tod 1195 lebte er auf seinem Eigenbesitz um Braunschweig.

Hellenismus Alexander d. Gr. unterwarf im 4. Jh. v. Chr. den Nahen Osten bis an den Indus. Vorher schon hatte es in diesen Ländern viele Griechen gegeben, jetzt wuchs ihre Zahl stark an. Das Ziel des Königs war es, die verschiedenen Völker seines Reiches und deren Kulturen miteinander zu verschmelzen. Griechisch wurde im ganzen Reich zur Amtssprache, zur Sprache der Gebildeten und des Handels. Griechische Kultur wirkte sogar noch weit über die Grenzen hinaus, denn Philosophie und Wissenschaft Griechenlands waren der des Ostens überlegen. Auf der anderen Seite drangen der Gedanke des absoluten Königtums und dessen Vergöttlichung wie auch manche religiöse Idee, z. B. die ▶ Mysterien aus dem Orient nach Griechenland ein. Die Völker verschmolzen zwar nicht, wie es sich Alexander vorgestellt hatte, in den drei Jahrhunderten nach seinem Tod entstand aber eine Mischkultur, die von Afghanistan bis Ägypten und vom Balkan bis an den Persischen Golf ähnliche Züge hatte. Wir nennen sie hellenistisch, weil die Hellenen, wie die Griechen sich selbst nannten, ihr wichtigstes Element waren. Nachdem die Römer Griechenland und den Nahen Osten erobert hatten, drang die hellenistische Kultur auch ins westliche Mittelmeer vor, denn die dortigen Völker hatten weder in Wissenschaft noch Kunst vergleichbare Leistungen vorzuweisen. Man kann die Zeit des Hellenismus im Blick auf die politische Geschichte mit Kaiser Augustus enden lassen. Unter kulturhistorischen Gesichtspunkten gehört die römische Kaiserzeit wenigstens bis zum Sieg des Christentums zum Hellenismus.

Alexander der Große, als ägypt. Gott Amun dargestellt, Münze um 300 v. Chr.

Hereroaufstand Von 1884–1918 war **Deutsch-Südwestafrika**, das heutige Namibia, neben **Kamerun** die wichtigste der deutschen Kolonien in Afrika. Im Norden des Landes lebten die Herero, ein Volk, das im 18. Jh. eingewandert war. 1904 unternahmen sie einen Aufstand gegen die deutschen Kolonialherren. Von General **von Trotha** wurden sie am Waterberg eingekreist und in die wasserlose Omaheke-Steppe getrieben. Die meisten Hereros kamen dort um.
Nach dem 1. Weltkrieg wurde Deutsch-Südwestafrika der Südafrikanischen Union als Mandatsgebiet des Völkerbundes zugesprochen. Das spätere Südafrika annektierte 1949 das Land, erst 1990 wurde es nach langen Auseinandersetzungen zwischen Südafrika und den beiden Unabhängigkeitsbewegungen, **SWAPO** und **SWANU**, selbständig.

Herodes der Große (um 72–4 v. Chr.) Das Neue Testament berichtet, der jüdische Herrscher habe in Bethlehem und Umgebung alle Knaben unter zwei Jahren umbringen lassen, weil ihm prophezeit worden sei, unter ihnen sei jener, der ihn einst stürzen werde. Herodes war wegen seiner Anlehnung an das Römische Reich beim jüdischen Volk verhaßt, obwohl er durch den Bau von Städten, Zisternen und Wasserleitungen viel für den von ihm regierten römischen Satellitenstaat Judäa geleistet hatte. Ebenso begann er den Wiederaufbau des Tempels von Jerusalem. Man verübelte ihm seine Neigung zum Hellenismus, den die Juden ablehnten, außerdem unterdrückte er rücksichtlos jede Opposition gegen sich oder gegen Rom, und schließlich nahm man ihm übel, daß er alle eventuellen Nachfolger aus seinen acht Ehen umbringen ließ. Dies ist wohl der Kern der biblischen Geschichte vom Kindermord in Bethlehem.

Herodot (um 484–425 v. Chr.) Der *Vater der Geschichtsschreibung* wurde in Halikarnassos in Kleinasien geboren. Wir wissen wenig über sein Leben. Jedenfalls sammelte er die stärksten Eindrücke auf seinen ausgedehnten Reisen, bei denen er sich als genauer Beobachter, Sammler von Informationen und als aufmerksamer, wenn auch manchmal etwas leichtgläubiger Zuhörer erwies. Er kannte die Welt vom Euphrat und der Ostküste des Schwarzen Meeres bis Sizilien; ein Mittelpunkt war für ihn Athen, wo er Sophokles, einem der großen Tragödienschreiber, und Perikles, dem führenden athenischen Politiker, nahestand und, wie es heißt, einen Teil seines Geschichtswerks der Öffentlichkeit vorlas. In diesem Werk, dem ersten bedeutenden Geschichtswerk der europäischen Literatur, erzählte er zunächst aus der Geschichte orientalischer Völker, dann aber vor allem von den ▶ Perserkriegen des 5. Jh.s – anschaulich, anekdotenreich, tatsachenorientiert. Er starb um 425 in Thurioi/Sizilien.

Herzog Der Herzog (althochdeutsch: herizogo) war bei den Germanen der unter den Großen erwählte oberste Heerführer, der vor dem Heer herzieht. Bewährung im Kampf verschaffte ihm die Stellung des **Stammesherzogs**, der Recht spricht und sein Volk auch im Frieden führt. Im Lauf der Zeit unterwarfen sich schwächere Stammesherzöge einem König, aus dem Herzog wurde ein dem Königtum untergeordnetes Amt, das in der Familie erblich wurde und mit der Schwächung des Königtums der ▶ Merowinger an Einfluß gewann. Im 8. Jh. bestanden die Stammesherzogtümer der Thüringer, Baiern, Alemannen, Friesen und Aquitanier.
Die ▶ Karolinger beseitigten die Stammesherzöge und übertrugen die Sicherung der Grenzgebiete **Markgrafen** (▶ Graf), die mit der Teilung des Karolingerreichs als neue Stammesherzöge das Ostfranken-

Bekanntgabe einer Hexenverbrennung in Derneburg/Harz per Flugblatt, 1555

reich einem Mann aus ihrer Mitte übertrugen. Die Stammesherzöge und der Adel der Franken, Sachsen, Baiern und Schwaben wählten 911 den Franken **Konrad** zum König, 919 folgte der Sachsenherzog **Heinrich**, der Vater ▶ Ottos I.; damit wurde das mittelalterliche Deutsche Reich begründet. Das Herzogtum blieb zwar bis zu ▶ Friedrich I., Barbarossa im 12. Jh. eine wichtige Machtgrundlage des Königtums, es gab aber keine einheitlichen Stammesgebiete mehr; Herzog war jetzt ein geistlicher oder weltlicher Fürst, der die Grafschaften und Gerichte eines Gebietes in seiner Hand hielt. Die geistlichen Herzogtümer der späteren Fürstbischöfe waren aus dem ▶ Reichskirchensystem der Ottonen und Salier hervorgegangen. Herzog konnte auch nur ein Titel sein, der mit der Aufnahme in den Fürstenstand verbunden war. Um 1180 bestanden die Herzogtümer Baiern (seit 907), Schwaben (917), Sachsen (843), Lothringen (895), Brabant (1128), Kärnten (976), Böhmen (895), Österreich (1156), Pommern (1152) und Steiermark (1180).

Hexenverfolgungen Der Glaube, daß manche Menschen Zauberkräfte besitzen und mit unheimlichen Mächten in Verbindung stehen, war schon im Altertum weit verbreitet und wurde ins Christentum übernommen. Seit dem 14. Jh. schlug der Hexenglaube in Hexenwahn um. Für Schäden an Menschen und Haustieren, für Krankheiten und Wetterumsturz machte man Frauen verantwortlich, die alt, häßlich oder mit dem „bösen Blick" behaftet waren, aber auch mißliebige oder hochgestellte Personen, denen man schaden wollte. Ebenso wurden Frauen sexuelle Beziehungen mit dem Teufel unterstellt. Die Hexenverfolgungen betrafen alle sozialen Schichten und Altersgruppen, auch Männer, die Hexenmeister. Zwischen 1430 und 1540 kam es zur großangelegten und systematischen Hexenverfolgung, eingeleitet durch Papst **Innozenz VIII.** Im sogenannten **Hexenhammer** der Dominikanermönche **H. Institoris** und **J. Sprenger** wurden 1487 verschiedene Formen des Hexenglaubens und der Zaubereidelikte zusammengefaßt, er galt fortan als maßgebliches Gesetzbuch für den weltlichen Strafrichter. Anstelle eines Anklageverfahrens führte man die Denunziation (Anzeige) und die Folter ein, um Geständnisse zu erpressen. Überstanden die Opfer die Folter, so konnte durch eine Hexenprobe, ein ▶ Gottesurteil, eine Verurteilung erfolgen. Da Hexen als Ketzer, als vom Glauben der Kirche Abgefallene galten, wurden sie verbrannt. Den Tatbestand der Hexerei hatte die geistliche Inquisition aufzuklären, die Durchführung der Hinrichtung wurde der weltlichen Macht überlassen. 1631 prangerte der Jesuitenpater **Friedrich von Spee** die Unmenschlichkeit und Rechtswidrigkeit des Verfahrens an. 1701 kritisierte der Jurist **Thomasius** diese Rechtspraxis ebenfalls und warnte vor den Folgen des Hexenwahns.

Als mögliche Gründe für den Hexenwahn werden heute angenommen:

- Der Frau wurde mit Blick auf die biblische Darstellung des Sündenfalls unterstellt, daß sie leichter dem Teufel erliege;
- Die Vorstellung von Frauen mit magischen Kräften, die im Volksglauben existierte, wurde als antikes, heidnisches Überbleibsel von der Kirche bekämpft;
- Im 16. und 17. Jh. traten Wanderprediger auf, die die Endzeit aufgrund des sündigen Verfalls der Menschheit predigten; Naturkatastrophen und Abnormitäten wurden als Gotteszeichen gedeutet, Frauen als Sündenböcke zu Hexen gemacht;
- Im Dreißigjährigen Krieg breitete sich Angst und Resignation in der Bevölkerung aus; Hexen machte man als Verkörperung des Bösen verantwortlich für das Leid;
- Kräuterfrauen und Hebammen, die Naturheilkräfte kannten, gerieten in Verdacht (schwarz)magische und damit teuflische Fähigkeiten anzuwenden.

Die letzten Hexenprozesse fanden in Würzburg (1749), Kempten (1775) und Posen (1793) statt, kurz bevor die Stadt preußisch wurde.

Hieroglyphen Die Ägypter erfanden, wie die Sumerer mit der ▶ Keilschrift, eine Bilderschrift, die neben Zeichen für Begriffe auch Silben- und Konsonantenzeichen umfaßte. Die Vokale wurden nicht ausgedrückt. Das Schreiben war ein hochspezialisierter Beruf, denn man mußte Hunderte von Zeichen beherrschen. Die Ägypter schrieben nicht auf Tontafeln, sondern mit kleinen Rohrfedern und Farbe auf Papyrus (▶ Schriftrollen). Sie meißelten auch Inschriften in ihre Tempel. Die Griechen, die später diese Texte sahen, glaubten, daß die Schrift der Ägypter nur religiöse Bedeutung hätte, und nannten sie Hieroglyphen, d. h. *Heilige Zeichen.* Erst 1822 gelang dem Franzosen Champollion die Entzifferung mit Hilfe des Steins von Rosette in Unterägypten, auf dem ein Text in altägyptischer, ägyptischer und griechischer Sprache eingraviert war.

Hitler, Adolf (1889–1945) wurde am 20. April in Braunau am Inn als Sohn eines österreichischen Zollbeamten geboren, war ein schlechter Schüler, wollte Maler werden, schaffte aber die Aufnahme in die Wiener Kunstakademie nicht. Einige Jahre lebte er ohne geregelte Arbeit und unter erbärmlichen Verhältnissen in Wien. Damals

Hitler auf dem Reichsparteitag in Nürnberg 1933

wurde sein Haß gegen Juden und Bürgertum geprägt. In Österreich begann die Industrielle Revolution sehr spät und dafür umso heftiger, außerdem spitzten sich in diesem Vielvölkerstaat die nationalen Spannungen vor dem 1. Weltkrieg stark zu. All dies führte auch zu starken sozialen Spannungen, deren Ursachen viele Menschen nicht verstanden. Sie wurden deshalb ein Opfer starker antisemitischer Propaganda, die den Juden die Schuld an allen Schwierigkeiten zuzuschieben versuchte. Auch Hitler geriet in Wien unter diesen Einfluß.
1913 ging er nach München und meldete sich 1914 als Freiwilliger zum deutschen Heer. Das Erlebnis der Gewalt im 1. Weltkrieg war ein weiterer Faktor, der seine Persönlichkeit bestimmte. Als Soldat an der Westfront geriet er in einen Giftgasangriff, erblindete zeitweise und entwickelte daraus einen grenzenlosen Haß gegen die Kriegsgegner Deutschlands und zugleich gegen die deutschen Politiker, die seiner Meinung nach den Krieg politisch verloren, der militärisch hätte gewonnen werden können. Wie viele Menschen seiner Zeit, zog Hitler aus den Erfahrungen des Krieges nicht den Schluß, militärische Macht sei kein gerechtfertigtes Mittel der Politik, sondern er glaubte, auf die nächste Gelegenheit müsse man sich nur besser vorbereiten.
Auch nach 1918 begann er keine geregelte Arbeit. Er schloß sich 1919 als Polizeispitzel der Deutschen Arbeiterpartei an, identifizierte sich mit deren antisemitischen und antidemokratischen Zielen und wurde wegen seiner rednerischen und organisatorischen Begabung ihr Führer. Er änderte ihre Namen in Nationalsozialistische Deutsche Arbeiterpartei, **NSDAP**, um und versuchte unter Ausnützung der innen- und außenpolitische Probleme Deutschlands (Kommunistenaufstände, Streiks, Ruhrkampf) am 9. November 1923 in München eine Revolution. Obwohl seine Anhänger nur eine unbedeutende Splitterpartei bildeten, glaubte er, Deutschland sei für eine Revolution von rechts reif, und eine Revolte in München werde zur Initialzündung für eine gesamtdeutsche Erhebung werden.
Der Versuch scheiterte, und Hitler mußte bis Dezember 1924 in Landsberg am Lech Festungshaft verbüßen. Dort schrieb er *Mein Kampf,* in dem er seine Ansichten und Pläne darlegte: Kampf gegen Juden, Liberale und Sozialisten, gegen den Versailler Vertrag, Machtübernahme auf parlamentarischem Wege, anschließende Beseitigung der Demokratie und Errichtung eines diktatorischen Führerstaates. In den Wahlen von 1932 wurde die NSDAP infolge der sozialen Katastrophe der Weltwirtschaftskrise und vieler Protestwähler stärkste Fraktion im Reichstag und Hitler Ende Januar 1933 von Reichspräsident **von Hindenburg** mit der Regierungsbildung beauftragt. Das ▶ Dritte Reich begann, an dessen Ende er am 30. April 1945 Selbstmord beging.

Hitlerjugend Bereits 1926 hatte die NSDAP Hitlers einen Jugendbund ins Leben gerufen, in den nach 1933 andere Jugendverbände teilweise freiwillig eintraten. Durch das **Gesetz über die Hitlerjugend** von 1936 bekam diese Organisation den Auftrag, außerhalb von Elternhaus und Schule die Jugend geistig und sittlich im Sinne des Nationalsozialismus zu erziehen. Seit 1939 wurde der Dienst in der **HJ** Pflicht. Für die 10- bis 14jährigen gab es das **Deutsche Jungvolk** bzw. den **Jungmädelbund**, während die 14- bis 18jährigen der HJ bzw. dem **Bund Deutscher Mädel**, dem **BDM**, zugehörten. Der Reichsjugendführung waren in jeweils 35 Gebieten oder Obergauen ca. 9 Mio. Jugendliche unterstellt.
Schwerpunkt der Arbeit waren die weltanschaulich-politische Schulung, der Sport, der berufliche Leistungswettkampf und die

Hitlerjungen, die als Flakhelfer schwer verwundet wurden, 1943. Das Foto wurde vom Reichspropagandaministerium für die Veröffentlichung gesperrt, da es zu wenig Siegeszuversicht ausstrahle.

vormilitärische Ausbildung in 143 Wehrertüchtigungslagern, wo Tarnung, Bewegung im Gelände und der Umgang mit Waffen eingeübt wurden. Neben den wöchentlichen Heimabenden, Sportnachmittagen und Führerschulungen, standen Sportfeste, Aufmärsche bei Parteiveranstaltungen auf dem Programm.

Während des 2. Weltkrieges führte die HJ Sammlungen für das Winterhilfswerk, Altmaterial-, Kleider- und Kräutersammlungen durch. Notdienstverpflichtungen für Jungen und Mädchen wurden eingeführt. Die weiblichen Mitglieder der HJ leisteten Ernte- und Haushaltshilfe, Kinderbetreuung bei Umsiedlern und bei der Kinderlandverschickung (KLV) sowie Lazarettdienste; die Jungen verpflichtete man als Flakhelfer oder zum Volkssturm.

Hohenstaufen Die Hohenstaufen (auch einfach die **Staufer**) sind, nach den Ottonen und den Saliern, die dritte der großen deutschen Herrscherdynastien des Hochmittelalters, Der Name leitet sich von der im 11. Jh. bei Göppingen in Württemberg erbauten Höhenburg Staufen her, die 1525 im Bauernkrieg zerstört wurde. Als treue Anhänger der Salier Heinrich IV. und Heinrich V., mit denen sie auch verschwägert waren, bauten sie, seit 1079 Herzöge von Schwaben, ihre Macht im südwestdeutschen Raum und in ganz Franken bis an die Grenzen Böhmens und Sachsens aus. Dennoch hatte der erste staufische König **Konrad III.** (R. 1138–52) große Mühe, sich im Reich durchzusetzen. Sein Neffe und Nachfolger ▶ Friedrich I. Barbarossa (R. 1152–90) gilt als einer der bedeutendsten Herrscher. Er stellte Macht und Ansehen des Reiches im Inneren und Äußeren wieder her. Sein Sohn **Heinrich VI.** (R. 1190–97) dehnte durch die Heirat mit der Erbin Konstanze von Sizilien die staufische Herrschaft bis tief in den Süden aus. Herrschaftspläne, die den Mittelmeerraum bis hin nach Byzanz und Spanien und selbst England mit einbezogen, zeichneten sich ab. Doch da starb der Kaiser, 32jährig, und der Erbe, ▶ Friedrich II., war noch kaum drei Jahre alt. Im Reich kämpfte Heinrichs Bruder **Philipp** nicht ohne Erfolg um die Stellung der Staufer; aber in Italien brach ihre Herrschaft zusammen. ▶ Friedrich II. (R. 1215–50) gewann zwar die Herrschaft über Sizilien zurück, im Kampf gegen den Papst und die abtrünnigen Städte der Lombardei konnte er aber keine Entscheidung herbeiführen und um Deutschland kümmerte er sich wenig. Dort folgte ihm sein Sohn **Konrad IV.** (R. 1250–54), in Sizilien sein unehelicher Sohn **Manfred**. Der letzte Staufer, **Konradin**, konnte sich nicht gegen den Papst und die mit ihm verbündeten Normannen durchsetzen. Als er die Anerkennung seiner Königswahl erzwingen und

Sizilien von Karl von Anjou zurückerobern wollte, wurde er besiegt und 16jährig auf dem Marktplatz von Neapel enthauptet.

Hohenzollern Die Familie stammt wohl von den **Burchardingern** ab, die im 10. Jh. Herzöge von Schwaben waren. Graf **Friedrich III.**, Vertrauter der Stauferkaiser Friedrich I. Barbarossa und Heinrich VI., erheiratete 1191 die Burggrafschaft Nürnberg, die seine Söhne jedoch teilten. Fortan gab es die *schwäbische* (später katholische) Linie mit den Stammgütern und die *fränkische* (evangelische) mit der Burggrafschaft.
Die fränkische Linie erreichte nach Gebietserwerbungen 1363 die Aufnahme in den Reichsfürstenstand. Wichtig für die weitere Entwicklung wurde, daß der Besitz nur in das Oberland um Kulmbach und Bayreuth und in das Unterland um Ansbach geteilt werden durfte. 1415 erweiterte sich der Besitz um das Kurfürstentum Brandenburg. 1473 wurde festgelegt, daß die nachfolgenden Söhne die fränkischen Besitzungen erben sollten, der älteste dagegen Brandenburg. Diese Linie erlangte 1701 mit Friedrich I. die preußische Königskrone, mit **Wilhelm I.** 1871 die deutsche Kaiserwürde. 1791 fiel der fränkische Besitz an die preußischen Hohenzollern.
Die schwäbische Linie erwarb verschiedene Reichsämter und erhielten 1653 Sitz und Stimme im Reichsfürstenkollegium. 1849 kam der Besitz an Preußen, so daß alle hohenzollerschen Lande wieder in einer Hand vereint waren.

Hohe Pforte Ursprünglich wurde das prachtvolle Tor zum Sultanspalast in Konstantinopel so genannt, an dem sich die ausländischen Gesandten melden mußten. Ab etwa 1718 ging der Name auf den Sitz des Großwesirs, des höchsten osmanischen Beamten, und auch auf Regierung und Außenministerium der Türkei über. Hohe Pforte bezeichnete also die höchsten Regierungsämter. Seit der Zeit Atatürks Anfang des 20. Jh.s wird er nicht mehr verwendet.

Höhlenmalerei Als man vor 100 Jahren durch Zufall in der Höhle von Altamira in Spanien an Felsdecken gemalte Tierbilder entdeckte, glaubte man zunächst an Fälschungen. Untersuchungen an Knochenfunden und die Entdeckung von Bildern in über hundert weiteren Höhlen in Westeuropa ließen aber keinen Zweifel zu: Die Zeichnungen und Malereien mußten aus der Eiszeit stammen. Sie lassen sich zum Teil auf die Zeit zwischen 100000 und 50000 v. Chr. datieren.

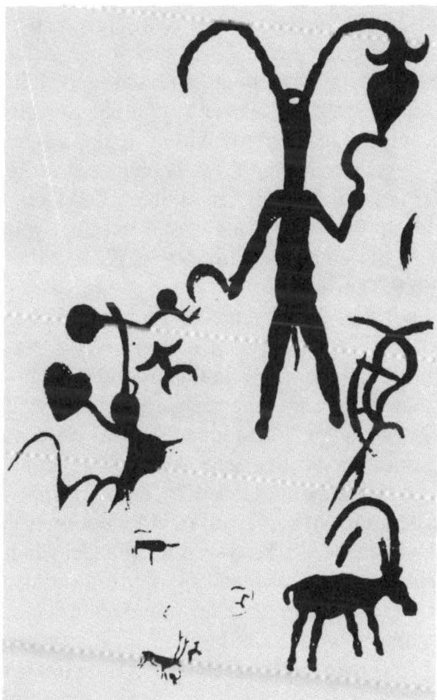

Der gehörnte Zauberer hält Sichel und Pflanzen als Zeichen des Ackerbaus, Darstellung aus dem Neolithikum/Steinzeit in der Grotte von Los Lettreros bei Almeria/Spanien

Die Wände und Decken der Höhle von Lascaux in Südfrankreich bedecken bunte Tierbilder (aus der Zeit um 14000 v. Chr.). Dargestellt sind Wildpferde, Urrinder, Großhirsche und Wisente, von Speeren durchbohrt oder in Fallen gefangen, aber auch Menschen in Tiermasken. Wir können vermuten, daß die steinzeitlichen Künstler das Jagdglück zu beschwören suchten. Man glaubte, daß man Macht über das Tier erlange, wenn man es symbolisch tötete. Felsbilder fand man auf allen Kontinenten.

Homer (8. Jh. v. Chr.) Nach der Überlieferung ist er der Schöpfer der *Ilias* und der *Odyssee.* Die Ilias, das älteste große Epos der europäischen Literatur, berichtet in etwa 16000 Versen von der zehnjährigen Belagerung der Stadt Troja durch die Griechen. Dem menschlichen Geschehen steht das Handeln der Götter gegenüber, die den Kampf nach ihrem Willen lenken. Die Odyssee erzählt in etwa 12000 Versen die Irrfahrten des Griechenkönigs Odysseus, der an der Eroberung Trojas beteiligt war und als einziger Kämpfer in die Heimat Ithaka zurückkehrt.

Inwieweit der Sagenstoff ein tatsächliches Ereignis aufnimmt, ist umstritten. Er vermittelt aber ein anschauliches und recht genaues Bild der frühgriechischen Adelswelt (▶ Mykenae). Auf den Spuren Homers entdeckte der deutsche Archäologe Heinrich Schliemann das antike Troja in Kleinasien und Mykenae auf dem Peleponnes.

Die beiden Werke waren für die Griechen ein Universallehrbuch, mit dem die Schüler Lesen und Schreiben lernten. Den griechischen Stämmen rief Homer mit dem Epos ihre gemeinsame Sprache und Religion ins Bewußtsein. Bereits in der Antike entstand die Legende um die Gestalt und das Leben des Dichters. Er soll als fahrender, blinder Sänger am Fürstenhof auf der Insel Chios gelebt haben. Sein Geburtsort war vermutlich Smyrna in Kleinasien.

Umstritten wie sein Lebensweg ist die Frage, ob Homer der Verfasser beider Texte ist. Wissenschaftler nehmen an, daß die Ilias etwa ein halbes Jahrhundert vor der Odyssee entstanden ist und von Homer stammt. Die Sagen wurden jahrhundertelang von einer Generation zur anderen weitererzählt, bis sie aufgeschrieben wurden. Livius übersetzte die Odyssee ins Lateinische, und **Vergil** wollte mit seiner *Aeneis* Homers Dichtung erreichen.

Hudsonbai-Kompanie Die 1670 in England gegründete Handelskompanie sollte vor allem den Pelzhandel mit den Indianern und Eskimos der Hudsonbai-Länder, wie damals der größte Teil Kanadas genannt wurde, erschließen. Dafür übertrug ihr die britische Krone nicht nur das Handelsmonopol, sondern auch Hoheitsrechte in ihrem riesigen Gebiet. Ihre heftigsten Gegner waren französische Pelzhändler, die aber schon 1713 alle Ansprüche an sie abtraten. Kanadische, französische und schottische Händler gründeten 1783 im Nordwesten die **Nordwestkompanie**. 1821 vereinigten sich beide Gesellschaften. 1869 verzichtete die Hudsonbai-Kompanie in einem Vertrag mit der kanadischen Regierung auf alle ihre Vorrechte. Sie existiert aber noch heute als Einzelhandelsgesellschaft.

Hugenotten Die französischen Protestanten, etwa 1/6 des Volkes, hatten zunächst durch ein Edikt von 1562 eine beschränkte Religionsfreiheit, doch hielt diese Zusage nicht lange. Als sie sich wehrten, wurde in den **Hugenottenkriegen** (1562/3, 1567/8, 1568–70) gegen sie gekämpft, in der ▶ Bartholomäusnacht 1572 zahlreiche ihrer Führer ermordet. Doch sie gaben nicht auf, erstritten sich Sicherheitsplätze mit freier Religionsausübung und schlossen sich in einer Organisation zusammen, die sie militärisch, politisch und kirchlich ver-

trat. Damit wurden die Hugenotten ein wichtiger Machtfaktor im französischen Staat. Demgegenüber forderte die katholische Seite und der französische Staat eine Rückkehr zum Katholizismus oder Auswanderung.
Erst das **Edikt von Nantes** 1598 sicherte den Hugenotten für fast ein Jahrhundert Religionsfreiheit zu, bis es Ludwig XIV. 1685 aufhob. In seine Vorstellung des ▶ Absolutismus paßte eine religiöse Minderheit und ein nicht beherrschbarer Machtfaktor nicht hinein. Geistliche mußten das Land verlassen, die Auswanderung von Laien wurde bestraft, dennoch flohen mehr als 200000 Hugenotten vor allem in die Niederlande und nach Preußen. Sie waren meist Handwerker und haben ihre Gastländer mit der auf vielen Gebieten überlegenen Technik Frankreichs bekannt gemacht (Strumpfwirkerei, Handschuhmacherei, Gartenbau usw.). Die in der Heimat gebliebenen Hugenotten bekamen erst durch die Französische Revolution von 1789 die Glaubensfreiheit.

Humanismus Der erst 1808 geprägte Begriff sollte zunächst den höheren Wert der althumanistischen Gymnasien gegenüber den Realschulen ausdrücken. Erst später wurde er zur Bezeichnung einer Epoche gebraucht, in der man die altgriechische und römische Kulturwelt zu erschließen suchte und die Erkenntnisse zur Bildung des Menschen heranzog. Die antiken Schriften, soweit sie unmittelbar durch Boëthius, Cassiodor u. a. überliefert waren, wurden nach und nach in Klosterbibliotheken wiederentdeckt, durch Kreuzzugsbeute und arabische Übersetzungen erweitert.
Im 14. Jh. entstand in Italien ein Humanismus, der bis heute nachwirkt. Mittelpunkte dieses Humanismus der ▶ Renaissance waren das von den Medici beherrschte Florenz, das Rom der Päpste, vor allem **Pius II.**, die Fürstenhöfe von Ferrara, Urbino, Mantua und Neapel, auch die Universitäten. Getragen wurde er allerdings zunehmend von Beamten und Bürgern, Juristen, Professoren und Schriftstellern wie **Petrarca** und **Boccaccio**. Sie konnten auf immer mehr Handschriften zurückgreifen, ließen doch die Päpste planmäßig nach den in Klöstern verschollenen Kostbarkeiten fahnden. Die antiken Schriften wurden in Bibliotheken wie der 1480 gegründeten Vatikanischen Bibliothek gesammelt, von Philologen kritisch geprüft und erläutert, schließlich von humanistisch gebildeten Druckern, wie **Aldus Manutius** in Venedig, der seine 28 Erstausgaben bibliophil gestaltete, oder **Frobenius Froben** in Basel gedruckt. Die vor den Türken geflohenen Griechen brachten zahlreiche alte Texte nach Venedig und Florenz.
Typisch für den italienischen Humanismus war die Begeisterung für die Antike, ihr Einfluß auf das gesellschaftliche und private Leben, vor allem aber der autonome Mensch als Bildungsziel. Das zentrale Thema des Humanismus, die Würde des Menschen, wird in **Pico della Mirandolas** 1487 verfaßter Schrift *De dignitate hominis* (Über die Würde des Menschen) vollendet behandelt.
Vorbild für das auch außerhalb Italiens aufblühende neulateinische Schrifttum war ▶ Cicero. Seine Lehre, das Studium der Literatur sei der würdigste Weg zum harmonisch entfalteten Menschentum, wirkte stark auf den Humanismus. Übernommen wurde die antike Poetik mit allen Gattungen (Tragödie, Komödie, Epos u. a.), die dann in den Nationalsprachen nachgebildet wurden. Die sprachlich schöne Form wurde nun geschätzt. Bis heute wirken die klassische Philologie, einst von Lorenzo Valla zur Strenge verpflichtet, und die später entwickelte Archäologie und Altertumskunde.
In Deutschland bewirkte der Humanismus

zuerst am Hof Kaiser Karls IV. in Prag einen **Kanzlei-Humanismus**, in dessen Einflußbereich **Johann von Tepl** um 1400 den *Ackermann aus Böhmen* verfaßte. Nach der Verlegung der Reichskanzlei nach Wien trieb **Enea Silvio Piccolomini** (der spätere Papst Pius II.) den Humanismus voran. Humanistenkreise bildeten sich in Nürnberg, Augsburg, Straßburg, Heidelberg und Erfurt, wichtige Vertreter waren **Willibald Pirkheimer, Sebastian Brant, Konrad Peutinger**. Der Erfurter Kreis und **Ulrich von Hutten** lieferten in den *Dunkelmännerbriefen* eine beißende Satire auf das Mönchslatein der Scholastik. Von **Reuchlins** Forderung, zu den antiken Sprachen müsse das Hebräische treten, um die Bibel im Original studieren zu können, wurden einige der Reformatoren (Melanchthon, Zwingli, Bucer, Calvin) beeinflußt, doch kam es nicht zu einem Bündnis zwischen Humanismus und Reformation.

Hundertjähriger Krieg

Als im Jahre 1328 das französische Herrscherhaus der **Kapetinger** in direkter Linie ausstarb, bewarb sich um die Nachfolge auch der englische König. England verfocht alte Ansprüche auf den Südwesten Frankreichs und neuere auf die Absatzmärkte englischer Wolle in Flandern. Der folgende Krieg wurde erbittert ausgefochten, doch in den 100 Jahren lagen auch Phasen der Ruhe und des Friedens aus Erschöpfung. Englische Anfangserfolge brachten Frankreich zunächst an den Rand des Zusammenbruchs und der nationalen Katastrophe. Doch nach einer längeren Friedenszeit schien Frankreich zu erstarken. Als England nach 1415 wieder dominierte, kam die Wende durch Jeanne d'Arc aus Lothringen. Zwar zog sich der Krieg auch dann noch viele Jahre hin, doch Frankreich hatte soviel Selbstbewußtsein gewonnen, daß sich die Engländer zurückziehen mußten. 1453 endete der Krieg; England behielt nur Calais.

Jeanne d'Arc dringt in das von den Engländern belagerte Orléans ein, Fresko von Eugène Lenepveu, 1858.

Hunnen

Während die östlichen Hunnen China lehnspflichtig wurden, wichen die westlichen Nomadenverbände zum Aralsee aus. Von dort brachen sie um 350 n. Chr. auf und besiegten mit ihren schnellen Pfeil- und Lanzenangriffen zu Pferd die **Alanen**, dann die Ostgoten unter ihrem König **Ermanarich** und besetzten als Viehzüchter das Land zwischen Wolga und Don. Um 425 stieß eine der Horden unter Mundzuk und dessen Sohn **Attila** in die Donauebene des heutigen Ungarn vor. Von dort aus zogen ihre Scharen plündernd und brennend bis zum Rhein. Der Versuch, Frankreich zu überrennen, scheiterte 451 in der Schlacht auf den **Katalaunischen Feldern**. Auf seinem Italienzug mußte Attila vor Rom umkehren, da die Überraschungstaktik weder für die offene Feldschlacht noch für Belagerungen taugte. Nach seinem Tod 453/4 zerfiel sein Reich rasch. Das Volk ging in den **Awaren**, **Chasaren** und **Wolga-Bulgaren** auf. Als letzte Nachfahren gelten die **Tschuwaschen**.

Hussiten Nachdem der aus Böhmen stammende Reformator Johannes (Jan) **Hus** trotz Zusicherung freien Geleits 1415 während des Konzils in Konstanz als Ketzer verurteilt und verbrannt worden war, kam es in Böhmen zu schweren Unruhen seiner Anhänger. Dabei bildeten sich zwei Gruppen heraus, die gemäßigten **Utraquisten**, die das Abendmahl *sub utraque specie,* d. h. unter beiderlei Gestalt (Brot und Wein) forderten. Sie werden manchmal auch **Calixtiner** (lat.: calix = Kelch) genannt. Die zweite Gruppe waren die radikalen **Taboriten**, die ihren Namen von ihrem wichtigsten Stützpunkt in Südböhmen (Tabor = Lager) erhielten. Vor allem bei dieser Gruppe mischten sich religiöse, soziale, antideutsche und nationale Motive, aber auch Vorstellungen, ein Gottesreich auf Erden errichten zu wollen.
Von 1420 an kam es zu den blutigen Hussitenkriegen. Ausgelöst wurden sie durch die Weigerung Böhmens, König **Sigismund** als König zu akzeptieren, da man ihn – er hatte das Konzil einberufen – als Mörder Jan Hus' ansah. Der Aufruf des Papstes zum Kreuzzug gegen die Hussiten trug zum Ausbruch der militärischen Auseinandersetzungen bei, in denen sich ein Reichsheer und ein Volksheer gegenüber standen. Im Verlauf der Kriege unternahmen vor allem die Taboriten unter ihrem Feldherren **Jan Žižka** und **Andreas Prokop** Feldzüge in weite Teile Mittel- und Norddeutschlands. Sie wurden erst 1434 besiegt, als sich die Utraquisten mit den Katholiken einigten. Auf dem **Konzil von Basel** 1433 lenkte die Kirche ein und billigte den Utraquisten den Laienkelch zu. Sigismunds Anerkennung als böhmischer König 1436 beendete die Kriege.

I

Ignatius von Loyola (1491–1556) Aus baskischem Adel stammend, stand *Don Iñigo Lopez y Loyola* zunächst im Dienst des spanischen Vizekönigs. Nach einer schweren Kriegsverwundung entschloß sich der dreißigjährige Offizier, nur noch zur größeren Ehre Gottes und für die eigene Seligkeit zu wirken. Nach theologischen und philosophischen Studien in Spanien und Frankreich gründete er 1534 zusammen mit Studienfreunden eine religiöse Gemeinschaft, die sich neben herkömmlichen Mönchsgelübden zu besonderem Gehorsam gegenüber dem Papst verpflichtete. 1540 genehmigte der Papst die Gesellschaft Jesu, die ▶ Jesuiten.

Illyrer Das in viele Stämme zersplitterte indoeuropäische Volk der Illyrer wanderte im 8. Jh. v. Chr. vom Gebiet der Oder auf den nordwestlichen Balkan und an die Adriaküste und gründete dort eine Reihe von Kleinstaaten. Diese konnten in vielen Kämpfen gegen Makedonien ihre Freiheit bewahren, doch mußten sich ihre südlichen Stämme nach dem 3. Makedonischen Krieg 168 v. Chr. den Römern unterwerfen. Die Illyrer der dalmatinischen Küste machten die Adria als Seeräuber unsicher und plünderten manchmal auch die Küste Italiens. So unterwarf Rom schließlich auch diese Stämme.

Die Illyrer nahmen schnell die römische Kultur an und wurden eine der wichtigsten Stützen des Reiches, denn wegen ihrer kämpferischen Gesinnung spielten sie als Legionäre im Heer eine hervorragende Rolle. Mehrere Kaiser des 3. Jh.s n. Chr. waren Illyrer.

Immunität Der Begriff bezeichnet in der Politik heute den Schutz des Abgeordneten vor Eingriffen von Polizei und Justiz. Die Immunität kann nur vom Parlament aufgehoben werden. In der Rechtsprechung des Mittelalters meinte der lat. Begriff *immunitas* die Befreiung von öffentlichen Lasten und Abgaben und vor allem den Schutz vor Amtshandlungen des Grafen bei Übernahme besonderer Pflichten. Immunität im engeren Sinn bezeichnete das Gebiet, in dem nicht der Graf als Vertreter des Königs, sondern der betreffende Herr selbst oder der Vogt als sein Beauftragter die öffentlichen Aufgaben, vor allem die niedere Gerichtsbarkeit wahrnahm.

Seit den Merowingern und Karolingern erlangten die kirchlichen Institutionen, die Bistümer und Abteien, und viele Adelige – zuerst im **Pariser Edikt von 614** – diese Sonderrechte. Seit dem hohen Mittelalter gewannen auch die Städte solche Privilegien. Die weltlichen und geistlichen Herren konnten über die Rechtsprechung und die Durchsetzung ihrer sonstigen Hoheitsrechte einen eigenen Herrschaftsbereich errichten, der dem Zugriff der königlichen Zentralgewalt weitgehend entzogen war. Sie stiegen damit zu Landesherren auf. So entstand die Vielzahl von Kleinstaaten im Reich, die erst durch Napoleon im ▶ Reichsdeputationshauptschluß beseitigt wurden.

Imperialismus (lat.: imperium = Herrschaft) Das **Imperium Romanum** war die Herrschaft Roms über viele Völker und Länder, und hier haben wir auch die Wurzel des Begriffs *Imperialismus* im heutigen Sinn, als Herrschaft über andere Völker. Der Beweggrund dafür kann Macht- und Eroberungssucht sein, auch das Streben, andere Völker auszubeuten, und schließlich kann auch religiöses oder kulturelles Sendungsbewußtsein eine Rolle spielen. Christen wie Moslems waren fest davon überzeugt, es sei ihre Pflicht, alle Völker zur eigenen Religion zu bekehren; wenn es sein mußte, auch mit Gewalt. Auch die Marxisten meinten, ihre Lehre müsse mit allen Mitteln über die ganze Welt verbreitet werden, und in Deutschland entstand im vorigen Jahrhundert der Satz *Am deutschen Wesen soll die Welt genesen.* Heute noch sind in den USA viele Menschen davon überzeugt, der *american way of life* sei die allein erstrebenswerte Lebensform. So haben alle möglichen Absichten immer wieder dazu geführt, daß sich Religionen und politische Systeme nicht nur berechtigt, sondern sogar verpflichtet fühlten, andere Völker zu unterwerfen, um ihnen die eigenen Ideen zu bringen und sie dadurch glücklich zu machen.

Die größten antiken Imperien im europäisch-nahöstlichen Raum waren die der Perser, Römer und Alexanders und in der Neuzeit die Kolonialreiche der Spanier, Portugiesen, Niederländer, Engländer und Franzosen sowie Rußlands, das seine Macht

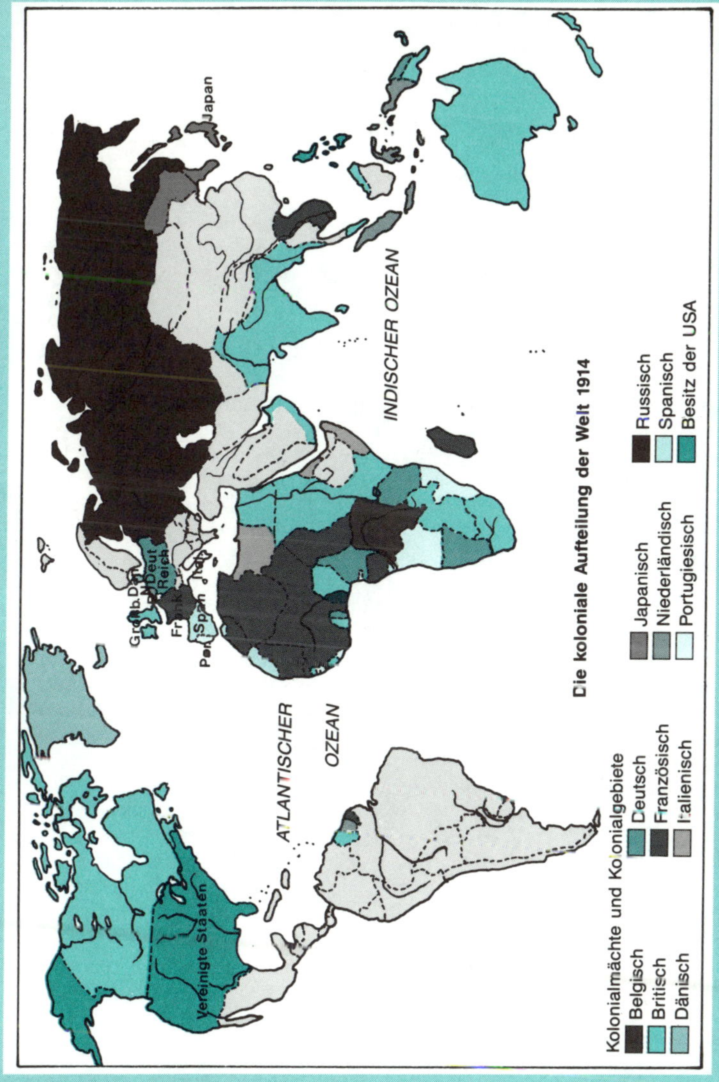

Die koloniale Aufteilung der Welt 1914

über weite Gebiete Asiens ausdehnte. Seit der Französischen Revolution von 1789 verband sich der Imperialismus mit dem Gedanken des Nationalismus, auch mit Lehren von der Überlegenheit bestimmter Menschenrassen über andere, und dann kamen noch die Ideen des ▶ Panslawismus und des **Pangermanismus** dazu. Sie behaupteten, alle germanischen oder slawischen Völker müßten sich zusammenschließen, um sich besser gegen die anderen durchsetzen zu können.
In einem engeren Sinne werden die Jahre von 1880 bis 1914 als *Zeitalter des Imperialismus* bezeichnet. Es waren jene Jahrzehnte, in denen Europa die freien Räume Afrikas und Asiens kolonisierte bzw. wie z. B. China seinem Einfluß unterwarf, denn in der Industriellen Revolution entstanden Wirtschaftszweige, die auf ausländische Rohstoffe angewiesen waren. Vor allem die Elektroindustrie, der Motorenbau und die chemische Industrie brauchten Rohstoffe wie Kupfer, Kautschuk, Erdöl und andere, die in Europa nicht oder nicht ausreichend verfügbar waren. Nach der Theorie der Freien Marktwirtschaft sollten zwar alle Rohstoffgebiete der Welt für alle Staaten frei zugänglich sein, doch meinten Politiker und Militärs, kommende Kriege würden noch stärker als früher durch die Rüstungsmöglichkeiten eines Landes entschieden. Es sei deshalb nötig, militärisch wichtige Rohstoffgebiete unter eigene Kontrolle zu bekommen. Deshalb bauten viele Staaten große Kriegsflotten, verstärkten ihre Heere und strebten nach militärischen Stützpunkten in Übersee, um die Wege in die Kolonien abzusichern. Die Großmächte belauerten sich dabei gegenseitig, damit möglichst keine Seite einen Vorteil über die andere errang. In einer Zeit, in der Krieg als *Fortsetzung der Politik mit anderen Mitteln* anerkannt war, mußten solche Überlegungen eine große Rolle spielen.
Das Deutsche Reich beteiligte sich ab 1884 an der Kolonialpolitik und wollte damit, neben Rohstoffen und gesicherten Absatzmärkten für die eigene Industrie, auch Siedlungsraum für die Millionen deutscher Auswanderer gewinnen, die aber vorwiegend nach Nordamerika gingen. Hier wie auch in anderen Fällen waren es nicht die führenden Politiker, sondern eine von der Massenpresse aufgeheizte öffentliche Meinung, die ihre Regierungen zu immer neuem Gebietserwerb drängte. Nationale Größe wurden von vielen Menschen nach der Zahl der beherrschten Quadratkilometer oder den unterworfenen Millionen von Menschen gerechnet. Bismarck stand der Kolonialpolitik lange ablehnend gegenüber, weil er in ihr nur die Gefahr einer Konfrontation mit anderen Mächten sah, und er gab erst nach, als die innenpolitischen Probleme (▶ Sozialistengesetze) und die Wirtschaftskrise von 1882 es ihm nahelegten, der öffentlichen Meinung ein Opfer zu bringen.
Mit dem 1. Weltkrieg war die Kolonialexpansion der meisten Mächte am Ende, doch verstärkten Japan auf Kosten Chinas, Italien (in Albanien, Äthiopien, Libyen), Deutschland (ab 1933) und die Sowjetunion ihre imperialistischen Bestrebungen. Währenddessen begann vor allem England schon damit, sich auf das Ende der Kolonialzeit vorzubereiten und die unterworfenen Völker in die Freiheit zu entlassen, denn die Kritik in den Mutterländern wie der Widerstand der Unterworfenen verstärkte sich immer mehr. Dagegen hat Hitler den 2. Weltkrieg ganz als Eroberungskrieg begonnen, und auch Japan, Italien und die Sowjetunion wollten ihn zur Stärkung ihrer Position ausnützen.
Sozialisten wie Rosa Luxemburg und Lenin hatten behauptet, imperialistische Po-

litik sei nötig, weil der Kapitalismus sonst an seinen inneren Widersprüchen zerbrechen würde. Das hat aber kommunistische Staaten selbst nie an Eroberungen gehindert. So hat China noch nach dem 2. Weltkrieg Tibet unterworfen, die Sowjetunion ihren Machtbereich 1979 auf Afghanistan auszudehnen versucht, Vietnam sich 1979 an die Eroberung Kambodschas gemacht. *Imperialist* als sozialistisches Schimpfwort für Politiker der freien Welt fällt damit auf seine Urheber zurück.
Bis 1945 ging imperialistische Politik immer Hand in Hand mit Eroberung und direkter Kontrolle über andere Länder. Kritiker werfen den ehemaligen Kolonialmächten vor, sie hätten die von ihnen einst beherrschten Gebiete zwar formal in die Unabhängigkeit entlassen, würden sie aber durch wirtschaftlichen Einfluß indirekt weiter kontrollieren und nach ihren Interessen steuern (**Neokolonialismus**).

Indianerkriege Nach dem ▶ Sezessionskrieg (1861–65) zwischen den Nord- und Südstaaten Amerikas zerstörte der Eisenbahnbau, der Zustrom von Siedlern und die Dezimierung der Bisons sehr schnell die Lebensgrundlage der nomadisch zwischen Mississippi und Felsengebirge lebenden Prärieindianer. Gleichzeitig litten sie an neuen tödlichen Krankheiten und wurden durch den Alkohol ruiniert. Der Widerstand, den z. B. die **Sioux** leisteten, konnte das Geschehen nicht aufhalten, obwohl ihnen 1876 am **Little Big Horn** ein großer militärischer Erfolg gelang. Symbolcharakter auch noch für heute, erhielten die Niedermetzelung friedlicher **Cheyenne** am **Sand Creek** 1864 und das Massaker am **Wounded Knee** 1890, wo Soldaten das Feuer auf Indianer eröffneten, die sich bereits ergeben hatten.

Indochinakrieg Im 19. Jh. wurden Laos, Kambodscha und Vietnam (Indochina) französische Kolonien. Gegen die japanische Besetzung im 2. Weltkrieg und gegen die 1945 zurückkehrenden Kolonialherren, organisierte **Ho Chi-minh** in Vietnam die kommunistische Widerstandsbewegung der **Vietminh**. Der daraus entstehende Kolonialkrieg endete 1954 mit der Niederlage Frankreichs bei **Dien Bien Phu** und der Teilung des Landes in einen sozialistischen Norden und den unter französischer Herrschaft bleibenden Süden. Der Norden begann bald einen Partisanenkrieg gegen den Süden. Unterstützung der Sowjetunion für den Norden und der USA für den inzwischen selbständigen Süden führte 1964 zum ▶ Vietnamkrieg, der 1975 mit der Niederlage des Südens und der Wiedervereinigung des Landes endete. Auch die Bürgerkriege in Laos und Kambodscha endeten mit Siegen der Kommunisten. Seit 1990/91 hat Vietnam den Versuch aufgegeben, die Nachbarstaaten militärisch zu beherrschen.

Indogermanen Im 19. Jh. entdeckte man, daß die meisten Sprachen Europas in Wortschatz, Lautstand und Grammatik eine Reihe von Ähnlichkeiten aufweisen und sogar mit einigen asiatischen Sprachen, vor allem dem altindischen Sanskrit, verwandt sind.

dtsch.	Mutter	Schwester	Burg
germ.	modar	swestar	burg
engl.	mother	sister	borough
schwed.	moder	syster	borg
lat.	mater	soror	(burgus)
franz.	(mère)	(soeur)	(bourg)
griech.	mētēr	héòr	pyrgos
alt.-ind.	mater	svasar	–

Die Entwicklung der indoeuropäischen Sprachen

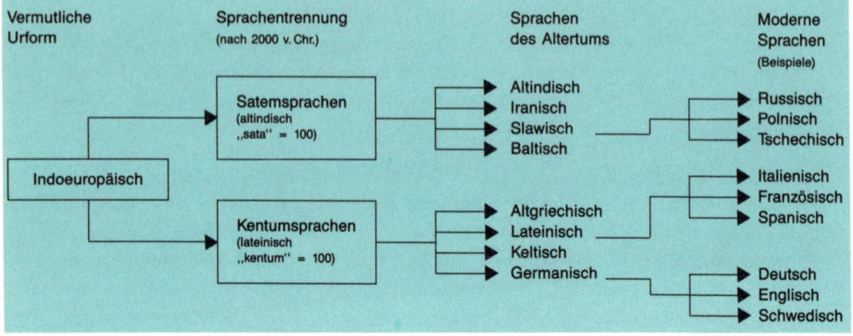

Die Vermutung lag nahe, daß die Völker einem gemeinsamen *Urvolk* entstammten, dem man den Namen Indogermanen oder auch – im Eingeständnis der nicht genau geklärten Heimat – **Indoeuropäer** gab. Alle mit der Entstehung der indogermanischen Sprache und Kultur verbundenen Theorien sind aber unter Gelehrten bis heute umstritten. Der *Stammbaum* der modernen Sprachen zeigt, wie weit verzweigt die Sprachfamilie der Indoeuropäer ist.
Indogermanen waren die **Ioner** und **Achäer**, die seit 2000 v. Chr. aus dem Donauraum in die Ägäis eindrangen, auch die **Dorer** (seit 1100 v. Chr.). Nicht nur die Vorfahren der Griechen, ebenso die frühen Römer, **Italiker** genannt, die Kelten, Germanen und Slawen waren indogermanischen Ursprungs. **Arier** nennt man die indogermanischen Iranier, die im 1. Jt. v. Chr. im heutigen Südrußland, in Afghanistan und Persien lebten, einige Stämme in Indien und die Bewohner des Hindukuschs in Afghanistan.

Indus-Kultur Im westlichen Indien bestand zwischen 2700 und 1500 v. Chr. eine frühe Hochkultur. Die Hauptstädte waren ▶ Mohenjo Daro und **Harrapa** im Industal. Die Indus-Leute lebten in befestigten Städten und beherrschten die Verarbeitung von Metall und Halbedelsteinen, die von weither importiert wurden, zu Waffen und Schmuck. Die Träger der Indus-Kultur konnten bereits Baumwolle anbauen und verarbeiten. Ihre auf der Töpferscheibe hergestellte Keramik genoß großes Ansehen. Siegel dienten zur Kennzeichnung des persönlichen Eigentums, wurden aber auch als Glücksbringer wie ein Schmuckstück getragen. Indische Siegel fand man in Mesopotamien: es bestand also zwischen beiden Hochkulturen ein reger Handels- und Kulturaustausch. Die Siegelbilder zeigen die indischen Götter, vor allem den Stiergott. Seit etwa 1500 v. Chr. zerstörten die aus dem Iran einwandernden **Arier,** die zu den ▶ Indogermanen gehören, die Indus-Kultur.

Industrielle Revolution Sie begann in England zwischen 1760 und 1789, in Deutschland viel später. Während die Technik des 18. Jh.s sich noch nicht wesentlich von der des Mittelalters unterschied, hat die Industrielle Revolution Wirtschaft und Gesellschaft in mehreren Schüben durch Verstädterung und Fabrikproduktion vollkommen verändert: Lebten in Deutschland um 1800 noch 80 Prozent der Bevölkerung von der Landwirtschaft, so waren es 1913 nur noch 33 Prozent. In einer ersten Welle ersetzten **Dampfmaschinen** und eiserne Werkzeugmaschinen menschli-

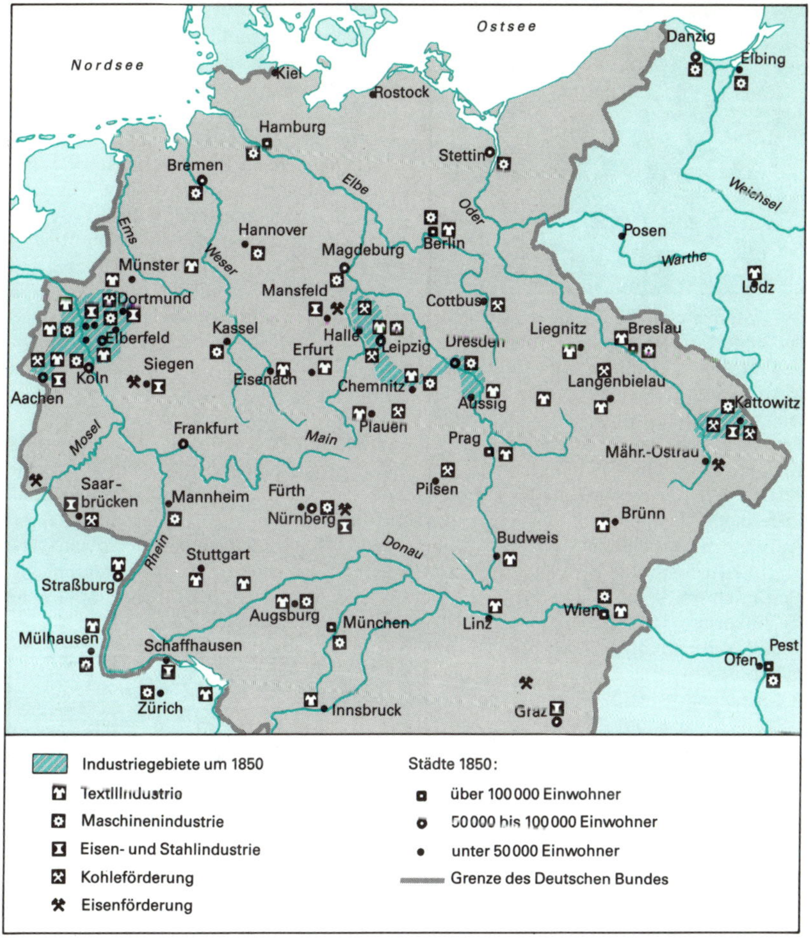

Industrialisierung in Deutschland um 1850

che Arbeitskraft und Handwerkzeug. Großserien und Arbeitsteilung senkten die Kosten. Viele Handwerker konnten nicht mit den niedrigen Fabrikpreisen konkurrieren und wurden abhängige Fabrikarbeiter. Der Kapitalbedarf der Fabriken führte zu neuen Unternehmensformen, z. B. **Aktiengesellschaften**, und ließ das moderne Bankwesen entstehen. Das städtische Bürgertum und die Unternehmer stellten politische Forderungen (▶ Liberalismus) und begannen, den Adel aus seiner politischen Führungsrolle zu verdrängen.

Der Wandel begann in der Textilbranche

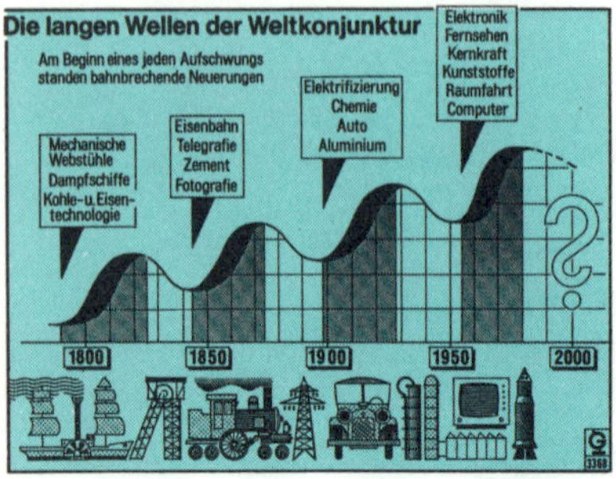

und griff dann auf die Eisenindustrie über; der Bedarf an Rohstoffen (Eisen, Kohle) und Transportleistungen (▶ Eisenbahn) wuchs gewaltig. In neuen Industriegebieten, meist in rohstoffreichen Gegenden, sammelte sich das **Proletariat** der Industriearbeiter in Großstädten. Erst ab den achtziger Jahren verbesserte sich dessen Lage, denn Auswanderung verknappte das Angebot an Arbeitskraft, das Wachstum der Industrie erhöhte die Nachfrage. Zugleich führten neue Industriezweige und Erfindungen (Chemie, Elektrizitätswirtschaft, Verbrennungsmotoren) und Fließbandproduktion zur 2. Industriellen Revolution, der nach dem 2. Weltkrieg mit Flugzeugen, Kunststoffen, Raumfahrt, Atomenergie und EDV eine 3. folgte. Gentechnologie und Umweltschutz könnten die nächste Welle von Veränderungen bestimmen.

Inflation (lat.: inflare = aufblasen) Wenn die Menge des umlaufenden Geldes die Warenmenge übersteigt, führt dies zur Inflation, einer Geldentwertung, da durch übergroße Nachfrage die Preise steigen und damit die Kaufkraft sinkt. Dieses Ungleichgewicht kann z. B. entstehen, wenn der Staat fehlende Steuereinnahmen durch ungedeckte Kredite auszugleichen versucht oder wenn zur Deckung der Staatsausgaben die Geldmenge unkontrolliert vermehrt wird. Um den Folgen einer Inflation zu entgehen, kommt es bei der Bevölkerung häufig zur Flucht in Sachwerte, wobei Sparguthaben, z. B. zum Kauf von Grundstücken oder Edelmetall verwandt werden. Dies beschleunigt die Lohn-Preis-Spirale und damit das Inflationstempo. Eine *galoppierende* Inflation führte 1923 zum Zusammenbruch der deutschen Währung. Auf dem Höhepunkt der ▶ Ruhrkrise entsprach ein Dollar 4,2 Billionen Reichsmark. Opfer der Inflation sind Sparer und Lohnempfänger, während Besitzer von Sachwerten und Immobilien (Grund- und Hausbesitz) Vorteile aus dem Währungsverfall ziehen, da sie z. B. Schulden mit wertlosem Geld abzahlen können.

Inkareich Die Spanier stießen bei der Eroberung Südamerikas ab 1530 auf eine Reihe hoch entwickelter Indianerstaaten. Der Wichtigste war das Reich der Inkas mit der Hauptstadt Cuzco. Es war um 1200 n. Chr. aus einem kleinen Fürstentum entstanden und hatte sich durch kämpferische

Die Inka nutzten verknotete Schnüre als „Notizen“, Bilderchronik aus dem 16. Jh.

Gesinnung und eine überragende Organisation in drei Jahrhunderten von der heutigen Nordgrenze Ecuadors bis nach Mittelchile und Nordwestargentinien ausgebreitet, hatte also eine Nord-Süd-Ausdehnung von 4000 Kilometern. Einzelne Expeditionen der Inkas führten sogar noch viel weiter. Auf Flößen fuhren sie bis zu den 1000 Kilometer fernen Galapagos-Inseln im Pazifik.

Die **Inka** genannte Adelsschicht führte den Staat und gab ihm den Namen. Ihr Haupt war *Sapay Inka,* der Oberste Inka. Er galt als Sohn der Sonne, in deren Dienst das ganze Volk stand. Alles Land gehörte dem Staat, die Bauern arbeiteten und lebten nach einem straffen staatlichen Plan. Sie mußten ein Drittel aller Erträge an den Staat abliefern, ein weiteres Drittel an die Tempel. Brücken und befestigte Straßen ermöglichten der Armee auch im Hochgebirge schnelle Märsche. Ein leistungsstarker Nachrichtendienst kontrollierte das Volk und beobachtete die Nachbarn. Alles diente nur einem Zweck, nämlich Gold zu gewinnen und es in die Tempelmagazine zu bringen, denn Gold galt als Bestandteil der Sonne. Die Spanier mit ihren schwachen Kräften konnten diesen gut organisierten Staat nur unterwerfen, weil **Huascar** und **Atahualpa**, die beiden Söhne des letzten Königs, einen Bürgerkrieg um das Erbe führten. Die Inka haben, wie alle indianischen Hochkulturen, keine Schrift gekannt.

Innozenz III. (1160/1–1216) Für sein Zeitalter wurde dieser Papst zum überragenden politischen wie religiösen Ordnungsfaktor. Im deutschen Thronstreit hat er dem Stauferkaiser Friedrich II. den Weg geebnet, energisch griff er in den Konflikt des englischen Königs mit den Ständen ein. Bei der Ausübung seines Schiedsrichteramtes erwirkte er sowohl die reichsrechtliche Anerkennung des von ihm erweiterten Kirchenstaates, wie er zugleich die innerkirchliche Autorität des Papsttums zu festigen verstand. Den Höhepunkt seiner Amtszeit (1198–1216) bildete das 4. Ökumenische Konzil (1215), das eine tiefgehende Reform einleitete. Mit der Anerkennung des Franziskanerordens gab Innozenz der neu entstandenen Armutsbewegung in der Kirche eine Heimat. Die Wiedervereinigung der Ost- mit der Westkirche blieb ihm allerdings versagt; die Ausschreitungen eines Kreuzfahrerzuges in Konstantinopel hatten das Schisma, die Glaubensspaltung, nur noch vertieft.

Inquisition (lat.: inquirere = untersuchen) Durch das Inquisitionsverfahren sollte die gerichtliche Verfolgung der Verbrechen (Anklage von Amts wegen) an die Stelle der Anklage durch den Verletzten treten. Der Richter vereinigte in seiner Person die Rollen des Anklägers, des Verteidigers und des Richters. Als zuverlässiges Beweismittel galt das Geständnis. Der Beschuldigte mußte notfalls durch die *peinliche Frage,* die Anwendung der Folter, zum Geständnis gezwungen werden. Das neue Gerichtsverfahren hielt im späten Mittelalter Einzug in das deutsche Rechtsleben und bestand bis ins 19. Jh. fort. Die überlieferten Folterwerkzeuge in Heimatmuseen sind Zeugen dieser Rechtspraxis.

Große Bedeutung erlangte die kirchliche Inquisition. Sie richtete sich gegen Ketzer und vom Glauben Abgefallene und lag in den Händen von kirchlichen Gerichtshöfen, die meist mit Ordensangehörigen der Dominikaner besetzt waren. Die zentrale Behörde saß, von Papst **Gregor IX.** erstmals im Jahre 1231/2 errichtet, in Rom. Für die Vollstreckung der Strafe waren seit dieser Zeit die Staatsorgane zuständig.

Besonders grausame Ausmaße nahm die Inquisition in Spanien, Italien und Frankreich an. In Deutschland führte sie etwa 1550 bis 1650 zu den blutigen Prozessen der ▶ Hexenverfolgungen.

Interregnum bedeutet Zwischenreich; das ist in Wahlmonarchien der Zeitraum zwischen dem Tod oder auch der Absetzung des alten Herrschers und dem Amtsantritt des Nachfolgers. Diese Phase konnte Wochen und Monate dauern. In der deutschen Geschichte versteht man unter Interregnum vor allem die zwei Jahrzehnte zwischen dem Ende der Hohenstaufen, 1254, und dem Beginn der Habsburger, 1273. Streng genommen war das allerdings kein Zeitraum ganz ohne Königsherrschaft; die deutschen Fürsten – sie hatten die königliche Zentralgewalt bereits unter Friedrich II. zu ihren Gunsten geschwächt – wählten 1257 zwei Ausländer zu Königen: **Richard von Cornwall**, den Schwager Friedrichs II., bzw. **Alfons von Kastilien**. Mit der Wahl des Grafen Rudolf von Habsburg zum König endete dieses Interregnum.

Invasion Ursprünglich für jedes Eindringen militärischer Verbände in ein fremdes Land verwendet, steht dieser Begriff heute für das nach Art und Umfang einmalige westalliierte Landeunternehmen vom 6. Juni 1944 in der Normandie. Beschlossen worden war die Invasion bereits im Mai 1943 von Roosevelt und Churchill auf einer Konferenz in Washington. Sie sollte zur Entlastung der sowjetischen Westfront beitragen. Das gewaltige Unternehmen glückte nicht zuletzt deshalb, weil es vom deutschen Oberkommando nicht an dieser Stelle erwartet worden war und zudem die Alliierten die absolute Luftüberlegenheit besaßen. So konnten trotz harter deutscher Gegenwehr binnen weniger Tage, unter dem Schutze von mehr als 10000 Flugzeugen und 1100 Kriegs- und Transportschiffen, 326000 amerikanische und britische Soldaten mit 54000 Fahrzeugen an der französischen Küste landen und ihre Brückenköpfe so festigen, daß sie bald zum Bewegungskrieg übergehen konnten.

Landung amerikanischer Truppen am D-Day, dem 6. 6. 1944, an der Küste der Normandie

Investiturstreit Die kirchlichen Reformbestrebungen, die seit dem 10. Jh. von dem burgundischen Kloster Cluny ausgingen, wandten sich zunächst nicht gegen das ottonisch-salische Reichskirchensystem in Deutschland, in dem die Bischöfe vom König eingesetzt und mit weltlichen Hoheitsrechten ausgestattet wurden; das war die Investitur eines Geistlichen durch einen Laien. Die geistlichen Herren unterstanden demnach zwei Oberhäuptern; als Geistliche dem Papst, als Reichsfürsten dem König. Das ging gut, solange die beiden Oberhäupter friedlich miteinander auskamen.
Doch dann begannen die kirchlichen Reformer des 11. Jh.s unter Berufung auf Cluny, die Investitur eines Geistlichen durch einen Laien zu verbieten. Der offene Streit in Deutschland brach aus, als König Heinrich IV. eigenmächtig einen Erzbischof einsetzte und Papst Gregor VII., ein konsequenter Reformer, heftig reagierte. Heinrich, der die königlichen Rechte nicht minder schroff vertrat, antwortete mit der Absetzung des Papstes; dieser mit Kirchenbann und Absetzung des Königs. Heinrichs Bußgang nach Canossa 1077 brachte nur einen trügerischen Frieden.

Der Investiturstreit fand auch im Volk weithin Widerhall, nicht zuletzt deshalb, weil die streitenden Parteien den Kampf auch mit publizistischen Mitteln, z. B. mit Flugschriften, und mit Hetze und Verunglimpfung des Gegners führten. Der Kampf zwischen Heinrich und Gregor endete damit, daß sich Heinrich 1084 von einem Gegenpapst zum Kaiser krönen ließ, während Gregor nach Salerno floh, wo er 1085 starb. Den Investiturstreit beendeten erst **Heinrich V.** und Papst **Calixtus II.** im **Wormser Konkordat** 1122. Beide Parteien gingen von ihren Maximalforderungen ab. Aber der Kompromißfrieden zerstörte das Reichskirchensystem im Kern, da die Rechte des Königs bei der Einsetzung der Bischöfe stark eingeschränkt wurden.

Ischtar als die herausragende Göttin der babylonischen Götterwelt erschien in einer Doppelrolle: als Kriegsgöttin und als Göttin der geschlechtlichen Liebe und der Fruchtbarkeit. Als göttliche Geliebte schlechthin besaß sie mehrere Gatten, galt aber zugleich als Jungfrau. Sie war auch die Göttin des Himmels, symbolisiert im Planeten Venus. Das ▶ Gilgamesch-Epos erzählt von dem vergeblichen Liebeswerben der Göttin um Gilgamesch, dem Volkshelden der Sumerer. Ihr Kult verbreitete sich im gesamten Vorderen Orient und gelangte zu den Griechen. Die semitische Ischtarsage vereinigte sich mit der Verehrung der **Aphrodite**, der Göttin der Liebe und Schönheit.

Islam Im 6. Jh. n. Chr. verkündete **Mohammed** in Mekka seine neue Religion, eine Mischung aus christlichen, jüdischen und arabischen Elementen. Er berief sich auf Offenbarungen des Erzengels Gabriel und behauptete, Juden- und Christentum seien Vorstufen des Islam gewesen, ihnen sei deshalb mit Toleranz zu begegnen, er aber bringe den Menschen die endgültige Wahrheit. Die Heiden aber müßten im **Heiligen Krieg** besiegt werden und sich dann entweder zum Islam bekehren oder sterben. Viele Eroberungen galten jedoch nicht der Bekehrung Ungläubiger, sondern hatten politische und wirtschaftliche Ziele.
Moslems und Andersgläubige haben oft lange Zeit friedlich nebeneinander gelebt. Mehrere Kalifen hatten Wesire (Vizekönige oder Regierungschefs), die Christen, Juden oder Parsen waren. Geradezu ein Muster des Zusammenlebens zwischen Moslems, Christen und Juden wurde im Mittelalter das islamische Spanien. Mit den ▶ Kreuzzügen und der ▶ Rekonquista wurden die Auseinandersetzungen dann erbitterter, und in der Neuzeit hat die europäische Kolonialpolitik in den Augen vieler Moslems zur Gleichsetzung von Christentum und Unterdrückung geführt.
Die absolute Wahrheit, von der der gläubige Moslem überzeugt ist, ist im Koran niedergeschrieben. Da er das Wort Gottes enthält, ist er unfehlbar, und wegen der Allmacht Gottes gelten seine Gebote nicht nur für den Bereich der Religion, sondern auch als weltliches Gesetzbuch. Der Staat ist für den Gläubigen eine **Theokratie**, eine Gottesherrschaft. Nicht der Willen der Menschen hat zu geschehen, sondern der Willen Gottes. Kein Parlament kann etwas beschließen, was nicht mit dem Koran übereinstimmt. So ist im Islam etwa die Stellung der Frauen nicht eine Frage philosophischer oder humanitärer Ansichten, sondern religiöser und damit unabänderlicher Gebote. Und so stehen auch alle anderen Gebiete unter der Vorherrschaft der Religion. Deshalb mußten alle Beamten zugleich Theologen sein und waren es auch weit über tausend Jahre. Die ▶ Kalifen (arab. Stellvertreter oder Nachfolger) waren zugleich Oberhaupt des Staates und der Religionsgemeinschaft. Erst in der Neuzeit setzte unter europäischem Einfluß auch in den islamischen Gebieten eine Trennung

von Religion und weltlichem Bereich ein. Am weitesten ging diese Entwicklung nach dem 1. Weltkrieg in der Türkei.
Der Islam ist in sich gespalten. Die wichtigste Gruppe ist die der **Sunniten**, sie umfaßt etwa 80–90 Prozent der Moslems. Die größte Minderheitengruppe sind die **Schiiten**, die ihrerseits in viele oft untereinander erbittert verfeindete Untergruppen geteilt sind. So bekämpften sich im Libanon die an Persien orientierten Milizen der *Hisbollah* und die nach Syrien orientierten **Amal-Milizen**. Ursprünglich ging es um einen Streit zwischen Mitgliedern der Familie des Propheten um dessen Nachfolge. Ali, ein Vetter Mohammeds, erkannte die ersten Nachfolger des Propheten nicht an, sondern beanspruchte die Herrschaft für sich. Um 680 unterlag die **Schiat Ali** (Partei Alis, daher Schiiten) der sunnitischen Mehrheit, und in den folgenden Jahrhunderten entwickelte sie sich im Kalifenreich zur Opposition sozial benachteiligter oder nationaler Minderheiten, die sich der arabischen Herrschaft nicht fügen wollten, vor allem in Nordwestafrika und in Persien. Die Sunniten nennen sich nach der **Sunna** (Weg, Brauch), das heißt nach jenen religiösen Schriften, die als Ergänzung des Korans unter den ersten Kalifen niedergeschrieben wurden.
Keine andere Religion hat sich so schnell ausgebreitet wie der Islam. Innerhalb von 50 Jahren nach dem Tode des Propheten (632) eroberten islamische Heere den Raum von Marokko bis nach Indien. Als Missionsreligion dehnte er sich bis nach Indonesien und auf die Philippinen aus. Heute noch missioniert er in Schwarzafrika immer weitere Gebiete. Diese Erfolge beruhen zum einen Teil auf gewaltsamer Verbreitung im Heiligen Krieg, zum anderen auf der Einfachheit der Lehre. Der Islam verlangt von seinen Gläubigen keine Askese. Gefordert werden nur die *Fünf Säulen des Glaubens:* die bedingungslose Anerkennung der Lehre, täglich fünfmaliges Gebet, einmal im Leben eine Pilgerfahrt nach Mekka, Almosen für die Armen und das Einhalten des Fastengebots im islamischen Monat Ramadan.

Mohammed diskutiert mit christlichen Mönchen, Buchmalerei um 1594

Während manche islamische Staaten wenigstens äußerlich Politik und Religion getrennt haben, verstärkt sich in anderen das Zurück zum religiösen Gesetz, der **Scharia**. Das ganze Leben soll von den Grundlagen des Glaubens her erneuert werden (**Fundamentalismus**). In Saudi-Arabien begann diese Entwicklung schon im 18. Jh., und auch der Aufstand des ▶ Mahdi gegen die Engländer im Sudan (um 1881–98) gehört hierher. In anderen Ländern, zum Beispiel in Libyen, Pakistan, Persien und anderswo begann diese Entwicklung nach dem 2. Weltkrieg. Sie wird auch als **Islamische Revolution** bezeichnet und ist nicht nur vom Streben nach religiöser Erneuerung getragen, sondern auch vom arabischen Nationalismus. Er will nach dem Ende der europäischen Kolonialherrschaft über den

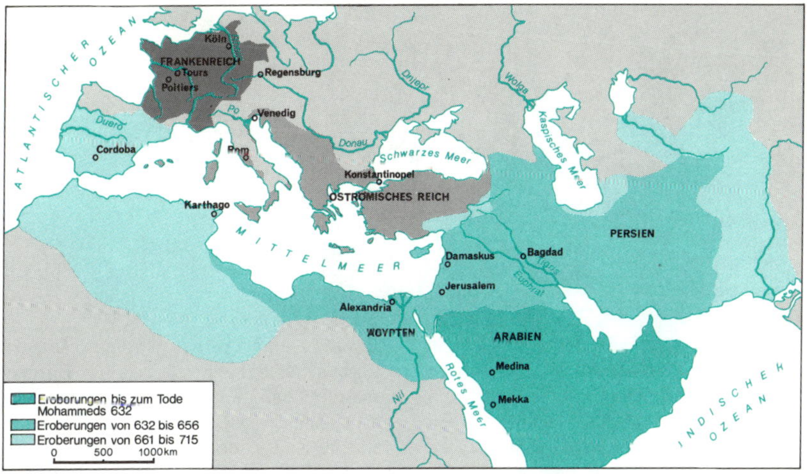

Die Ausdehnung des islamischen Reiches um die Mitte des 8. Jh.s

arabischen Raum auch die kulturelle Eigenständigkeit und Unabhängigkeit vom Westen erreichen. In den schiitischen Staaten ist diese Entwicklung am weitesten gediehen, und manche Spannungen im Verhältnis der islamischen Staaten untereinander stammen aus dieser Tendenz. Die von **Chomeini** geführte Revolution gegen den Schah von Persien ist das bekannteste Beispiel.

Israel Nach dem Alten Testament erhielt das Volk den Namen von Gott selbst. Er besagt vermutlich *Gott möge sich als Herrscher erweisen.* Um 1200 v. Chr. wanderten die semitischen Nomaden – der Überlieferung nach aus Ägypten – in das *verheißene Land* Kanaan ein und eroberten es. Unter den Königen Saul, David und Salomo entstand ein mächtiges Reich mit Jerusalem als Hauptstadt. Es zerfiel 932 v. Chr. in das Nordreich Israel und das Südreich Juda (daher der Name *Juden*). Seit der Zerstörung Jerusalems durch die Babylonier (587/6 v. Chr.) und der Vertreibung durch die Römer (70 und 135 n. Chr.) lebten die Juden in alle Welt zerstreut und häufig als verfolgte Minderheit.

Europäische Juden gründeten Ende des 19. Jh.s die Bewegung des ▶ Zionismus, deren Ziel es war, nach Palästina (Kanaan) zurückzukehren und dort einen unabhängigen Staat zu errichten. Diese Bewegung hatte eine große Einwanderungswelle zur Folge, so daß nach 1945 620000 Juden in Palästina lebten. Dadurch entstanden Konflikte mit den dort ansässigen ca. 1,2 Mio. Arabern, die ihren Anspruch auf das Land geltend machten (▶ Palästina-Frage). Im Jahr 1947 versuchten die Vereinten Nationen mit einem Teilungsplan für Palästina (s. Karte S. 273) beide Seiten zufriedenzustellen. Unter Berufung auf diesen Plan rief **David Ben Gurion** am 14. 5. 1948 in Tel Aviv den Staat Israel aus. Die arabischen Nachbarstaaten akzeptierten die Teilung nicht, und es kam mehrfach zu militärischen Auseinandersetzungen mit Israel (1948/56/67/73) (▶ Nahostkonflikt).

Landung Garibaldis auf Sizilien im Mai 1860, zeitgenössischer Bilderbogen

Probleme des Nebeneinanders von Juden und Arabern (**Palästinensern**) im heutigen Staat Israel bestehen bis in die Gegenwart und haben sich seit 1987 im Aufstand der Palästinenser, der **Intifada**, gegen den als Besatzungsmacht empfundenen jüdischen Staat noch verschärft.

Issos Alexander der Große hatte auf seinem Perserzug den ersten Winter in Gordion, ca. 100 km südwestlich vom heutigen Ankara, verbracht und stieg nun im Frühjahr 333 v. Chr. mit einem Makedonenheer in die Ebene von Kilikien, die Gegend um das heutige Adana im Südosten der Türkei, hinab. Dort tauchte bei Issos das persische Heer unter dem Großkönig Dareios unvermutet in seinem Rücken auf. Alexander mußte die Schlacht also mit verkehrter Front schlagen, was im Falle einer Niederlage im feindlichen Land eine Katastrophe bedeutet hätte. Doch Alexander siegte, der Großkönig floh und hinterließ dem Sieger eine ungeheure Beute.

Italienische Einigung Im Revolutionsjahr 1848 hatte König **Albert I.** von Sardinien-Piemont versucht, den Österreichern die Lombardei und Venetien zu entreißen und Italien zu einigen. Aber der Befreiungskampf war fehlgeschlagen. Sein Sohn **Viktor Emanuel II.** und der Ministerpräsident Graf ▶ Cavour konnten die Waffenhilfe Napoleons III. gewinnen, der die Vormachtstellung Frankreichs in Europa anstrebte und jede Gelegenheit nutzte, die österreichisch-ungarische Doppelmonarchie zu schwächen. Österreich ließ sich im Mai 1859 zur Kriegserklärung provozieren und erlitt bei **Magenta** und **Solferino** schwere Niederlagen durch das französisch-piemontesische Heer. Der **Frieden von Zürich** (1859) brachte Sardinien zwar den Erwerb der Lombardei, aber Österreich behielt Venetien, während Napoleon III. als Lohn für seine Hilfe Monaco und Savoyen, das Stammland der piemontesischen Könige, in Besitz nahm.
Volksaufstände in der Toskana, in Modena und der Romagna führten zum Anschluß Mittelitaliens an Sardinien-Piemont, auch im Süden wurde das französische Herrscherhaus vertrieben. Im Mai 1860 landete ▶ Garibaldi, der große Freiheitsheld der Italiener, mit seinen legendären „Tausend" Freiwilligen auf Sizilien, eroberte mit Unterstützung der Bevölkerung das gesamte Unteritalien und verjagte die französischen Bourbonen aus Neapel. Der Papst konnte sich nur mit französischer Hilfe vor den Truppen Garibaldis schützen, die auf Drängen Cavours vor Rom Halt machten. Garibaldi war ein Anhänger der Republik, ein revolutionärer Freiheitskämpfer, aber vor die Wahl gestellt, einen Bürgerkrieg gegen Viktor Emanuel II. zu führen oder Italien

im Bündnis mit der Monarchie zu einigen, entschied er sich für den Anschluß an Piemont-Sardinien. Das Parlament des vergrößerten Staates beschloß am 14. 3. 1861 die Errichtung des Königreiches Italien, dessen Hauptstadt zunächst Florenz wurde. König war Viktor Emanuel II. Erst der Krieg mit Preußen gegen Österreich brachte 1866 Venetien ein, im Schatten des Deutsch-Französischen Krieges besetzten 1870 italienische Truppen Rom und machten es zur neuen Hauptstadt.

Italienzüge Ober- und Mittelitalien gehörten das ganze Mittelalter hindurch zum *Heiligen Römischen Reich,* so lautete der offizielle Name des alten, bis 1806 dauernden Deutschen Reiches. Da die deutschen Könige sich in Rom vom Papst krönen lasen mußten, um die Kaiserwürde zu erlangen, unternahmen fast alle von ihnen einen oder mehrere Italien- bzw. Romzüge. Dabei bildete sich eine Hauptroute heraus, die vom Oberrhein über den St. Gotthard nach Mailand/Pavia, weiter nach Parma und südwärts an die Küste führte, um dann östlich einzuschwenken und über Siena und Viterbo nach Rom ging. Sie erhielt deshalb im Mittelalter den Namen *Frankenstraße.* Eine weniger bedeutende Route führte von Süddeutschland über den Brenner, Verona und Florenz nach Siena, wo sie auf die Frankenstraße traf. Diese Straßen waren zugleich auch bedeutende Pilgerwege.
Für die Könige bedeuteten die Italienzüge oft schwere militärische und finanzielle Belastungen. Heinrich VII. starb unterwegs an Malaria, nur Karl IV. gelang es, dank geschickter Verhandlungen mit einer vollen Kasse aus Italien zurückzukehren.

Italiker Zwischen 1200 und 1000 v. Chr. kamen in der **2. Indoeuropäischen Wanderung** die Italiker aus Mitteleuropa über die Alpen und vermischten sich mit der Urbevölkerung. Mit ihnen beginnt in Italien die Eisenzeit (**Villanova-Kultur**). Die Italiker waren zwei Gruppen von Einwanderern, und zwar die **Latino-Falisker** und die **Osko-Umbrer**. Sie waren Hirten und Bauern, lebten in Dörfern und Einzelhäusern und verehrten höhere Wesen in tempellosen Heiligtümern. Stier und Wolf spielten als Totemtiere eine große Rolle. Nach den Italikern wanderten noch weitere Völker ein: Um 900 v. Chr. ▶ Illyrer nach Unteritalien, hundert Jahre später die nicht indoeuropäischen ▶ Etrusker nach Mittelitalien, ab dem 8. Jh. im Zuge der griechischen Kolonisation Griechen nach Unteritalien und um 400 v. Chr. als letzte große Gruppe ▶ Kelten nach Oberitalien. Jedes dieser Völker hat seinen Teil zur Kultur des Römischen Reiches beigetragen.

Iwan III. (1440–1505) regierte als Großfürst von Moskau ab 1462 und heiratete 1472 Sophia, eine Nichte des letzten Kaisers von Byzanz. Von da an führte er den byzantinischen Doppeladler im Wappen. Dieser blieb bis zum Untergang der Monarchie im 1. Weltkrieg das Symbol der Zaren, der russischen Kaiser. 1480 konnte Iwan III. die Oberhoheit der **Tataren** über sein Land abschütteln und fast alle russischen Fürstentümer unter seiner Herrschaft vereinigen. Von da an nannte er sich *Herr von ganz Rußland.* Er behauptete auch, Rußland sei wegen seiner Heirat der rechtmäßige Nachfolger des 1453 untergegangenen Byzantinischen Reiches und er sprach von Moskau als dem **Dritten Rom** nach Rom und Byzanz. Das war ein politisches Programm, denn es enthielt den Anspruch auf die Vorherrschaft über die ganze christliche Welt. Allerdings konnten er und seine Nachfolger es nicht verwirklichen, denn die von Iwan III. eingeleitete Innenpolitik (Bevorzugung des Adels auf Kosten der Bauern) verhinderte die Entfaltung eines leistungsfähigen Bürgertums, der Grundlage eines starken Staates.

J

Jagellonen Jagello, seit 1377 Großfürst von Litauen, heiratete nach seiner Taufe **Hedwig von Polen**; der polnische Adel wählte ihn unter dem neuen Namen **Wladislaw II.** zu seinem König (R. 1386–1434). Mit ihm begann die litauisch-polnische Dynastie der Jagellonen. Sie regierte bis 1572 und beherrschte von 1471 bis 1526 auch Böhmen und von 1440 bis 1444 und wieder von 1490 bis 1526 auch Ungarn. Litauen und Polen waren damals reiche und mächtige Länder. Wladislaw II. besiegte 1410 in der Schlacht von **Tannenberg** den **Deutschen Orden** (▶ Ritterorden), der damit aus der Politik ausschied. Die Jagellonen verbreiteten in Osteuropa den Katholizismus und bildeten einen starken Wall gegen die Ausdehnungsversuche des orthodoxen Rußlands und später auch der Türken. Sie standen zeitweise in scharfer Konkurrenz mit den Habsburgern, besonders in Streitigkeiten um Böhmen. 1515 kam es aber durch Eheverträge zu einem Ausgleich, der Polen absicherte, wenn auch auf verkleinertem Territorium.

Jakobiner Im Dominikanerkloster St. Jacques in Paris tagte während der ▶ Französischen Revolution der bedeutendste politische Klub des Landes. Nach der französischen Bezeichnung für Dominikaner *Jacobins* nannte man ihn Jakobinerklub und seine Mitglieder Jakobiner. Hier versammelten sich unter der Führung **Robespierres** und **Saint-Justs** die radikalsten Mitglieder der Nationalversammlung und deren Anhänger. Sie trafen seit dem Sommer 1791 jene Entscheidungen, die das Land in die Schreckenherrschaft der Jahre 1793 und 1794 steuerten. Nach der Hinrichtung Robespierres und seiner Anhänger wurde der Jakobinerklub am 11. November 1794 aufgelöst.

Jeanne d'Arc (1410/12–1431), in Deutschland seit Schiller bekannter unter dem Namen *Jungfrau von Orléans,* wurde als Tochter wohlhabender Bauern in Domrémy/Lothringen geboren. Es war die Zeit des ▶ Hundertjährigen Kriegs, als England Nordfrankreich samt Paris besetzt hatte und der französische Kronprinz Karl (VII.) enterbt und machtlos auf seinem Schloß Chinon nahe der Loire saß. Im Vertrauen auf Gott folgte Jeanne ihren „Stimmen", wurde von Karl empfangen und begeisterte die französischen Truppen zur Befreiung des belagerten Orléans (s. Abb. S. 166). Schließlich geleitete sie Karl zur Krönung nach Reims (1429). Doch als sie wenig später gefangen genommen und an die Engländer verkauft wurde, rührte **Karl VII.** keine Hand. Er nahm es hin, daß sie 1431 in Rouen nach einem zweifelhaften Prozeß als Hexe verbrannt wurde. Seit dem 19. Jh. ist sie die Nationalheldin Frankreichs; 1920 wurde sie heilig gesprochen.

Jerusalem Der Name bedeutet *das Heiligtum.* Seit König David (um 1000 v. Chr.) war die viel ältere Stadt die Residenz des Reiches Juda. Sein Sohn Salomo baute den Tempel, der zum einzigen Heiligtum der Juden wurde. Dieser wurde von den Babyloniern 586 v. Chr. zerstört, einige Zeit später wieder aufgebaut und von Kö-

Westmauer des Tempels und Felsendom in Jerusalem

nig Herodes kurz vor der Zeitenwende prachtvoll erweitert. Aber auch dieser Tempel sank in Schutt und Asche, als die Römer 70 n. Chr. die Stadt eroberten. In die Mittelmeerwelt verstreut, hielten die Juden an Jerusalem als religiösem Mittelpunkt fest. Erhalten blieb die Westmauer zu Füßen des Tempels, Wallfahrtsstätte der gläubigen Juden. Auf dem Gelände des alten jüdischen Tempels erhob sich ein römisches Heiligtum, seit 691 v. Chr. steht hier der **Felsendom.** Er bezeichnet nach islamischer Überlieferung den Ort, von dem aus Mohammed in den Himmel entrückt wurde. Innerhalb der mit einer mächtigen Ringmauer umschlossenen Altstadt liegt dort die Grabeskirche, wo nach der Überlieferung Jesus gestorben und auferstanden ist. Mehrmals wurde versucht, Jerusalem als *heilige Stadt* dreier Weltreligionen zu internationalisieren, bisher ohne Erfolg.

Jesuiten Die von dem Spanier ▶ Ignatius von Loyola 1534 in Paris gegründete, 1540 vom Papst bestätigte Ordensgemeinschaft – auch **Gesellschaft Jesu** genannt –

fordert von ihren Mitgliedern neben herkömmlichen Mönchsgelübden den unbedingten Gehorsam gegenüber jedem päpstlichen Auftrag. Vor allem im Zeitalter der Gegenreformation haben die Jesuiten pädagogisch, wissenschaftlich, schriftstellerisch und missionarisch für die Festigung des katholischen Glaubens und den Fortbestand der Kirche gearbeitet. Sie waren auch als Beichtväter und Erzieher an europäischen Fürstenhöfen sehr geschätzt. Ihr enormer Einfluß fand selbst in Rom nicht immer Zustimmung, so daß es vorübergehend zum Verbot des Ordens durch den Papst kam.
Die Missionsgebiete der Jesuiten lagen in Indien, Japan, China, Afrika und Südamerika; in Paraguay errichteten sie im 17. Jh. einen Jesuitenstaat mit der indianischen Urbevölkerung, der von Voltaire als *Triumph der Humanität* gepriesen wurde, der die Grausamkeit der spanischen Eroberer vergessen mache. – Heute unterhält der Jesuitenorden etwa 100 Hochschulen, 60 Universitäten und viele Gymnasien.

Josephinismus Kaiser **Joseph II.** förderte Ende des 18. Jh.s eine Haltung, die auf Ideen sowohl der Aufklärung als auch des Absolutismus basierte. Dieser Josephinismus im weiteren Sinne setzte sich für den Einheitsstaat, rechtliche Gleichheit aller Untertanen, Gründung von Wohlfahrtseinrichtungen usw. ein. Er prägte das österreichische Beamtentum und Schulwesen bis zum Konkordat von 1855 und war eine der Wurzeln des Liberalismus. Im engeren Sinne ist gemeint: die verschärfte Staatsaufsicht über die katholische Kirche, Priesterseminare unter staatlicher Aufsicht, die Aufhebung zahlreicher Klöster, deren Besitz zur Pfarrerbesoldung und Einrichtung neuer Pfarreien und Schulen verwendet wurde, schließlich das **Toleranzpatent von 1781**, das Protestanten und Griechisch-Orthodoxen freie Religionsausübung gewährte. Die Kirche sollte sich auf die Lehre und den Gottesdienst beschränken.

Juda Das unter Saul und David gegründete Königreich Israel zerfiel nach dem Tod Salomos um 926 v. Chr. Danach führte der nördliche Teil den Namen Israel weiter, während sich der Südteil nach dem Stamm Juda (hebr.: Gottlob) nannte. Nachdem die Assyrer 722/1 v. Chr. das Nordreich zerstört hatten, bestand Juda mit der Hauptstadt Jerusalem fort. Seitdem bürgerte sich für die Bewohner des Landes die Bezeichnung *Juden* ein. Nach der Zerstörung Jerusalems und des Tempels durch die Babylonier 587 v. Chr. wurde die Oberschicht nach Mesopotamien in die **Babylonische Gefangenschaft** verschleppt. Nach der Rückkehr der Juden aus dem Exil entstand das neue Juda, das 70 v. Chr. römische Provinz wurde und später den Namen Palästina erhielt.

Judenemanzipation Ausgelöst durch die Verkündigung der allgemeinen Bürger- und Menschenrechte während der Französischen Revolution 1789, erließ die Nationalversammlung 1791 ein Gesetz, durch das Juden nach Jahrhunderten der Diskriminierung, alle Bürgerrechte erhielten. Voraussetzung war, daß sie einen Bürgereid leisteten und sich damit in den Staat integrierten. Die Revolutionsarmeen verbreiteten den Gedanken der Judenemanzipation in Europa.
Trotz verschiedener Ansätze wurde die volle Gleichstellung in den meisten Staaten allerdings erst nach 1860 durchgesetzt, und zwar unterstützt von der liberalen und nationalen Bewegung. Als Folge der Gleichberechtigung verstanden sich immer mehr Juden als Staatsbürger, die sich nur durch ihre jüdische Konfession von anderen unterschieden. Die traditionelle jüdische Einheit von Volks- und Religionszugehörigkeit löste sich damit auf.

Judenverfolgungen Die Völkerwanderung hatten kleine jüdische Gemeinden in den ehemaligen Römerstädten wie Köln, Trier, Mainz und Worms überlebt und ihre Existenz im Frankenreich war relativ gesichert. Als Groß- und Kleinhändler ließen sie sich an den Schnittpunkten der Handelsstraßen nieder, so in Regensburg und Würzburg. Dies änderte sich schlagartig, als 1095 zum 1. Kreuzzug aufgerufen wurde. Bevor die Fürsten mit ihren Ritterheeren aufbrachen, um Palästina von den Ungläubigen zu befreien, wollte man mit den Juden, den „Mördern" Christi abrechnen. Nicht nur der fanatische Prediger **Peter von Amiens**, auch Herzog **Gottfried von Bouillon** wollte das *Blut Christi an Israel* rächen. Die vor den Rittern aufgebrochenen Massen zogen von Nordfrankreich zum Rhein, nach Böhmen und Österreich, plünderten und ermordeten die Juden.

Judenverbrennung im 15. Jh., Holzschnitt aus dem Liber chronicarium mundi, Nürnberg

Um solche Pogromen, Verfolgungen, in Zukunft zu vermeiden, stellte König Heinrich IV. im Mainzer Landfrieden von 1003 alle Juden des Reiches unter seinen Schutz. Kaiser Friedrich II. erneuerte 1226 den Schutz, fügte aber auch die Gerichtsbarkeit und Steuerhoheit als Recht des Kaisers hinzu. Da die Juden reichlich Sondersteuern an die Finanzkammer zu zahlen hatten, wurden sie **Kammerknechte** genannt. Bei Geburt, Hochzeit und Tod eines Juden waren genauso Sondersteuern zu entrichten, wie an den hohen christlichen Feiertagen. Gerieten Kaiser und Könige in finanzielle Schwierigkeiten, verpfändeten sie ihre Kammerknechte. Schließlich trat Kaiser Karl IV. in der Goldenen Bulle 1356 das Recht, Juden zu halten an die sieben Kurfürsten ab. Später bekamen immer mehr Fürsten und Grafen diese Rechte; die Aufgabe des Schutzes nahmen sie kaum wahr. In dieser Zeit wurden die Juden aus dem Großhandel gedrängt und von den Zünften der Handwerker ausgeschlossen; da diese auch Gebetsgemeinschaften waren, konnte ein „Christusmörder" nicht beitreten. So blieben den Juden in den Städten nur Geldverleih und Kleinhandel als Verdienstmöglichkeit. Der Geldhandel blühte, weil die Kirche grundsätzlich untersagte, von Christen Zinsen für verliehenes Geld zu nehmen. Daß Juden hohe Zinsen nahmen, lag nicht nur an der starken Nachfrage, sondern auch an den hohen Sondersteuern, die sie zu leisten hatten. Bei den Verfolgungen

achteten die Schuldner daher stets darauf, daß die Schuldbriefe verbrannt wurden. Man warf Juden vor, Hostien zu schänden und Reliquien der Heiligen zu stehlen. Ein zweiter Vorwurf war, sie würden christliche Knaben schächten, um mit deren Blut ihr ungesäuertes Brot (Mazze) zu würzen. Ein solch angeblicher Ritualmord bei Bacharach entfachte ein Pogrom; das Mordopfer wurde heilig gesprochen, erst 1963 wurde Werner von Oberwesel als Opfer eines Sexualverbrechers identifiziert. Zur größten Judenverfolgung kam es 1348/49, als die ▶ Pest eingeschleppt wurde und etwa ein Drittel der Bevölkerung tötete. Da die Juden wegen ihrer Speise- und Hygienevorschriften weniger anfällig für die Seuche waren, wurden sie als Brunnenvergifter gebrandmarkt und in vielen Städten erschlagen oder verbrannt. Damit die „Schädlinge" leicht erkannt werden konnten, schrieb man gehörnte Hüte vor, im Spätmittelalter mußten sie einen gelben Ring auf das Obergewand nähen, die Frauen spitze Schleier tragen.
Auch für Martin Luther waren die Juden, die inzwischen aus England, Spanien und Portugal vertrieben worden waren, eine religiöse Minderheit, die er 1543 in der Schrift *Von den Juden und ihren Lügen* anprangerte. Sie wurden, dem Beispiel Venedigs folgend, in ▶ Gettos abgedrängt, die bald zu klein für die Gemeinden wurden, die verfolgte Juden aufzunehmen hatten. Die *Judengassen* z. B. in Frankfurt und Worms hatten daher nicht nur mehr Geschosse, sondern auch mehr Kellerräume und die Wohnverhältnisse waren eng und bedrückend. Die Hetze richtete sich nun nicht mehr gegen ganze Gemeinden, sondern einzelne durch Steuerpacht und Bankengründung reich gewordene Juden. So wurde der Hofbankier und Lottoeinnehmer **Süß-Oppenheimer** 1738 in Stuttgart gehängt, nachdem sein Beschützer, Herzog Karl Alexander, gestorben war.
Nach der ▶ Judenemanzipation versuchten viele Juden, sich ihrer Umwelt anzugleichen, die Lebensart und die Bildung ihrer bürgerlichen Umgebung zu erreichen. Nach dem Scheitern der deutschen Revolution von 1848/49 jedoch setzte sich eine nationale Ideologie durch, die das *rassisch andersgeartete* jüdische Wesen ablehnte, weil es für die deutsche Kultur und Ethik verderblich sei. Die Verleumdungen verbreitete Th. Fritsch im *Antisemiten-Katechismus* (1887), der bis 1940 als *Handbuch der Judenfrage* 40 Auflagen erlebte. Gefährlicher als die **Antisemitenpartei**, die 1893 im Reichstag 16 Sitze erreichen konnte, erwiesen sich die Rassenlehren des Grafen **Gobineau** und von **Houston St. Chamberlain**. Anhand äußerer Merkmale (Ohren, Lippen, Füße usw.) konstruierten sie eine jüdische Rasse, die gegenüber der germanischen Rasse minderwertig und kulturzersetzend sei. Nicht nur im Bankwesen und der Industrie, auch in Kunst und Literatur hätten sie keine eigenständigen Leistungen vollbracht, sondern nur an den Gütern höherstehender Rassen schmarotzt.
Nach der Niederlage des 1. Weltkrieges verquickten rechtsradikale Kreise diese „Lehren" mit der ▶ Dolchstoßlegende, wonach Juden die Niederlage und Inflation betrieben hätten. Als Wortführer der russischen Bolschewisten und deutscher Sozialisten wurden sie als Feinde der bürgerlichen Gesellschaft verdammt. Sigmund Freud galt als Zerstörer der Psychologie, Albert Einstein als Zersetzer der klassischen Physik. Da Juden in manchen Bereichen wie Privatbanken, Warenhäusern,

Die Überlebenden des Aufstandes im Warschauer Ghetto 1943 werden in die Vernichtungslager abgeführt.

bei Rechtsanwälten, Ärzten und Literaten überrepräsentiert waren, konnte man mit dem Feindbild Jude Schuldner, Einzelhändler und viele Zukurzgekommene als Gegner vereinen.
Im Dritten Reich wurden durch die **Nürnberger Gesetze** (1935) Juden als zersetzende Rasse angeprangert, die aus dem Volkskörper auszuscheiden sei. Geschlechtsverkehr mit Juden wurde unter Strafe, im 2. Weltkrieg unter Todesstrafe gestellt, Heiraten verboten. Rechtlos gemacht und wie „Schädlinge" behandelt, konnte etwa die Hälfte der deutschen Juden unter Verlust ihres Eigentums auswandern. Wer blieb, wurde wie die Juden der besetzten Gebiete in Konzentrationslager eingeliefert und getötet, ohne daß die nichtjüdische Bevölkerung großen Anteil nahm.

Jüdischer Krieg Herodes der Große, von den Römern zum König von Juda ernannt, fand wegen seiner grausamen Herrschaft keinen Rückhalt im jüdischen Volk. Die Ausbeutung durch die römischen Provinzbeamten verschärfte die Gegensätze, hinzu kamen innerjüdische Machtkämpfe. Eine der damals aufkommenden Bewegungen war das Christentum. Im Jahr 66 n. Chr. begann der Aufstand gegen die römische Herrschaft. Die Truppen des römischen Feldherrn **Titus** zerstörten Jerusalem und den Tempel, viele Juden wurden als Sklaven verschleppt. Sie erlangten später römisches Bürgerrecht und lebten über das gesamte Römische Reich verstreut. Die Juden hatten ihren Staat, aber nicht ihren religiösen Zusammenhalt verloren und gaben die Hoffnung auf eine Rückkehr nach Israel nicht auf.

Jungtürken spielten seit 1876 die entscheidende Rolle bei allen Bemühungen, das seit langem geschwächte Osmanische Reich (▶ Türken) durch Reformen von innen zu festigen. Diese jüngeren Leute aus den führenden Schichten, seit 1900 auch aus dem türkischen Offizierkorps, wollten einen liberalen Verfassungsstaat nach westeuropäischem Vorbild. 1908 wurde der Sultan durch einen von **Enver Pascha** geführten Militäraufstand praktisch entmachtet. Seit 1913 führten die Jungtürken das Land in eine kriegerische Außenpolitik und unterdrückten die Minderheiten. Der ursprüngliche Reformwille schlug um in Machtpolitik. Unter ▶ Atatürk, dem Gründer der modernen Türkei, der nach der verheerenden Kriegsniederlage den Sultan stürzte, verloren die Jungtürken an Macht.

Junta (span: Vereinigung, Versammlung) Als Junta bezeichnete sich im **Spanischen Unabhängigkeitskrieg** (1808–10) die Führung des Widerstandes gegen die französische Besetzung, die auch als provisorische Regierung diente. Auch in Lateinamerika organisierte sich der Widerstand gegen die spanische Herrschaft in Juntas. Heute wird der Begriff in Spanien und Lateinamerika für Regierungsausschüsse verwendet, aber auch mit abwertender Bedeutung für eine Militärregierung, die durch gewaltsamen Umsturz an die Macht gelangt ist, wie z. B. Pinochet 1973 in Chile.

K

Kabinett war ursprünglich ein kleiner Kreis von Beratern, die das Staatsoberhaupt direkt unterstützten. Im Absolutismus wurde der **Geheime Rat** als oberste Verwaltungsbehörde gebildet, dem der Fürst vorsaß. In Österreich nahm sich seit 1527 der Geheime Rat vor allem der Außenpolitik an; in Preußen gab es ihn seit 1604. Im 18. Jh. zogen sich die Fürsten in ein Kabinett, einen kleinen Raum, zu Gesprächen mit Vertrauten zurück, die bald mehr Einfluß als die Minister hatten. Die preußischen Könige teilten ihr Kabinett in ein Zivil-Kabinett und ein Militär-Kabinett, denen Wilhelm II. 1889 noch ein Marine-Kabinett anfügte. Als Kabinett bezeichnet man heute die Gesamtheit der Minister einer Regierung.

Kaiser Der höchste Herrschertitel in Europa entstand aus dem Namen Caesars. Im Jahre 44 v. Chr. adoptierte C. Julius Caesar seinen Großneffen Octavius, der sich später *Imperator* (oberster Befehlshaber) *Caesar* (nach dem großen Feldherrn und Staatsmann) *Augustus (*der Erhabene) nannte. Als Kaiser ▶ Augustus gewann er die Alleinherrschaft im Römischen Reich. Die Kaiser, die ihm nachfolgten, steigerten ihren Machtanspruch vom *Princeps,* dem ersten Bürger, (▶ Principat) zum *Dominus,* Herr, (▶ Dominat) und ließen sich als Gott verehren. Der Einfluß des Christentums, das seit dem Toleranzedikt Konstantins des Großen 313 mit dem Römischen Reich verbunden war, führte zum *Gottesgnadentum.* Der christliche Kaiser konnte nicht als Gott

Nachdem er sich selbst zum Kaiser gekrönt hat, setzt Napoleon I. seiner Frau Josephine die Krone auf, Gemälde von Louis David.

erscheinen, wohl aber als Stellvertreter Christi auf Erden.

Das Römische Kaisertum erlosch 476 in der weströmischen Reichshälfte, bestand aber im östlichen, byzantinischen Reich bis 1453 fort. Mit der Kaiserkrönung Karls des Großen im Jahr 800 lebte die römische Herrscherauffassung im Westen wieder auf. Karl der Große schloß mit seiner **Renovatio imperii** (Erneuerung des Reiches) an die Reichsidee der römischen Spätantike an und verstand sich als Schutzherr und Führer des Abendlandes. Mit der Wahl Ottos I. zum Kaiser im Jahr 962 wurde mit der Vorstellung von der **Translatio Imperii** (Übertragung der Herrschaft), anknüpfend an Karl den Großen, das Kaisertum an den jeweiligen deutschen König gebunden. Das Krönungsrecht lag beim Papst, der damit große weltliche Macht gewann. Die mittelalterlichen deutschen Kaiser verbanden mit der Kaiserkrone den Herrschaftsanspruch über Italien und Einflußnahme auf die Kirche. Das Römische Kaisertum ging zu Ende, als die Einheit zwischen weltlicher und geistiger Macht zerbrach. Ab 1508 nannten sich die deutschen Könige ohne päpstliche Krönung aus eigener Machtbefugnis Kaiser. 1806 legte der letzte Kaiser des Heiligen Römischen Reiches Deutscher Nation den Kaisertitel nieder.

Seit 1462 führten die Moskauer Großfürsten den von Caesar abgeleiteten Titel **Zar** (bis 1918). Von 1871 bis 1918 war der preußische König zugleich von den Fürsten gewählter deutscher Kaiser. Napoleon schuf das Kaisertum der Franzosen (1804–15, 1852–70). Österreich besaß ebenso ein Kaisertum (1804–1918) wie für eine Zeit Brasilien, Mexiko, Indien und Ägypten. Erst 1919 erlosch das chinesische Kaisertum (seit 221 v. Chr.). In Japan hat der **Tenno** genannte Kaiser bis heute sein Amt inne.

Kaiserkrönung Die deutschen Könige, die seit Karl dem Großen nach Rom zogen, um sich vom Papst zum ▶ Kaiser krönen zu lassen, wurden bei ihrem Einzug in Rom von der Geistlichkeit und dem Papst zum Petersdom geleitet und dort unter den Beifallsrufen der Römer vom Papst zum Kaiser gesalbt und gekrönt. Die Krone war das Sinnbild des wieder erstandenen römischen Weltreiches, darum nannte man seit dem 12. Jh. das mittelalterliche Deutsche Reich das *Heilige Römische Reich Deutscher Nation.* Die Vorstellung vom Kaiser als Schutzherrn des christlichen Abendlandes geriet ins Wanken, als sich im Investiturstreit Papst und Kaiser den Vorrang streitig machten. Durch wichtige Reichsgesetze (▶ Kurverein von Rhense, ▶ Licet iuris) wurde der päpstliche Anspruch auf die Kaiserkrönung zurückgewiesen. 1530 wurde Karl V. als letzter Kaiser vom Papst gekrönt, nicht in Rom, sondern in Bologna. Die deutschen Kaiser ließen sich ab 1562 in Frankfurt am Main krönen.

Kalif (arab.: chalifa = Nachfolger, Stellvertreter) Mohammed, der Begründer des Islam, starb 632, ohne daß die Frage der Nachfolge geklärt war. Die Vornehmen des von ihm gegründeten Staates wählten deshalb einen neuen Herrscher, den Kalifen. Bald entwickelten sich zwei verfeindete Parteien, **Sunna** und **Schia**, die konkurrierende Führer wählten. Die Sunna setzte sich durch. Ihre Kalifen stammten bis 750 aus der Dynastie der **Omaijaden** und residierten in Damaskus. Sie wurden von den **Abbasiden** abgelöst, die von Bagdad aus regierten. Die Schia, meist in den Randgebieten des islamischen Reiches zu Hause, erkannte die Kalifen der Sunna nicht an. Sie wählte eigene Oberhäupter, die **Imame**. Das Gebiet der Kalifen war so groß, daß es von einer Zentrale aus nicht beherrscht werden konnte. So kam es immer wieder zu Abspaltungen, und auch im Restgebiet verloren die Kalifen ab dem 11. Jh. immer mehr Macht an Adel und Söldnerführer. Es blieben nur der Titel und die Erinnerung an eine Glanzzeit des Islam. Deshalb haben die Türken den Titel 1517 übernommen; 1924 ist er unter Kemal Atatürk erloschen.

Kanzler Der Name kommt von dem lateinischen Wort *cancelli,* das sind die Schranken, mit denen die **Kanzlei**, die Schreibstube, oft abgetrennt war. Im frühen Mittelalter war der Kanzler der Vorsteher dieser Schreibstube, in der Urkunden, Verordnungen und Erlasse abgefaßt wurden. In der Regel war es ein Geistlicher, da vor allem diese über die nötige Bildung und auch juristischen Kenntnisse verfügten. Wenn der König durch das Reich zog, leitete der Kanzler die Staatsgeschäfte. Seit 955 war das einflußreiche Amt mit dem Titel **Erzkanzler** ausgestattet, im Deutschen Reich fast stets das Vorrecht des Mainzer Erzbischofs. Mit der Herausbildung der Territorien beriefen die Landesherren nach dem Vorbild des Reiches Kanzler für ihre Verwaltungen. – Heute ist der Kanzler der Regierungschef, der einem Kabinett von Ministern vorsteht.

Kapitularien sind die in lateinischer Sprache verfaßten Gesetze der fränkischen Könige, besonders der Karolinger, die nach ihrer Einteilung in Kapitel (lat. capitula) benannt sind. Sie ergänzten die älteren Stammesrechte und kamen zum Teil mit Zustimmung der Großen oder des Volkes, aber auch unter Mitwirkung der Bischöfe zustande. Sie dienten der Ausgestaltung einer für das ganze Reich oder einzelne Reichsteile verbindlichen Rechtsordnung und waren damit ein wichtiges Herrschaftsinstrument der Könige des 8./9. Jh.s. In den Kapitularien finden wir auch königliche Befehle für die Königsboten und Grafen, die Klagen und Beschwerden der Untertanen entgegennahmen und Gerichtstage abhielten. Die Kapitularien vermitteln auf diese Weise einen Einblick in die Lebensbedingungen und Nöte der Menschen der karolingischen Zeit.

Kapp-Putsch Die durch den Versailler Vertrag festgelegte Beschränkung der Reichswehr auf 100000 Mann führte dazu, daß viele entlassene Berufssoldaten sich den ▶ Freikorps anschlossen, deren Führer meist rechtsradikal orientiert waren. Diese

Stimmungslage nutzte der Mitbegründer der Vaterlandspartei **Wolfgang Kapp** aus, zusammen mit General **von Lüttwitz** und den Freikorpsleuten des Brigadeführers **Ehrhardt** zu putschen. Die Regierung in Berlin wurde beim Einmarsch der Putschisten am 13. 3. 1920 vertrieben. Kapp machte sich zum Reichskanzler, Lüttwitz wurde Oberbefehlshaber. Die offizielle Reichswehr verweigerte der rechtmäßigen Regierung den Gehorsam nach dem Grundsatz *Reichswehr schießt nicht auf Reichswehr.* Dennoch scheiterten die Putschisten binnen weniger Tage, weil Arbeiter, Angestellte und Beamte ihren Weisungen nicht befolgten und die Gewerkschaften zum **Generalstreik** aufriefen. Bei den Reichstagswahlen vom Juni 1920 zeigte sich allerdings, daß die junge Republik weiterhin von radikalen Kräften bedroht blieb.

Karbonari (ital.: carbonaio = Köhler) So nannten sich die Mitglieder eines italienischen Geheimbundes, der um 1806 in Neapel entstand. Sie verbreiteten sich rasch über ganz Italien und setzten sich für eine Befreiung ihrer Heimat von jeglicher (französischer bzw. österreichischer) Fremdherrschaft ein. Dabei fanden sie Unterstützung durch ähnliche Geheimbünde in Frankreich. Ihre Tätigkeit erschien den Regierungen so gefährlich, daß sie die Zugehörigkeit zu dieser Gesellschaft als Hochverrat zu bestrafen suchten. Nach 1830 verloren die Karbonari an Bedeutung und Einfluß; aus ihren Reihen kamen dann aber eine Reihe Politiker, die in der Bewegung **Junges Italien** erfolgreich für die Errichtung eines unabhängigen italienischen Staates kämpften.

Kardinal (lat.: cardo = Türangel) Im übertragenen Sinn meint dies *an nächster Stelle stehend:* Der Kardinal ist der Geistliche, der dem Papst am nächsten steht. Der Titel blieb ursprünglich Geistlichen an einer der römischen Hauptkirchen oder an einer Bischofskirche in nächster Nähe Roms vorbehalten; seit 1300 werden auch auswärtige Bischöfe in das Kardinalskollegium aufgenommen und erhalten dann eine Titelkirche in Rom. Die Kardinäle wurden 1059 die alleinigen Wähler des Papstes und bilden nach römischem Vorbild den *Senat* der katholischen Kirche. Sie sind die höchsten kirchlichen Würdenträger nach dem Papst, besitzen Sitz und Stimme auf den Konzilien und sind maßgeblich an der Regierung der Kirche beteiligt.

Karl I., der Große (747–814) Sein Vater, **Pippin der Jüngere** aus der Dynastie der ▶ Karolinger, hinterließ seinen beiden Söhnen Karl und **Karlmann** bei seinem Tod 768 das Frankenreich. Als letzterer 771 starb, wurde Karl Alleinherrscher. Bald bot sich ihm Gelegenheit, seine Macht be-

Reiterbildnis Karls des Großen, um 870

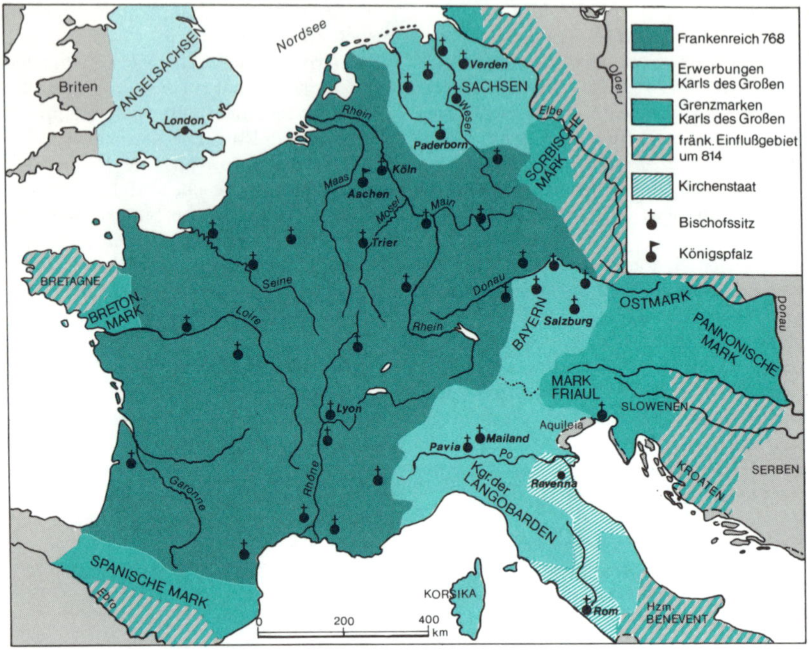

Das Frankenreich zur Zeit Karls des Großen

trächtlich zu erweitern. Er eilte dem Papst zu Hilfe, der durch den Langobardenkönig **Desiderius** hart bedrängt wurde, besiegte Desiderius und machte sich selbst zum König der Langobarden. Auch die Lage im Südwesten des Reiches, an der Grenze zu den Mauren in Spanien, erforderte sein Eingreifen. 778 stieß er über die Pyrenäen vor; am Ende mußte er sich aber mit einer militärischen Grenzsicherung begnügen. Die Unterwerfung und Christianisierung der Sachsen dauerte Jahrzehnte. Unter Karls Herrschaft erreichte das Frankenreich seine größte Ausdehnung.

Karl hatte in seinem Riesenreich zwischen Atlantik und Donau, zwischen Nordsee und Tiber keine feste Residenz. Er zog von ▶ Pfalz zu Pfalz, erst in späteren Jahren gab er der Pfalz von Aachen den Vorzug. Dort versammelte er Gelehrte und Literaten, aus deren Kreis die ▶ Karolingische Renaissance wichtige Anregungen erhielt. Karl kümmerte sich nicht nur um antike und christliche, sondern auch um germanische Überlieferungen. So ließ er die alten Heldenlieder aufzeichnen, die allerdings sein Sohn **Ludwig der Fromme** als heidnische Zeugnisse vernichten ließ. Als Karl am Weihnachtstag des Jahres 800 in Rom die Peterskirche besuchte, krönte ihn der Papst zum ▶ Kaiser. Die Zeitgenossen, die ihm schon den Beinamen *der Große* gaben, sahen in diesem Akt eine Erneuerung des alten römischen Kaisertums. Sein Grab ist in Aachen.

Karl IV. (1316–78) Der Sohn des böhmischen Königs Johann von Luxemburg wurde in Prag geboren, am französischen Königshof erzogen und mußte schon mit 15 Jahren für den abwesenden Vater die Verwaltung Böhmens übernehmen. 1346 wählten ihn die Kurfürsten zum deutschen König. Neun Jahre später wurde er in Rom zum Kaiser gekrönt. Er regierte 32 Jahre lang, stets bemüht, Macht und Wohlstand seines Hauses und seiner böhmischen Erblande zu mehren, so daß er mit Recht als der *Vater Böhmens* bezeichnet wurde. In Prag gründete er 1348 die erste deutsche Universität nördlich der Alpen. Noch heute trägt das alte Prag mit Burg (Hradschin) und Karlsbrücke seinen Stempel. Als deutscher König schuf er mit der ▶ Goldenen Bulle 1356 das erste Reichsgrundgesetz. Er starb in Prag.

Karl V. (1500–58) Als Ergebnis der Heiratspolitik der Habsburger und einiger Todesfälle erbte der in Gent geborene Karl nach 1515 in rascher Folge die Herrschaft über eine Reihe von Ländern, von denen Spanien, Österreich, die Niederlande und Neapel nur die wichtigsten waren. Schon die Ausdehnung seines Reiches, in dem durch die spanischen Eroberungen in Amerika tatsächlich *die Sonne nicht unterging,* machte ihn zur bestimmenden Figur der europäischen Politik im Zeitalter der Reformation. 1519 wurde er, dank der von den Fuggern bereitgestellten Gelder, auch zum römischen Kaiser gewählt.
Karl sah sich drei großen Problemen gegenüber: Der Konflikt mit Frankreich, das jetzt an allen Grenzen von habsburgischem Besitz umklammert wurde, schien friedlich unlösbar. Gefährlich wurde auch die Reformation, die mit der katholischen Religion ein wichtiges Bindeglied zwischen den Reichsteilen in Frage stellte. Schließlich bedrohten die Türken am Mittelmeer und auf dem Balkan Karls Länder, entlasteten seine anderen Gegner und zwangen den Kaiser, als weltlichem Haupt der Christenheit, zu Gegenmaßnahmen.

Karl V. auf einem Kupferstich von Barthel Beham, 1531

Karls Kriege mit Frankreich verliefen zunächst erfolgreich. Nach der Schlacht bei **Pavia** 1525 geriet das umkämpfte Mailand unter spanischen Einfluß. Die Abwehr der Türken gelang schließlich, obwohl diese die Kontrolle über Teile Ungarns und das östliche Mittelmeer erlangten. Die religiöse Einheit dagegen konnte Karl V. nicht erneuern. Zwar wurden die im ▶ Schmalkaldischen Bund organisierten deutschen Protestanten 1547 bei **Mühlberg** geschlagen, doch machte 1552 eine Fürstenrevolte den Erfolg zunichte. Das mit den Fürsten verbündete Frankreich erhielt die Bistümer Metz, Toul und Verdun, und die Anerkennung der lutherischen Konfession wurde unumgänglich. Karl V. wollte diese nicht selbst vollziehen, dankte 1556 ab und zog sich in das spanische Kloster San Juste zurück, wo er auch starb.

Karolinger Als sich im 7. Jh. das Reich der Merowinger aufzulösen drohte, setzte sich als eigentlicher Machthaber der Hausmeier **Pippin der Mittlere** aus einer Hoch-

Die Teilung des Frankenreiches

adelsfamilie durch, die man später – nach ihrem berühmtesten Vertreter, Karl dem Großen, – die „Karolinger" nannte. Pippins Sohn **Karl Martell** sicherte das Reich nach außen, als er 732 den arabischen Ansturm aus Spanien stoppte. Erst sein Sohn, **Pippin der Jüngere**, tat den entscheidenden Schritt, indem er mit dem Segen des Papstes die letzten Merowinger im Kloster verschwinden und sich selbst zum König ausrufen ließ (751). Die größte Ausdehnung und das höchste Ansehen erlebte das Frankenreich der Karolinger unter Pippins Sohn Karl dem Großen, der zur fränkischen Krone noch die langobardische und später, 800, die Kaiserkrone fügte. Unter seinem Erben **Ludwig dem Frommen** (R. 814–40) begann der Prozeß der Auflösung des Reichs. Die Söhne Ludwigs erhoben sich gegen den Vater, und nach dessen Tod bekämpften sie sich untereinander. Zwar hielten die nächsten Generationen noch an der Reichseinheit fest, aber der **Vertrag von Verdun** (843) grenzte die Herrschaftsbereiche deutlich voneinander ab. **Ludwig der Deutsche**, erhielt den Osten; **Karl II., der Kahle**, den Westen, die Kernlande des heutigen Frankreich; dazwischen lag das Mittelreich **Lothars I.**, Lothringen, das zwar bald verschwand, aber für über 1000 Jahre zum Zankapfel zwischen Ost und West wurde. In den Bürgerkriegen zwischen den Teilreichen erlahmte die Zentralgewalt, so daß äußere Feinde nicht selten leichtes Spiel hatten. Das karolingische Westreich und der Osten wurden von den Wikingern heimgesucht; der Osten außerdem von den Ungarn und der Westen von den Arabern. Während dieser Abwehrkämpfe starben im Ostreich, dem späteren Deutschen Reich, die Karolinger mit **Ludwig dem Kind** aus (911). Im Westreich endeten sie 987, in Lothringen um das Jahr 1000.

Karolingische Renaissance Es ist nicht zuletzt dem persönlichen Bildungshunger Karls des Großen zuzuschreiben, daß vom Hof des fränkischen Königs starke Bestrebungen ausgingen, die Bildung, auch die Bildung des Klerus, im Frankenreich zu reformieren und insgesamt zu heben. Man griff dabei ganz bewußt auf die Werke der Antike, auch der heidnischen Antike, zurück – ein frühes Beispiel einer *Renaissance,* einer *Wiedergeburt* im Geist der Antike. Diese betraf neben Anleihen bei der Kunst hauptsächlich die verstärkte Beschäftigung mit Literatur. Es gehört zu den Verdiensten dieser Kulturpolitik, daß auf diese Weise die Werke der Antike aufgezeichnet und weiterüberliefert wurden. Karl selbst versammelte berühmte Gelehrte aus der ganzen christlichen Welt des Westens zu einer Hofakademie um sich. Nach seinem Tod verlagerte sich die literarische Tätigkeit mehr auf die Klosterschulen.

„Der Denker-Club“ – Karikatur auf die Unterdrückung des freien Wortes, um 1825

Karlsbader Beschlüsse Im März 1819 wurde der in russischen Diensten stehende deutsche Schriftsteller **Kotzebue** durch den Burschenschafter **Sand** ermordet. Das Attentat veranlaßte Metternich, den führenden österreichischen Staatsmann, im August des gleichen Jahres eine Ministerkonferenz der zehn größten Staaten des Deutschen Bundes in Karlsbad zusammenzurufen. Sie sollten Beschlüsse fassen, die die Grundlage für vier Gesetze bilden sollten, die der Bundestag in Frankfurt gegen *demagogische Umtriebe* verabschiedete. Außerordentliche Bevollmächtigte kontrollierten alsbald die Universitäten, die Burschenschaften wurden verboten, die Pressezensur verhängt und eine zentrale Untersuchungsstelle eingerichtet.

Karthago Der Name bedeutet *Neustadt;* und in der Tat war Karthago eine neue Gründung der Phönizier von Tyros aus, wohl kurz vor 800 v. Chr. Die Sage berichtete von einer Königin Dido als Gründerin. Die Lage bot beste Voraussetzungen für die Entwicklung der bedeutendsten See- und Handelsstadt am westlichen Mittelmeer: geschützte Häfen an der Engstelle des Mittelmeers; eine Umgebung, die den Ausbau der Stadt zur unbezwingbaren Festung ermöglichte; ein fruchtbares Hinterland. Bald waren die Küsten Afrikas und Spaniens von den Karthagern erobert und karthagische Schiffe fuhren bis Britannien und an die Westküste Afrikas. Hartnäckige, nie bezwungene Gegner blieben die Griechen auf Sizilien, während mit Rom lange ein recht gutes Verhältnis bestand. Im 3. Jh. v. Chr. aber gerieten die beiden Mächte im Kampf um Sizilien aneinander, bis Karthago in den ▶ Punischen Kriegen vernichtet wurde.

Katharer (griech. = die Reinen) Zu Beginn des 12. Jh.s drang diese religiöse Bewegung vom Balkan vor und verbreitete sich vor allem in Südfrankreich, aber auch in Oberitalien, England und dem Rheinland. Ihre Lehre beruhte auf einer strikten Trennung des guten Gottes vom strengen bösen Teufel, dem Weltschöpfer. Daher lebten die *Vollkommenen* arm, genossen weder Fleisch noch Wein, verrichteten keine Handarbeit und verzichteten auf die Ehe. Die *Gläubigen* waren an diese strengen Vorschriften nicht gebunden; sie erhielten kurz vor ihrem Tod die *Geisttaufe.* Die Katharer lehnten das alte Testament, die kirchliche Hierarchie, die Sakramente und den Eid ab.
Besonders in Südfrankreich um die Stadt Albi wurden sie sehr mächtig, Teile des Adels schlossen sich ihnen an, sie errichteten eigene Bistümer. 1209 rief der Papst zum Kreuzzug – der erste, der gegen eine christliche Gemeinschaft geführt wurde, – auf; aber erst der französische König, der an Machtausdehnung im Süden interessiert war, konnte in den **Albigenserkriegen** ihre Macht brechen. Im **Frieden von Meaux** 1229 fiel das eroberte Land an die französische Krone. Erst 1244 wurde die Festung **Montségur** in den Vorpyrenäen erobert, die ▶ Inquisition brauchte bis ins 14. Jh., um die letzten Katharer aufzuspüren und die größte Ketzerbewegung des Mittelalters zu vernichten.

Keilschrift Während die Ägypter auf Papyrus schrieben, verwendeten die Sumerer im Zweistromland Tafeln aus feuchtem Ton, in die sie mit einem Griffel aus Rohr Strichzeichnungen ritzten. Wo sie den Griffel ansetzten, waren die Zeichen tiefer und breiter als am Ende des Strichs. Diese Keilform gab der Schrift den Namen. Am Anfang, um 3000 v. Chr. in Uruk, bestand sie aus ungefähr 3000 Zeichen und diente hauptsächlich zum Schreiben von Magazinlisten. Von diesen Zeichen blieben im Laufe einiger Jahrhunderte etwa 500 übrig. Mit ihnen konnten unzählige Kombinationen geschrieben werden. Damit war die Keilschrift den Ansprüchen der Politik und der Literatur gewachsen, und ab 1400 v. Chr. bediente sich ihrer der ganze Nahe Osten. Die Keilschrift, die ursprünglich auch Bildzeichen verwendete, hat die Schaffung anderer Schriften angeregt, so die der ägyptischen Hieroglyphen. Die Assyrer haben sie bis ins 6., die Babylonier bis ins 1. Jh. v. Chr. verwendet. Dann verdrängten sie modernere Buchstabenschriften.
Der deutsche Gelehrte Georg Friedrich Grotefend hat 1802 die ersten Keilschrifttafeln entziffert.

Kelten Das Kerngebiet der Kelten lag in Böhmen, Bayern und am Oberrhein. Von dort breiteten sich die Kelten zum Main, zum mittleren Rhein, in die Schweiz und die Champagne aus. Schon im 9. und 8. Jh. v. Chr. bildete sich die keltische Sprache aus, an die heute noch Flußnamen wie Elbe, Weser, Main und Tauber erinnern. Die Kultur im westlichen Bereich wird in der **Hallstattzeit** (750–450 v. Chr.) ganz von den Kelten getragen, im östlichen Bereich gibt es Einflüsse der Illyrer und Thraker. Hervorragendes leisteten sie in der Gold- und Eisenschmiedekunst. In der **La-Tène-Zeit** (450–50 v. Chr.) hielten die Kelten das Land zwischen den Pyrenäen und Alpen im Süden und der Wesermündung im Norden besetzt. Ihre Fliehburgen (z. B. Finsterlohr), ihre Adelssitze (Heuneburg in Oberschwaben) und befestigten Städte (Manching) wurden z. T. ausgegraben. Die Funde zeugen von der Prachtliebe, der Farbenfreude und hoher Kunstfertigkeit. Anregungen für ihre Künstler und Techniker kamen von den Etruskern und – durch die Vermittlung der Griechen in Marseille – aus Griechenland.
Eine Besonderheit der keltischen Gesellschaft war, daß der Ritterstand, der Adel, aus dem die Stammesfürsten hervorgingen, Klienten, Gefolgsleute, um sich scharten, denen sie Schutz gewährten, dafür aber Treue bis in den Tod verlangten. Je mehr Gefolgsleute, desto höher das Ansehen des Herrn. Unabhängig vom Adel war der Stand der **Druiden**, die zugleich Priester, Lehrer, Dichter und Richter waren. Sie waren vom Kriegsdienst und von allen Abgaben befreit. Ihr Wissen gaben sie nur mündlich weiter und bedrohten jeden mit dem Tod, der die verschlüsselten Weisheiten aufzeichnete. Geopfert wurden in der Frühzeit Menschen, später Stiere, um die zuletzt 374 Gottheiten zu gewinnen und zu versöhnen. Den Tod, so notierten griechische Völkerkundler, fürchteten sie nicht, da sie an ein Leben im Jenseits oder an eine Wiedergeburt glaubten. Abstoßend wirkte auf die Griechen die Sitte der Kopfjägerei, so daß der griechische Philosoph Poseidonios fast krank wurde, als er keltische Reiter mit Kränzen abgeschlagener Köpfe sah. Um 400 v. Chr. begann die keltische Völkerwanderung. Die Kelten stießen nach Oberitalien vor, wo sie Mailand, Bergamo und Verona gründeten. Als sich die Römer einmischten, eroberte **Brennus** Rom, konnte das Kapitol aber nicht einnehmen. Später unterwarf Rom die oberitalischen Kelten und errichtete auf ihrem Gebiet die Provinz **Gallia Cisalpina**. Andere Keltenstämme überquerten den Kanal und besetzten Britannien. Ein dritter Verband

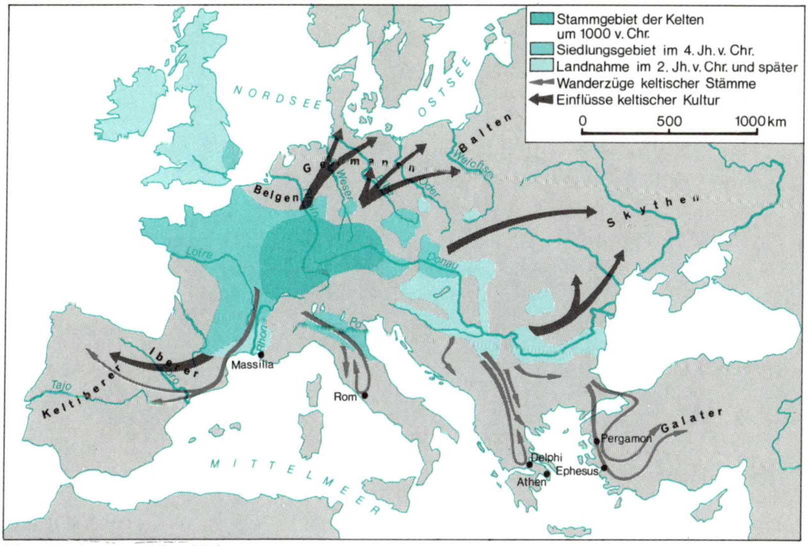

Die Ausbreitung der Kelten

drang nach Spanien vor und verschmolz mit den Einheimischen zu den **Keltiberern**, die Rom erbitterten Widerstand leisteten. Keltische Stämme kamen über Ungarn auf den Balkan und plünderten 279 v. Chr. Delphi, gelangten nach Kleinasien, wo sie als **Galater** ansässig wurden. Von Pergamon unterworfen, gehörten sie zu den frühesten Christen.

Die Kelten, für zwei Jahrhunderte das bedeutendste Volk Europas, waren in unzählige Stämme zersplittert; Caesar zählte rund 50 für Gallien auf. Zu einem geschlossenen Staatsgebilde waren sie nicht fähig. So unterlagen schließlich die Gallier dem Ansturm Caesars 58–51 v. Chr., trotz ihrer oft tollkühnen Kampfesweise. Da durch Caesar Britannien und unter Augustus der Alpenvorraum römisch wurden, blieb Irland als einziges keltisches Land ohne römischen Einfluß. Hier ging das Keltentum mit dem Christentum eine Verbindung ein, deren Blüte im frühen Mittelalter lag.

Ketzer Der Name leitet sich von den ▶ Katharern ab, eine der wichtigsten Gruppen des Mittelalters, die von den Glaubensauffassungen der Amtskirche abwichen, also der **Häresie** verfielen. Abweichung von den Normen der Amtskirche bzw. später der katholischen Kirche ist allen Ketzern oder **Häretikern** gemeinsam. Neben den Katharern sind die ▶ Waldenser eine wichtige Bewegung; auch Luther wurde als Ketzer bezeichnet. 1184 wurde die bischöfliche ▶ Inquisition zu ihrer Aufspürung, Zwangsbekehrung oder Bekämpfung eingeführt, 1232 verfügte Papst **Gregor IX.** die päpstliche, die vor allem von Franziskanern und Dominikanern durchgeführt wurde. Im Deutschen Reich ordnete 1220 Kaiser Friedrich II. die Verbrennung der Ketzer an. Selbst in einem Kreuzzug wurde gegen sie vorgegangen, so 1209–29 gegen die **Albigenser**, einen Teil der Katharer, in Südfrankreich. Das letzte Todesurteil wurde 1781 in Spanien vollstreckt.

Kiew Unter den russischen Großfürsten wurde Kiew zum Mittelpunkt des Landes, als **Wladimir der Heilige** 988 sich und das Volk von griechischen Geistlichen im Dnjepr taufen ließ. Dies war der Preis dafür, daß Wladimir die Schwester des Kaisers von Byzanz, Anna, zur Frau bekam. Die Russen verpflichteten sich ferner, den Kaiser gegen die Bulgaren und gegen innere Gegner zu unterstützen. Diese Ehe erhöhte den Rang der Fürsten von Kiew außerordentlich, denn das Ansehen der Byzantiner war fast grenzenlos. Jetzt konnten sich die Kiewer mit allen europäischen Fürsten messen. Deshalb bezeichnet man die Taufe von 988 als *Eintritt Rußlands in die Geschichte.* 1240 zerstörten die Mongolen Kiew. Während der folgenden unruhigen Zeiten verlor der Dnjepr seine Bedeutung als Handelsstraße und schließlich verlegten die Fürsten ihren Sitz nach Moskau. Kiew gilt aber immer noch als heiligste Stadt Rußlands.

Kinderarbeit in einer Baumwollspinnerei in North Carolina/USA, 1908

Kinderarbeit Kinder wurden seit der Antike zu oft schweren Arbeiten herangezogen. So mußten sie in den Silberbergwerken von Laurion in Griechenland arbeiten, weil bei ihrem Einsatz die Stollen niedriger gehalten werden konnten. Im Mittelalter konzentrierte sich die Kinderarbeit auf die Landwirtschaft; mit Beginn der Industrialisierung dehnte sich der Arbeitseinsatz von Kindern weiter aus. In Frankreich wurden an den Textilmanufakturen eigene Industrieschulen eingerichtet, in denen Kinder aus den ärmeren Schichten zu Industriearbeitern angelernt wurden. Besondere Auswüchse zeigt die Kinderarbeit in den englischen Bergwerken, in denen Kinder schon mit 8 Jahren 12 Stunden, Jugendliche bis zu 18 Stunden täglich arbeiten mußten. Einschränkungen und Verbote erfolgten erst allmählich seit der Mitte des 19. Jh.s.

Kirchenbann Bann war im Mittelalter das Recht des Königs oder seiner Beauftragten, unter der Androhung von Strafen (▶ Reichsacht) etwas zu gebieten und zu verbieten. Auf dem Weg der Bannleihe vergab der König den Bann an Grafen und andere Lehensmänner. Der Kirchenbann bezeichnete die von der kirchlichen Obrigkeit verhängte Strafe, die den Genuß der Sakramente eines einzelnen für bestimmte Zeit sperrte oder ihn völlig aus der kirchlichen Gemeinschaft ausschloß. Er war das wichtigste Kampfmittel des Papstes und wurde 1076 erstmals durch Gregor VII. gegen einen deutschen König, Heinrich IV., verkündigt. Die allzu oft aus machtpolitischen Gründen angewandte Strafe verlor durch übermäßigen Gebrauch an Wert.

Kirchenstaat Bis zum 4. Jh. hatten die Bischöfe von Rom durch Schenkungen und Erbschaften erheblichen Grundbesitz bekommen. Man nennt ihn **Patrimonium Petri** (Erbteil Petri). Durch die Landnahme der Langobarden und die Wiedereroberung Italiens durch den byzantinischen Kaiser **Justinian I.** (R. 527–65) schrumpfte das Patrimonium Petri auf das **Dukat** (Herzogtum) Rom. Es war der Oberhoheit von Byzanz unterworfen. Unter dem Schutz der Franken lösten sich die Päpste von Byzanz und wurden unabhängige Landesfürsten. Erst jetzt konnte man vom Kirchenstaat sprechen. Er wurde durch die **Pippinische Schenkung** (etwa 754) um das Gebiet von Ravenna, die Städte Ancona, Rimini, Pesaro, Sanigallia und Fano (griech.: **Pentapolis** = Fünfstadt) sowie um die Herzogtümer Spoleto und Benevent vergrößert. **Mathilde v. Tuscien** († 1115) vermachte dem Kirchenstaat die Toskana. Von da an bis zu seinem Ende 1870 – der Eingliederung ins Königreich Italien – blieb der Kirchenstaat fast unverändert.

Klassizismus Mit der Deutung edler Einfalt und stiller Größe gab **Johann Winckelmann**, seit 1763 Leiter der vatikanischen Sammlungen der Altertümer, das Signal für eine erneute Hinwendung zur Antike. Sie wurde nach prunkvollem Barock und verspieltem Rokoko im Klassizismus, der weit ins 19. Jh. wirkte, Vorbild europäischen Kunstschaffens. Die der Antike nachempfundenen Werke der Bildhauer waren zwar schön, doch fehlte ihnen z. T. inneres Leben. Dem preußischen Hofbildhauer **Schadow** gelang es, dieser Gefahr durch lebendige Charakterisierung z. B. seiner Büsten von Voltaire und Friedrich d. Gr. zu entgehen.
Der Maler **Jacques Louis David**, Anhänger der Französischen Revolution und späterer Hofmaler Napoleons, begründete 1784 mit dem *Schwur der Horatier* eine neue Malweise von farblicher Kühle und klassischer Strenge im Aufbau; sein Schüler **Ingres** verfeinerte Linienführung und Farbtönung, um den Kern einer Persönlichkeit zu erfassen, was den deutschen Malern dieser Zeit nicht mit gleicher Kraft gelang. 1789 schuf **Langhans** das *Brandenburger Tor*, eines der bedeutendsten Zeugnisse klassizistischer Architektur in Deutschland; vor allem aber **Schinkel** setzte in Berlin mit dem preußischen Stil Akzente (Altes Museum, Neue Wache, Schauspielhaus). **Klenzes** süddeutscher Klassizismus gab München ein neues Gesicht, die *Walhalla* bei Regensburg ist Zeugnis seiner Griechensehnsucht; in St. Petersburg erinnert die *Eremitage* an ihn. Auch in anderen europäischen Ländern wurden im Klassizismus Bauten errichtet, die noch heute das Gesicht der Städte prägen, z. B. der *Arc de Triomphe* in Paris.

Das Schauspielhaus am ehem. Gendarmenmarkt in Berlin, erbaut von Karl Friedrich Schinkel

Kleidung So vielschichtig und geradezu kompliziert auch die Geschichte der Kleidung sein mag, so lassen sich doch einige prägende Faktoren erkennen, die für die Entwicklung von den Anfängen bis heute maßgebend waren. Da ist als erster und ältester das Klima. Dabei lassen sich vier große Zonen mit fließenden Übergängen unterscheiden, eine tropische, eine subtropisch-mediterrane, eine boreal-gemäßigte und eine arktische. Diesen Zonen entsprachen auch die Materialien, aus denen Kleidung hergestellt wurde: Naturfasern wie Leinen oder später Baumwolle, tierische Fasern wie Schafwolle und gegerbte Felle und Häute, sowie Pelze. Als weitere prägende Faktoren kamen geschlechtliche, soziale und gesellschaftliche Unterschiede sowie die von Geschmack, Lebensweise und Gesellschaft bestimmten Einflüsse der Mode dazu.
Während für die Kleidung in der Steinzeit nur Klima und verfügbares Material bestimmend waren, die Menschen in heißen Gebieten nackt gingen, in kälteren Tierfel-

le trugen, änderte sich das rasch bei den frühen Kulturvölkern des Mittelmeerraumes. Bei den Ägyptern bildeten der Lendenschurz und später ein Rock bei den Männern und bei den Frauen ein hemdartiges, bis über die Brust reichendes Gewand (**Kalasiris**) die Grundformen, jedoch beeinflußten vor allem schon soziale Unterschiede Form und Qualität der Kleidung. Ähnlich lagen die Verhältnisse im Zweistromland, doch zeigten sich bei den Assyrern gerade die gesellschaftlichen Unterschiede noch deutlicher, weil der von Frauen und Männern getragene hemdartige Leibrock bei den einfachen Leuten nur knielang war, während er bei den Vornehmen bis auf die Füße reichte. Hosen wurden erstmals in Vorderasien von Medern, Persern und Phrygern getragen.

Bei den Griechen trugen Männer wie Frauen ein hemdartiges Untergewand (**Chiton**) aus Wolle oder Leinen, dazu jeweils einen Umhang. Soziale Unterschiede spiegelten sich nur in der Qualität der Stoffe, modische Varianten in den Stoffen, Farben und Verzierungen kamen erst seit den Perserkriegen auf. Die gleichen Grundformen des Untergewandes (**Tunika**) und des faltenreichen Obergewandes (**Toga**) fanden sich auch bei den Römern. Purpurstreifen auf der Männertunika kennzeichneten Standesunterschiede.

Bei der Kleidung der Germanen macht sich der Einfluß des Klimas deutlich bemerkbar, aber auch die Unterschiede zwischen den Geschlechtern. Während die Männer Ärmelkittel und lange Hose und als Fußbekleidung Bundschuhe trugen, kleideten sich Frauen in lange, gegürtete Wollgewänder.

In der Entwicklung der mittelalterlichen Kleidung lassen sich in Europa weniger regionale Unterschiede, wohl aber drei zeitliche Phasen feststellen. Im frühen Mittelalter ähnelte die Kleidung weitgehend der germanischen, jedoch schon mit deutlich ausgeprägten modischen Varianten (z. B. Bortenschmuck). Von etwa 1150–1350 erfolgte in der Kleidung der Oberschicht eine von Frankreich ausgehende Annäherung der Geschlechter. Sowohl Männer wie Frauen trugen einen tunikaartigen langen Schlupfrock und darüber einen weiten Mantel. Unterschiede zwischen Mann und Frau zeigten sich in modischen Varianten (z. B. weite Ärmellöcher bei Frauen), aber auch in Kopfbedeckungen. In der dritten bis etwa 1480 dauernden Phase dominierten französisch-burgundische Einflüsse bei deutlicher Unterscheidung zwischen Männer- und Frauenkleidung.

Damit war die Entwicklung für die folgenden Jahrhunderte vorgegeben. Männer- und Frauenkleidung blieben voneinander unterschieden, das Klima hatte kaum mehr Einfluß auf die Entwicklung, entscheidend waren soziale und gesellschaftliche Gegensätze. Sie bildeten auch die Ursache für Kleidervorschriften und Verbote, wobei letztere vor allem die ständischen Unterschiede zu betonen suchten. Gelegentliche berufsspezifische Mode findet sich bei der Tracht der Landsknechte oder der Kleidung der Gelehrten. Von der Mitte des 16. bis zum Anfang des 17. Jh.s dominierte der Einfluß der spanischen Mode, nach einer etwas freieren Phase im 17. Jh. wurde im 18. die französische Hofkleidung für die oberen Schichten in ganz Europa bestimmend, während sich die bürgerliche und vor allem die bäuerliche Kleidung nur wenig änderten. Ein letztes Mal wurden die ständischen Gegensätze bei der Eröffnung der französischen Nationalversammlung deutlich, als die Angehörigen des Dritten Standes in einfacher schwarzer Kleidung erscheinen mußten, während die des Ersten und Zweiten Hoftracht und Prunkgewänder trugen. Nach der Französischen Revolution verschwanden Standesunterschiede und Privilegien auch in der Kleidung. Die Entwicklung wurde nun von der gehobenen bürgerlichen Gesellschaft bestimmt. Ein neuer Umschwung setzte nach 1918 ein. Seitdem bestimmen Zweckmäßigkeit und rascher modischer Wechsel die Entwicklung.

Kleinstaaterei Nach dem Zerfall der staufischen Macht (1250), der durch Erbfolge bedingten Aufteilung der Herzogtümer, der Bestätigung zahlreicher freier Reichsstädte und der Anerkennung der geistlichen Fürstentümer zerfiel das Reich in zahlreiche Kleinstaaten. Nur Österreich und die sieben, zuletzt neun Kurfürstentümer verfügten über größere Territorien. Je kleiner der Staat, desto mehr Steuern und Leistungen mußten aus den Untertanen gepreßt werden, denn der Herrscher wollte einen glänzenden Hof, Heer und Behörden unterhalten, wobei der französische König Ludwig XIV. zum unerreichbaren Vorbild wurde. Erst durch Napoleons „Flurbereinigung" und den Wiener Konreß 1815 blieben im Deutschen Bund zwei Großmächte (Österreich, Preußen), fünf Mittelstaaten (Bayern, Württemberg, Baden, Hannover, Sachsen), vier Freie Städte und 27 Kleinstaaten zurück, die eigenes Recht und Militär besaßen, eigene Außenpolitik betrieben und mitunter geistige Zentren waren wie Sachsen-Weimar.

Kleisthenes-Reformen Nachdem im Jahre 510 v. Chr. in Athen die ▶ Tyrannis, die Alleinherrschaft, beseitigt worden war, schien sich der Adel wieder durchzusetzen. Um die Wiederkehr von Tyrannis und Adelsherrschaft zu verhindern, setzte in den Jahren 508/507 Kleisthenes, selbst von Adel, eine Verfassungsreform durch, die den Weg zur attischen Demokratie öffnete. Er teilte das attische Land samt der Stadt Athen in 10 **Phylen**, d. h. eine politisch-militärische Einheit, eine Art Verband; an jeder Phyle hatte je zu einem Drittel die Stadt Athen, das bäuerliche Hinterland und das Küstengebiet teil. Damit waren die älteren, vom Adel bestimmten Verbände aufgelöst, die Grundlagen adeliger Vorherrschaft zerbrochen. Aus den Phylen ging die Volksversammlung hervor; aus jeder Phyle kamen 50 Abgeordnete in den **Rat der Fünfhundert**, der wichtige Entscheidungen zu treffen hatte und das Gericht bestimmte. Auf Kleisthenes geht ebenfalls die Einführung des ▶ Ostra-

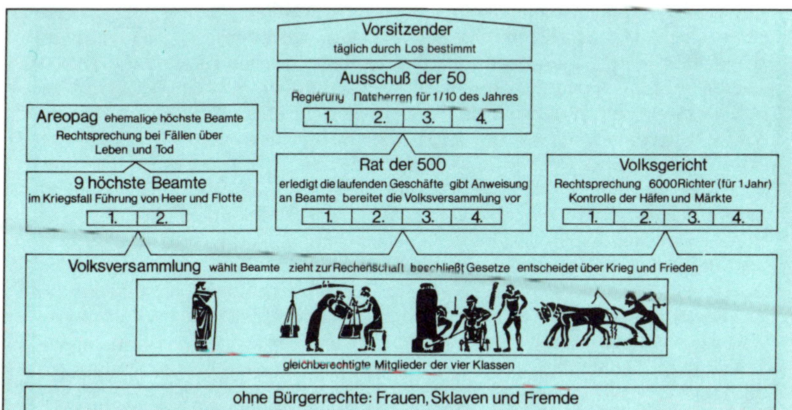

Die Verfassung des Kleisthenes, 507 v. Chr.

kismos, des Scherbengerichts, zur Sicherung der Demokratie zurück.

Kleopatra VIII. (69–30 v. Chr.) Der Name war beliebt in den Dynastien der Diadochen, der Nachfolger Alexanders des Großen. Berühmt wurde jene Kleopatra, die 51 v. Chr., 18jährig, mit ihrem Bruder und Gemahl **Ptolemaios XIII.** den Thron Ägyptens bestieg. Als Caesar 47 v. Chr. Ägypten eroberte, bestätigte er sie als Königin. Kleopatra wurde Caesars Geliebte, ging mit ihm nach Rom, kehrte aber nach Caesars Ermordung 44 nach Ägypten zurück. In späteren Auseinandersetzungen zwischen Octavian, dem späteren Kaiser Augustus, und **Marcus Antonius** um die Macht im römischen Reich, gelang es Kleopatra, Marcus Antonius für sich zu gewinnen. Er heiratete sie und beschenkte sie und ihre drei gemeinsamen Kinder reich mit römischen Provinzen aus dem ihm zugewiesenen Ostteil des Reiches. Ziel von Marcus Antonius war, einen von Rom unabhängigen, eher hellenistisch-orientalisch ausgerichteten Staat gemeinsam mit Kleopatra zu errichten. Nach der Niederlage bei **Actium** 31 begingen beide Selbstmord.
In der europäischen Dichtung wird Kleopatras „Liebesleben" häufig aufgegriffen, sie erscheint als schillernde Figur; die Bandbreite reicht von hingebungsvoller Geliebten bis berechnende, mit allen Mitteln um Macht kämpfende Königin.

Kloster (lat.: claustrum = abgeschieden) Als Wohn- und Lebensraum der Mönche oder Nonnen besitzt das Kloster in allen Weltreligionen, die ein Ordenswesen ausprägten, eine große Bedeutung, so z. B. im **Buddhismus**. Die christliche Klosterkultur hat ihren Ursprung in dem Bedürfnis der Mönche, in der Abgeschiedenheit des Klosters ein durch Ordensregeln geordnetes religiöses Leben zu führen.
Idealtyp des Klosters: Seit ihren Anfängen unterlagen Klosteranlagen strikten Ordnungsvorstellungen, wie die berühmte Regel **Benedikts von Nursia** aus dem 6. Jh. zeigt: „Das Kloster aber soll, wenn möglich, so eingerichtet werden, daß alles Notwendige, Wasser, Mühle, Garten und die verschiedenen Werkstätten sich innerhalb des Klosters befinden, damit die Mönche es nicht notwendig haben, draußen herumzugehen." Mit dem Klosterplan von **St. Gallen**, einer einzigartigen Quelle aus dem frühen 9. Jh., ist uns der Idealtyp des mittelalterlichen Klosters überliefert. Diesen Musterplan schickte vermutlich Heito, der Abt des Klosters Reichenau, an Abt Gozbert von Gallen, wohl um ihm bei dem Neubau des Klosters behilflich zu sein. Er zeigt das Kloster als ein geschlossenes Viereck, das sich auf eine Fläche von 154 x 205 m erstreckt. Die Verbindung nach außen geschieht an der Pforte. Der Klosterkirche sind drei Flügel mit dem Versammlungssaal (**Kapitelsaal**), dem gemeinsamen Schlafsaal (**Dormitorium**), dem Speisesaal (**Refektorium**) und weiteren Räumen wie dem Wein- und Bierkeller angeschlossen. Auf kurzem Weg erreicht man das Badehaus, die Küche und auch die Brauerei. Der **Kreuzgang** führt um den Klostergarten und verbindet die einzelnen Teile dieses engsten Lebensbereiches, der **Klausur** genannt wird. Er ist den Ordensleuten vorbehalten und vor allem Personen des anderen Geschlechts streng verschlossen. Der Tagesablauf ist streng eingeteilt. Alle drei Stunden treffen sich die Mönche zu Chorgebet und Psalmengesang. Die Zeit zwischen den Chorgebeten ist mit Arbeit ausgefüllt.
Funktionen des Klosters: Weitere Gebäude sind wie eine kleine Stadt um die Anla-

ge gruppiert. Ihre Zweckbestimmung verrät viel von den Aufgaben eines mittelalterlichen Klosters. Die Mönche versuchten, alles, was sie zum Leben brauchten, aus eigenem Besitz und mit eigenen Leuten herzustellen, produzierten auch Überschüsse, die sie auf die Märkte des Umlandes brachten. Sie betrieben Obst-

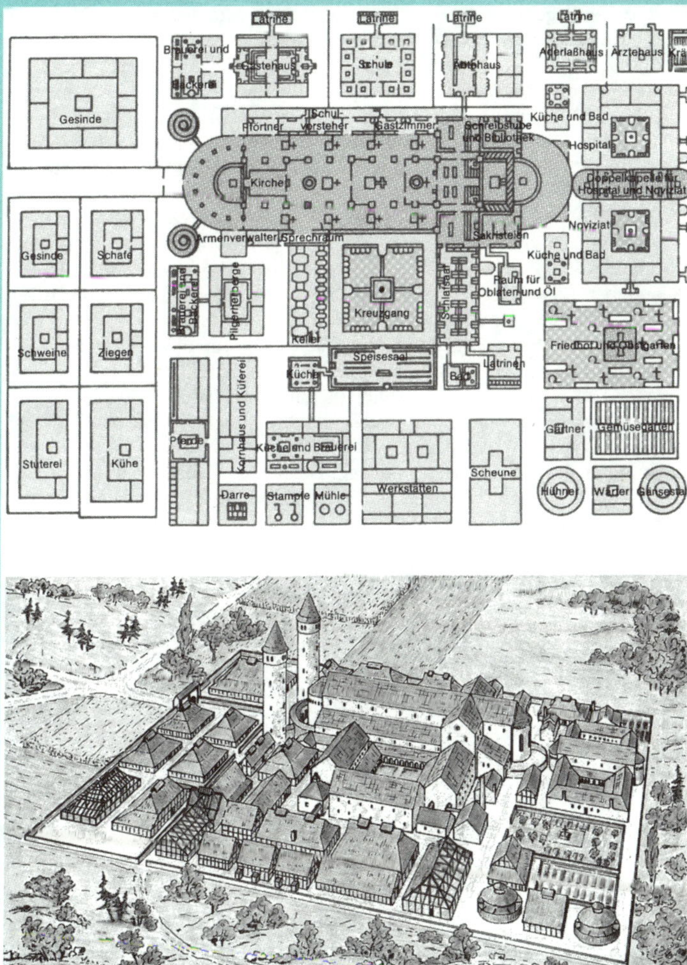

Grundriß und Rekonstruktion des Klosters St. Gallen

und Gemüseanbau, Ackerbau und Viehzucht, beherrschten verschiedene Handwerksberufe wie Schuster, Schmied oder Sattler und besaßen eigene Brauereien und Backstuben. Das Kloster beschäftigte Knechte und Handwerker, die von den Mönchen in Lehrwerkstätten ausgebildet wurden. Es stand damit in regem Austausch mit den umliegenden Bauern, die mit den fortschrittlichen Produktionsweisen der Mönche vertraut wurden, so daß das Kloster eine Entwicklungshilfe im ganz modernen Sinn leistete. Der Klosterplan zeigt als besonders markantes Bauwerk neben dem Spital die Mönchsschule mit eigener, kleiner Kirche. Die Mönche waren bis ins hohe Mittelalter hinein fast allein Träger des geistlichen, wissenschaftlichen und kulturellen Lebens. Gelehrte Mönche sammelten in Bibliotheken das gesamte Wissen der Zeit und schufen Dichtungen und Geschichtswerke in lateinischer Sprache. Die Vervielfältigung von Schriften bedeutete vor der Erfindung des Buchdrucks mühsames Abschreiben. In den Schreibstuben (**Scriptorien**) der Klöster entstanden prachtvolle Handschriften (▶ Codex), die von künstlerisch begabten Mönchen mit Initialen und anderen Buchmalereien verziert wurden. In der **inneren Schule** bereiteten sich die Mönche auf ihren Beruf vor, die Söhne der Adeligen besuchten die *äußere Schule.* Gelehrt wurden die sieben **freien Künste**, nämlich Grammatik, Rhetorik, Dialektik, Arithmetik, Astronomie, Geometrie und Musik. Die adeligen Töchter lernten in Nonnenklöstern Latein und feine Handarbeiten. Neben Seelsorge und Bildung zählte die Fürsorge zu den wichtigen Aufgaben der Klöster; so finden wir ein Pilgerheim und das Armenhaus auf dem St. Galler Klosterplan.

Zahl und Ausmaß der mit einer Klosteranlage verbundenen Gebäude war von Größe, Ansehen und wirtschaftlicher Leistungskraft der Gemeinschaft abhängig, vor allem von den unterschiedlichen Aufgaben, auf die sich die einzelnen ▶ Orden im Verlauf des Mittelalters spezialisierten. Zum Beispiel kennen wir die vielen Klöster der in der Fürsorge tätigen Bettelorden, die sich ganz in die mittelalterliche Stadt einfügten, ohne wesentliche Bauelemente wie Kreuzgang und Klausur aufzugeben.

Gründung und rechtliche Stellung: Aus der Vielzahl ihrer wirtschaftlichen und kulturellen Leistungen ergab sich, daß die Klöster der weltlichen und geistlichen Obrigkeit von großem Nutzen waren. Klostergründer waren die Könige, die Bischöfe und der Adel. Vom König auf Reichsgut gegründete Klöster nannte man **Reichsklöster**. Trat ein anderer Grundherr als Stifter auf, so gehörte ihm nach germanischem Recht mit Grund und Boden alles, was darauf stand, also auch das Kloster. Klöster konnten deshalb als Privatbesitz getauscht, verkauft, verschenkt und vererbt werden. Sie dienten bis in die Neuzeit hinein der Versorgung adeliger Söhne und Töchter, die nicht andernorts standesgemäß untergebracht werden konnten. Der Klosterherr bestimmte auch den ▶ Abt, der häufig aus seiner Familie kam, sogar ein Laie sein konnte.

Gegen diese weltlichen Einflußnahme auf die Klöster kämpfte die von Cluny ausgehende Klosterreform, die im 10./11. Jh. gegen heftige Widerstände für die ihr angeschlossenen Klöster die freie Wahl der Äbte durch die **Konvente**, d. h. die stimmberechtigten Mönche, durchsetzte und die Klöster nicht einem weltlichen Klosterherrn, sondern allein dem Papst unterstellte. Von einer **Abtei** sprechen wir,

wenn das Kloster von einem Abt oder einer Äbtissin geführt wird. Ein selbständiges Kloster, das nicht Abtei ist, wird von einem **Prior** oder einer Priorin geleitet. Die Klöster der **Kanoniker** (Chorherren) sind **Stifte**, die der Jesuiten **Kollegien**, womit nur angedeutet ist, daß die rechtlichen Verhältnisse von Kloster zu Kloster verschieden sein können.
Höhen und Tiefen prägten die Geschichte der Klöster. Ihre Bedeutung für das kulturelle und soziale Leben kann aber kaum überschätzt werden und besteht bis in unsere Gegenwart fort, auch wenn viele der ursprünglichen Aufgaben (Gesundheitswesen, Fürsorge, Bildung) heute vorrangig beim Staat liegen. Wer eine unmittelbare Begegnung mit der überlieferten Klosterkultur sucht und die klösterliche Abgeschiedenheit erproben will, ist in vielen Klöstern eingeladen, einmal das „Kloster auf Zeit“ kennenzulernen.

Kogge Seit Ende des 12. Jh.s für Kreuzfahrer und Kaufleute der Hanse verwendeter breitbauchiger, durchschnittlich 30 m langer und 7 m breiter Schiffstyp, der etwa zehnmal höher war als ältere Schiffe und damit eine erstaunliche Ladefähigkeit von ca. 200 Tonnen besaß. Der Tiefgang betrug drei Meter. Die Kogge besaß nur ein Segel, war aber recht wendig, konnte gegen den Wind kreuzen, verwendete ein Heckruder und konnte 4–5 Meilen pro Stunde (ca. 35 km) laufen. Die technische Überlegenheit gegenüber Schiffen der Konkurrenz kann die Vorherrschaft der Hanse bis zum 15. Jh. erklären. Siehe Abb. S. 152.

Kolonien Wenn im antiken Griechenland die Bevölkerung einer Polis zu groß wurde, wurden anderswo neue Siedlungen gegründet (▶ Kolonisation). Solche Neugründungen werden zwar Kolonien genannt, doch haben sie nichts mit dem späteren Typ der von europäischen Staaten beherrschten Gebiete zu tun: die Kolonien der griechischen Städte waren selbständig und der Mutterstadt nur in *Achtung und Rücksicht* verbunden. Trotzdem ist der Gebrauch des Wortes in diesem Zusammenhang richtig, denn es leitet sich vom lateinischen *colonus* (Bauer oder Siedler) ab und bezeichnet im strengen Sinn nicht ein Herrschaftsverhältnis. Dies ist aber das Hauptkennzeichen der späteren Kolonien.
Im Spätmittelalter wuchs der Handel einiger europäischer Staaten mit fernen Ländern stark an. Der Bedarf an Gold und Seide, Gewürzen und anderem Luxus war gewaltig, die Handelswege waren aber lang und gefährlich. In den fremden Ländern war die Stellung der Kaufleute oft unsicher, weil sie sich in Sprache und Sitte von der einheimischen Bevölkerung unterschieden und wenig Kontakte fanden. Deshalb gründeten die großen Handelsstädte Italiens, allen voran Venedig, im Orient befestigte Stützpunkte und sicherten den Weg dorthin durch weitere Stützpunkte ab. Auch die ▶ Hanse gründete solche Faktoreien. Manche dieser Handelsniederlassungen hatten erhebliche Einwohnerzahlen, durch ihre wirtschaftliche Macht konnten sie in innere Verhältnisse der Gastländer eingreifen und die Handelsbedingungen (Preise, Zölle, Rechtsfragen) zu ihren Gunsten festlegen.
Ab dem 15. Jh. entdeckten Portugiesen, Spanier und Niederländer auf der Suche nach einem Seeweg nach Indien Länder in Südasien und einen neuen Kontinent, Amerika (▶ Entdecker). Die überlegene europäische Waffentechnik ermöglichte die Eroberung der neuen Gebiete. Man be-

gann, die reichen Bodenschätze auszubeuten und die Landwirtschaftsproduktion mit Hilfe von Sklaven umzuorganisieren und zu steigern. Zur Verwaltung, z. T. auch zur Neugründung der Kolonien wurden vom Staat privilegierte private ▶ Handelskompanien eingesetzt. Ab dem 17. und 18. Jh. beteiligten sich auch Briten und Franzosen an den Eroberungen, Kolonialkriege um die Aufteilung begannen.
Im 19. Jh. begann der letzte Abschnitt europäischer Kolonialpolitik. Die Bevölkerung Europas wuchs rasch an, in der Landwirtschaft waren nach der Bauernbefreiung viele Arbeitskräfte überflüssig, die Industrie konnte sie jedoch nicht schnell genug aufnehmen. Eine Auswanderung in großem Umfang begann in die für Europäer klimatisch geeigneten Gebiete (Nordamerika, Chile, Argentinien, Neuseeland, Australien), die z. T. noch den Status von Kolonien hatten. Andere wurden erobert, so z. B. Algerien, um Siedlungsraum für französische Bauern zu gewinnen. Dazu stieg mit der beginnenden Industrialisierung der Bedarf nach großen Mengen billiger und auch neuer Rohstoffe (Öl, Kautschuk), die es in Europa nicht gab. So eroberten die Franzosen Indochina, die Engländer Ölgebiete am Persischen Golf, die Aufteilung Chinas unter den Großmächten begann. Auch die Vereinigten Staaten, Italien und Belgien beteiligten sich jetzt an der Kolonialpolitik, und Rußland kolonisierte die angrenzenden Gebiete Asiens.
In der 2. Hälfte des 19. Jh.s kam als weiterer Faktor dazu, daß großer Kolonialbesitz aus Prestigegründen für notwendig gehalten wurde, unabhängig vom materiellen Nutzen. Um 1880 begann der Wettlauf der Großmächte um Afrika, das bis auf einige Randgebiete bisher frei geblieben war.
Erst jetzt beteiligte sich auch Deutschland an der überseeischen Kolonialpolitik. Im Mittelalter hatte die ▶ Ostsiedlung den Bevölkerungsüberschuß aufgenommen, später schwächten Reformation, Dreißigjähriger Krieg, preußisch-österreichischer Gegensatz und fehlende Reichseinheit das Deutsche Reich, so daß auf den Erwerb von Kolonien verzichtet wurde. Die Kolonialpolitik des Deutschen Reiches hatte ihre Ursache in den Wirtschaftskrisen von 1873 und 1882. Bismarck hatte eine Teilnahme Deutschlands an der Aufteilung Afrikas bis 1883 mit der Begründung abgelehnt, sie werde das Reich nur in unberechenbare politische Verstrickungen führen. Seine Aufgabe liege aber nicht irgendwo in der Welt, sondern in Europa. Unter dem Druck der öffentlichen Meinung gab er dann nach. Neben nationalem Prestige versprachen sich die Befürworter sichere Absatzmärkte und Behebung der Arbeitslosigkeit. Die Kolonien konnten jedoch Auswanderer wegen fehlender wirtschaftlicher Basis und aus klimatischen Gründen nur in kleiner Zahl aufnehmen, und die deutsche Wirtschaft war an einer wirtschaftlichen Erschließung und Entwicklung wenig interessiert. So traf der Verlust der deutschen Überseegebiete nach dem 1. Weltkrieg das Reich kaum.

Kolonisation der Griechen Eines der Ideale der griechischen Polis war deren Überschaubarkeit. Stieg die Bevölkerungszahl stark an, dann wurde ein Prozentsatz der Bevölkerung ausgelost, oder die Volksversammlung bestimmte einen oder mehrere Jahrgänge junger Leute, die auswandern mußten und eine neue Stadt gründeten, eine Kolonie (lat.: colonus = Bauer, Siedler). Auf diese Art verbreitete sich das Griechentum vom Beginn des 8. bis zum Ende des 6. Jh.s v. Chr. an den Küsten des Schwarzen Meeres und im ganzen Mittelmeerraum. Weitere Schwerpunkte griechischer Neugründungen waren Süditalien und Sizilien (▶ Großgriechenland); die berühmtesten Kolonialstädte der Griechen

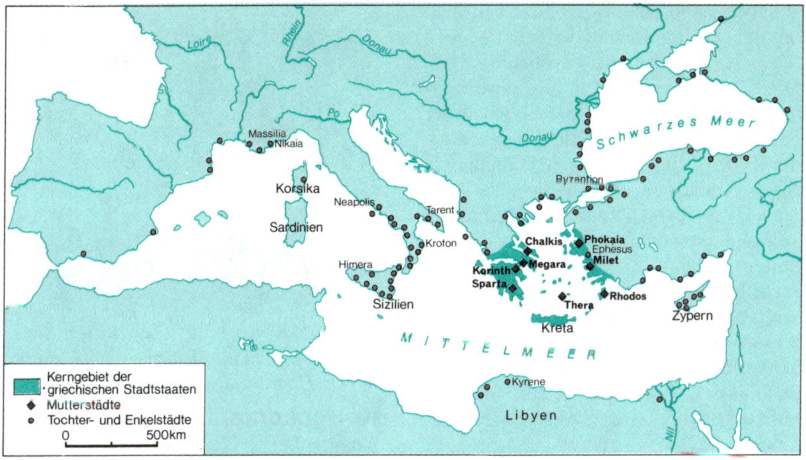

Griechische Kolonisation 750–550 v. Chr.

waren Himera, Syrakus, Tarent und Massilia (Marseille). Trotz der vielen Kolonien wurde aber keine Polis auf diesem Wege zur territorialen Großmacht.

Die griechischen Auswanderer nahmen aus ihrer Heimatstadt die angestammten Götter mit und als Zeichen der Verbundenheit einen Brand vom heimischen Herdfeuer. Ansonsten war ihre Neugründung aber vollkommen unabhängig. Sie stand zu ihrer Mutterstadt nur in einem Pietätsverhältnis, d. h., sie durfte keinen Krieg gegen die Mutter führen. Mit den Perserkriegen ging die griechische Kolonisation zu Ende. Die Menschenverluste in den Kriegen des 5. Jh.s machten sie teilweise überflüssig, auch gingen die alten Ideale unter, und manche Polis wurde zur Großstadt.

Kolumbus (1451–1506) Christoph Kolumbus wurde in Genua geboren. Er wählte den Beruf eines Seemannes, sammelte aber nicht nur praktische Erfahrungen, sondern beschäftigte sich auch mit theoretischen Fragen und faßte den für seine Zeit kühnen Plan, auf einer Westfahrt einen Seeweg nach Indien zu suchen. Nach vielen Verhandlungen und Enttäuschungen fand er schließlich bei den spanischen Königen **Ferdinand** und **Isabella** Unterstützung. Sie gaben ihm drei kleine Schiffe (s. Abb S. 197), mit denen er nach einer zehnwöchigen Fahrt am 12. 10. 1492 die Antillen erreichte. Er wurde daraufhin zum Vizekönig der neuentdeckten Länder und zum Großadmiral ernannt und unternahm bis 1504 noch drei weitere Schiffsreisen in die Karibik. Auf der dritten wurde er von unzufriedenen Landsleuten fälschlich angeklagt, in Ketten in die Heimat zurückgeführt, dort aber rehabilitiert. Er starb 1506 in dem Glauben, „nur“ einen neuen Weg nach Indien gefunden zu haben. Die volle Bedeutung seiner Entdeckung eines neuen Kontinents wurde erst nach seinem Tode erkannt.

Komintern Im Sommer 1935 tagte in Moskau der VII. Weltkongreß der Komintern, der *Kom*munistischen *Intern*ationalen. Er sollte die antifaschistischen Aktivitäten der kommunistischen Parteien in der ganzen Welt verstärken, denn in immer mehr Staaten setzten sich Richtungen durch, die dem Sozialismus feindlich ge-

genüberstanden und offen oder versteckt mit dem Dritten Reich oder dem faschistischen Italien Mussolinis sympathisierten. Die Komintern sollte nun die Abwehr organisieren und dazu die Vorherrschaft der Kommunistischen Partei der Sowjetunion, der KPdSU, über die anderen kommunistischen Parteien verstärken. Sie sollte auch die eigene revolutionäre Propaganda im Ausland aktivieren, denn Marx und Lenin hatten ja die Weltrevolution als Ziel gesetzt. Im Gegenzug kam es 1936 zum Abschluß eines **Antikominterpaktes** der Achsenmächte Deutsches Reich, Italien und Japan. 1943 wurde die Komintern 24 Jahre nach ihrer Gründung 1919, aus Rücksicht auf das Bündnis mit den Westmächten aufgelöst.

Komödie Die Anfänge dieser Form des Schauspiels verweisen auf die **Dionysien** im antiken Griechenland, einen Umzug auf dem Lande, bei dem die Jugend, kostümiert mit riesigem Glied aus Leder und mächtigem Hintern, das Phalloslied sang und die Zuschauer verspottete. Die Dorer entwickelten daraus Posse und Pantomime. Seit 486 v. Chr. sind attische Komödien bezeugt, in denen nach Tanz und Gesang der Text bestimmend wurde und die literarische Form Gestalt gewann. **Aristophanes** (um 445–385 v. Chr.) versetzte die Handlung in ein phantastisches Milieu: Im Gewand von Vögeln, Fröschen, Wolken versteckte er beißende Kritik an Politik und Kultur in Athen. Wichtig in dieser *älteren* Komödie war die *Parabase,* in der der Chor mit abgenommener Maske vertraulich zum Publikum sprach. Die *jüngere* Komödie verzichtete auf politische Anspielungen und leitete über zum bürgerlichen Lustspiel mit Bloßstellung menschlicher Schwächen anhand von Typen. **Menander** (341–290 v. Chr.) wird zum Vorbild für die römische Komödie (Plautus, Terenz), wie für Shakespeare und Molière.

Leopold verweigert den Zutritt zum Kongo, dessen Symbole Totenkopf und abgehackte Hand sind, zeitgenöss. Karikatur.

Kongokonferenz Nachdem der Angloamerikaner **Henry M. Stanley** 1876/7 auf einer kühnen Expedition den Lauf des Kongo erforscht hatte (▶ Afrika-Erschließung), ging er im privaten Auftrag des belgischen Königs **Leopold II.** daran, im Kongobecken den *Unabhängigen Kongostaat* zu gründen. Als daraufhin Portugal und England Einspruch erhoben und Frankreich nördlich des Kongo-Flusses 1880 durch Savorgnan de Brazza eine eigene Kolonie gründen ließ, wurde 1884/5 in Berlin unter dem Vorsitz Bismarcks eine Konferenz abgehalten, als deren Ergebnis in der **Kongoakte** zwar Freiheit des Handels und der Schiffahrt für alle Nationen proklamiert, aber auch der Kongostaat unter Hoheit König Leopolds anerkannt wurde. Die Beauftragten des Königs beuteten das Gebiet wirtschaftlich aus: Steuern erhob man in Form von Naturalabgaben; Eingeborene, die ihr Ablieferungssoll nicht erfüllen konnten, wurden gefoltert und verstümmelt. Als diese **Kongogreuel** bekannt wurden, erhob sich weltweit ein Sturm der Entrüstung. Unter dem öffentlichen Druck mußte Leopold II., der in einem Jahrzehnt riesige Summen aus seiner persönlichen Besitzung herausgepreßt hatte, das Land 1908 an den belgischen Staat übertragen.

Kongokrise Nach einer 52jährigen Kolonialzeit wurde die belgische Kongokolonie, das heutige Zaire, am 30. 6. 1960 unabhängig. Die einheimischen Politiker waren darauf viel zu wenig vorbereitet worden. Als die Belgier übereilt das Land verließen, brachen Wirtschaft und Verwaltung weitgehend zusammen, und es kam zu chaotischen Zuständen. **Patrice Lumumba**, der erste Ministerpräsident, wurde von seinen politischen Gegnern ermordet, die Provinz Katanga löste sich von der Zentralregierung. Die in das Land entsandten UN-Truppen konnten die Ordnung nicht wiederherstellen. Erst der verstärkte Druck der Vereinten Nationen führte ab 1963 zur Rückkehr Katangas in den Staatsverband und zu einer allmählichen Beruhigung der Verhältnisse.

Königgrätz Am 3. 7. 1866 besiegten in der Schlacht bei Königgrätz (in Frankreich und England Schlacht bei **Sadowa** genannt) die preußischen Armeen unter **Moltke** die österreichischen und sächsischen unter **Benedek**. Nach preußischer Überlieferung verdankte man den Sieg dem überlegenen Zündnadelgewehr und den preußischen Schulmeistern, die jene eiserne Disziplin der Armee vorbereitet hatten. Österreich schied aus dem Deutschen Bund aus, verlor seine Stellung in Mitteleuropa und seine Verbündeten, von denen Hannover, Kurhessen, Hessen-Nassau und Frankfurt preußisch werden mußten. Venetien wurde an den preußischen Verbündeten Italien abgegeben. Mit der Schlacht bei Königgrätz war der Kampf um die Vorherrschaft im Deutschen Bund zugunsten Preußens entschieden.

Königtum Der Titel König stammt aus dem Althochdeutschen und meint eigentlich *aus vornehmen Geschlecht stammender Mann.* Doch nicht nur bei den Germanen hat es Könige gegeben, sondern in fast allen Kulturen, in den frühen Hochkulturen in Mesopotamien, in Sparta, in Rom. Bei den Germanen waren die Könige aus der Königssippe gewählte Volks- und Heerführer, man glaubte, sie seien göttlicher Abstammung und der Sippe sei ein besonderes Heil zugedacht. Wenn sie den Heilsvorstellungen des Volkes entsprachen, konnten sie sich behaupten, ebenso wie Bewährung im Kampf sie aus dem Kreis der übrigen Adligen hervorhob. Das auf der Königssippe ruhende Heil begründete auch den Nachfolgeanspruch, das **Geblütsrecht**, das später z. T. in Erbrecht überging. Neben die Erbfolge trat aber in Deutschland – anders als in Frankreich und England – das Wahlprinzip, die Wahl des Königs durch die höchsten Adligen.
Das Königtum der Karolinger verband die germanischen Elemente mit römischen aber auch mit christlichen Vorstellungen vom Gottesgnadentum. Diese Mischung unterschiedlicher Traditionen prägte das Herrscherbild des Mittelalters. Die Herrschaft wird jetzt als von Gott gegeben gesehen, in seinem Sinne muß der König regieren.
Die reale Machtbasis des Königs konnte sehr unterschiedlich ausgeprägt sein und bestimmte seine Durchsetzungsfähigkeit: die Verpflichtungen der Vasallen gegenüber dem König durch das Lehnswesen, der Besitz an Hausgut und Reichsgut.
Die Aufgaben des Königs werden durch die Insignien, die bei der Krönungszeremonie überreichten Herrschaftszeichen, symbolisiert. Der König ist der oberste Heerführer und erhält das *Schwert* zur Vertreibung aller Feinde Christi. *Zepter* und *Stab* verweisen auf seine Stellung als oberster Richter, der *Krönungsmantel* symbolisiert, daß er Schutzherr der Armen und Schwachen ist. Der König wird wie ein Bischof mit dem Öl der Barmherzigkeit gesalbt und trägt als Stellvertreter Christi auf Erden die *Krone.*
▶ Reichsinsignien

Konklave (lat.: conclave = verschließbarer Raum) Bis in unsere Zeit ziehen sich die Kardinäle in einen von der Außenwelt völlig abgeschlossenen Raum (heute im Vatikan in Rom) zurück, um nach einem streng vorgeschriebenen Wahlverfahren den neuen Papst zu wählen. Das Konklave wurde 1274 eingeführt. Es bezeichnet den Vorgang der Wahl und auch die wahlberechtigte Kardinalsversammlung.

Konquistadoren In Erinnerung an die Reconquista, die Rückeroberung spanischen Gebietes aus der Gewalt der Mauren im Mittelalter, nannten sich die spanischen Eroberer Amerikas Konquistadoren. Allein schon die Plünderung indianischen Besitzes machte sie häufig zu reichen Männern. Darüber hinaus erhielten sie von der Regierung noch Landbesitz und Adelstitel. So bildeten sie seit dem 17. Jh. eine europäische Oberschicht, deren Nachkommen als **Kreolen** bezeichnet wurden.

Konstantin I., der Große (um 280–337 n. Chr.) Kaiser **Diokletian** (R. 284–305 n. Chr.) hatte dem Römischen Reich eine neue Nachfolgeordnung gegeben. Nach seiner Vorstellung sollten zwei Kaiser regieren mit je einem adoptierten Nachfolger, der sie nach 20 Jahren ablöst und dann ebenfalls Nachfolger bestimmt (System der **Tetrarchie**). Die Reform erwies sich als wenig stabil und führte zu neuen Bürgerkriegen. Aus diesen Wirren ging schließlich Konstantin als Sieger hervor. Seine Rivalen im Westen des Reiches überwand er 312 an der **Milvischen Brücke** vor Rom, nachdem ihm, wie überliefert wird, im Traum das Kreuzeszeichen mit der Umschrift *In diesem Zeichen wirst du siegen* erschienen war. Damit war er Kaiser des Westens. Überzeugt von der Kraft des Christengottes, erließ er 313 in Mailand das **Toleranzedikt**, das den Christen im ganzen Reich freie Religionsausübung sicherte. Im

Konstantin trägt das Christuszeichen als Helmzier, Münze von 315.

Jahre 324 fiel die Entscheidung zwischen Konstantin und dem Kaiser des östlichen Reichsteils. Konstantin siegte und war damit alleiniger Herrscher im gesamten Römischen Reich.

Er regierte fortan, inmitten eines prunkvollen Hofes und umgeben von einem komplizierten Zeremoniell, als absoluter Herrscher. Die Hauptstadt verlegte er 330 von Rom nach Byzanz, nunmehr Konstantinopel, d. h. *Konstantinsstadt,* und dieses **Zweite Rom** sollte an Pracht der alten Metropole nicht nachstehen. Von der christlichen Kirche erwartete er Unterstützung und Übernahme weltlicher Aufgaben. Allerdings bot das Christentum ein Bild tiefer Zerrissenheit und Feindschaft zwischen den verschiedenen Glaubensrichtungen. Um den Frieden wiederherzustellen, berief der Kaiser 325 ein Konzil nach **Nizäa** – vergebens. Schließlich erging ein kaiserliches Machtwort in Glaubensfragen, das nicht überall beachtet wurde. Da Konstantin für das einheitliche Reich auch einen einheitlichen Glauben wünschte, ging er zuletzt schärfer gegen Heiden vor. Er selbst ließ sich erst kurz vor seinem Tod taufen.

Kontinentalsperre Um England zum Frieden zu zwingen, verbot Napoleon I. 1806 jeglichen Handel mit diesem Land und mit britischen Waren. Daraufhin verhängte England die Blockade über die Häfen Frankreichs und seiner Verbündeten und verbot auch den Neutralen diese Häfen anzulaufen. Die Kontinentalsperre schädigte die britische Wirtschaft sehr, verteuerte aber auch das Leben auf dem Festland. Die kontinentale Industrie profitierte nur wenig (Textil, Zuckerrüben) von der fehlenden englischen Konkurrenz, in getreideexportierenden Ländern verschärfte sich sogar die Agrarkrise. Großbritannien verschaffte sich damals das Monopol im **Kolonialwarenhandel** (Waren wie Kaffee, Kakao, Tee, Gewürze, Südfrüchte aus den Kolonien) und im Handel mit dem südamerikanischen Markt. Die Kontinentalsperre war 1812 für Napoleon Grund zum Krieg gegen Rußland, das sich dem Boykott nicht angeschlossen hatte.

Kontrollrat Er wurde von den Siegermächten nach der Kapitulation des NS-Regimes im Juni 1945 als oberstes Regierungsorgan im besetzten Deutschland eingesetzt. Er bestand aus den vier Oberbefehlshabern der alliierten Streitkräfte in Deutschland und hatte seinen Sitz in Berlin. Der Kontrollrat sollte die gemeinsamen Ziele, niedergelegt im **Potsdamer Abkommen** am 2. 8. 1945 (u. a. Entnazifizierung, Demokratisierung, Behandlung als wirtschaftliche Einheit), umsetzen. Als sich im Zeichen des Kalten Krieges die Gegensätze zwischen den USA und der Sowjetunion immer mehr verschärften, geriet der Kontrollrat in eine Zerreißprobe. Diese endete damit, daß die sowjetischen Vertreter aus Protest gegen die ▶ Währungsrefom in den Westzonen aus dem Kontrollrat auszogen (20. 3. 1948).

Konzentrationslager Als Internierungs-, Arbeits- oder Kriegsgefangenenlager bereits seit dem nordamerikanischen

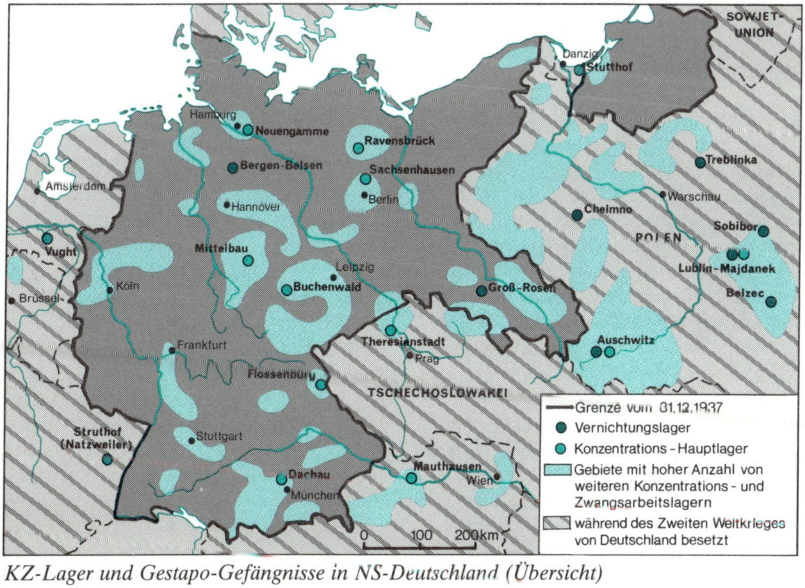

KZ-Lager und Gestapo-Gefängnisse in NS-Deutschland (Übersicht)

Sezessionskrieg und im Burenkrieg bekannt, dienten sie in Deutschland und in den von Deutschland besetzten Gebieten während der Hitlerzeit als Massenlager zur Unterbringung von Regimegegnern und aller Personengruppen, die aus ideologischen, rassischen oder angeblich „sozialen Gründen" interniert wurden. Grundlage für die Internierung war eine Notverordnung vom 28. 2. 1933, die polizeiliche **Schutzhaft** zunächst für die politischen Gegner – später ausgeweitet auf alle Regimegegner – ermöglichte. In die KZs wurden Sozialdemokraten, Kommunisten, Geistliche, Bibelforscher, Homosexuelle, Sinti, Juden, Menschen der besetzten Länder transportiert, – alles Menschen, die von den Nationalsozialisten als *Volksschädlinge* angesehen wurden.

Ab 1938 wurden die Häftlinge für Zwangsarbeiten zugunsten der SS, später auch für Rüstungsprojekte herangezogen. In den meisten Konzentrationslagern kam es zu medizinischen und anderen Versuchen an Häftlingen; ab 1943 fanden in den **Vernichtungslagern** mindestens 6,5 Mio. Menschen, vor allem Juden, den Tod.

Konzil Das Kirchenrecht versteht darunter eine rechtmäßige Zusammenkunft von kirchlichen Würdenträgern zur Beratung, Beschlußfassung und Gesetzgebung über kirchliche Angelegenheiten. Als Urbild dient das **Apostelkonzil** zu Jerusalem um 50 n. Chr. Unterschieden werden ökumenische (auch allgemeine) Konzilien der Gesamtkirche von **Synoden,** die nur einen bestimmten kirchlichen Bezirk umfassen.

Weltweite, **ökumenische Konzilien** wurden im 1. Jt. der Kirchengeschichte vom Kaiser, im 2. Jt. vom Papst einberufen. Die ersten sieben befaßten sich mit den Lehren von der Dreifaltigkeit Gottes, der Menschwerdung Christi und mit der Frage nach der gemeindlichen Aufsicht etwa durch Bischöfe. Die sieben Konzilien zwischen dem 12. und 14. Jh. thematisierten vor allem die Disziplin der Geistlichen, Möglichkeiten der Missionierung Ungläubiger, die Behandlung von Häretikern, den vom Glauben Abgefallenen, sowie die Übereinstimmung zwischen weltlicher Herrschaft und kirchlicher Politik.

Die Konzilien des 15. bis beginnenden 17. Jh.s waren vor allem **Reformkonzilien**, die Wege zur inneren Einheit suchen mußten, da diese Einheit durch Gegenpäpste und eine neue Konzilsauffassung gefährdet war. Die letzten drei Konzilien, das von Trient (▶ Tridentinum) und die beiden ▶ Vatikanischen, sind wohl die auch für die Zukunft der katholischen Kirche folgenreichsten. In Trient hatte sich die Kirche nicht nur den durch die Reformation eingetretenen Veränderungen in der Christenheit zu stellen, sondern die längst überfällig gewordene innerkirchliche Reform in Angriff zu nehmen. Das **Vaticanum I** (1869/70), das sich mit den Zeitströmungen auseinandersetzte, erhob die Unfehlbarkeit des Papstes zum Dogma. Das **Vaticanum II** (1963–65) beriet das Selbstverständnis der Kirche, ihr Verhältnis zur modernen Welt und vor allem auch die Stellung der Bischöfe zum Papst neu.

Koran Er ist das heilige Buch des Islam, von dem die Moslems glauben, er enthalte das reine Wort Gottes, deshalb sei jede Diskussion über ihn Gotteslästerung. Der Koran wurde einige Jahre nach dem Tod **Mohammeds** (632 n. Chr.) geschrieben; er enthält, was der Erzengel Gabriel dem Propheten offenbart haben soll, daher sein Namen (arab.: iqra = lies, rezitiere). Der Koran ist Gesetzbuch und religiöses Lehrbuch, enthält aber auch Anweisungen für das tägliche Leben. Er darf von den Gläubigen nur in klassischem Arabisch verwendet werden und bildet dadurch ein einigendes Band für die Völker der islamischen Welt.

Panmunjom, die Grenze zwischen Nord- und Südkorea

Koreakrieg Im August 1945 wurde Korea, das bis dahin 40 Jahre unter japanischer Herrschaft gestanden hatte, nördlich des 38. Breitengrades von sowjetischen, südlich dieser Demarkationslinie von amerikanischen Truppen besetzt. 1948 bekam Südkorea eine demokratische Verfassung, während in Nordkorea eine Demokratische Volksrepublik ausgerufen wurde. Völlig unerwartet – wahrscheinlich ohne Wissen der Sowjetunion – überschritten im Juni 1950 nordkoreanische Truppen die Grenze und drangen nach Süden vor. US-Präsident **Truman** beorderte Luft- und Seestreitkräfte unter General **MacArthur** ins Kampfgebiet. Der Sicherheitsrat verfügte das Eingreifen von UN-Truppen, die auch von MacArthur befehligt wurden. Die Angreifer konnten zwar weit zurückgeworfen werden, aber die Lage wurde immer dramatischer, als Nordkorea von rotchinesischen „Freiwilligenverbänden" Unterstützung erhielt. General MacArthur forderte sogar den Einsatz von Atomwaffen, was allerdings zu seiner Entlassung führte.
Als sich die Front etwas nördlich des 38. Breitengrades festgefahren hatte, begannen ab Juli 1951 langwierige Waffenstillstandsverhandlungen, die schließlich zum **Abkommen von Panmunjon** (27. 7. 1953) führten. Die frühere Demarkationslinie sollte nun wieder die Grenze zwischen Nord- und Südkorea bilden, darüber hinaus wurde eine entmilitarisierte Zone mit neutraler Überwachung vereinbart.
Der Koreakrieg hat in der westlichen Welt einen Schock ausgelöst. Vielen Amerikanern erschien der Vorgang als eine Art Probelauf für den 3. Weltkrieg, während viele Westdeutsche den Krieg als Probe für einen Angriff Ostdeutschlands auf die Bundesrepublik werteten. Der „Koreaschock" machte verständlich, weshalb Churchill bereits 1950 eine Europa-Armee mit deutscher Beteiligung verlangte.

Kosaken Das turktatarische Wort *kazak* bedeutet soviel wie *freier Mann* oder *Räuber,* und beides waren die Kosaken. Ursprünglich bezeichnete man damit freie tatarische oder slawische Reiterverbände, aber schon seit dem ausgehenden 15. Jh. verdingten sie sich beim russischen Zaren auch als Soldaten zum Schutz der Steppengrenze. Zuzug erhielten sie durch Bauern, die dem Druck ihrer Grundherren entflohen. Sie schufen heeresähnliche militärische Verbände unter dem Befehl eines **Hetmans** oder **Atamans** und unternahmen oft weite Beutezüge. 1582 drangen Kosaken unter dem Befehl **Jermaks** über den Ural vor und unterwarfen weite Teile Sibiriens für den Zaren. Seit dem 18. Jh. kamen die Kosaken immer mehr unter russische Herrschaft, empörten sich mehrfach gegen die Kontrolle des Zaren, dienten andererseits aber weiterhin an den gefährdeten Grenzen im Kaukasus und im Fernen Osten. Nach 1918 kämpften die Kosaken gegen die Bolschewiken. Während der stalinistischen Zeit wurden deshalb ihre Verbände aufgelöst, sie versuchten sich aber im 2. Weltkrieg wieder neu zu formieren.

Kreuzfahrerstaaten Ein Teil der französischen Ritter und süditalienischen Normannen blieb nach dem 1. Kreuzzug Ende des 11. Jh.s im Heiligen Land und gründete eigene Staaten, so die Grafschaft

Edessa (Urfa) und Tripoli(s), das Fürstentum Antiochia (Antakya) und das Königreich Jerusalem, das 1100 Balduin, der Bruder **Gottfrieds von Bouillon**, Herzog von Lothringen und einer der wichtigsten *Kreuzfahrer,* übernahm. Von Rivalitäten und Thronwirren geschwächt, ohne Unterstützung aus der Heimat und ohne Rückhalt in der von ihnen ausgeplünderten islamischen Bevölkerung, fielen ihre Festungen in die Hand Sultan Saladins, der 1187 Jerusalem und 1189 Tripolis eroberte; 1144 nahmen die türkischen **Seldschuken** Edessa ein.

Kreuzzüge

Kreuzzüge Diese vom Rittertum getragenen Feldzüge sollten das Heilige Land von den türkischen Seldschuken befreien, die Syrien und Palästina dem Kalifen in Kairo entrissen hatten und nun auch das christliche Byzanz bedrohten. Papst **Urban II.** rief 1095 zum 1. Kreuzzug auf („Gott will es!") und versprach den fanatisierten Teilnehmern Nachlaß der kanonischen Bußstrafen für ihre Beteiligung am Kreuzzug. Voreilig losziehende, schlecht ausgerüstete Volksmassen kamen auf dem Balkan um, ehe französische Ritter und süditalienische Normannen 1096 aufbrachen und 1099 Jerusalem eroberten.

Als Edessa, einer der Kreuzfahrerstaaten, 1144 von den Seldschuken eingenommen wurde, drängte **Bernhard von Clairvaux** die Könige **Konrad III.** und **Ludwig VII.** von Frankreich zum 2. Kreuzzug (1147–49), der mit einer Niederlage der Kreuzfahrer endete. Nachdem Sultan Saladin 1187 Jerusalem erobert hatte, begann Friedrich I. Barbarossa 1189 den 3. Kreuzzug als Reichskrieg, der bis 1192 dauerte. Die Könige **Philipp II.** von Frankreich und Richard Löwenherz von England brachten sich durch ihren Streit nach der Einnahme Akkons (1191) um weitere Erfolge. Zum 4. Kreuzzug (1202–04) rief Papst Innozenz III. auf, doch lenkten die Venezianer das Heer nach Konstantinopel (Byzanz), das sie eroberten und plünderten. Venedig erreichte dadurch enorme Handelsvorteile. Der Kreuzzugseifer führte nach 1212 Tausende Kinder aus Frankreich und vom Niederrhein ins Verderben. Kaiser Friedrich II. brach nach langem Zögern 1228 zum 5. Kreuzzug auf, erreichte in Verhandlungen mit dem Sultan in

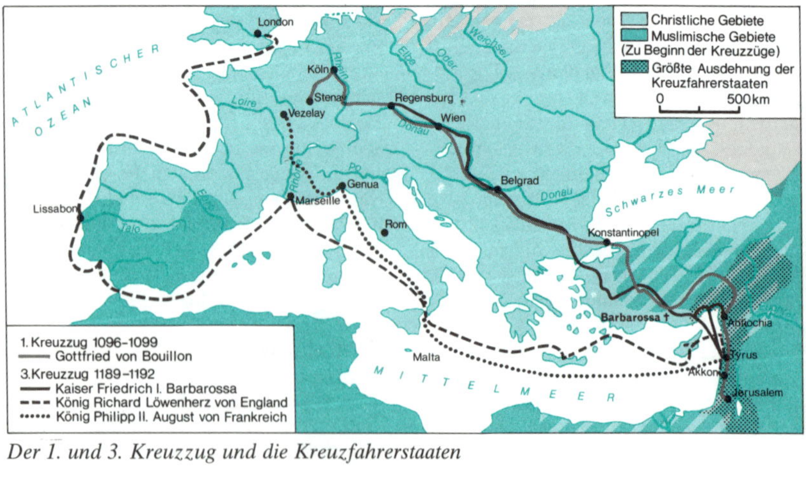

Der 1. und 3. Kreuzzug und die Kreuzfahrerstaaten

Kairo die Freigabe der Pilgerstätten und krönte sich 1229 zum König von Jerusalem; das Königreich ging bereits 1244 wieder verloren. König **Ludwig IX.** von Frankreich scheiterte auf dem 6. Kreuzzug (1248–54) nach der Einnahme von Damiette im Nildelta ebenso wie auf seinem 7. Kreuzzug 1270 gegen Tunis.
Keines der Kreuzfahrerziele konnte erreicht werden. Die Berührung mit Byzanz und der islamischen Welt brachte jedoch griechisch-orientalisches Geistesgut in die abendländische Welt. (s. auch Abb. S. 313).

Kriegsschuldfrage Im Artikel 231 des Versailler Vertrages mußte das Deutsche Reich seine alleinige Schuld am Ausbruch des 1. Weltkriegs anerkennen. Der unhaltbare Vorwurf der alleinigen deutschen Kriegsschuld führte zur ebenso unhaltbaren Gegenbehauptung, die Gegner hätten zielbewußt an der *Einkreisung* und schließlich Vernichtung des Reiches gearbeitet, das selbst also am Kriegsausbruch völlig unschuldig gewesen sei. In einer Zeit des überhitzten Nationalismus unterblieb so auf beiden Seiten die rationale Auseinandersetzung. Die Schuld des Dritten Reiches am Ausbruch des 2. Weltkriegs ist, im Gegensatz zur Kriegsschuldfrage von 1914, eindeutig.

Kubakrise Nach dem Sieg der von **Fidel Castro** und seinem Mitstreiter Che Guevara geführten kubanischen Revolution über den Diktator **Batista** 1959 wurden sozialistische Reformen durchgeführt. Die USA empfanden den von der Sowjetunion unterstützten Staat vor ihrer „Haustür" als Bedrohung, aber auch die Enteignung und Verstaatlichung von US-Eigentum auf der Insel stieß auf erbitterte Gegenwehr. Um den karibischen Raum weiterhin als militärische und politische Einflußzone zu erhalten, versuchten die USA 1961 mit Hilfe von Exilkubanern eine Invasion. Die Landung in der **Schweinebucht** blieb jedoch erfolglos. Castro festigte seine Herrschaft und baute mit sowjetischer Unterstützung 1962 Rakentenstellungen auf. US-Präsident Kennedy sah darin eine Gefährdung seines Landes und drohte mit einer Blockade und Invasion der Insel. Die Welt stand am Rande eines Atomkrieges der beiden Supermächte, entschärft wurde die Situation erst, als **Chruschtschow** sich zum Abbau der Raketenbasen bereit erklärte. Der Höhepunkt des **Kalten Krieges** leitete eine Phase der allmählichen Entspannung zwischen Ost und West ein.

K. u. K. Seit 1867 waren die Reichshälften Österreich und Ungarn staatsrechtlich zur Doppelmonarchie verbunden, die Abkürzung für *Kaiserlich und Königlich* symbolisierte diese Einheit. Es war eine **Personal-** und **Realunion** zwischen den im Reichsrat vertretenen Königreichen und Ländern des Kaiserreiches Österreich (**Zisleithanien**) und den Ländern des Königreiches Ungarn (**Transleithanien**). Personalunion beinhaltet die z. B. durch Erbfolge bedingte Einheit selbständiger Staaten unter einem Monarchen, Realunion verweist auf die verfassungsrechtlich verankerten gemeinsamen Institutionen selbständiger Staaten. In beiden Rechtsteilen war die Krone seit der ▶ Pragmatischen Sanktion von 1713 erblich im Hause Habsburg. Beide Staaten waren in inneren Angelegenheiten selbständig. Gemeinsam waren Außenpolitik, Kriegswesen und die Verwaltung der Reichsländer Bosnien und Herzegowina, durch besondere Ministerien. Über die Streitkräfte verfügte allein der Monarch.

Kulturkampf Nach der Gründung des Deutschen Reiches (1870/71) kam es zu einer heftigen Auseinandersetzung zwischen Staat und katholischer Kirche um die gegenseitigen Machtansprüche und die Abgrenzung kirchlicher und staatlicher

Sphären. Der Reichskanzler Bismarck nahm neben anderen Motiven vor allem die Verurteilung des Liberalismus durch das 1. Vatikanische Konzil (1869/70), die Verkündigung des Unfehlbarkeitsdogmas, die Gründung des Zentrums als katholischer Weltanschauungspartei und die Befürchtung einer katholischen Front europäischer Mächte gegen das protestantische Kaisertum der Hohenzollern zum Anlaß, im Kulturkampf in den 70er Jahren die Ansprüche des Staates durch eine Reihe von Gesetzen gegen die katholische Kirche durchzusetzen. So wurde durch den **Kanzelparagraph** eine Erörterung staatlicher Angelegenheiten durch Prediger kontrolliert, mit dem **Jesuitengesetz** die Tätigkeit des Jesuitenordens in Deutschland verboten und mit der Einführung der Zivilehe den Geistlichen die Standesregisterpflicht entzogen. Im Volksschulbereich ging die Schulaufsicht auf den Staat über. Die **Maigesetze** verschärften die staatliche Aufsicht und Eingriffsmöglichkeiten gegenüber der Kirche weiter (staatlich kontrollierte Examen der Geistlichen, Einspruchsrecht bei der Anstellung von Geistlichen usw.).
Die Kulturkampfgesetzgebung forderte den Widerstand des Katholizismus heraus und stärkte das Zentrum. Bismarck mußte daher schrittweise einen Teil der Maßnahmen zurücknehmen.

Kulturrevolution Marx behauptete, unter den Bedingungen des Kapitalismus könne der Mensch sich nicht seinem Wesen gemäß entfalten, er sei sich selbst entfremdet. Daraus schuf Lenin zwischen 1917 und 1921 die Lehre vom neuen sozialistischen Menschen, der aus einer Kulturrevolution hervorgehen sollte. Mao versuchte das dann ab 1965 in Chinas *Großer Proletarischer Kulturrevolution* in die Praxis umzusetzen. Er ließ Universitäten, Schulen, Bibliotheken, Theater und Museen schließen und verbot die Lektüre alter Literatur und das Hören klassischer Musik, um die vermeintlich schädliche Wirkung der Vergangenheit auszuschalten. **Rote Garden** von Jugendlichen überwachten die Aktion und terrorisierten die Bevölkerung, bis ein Bürgerkrieg drohte. 1967 konnte die innerparteiliche Opposition die gröbsten Auswüchse beschneiden, und 1969 erklärte die Kommunistische Partei Chinas die Kulturrevolution für einen Irrweg.

Kurfürsten (althochdeutsch: Kuri = Wahl) Ursprünglich stand das Recht der Königswahl allen Freien, dann allen Reichsfürsten zu. Seit dem Thronstreit zwischen Staufer und Welfen im Jahr 1198 mußten die Erzbischöfe von Mainz, Köln und Trier sowie der Pfalzgraf bei Rhein an der rechtmäßigen Wahl des Königs beteiligt sein. Der ▶ Sachsenspiegel (um 1230) nennt den Herzog von Sachsen und den Markgraf von Brandenburg als weitere Kurfürsten. Hinzu trat der König von Böhmen. Bei der Doppelwahl von 1257 (▶ Interregnum) erlangten die sieben Kurfürsten das alleinige Wahlrecht. Am Ende des Heiligen Römischen Reiches (1806) gab es zehn Kurfürsten. Mit dem ▶ Kurverein von Rhense (1338) konnte jede Einmischung des Papstes ausgeschaltet werden, das ▶ Licet iuris begründete das Mehrheitsprinzip, und durch die ▶ Goldene Bulle von 1356 wurde das Wahlverfahren endgültig geregelt. Die Kurfürsten erlangten durch gemeinsame Beschlüsse im Kurverein und das geschickte Aushandeln von **Wahlkapitulationen**, d. h. vertraglichen Wahlversprechen des Königs, großen Einfluß auf die Reichsgeschäfte und wurden häufig zu Gegenspielern des Königs. Wenn der König zu machtbewußt wurde, schreckten die Kurfürsten nicht davor zurück, ihn abzusetzen und einen Gegenkönig zu wählen. Es wurde darüber hinaus üblich, das Wahlrecht durch **Handsalben** zu „versilbern“. Karl V. zahlte den Kurfürsten im Jahr 1519

Kaiser Maximilian II. zwischen den 7 Kurfürsten: die 3 geistlichen (links), die 4 weltlichen (rechts), Holzschnitt aus dem 16. Jh.

über 500000 Gulden (▶ Fugger). Die Entstehung der Kurfürsten wird (in Anlehnung an den Sachsenspiegel) häufig darin gesehen, daß die Erzbischöfe von Mainz, Köln und Trier bei der Krönung mitwirkten und die vier weltlichen Fürsten bei der Krönungsfeier als **Truchseß, Marschall, Kämmerer** und **Schenk** hervorgehobene Königsdienste (**Erzämter**) leisteten. Die Zusammensetzung des Kurfürstenkollegs entsprang aber eher dem Zufall als historischen Notwendigkeiten. Die tieferen Wurzeln liegen in dem Scheitern aller Pläne, auch im Deutschen Reich eine erbliche Thronfolge durchzusetzen. Mit wenigen Ausnahmen fiel die Wahl des Königs auf den Angehörigen der mächtigsten Familie im Reich, seit 1273 in der Regel auf einen Habsburger. Die Kurfürsten suchten das Bündnis mit einem Herrscher, der das zersplitterte Reich einigermaßen zusammenzuhalten versprach.

Kurverein Die Kurfürsten besaßen seit der Wahl Rudolfs von Habsburg 1273 nicht nur das alleinige Recht der Königswahl, sie suchten auch Einfluß auf wichtige Reichsangelegenheiten zu nehmen. Ein wichtiges Instrument waren ihre meist festlich begangenen **Kurfürstentage**, auf denen sie als Träger der Reichsideen auftraten, aber auch über eine gemeinsame Politik und **Reichsweistümer**, d. h. Reichsgesetze, berieten. Dieser Zusammenschluß der Kurfürsten heißt Kurverein. Die Wahlbedingungen und die Wahlversprechen des gewählten Königs wurden in sogenannten **Wahlkapitulationen** aufgezeichnet. Berühmt ist der Kurverein von Rhense bei Koblenz am Rhein aus dem Jahr 1338. Bei dieser Versammlung berieten die Kurfürsten über das gemeinsame Vorgehen gegen den Papst, der den König Ludwig der Bayer gebannt hatte. Sie erklärten in dem Weistum, daß der gewählte deutsche König keiner Bestätigung durch den Papst bedürfe und schon vor seiner Kaiserkrönung kaiserliche Herrschaftsrechte wahrnehmen könne. Die Kurfürsten wiesen also jede Einmischung des Papstes zurück.

Kyros Drei persische Könige aus der Dynastie der **Achämeniden** trugen diesen Namen. Am wichtigsten war **Kyros II., der Große** (R. 559–529). Er unterwarf Medien, Lydien und Babylon und schuf damit das erste Großreich der Perser. Die antike Geschichtsschreibung rühmt seine Toleranz. Auch im Alten Testament wird er lobend erwähnt, weil er die Juden 539 v. Chr., nach der Eroberung des Zweistromlandes aus der **Babylonischen Gefangenschaft** entließ.

L

Landesherr Der König und die Großen des Reiches regierten im Mittelalter ursprünglich nicht über ein Land, sondern über die Leute, die dort wohnten. Allmählich setzte sich aber ein anderes Herrschaftsverständnis durch. Die Herzöge, Grafen, Bischöfe und Äbte nutzten die Schwäche des Königtums und erweiterten ihren Machtbereich auf Kosten des Reiches oder schwächerer Nachbarn. Die zahlreichen, sehr zersplitterten Rechte und Besitzungen wurden zu einem Territorium (lat.: terra = Land, Erde) zusammengefaßt und selbständig verwaltet. Damit entstand die **Landeshoheit**, also die Regierungsgewalt über ein bestimmtes, umgrenztes Land. Die Landesherren wurden in den Gesetzen Friedrichs II. 1220 und 1232 erstmals urkundlich erwähnt. Der Kaiser verzichtete darin zu ihren Gunsten auf wichtige Reichsrechte.

Landfrieden Die Kirche versuchte, durch den Gottesfrieden das Fehdewesen und andere Gewalttätigkeiten des Adels einzudämmen. 1103 trat der Kaiser an die Spitze dieser Bewegung und verkündete auf dem **Mainzer Reichstag** von 1103 einen zunächst befristeten Landfrieden; 1495 rief Maximilian I. auf dem **Wormser Reichstag** den **Ewigen Landfrieden** aus. Bestimmte Orte, z. B. Kirchen, Klöster und Straßen, oder Personen, vor allem reisende Kaufleute, Geistliche und Frauen, stand unter besonderem Schutz. Harte Strafen drohten dem Rechtsbrecher, aber wirksam war der Landfrieden nur, wenn er im ganzen Reich durchgesetzt werden konnte. Trotz vieler Rückschläge konnte das Fehdewesen eingedämmt werden, und der Landfrieden stellte den ersten Schritt zu einer staatlichen Gesetzgebung im modernen Sinn dar.

Landsknechte Unter Kaiser Maximilian I. erhielten im letzten Jahrzehnt des 15. Jh.s die zu Fuß kämpfenden Söldner den Namen Landsknechte. Sie lösten die unbewegliche, veraltete Kampfweise der Ritter ab und bildeten für etwa ein Jahrhundert eine gut organisierte, schlagkräftige militärische Truppe. Besonders im ersten Drittel des 16. Jh.s verfügten sie über einen guten Ruf und waren bei ihren Gegnern wegen ihrer Tapferkeit gefürchtet, da ihre Feldhauptleute nur unbescholtene Männer anwarben. An Nachwuchs mangelte es ihnen nicht, besonders jüngere Bauernsöhne aus Süddeutschland, Österreich und der Schweiz drängten sich zu den Fahnen. Ihre Feldhauptleute, wie **Georg von Frundsberg** oder **Schärtlin von Burtenbach**, organisierten Anwerbungen und Ausrüstung, die Angeworbenen brachten Sturmhaube, Schwert und Spieß selbst mit. Die Zahl der Hakenbüchsen als Feuerwaffen war anfangs niedrig, überwog aber in der 2. Hälfte des 16. Jh.s; gefürchtet waren die großen Schwerter (Zweihänder) und die langen Spieße, mit denen sie in kleinen, vom Gegner schwer angreifbaren Einheiten fochten.

Die anfangs strenge Disziplin, die z. B. auch schwere Strafen wie das ▶ Spießrutenlaufen vorsah, lockerte sich mit der Zeit,

Landsknechte und Marketenderin, Holzschnitt von Jost Amman, Ende des 16. Jh.s

z. T. weil die Aufnahme in die Truppe nicht mehr so streng gehandhabt wurde. Das uns in Bildern und Liedern überlieferte lockere Lagerleben und die zweifelhafte Romantik der Landsknechte datiert aus dieser Zeit.

Landstände Sie waren im hohen Mittelalter in der Regel die Vertreter der drei Stände: der Geistlichkeit, der Ritterschaft und der Städte gegenüber dem Landesherrn – in wenigen Gegenden kamen die Bauern hinzu. Den Beginn der Landstände bildete der Zusammenschluß der ▶ Ministerialen und der übrigen Lehnsleute, die sich z. B. vor einem Heereszug versammelten, um gemeinsam über die Kriegsbedingungen oder andere bedeutsame Forderungen an den Fürsten zu beraten. Immer ging es um den Anspruch, alte Rechte und Freiheiten, vor allem das Steuerbewilligungsrecht, gegenüber dem zu großer Macht aufstrebenden Landesherrn zu behaupten und durch Rat und Urteil die Regierungsgeschäfte zu beeinflussen.
Versammlungen der Landstände waren die **Hoftage**, aus denen sich später die **Landtage** entwickelten. Die Entwicklung verlief in den einzelnen Territorien sehr unterschiedlich. Sie hing ganz von der Durchsetzungskraft der Landesherrn ab, die bestrebt waren, das Land als Ganzes zu verkörpern und die Bewohner zu ihren Untertanen zu machen.

Langer Marsch Die chinesischen Kommunisten unternahmen nach dem 1. Weltkrieg mehrere Aufstandsversuche. Dazu gehörte 1931 die Gründung der Sowjetrepublik Kiangsi. Vor dem Gegenangriff der bürgerlichen Zentralregierung **Tschiang Kai-sheks** flüchtete die kommunistische **Rote Armee** unter Führung Maos 1934 mit 90000 Mann. Nach einem 12000 Kilometer langen Marsch kreuz und quer durch entlegene Gebiete Chinas, dem Langen Marsch, kamen 7000 Mann im Oktober 1935 in der Provinz Jenan an. Dort konnten sie sich halten, weil Tschiang Kai-shek wegen des ▶ Chinesisch-Japanischen Krieges mit den Kommunisten bis zum Ende des 2. Weltkriegs ein Stillhalteabkommen schloß. Dann begann ein Bürgerkrieg, in dem Mao 1949 siegte. Seither gilt der Lange Marsch als Symbol des chinesischen Kommunismus.

Langobarden Der Name dieses germanischen Volkes leitet sich von *Langbärte* oder *barte* (Beil) ab. Es soll aus dem schwedischen Gotland stammen und wird zuerst 5 n. Chr. im Gebiet von Lüneburg bezeugt. Die Langobarden gehörten zu den

Stämmen, die der Markomannenkönig **Marbod** zusammenhielt. Um 490 besetzten sie das Land der **Rugier** in Niederösterreich und zogen nach Kämpfen mit den **Gepiden** und **Awaren** unter ihrem König **Alboin** 568 nach Oberitalien, wo später die Lombardei nach ihnen benannt wurde. Der 584 gewählte König **Authari** heiratete eine bayerische Prinzessin, unter deren Einfluß die Langobarden katholisch wurden. Bis dahin waren sie Arianer gewesen, obwohl diese Ausprägung des Christentums bereits 325 auf dem Konzil von Nizäa verurteilt worden war. Im 8. Jh. erreichte die Macht der Langobarden in Italien ihren Höhepunkt, aber dann wurden sie immer mehr von den Franken zurückgedrängt bzw. erobert. Karl der Große besiegte 774 **Desiderius** und machte sich selbst zum König der Langobarden. Seit Otto I. 951 war die langobardische Königskrone fest mit der deutschen verbunden, der deutsche König war also auch immer König der Langobarden.

Las Casas (1474–1566) Bartolomé de las Casas gilt heute als der *Apostel der Indianer.* Als Sohn eines Kaufmanns wurde er in Sevilla geboren und ging schon als junger Mann nach Amerika, um sich dort an der Eroberung und Ausbeutung des Landes zu beteiligen. Dann aber wandelte er sich in seinen Ansichten, wurde Priester und begann in Spanien gegen die Zwangsarbeit der Indianer zu kämpfen. 1522 trat er in den Dominikanerorden ein. Seinem unermüdlichen Wirken sind die 1542 erlassenen **Neuen Gesetze** zu danken, die den Indianern erstmals eine gleichberechtigte Stellung sichern sollten. In seinem Bemühen, den Indianern zu helfen, empfahl er, an ihrer Stelle Negersklaven aus Afrika einzuführen und sie im tropischen Klima einzusetzen. Auf diese Weise wurde er ungewollt zu einem Befürworter der Negersklaverei in Amerika. Von seinen Gegnern heftig befehdet, zog er sich von einem Bischofsamt, das ihm übertragen worden war, bald wieder zurück und lebte bis zu seinem Tode in einem Kloster.

Lawrence, Thomas Edward (1888–1935) Nur wenige historische Persönlichkeiten sind so vom Schimmer des Geheimnisvollen umgeben wie der ehemalige britische Oberst Thomas Edward Lawrence. Er wurde in Tremadoc/Wales geboren, ging als junger Archäologe in den Orient, wo er Land und Leute sehr gut kennenlernte. Diese Kenntnisse kamen ihm während des 1. Weltkriegs zugute, als er im Auftrag des britischen Geheimdienstes den Aufstand der Araber gegen die Türken organisieren half. Über diese Ereignisse schrieb er sein berühmtes Buch *Sieben Säulen der Weisheit.* Neuerdings ist seine Rolle umstritten, Gegner werfen ihm Übertreibungen und Unwahrheiten vor. Für England wurde er zur Legende und zum Symbol eines Kriegshelden. 1922 gab er überraschend eine glänzende Karriere auf und trat als einfacher Soldat in die britische Luftwaffe ein, ein Entschluß, der die Gerüchte um seine Person nur noch steigerte. 1935 kam er bei einem mysteriösen Motorradunfall ums Leben. – Sein Leben wurde in *Lawrence von Arabien* verfilmt.

Lechfeld Die Schlacht auf dem Lechfeld, in der Kaiser Otto I. die Ungarn entscheidend besiegte, so daß sie ihre seit 50 Jahren durchgeführten Raubzüge einstellten, fand nicht auf der Schotterebene südlich von Augsburg statt. Eine erste Schlacht gab es am 10. 8. 955 zwischen Ulm und Augsburg; sie befreite die Stadt von der Belagerung. Am 11./12. 8. 955 wurden durch Ottos Aufgebot der Bayern, Franken, Schwaben und Böhmen die Ungarn auf dem Gunzenlê, auf dem Ostufer des Lech, vernichtend geschlagen. Das Gunzenlê wurde nach 1420 durch den Lech völlig abgetragen.

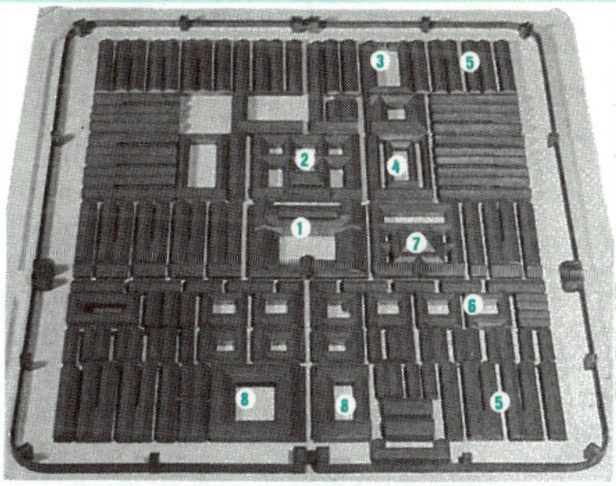

Name	4. Okt.	5. Okt.	6. Okt.	7. Okt.	8. Okt.	9. Okt.
Aemilius Valens	–	–	?	Baumwolle(?)	in den Waffenkammern	im Bad
Julius Valens	in den Kalksteinbrüchen	in den Waffenkammern		im Bad	Ordonnanz	Wache in der eigenen Einheit
Julius Octavianus	?	Wache in der eigenen Einheit	im Bad	Wache in der Kommandantur	an der Nicopolis-Straße	Wache in der eigenen Einheit
Claudius Secundus	auf dem Lagermarkt(?)		?	Torwache	Kalk	Schuhe des Helius
Sextilius Germanus	bei den Wurfgeschützen	in der Einheit des D. Decrius				

Links: Modell des Legionslagers Novaesium (Neuß)
1 Kommandantur, 2 Versorgungsoffizier, 3 Werkstatt, 4 Lazarett, 5 Mannschaftsunterkünfte, 6 Offizierswohnungen, 7 Kommandeurswohnung, 8 Magazine
Rechts: Aus einem Dienstplan römischer Soldaten in Alexandria/Ägypten. Die Striche sind von dem Original übernommen, bei ? konnte der stark beschädigte Papyrus nicht entziffert werden.

Legion Im Anfang hieß die Gesamtheit des römischen Bürgerheeres Legion, seit der Heeresreform des **Gaius Marius** (156–186 v. Chr.) nannte man etwa 6000 Mann (in der Spätzeit nur noch 1000 Mann) zählende Einheiten (Fußtruppen) der Armee „Legionen". Sie gliederten sich in je 10 **Kohorten** mit je 3 **Manipeln** zu je 2 **Zenturien**. Dazu kamen pro Legion etwa 300 Reiter, außerdem Troßknechte und Pioniere. Gegen Ende der Republik wurde aus dem **Milizheer** (Wehrpflichtige) ein **Söldnerheer**. Heute noch bezeichnet man Söldner als Legionäre.

Ein Legionär bekam einen ansehnlichen Sold, nach Ende der Dienstzeit eine Abfindung oder eine Zuteilung von Ackerland und außerdem das römische Bürgerrecht. Es hat dem römischen Heer deshalb in der Regel nicht an Rekruten gefehlt. Die Legionen waren nicht direkt an den Grenzen stationiert. Die wichtigsten Legionslager im Rhein- und Donaugebiet waren Passau, Augsburg, Mainz und Xanthen. Die unmittelbare Grenzsicherung überließ man Hilfstruppen. Die Legionen waren dazu bestimmt, auf gut ausgebauten Straßen schnell an Krisenpunkte zu kommen. Auf dem Marsch legte man bei jeder Übernachtung Erdbefestigungen an. Die Legionäre schleppten daher neben Waffen, Proviant und persönlichem Gepäck auch Schanzpfähle mit. Trotzdem haben die Legionen möglichst im offenen Feld gekämpft und nicht hinter Befestigungen. Kurzschwert und Wurfspieß waren die Waffen, Nahkampf in geschlossener Formation bei strenger Befehlsdisziplin die bevorzugte Kampfesweise. Wenn sie gegen Bogenschützen oder Reiterheere zu kämpfen hatten, war ihre Kampftechnik verfehlt und sie erlitten schwere Niederlagen. Im Frieden wurden sie besonders zum Straßen- und Hafenbau und zum Ausbau der Legionslager mit Werkstätten, Kasernen, Waffenlagern und Repräsentationsbauten eingesetzt.

Lehnswesen Das Lehnswesen bildete in Verbindung mit der Grundherrschaft (▶ Leibeigenschaft) die Grundlage der mittelalterlichen Adelsgesellschaft, die man auch als **Feudalismus** bezeichnet. Die fränkischen Könige begannen damit, ihren persönlichen Gefolgsleuten für Kriegsdienste, die Ausrüstung mit Pferden und Waffen, später auch für Verwaltungsaufgaben Land aus Königsgut und öffentliche Ämter leihweise zu geben (Leihe = Lehen). Mit Geld konnten die Könige ihre Helfer nicht entlohnen, aber mit Landbesitz, finanziell nutzbaren Rechten (Steuern, Zölle, Abgaben) und mit Ämtern verbundenen Einkünften.
In Gallien gab es schon in römischer Zeit die Einrichtung der **Kommandation**. Der Vasall (gwas = keltoromanisch: Knecht) erhielt vom Herrn den Unterhalt und verpflichtete sich dafür zu lebenslangem Dienst und Gehorsam. Hinzu trat aber in der Karolingerzeit das aus dem germanischen Gefolgschaftswesen stammende persönliche Treueverhältnis. Das Treuegelöbnis verpflichtete den Lehnsmann zu Treue und Hilfe durch Rat und Tat, besonders bei bewaffneten Auseinandersetzungen. Der Lehnsherr gewährte ihm dafür seinen Schutz und übertrug ihm zur Sicherung seiner Existenz und zum Lohn für seine Dienste das Lehen, d. h. Land und Amt. Der Lehnsmann war also kein Untertan, sondern ein freier, durch persönliche Treue an den König gebundener Gefolgsmann oder Vasall. Die Nähe zum König galt als Auszeichnung.
Aus dem gegenseitigen Vertragsverhältnis entwickelte sich das Selbstbewußtsein des späteren Adels, der dem König gewissermaßen gleichberechtigt gegenübertrat. Der Lehnsmann konnte sogar Widerstand gegen einen ungerechten Herrn leisten. Dieses Leiheprinzip von *Dienst gegen Hilfe und Treue* findet sich wieder in der Grundherrschaft. Der schollengebundene, dem Grundherrn hörige Bauer stand weit unter dem adeligen Herrn, faktisch war er machtlos, aber er war ihm durch ein persönliches Rechtsverhältnis verbunden.
Man spricht deshalb vom mittelalterlichen **Personenverbandsstaat**.
Die Belehnung ging in einer bestimmten Zeremonie vor sich. Der Lehnsherr übergab das Lehen unter Überreichung eines Symbols, wie z. B. Handschuh, Schwert, Stab, Zepter oder Fahne. Der Lehnsmann gelobte Treue, indem er seine gefalteten Hände zum Zeichen der Hingabe in die Hände des Herrn legte. Bei Treuebruch verlor er sein Lehen, wurde aber nicht weiter bestraft. Beim Tod des Lehnsherrn (**Herrenfall**) und des Lehnsmanns (**Mannfall**) fiel das Lehen an den Lehnsherrn oder dessen Erben zurück. Seit dem 9. Jh. war es aber die Regel, daß die Lehen nach dem Tod des Lehnsmanns an dessen männlichen Erben wieder verliehen wurden. Es bestand der **Leihezwang**, d. h. ein

Die Herzöge huldigen Kaiser Friedrich I., 12. Jh.

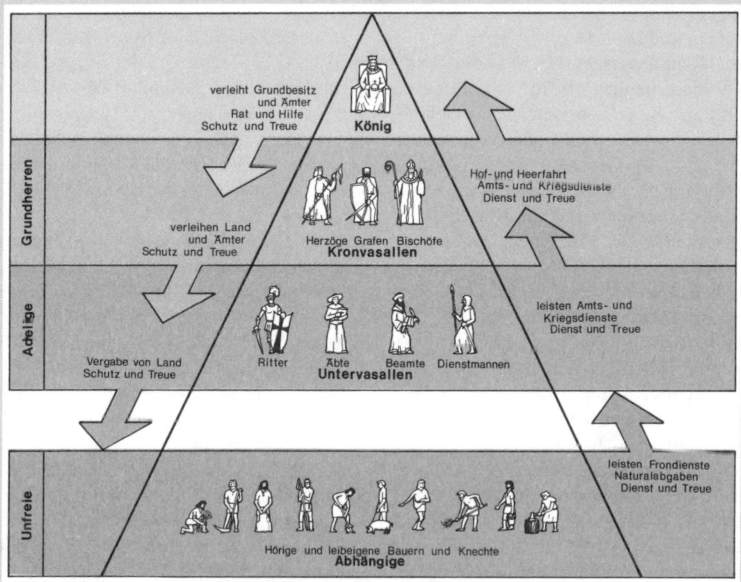

Lehnspyramide

erbenloses, *heimgefallenes* Lehen mußte in ei-ner bestimmten Frist – *binnen Jahr und Tag* – wieder ausgegeben werden. Es konnte also dem Besitz des Lehnsherrn nicht wieder zugeschlagen werden.

Anders als in Deutschland bestand in Frankreich und England kein Leihezwang, der König konnte also viel freier und machtbewußter Lehen vergeben und einziehen. Er konnte den belehnten Adel seinem Willen unterordnen. In Deutschland betrachteten die Adeligen das Lehen als ein Besitzrecht, nicht mehr im ursprünglichen Sinn als ein Amt mit festgelegten Pflichten und Diensten. Sie besaßen im übrigen neben Lehen auch Eigengüter (**Allod**), die sie z. B. durch Rodungen in Besitz nahmen. Die Herzöge, Grafen, Bischöfe und Äbte (**Kronvasallen**) konnten Königsgüter, Ämter und Eigenbesitz an kleinere Vasallen (**Untervasallen**) weiterverleihen, die dann dem unmittelbaren Lehnsherrn, nicht aber dem König, die Treue schwören mußten. So entstand eine vielfach abgestufte und nicht genau bestimmte Rangordnung, für die sich das Bild der **Lehnspyramide** eingebürgert hat. Der König stand an der Spitze des Lehnswesens, aber er mußte sich diesen Anspruch durch Machtpolitik immer wieder erkämpfen.

Leibeigenschaft Im Gegensatz zum **Hörigen,** dem ein Grundherr Land gegen Abgaben und Dienste zur Bewirtschaftung leiht (**Grundherrschaft**), war der Leibeigene nicht dinglich, also in Verbindung mit Grund und Boden, sondern persönlich abhängig. Er besaß einen **Leibherrn**, der seine Arbeitskraft (Gesindedienste), jährliche Abgaben (z. B. das Leibhuhn, auch Abgaben bei Heirat oder Tod) und Leibsteuern beanspruchte. Der Leibeigene mußte eine Genehmigung einholen, wenn er wegzog oder heiratete. Er gehörte mit seinen Kindern zum Herrenhof (**Gesindezwang**). Die wirtschaftlichen Lasten und die Unfreiheit wurden vor allem seit dem Bauernkrieg von 1525 als Unrecht empfunden, konnten aber erst mit der Bauernbefreiung im ausgehenden 18. und im 19. Jh. beseitigt werden, wobei die Bauern dem Gutsherren Entschädigungen zu leisten hatten.
Durch die Ausbildung der **Gutsherrschaft** entstand in Ostdeutschland, vor allem in Mecklenburg, Pommern und Ostpreußen, die **Erbuntertänigkeit,** in der der Leibeigene als zum „Inventar" des Rittergutes gehörig betrachtet wurde und sogar verkauft werden konnte.

Lenin, Wladimir Iljitsch (1870–1924) Den entscheidenden Impuls zu künftiger revolutionär-marxistischer Tätigkeit erhielt der in Simbirsk geborene Schulratssohn durch die Hinrichtung seines Bruders nach einem Attentatsversuch auf den Zaren. Nach dem Jurastudium für fünf Jahre nach Sibirien verbannt, nahm Lenin, dessen Nachname eigentlich **Uljanow** war, bis 1917 vom Ausland aus als einer der Führer der Sozialdemokratie, Einfluß auf die russische Arbeiterschaft. Ideologische Gründe führten auf dem Londoner Parteitag (1903) zur Abspaltung seiner **Bolschewiki** von den **Menschewiki**. Nach Ausbruch des 1. Weltkriegessuchteermiteinemneuen Programm der Kommunistischen Internationale, den Krieg in einen Bürgerkrieg zu verwandeln, um die proletarische Revolution herbeizuführen. Nach dem Sturz des Zaren im Februar 1917 schleuste der deutsche Generalstab Lenin nach Rußland ein, in der Hoffnung, mit Rußland bald Frieden schließen zu können. In St. Petersburg verkündete Lenin die **Aprilthesen** und forderte alle Macht für die Sowjeträte, die Umverteilung allen Landes und den Frieden um jeden Preis. Nach einer fehlgeschlagenen Militärrevolte suchte er die Provisorische Regierung zu untergraben. Am 7. 11. 1917 riß er die Macht an sich. An der Spitze des **Rats der Volkskommissare** und des **Politbüros** drängte er zum Frieden von Brest-Litowsk (1918).
Mit diktatorischer Gewalt und blutiger Konsequenz begann er den Aufbau des Sowjetstaates und den von Marx geforderten Klassenkampf. Er beseitigte die Privatwirtschaft und jede Meinungsfreiheit. Enttäuscht, daß die Weltrevolution ausgeblieben war, ersetzte er 1921 den **Kriegskommunismus** des Bürgerkrieges 1918–21 durch eine **Neue Ökonomische Politik**, die z. T. wieder kapitalistische Wirtschaftselemente zuließ, aber auch zu einer Erholung des Landes führte. Mit der Einrichtung des Sekretariats des ZK (Zentralkomitee) und durch das Politbüro wurde die Machtverlagerung auf eine Führungselite möglich. An den Folgen eines Schlaganfalls starb Lenin. Siehe Abb. S. 356.

Lepanto (heute Naupaktos) Der von Venezianern errichtete Mauerring von Lepanto an der griechischen Westküste war türkische Flottenbasis. Von dort bedrohte die türkische Flotte im Zusammenspiel mit den nordafrikanischen Piraten das westliche Mittelmeer. Von Spanien, Venedig und dem Papst unterstützt, konnte am 7. 10. 1571 bei den vorgelagerten Oxiai-Inseln **Don Juan d'Austria**, der Sohn Karls V. und der Barbara Blomberg aus Regensburg, in der letzten großen Galeerenschlacht die türkische Flotte entscheidend schlagen. Zum Gedenken an den Sieg legte der Papst das Rosenkranzfest auf den 7. 10., da man Maria den Sieg zuschrieb.

Liberalismus (lat.: liber = frei) Das Bürgertum Frankreichs und Englands entwickelte im 18. Jh. die Gedanken von Fortschritt und Freiheit. Die Wurzeln dieser Ideen lagen im Individualismus des Naturrechts, im Rationalismus der ▶ Aufklärung und in der englischen (▶ Locke) und französischen (▶ Montesquieu) Staatsrechtslehre. Danach hatte jeder Mensch Anspruch auf individuelle Freiheit und Selbstbestimmung und war mit Vernunft begabt; diese aber gebot, daß alle Menschen in ihren Rechten gleich waren. Die politischen Forderungen der Bürger hießen zunächst Konstitutionalismus (Bindung des Fürsten an eine Verfassung) und Gewaltenteilung, später Parlamentarismus und Demokratie. Die ersten Ergebnisse dieser Forderungen waren die englische Bill of Rights (1689), die amerikanische Unabhängigkeitserklärung (1776), die Verfassung der USA (1787/88) und die Verfassung Frankreichs (1791). In Deutschland haben der Idealismus Kants, Schillers und Wilhelm von Humboldts sowie der Neuhumanismus diese Gedanken aufgenommen und verstärkt. In den Reformen der napoleonischen Zeit (Bauernbefreiung, Gemeindefreiheit usw.) zeigten sich auch in Deutschland erste Erfolge. Der Wiener Kongreß von 1815 wollte die beginnende Liberalisierung wieder rückgängig machen, doch gelang das nur vorübergehend. Die französische Revolution von 1830, das Hambacher Fest 1832, die in fast ganz Europa auftretenden Revolutionen und Unruhen des Jahres 1848 zeigten den wachsenden Widerstand der Bürger gegen die Restauration. In der 2. Hälfte des 19. Jh.s kamen dann die Prinzipien der Demokratie und des Rechtsstaats in vielen Ländern zur Geltung. Neben politischen Rechten verlangte das Bürgertum auch wirtschaftliche Freiheit. Es lehnte die Gängelung durch Merkantilismus, Zünfte und Gilden ab und forderte, gemäß den Theorien der Marktwirtschaft, das freie Spiel von Angebot und Nachfrage. Auch die nationalen Wirtschaftsgrenzen sollten fallen, Freiheit der Meere und Freihandel für die ganze Welt gelten. Seine höchste Vollendung fand dieses Denken im englischen ▶ Manchestertum. Die deutschen Liberalen forderten als erstes die wirtschaftliche Vereinigung der deutschen Länder durch Zollvereine. Bis zum Ausbruch des 1. Weltkriegs hatte sich der politische und wirtschaftliche Liberalismus mit Ausnahme Rußlands überall mehr oder weniger durchgesetzt. Liberale Parteien gaben in vielen Parlamenten den Ton an. Der Rückschlag kam mit dem Krieg, der eine straffe staatliche Wirtschaftslenkung verlangte. Nach 1918 war die Wirtschaft vieler Staaten so zerrüttet, daß man die Rückkehr zur Marktwirtschaft nicht wagte. Das internationale Mißtrauen zerschlug den Freihandel, und die Weltwirtschaftskrise (ab 1929) belastete die internationalen Beziehungen. Radikale Parteien kamen hoch und führten in vielen Staaten zur Diktatur.
Nach 1945 setzte sich in der Bundesrepublik Deutschland ein gemäßigter Wirtschaftsliberalismus durch (**Neo-** oder **Ordoliberalismus**), der wegen seiner Erfolge (Wirtschaftswunder) von zahlreichen Staaten kopiert wurde. In der Politik der freien Welt spielen liberale Parteien keine allzu große Rolle mehr, denn ihre Grundsätze sind für alle demokratischen Parteien zur Selbstverständlichkeit geworden.

Licet Iuris Der Wittelsbacher, **Ludwig IV., der Bayer**, seit 1314 König und seit 1328 Kaiser, ließ sich nicht vom Papst, sondern von Vertretern des römischen Volkes zum Kaiser krönen. Im Streit mit den in Avignon residierenden Päpsten ging er über den Standpunkt des ▶ Kurvereins von Rhense hinaus. Er vertrat in seinem Gesetz Licet Iuris (Das Recht erlaubt es) die Auffassung, daß allein die rechtmäßige Wahl durch die Kurfürsten den Gewählten zum Kaiser mache. Er verweigerte dem Papst letztlich jede Mitwirkung bei der Kaiserkrönung. Auch wenn sich diese Verfassungsidee erst später durchsetzte, bedeutete das Gesetz einen Markstein auf dem Weg zur rein weltlichen Staatsidee.

Limes Die Römer der Kaiserzeit verstanden darunter alle durch Befestigungen verstärkten Grenzen ihres Imperiums, wie sie in Britannien (▶ Hadrianswall), Dakien, Arabien, Afrika und vor allem an Rhein und Donau errichtet waren. Der 548 km lange **Obergermanisch-Rätische Limes** wurde Ende des 1. Jh.s von **Domitian** begonnen, später von den Kaisern **Trajan**, ▶ Hadrian und **Antoninus Pius** weitergeführt bzw. vollendet. Dieses Befestigungssystem, von dem noch Spuren erhalten sind, begann am Rhein bei Andernach, lief durch den Taunus, umschloß die Wetterau, führte nach Süden auf den „nassen Limes" (Main) bei Seligenstadt zu, dann durch den Odenwald nach Lorch, bog hier scharf nach Osten ab, um schließlich oberhalb Kehlheim die Donau zu erreichen.
Ursprünglich kennzeichneten Flechtwerkzäune und hölzerne Beobachtungstürme den Grenzverlauf. Später errichteten die

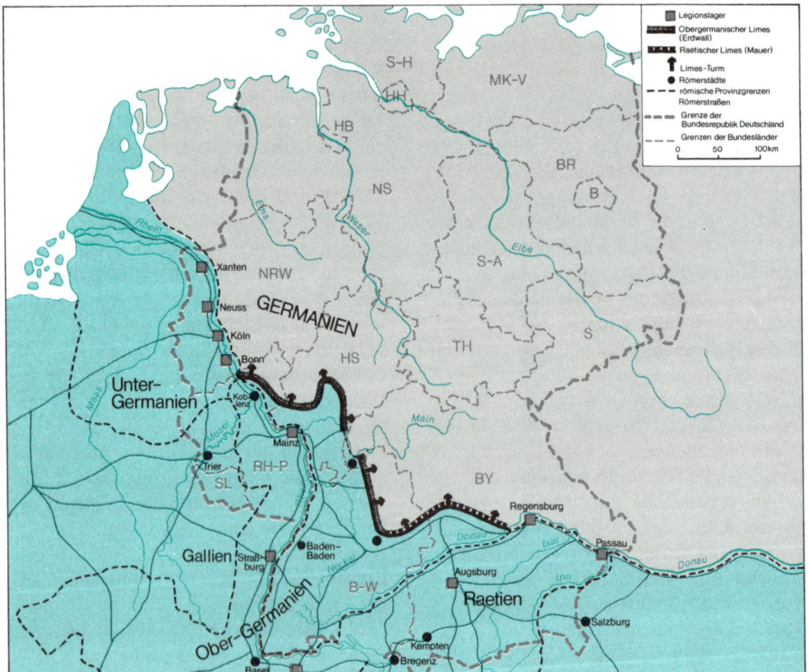

Der Verlauf des Limes

Römer Gräben, Wälle und Hinderniszäune bzw. meterhohe Mauern mit steinernen Wachtürmen. Im Hinterland lagen zur Sicherung zahlreiche **Auxiliarkastelle** (Befestigungsanlagen für jeweils etwa 600 Mann nichtrömischer Hilfstruppen) oder große Lager für die ▶Legionen.

Im Schutze dieser Militärstützpunkte, die durch ein weitläufiges Straßennetz verbunden waren, entstanden Siedlungen, aus denen sich Städte entwickeln konnten (z. B. Mainz, Köln, Augsburg oder Regensburg). Nach den Einbrüchen der **Alemannen** im 3. Jh. verlor der Limes Germaniens seine Schutzfunktion. Die Römer mußten daher ihre Grenzen im Südwesten zurücknehmen. Zwischen Bregenz und Kempten errichteten sie eine letzte Verteidigungslinie in Süddeutschland, den **Iller-Limes**, der im 4. Jh. noch Raetien schützte.

List, Friedrich (1789–1846) in Reutlingen geboren, wurde 1817 Professor der Staatswirtschaft in Tübingen. Er war Mitbegründer des **Deutschen Handels- und Gewerbevereins**, der sich für die Aufhebung der Zollschranken im Deutschen Bund einsetzte. Als er sich für eine Verwaltungsreform in Württemberg aussprach, entzog man ihm die Professur und verurteilte ihn zu Festungshaft. Auf sein Versprechen hin, in die USA auszuwandern, ließ man ihn frei; dort wurde er Landwirt und Kohlengrubenbesitzer. 1832 kehrte er als amerikanischer Konsul nach Leipzig zurück und betrieb die Gründung der Leipzig-Dresdner Eisenbahn. 1837 ging List nach Paris, nach seiner Rückkehr nach Deutschland verarmte er und nahm sich enttäuscht das Leben.

List setzte sich zwar für die Aufhebung der Zollschranken im Deutschen Bund ein, aber er war kein Befürworter eines reinen Freihandels. Wenn ein Land mit seiner Industrialisierung beginne, solle es sich für eine Anfangszeit durch Zölle schützen.

Locke, John (1632–1704) Der englische Gelehrte wurde durch seine philosophischen Schriften zu einem der bedeutendsten und einflußreichsten Vertreter der Aufklärung. Nach Aufenthalten in Frankreich und Holland kehrte er mit **Wilhelm III. von Oranien** nach England zurück, wo er mit seinen Ideen die ▶ Glorreiche Revolution von 1688 förderte.

Grundlage seiner Philosophie ist der Gedanke, alle Menschen besäßen von Natur aus gleiche Rechte. Der Staat habe Freiheit, Gleichheit und Eigentum aller zu garantieren. Um Machtmißbrauch zu vermeiden, sollte die Staatsgewalt zweigeteilt werden: Die Vertreter des Volkes sollten die Gesetze im Parlament beschließen, der König sollte sie ausführen. Wenn der Herrscher die Gesetze mißachte, habe das Volk das Recht auf Widerstand. Die Idee der Selbstbestimmung des Volkes löste damit die Idee vom Gottesgnadentum ab. Die Gewaltenteilung wurde von ▶ Montesquieu Anfang des 18. Jh.s zur Grundlage demokratischer Verfassungen weiterentwickelt.

Lombardei 568 n. Chr gründeten die ▶ Langobarden einen Staat mit der Hauptstadt Mailand. Sie haben die Po-Ebene so nachhaltig geprägt, daß ihr Gebiet heute noch Lombardei genannt wird. Im Hochmittelalter spielte die Lombardei eine wichtige Rolle. Der von Mailand geführte **Lombardische Bund** – gegründet 1167 – unterstützte im Investiturstreit die Päpste gegen die Staufer. Die nach mehr Selbständigkeit strebenden oberitalienischen Städte waren schon damals reich und mächtig. Sie hatten an der Entwicklung des Bankwesens großen Anteil, und viele Begriffe des Geldverkehrs (z. B. Lombard, Giro) entstanden damals in der Lombardei. 1395 fiel das Herzogtum Mailand als Reichslehen an Spanien (bis 1535), 1714 an Österreich. Der Wiener Kongreß bildete 1815 aus Oberitalien ein Lombardisch-Venezianisches Königreich und gliederte es Österreich an. 1859 schloß sich die Lombardei dem Königreich Sardinien an, aus dem das heutige Italien entstand.

Ludwig XIV. (1638–1715) bestieg 1643 den Thron Frankreichs, des seit dem Dreißigjährigen Krieg mächtigsten Staates in Europa. Bis 1661 führte seine Mutter, **Anna von Österreich**, das Regiment, doch blieben Ludwig 44 Jahre, um den Staat zu prägen. Ihm kam zugute, daß die Minister ▶ Richelieu und **Mazarin** um die Mitte des 17. Jh.s Frankreich bereits auf einen Höhepunkt seiner Macht geführt hatten und daß er selbst auch über tüchtige Fachleute verfügte, z. B. Finanzminister **Colbert,** Festungsbaumeister **Vauban** und die Feldherren **Turenne** und **Condé.**
Ludwig wollte Frankreich für alle Zeiten zur Vormacht Europas machen und im Inneren den Absolutismus des Königtums sichern. Sein Bewunderer Bossuet hat es auf die Formel gebracht: *Der ganze Staat ist im König, der Wille des ganzen Volkes ist in dem seinen eingeschlossen,* oder, wie es Ludwig formulierte: *L'état c'est moi* (Der Staat bin ich). Wie die Sonne alles in der Natur belebte, so der König in seinem Staat; daher der Beinamen *Sonnenkönig.* Dieses Programm wurde energisch in die Praxis umgesetzt: straffe Zentralregierung, Ausschalten aller Wahlämter und Selbstverwaltungsorgane, Pressezensur, Steigerung der Finanzkraft und damit der Staatsmacht durch ▶ Merkantilismus und Kolonien, rücksichtsloses Niederschlagen politischer (▶ Fronde) und religiöser Opposition (▶ Hugenotten). Die Pracht des Hofes in Versailles sollte die Bürger beeindrucken und den Adel an die Krone binden.
In seiner Außenpolitik legte Ludwig XIV. den Grundstein für antifranzösische Vorbehalte und Nationalismus in Deutschland durch die Eroberungskriege der ▶ Réunionen, bei denen z. B. die Pfalz 1689 verwü-

Ludwig XIV., Gemälde von H. Rigaud

stet wurde. Die wirtschaftliche Überforderung des Landes durch Kriege und das Fernhalten der Bürger von politischer Mitbestimmung legten auch die Grundlage für die Französische Revolution von 1789.

Luftkrieg Flugzeuge und Luftschiffe, wie sie Graf von Zeppelin baute, kamen im 1. Weltkrieg zur Aufklärung und zur Unterstützung der Bodentruppen zum Einsatz. Erst mit dem 2. Weltkrieg gewann der Luftkrieg größere Bedeutung. Die *Luftschlacht um England,* die eine Landung deutscher Truppen auf der Insel vorbereiten sollte, scheiterte 1940/41 am englischen Radarsystem und der taktischen Überlegenheit der Royal Air Force. Erfolgreich dagegen unterstützten Luftangriffe die Landungsunternehmen der Alliierten in Sizilien, Italien und der Normandie. Bereits 1937 hatte im spanischen Bürgerkrieg die deutsche Legion Condor das spanische Guernica in einem Bombenangriff zerstört. Im 2. Weltkrieg steigerten sich die Luftangriffe auf die Zivilbevölkerung zu Flächenbombardements, wie sie die Deutschen im Mai 1940 über Rotterdam und im November 1940 über Coventry, die Alliierten seit 1942 am Tag wie in der Nacht über deutschen Städten flogen, so am 13./14. 2. 1945 über Dresden. Der Bombenterror sollte die Bevölkerung demoralisieren und die Kriegsindustrie zum Erliegen bringen. Beide Ziele wurden aber nur teilweise erreicht.

Luther, Martin (1483–1546) Als Sohn eines Bergmanns in Eisleben am Harz geboren, besuchte er die Schulen in Mansfeld, Magdeburg und Eisenach. Seit 1501 studierte er an der Universität Erfurt die Rechte; eine erfolgreiche Laufbahn schien sich zu eröffnen. Doch da trat er 1505 überraschend in das Kloster der Augustiner-Eremiten in Erfurt ein. Er studierte Theologie, empfing die Priesterweihe und lehrte seit 1508 an der Universität Wittenberg Moralphilosophie; nach seiner Promotion wurde er Professor für Bibelexegese. In all diesen Jahren rang er selbstquälerisch darum, wie er angesichts seiner menschlichen Unzulänglichkeit einen gnädigen Gott finden könne. Da wurde es ihm beim Studium des Römerbriefs des Apostels Paulus klar, daß der Mensch nicht durch eigene Verdienste, durch gute Werke etwa, gerecht werden könne, sondern nur durch den Glauben an Christus. Damit kam Luther in Konflikt mit der Lehre vom ▶ Ablaß. Am 31. Oktober 1517 veröffentlichte er in Wittenberg die **95 Thesen**, mit denen er sich gegen die herrschende Praxis der Sündenvergebung wandte. Die Thesen wurden in der Öffentlichkeit als Kampfansage verstanden und heiß diskutiert.
Nach anfänglichem Schweigen meldete sich auch die kirchliche Obrigkeit. Bei der **Leipziger Disputation** mit dem berühmten Theologen Eck 1519 brach Luther mit der alten Kirche, als er die Unfehlbarkeit der Konzilien und den Primat des Papstes bestritt. Im folgenden Jahr erschienen die reformatorischen Hauptschriften. Daraufhin verhängte 1521 Papst Leo X. den Kirchenbann und Kaiser Karl V. auf dem **Reichstag in Worms** die Reichsacht über den Ketzer, da der sich weigerte zu widerrufen. Damit war Luther vogelfrei. Doch sein Landesherr, Kurfürst **Friedrich der Weise** von Sachsen, ließ ihn auf die Wartburg in Sicherheit bringen, wo er mit der Übersetzung der Bibel begann. Da ihm die Bibel alleinige Quelle des Glaubens war, sollte sie auch allen Christen zugänglich sein. 1522 erschien das Neue Testament, 1543 das Alte, Grundlagen einer deutschen Schriftsprache.
Die Lehre Luthers konnte sich indessen ziemlich ungestört verbreiten, da die Reichsfürsten sich in Sachen des Glaubens teilweise gegen den Kaiser stellten und der Kaiser selbst durch Aufgaben im Reich und durch Kriege gebunden war. Luther selbst kämpfte, nachdem er die Wartburg verlassen hatte, gegen die radikale und revolutionäre Interpretation der neuen Lehren durch Schwärmer (▶ Wiedertäufer) und aufrührerische Bauern (▶ Bauernkrieg). Er war bestrebt, die irdische Ordnung, auch die soziale, zu wahren und nicht in Gegensatz zur Obrigkeit zu geraten. Durch seine schroffe Haltung entfremdete er sich große Teile des Volkes.
Zu allen Zeiten war Luther von eminenter literarischer Wirkung. In seinen Schriften führte er den Kampf gegen das Papsttum und die alte Kirche fort, zum Teil in recht grober Form. Dann galt es, die neue Lehre auszubauen, neue Formen des Gottesdienstes, der Kirchenorganisation und der Erziehung zu finden. Im ganzen stärkte Luthers Wirken die Stellung der Landesherren. Eine Einigung mit dem Schweizer Reformator ▶ Zwingli scheiterte beim **Marburger Religionsgespräch** 1529 an der Unnachgiebigkeit Luthers.
Seine Neigung zu heftigen Ausfällen gegen wirkliche oder vermeintliche Fehlentwicklungen und Gegner nahm mit der Zeit zu. Besonders belastend wirkte sich seine Polemik gegen die Juden aus.

Er erlebte es nicht mehr, daß 1547 die Katholiken zunächst siegreich Krieg gegen die Protestanten führten. Aber unterdrücken konnte auch der mächtige Kaiser Luthers Lehre nicht mehr.

Luxemburg, Rosa (1871–1919) Rosa Luxemburg stammte aus einer begüterten polnischen Kaufmannsfamilie, studierte Nationalökonomie in Zürich und war Mitgründerin der Sozialdemokratischen Partei Polens. 1897 zog sie nach Deutschland und wurde zur redegewandten Wortführerin und Theoretikerin des linken Flügels der SPD. Während des 1. Weltkriegs meist in Haft, bekämpfte sie die *Burgfriedenpolitik* der SPD, die während des Krieges ihre parteipolitische Gegnerschaft zur Regierung zurückstellte und deren Kriegsziele unterstützte. Nach dem Ende des Krieges gründete sie mit **Karl Liebknecht** den **Spartakusbund** und die Zeitung „Rote Fahne“ und entwarf das Programm der KPD. Nachdem der Aufstand des Spartakusbundes im Januar 1919 zusammengebrochen war, wurde sie von ▶ Freikorps-Soldaten ermordet.

Luxemburger Ab 1257 verfuhren die Kurfürsten nach dem System der „springenden Königswahl“, das heißt sie wählten den Herrscher jeweils aus einem anderen Geschlecht, um zu verhindern, daß das Amt in einer Familie erblich wurde. 1308 fiel die Wahl auf den Grafen Heinrich IV. von Luxemburg, der als König **Heinrich VII.** bis 1313 regierte. 1310 konnte er Böhmen, Mähren und Schlesien erwerben. Nach seinem Tod kam es 1314 zu einer Doppelwahl. Ein Teil der Kurfürsten wählte **Ludwig den Bayern**, ein anderer Teil **Friedrich den Schönen** von Österreich. Nach dem Ende des folgenden Bürgerkrieges wurde 1346 ▶ Karl IV. von Luxemburg gewählt. Er residierte hauptsächlich in Prag und baute die Stadt prachtvoll aus. Seine Hausmacht erweiterte er 1373 um Brandenburg. Sein folgenreichstes Werk war aber ein neues Reichsgesetz, die ▶ Goldene Bulle, das bis zum Ende des Reiches die Königswahl regelte. Nach Karls Tod 1378 wurde sein Sohn **Wenzel** deutscher König. 1400 setzten ihn ein Teil der Kurfürsten und Ruprecht von der Pfalz, sein späterer Nachfolger, ab. 1410 wurde Wenzels Bruder Sigismund König, der durch Heirat bereits seit 1387 die Krone von Ungarn besaß. Mit ihm starb der Mannesstamm der Luxemburger 1437 aus. In seine Regierungszeit fiel das Konzil von **Konstanz** 1414–18. Es beendete die Kirchenspaltung, erhöhte damit das Ansehen der Krone außerordentlich, löste aber mit dem Todesurteil gegen den Reformator **Jan Hus** schwere Unruhen und kriegerische Auseinandersetzungen in Böhmen aus.

M

Machiavelli, Nicolo (1469–1527) als Sohn eines verarmten Adligen geboren, wurde vor allem als Staatstheoretiker bekannt. Um 1500 war er für kurze Zeit selbst politisch tätig, nach der Rückkehr der ▶ Medici verlor er jedoch seinen Einfluß in Florenz. Er zog sich zurück, schrieb historische Bücher, auch eine Komödie, vor allem aber *Il principe* (Der Fürst), das sein Hauptwerk wurde. Machiavelli beschreibt

Nicolo Machiavelli, Gemälde von Santi di Tito, 16. Jh.

darin den Menschen und auch den Fürsten wie er *ist,* nicht wie er sein *sollte,* nicht die idealen Tugenden eines Fürsten, sondern was dieser tun sollte, um seine Herrschaft gegen innere und äußere Feinde zu sichern. Der Erfolg ist das Kriterium für die Mittel, die dabei angewandt werden dürfen, nicht eine moralische Regel. Die Kunst, sich zu verstellen, hält Machiavelli für wichtig. Neider soll ein Fürst aus dem Weg räumen. Machiavellis Ratschläge gründeten nicht auf Moral, sondern dem politischen Verhalten der Fürsten seiner Zeit. Er selbst war aber kein politischer Denker ohne Ideale. Nicht die Monarchie, sondern die Republik hielt er für die beste Staatsform, und dem Christentum warf er vor, das Streben der Menschen zu sehr auf das Jenseits zu richten.

Jahrhundertelang erregten die Aussagen Machiavellis die Gemüter. Heute bezeichnet **Machiavellismus** eine Machtpolitik, die keine Bedenken bei der Wahl ihrer Mittel kennt.

Magna Charta König **Johann ohne Land** von England, Bruder und Nachfolger von Richard Löwenherz, verlor nach der Niederlage seines deutschen Verbündeten Otto IV. 1214 bei **Bouvines** die englischen Festlandbesitzungen an Frankreich. Die englischen Barone, die hohen Kirchenfürsten und die Abgesandten der Stadt London nutzten 1215 seine schwache Position und zwangen ihn zur Annahme der großen Freiheitsurkunde (Magna Charta Libertatum). Sie brachte Einschränkungen der königlichen Gerichtsbarkeit, regelte verbindlich das rechtliche Verhältnis zwischen König und Lehnsleuten und bestätigte die Privilegien des Adels. Abgaben durften nur noch mit Zustimmung der Betroffenen oder ihrer Vertreter erhoben werden. Diese Vertreter nannten sich seit Mitte des Jh.s *parlamentum* (Parlament). Hoher und niederer Adel und städtische Bürgertum waren demnach zu gemeinsamen Handeln fähig. Die Magna Charta gilt heute vielfach als erstes „Grundgesetz“ in Europa, weil sie wichtige Rechtsgrundsätze zum Schutz vor staatlicher Willkür enthielt. Der König mußte sich allgemeinen Rechtsnormen unterwerfen; unter Berufung auf diese *Herrschaft des Rechts* war nunmehr Widerstand gegen den Herrscher erlaubt.

Mahdiaufstand 1821 eroberten die Ägypter den Sudan. Ihre Verwaltung wurde in den folgenden Jahrzehnten von den Sudanesen als Fremdherrschaft empfunden, 1881 kam es zu einem großen Aufstand. Der aus dem Nordsudan stammende Mohammed Ahmed erklärte, er sei der von Allah gesandte Mahdi, der Nachfolger des Propheten Mohammed, und er solle ein großes islamisches Friedensreich errichten. Mit seinen fanatischen Anhängern vertrieb er die ägyptischen Truppen aus dem Land, nur die Hauptstadt Khartum konnte sich unter Charles Gordon, einem englischen General in ägyptischen Diensten, bis 1885 halten, fiel dann aber auch in die Hände der **Derwische**, wie die Mahdisten genannt wurden. Der Mahdi starb schon wenige Monate nach der Eroberung Khartums, sein Nachfolger, der Chalifa Abdullah, wurde erst 1898 von einer ägyptischen-englischen Armee besiegt. Diese Niederlage bedeutete zugleich das Ende des Mahdireiches und die Rückkehr des Sudans unter ägyptische Herrschaft.

Majestätsbrief Am 9. Juli 1609 gewährte Kaiser **Rudolf II.** den protestantischen Ständen Böhmens und Mährens durch die Majestätsbrief genannte Urkunde freie Religionsausübung. Damit sollte der innere Frieden gesichert werden, der seit der Hinrichtung von **Jan Hus** 1415, also seit fast 200 Jahren, immer wieder in Gefahr war. Letztlich konnte aber der Majestätsbrief den Ausbruch des **Böhmischen Aufstandes** von 1618 und damit des Dreißigjährigen Krieges nicht verhindern.

Makedonische Kriege Der Vater Alexanders des Großen, **Philipp II.**, hatte im 4. Jh. v. Chr. die Grundlagen für den Aufstieg des makedonischen Staates gelegt. Er einigte das Land, eröffnete den Zugang zum Meer und neben seine militärischen Neuerungen traten außenpolitische Erfolge. Der mächtige Adel hatte Mitspracherecht in der Heeresversammlung, die engsten Ratgeber des Königs waren die **Hetairoi**, die Gefährten. Auf dieser Basis konnte der Flächenstaat über die südlichen griechischen Stadtstaaten siegen und das überlegene Militärwesen ermöglichte auch Alexanders Sieg über das Perserreich.
Die makedonische Großmacht hatte nicht lange Bestand. Nach Alexanders Tod 323 v. Chr. zerfiel sein Reich in den Kämpfen der ▶ Diadochen, Makedonien blieb mit einem Teil Griechenlands ein unabhängiges Königreich. Doch in den drei makedonischen Kriegen gegen Rom (215–05, 200–197 und 172–168 v. Chr.) verlor Makedonien zunächst die Vorherrschaft über Griechenland und wurde endgültig in der Schlacht bei **Pydna** 168 besiegt und zerschlagen. Ab 148 v. Chr. war das einstige Großreich eine römische Provinz.

Makkabäer Eine Gruppe von Juden unter der Führung des **Judas Makkabäus** unternahm einen Aufstand gegen die Herrschaft der Seleukiden (▶ Diadochen), um politische und religiöse Freiheit zu erlangen. Judas Makkabäus kam dabei 161 v. Chr. ums Leben, seine Brüder Simon und Jonathan konnten aber 142 v. Chr. einen unabhängigen jüdischen Staat schaffen, der dann 63 v. Chr. vom Römischen Reich abhängig wurde.
Die Makkabäer sind bis heute ein Symbol jüdischen Selbstbehauptungswillens. Von ihnen stammen die ältesten jüdischen Münzen. Händel hat ihnen in einem Oratorium ein musikalisches Denkmal gesetzt.

Manchestertum In der Handelskammer der englischen Stadt Manchester sammelten sich im frühen 19. Jh. entschiedene Vertreter einer freien, von staatlichen Eingriffen nicht beeinträchtigten Marktwirtschaft. Einer von ihnen erklärte um 1860: *Es gibt keine soziale Frage.* Er wollte damit nicht behaupten, daß es kein Elend gab, sondern er war der Ansicht, alles müsse nach den Regeln des freien Marktes im freien Spiel der wirtschaftlichen Kräfte ablaufen, an denen weder Sozial- noch Wirtschaftspolitik etwas ändern könne. Angebot und Nachfrage würden selbst einen Ausgleich herbeiführen. Es gebe also keine soziale Frage als Herausforderung an die Politiker.

Mao Tse-tung (1893–1976) Der Bauernsohn schloß sich nach Studium und kurzer Berufstätigkeit als Bibliotheksgehilfe in Peking 1921 als Gründungsmitglied der

Mao (1. Reihe Mitte) empfängt Delegierte zu einem Kongreß, 1967.

Kommunistischen Partei in Schanghai an, geriet 1925 in Gegensatz zur Parteilinie, die auf das städtische Proletariat setzte. Er organisierte statt dessen revolutionäre Bauern, mit denen er 1927 in Hunan einen Aufstand versuchte, der scheiterte; Mao ging in den Untergrund. Danach arbeitete er zeitweise mit bürgerlichen Reformkräften zusammen, doch 1934 mußte Mao mit seinen Anhängern vor der Verfolgung durch die Regierung **Tschiang Kai-scheks** flüchten (▶ Langer Marsch). In der entlegenen Provinz Yenan, dem Ziel des Langen Marsches, gründete er eine Chinesische Volksrepublik und schloß wegen des Chinesisch-Japanischen Kriegs mit Tschiang einen Waffenstillstand (1937–45). 1947 brach der Bürgerkrieg aus, der 1949 mit dem Sieg Maos endete. Am 1. 10. 1949 wurde er zum Vorsitzenden des Zentralrats der **Volksrepublik China** (Staatsoberhaupt) gewählt. Tschiang zog sich auf die Insel **Taiwan** zurück.

Im September 1954 gab Mao dem Land eine neue Verfassung, wurde Staatspräsident sowie Vorsitzender des Zentralkomitees und des Politbüros der KP, vereinigte also alle Macht in seiner Hand. Maos Politik war sprunghaft. Einmal ließ er den Menschen mehr Freiheit in der **Hundert-Blumen-Bewegung** (1956), die auch innenpolitischer Unzufriedenheit ein Ventil schaffen sollte, dann versuchte er es mit der Errichtung von Volkskommunen im **Großen Sprung nach vorn** (Herbst 1957) mit Zwang. Gerade die letzte Kampagne war auch gegen den Führungsanspruch der sowjetischen KP gerichtet, den China bestritt. Aber alle Versuche schneller Modernisierung scheiterten; Mao beschränkte sich ab 1959 auf die Parteiführung. Im Sommer 1966 machte er noch einen Versuch: Die ▶ Kulturrevolution sollte China mit einem Schlag in einen kommunistischen Idealstaat verwandeln. Doch auch diese Idee erwies sich als Illusion. Bis zu seinem Tod entmachtete ihn dann die innerparteiliche Opposition immer mehr, auch wenn Mao einen Führerkult als *Großer Vorsitzender und Steuermann* aufrecht erhielt.

Marc Aurel

Marc Aurel (121–180 n. Chr.) Kaiser **Antoninus Pius** adoptierte 138 n. Chr. Marcus Annius Verus als Nachfolger. Gemeinsam mit einem 169 verstorbenen Adoptivbruder kam er 161 an die Macht und nannte sich als Kaiser Marcus Aurelius Antoninus. In seiner Regierungszeit begann der Niedergang des Römischen Reiches. Aus dem Krieg gegen die ▶ Parther im Osten des Reiches (162–66) heimkehrende Soldaten verbreiteten die erste Pestepidemie in Europa. Der Druck der Germanen, vor allem der Markomannen, gegen die Donaugrenze (▶ Limes) wurde so stark, daß sie nur unter verzweifelten Anstrengungen und schweren Verlusten in den **Markomannenkriegen** 166–80 gehalten werden konnte. Die äußeren Probleme führten auch zu inneren Spannungen, die sich in Christenverfolgungen entluden. Marc Aurel selbst betrachtete die Entwicklung skeptisch. Er wandte sich den Lehren der Stoiker zu, philosophierte in seinen *Selbstbetrachtungen* über die Unbeständigkeit der Welt und lehrte als Ausweg die Menschenliebe.

Maria Theresia, Kupferstich von P. A. Kilian

Maria Theresia (1717–80) Die Erbtochter Kaiser Karls VI. heiratete 1736 Herzog Franz von Lothringen, den späteren deutschen Kaiser **Franz I.**, mit dem sie 16 Kinder hatte. Als sie 1740 aufgrund der ▶ Pragmatischen Sanktion die Regierung der österreichischen Erblande aufnahm, erhoben Bayern und die spanischen Bourbonen Einspruch, Maria Theresia konnte sich jedoch im **Österreichischen Erbfolgekrieg** (1740–48) durchsetzen. Gegen Preußen führte sie erfolglos die ▶ Schlesischen Kriege und konnte auch im ▶ Siebenjährigen Krieg Schlesien nicht zurückgewinnen. Nach dem Tod ihres Mannes setzte sie ihren Sohn **Joseph II.** 1765 zum Mitregenten ein. Bei der ersten ▶ Polnischen Teilung erhielt sie 1772 Galizien, 1775 die Bukowina von der Türkei, 1779 das Innviertel von Bayern. Sie schuf eine Zentralgewalt, brachte ein modernes Strafgesetzbuch heraus, beseitigte die Folter, hob die Steuerfreiheit von Adel und Geistlichkeit auf und begründete den regulären Volksschulunterricht. Die Ideen der Aufklärung lehnte sie ab, war fromm, doch nicht kirchenhörig. Ihr Charme, ihre Mütterlichkeit und ihr Realismus machten sie populär.

Markt Märkte entstanden im frühen Mittelalter oft im Schnittpunkt von Handelswegen und bildeten dann die Keimzelle späterer Städte. Vor allem die wichtigen Markttage und Messen zogen von weither Handwerker, Händler und Siedler an. Um einen Markt abzuhalten, bedurfte es eines **Marktrechts**, das ursprünglich wie Zoll- und Münzrecht beim König lag, dann häufig bei der Kirche und zum Kern des Stadtrechts wurde. Auf dem Marktplatz stand als Zeichen des **Marktfriedens** vielfach ein **Marktkreuz**. Städte und städtische Behörden übten die Marktaufsicht aus und erließen **Marktordnungen**, die Warenqualität und Preise bestimmten oder auch unliebsame Besucher fernhielten. Eine bei den Kaufleuten gefürchtete Maßnahme war das **Stapelrecht**, das sie z. B. zwang, ihre mitgeführten Waren an bestimmten Orten anzubieten, und durch den Verkaufsdruck die Preise verdarb. Städte wie Hamburg und Lübeck sind durch den Stapel groß und reich geworden.

Marktwirtschaft 1776 veröffentlichte **Adam Smith** sein Buch *Eine Untersuchung über Natur und Ursachen des Volkswohlstandes*. Darin lehrte er, nicht Regierungen oder Zünfte sollten in der Wirtschaft bestimmen, sondern die Gesetze von Angebot und Nachfrage. Je mehr Freiheit man der Wirtschaft lasse, umso besser werde sie funktionieren. Er war sich darüber klar, daß Theorie und Praxis verschiedene Dinge sind. Nicht so sein Publikum, das die Lehre begeistert aufnahm und in die Praxis umsetzte, ohne ihre Funktionsfähigkeit zu prüfen. Smith hatte sie nur für beliebig vermehrbare Güter aufgestellt. **David Ricardo**

dehnte sie auf die Löhne aus. Auch hier sollten Angebot und Nachfrage bestimmen. Deshalb fühlte sich niemand für das Elend infolge der Industriellen Revolution verantwortlich (▶ Manchestertum). Bis 1914 galt die Lehre von der **Freien Marktwirtschaft** uneingeschränkt. Heute versucht man, die Vorteile des Marktes mit staatlicher Wirtschafts- und Sozialpolitik zu koppeln und in der **Sozialen Marktwirtschaft** zu vereinen.

Marokkokrisen Ab 1904 interessierte sich Frankreich stärker für Marokko. Wilhelm II. reiste daraufhin 1905 nach Tanger, um deutschen Bergbauinteressen im Lande Rückhalt zu geben. Er hatte nicht bedacht, daß diese Demonstration in England Mißfallen erregen könnte, da sie englische Interessen tangierte und das ohnehin durch die Flottenrivalität gespannte Verhältnis weiter belastete. So wurde das Deutsche Reich 1906 auf der Konferenz von **Algeciras** isoliert und die Entente zwischen England und Frankreich gefestigt. (1. Marokkokrise). Die Besetzung von Fes durch französische Truppen (1911) führte zur 2. Marokkokrise. Wieder versuchte der deutsche Kaiser eine ungeschickte Machtdemonstration: Er schickte das Kanonenboot Panther nach Agadir. Dieses Unternehmen **Panthersprung** war militärisch sinnlos, politisch erlitt das Reich eine Schlappe, auch wenn der Streit mit einem Kompromiß im **Marokko-Kongo-Abkommen** endete: Frankreich sicherte seine Herrschaft über Marokko, Deutschland bekam als Ausgleich Teile Französisch-Äquatorialafrikas und vergrößerte damit Kamerun.

Marshallplan Am 3. 4. 1948 verabschiedete der US-Kongreß das **European Recovery Program**. Das nach US-Außenminister **George Catlett Marshall** benannte Hilfsprogramm sollte in Form von Krediten, Sachlieferungen und Dienstleistungen dem Hunger und Elend im Nachkriegseuropa gegensteuern und den Aufbau vorantreiben. Auf lange Sicht hofften die USA aber auch, wieder leistungsfähige Handelspartner zu gewinnen, Europa zu einigen und das Vordringen des Kommunismus eindämmen zu können. Der Marshallplan hat in Westdeutschland wesentlich zum Wiederaufbau beigetragen.

Marx (links) mit seinen drei Töchtern und Friedrich Engels, Gemälde

Marx, Karl (1818–83) stammt aus einer protestantisch-jüdischen Familie und wurde in Trier geboren. Nach Abschluß seiner Studien (Philosophie, Rechtswissenschaften, Geschichte) und seiner Promotion in Philosophie übernahm er 1842 die Leitung der liberalen *Rheinischen Zeitung* in Köln, wurde aber von den Behörden zum Ausscheiden gezwungen. Er emigrierte nach Paris, wo er **Friedrich Engels** (1820–95), den vermögenden Sohn eines Wuppertaler Textilfabrikanten, kennenlernte, der ihn zeitlebens mit Geld unterstützte. Beide wurden enge Freunde und widmeten sich gemeinsam dem Studium des Sozialismus. Im Auftrag des Londoner **Bundes der Kommunisten** verfaßten Marx und Engels im Februar 1848 das **Manifest der kommunistischen Partei**, in dem sie den Sieg des Proletariats und den Untergang der kapitalistischen Ausbeuterklasse verkündigten. Marx ging nach Köln zurück, mußte aber nach dem Scheitern der Revolution von 1848/49 wieder aus dem Land fliehen, diesmal nach London, wo er sich ganz auf seine großen Schriften, vor allem *Das Kapital* (1867), konzentrierte. Wie kein anderer Denker vor oder nach ihm, hat Karl Marx mit seinen Schriften die Welt verändert. (▶ Marxismus)

Marxismus Vor dem Hintergrund der gewaltigen gesellschaftlichen Veränderungen im Zuge der Industriellen Revolution begründeten Karl Marx und Friedrich Engels in vielen Schriften (u. a. *Manifest der kommunistischen Partei* von 1848, *Das Kapital*) die Lehre des **wissenschaftlichen Sozialismus**. Sie beschreibt als Entwicklungsgesetz der Geschichte den **Klassenkampf**. So wie sich gegen Ende des 18. Jh.s das Bürgertum gegen die Vorherrschaft des Adels aufgelehnt habe, um dann selbst zur herrschenden Klasse zu werden, so solle sich das **Proletariat**, die besitzlose Industriearbeiterschaft, in einer Revolution gegen die **Bourgeoisie**, das besitzende Bürgertum, erheben, um die Menschheit von Ausbeutung und Unterdrückung zu befreien. Dabei sah Marx Gewalt als notwendig und gerechtfertigt an. Eine revolutionäre **Diktatur des Proletariats** sei nötig, um die Produktionsmittel zu vergesellschaften und die bürgerliche Gesellschaft zu überwinden. Erst dann lasse sich die klassenlose **kommunistische Gesellschaft** realisieren, in der allen Menschen Selbstverwirklichung und individuelles Glück ohne staatlichen Zwang und Ausbeutung garantiert sei. Marx und Engels waren davon überzeugt, daß die soziale Revolution unmittelbar bevorstehe. Sie erklärten dies aus den Widersprüchen des bestehenden Kapitalismus: dem Bestreben der Unternehmer, Kapital anzuhäufen und die Löhne der Arbeiter zu drücken, aus der Überproduktion bei gleichzeitig sinkender Nachfrage, aus dem Zwang zur Machtzusammenballung der Unternehmen (Konzentration), womit sich der Wettbewerb verschärft, aus dem Zusammenbruch des Mittelstandes, aus anderen Wirtschaftskrisen, vor allem aus dem Anwachsen eines klassenbewußten Proletariats. Auch wenn viele der Vorhersagen nicht eintraten, fordert der Marxismus als menschheitsverändernde Idee bis heute zur Auseinandersetzung heraus. Nach dem Zusammenbruch der kommunistischen Staaten ist zu diskutieren, ob nur die Umsetzung mißlungen ist oder ob der „Fehler“ bereits in der Marxschen Vorstellung lag.

Massada 66–70 n. Chr. lehnten sich die Juden gegen die römische Besetzung Palästinas auf (▶ Jüdischer Krieg). Die Erhebung wurde blutig niedergeschlagen, die letzten Aufständischen zogen sich in die Festung Massada – westlich des Toten Meeres auf einem 440 m hohen Felsplateau gelegen – zurück. Als nach langem Widerstand die Lebensmittel ausgingen und die Römer sich zum Angriff anschickten, beging die Besatzung mit Frauen und Kindern Selbstmord. Massada wurde zum Symbol jüdischen Selbstbehauptungswillens.
Unter Führung des **Bar Kochba** scheiterte 132–135 ein letzter Aufstand gegen die Römer.

Materialschlacht Zwar spielten Waffen und Ausrüstung früher auch schon eine Rolle, doch hatte bis ins 19. Jh. der Einsatz von Menschen ein größeres Gewicht als der von Waffen. Die Industrielle Revolution hat auch das Kriegführen technisiert. Der Krimkrieg (1853–56) und der Russisch-Japanische Krieg (1904/05) ließen schon ahnen, wie militärische Auseinandersetzungen im Zeitalter der Technik aussehen würden. Trotzdem konnte sich niemand vorstellen, welche Rolle das Trommelfeuer der Artillerie, Giftgas und Panzer in den großen Materialschlachten des 1. Weltkriegs spielen würden. Im 2. Weltkrieg steigerte sich das Gewicht der Kriegstechnik in noch viel gigantischere Dimensionen. Ab jetzt entschied nicht mehr die Tapferkeit der Soldaten über den Sieg, sondern die Wirtschaftskraft der beteiligten Länder.

Mauren Die Römer nannten die Berberstämme Nordwest-Afrikas *mauri*. Von ihnen ging die Bezeichnung im Mittelalter auf alle Moslems im Maghreb (Tunesien, Algerien, Marokko) und in Spanien über. Heute versteht man darunter die islamische Bevölkerung Mauretaniens. Unser Wort *Mohr* entstand über das spanische *los moros* aus dem lateinischen Wort. Es meint allerdings Schwarzafrikanern. Im südlichen Maghreb besteht ein großer Teil der Bevölkerung aus Mischlingen zwischen Berbern und Schwarzafrikanern. Die mittelalterlichen Mauren besaßen ein großes Reich, das Nordafrika und Spanien umschloß. Die ▶ Reconquista verdrängte den ▶ Islam aus Spanien, 1492 wurde Granada erobert. Die zurückgebliebenen Mauren wurden zwangschristianisiert und werden **Morisken** genannt.

Maximilian I. (1459–1519) Als Sohn Kaiser Friedrichs III. wurde er 1486 deutscher König und 1508 in Trient mit Zustimmung des Papstes Kaiser ohne Krönung. Man nannte ihn den *letzten Ritter*, da er alle ritterlichen Künste und Fertigkeiten beherrschte, bei Turnieren mitritt und sich prächtige Rüstungen schmieden ließ, jedoch durch die Ausbildung der Landsknechttruppen jeden Reiterangriff abweisen und durch verbesserte Geschütze jede Ritterburg zerstören konnte. Stets geldbedürftig für Reisen und Feldzüge,

Maximilian I. und seine Familie, Gemälde von Bernhard Strigel um 1520

wurde er finanziell von den ▶ Fuggern abhängig, unterstützte jedoch auch großzügig Gelehrte wie Celtis und Künstler wie Dürer und Burgkmair, die seine Bücher illustrierten.

Durch die Heirat mit Maria, Erbtochter Karls des Kühnen, konnte er zwar alle burgundischen Besitzungen beanspruchen, mußte jedoch nach dem Tod seiner Frau (1482) das Stammland Burgund und die Picardie Frankreich überlassen. Durch die Heirat seines Sohnes Philipp mit Johanna, der Erbtochter von Kastilien und Aragon, sicherte er seinem älteren Enkel Karl V. Spanien mit seinen Besitzungen in Mittel- und Südamerika. Dieser überließ seinem Bruder Ferdinand I. 1521/22 die österreichischen Erblande und den Rest Ungarns, der noch nicht von den Türken besetzt war. Den Feldzug gegen die Eidgenossenschaft 1499 verlor er, so daß die Schweiz aus dem Reich ausschied. Da er auf die Fürsten des Reiches angewiesen war, gab er auf dem **Reichstag zu Worms** 1495 ihrem Drängen nach und gründete ein vom Kaiser unabhängiges **Reichskammergericht**, das zunächst in Speyer, dann in Wetzlar tagte. Vor diese letzte Instanz wurden Prozesse zwischen den Reichsständen (z. B. Reichsstadt gegen Fürstentum) gebracht. Die Einteilung des Reiches in sechs, später zehn Kreise sollte mithelfen, Geld und Söldner für die Reichskriege rascher aufzubringen.

Medici Die Familie Medici, seit dem 13. Jh. in Florenz bezeugt, stieg, ähnlich wie später die Familie Fugger in Augsburg, aus kleinen Anfängen zu großem Reichtum empor. Internationale Bankgeschäfte bildeten das Fundament für die Macht des Hauses. Darauf gestützt, trat **Cosimo de Medici** (1389–1464) in seiner Vaterstadt an die Spitze der Volkspartei und erlangte durch seine Freigiebigkeit ungemeine Beliebtheit. Den Höhepunkt seiner Macht erreichte das Haus der Medici aber unter seinem Enkel **Lorenzo** (1449–92), der den Beinamen **il Magnifico** (der Prächtige) trug. Er lenkte nicht nur die Politik der Stadt Florenz, sondern machte diese auch zu einem Mittelpunkt der Künste und der Wissenschaften. Sein jüngerer Sohn Giovanni bestieg als **Leo X.** den päpstlichen Stuhl.

Da den Florentinern die Medici zu mächtig wurden, vertrieben sie 1494 die Familie aus Florenz, doch kehrte diese schon 1512 mit spanischer Hilfe wieder zurück. In den folgenden unruhigen Jahrzehnten wurden mehrere führende Mitglieder der Medici ermordet, doch hielt sich die Familie mit erstaunlicher Hartnäckigkeit. 1531 schaffte **Cosimo I.** (1519–74) die republikanische Verfassung ab und ließ sich zum Herzog von Florenz ausrufen, 1569 ernannte ihn Papst **Pius V.** zum Großherzog von Toskana. Diese Würde blieb der Familie bis zu ihrem Erlöschen im Jahre 1737.

Unter ihrer Herrschaft erlebte die Toskana einen beachtlichen Wohlstand, und die Medici selbst versippten sich mit den europäischen Herrscherhäusern. Schon 1533 hatte **Katharina** von Medici den späteren französischen König Heinrich II. geheiratet (sie wurde zur Anstifterin der ▶ Bartholomäusnacht), **Maria** von Medici heiratete 1600 Heinrich IV. von Frankreich und nahm starken Einfluß auf die Politik des Königreiches. Nach dem Aussterben der Medici fiel die Toskana an **Franz von Lothringen**, den Gemahl Maria Theresias, und damit an das Haus Habsburg.

Die Kaaba in Mekka

Mekka Die alte Handelsstadt im Westen der Arabischen Halbinsel war in der Antike eine wichtige Karawanenstation auf dem Weg vom Jemen nach Jordanien. Mekka war schon das religiöse Zentrum Arabiens, bevor hier **Mohammed** in der 1. Hälfte des 7. Jh.s n. Chr. eine neue Religion, den Islam, verkündete. Seit Mohammed ist Mekka die heiligste Stadt der Moslems. Für jeden Moslem ist es Pflicht, einmal in seinem Leben die Wallfahrt dorthin zu unternehmen; das Betreten der Stadt ist für Andersgläubige verboten.

Menschenrechte Unter den Menschenrechten werden grundsätzlich jene Grundrechte erfaßt, die die Würde des Menschen gegenüber Staat und Gesellschaft schützen sollen. Das den Menschen-

rechten zugrundeliegende Bild vom Menschen ist das einer mit Vernunft und freiem Willen begabten Person. Da diese Rechte unmittelbar mit der Natur des Menschen gegeben sein sollen, gelten sie als allgemeingültig, unverletzlich und unveräußerlich.
Die Menschenrechtsdeklaration durch die Vereinten Nationen im Jahre 1948 hat ihre Vorläufer u. a. in der *Virginia Bill of Rights* der amerikanischen Geschichte (1776) und in der *Déclaration des droits de l'homme et du citoyen* der Französischen Revolution, die am 26. August 1789 von der Nationalversammlung verabschiedet wurde. Heute bekennen sich die meisten Staaten in ihren Verfassungen zu den Menschenrechten. So werden im Grundgesetz der Bundesrepublik Deutschland neben dem grundsätzlichen Recht auf Leben, körperlicher Unversehrtheit und freie Entfaltung der Persönlichkeit auch eine Reihe von weiteren Grundrechten wie Religions-, Gewissens- und Meinungsfreiheit garantiert.
Zum Schutz der Menschenrechte sind zwei internationale europäische Organe geschaffen worden: Die Europäische Kommission für Menschenrechte und der Europäische Gerichtshof für Menschenrechte. – In vielen Staaten gibt es noch Menschenrechtsverletzungen.

Merkantilismus Ein Sammelbegriff für wirtschaftspolitische Bestrebungen sowie für eine Wirtschaftslehre, die für das Zeitalter des Absolutismus typisch war. Die Anhänger dieser Lehre gingen von dem Grundsatz aus, daß der Wohlstand eines Landes auf der aus Edelmetall geprägten Geldmenge beruhe. Deshalb sollten möglichst viele Güter ausgeführt und möglichst wenig Güter, am besten nur Rohstoffe, eingeführt werden, da sonst Geld aus dem Land abgezogen würde. Um den Faktor Arbeitskraft zu vergrößern, warben Landesfürsten gerne ausländische Fachkräfte an und begünstigten jungverheiratete und kinderreiche Untertanen. Das Bestreben, im Ausland konkurrenzfähig zu bleiben, drückte freilich das Lohnniveau.
Typisch für den Merkantilismus wurden die Manufakturen, jene auf Handarbeit und Arbeitsteilung beruhenden, technisch aufwendigen Großbetriebe, in denen kostbare Güter, wie Gobelins, Kristallwaren und Waffen, produziert wurden. Benachteiligt blieb die Landwirtschaft.

Merowinger Dieses Geschlecht von Teilkönigen aus dem Kernstamm der salischen ▶ Franken führte seinen Namen auf den sagenhaften König **Merowech** zurück. **Chlodwig I.** (um 466–511) verdrängte die übrigen Teilkönige der salischen und ripuarischen Franken und vereinte die Stämme. Er eroberte die Reste des römischen Galliens unter **Syagrius** 486, die Reiche der **Alemannen** und **Westgoten** und dehnte das Frankenreich von der Garonne bis zum Main aus. Unter Chlodwig wurden die Franken katholisch. Da nach fränkischem Erbrecht das Reich geteilt wurde und auch Dauerfehden die Stellung der Merowinger schwächten, verloren sie ihre Macht an die ▶ Hausmeier, die höchsten Verwalter des Reiches. Unter ihnen gelang es den ▶ Karolingern, die Einheit des Reiches wiederherzustellen, den letzten Merowinger abzusetzen und selbst eine neue Königsdynastie zu begründen.

Mesopotamien Diesen Namen gaben die Griechen dem **Zweistromland** zwischen Euphrat und Tigris im heutigen Irak. Mit seinen schilfigen Sumpflandschaften, den immer wieder sintflutartigen Überschwemmungen, dem heißen und trockenen Klima, das die Versalzung des Bodens fördert, fanden die aus der Wüste einwandernden Nomaden hier einen Siedlungsraum vor, der nur im ständigen Kampf mit den Naturgewalten eine Lebensgrundlage bot. Aber die alten Völker des Orients verwandelten die Flußtäler durch den Bau von Kanälen, Deichen und Hebewerken in fruchtbares Ackerland, den *Garten Eden* der Bibel. Vor etwa 3100 v. Chr. entwickelten hier die Sumerer die älteste Hochkultur der Menschheit mit städtischen Zentren, einer wohlorganisierten Verwaltung, die sich auf die Keilschrift stützen konnte, mit dem Tempelturm als religiösem und politischem Mittelpunkt. Die *Wiege der Kultur* nennt man das Land Sumer, dessen großartige Leistungen im staatlichen Leben, in der Gesetzgebung, in allen Wissenschaften und der Kunst von den Babyloniern und Assyrern übernommen wurden und später über Syrien und den Handel der Phöniker bis zur Minoischen Kultur Kretas und in den gesamten Raum der Ägäis gelangten.

Messe

Neben den auf die Bedürfnisse des örtlichen Kleinhandels ausgerichteten Märkten in den Städten begründeten Fernkaufleute, die überregionalen Handel betrieben, an wichtigen Umschlagplätzen, auch an bedeutenden Wallfahrtsorten, Jahrmärkte oder Messen. Ihren Namen erhielten sie, weil sie gewöhnlich im Anschluß an Kirchenfeste abgehalten wurden. Die Landesherren gewährten den Städten für solche Märkte besondere Vorrechte (Privilegien) und Freiheiten (z. B. Zollfreiheit). Zu den bedeutendsten Messeplätzen des Mittelalters in Europa zählten Brügge, Paris, Vicenza und Lyon, in Deutschland Leipzig ab 1165 und Frankfurt ab 1240. Vor allem Frankfurt am Main gewann als Knotenpunkt für den mitteleuropäischen Durchgangshandel zwischen Nord und Süd große Bedeutung. Aus den eigentlichen Handelsmessen mit Marktcharakter entwickelten sich seit dem 19. Jh. die **Mustermessen**, bei denen die Waren nur besichtigt und bestellt werden können.

Tage	Messeablauf		
1. bis 8.	Vorwoche: Transport von vorangegangener Messe, Aufbau der Stände, Auspacken der Waren		
9. 10. 11. 12. 13. 14. 15. 16.	TUCHMESSE Tuche werden besichtigt, geprüft und Preise festgesetzt	GEWÜRZMESSE Besichtigung und Verkauf aller Waren, die nach Gewicht verkauft werden, vor allem Gewürze und Wachs	MESSE für VIEH, PFERDE, GETREIDE, WEIN und SALZ Besichtigung und Verkauf, vor allem für nähere Umgebung von Bedeutung
17. 18. 19.	Verkaufstage für Tuche		
20. 21. 22. 23. 24. 25. 26. 27. 28. 29.	LEDER- und PELZMESSE Leder und Lederwaren werden besichtigt, geprüft und Preise festgesetzt		
30. 31. 32.	Verkaufstage für Lederwaren		
Ende der Zahlzeit: Frühere Kredite und Einkäufe auf dieser Messe müssen bezahlt sein			
33. bis 46.	Bankgeschäfte: Kaufleute können Währungen wechseln, Kredite aufnehmen und andere Geldgeschäfte erledigen		
47. bis 50.	Schlußtage: Messebehörde stellt Briefe gegen säumige Schuldner aus, Abbau der Stände		

Ablauf der Messe in Troyes/Champagne

Metternich, Klemens Wenzel

(1773–1859) Der Graf, seit 1813 Fürst, stammte aus altem rheinischen Adel, kam als Student nach Wien, trat in die Dienste der Habsburger und machte als Diplomat rasch Karriere. Als Außenminister (ab 1809) unterstützte er Napoleon I., arrangierte auch dessen Heirat mit der österreichischen Kaisertochter Marie Louise, hielt aber durch enge Kontakte zum Zarenhof auch andere Bündnismöglichkeiten offen. 1812 führte er Österreich an der Seite Rußlands und Preußens in die Befreiungskriege gegen Napoleon. Beim Wiener Kongreß, der 1815 unter seinem Vorsitz tagte, setzte er sich für die Schonung Frankreichs ein, um das Gleichgewicht der Kräfte in Europa zu erhalten. Zugleich war er die Haupttriebkraft der ▶ Heiligen Allianz und der ▶ Restauration, sein Name ist eng mit den ▶ Karlsbader Beschlüssen, die die Pressefreiheit usw. unterdrückten, verbunden. 1821 wurde er Staatskanzler. Als Gegner von Liberalismus und Nationalgedanken war er beim Volk verhaßt und mußte bei Ausbruch der Revolution 1848 fliehen, nachdem sein Einfluß schon ab 1826 geschwunden war.

Miltiades (um 540 bis um 489 v. Chr.) Er stammte aus einer athenischen Adelsfamilie, besaß aber eine eigene fürstliche Herrschaft in Thrakien. Als 490 v. Chr. die Perser eine Flotte und ein Heer nach Attika sandten, um Athen zu demütigen, wurde Miltiades athenischer Oberbefehlshaber. Er führte das Bürgeraufgebot in der Ebene von **Marathon** gegen die persischen Berufskrieger zur Schlacht und zum Sieg. Ehe die persischen Bogenschützen und Reiter zur Wirkung kamen, stürmten die athenischen **Hopliten** (Schwerbewaffneten) vor und drängten die Perser unter beträchtlichen Verlusten auf die Schiffe. Miltiades führte das siegreiche Heer sofort zurück nach Athen und verhinderte so einen zweiten Landungsversuch des Gegners. Der Sieger von Marathon wurde hoch geehrt. Aber nach einem späteren militärischen Fehlschlag verurteilte man ihn zur Bezahlung der Kosten des Feldzugs. Sein Sohn **Kimon** beglich später die Rechnung.

Ministerialer (lat.: ministerialis = im Dienst stehender Beamter) Die Ministerialen waren ursprünglich unfreie Dienstmannen, Beamte, die für den König, Herzog oder Bischof Hoheitsrechte an Münz- und Gerichtsstätten oder Besitzungen (Burgen, Städte und adelige Herrschaften) verwalteten, aber von ihren Herren z. B. vor Gericht vertreten werden mußten. Die wichtigen Ämter sollten nicht in die Hände des alteingesessenen, machtbewußten Adels fallen, sondern von tüchtigen, auch im Kriegsdienst bewährten Gefolgsleuten verwaltet werden, die von den Weisungen und Aufträgen ihres Dienstherrn abhängig waren, aber auch deren Berater sein konnten. Der Ministeriale ist also der Vorläufer des modernen Beamten. Seinen Lebensunterhalt bestritt er aus ihm zu Lehen gegebenen Landgütern, die er an hörige Bauern ausleihen und verpachten konnte. Die Ministerialen waren vor allem unter den Staufern im 12./13. Jh. die Stütze der Reichspolitik und übernahmen große politische Aufgaben (z. B. die Verwaltung von Reichsitalien). Im Laufe der Zeit verloren die Ministerialen ihre Unfreiheit und verbanden sich mit dem niederen Adel zum Ritterstand.

Minnesang Die dem Adel vorbehaltene Dichtungsgattung bezeugt die hohe Stellung der Frau in der höfischen Gesellschaft des staufischen Mittelalters (1150–1250). Minne war liebende Verehrung der verheirateten Burgherrin durch einen Ritter, der seine Huldigung ohne Aussicht auf Erfül-

Der von Obernburg überreicht seiner Dame ein Lied, Manessische Handschrift, 14. Jh.

lung im Minnelied aussprach. Er schrieb den Text, erfand die Melodie und trug sein *liet* vor kritischem Publikum am Hof der Dame vor. Antwort und „Lohn" waren die Blicke der Angebeteten, doch fand Kunstfertigkeit auch entsprechende Anerkennung in der Anstellung als Hofsänger. Das weltliche Thema der Beziehung Mann und Frau beherrschte nun nach der Zeit erbaulicher geistlicher Dichtung die Lyrik.

Der frühe Minnesang am staufischen Hof war nach dem Vorbild der **Troubadoure**, der provencalischen Minnesänger, ausgerichtet: Dem Lobpreis der Dame folgte die Bitte um Erhörung des Sängers. Die *Hohe* Minne der untadeligen adeligen Dame stellte **Reinmar von Hagenau** dar. **Hartmann von Aue** betonte die sittliche Kraft des Verzichts, während Heinrich von Morungen diesen Rahmen sprengte: Das *Tagelied* schilderte den Abschied im Morgengrauen nach einer Liebesnacht. **Wolfram von Eschenbach** besang gleichermaßen sinnliche Erregung und seelische Ergriffenheit. Im klassischen Minnesang **Walthers von der Vogelweide** wurden die Standesschranken gesprengt: Nicht *Minne,* sondern aufrichtige, tiefe *Herzeliebe* zu dem Mädchen aus niederem Stand findet in der *Niederen* Minne ihre Erfüllung. **Neidhart von Reuenthal** entkleidet den Minnesang des höfischen Charakters völlig und schildert dörfliches Liebesleben.

Minoische Kultur Um 6000 v. Chr. tauchten die ersten Menschen auf Kreta auf. Sie kamen wohl als Einwanderer aus Kleinasien oder dem Nahen Osten. Um etwa 2600 entwickelten sie unter vorderasiatischem Einfluß die älteste Hochkultur auf dem Boden Europas, die Minoische Kultur. Nach der griechischen Sage entführte Zeus Europa, die Tochter des Königs von Tyros im Libanon nach Kreta. Einer ihrer Söhne, **Minos**, gründete dort ein großes Reich. Diese und andere Sagen zeigen das Bewußtsein der antiken Griechen für den orientalischen Ursprung der ältesten europä-

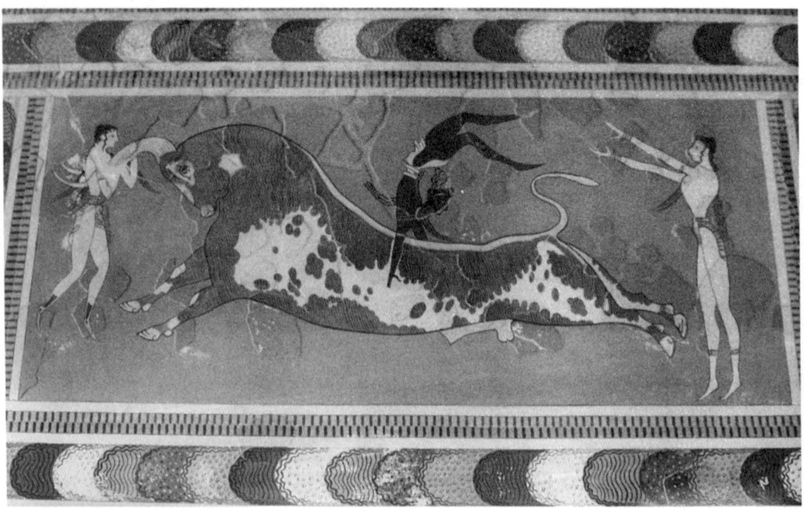

Kultisches Stierspiel der minoischen Kultur auf Kreta, Fresko

ischen Hochkultur. Sie entstand gegen Ende des 3. Jt.s v. Chr. und hat uns die Ruinen großer Paläste (z. B. **Knossos**), anspruchsvolle Keramik und Fresken und daneben eine nicht (**Linear A**) und eine nur im Ansatz entzifferte Schrift (**Linear B**) hinterlassen. Verehrt wurde eine Fruchtbarkeitsgöttin, in deren Kult Stiere und Schlangen eine große Rolle spielten. Die Minoer haben viel Seehandel getrieben, deshalb finden wir ihre Spuren auch in der ganzen Ägäis und in Ägypten.
Um 1400 geriet die Minoische Kultur unter den Einfluß der **Achäer** (▶ Mykenische Kultur) auf dem Festland und ging um 1200 in der 2. Indoeuropäischen Wanderung im Angriff der **Dorer** unter. Von da an war die Insel wegen ihrer strategischen Lage und ihres Holzreichtums immer wieder das Ziel von Eroberern. Im Jahr 67 v. Chr. kam sie zu Rom, gehörte ab 395 n. Chr. zum Byzantinischen Reich. 823–961 war sie von den **Sarazenen** besetzt, fiel zu Beginn des 13. Jh.s an Venedig und wurde schließlich 1669 von den Türken erobert. Im 19. Jh. erkämpften die Kreter unter schweren Opfern ihre Autonomie (1898) und 1913 den Anschluß an Griechenland, das in der Minoischen Kultur seinen frühesten Ursprung sieht.

Mithras Im letzten Jt. v. Chr. tauchte im persisch-afghanischen Raum die neue Religion des Licht-, Fruchtbarkeits- und Siegesgottes Mithras auf. Dieser jugendliche Gott tötete nach Meinung seiner Anhänger den Urstier, die Macht des Bösen. Das Vergießen seines Blutes sollte die Menschen erlösen. Römische Soldaten verbreiteten die ▶ Mysterien des Mithras im 1. Jh. n. Chr. im gesamten Römischen Reich. In dieser Zeit finden wir sie auch in den germanischen Provinzen. Der Mithraskult, der in Höhlen und Grotten gefeiert wurde, war zeitweise eine ernste Konkurrenz für das junge Christentum.

Mittelalter Die Mehrzahl der Historiker nimmt heute den Aufstieg des Islam in der Mitte des 7. Jh.s n. Chr. als Beginn des Mittelalters, da die politische, wirtschaftliche und kulturelle Einheit des Mittelmeerraumes damals zerbrach. Die Erben der alten Welt waren das Kalifat von Damaskus, das Byzantinische Reich und das Reich der Franken, mit dem auch das Papsttum erstarkte. Zugleich wurde die Kirchenspaltung endgültig und die griechische Kirche verlor ihren Einfluß auf das christliche Abendland.
Die Kirche war nach dem Niedergang der antiken Laienkultur einziger Bildungsträger, denn es konnten fast nur noch Mönche lesen und schreiben. Dadurch war die Kirche für die Fürsten unentbehrlich, und da ihre hohen Würdenträger meist aus den großen Adelsfamilien stammten, gingen die Interessen beider Gruppen oft Hand in Hand. Die Macht des Adels stammte aus seinem von den Römern übernommenen Großgrundbesitz. Er wuchs durch das ▶ Lehnswesen weiter an, die freien Bauern sanken zu Halbfreien ab, denn sie begaben sich in die Abhängigkeit von einem Grundherren, um dadurch dem Kriegsdienst zu entgehen.
Die Stellung der fränkischen Könige hatte sich nach dem Tod Karls des Großen 814 verschlechtert. Die Steuereinnahmen der Antike standen mit dem Verfall der großräumigen Wirtschaft des Römischen Reiches nicht mehr zur Verfügung. Der königliche Grundbesitz schrumpfte, da der Adel die ihm als Gegenleistung für Staatsdienste zur Nutzung überlassenen Ländereien bald als Privateigentum ansah. Auch

war auf den Adel kein Verlaß, denn der frühmittelalterliche König war nicht mehr der **Volkskönig** der Germanenzeit, der **Gefolgschaftstreue** verlangen konnte. Er war der Beauftragte Christi auf Erden und brauchte deshalb die Unterstützung der Kirchenführer, die ihr Interesse aber oft auf der Seite des Adels sahen.
Im Laufe des Frühen Mittelalters begann sich die Kultur von ihrem Zusammenbruch am Ende der Antike wieder zu erholen (▶ Karolingische Renaissance). Unter den Karolingern, Ottonen und Saliern entstanden die ersten großen Steinbauten des Mittelalters. Es waren königliche Pfalzen und Dome. Die Buchmalerei erreichte einen Höhepunkt. Klöster bemühten sich um Literatur und Musik, aber auch um Verbesserung der Landwirtschaft. Die römischen Städte waren in der Völkerwanderung untergegangen. Jetzt entstanden neue Städte, in Deutschland vor allem am Rhein. Im Osten unseres Kontinents bezogen slawische Völker im großen und ganzen ihre heutigen Wohngebiete. Sie wurden teils von der lateinischen Kirche (Polen, Tschechen, Slowaken), teils von der griechischen Kirche (Russen, Serben) christianisiert. Auch die nach 955 seßhaft werdenden Ungarn schlossen sich dem lateinischen Christentum an. Mit der vom französischen Kloster Cluny ausgehenden Kirchenreform und dem aus ihr folgenden Investiturstreit (Kampf zwischen Kaiser und Papst um die Vorherrschaft ab 1075) ging das frühe Mittelalter ins Hochmittelalter über.
Dieser Kampf schwächte sowohl das Papsttum wie die Macht der Kaiser. Er wurde auf der Seite des Reiches von den Dynastien der Salier (ab 1024) und der Staufer geführt und endete mit deren Untergang um 1250. Nutznießer waren die italienischen Städte, die die Oberhoheit von Papst oder Kaiser abschütteln konnten und die deutschen Fürsten, die ihre Unabhängigkeit von der Krone erweiterten. Die Könige stützten sich gegen Kirche und Fürsten vor allem auf die Ministerialen, die Waffen- und Verwaltungsdienste leisteten und dafür mit Lehen belohnt wurden. Aus ihnen entwickelte sich der Stand der Ritter mit seiner höfischen Kultur (Minnesang, Schutz für Frauen und Schwache, Ehrgefühl, Kampfgesinnung).
Parallel zu den inneren Kämpfen Europas setzte in den Kreuzzügen die Auseinandersetzung mit dem Islam ein. In vielen Bereichen war damals der Orient dem Abendland überlegen. Aus diesen Anregungen entstanden im 12. Jh. die ersten europäischen Universitäten (Bologna, Paris), die sich zunächst um die wissenschaftliche Begründung des christlichen Glaubens bemühten (▶ Scholastik). Sie brauchten als Basis Schulen, die von Klöstern und Städten organisiert wurden. Die Kreuzzüge förderten auch das Aufblühen der Städte, die ihre Handelsverbindungen über ganz Europa und bis in den Orient erweiterten und sich in Städtebünden wie der Hanse zusammenschlossen, um sich gegen die Fürsten behaupten zu können. Ein weiteres Ergebnis der Kreuzzüge waren die Ritterorden, so der Deutsche Orden, der nach dem Scheitern der Kreuzzüge die Ostkolonisation vorantrieb.
Im Spätmittelalter (etwa ab 1500) traten in Europa eine Reihe von Krisen zutage. Sie hatten sich im 14. Jh. vorbereitet und kamen jetzt zum Ausbruch. Das erste Problem war die Stellung der Kirche. Sie konnte ihren Anspruch auf Herrschaft über die weltliche Macht schon im Investiturstreit nicht mehr durchsetzen. Jetzt aber wurde ihr auch die geistige Führungsrolle streitig gemacht, denn mit der Renais-

Adelige im Vorhof einer Burg, im Hintergrund Kampfgetümmel, Miniatur von Valerius Maximus für Anton v. Burgund, um 1470

sance entstand eine nicht mehr kirchengebundene Kultur, die den Menschen selbst in das Zentrum der Betrachtungen stellte und ihn nicht nur als Werkzeug zum Ruhme Gottes betrachtete. Darüber hinaus waren die Gebildeten unzufrieden, weil die Theologie sich in Streitereien verlor, die den Menschen in ihren seelischen Nöten weder Antwort noch Hilfe gaben. Da aber durchgreifende Reformen ausblieben, wandten sich immer mehr Menschen der ▶ Reformation zu.
Auch sozial war es eine schwierige Zeit. Die Städte wurden durch Handel und Handwerk reich, der von der Landwirtschaft lebende niedere Adel verarmte. Das Rittertum verlor Funktion und soziale Stellung und wehrte sich im Ritteraufstand 1522/3 gegen vermeintliches Unrecht. Raubritter verunsicherten die Straßen und unterdrückten die Bauern, die auch unter wachsenden Abgaben an Kirche und Grundherren zu leiden hatten, bis sich ihr Unmut in Aufständen entlud. Der größte von ihnen war der ▶ Bauernkrieg von 1524/5. In den Städten brachte das vom Patriziat organisierte Verlagssystem viele Handwerker in Schwierigkeiten. Zur Abwehr organisierten sie sich in Zünften, behinderten aber dadurch oft den wirtschaftlichen und technischen Fortschritt. In den Kämpfen der Zünfte mit dem Patriziat um die Vorherrschaft in den Städten kam es zu offenen Revolten der sozialen Unterschichten und auch zu Judenverfolgungen (Vorläufer schon im 11. Jh.). Der Kampf endete meist mit Siegen des Patriziats und weiterer Verschlechterung der sozialen Lage für die Armen. Die Städte als ganzes aber mußten sich gegen die Ver-

suche der Territorialstaaten wehren, die ihren Lebensraum durch Zollschranken und andere Hindernisse immer mehr einengten und manche Stadt ihrer Herrschaft unterwarfen.
In Frankreich und England entstanden starke Zentralgewalten. In Deutschland dagegen waren Könige nur noch stark, wenn sie über eine große Hausmacht verfügten. Damit verschlechterte sich die Stellung des Reiches in der internationalen Politik, besonders, als die religiöse Einheit durch die Reformation verloren ging. Zugleich zog mit dem Vordringen der Türken eine neue Bedrohung Europas herauf, und immer wiederkehrende Seuchen (erstmals die Große Pest 1346/48) entvölkerten ganze Landstriche. In der bildenden Kunst aber war das Spätmittelalter eine ausgesprochene Blütezeit.
Mit den Religionskriegen, der Entdeckung Amerikas und der Erfindung des Buchdrucks veränderten sich dann Weltbild und Wirtschaft Europas so grundlegend, daß wir hier eine neue Epoche beginnen lassen, die ▶ Neuzeit.

Mogul Schon Mitte des 8. Jh.s konnte der Islam im Industal Fuß fassen, und ab 1000 kam es immer wieder zu Vorstößen islamischer Herrscher aus Persien und Afghanistan gegen Indien. Im Mongolensturm 1338/9 unter ▶ Timur gingen ihre Reiche unter, und in Persien und Afganistan entstanden neue Fürstentümer der Mongolen. Der islamisierte mongolische Lokalherrscher **Babur** (gest. 1530) eroberte dann von seiner Hauptstadt Kabul aus das heutige Pakistan und den Norden Indiens. Sein Enkel **Akbar** (1556–1605) eroberte dazu noch 1576 Bengalen, 1577 Kandesch, 1586 Kaschmir und 1595 Belutschistan.
Die Inder bezeichneten ihre fremden Herren gemäß deren Abstammung mit dem persischen Wort *mughul,* Mongolen. Daraus wurde eingedeutscht unser Wort Mogul. Unter **Aurangsib** (1658–1707) erreichte das Reich der Moguln die größte Ausdehnung. Dann geriet es in Konflikt mit englischen und französischen Eroberern. Als sich die Engländer gegen die Franzosen ab 1803 schließlich durchgesetzt hatten, waren die Moguln nur noch Marionetten Großbritanniens. Im Jahr 1856 schafften die Engländer das Amt des Moguls ab, und die englischen Könige und Königinnen nannten sich fortan *Kaiser von Indien.* Das Wort Mogul blieb aber als Titel für kleine indische Lokalfürsten unter englischer Oberhoheit erhalten.
Aus der Zeit der Mogulherrscher stammt die heute noch andauernde erbitterte Feindschaft zwischen Hindus und Moslems, die nach dem Ende der britischen Kolonialherrschaft sofort zum Zerfall der Kolonie in Pakistan und die Indische Union führte. Kulturell war die Mogulzeit die glänzendste Periode des indischen Subkontinents.

Mohammed Ali (1769–1849) **Mehmed Ali**, wie er auch genannt wurde, stammte aus Makedonien und kam als Offizier des Sultans in die damals türkische Provinz Ägypten, die aber in Wirklichkeit von den **Mameluken**, den Nachkommen ehemaliger (meist kaukasischer) Sklaven, beherrscht wurde. Nachdem ihn der Sultan 1805 zum Statthalter ernannt hatte, ließ er bei einem Fest über 400 Mameluken-Anführer ermorden und regierte nun seinerseits weitgehend selbständig in Ägypten. Im Innern suchte er Reformen durchzuführen, nach außen hin seine Macht über den Sudan und Arabien auszudehnen. Anfangs unterstützte er den Sultan noch im Kampf gegen die um ihre Unabhängigkeit kämpfenden Griechen, dann überwarf er sich mit ihm und besetzte Syrien. Die europäischen Großmächte duldeten aber keine Schwächung der Türkei, und Mohammed Ali, der nur von Frankreich unterstützt wurde, mußte nachgeben und sich wieder der türkischen Oberhoheit unterordnen. Dafür erhielt er die Erblichkeit der Statthalterwürde über Ägypten für seine Familie.

Mohenjo Daro Heute nennt man die am Indus im heutigen Pakistan gelegene Ruinenstadt *Tote Stadt.* Sie war zwischen 2500 und 1500 v. Chr. ein Zentrum der mächtigen ▶ Indus-Kultur. Archäologen fanden eine Großstadt, die auf dem Reißbrett geplant zu sein schien. Zu den Errungenschaften der Städtebauer zählten u. a. öffentliche Brunnen und Bäder und ein perfektes Abwässersystem. Die mehrgeschossigen Wohn- und Geschäftshäuser aus Ziegelstein lagen an bis zu 10 Meter breiten Straßen, die im rechten Winkel aufeinander trafen und nach den herrschenden Winden ausgerichtet waren. Die Winde jagten den Unrat und Staub aus der Stadt und hielten die Luft angenehm frisch.

Mongolen Die Völkergruppe der Mongolen siedelte in Zentralasien in den Flußgebieten von Kerulen und Orchon. ▶ Dschingis Chan einigte sie bis 1206 und unterwarf die Nachbarstaaten. Unter seinen Nachfolgern wurden weite Teile Rußlands erobert, wobei die Vorstöße nach Schlesien (Schlacht bei **Liegnitz** 1241) und Ungarn ergebnislos blieben. 1236–41 eroberten sie Iran und Kaukasien endgültig, Kleinasien teilweise. In Etappen wurde China bis 1280 völlig besetzt. Hauptstadt war zunächst Karakorum, dann Peking. Im Westen des Riesenreiches setzte sich der Islam, im Osten der Buddhismus durch. Um 1350 brach die Herrschaft der Mongolen im Iran, 1368 in

Mongolensturm in Rußland 1237/38, russische Miniatur

China zusammen, da die herrschende Schicht zu gering war. Inner- und Vorderasien faßte ▶ Timur ab 1369 in einem neuen Mongolenreich mit der Hauptstadt Samarkand zusammen, das aber bis 1506 wieder zerfiel. Nach 1526 errichtete **Babur** in Indien das Reich der Moguln, dessen Rest bis 1857 bestand.

Monroe-Doktrin Das vom Präsidenten Monroe 1823 formulierte Grundkonzept der US-Außenpolitik bis 1945 richtete sich ursprünglich gegen die Versuche der ▶ Hl. Allianz, das spanische Kolonialreich in Lateinamerika wiederherzustellen. Es enthielt einerseits die Ankündigung, sich nicht in die europäische Politik einzumischen, andererseits wollte man keine neuen Kolonien in Amerika dulden. Während im 19. Jh. das isolationistische Element bestimmend blieb, erhielt die Monroe-Doktrin durch den 1904 verkündeten Zusatz imperialistischen Charakter, da die USA glaubten, die wachsende Verschuldung der lateinamerikanischen Staaten provoziere Interventionen der Gläubigerländer. Um dem vorzubeugen, beanspruchten die USA weitgehende Kontrollfunktionen.

Charles de Montesquieu

Montesquieu, Charles de (1689–1755) Der französische Schriftsteller, Staatstheoretiker und Philosoph gilt neben ▶ John Locke und **Jean-Jacques Rousseau** als wichtigster Vertreter der politischen Aufklärung. Berühmt wurde er durch seine Schrift *Vom Geist der Gesetze* von 1748. Darin wird der Absolutismus und jede undemokratische Staatsform verurteilt, die auf der Furcht der Menschen beruhe. Montesquieu forderte stattdessen die konstitutionelle Monarchie. Jede menschliche Gesellschaft solle nach vernünftigen Grundsätzen aufgebaut und durch Gesetze geordnet sein, die auch der Gesetzgeber einhalten muß. Um die Willkür durch einzelne oder Gruppen zu vermeiden, forderte Montesquieu eine über Lockes Vorstellungen hinausgehende Gewaltenteilung. Die **Legislative** als gesetzgebende und die **Exekutive** als ausführende Gewalt sollten sich gegenseitig kontrollieren. Zusätzlich sollte eine unabhängige richterliche Gewalt, die **Judikative**, bestehen. Montesquieus Gedanken beeinflußten die Französische Revolution und alle Verfassungen, die auf der Idee einer Gewaltenteilung aufbauen.

Moorleichen In dänischen und norddeutschen Mooren wurden bisher fast 700 Leichen aus germanischer Zeit gefunden, die durch Luftabschluß und Moorsäuren weit besser konserviert waren als alle ägyptischen Mumien. Sie sind von einer geradezu beklemmenden Lebendigkeit und erlauben Rückschlüsse auf Aussehen und Kleidung der Menschen von mehr als 2000 Jahren. Ein Teil von ihnen war in Baumsärgen aus Eichenholz im Moor bestattet, andere wahrscheinlich wegen irgendwelcher Vergehen durch Versenken im Moor hingerichtet worden.

Moses Obgleich das Alte Testament das Schicksal des Moses von seiner Geburt bis zum Tode in allen Einzelheiten beschreibt, bleibt er doch als geschichtliche Persönlichkeit schwer faßbar. Nach der Überlieferung führte er die Israeliten aus Ägypten in die Freiheit, leitete sie 40 Jahre bei dem Zug durch die Wüste und vermittelte den Bund mit Gott (Jahwe). Der *Auszug aus Ägypten* wird etwa zwischen 1400 und 1200 v. Chr. angesetzt. Wahrscheinlich gehörte Moses zu den Anführern der Israeliten, ob er allerdings auch als Religionsstifter und Gesetzgeber angesehen werden darf, ist heute umstritten. Die ihm zugeschriebenen *Fünf Bücher Moses* des Alten Testaments sind eine später entstandene Mischung aus historischer Überlieferung, Sage und Gesetzesvorschriften. Durch sie ist Moses zu einer Symbolfigur und religionsgeschichtlichen Gründergestalt geworden.

Mumien (ägypt.: mûmiyâ, pers.: mum = Wachs) Im 4. Jt. v. Chr. begruben die Ägypter Tote ohne Zurichtung, dennoch entstanden in den flachen Sandgräbern am Rande der Wüste Trockenmumien. Im Alten Reich begann der Bau tiefer Gräber, und die Toten verwesten in der Bodenfeuchtigkeit schnell. Um dies zu verhindern – man glaubte in Ägypten an ein Weiterleben nach dem Tode, für das der Körper nötig war – setzte die künstliche Mumifizierung ein. Die Konservierungstechnik (Abschälen der Oberhaut, Trocknen des Körpers in Natronpulver, an der Sonne oder über kleinem Feuer, anschließend Balsamieren) erreichte um 1400 v. Chr. ihren Höhepunkt. Die Ägyptologen schätzen die Zahl der in Ägypten Mumifizierten auf 700 Mio. Neben Menschen wurden auch heilige Tiere mumifiziert. – Auch in anderen Kulturen wurden Leichen mumifziert, z. T. weil man besondere natürliche Voraussetzungen dafür nutzen konnte: Austrocknung im Sand bei den Inkas in Peru, die trockene Luft der Bremer Bleikeller usw.

Münchner Abkommen Nach dem ▶ Anschluß Österreichs im März 1938 beschwor Hitler eine neue Krise herauf, als er – bei Androhung eines deutschen Einmarsches in die ČSR – für die dort lebenden 3,5 Mio. Deutschen das Selbstbestimmungsrecht forderte. Als Prag im Mai 1938 mobilmachte, Hitler seinerseits eine vom britischen Premierminister **Arthur Neville Chamberlain** vorgeschlagene, von Frankreich und der ČSR akzeptierte Ausgleichslösung ablehnte und Prag ein Ultimatum stellte, bat die britische Regierung den italienischen Staatschef Mussolini um Vermittlung. Die Folge war die Münchner Konferenz vom 29./30. 9. 1938, auf der England, Frankreich, Italien und Deutschland die deutscherseits vorgeschlagene Abtretung des Sudetenlandes, die Grenzgebiete Böhmens, und den Einmarsch der Deutschen Wehrmacht in dieses Gebiet – bei Garantie der Existenz des Reststaates – verfügten. Damit schien der Friede Europas gerettet, die ▶ Sudetenfrage im Sinne Hitlers gelöst.

Münzrecht Zu den Hoheitsrechten, aus denen der König, und seit dem 13. Jh. auch die Landesherren, ihre Herrscheraufgaben finanzierten, zählte neben Steuer- und Zollrecht vor allem das Münzrecht. Der sog. **Schlagschatz**, der sich aus dem Unterschied zwischen den Herstellungskosten und dem in der Regel höheren Nennwert der fertigen Münzen ergab, fiel dem Münzherrn zu. Er war um so größer, je unedler und damit billiger das Münzmetall war. Das Edelmetall war damals die einzige Deckung des umlaufenden Geldes. Münzfälschungen waren bis in die Neuzeit weit verbreitet. Karl der Große hatte das königliche Münzrecht straff verwaltet, u. a. durch Einführung des Silberdenars, aber mit dem Zerfall der Königsmacht und dem Aufkommen der Territorien, zersplitterte sich das Münzwesen. In der Neuzeit war der Taler das verbreitetste Silbergeldstück.

Mussolini, Benito (1893–1945) Der einstige Lehrer schloß sich zunächst der Sozialistischen Partei Italiens an, erreichte bald Führungspositionen und setzte sich im 1. Weltkrieg für den Kriegseintritt Italiens auf Seiten der Westmächte ein. 1915/17 war er Soldat, ging dann in die Politik zurück und gründete die Faschistische Partei. Als deren Abgeordneter kam er 1921 ins Parlament. Im Oktober 1922 unternahmen die Faschisten einen Demonstrationszug nach Rom, den **Marsch auf Rom**, die Regierung trat zurück, und Mussolini errichtete eine Diktatur. Außer einem extremen Imperialismus vertrat der Duce keine nennenswerte Weltanschauung. So formte er Partei und Staat zu seinem persönlichen Machtapparat und schloß sich seit 1935 zunehmend

Münchner Konferenz 1938: Chamberlain, Daladier, Hitler, Mussolini, Graf Ciano (v. l. n. r.)

enger an Hitler an. Als die Niederlage der Achsenmächte erkennbar war, setzte der Faschistische Großrat Mussolini ab, und der König ordnete dessen Internierung an. Mussolini wurde von einem deutschen Kommando befreit und errichtete dann in voller Abhängigkeit von Deutschland einen Marionettenstaat, die **Republik von Salò**. Im Mai 1945 versuchte er in die Schweiz zu flüchten und wurde noch vor der Grenze von italienischen Partisanen erschossen. ▶ Faschismus

Mykenische Kultur Von etwa 1570 bis 1150 v. Chr. bestand in Mittelgriechenland und auf dem Peleponnes, der südgriechischen Halbinsel, eine Hochkultur, die von einem kriegerischen Adel getragen wurde. Die indogermanischen Einwanderer unterwarfen die Urbevölkerung und häuften durch Krieg und Seeräuberei ungeheure Reichtümer an, die sie hinter den Mauern mächtiger Burgen bargen. Ihre wichtigsten Zentren waren **Mykenae** und **Tiryns**. Die Mauern der Burgen wurden aus riesigen, kaum bearbeiteten Steinblöcken ohne Mörtel zusammengefügt, und die Zwischenräume mit kleinen Steinen und Tonerde aufgefüllt. Man glaubte daher später, diese Bauten seien das Werk der **Kyklopen**, der Riesen, gewesen. Wenn ein Fürst gestorben war, wurde er mit kostbaren Grabbeigaben beigesetzt, z. T. bedeckte man die Gesichter mit Goldmasken. Eine besondere Rolle spielte die Metallverarbeitung, vor allem kunstfertig verzierte Waffen, aber auch die Keramik. Tontafeln mit der auf Kreta verwendeten Schrift wurden entdeckt, ihre Entzifferung blieb häufig unklar, wahrscheinlich waren es in der Mehrzahl Verwaltungsurkunden. Die Schrifttafeln belegen jedoch die regen Austauschbeziehungen zur ▶ minoischen Kultur Kretas. Durch innere Machtkämpfe und den Ansturm neuer Griechenstämme zerfiel die Mykenische Kultur.

Die Burgen, Schatzhäuser und Gräber vor allem in Mykenae wurden von **Heinrich Schliemann**, der auch Troja entdeckt hatte, 1874–76 ausgegraben. Damit war bewiesen, daß ▶ Homers *Ilias* und die Sage von Agamemnon, dem König von Mykenae, zumindest einen wahren Kern besitzen müssen.

Mysterien (griech.: myein = verschließen) In der griechischen und römischen Antike gab es viele Mysterienreligionen. Mysterium heißt Geheimnis oder Geheimlehre. An Mysterienkulten durften nur Eingeweihte teilnehmen; es gab in der Regel nur wenige Anhänger, die strenger Schweigepflicht unterlagen. Daher ist über diese Lehren wenig bekannt. Die Gläubigen gehörten oft zur Oberschicht, der Einfluß der Mysterienkulte muß deshalb erheblich gewesen sein. Allen Mysterienkulten gemeinsam war die Hoffnung auf ein besseres Leben nach dem Tod, das durch verschiedene Erlösungstaten erreicht werden sollte. Viele Kulte hatten ihren Ursprung im Orient (▶ Mithras) oder in Ägypten (▶ Osiris). In Griechenland waren die **Eleusischen**, die **Orphischen** und die **Samothrakischen** Mysterien am meisten verbreitet.

Die Religion der Drusen im Libanon gehört heute noch zu den Mysterienkulten. In Europa haben diese Kulte vor allem im 18. Jh. ihre Fortsetzung in Geheimbünden gefunden (z. B. **Rosenkreuzer**).

Mystik Religiöse Wahrheit kann auf dem Wege der ▶ Scholastik, das heißt durch rationales Erkennen, oder auf dem Wege der Mystik, durch unmittelbares Erleben, erreicht werden. Mittel dieses direkten Weges zu Gott unter Ausschluß des Verstandes sind Askese und Meditation. Wer mit ihrer Hilfe alle hemmenden Schranken des Denkens und Wollens durchbricht, kann in einer blitzartigen Offenbarung Gott erkennen.
Der Weg der Mystik hat in allen Religionen eine große Rolle gespielt: In China im **Taoismus**, in der Antike der Mittelmeerländer in den Kulten der ▶ Mysterien, bei den Moslems im **Sufismus** und bei den Juden in der mittelalterlichen Geheimlehre der **Kabbala**. Die bedeutendsten Vertreter der mittelalterlichen Mystik im Christentum waren **Bernhard von Clairvaux, Bonaventura, Eckart, Seuse, Tauler**, ▶ Ignatius von Loyola; im 17. Jh. die **Pietisten** auf evangelischer und die **Quietisten** auf katholischer Seite.

N

Nachfolgestaaten bezeichnet die nach dem 1. Weltkrieg auf dem Gebiet der österreichisch-ungarischen Monarchie entstandenen neuen Staaten Österreich, Ungarn, Tschechoslowakei und Jugoslawien. Nach dem militärischen Zusammenbruch der Donaumonarchie im Oktober 1918 trennte sich Ungarn von Österreich, in Prag wurde die Tschechoslowakische Republik ausgerufen, die Südslawen (Serben, Kroaten, Slowenen) gründeten Jugoslawien. Deutsch-Österreich erklärte sich, nach dem Verzicht des Kaisers auf die Regierung, zur Republik und wollte einen Anschluß an das Deutsche Reich, der aber von den Siegermächten untersagt wurde. Die Zerschlagung des Vielvölkerstaates führte dazu, daß jahrhundertealte wirtschaftliche Verflechtungen zerstört wurden und Nationalitätenkonflikte wiederauflebten.
Am stabilsten erwies sich zunächst die Tschechoslowakei unter **Masaryk** und **Beneš**, aber nach 1933 spitzte sich der Nationalitätenstreit mit den Sudetendeutschen zu. Im Münchener Abkommen vom 29. 9. 1938 gaben England und Frankreich dem Druck Hitlers nach und überließen ihm die sudetendeutschen Gebiete. Im März 1939 besetzte Hitler das Restgebiet und gliederte es als **Protektorat Böhmen und Mähren** dem Deutschen Reich an. Daneben entstand der *Schutzstaat* Slowakei. Die 1945 wiedererstandene Tschechoslowakei wurde mit Hilfe der Roten Armee in eine kommunistische Volksdemokratie umgewandelt.
Ungarn erlebte einen blutigen Bürgerkrieg, aus dem der Diktator **Horthy** als Sieger hervorging. Das im 2. Weltkrieg mit Hitler verbündete Land wurde von der Sowjetunion besetzt und ebenfalls in einen kommunistischen Staat umgebildet. Jugoslawien war eine Monarchie, praktisch aber eine Diktatur. Aus dem Widerstand gegen

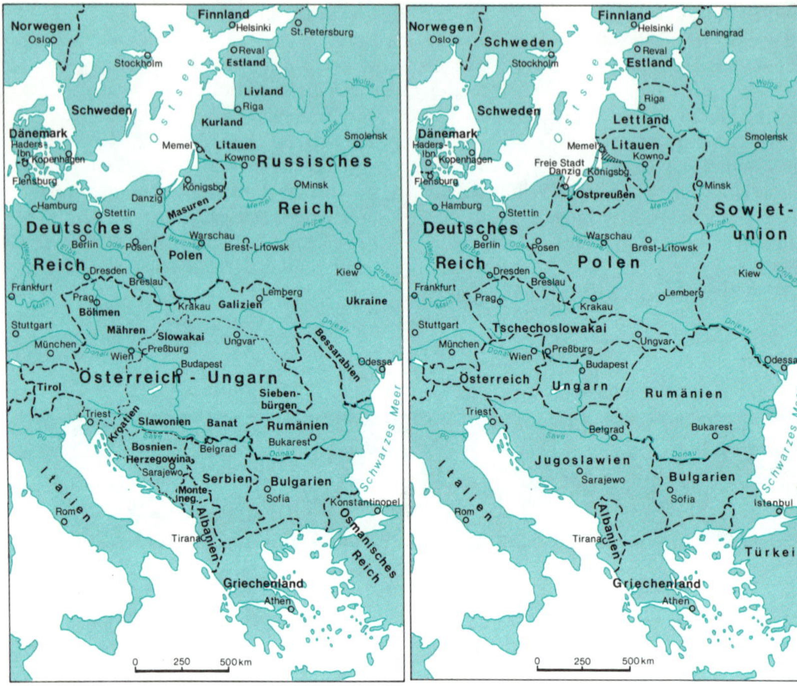

Südost- und Mitteleuropa in den Jahren 1914 und 1919

die deutsche Besatzung entstand nach 1945 das von Tito geführte kommunistische Jugoslawien. Österreich erlebte vor 1938 schwere innenpolitische Krisen, die von Hitler geschickt für seinen ▶ Anschluß an das Reich genutzt wurden. Am 11. 3. 1938 marschierten deutsche Truppen in Österreich ein. 1945 wurde Österreich als Republik wieder unabhängig.

Nahost-Konflikt Die ungelöste Palästinafrage führte am Ende des 2. Weltkrieges zu Kämpfen zwischen Arabern und Juden. Die Vereinten Nationen schlugen deshalb die Teilung des Landes vor, als die Engländer bereit waren, Palästina freizugeben. Die Juden in Palästina akzeptierten den Vorschlag, die Araber lehnten ab. So kam es nach Abzug der Briten 1948 zur Ausrufung des Staates Israel und zum ersten Israelisch-Arabischen Krieg unter Beteiligung Ägyptens und der ebenfalls unabhängig gewordenen Staaten Syrien und Transjordanien. Der Sieg Israels führte zur Vergrößerung des im UN-Teilungsplan vorgeschlagenen israelischen Gebiets. Fast 80 % der dort lebenden Araber, Palästinenser, flüchteten. Transjordanien bekam die West Bank (Westufer des Jordans) und nannte sich fortan Jordanien, Ägypten annektierte den Gasastreifen.

1956 kam es durch Angriff Israels zu einem zweiten Krieg, doch mußte Israel aufgrund internationalen Drucks auf Eroberungen verzichten. In einem dritten von den Arabern ausgelösten Krieg (**Sechstagekrieg** 1967), eroberte Israel die Halbinsel Sinai und die Golanhöhen. Der **Jom-Kippur-Krieg**, 1973 von den Arabern an einem der hohen jüdischen Festtage begonnen, endete unentschieden und führte zum Frieden zwischen Ägypten und Israel, das den Sinai bis April 1982 räumte. Seit 1988 beschränkt die **PLO** als Vertretung der Araber Palästinas ihre Ansprüche im wesentlichen auf die West Bank.

Der Nahost-Konflikt besteht nach Meinung der Araber weiter, da für sie die Palästinafrage ungelöst ist; Verhandlungen mit Israel lehnen sie ab, das die meisten arabischen Länder als Staat nicht anerkennen. Nach dem Golfkrieg 1991 scheinen sich Veränderungen anzubahnen; inzwischen haben Friedensgespräche zwischen Juden und Arabern begonnen. Vgl. auch Karten S. 273.

Napoleon I. Bonaparte (1769–1821) Der Sohn eines Rechtsanwalts wurde auf Korsika geboren. Er besuchte die Militärschulen von Brienne und Paris, die er mit 17 Jahren als Leutnant der Artillerie verließ. 1793 eroberte er im Auftrag des Nationalkonvents (▶ Französische Revolution) das aufständische Toulon und wurde zum Brigadegeneral befördert. 1795 schlug er in Paris einen Aufstand der Königstreuen nieder und bekam den Oberbefehl über die Armee in Italien. Im **Ersten Koalitionskrieg** gegen Österreich zeigte sich zum erstenmal Napoleons militärisches Genie, aber auch sein Ehrgeiz. Nach dem mißglückten Feldzug nach Ägypten (1798) verjagte er durch einen Staatsstreich am 18. Brumaire (9. 11.) 1799 die bürgerlich-gemäßigte Regierung, das Direktorium, und machte sich zum *Ersten Konsul.*

Die wichtigen Errungenschaften der Revolution blieben unter seiner Herrschaft erhalten. So garantierte der **code civil,** das neue Gesetzbuch, die Gleichheit aller Bür-

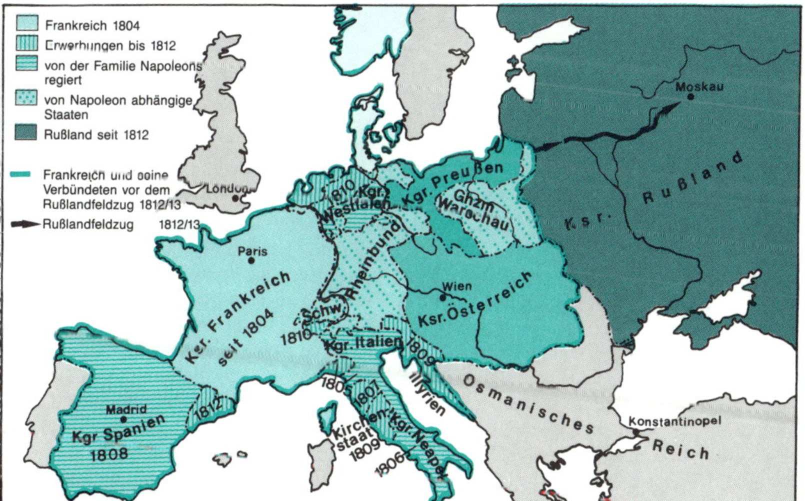

Europa zur Zeit Napoleons I.

ger vor dem Gesetz. Nach dem siegreichen Ende des **Zweiten Koalitionskrieges** (1799–1802) errichtete Napoleon im Jahr 1804 durch einen Volksentscheid das erbliche Kaisertum. Er setzte sich in Anwesenheit des Papstes selbst den Lorbeerkranz, das Zeichen der Kaiserwürde, auf (s. Abb. S. 189). Der **Dritte Koalitionskrieg** (1805) endete noch einmal mit einem militärischen Triumph Frankreichs. Napoleon, der sich jetzt als *Imperator* umjubeln ließ, beherrschte fast ganz Europa und verlieh die Kronen der neugeschaffenen Staaten an Verwandte, verdiente Generäle und von ihm abhängige Fürsten. Mit der berühmten, aus ganz Europa durch Zwang zusammengebrachten ▶ Großen Armee zog er 1812 nach Rußland, mußte aber nach dem Brand Moskaus den Befehl zum Rückzug geben, der mitten im russischen Winter zur Auflösung der Armee führte. Der ▶ Befreiungskrieg der unterdrückten Völker wurde 1813 mit der Niederlage Napoleons bei **Leipzig** (▶ Völkerschlacht) entschieden. Der Kaiser dankte ab, ging nach Elba, landete aber 1815 in Frankreich, um noch einmal für 100 Tage die Herrschaft an sich zu reißen. Nach der Niederlage von **Waterloo** 1815 durch englische, holländische und preußische Truppen mußte er erneut abdanken. Die Engländer brachten ihn auf die Atlantikinsel St. Helena, wo er starb. Erst 1840 wurde seine Leiche nach Paris gebracht; sie ruht heute im Invalidendom.

Napoleon III., Louis Bonaparte

(1808–73) Der Neffe Napoleons I. fühlte sich zum Retter Frankreichs berufen. Seine Zeitgenossen dagegen stempelten ihn als Träumer, Abenteurer und Emporkömmling ab. Nach zwei gescheiterten Staatstreichen nutzte er aber geschickt die Revolution von 1848, um sich zum Präsident der Republik wählen zu lassen. Nach dem Vorbild seines Onkels ließ er sich 1852 durch einen Volksentscheid zum erblichen Kaiser machen und nahm den Namen Napoleon III. an. Er wollte die Franzosen zu Wohlstand und imperialer Größe führen. So besiegte er an der Seite Englands im Krimkrieg (1854–56) Rußland und verschaffte sich damit eine führende Stellung auf dem Kontinent. Mit seiner Hilfe befreite sich Italien von Österreich. Als aber Preußen durch den Sieg über Österreich (1866) zur neuen europäischen Großmacht aufstieg und die französische Wirtschaft in die Krise geriet, sank das Ansehen des Kaisers. Der schlecht vorbereitete und leichtfertig mitverursachte ▶ Deutsch-Französische Krieg von 1870/71 kostete Napoleon III. die Krone (s. auch Abb. S. 81). Er starb im englischen Exil.

Nationalismus

Schon in der italienischen Renaissance (14. Jh.) und im Frankreich der Jeanne d'Arc hatten sich Ansätze eines Nationalbewußtseins gebildet, das heißt die Menschen sahen sich nicht in erster Linie als Untertanen eines Fürsten, sondern als Angehörige eines Volkes mit einer gemeinsamen Kultur (**Kulturnationalismus**). Ein Beispiel für solches Denken aus Deutschland ist **Ulrich von Hutten** (16. Jh.). Er nahm Anstoß daran, daß Franz I. von Frankreich bei der Kaiserwahl als Kandidat gegen Karl V. auftrat. Auch bei Luther entdecken wir ablehnende Äußerungen über *die Welschen,* also die Italiener und deren Vorherrschaft in der römischen Kirche. Das waren aber in Deutschland nur vorübergehende Erscheinungen.

Im 18. Jh. verbreitete sich im deutschen Bürgertum nationales Denken. Es wehrte sich gegen die völlige Überfremdung der Kultur durch Frankreich, die seit dem Dreißigjährigen Krieg bestand. All dies blieb aber im Rahmen des **Patriotismus**, also der Vaterlandsliebe bei gleichzeitiger Achtung anderer Nationen. Es änderte sich in der Französischen Revolution. Sie hatte zwar den Gedanken der Freiheit und des Weltbürgertums auf ihre Fahnen geschrieben

Nationalistische Propaganda auf Postkarten – ein deutsches Beispiel, Ende des 19. Jh.s

vertrat aber in der Praxis ein ausgesprochenes Überlegenheitsgefühl der Franzosen, das sich mit den Siegen der Revolutionsheere und dem Aufstieg Napoleons I. noch steigerte. Die von ihm unterworfenen Völker bekamen es leidvoll zu spüren. Es kann nicht verwundern, daß die Betroffenen darauf mit einer Steigerung des eigenen Nationalbewußtseins bis zum Haß auf den Gegner antworteten. Jetzt verwandelte sich der Patriotismus in Nationalismus. In Deutschland waren es zuerst Bürger und Studenten, die den neuen Trend trugen, der im Laufe des 19. Jh.s immer weitere Kreise in immer mehr Ländern erfaßte. Eine Quelle dieser Entwicklung dürften auch die Umwälzungen der Industriellen Revolution gewesen sein, in denen viele Menschen die alten Bindungen an Fürsten, Kirche, Zunft oder Stand verloren und nach einem neuen Ideal suchten. Sie fanden es im **Nationalstaat**. Das nationalistische Denken der Völker schaukelte sich gegenseitig hoch. Für Deutschland, dem die Einheit lange fehlte, war das ein besonderes Problem.

Der seit der Mitte des 19. Jh.s zur politischen Kraft anwachsende Sozialismus war, wenigstens in der Theorie, gegen den Nationalismus. Zwar gab es stets auch **nationale Sozialisten**, doch die Mehrheit folgte der Parole *Proletarier aller Länder, vereinigt euch.* 1914 zeigte sich jedoch, daß die meisten Sozialisten anders dachten als sie redeten, nämlich nationalistisch. In allen Staaten haben sie bei Ausbruch des 1. Weltkriegs die Politik ihrer Regierungen unterstützt, und so hat auch die SPD im August 1914 im Reichstag die Kriegskredite einstimmig gebilligt.

Im Zeitalter des Imperialismus steigerte sich dann der Nationalismus vielfach zum **Chauvinismus,** das heißt zum Absolutsetzen des eigenen Volkes ohne Rücksicht auf andere. Das äußerte sich in markigen Sätzen wie *Am deutschen Wesen soll die Welt genesen, Right or wrong – my country* oder *Il sacro egoismo d'Italia* (der heilige Egoismus Italiens). Diese Gesinnung war es, die neben anderen Faktoren in den 1. Weltkrieg führte. Dessen furchtbare Folgen haben bei vielen Bürgern und Politikern aber nicht zu einer Neubesinnung, sondern zum totalen Chauvinismus geführt, der dann im nationalsozialistischen Deutschland in Verbindung mit der Rassenlehre in einer Katastrophe endete. Erst nach 1945 begann auf unserem Kontinent das Umdenken und führte zur Europäischen Vereinigung.

NATO (Abkürzung für **North Atlantic Treaty Organization**; deutsch: **Nordatlantikpakt**) Im April 1949 schlossen die USA mit einer Reihe europäischer Staaten und Kanada einen Beistandspakt, dem 1955 auch die Bundesrepublik Deutschland beitrat. Damit sollte ein Gegengewicht zur bedrohlich empfundenen Präsenz der Sowjetunion in Europa geschaffen werden. Für den Fall eines Angriffs auf ein Mitglied des Pakts verpflichten sich die Unterzeichnerstaaten zum gegenseitigen Beistand, wobei es jedem Mitglied freigestellt bleibt, mit welchen Mitteln es diesen leisten will. Bis 1967 galt, daß bei einem Angriff mit *massiver Vergeltung,* also auch einem atomaren Gegenschlag, geantwortet werde; abgelöst wurde dieses Konzept von der *angemessenen Reaktion.* Die NATO ist – im Gegensatz zum Warschauer Pakt – nicht nur ein Militärbündnis, sondern verfolgt auch die Zusammenarbeit ihrer Mitglieder auf politischem, wirtschaftlichem und kulturellem Gebiet. Oberstes politisches Organ ist der *Ständige Rat,* in dem alle Mitglieder unter dem wechselnden Vorsitz eines Generalsekretärs in Brüssel vertreten sind. Der *Militärausschuß* ist oberstes militärisches Organ, in dem die Stabschefs aller beteiligten Länder sitzen.

Navigationsakte Das durch das englische Parlament 1651 beschlossene Gesetz bestimmte, daß alle europäischen Waren, die nach England transportiert wurden, mit englischen Schiffen oder Schiffen des Herstellungslandes befördert werden mußten. Güter aus Asien, Afrika und Amerika durften ausschließlich durch englische Schiffe ins Land gebracht werden. Diese Regelung, die gegen die niederländische Konkurrenz gerichtet war, bildete die Basis für den Aufstieg Englands zur führenden Handelsmacht. Mehrfach ergänzt und erweitert, blieb die Navigationsakte bis 1849 in Kraft.

Neandertaler Im Neandertal zwischen Düsseldorf und Wuppertal wurden 1856 geringe Teile eines Skeletts gefunden. Ein Gymnasiallehrer vermutete in ihnen vorgeschichtliche Überreste, erhielt aber erst nach jahrelangem wissenschaftlichen Streit recht. Heute ist nach dem Fund eine altsteinzeitliche Menschenrasse benannt, die zwischen 300000 und 60000 v. Chr. in Teilen Europas, in Asien und Afrika lebte und von der inzwischen mehr als 130 Fundstellen bekannt sind. Der Neandertaler wird zur Gruppe der Urmenschen gerechnet, die zwischen den älteren Frühmenschenformen (500000–300000) und dem Altmenschen des ▶ Cro Magnon während der letzten beiden Eiszeiten und der dazwischenliegenden Warmzeit als Steinzeitjäger lebte, dann aber ausgestorben ist.

Nero (37–68 n. Chr.) Der römische Kaiser Claudius nahm 50 n. Chr. Claudius Drusus Germanicus Nero an Kindes Statt an. Nero folgte 54 seinem Stiefvater auf den Thron des Römischen Reiches und entwickelte bald Charakterzüge, die vermuten ließen, daß er nicht ganz zurechnungsfähig war. Anfangs wirkte noch der Einfluß seines Lehrers, des Philosophen **Seneca**, mäßigend. Doch dann ließ Nero im Jahr 59 seine Mutter ermorden, 62 ließ er sich von **Octavia**, einer Tochter des Claudius, scheiden, um **Poppäa Sabina** heiraten zu können. Auch Octavia wurde ermordet. 64 ließ er die Stadt Rom niederbrennen, um ein einmaliges Schauspiel zu genießen und es literarisch zu verarbeiten, denn er hielt sich für einen großen Dichter (**Cäsarenwahn**). Die Schuld am Brand Roms gab er den Christen und veranlaßte so die erste große ▶ Christenverfolgung. Er hat zwar den Wiederaufbau der Stadt großzügig gefördert, doch verstärkte sich der Widerstand gegen ihn immer mehr. Schließlich wurde Nero vom Senat geächtet, flüchtete und beging Selbstmord. Mit ihm endete die **julisch-claudische Dynastie**.

Neues Testament Dieser zweite Teil der Bibel stellt nach dem Glauben der Christen in der Person Jesu die Erfüllung der alttestamentlichen Prophetie von einem *Messias* (Friedensbringer) dar. Deshalb stehen das Leben und die Lehre Jesu, sein Tod und seine Auferstehung im Zentrum dieses *Neuen Bundes* (Neues Testament) mit Gott.

Das Neue Testament wurde in griechischer Sprache verfaßt, allerdings ist es durchsetzt mit aramäischen Redewendungen, der Umgangssprache zur Zeit Jesu. Es besteht aus 27 Büchern, die in den Jahren 50 bis 100 n. Chr. verfaßt wurden, also erst ein bis zwei Generationen nach dem Tod Jesu. In den Evangelien wurden Worte Jesu gesammelt und Augenzeugenberichte festge-

halten, um diese späteren Generationen weiterzuvermitteln, da sich die zunächst angenommene baldige Wiederkehr Christi nicht erfüllte. Den Judenchristen wollte man aber auch die Erfüllung des Alten Testaments deutlich machen. Ein Großteil der neutestamentlichen Schriften sind Briefe an Gemeinden, die zu deren Unterweisung im Glauben aber auch zu praktischen Verhaltensregeln beitragen sollten. Da es sich um Briefe verschiedener Autoren an Gemeinden ganz unterschiedlicher Herkunft (Rom, Korinth, Kleinasien u. a.) und mit jeweils anderen Problemen handelt (z. B. Verfolgung, Armut, Streitigkeiten in der Gemeinde) werden unterschiedliche Schwerpunkte der einzelnen Schriften und manche Widersprüche verständlich.
Neben den neutestamentlichen Texten entstanden mit der Zeit viele andere Schriften über die Person Jesu, so daß im Sinne der Einheit der Kirche eine als verbindlich geltende Auswahl getroffen werden mußte. Dieser Prozeß war zu Beginn des 3. Jh.s abgeschlossen und ist für die heutige Gestalt des Neuen Testaments verantwortlich.

Neuzeit Die Unterscheidung in Altertum, Mittelalter und Neuzeit geht auf die italienischen Humanisten des 15. Jh.s zurück. Das Mittelalter, das ihnen als ein rückständiges, finsteres Zeitalter galt, sollte durch eine Wiedergeburt der Antike, eine Renaissance, überwunden werden. Die Welt sollte nicht mehr von Glauben und Kirche, sondern von Wissenschaft, Kunst und Literatur beherrscht werden und nicht Gott allein, sondern auch den Menschen dienen. Der Begriff Neuzeit wurde aber erst im 19. Jh. allgemein verbreitet. Man betrachtete einzelne Ereignisse als bestimmend: u. a. die Eroberung Konstantinopels durch die Türken im Jahr 1453, mit der das Reich von Byzanz unterging, während der Aufstieg Rußlands als Schutzmacht der orthodoxen Christen des Ostens und die Suche nach dem Seeweg nach Indien begannen. Die Landwege waren nun durch die Türken versperrt. 1492 entdeckte Christoph Kolumbus bei dem Versuch, auf dem Westwege über den Atlantik Indien zu erreichen, einen neuen Kontinent, Amerika.
Im Jahr 1517 veröffentlichte Martin Luther in Wittenberg seine 95 Thesen über den Ablaß und begründete, ohne eine Kirchenspaltung zu beabsichtigen, die Reformation. Hiermit endete die Einheit des Glaubens.
Dem gelehrten Streit um die Bedeutung einzelner Ereignisse entzieht sich, wer die neue Zeitepoche zwischen 1450 und 1500 beginnen läßt. Damit ist gesagt, daß sich die Grundzüge des neuen Zeitalters in einer Vielzahl von Wandlungen ankündigte, auch solchen im sozialen Gefüge, wie z. B. dem städtischen Bürgertum und dem frühen Kapitalismus, also einer nach Gewinn und Macht strebenden Wirtschaftsweise, wie sie u. a. die ▶ Fugger in Augsburg oder die ▶ Medici in Florenz repräsentierten. Die Veränderung des Weltbildes ist greifbar in den Erfindungen und Entdeckungen dieser Zeit, vor allem aber in dem wissenschaftlichen Denken, das Humanismus und Renaissance hervorbrachten. Alles bisher Geglaubte wurde nun mit den kritischen Maßstäben der Vernunft überprüft. So veröffentlichte Nikolaus Kopernikus 1543 seine Entdeckung, daß sich die Erde um die Sonne dreht.
Eine der folgenreichsten Erfindungen war ohne Zweifel der Buchdruck mit beweglichen Lettern (um 1450), denn nun konnten Informationen massenhaft und schnell

verbreitet werden, ein weiteres Merkmal der neuen Epoche. Das europäische Staatenleben, wie wir es in verwandelter Form bis heute kennen, war damals bereits im Werden. Dies galt vor allem für die frühen Nationalstaaten England und Frankreich, in denen sich – anders als im territorial zersplitterten, von ausländischen Mächten mitregierten Deutschland – die Zentralgewalt immer stärker durchsetzen konnte. Auch Spanien war damals bereits ein Nationalstaat, während Italien und Deutschland erst in der 2. Hälfte des 19. Jh.s als *verspätete Nationen* zu nationaler Einheit finden konnten.

Das Zeitalter der Neuzeit läßt sich weiter untergliedern in **Frühe Neuzeit** (1450–1650), die **Jüngere Neuzeit** (1650–1789) und eine **Neueste Zeit** (1789 bis zur Gegenwart). Dabei markieren zwei große Ereignisse die Wendepunkte. Der Westfälische Frieden von 1648, der den ▶ Dreißigjährigen Krieg beendete, legte die Reichsverfassung fest, so wie sie fast unverändert bis zum Ende des Heiligen Römischen Reiches Deutscher Nation im Jahr 1806 bestand. Danach waren die Reichsfürsten und anderen Reichsstände faktisch souverän, z. B. durften sie selbständig mit ausländischen Mächten Verträge schließen. Die Rechte des Kaisers waren weitgehend eingeschränkt. Deutschland besaß als Staatenbund aus fast 400 Einzelstaaten in Europa keine Macht. Gleichzeitig wurde der konfessionelle Gegensatz, wie er sich in den Glaubenskriegen gezeigt hatte, durch ein geregeltes Nebeneinander der protestantischen und katholischen Fürsten abgelöst.

Eine auch im Bewußtsein der Zeitgenossen tiefgreifende Zäsur war die ▶ Französische Revolution von 1789, mit der die veraltete Feudalordnung und der Absolutismus zusammenbrachen. Die französische Nationalversammlung beseitigte alle Standesrechte des Adels und verkündete die Menschen- und Bürgerrechte. Freiheit und Gleichheit der Bürger vor dem Gesetz, die Beteiligung des Volkes an der Regierung, der Verfassungsgedanke und die Gewaltenteilung waren die großen Ideale der aufgeklärten Staatslehre, die bereits in der Unabhängigkeitserklärung der USA von 1776 zum Ausdruck kamen. Die wichtigen Errungenschaften der Französischen Revolution wurden zum Vorbild des liberalen Verfassungsstaates, der sich im 19. Jh. auch in Deutschland mit vielen Rückschlägen durchsetzen konnte. Freiheit und Gleichheit auch für die während der Industriellen Revolution entstandenen Arbeitermassen zu erkämpfen, war das Ziel der Arbeiterbewegung, die sich gewissermaßen als Erbe der Französischen Revolution sah.

Ein Jahr, das ebenfalls einen großen Einschnitt markiert, ist das Kriegsjahr 1917. Die russische Oktoberrevolution unter Lenin begründete die Diktatur der Kommunistischen Partei in der kurz darauf gebildeten Union der Sozialistischen Sowjetrepubliken (UdSSR). Nach dem Willen Lenins sollte damit ein Zeichen zur Weltrevolution gesetzt werden. Im gleichen Jahr traten die USA auf seiten der Alliierten in den europäischen Krieg ein, der sich nun zum 1. Weltkrieg ausweitete. Die USA verkündigten das Kriegsziel, in den gegnerischen Staaten der Demokratie zum Sieg zu verhelfen; sie wandten sich aber auch gegen die Bolschewiki. Damit begann der ideologische Wettstreit zwischen Ost und West, Kommunismus und freier Welt des Westens, der das Weltgeschehen bis in unser Jahrzehnt beherrscht, auch wenn sich im Zeichen von Entspannung und Abrüstung die Gegensätze zwischen den Super-

„Die Freiheit führt das Volk auf die Barrikaden", Gemälde von Eugène Delacroix

mächten abzubauen bzw. durch die Auflösung der Sowjetunion an Bedeutung zu verlieren scheinen. In der Geschichtsschreibung wird also mit einigen Gründen dieses Jahr 1917 besonders betont.

Denjenigen Abschnitt der Geschichte, der von den noch lebenden Menschen miterlebt und mitgestaltet wird, wird häufig auch **Zeitgeschichte** genannt. Er läßt sich naturgemäß nur schwierig definieren, denn es kommt ganz darauf an, aus welcher Sicht man Zeitgeschichte festlegt. Aus der Sicht der deutschen Nachkriegsgeneration beginnt die Zeitgeschichte z. B. mit dem Ende des 2. Weltkriegs oder treffender mit der Entstehung der beiden deutschen Staaten im Jahr 1949. In England, Frankreich usw. werden andere markante Einschnitte der eigenen Geschichte gewählt. Ein junger Mensch von heute, nach der Geschichte seiner Zeit befragt, wird allenfalls die 80er Jahre dafür gelten lassen. Was für den einen Vergangenheit ist, wird vom anderen als noch ganz lebendige Gegenwart betrachtet.

New Deal So bezeichnete Präsident Roosevelt sein Aktionsprogramm von 1932 zur Bewältigung der ▶ Weltwirtschaftskrise von 1929 in den USA. Ein freiwilliger Arbeitsdienst, öffentliche Aufträge und staatliche Zuschüsse sollten die Arbeitslosigkeit senken, soziale Reformen und Schutzbestimmungen für Arbeitnehmer die Lage der Menschen in Landwirtschaft und Industrie verbessern, die Überproduktion der Wirtschaft sollte gedrosselt und die zu großen Anbauflächen der Landwirtschaft verringert werden. Um das Vertrauen in die Banken wiederherzustellen, mußten diese bei ihren Geschäften staatliche Auflagen beachten. Die Stellung der Gewerkschaften wurde per Gesetz gestärkt, ein modernes Sozialversicherungssystem eingeführt. Die Reformpolitik wurde zwar als Bevormundung kritisiert, setzte sich aber durch, stärkte das Selbstvertrauen der USA und trug zur Überwindung der Krise bei.

Nibelungenlied Um 1200 schrieb ein unbekannter süddeutscher Dichter das Nibelungenlied auf. Der erste Teil dieser breit angelegten Dichtung erzählt die alte, aus der ▶ Völkerwanderungszeit stammende Heldensage von Siegfried, seinem Kampf gegen den Drachen, seine Werbung um Kriemhild und seine Ermordung. Der zweite Teil berichtet vom Untergang der Burgundenkönige am Hofe des Hunnenkönigs Etzel. Dieser Teil fußt auf geschichtlichen Tatsachen, der Vernichtung des Burgundenreiches am Rhein durch die Hunnen 436/37. Der Dichter hat die Ereignisse in seine Zeit versetzt und gibt ein Bild ritterlichen Lebens und vor allem auch Denkens und Fühlens.

Niederländischer Aufstand Als Kaiser ▶ Karl V. seinem Sohn *Philipp II.* 1556 die Herrschaft in Spanien und den Spanischen Niederlanden übertrug, standen Kultur und Wirtschaft der Niederlande, das Teil des Reiches war, in hoher Blüte; Antwerpen war Mittelpunkt des Welthandels. Das Luthertum war über Antwerpen, der Kalvinismus über die wallonischen Textilstädte ins Land gekommen, doch blieb das Land überwiegend beim alten Glauben. Zum Aufstand und zum späteren Abfall der reichen Provinzen kam es, weil die Besteuerung zugunsten Spaniens ständig zunahm, die verbrieften Freiheiten der ständischen **Generalstaaten**, in denen die Abgeordneten der einzelnen Provinzen saßen, beschnitten wurden. Außerdem war geplant, durch neue Bistümer und die ▶ Inquisition den Katholizismus überall wieder herzustellen. Die hohen finanziellen Belastungen und die beginnende religiöse Verfolgung führten zu Unruhen gegen die Statthalterin **Margarete von Parma**, eine Tochter Karls V., und ihren Minister **Granvelle**. Bei der Überreichung einer Bittschrift wurde der niederländische Adel als **Geusen** (Bettler) verhöhnt, ein friedlicher Ausgleich wurde unmöglich. Die religiöse Unterdrückung entlud sich in **Bilderstürmen**, da nach calvinistischer Auffassung Heiligenbilder Götzenverehrung darstellen.

Der von Philipp als Gesamtstatthalter entsandte Herzog **Alba** versuchte, die Ruhe wiederherzustellen, es kam ab 1567 zu zahlreichen Hinrichtungen u. a. der Grafen **Egmond** und **Hoorn**. Seine blutige Willkürherrschaft entfesselte den Aufstand, ihn leitete seit 1572 **Wilhelm von Nassau-Oranien**, der 1584 ermordet wurde. Die Spanier konnten zwar nicht in offener Feldschlacht besiegt werden, Alba gelang es aber auch nicht, die Überfälle der **Wassergeusen** aus unwegsamem Gelände heraus auf spanische Transporte und Stützpunkte zu unterbinden. 1578 wurde Alba durch den politisch geschickteren **Alexander Farnese** ersetzt, der die Einheitsfront gegen Spanien aufsprengen konnte. Die katholischen Südprovinzen setzten sich von den religiös unduldsamen Geusen ab, schlossen sich 1579 in der **Union von Arras** zusammen und bekamen einige Freiheiten zugesagt. Diesem Staatenverband unter spanischer Hoheit entspricht das heutige **Belgien**. Die sieben nördlichen Provinzen schlossen sich in der **Union von Utrecht** zusammen, sagten sich 1581 von Habsburg los und bildeten die Republik der **Vereinigten**

Niederlande; Generalstaaten wurde der Name für das niederländische Parlament. Nach langwierigen und verlustreichen Kämpfen gegen die Spanier (1585 wird Antwerpen von den Spaniern erobert), bei denen die Niederlande von England unterstützt wurden, mußte Spanien im **Haager Frieden** von 1648 die Unabhängigkeit der Republik anerkennen.

Norddeutscher Bund

Im Deutschen Krieg von 1866 zwischen Preußen und Österreich ging der auf dem ▶ Wiener Kongreß geschaffene Deutsche Bund unter. An seiner Stelle schuf Bismarck einen neuen Bundesstaat aus Preußen, 17 Kleinstaaten nördlich der Mainlinie und vier Freien Städten. Über den Deutschen Zollverein hatte dieser Norddeutsche Bund eine lose Verbindung mit den süddeutschen Staaten. Der König von Preußen führte den Bund; er hatte den Oberbefehl über das Bundesheer und leitete die Außenpolitik. Der Bundeskanzler als einziger Minister wurde von ihm ernannt. Die Gesetzgebung lag beim Bundesrat als der Vertretung der Mitgliedsstaaten und beim Reichstag, der keine sehr weitreichenden Rechte besaß. Der Norddeutsche Bund bestand nur vier Jahre, denn schon im November 1870 wurde er zum ▶ Deutschen Reich erweitert.

Nordirland-Konflikt

Die Wurzeln des Konflikts reichen weit in die Geschichte der Insel zurück. Das Christentum kam bereits um die Mitte des 4. Jh.s nach Irland und entfaltete in den Klöstern eine reiche kulturelle Blüte, bis seit der Mitte des 9. Jh.s die skandinavischen Wikinger die Küsten heimsuchten und Niederlassungen gründeten. König **Brian von Munster** (976–1014) konnte zwar die Insel befreien, aber ihm gelang die Einigung des zerstrittenen Adels nicht. Die inneren Auseinandersetzung führten dazu, daß **Heinrich II.** von England 1171 um Hilfe gerufen wurde. Die Engländer eroberten die Insel, zerschlugen jeden Widerstand, setzten eigene Vasallen ein und unterstellten das Land der direkten Kontrolle des englischen Königs. Die folgenden Jahrhunderte waren geprägt durch eine konsequente Macht- und Religionspolitik Englands, gegen die es immer wieder Aufstände gab, die auch immer wieder blutig niedergeschlagen wurden. Einziehung der Kirchengüter, Ansiedlung schottischer und englischer Protestanten, wirtschaftliche Knebelungen, politische Entrechtung der irischen Katholiken, Übernahme des größten Teils des Grundbesitzes durch Briten markierten die englische Politik.

1919 wurde die Unabhängigkeit der **Republik Irland** ausgerufen, der zweijährige Krieg mit England wurde vor allem von der **IRA** (Irish Republic Army) getragen. Am Ende der Auseinandersetzung wurde die vorwiegend von Protestanten bewohnte Nordprovinz Ulster als Freistaat von der Republik Irland abgetrennt. Im Rahmen einer Union mit England erhielt Nordirland Autonomie mit eigenem Parlament und eigener Regierung. Die Eingliederung in die Republik wurde jedoch von der katholischen Bevölkerung Nordirlands und der Republik weiterhin als Forderung aufrecht erhalten, nicht jedoch von den an England orientierten Protestanten. Soziale und religiöse Spannungen zwischen der Mehrheit der Protestanten und der katholischen Minderheit führten seit 1969 zu bürgerkriegsähnlichen Zuständen in Nordirland. Nach dem *Blutsonntag von Londonderry* am 30. 1. 1972, in dem britische Truppen katholischen Protest blutig niederschlugen, ist Nordirland wieder direkt der englischen Regierung unterstellt. Der Konflikt schwelt auch deshalb immer noch weiter, weil auf beiden Seiten die Radikalen sich nicht auf einen Kompromiß verständigen wollen. So griff besonders die IRA immer mehr zu terroristischen Mitteln gegen die verhaßten Engländer; auf protestantischer Seite sind die Radikalen in der **UDA** (Ulster Denfense Association) organisiert. Auch die 1976 von protestantischen und katholischen Frauen organisierten Friedensdemonstrationen haben den Konflikt nicht gelöst.

Nordischer Krieg Die Reformpolitik in Rußland durch Zar ▶ Peter den Großen um 1700 zielte auf eine Europäisierung und Öffnung des Landes nach Westen. Nach einem gescheiterten Vorstoß zum Schwarzen Meer entschied sich der Zar, die schwedische Vormacht im Ostseeraum zu beseitigen, um die russischen Interessen gegenüber Europa durchzusetzen. Er verbündete sich daher u. a. mit Polen und Dänemark. Der schwedische König **Karl XII.** (R. 1697–1718) konnte in den langen Auseinandersetzungen von 1700–21 die Heere nacheinander besiegen, gab aber dem Zaren Gelegenheit, seine Truppen in Ruhe neu aufzubauen. Peter und seine Verbündeten erzielten daraufhin Gebietsgewinne, wichen aber einer Entscheidungsschlacht aus. Karl XII. ließ sich schließlich dazu verleiten, bis weit in die Ukraine zu marschieren, wo sein entkräftetes Heer 1709 bei **Poltawa** vernichtend geschlagen wurde. Damit war der Krieg praktisch entschieden, obwohl Karl noch 1718 vergeblich eine Wende herbeiführen wollte.
In den Friedensschlüssen von **Stockholm** 1720 und **Nystad** 1721 verlor Schweden seine Vormachtstellung im Ostseeraum, an der deutschen Küste wurden ihm nur noch Teile Vorpommerns, die Insel Rügen und die Stadt Wismar zugestanden. Alle weiteren Besitzungen in diesem Bereich fielen an Preußen und Hannover, die Verbündeten des Zaren. Rußland selbst konnte sich große Teile des Baltikums einverleiben. Damit hatte der Zar nicht nur erhebliche Gebietsgewinne gemacht und einen Zugang nach Westen erhalten, sondern die außenpolitischen Erfolge hatten außerdem auch das russische Reich in den Rang einer europäischen Großmacht erhoben. Schweden dagegen, das seit dem Dreißigjährigen Krieg in Mitteleuropa die politischen Verhältnisse mitbestimmt hatte, war für lange Zeit als Machtfaktor ausgeschaltet.

Normannen Seit dem 8. Jh. überfielen immer wieder ▶ Wikinger von Skandinavien aus die Küsten Europas. 911 wurde ein Teil von ihnen, der sich Normannen nannte, als Vasallen des Königs von Frankreich in der nach ihnen benannten Normandie ansässig. Unter ▶ Wilhelm dem Eroberer unterwarfen sie 1066 nach der Schlacht bei **Hastings** England. Normannische Söldner eroberten im 11. Jh. unter **Robert Guiscard** den Restbesitz des Byzantinischen Reiches und die Fürstentümer der Langobarden in Süditalien. **Roger I.**, Bruder Robert Guiscards, vertrieb die Moslems aus Sizilien und Unteritalien, und sein Sohn, **Roger II.**, vereinte allen normannischen Besitz in Italien zum Königreich Sizilien. **Konstanze**, Tochter Roger II., heiratete Heinrich VI., der sich 1194 zum König von Sizilien krönen ließ, und dessen Sohn, ▶ Friedrich II. von Hohenstaufen, erbte dann neben dem Besitz der Staufer im Reich auch das Königreich Sizilien.

Notstandsgesetze 1968 stimmte eine Mehrheit des deutschen Bundestages für die Verabschiedung der Notstandsgesetze, die das ▶ Grundgesetz ergänzten und Rechte der Alliierten für den Krisenfall ablösten. Im Verteidigungsfall, bei drohender Gefahr für die demokratische Ordnung des Staates sowie bei Naturkatastrophen und besonders schweren Unglücksfällen sollen sie die Grundlage bilden, um die notwendigen Maßnahmen zu ergreifen. Aus Protest gegen die nun mögliche Einschränkung von Grundrechten und die zunehmende Machtfülle des Staa-

Soldaten des Arbeiter- und Soldatenrates am Brandenburger Tor in Berlin

tes im Krisenfall, kam es zu erregten Debatten und großen Demonstrationen, vor allem von kritischen Studenten und Gewerkschaftern.

Novemberrevolution Trotz der unter alliiertem Druck im Oktober 1918 erfolgten Demokratisierung führten Kriegsmüdigkeit und Mangel Anfang November zur raschen Ausbreitung einer Revolte der Kieler Marinesoldaten auf ganz Deutschland. Massenproteste erzwangen die Abdankung der Fürsten und den Übergang der Regierungsgewalt auf den von SPD und USPD gebildeten **Rat der Volksbeauftragten** am 9. 11. Dieser stützte sich auf die spontan gebildeten **Arbeiter- und Soldatenräte**, akzeptierte aber auf Initiative des Sozialdemokraten **Friedrich Ebert** auch die Mitarbeit konservativer Offiziere, da der linksradikale **Spartakusbund** und Teile der USPD die gewaltsame Errichtung einer **Räterepublik**, eines extrem basisdemokratischen Systems ohne Gewaltenteilung mit sozialistischer Wirtschaftsordnung, betrieben. Da die für den 19. 1. 1919 geplante Wahl einer Nationalversammlung diesem Konzept die Grundlage entzogen hätte, löste der Spartakusbund am 5. 1. in Berlin einen Aufstand aus, der aber durch ▶ Freikorps rasch niedergeschlagen wurde. Die Führer **Karl Liebknecht** und ▶ Rosa Luxemburg wurden dabei ermordet.

O

Obelisk Der griechische Stamm des Wortes meint einen *Bratspieß* und im übertragenen Sinn eine hohe, aus einem Stück gehauene *Steinnadel* mit quadratischem Querschnitt, deren Spitze Pyramidenform hat. Auf ihr sollte sich der ägyptische Sonnengott **Re** im Tempel niederlassen. Die größten Obelisken stammen aus dem Neuen Reich um 1580–700 v. Chr. Ob sie riesige Fortsetzungen der kleinen pyramidenförmigen Sonnenthrone aus den Tempeln von Abusir des Alten Reiches um 2650–2100 v. Chr. sind, ist strittig. Kleine Obelisken kennen wir auch aus anderen antiken Kulturen des Nahen Ostens. Einige der Riesenexemplare wurden aus Ägypten nach Europa gebracht. Der größte bekannte Obelisk steht vor dem Lateranpalast in Rom, er ist 30,7 m hoch. Deutschland hat in München nur ein kleineres Exemplar.

Oder-Neiße-Linie Eine Folge des 2. Weltkriegs war die Neugestaltung der Grenzen Polens. Während die UdSSR das 1921 an Polen abgetretene Land zurückerhielt, entschädigte man Polen mit dem Großteil der deutschen Gebiete östlich der Oder und der westlichen Neiße. Diese Westverschiebung eines großen Staates ging mit der Vertreibung und Umsiedlung von Millionen Menschen parallel. Obwohl die Westmächte während der Konferenzen von **Jalta** und **Potsdam** 1945 dem im Prinzip zugestimmt hatten, blieb die Oder-Neiße-Linie bis zum **Warschauer Vertrag** vom 7. 12. 1970 zwischen Bonn und Polen umstritten. Eine endgültige Regelung sollte einem Friedensvertrag vorbehalten bleiben; das seit Oktober 1990 vereinigte Deutschland hat nach heftigen Diskussionen und Protesten der Vertriebenenverbände, Polen die Unantastbarkeit der Grenzen zugesichert. – Die DDR hatte 1950 die Oder-Neiße-Linie anerkannt.

Odysseus Der König von Ithaka war einer der Anführer der Griechen im sagenhaften Krieg um Troja. Er ist das Urbild des listigen Helden, der allen Gefahren entkommt. Odysseus war es, auf dessen Rat die Griechen Troja mit Hilfe des hölzernen Pferdes erobern konnten. Auf dem Rückweg in die Heimat verschlugen ihn widrige Umstände immer wieder in fremde Gegenden, in denen er schwierige Abenteuer zu bestehen hatte. Er mußte den Sirenen entkommen, die die Seefahrer mit ihren Gesängen ins Verderben lockten, den Zyklopen besiegen, der ihn fressen wollte. Während er gegen vielerlei Gefahren kämpfte verlor er einen Gefährten nach dem anderen, und erst nach zehn Jahren fand er nach Hause zurück, wo seine Frau Penelope auf ihn wartete. Homer hat diese Erlebnisse in der *Odyssee* geschildert und zugleich ein Abbild des frühen Griechenland und seiner Geisteswelt geschaffen.

Olympische Spiele Im Westen der südgriechischen Halbinsel Peloponnes, in der Landschaft Elis, liegt eine alte Kultstätte des Zeus, Olympia, die sich bis in die Zeit der ▶ Mykenischen Kultur zurückverfolgen läßt. Vor den Olympischen Spielen, die zu Ehren von Zeus stattfanden, wurden bereits im 2. Jt. v. Chr. von den Achäern unter dem Einfluß Kretas Leichenspiele zu Ehren des Pelops veranstaltet. Den Kult des Zeus hatten zu Beginn des 1. Jt.s neu eingewanderte Griechen mitgebracht, der sportliche Wettkampf galt als kultische Handlung. Die Spiele fanden alle vier Jahre statt, nach ihnen richtete sich die griechische Zeitrechnung. Den Zeitraum zwischen den Spielen nannte man **Olympiade**, doch schon in der Antike verwendete man diese Bezeichnung auch für die Spiele selbst, während denen Landfrieden herrschte. Die olympischen Spiele waren ein einigendes Band, das die Griechen des gesamten Mittelmeer- und Schwarzmeerraumes zusammenhielt. Vor und nach den Spielen fanden zu Ehren der Zeusgattin **Hera** die **Heräen** statt – Laufwettbewerbe für Mädchen.
An den Spielen des Zeus durften weder Unfreie noch Frauen aktiv oder als Zuschauer teilnehmen. Anfangs fand nur ein Wettlauf über 192 Meter an einem bestimmten Tag statt, später dauerten die Spiele bis zu fünf Tagen mit maximal 18 Wettbewerben (Lauf-, Wurf- und Sprungwettkämpfe, Faustkampf, Ringen, Wagenrennen und Mehrkämpfe). Für die Jahre 776 v. Chr. bis 221/22 n. Chr. kennen wir die Namen der Sieger. Sie erhielten als Preis einen Kranz aus Zweigen des heiligen Ölbaums beim Zeustempel und später noch einen Palmzweig, außerdem von ihrer Heimatstadt Steuerfreiheit, Geschenke, Statuen und auch andere Auszeichnungen. Im Hellenismus verkamen die Spiele zur Propagandaschau rivalisierender Herrscher, und 394 n. Chr. verbot Kaiser **Theodosius** sie schließlich aus religiösen Gründen. –

Weitspringer mit Sprunggewichten in den Händen und mit seinem Trainer, Vase aus dem 5. Jh. v. Chr.

Baron **de Coubertin** veranstaltete 1896 in Athen die ersten Olympischen Spiele der Neuzeit. Winterspiele gibt es seit 1924.

Opiumkrieg Die englische Ost-Indien-Handelskompanie entdeckte ab dem 17. Jh. China als Absatzmarkt für ihre Waren. Sie verkaufte Zinn, Blei und Wollstoffe und führte im Gegengeschäft Tee, Seide und Porzellan aus. Unbekümmert um strenge kaiserliche Verbote, führten die Engländer auch Opium ein. Der Mißbrauch des aus der Frucht des Schlafmohns gewonnenen Arzneimittels, das als Rauschmittel geraucht, gegessen, in Wasser gelöst und injiziert wird, führt zu Appetitlosigkeit und Abmagerung bis hin zur völligen körperlichen Entkräftigung. 1839 griff die chinesische Regierung zu Gegenmaßnahmen und ließ in Kanton 20000 Kisten Opium vernichten. Daraufhin beschossen britische Kriegsschiffe die chinesischen Hafenstädte und erzwangen im **Vertrag von Nanking** von 1842 die Öffnung Chinas für den europäischen Handel sowie die Abtretung von Hongkong. Aufgrund weiterer „ungleicher Verträge", mit militärischem Druck erpreßt, wurde das Kaiserreich faktisch zur Kolonie der europäischen Mächte. Die Chinesen reagierten auf diese tiefe Demütigung mit einem Fremdenhaß, der sich auch im ▶ Boxeraufstand 1900 entlud.

Oppidum (lat.: befestigter Ort) Damit bezeichneten die Römer allgemein Städte oder stadtähnliche Siedlungen, vor allem aber die Städte der ▶ Kelten, die Caesar in seinem *Gallischen Krieg* beschreibt. Diese entstanden seit dem 2. Jh. v. Chr. auf schwer zugänglichem Gelände, oft auf Höhen und in der Nähe der Fürstensitze, häufig am Schnittpunkt wichtiger Verkehrswege. Ihre mächtigen Wehranlagen boten der auf dem offenen Land lebenden Bevölkerung Schutz und Zuflucht. Sie waren aber zugleich Kultstätte, Versammlungsort und Marktplatz.

Viele Erkenntnisse über das Leben hinter den Mauern dieser ältesten Städte nördlich der Alpen verdanken wir den Ausgrabungen, die seit 1955 im Oppidum *Manching*, einem Vorort von Ingolstadt, durchgeführt werden. Es war die Hauptstadt des keltischen Stammes der **Vindeliker**. Der über 4 Meter hohe und an der Basis über 20 Meter breite Ringwall umschloß ein Gelände von 2 bis 2,3 km Durchmesser. Allerdings war nur ein Teil der Anlage besiedelt. Hier fand man Reste von Holzhäusern, größerer Höfe reicher Bürger, einfacher Hütten, Werkstätten und großer Vorratslager. Tongeschirr, eiserne Waffen und Werkzeuge, Schmuck und Glas wurden bereits als Massenware hergestellt und in weit entfernte Gebiete exportiert.

Die Kelten kannten schon Geldwirtschaft, man fand Goldmünzen und die Tonformen, in denen sie ausgeschmolzen wurden. Viele weitere Funde zeigen, daß eine reiche Handelskultur aufblühte, die Menschen aus vielen Völkern anzog.

Die römischen Eroberer gründeten später – manchmal am Platz keltischer Siedlungen – eigene Städte, so daß die frühen Städte der Kelten in Vergessenheit gerieten. Die keltischen Namen leben aber noch in einer Reihe von Ortsnamen fort, z. B. Paris und Bonn.

Orakel (lat.: orare = reden) Die Griechen, die zunächst glaubten, daß alle Götter über die Zukunft Bescheid wüßten, aber dann ▶ Zeus und **Apoll** bevorzugten, hörten in Dodona aus dem Rauschen heiliger Eichen oder aus den Tönen von Becken den Willen des Zeus heraus oder deuteten aus der Opferflamme in Olympia die Zukunft. In Epidauros wies der Gott **Asklepios** den Kranken durch Träume den Weg zur Heilung. Die berühmteste Orakelstätte der Griechen war der Tempel des Apoll in ▶ Delphi.

Die Römer erkundeten den Willen der Götter und damit ihre Zukunft durch Los oder Befragung der **Sibyllinischen Bücher**, eine Sammlung von Kultvorschriften und Weissagungen; **Sibylle** bedeutet im Altertum weissagende Frau. Beobachtungen des Vogelflugs (▶ Auspizien) oder der Eingeweide von Opfertieren wurden ebenfalls zur Voraussage genutzt.

Ordenswesen Orden sind eine in der Geschichte aller großen Religionen weit verbreitete Form eines rein religiösen Lebens. Männer oder seltener Frauen entscheiden sich für eine besitz- und ehelose Lebensweise, um der restlosen Hingabe an Gott und der Loslösung von der Welt Ausdruck zu verleihen.

Das Mönchtum im Buddhismus: Das Lebensideal des Mönchtums begegnet uns bereits im ganz frühen **Hinduismus** in Indien. Der Hausvater zog sich im Alter aus seiner Familie in den Wald zurück, um dort als Einsiedler, Bettler oder Wanderer in völliger Einsamkeit zu leben. Der Mönch nahm diesen Schritt gewissermaßen vorweg, indem er sich schon in jüngeren Jahren vom weltlichen Leben zurückzog. Im **Buddhismus** kann nur der Mönch (der Sangha) die unmittelbare Erlösung erlangen. Klöster prägen Landschaft und Kultur weiter Teile Asiens, z. B. in Tibet, wo die buddhistische Sonderform des **Lamaismus** den Orden der *gelben Kirche* hervorbrachte (die Anhänger tragen gelbe Mützen). Die Macht Tibets lag jahrhundertelang in den Händen der Mönche. Auch der **Taoismus** in China und der **Zen-Buddhismus** in Japan sind vom Ideal des Mönchtums geprägt.

Ursprung des christlichen Mönchtums: Er liegt in Palästina, Syrien, Kleinasien und vor allem in Ägypten. **Antonius der Einsiedler** (geboren 251/52) zog sich als 20jähriger in die Wüste zurück, wo sich Schüler um ihn sammelten. Sie lebten nicht einzeln, sondern in Kolonien als **Eremiten** (Einsiedler). Das Eremitentum war nicht frei von Auswüchsen. So gab es Mönche, die sich nur von Gras und

Das Kahlscheren des Kopfes symbolisiert den Eintritt ins Kloster, Zeichnung aus der Guthlac Roll, Ende des 12. Jh.s.

Kräuter ernährten, als Säulenheilige in den Hungerstreik traten oder sich gar für immer einmauern ließen. Um 323 gründete **Pachomios** der Ältere zu Tabennisi am Nil in Oberägypten das erste ▶ Kloster, eine ummauerte Anlage mit Bethaus, Schlaf- und Wirtschaftsräumen. Die Mönche unterwarfen sich einer gemeinsamen Regel, vor allem der Pflicht zum Gehorsam gegenüber ihrem geistlichen Vater, dem Abt des Klosters. Damit entstanden die ersten Mönchsorden. Das orientalische Mönchtum fiel zu einem guten Teil dem Ansturm des Islams zum Opfer, lebte aber im Reich von Byzanz und später in Rußland fort.

Wesen und Verbreitung: Auch im Abendland schlug das Mönchtum Wurzeln. Als der eigentliche Vater gilt **Benedikt von Nursia**, der 529 in der Nähe von Neapel das Kloster Monte Cassino gründete und eine Ordensregel schuf, die bis zum 11. Jh. praktisch allein maßgeblich für das Mönchtum war. Für Benedikt waren *Gehorsam, Verschwiegenheit* und *Demut* die mönchischen Tugenden schlechthin. Das Benediktinertum wurde zum Träger der Bildung und Kultur des Abendlandes. Die Schriften der **Kirchenväter**, der maßgebenden christlichen Lehrer, und antiker Autoren wurden studiert und in Form der Kodices (▶ Codex) verbreitet. Auch Papst **Gregor I.** der Große († 604) war Mönch. Eine besondere Blütezeit erlebte das Mönchtum durch die Missionstätigkeit der Iren und Angelsachsen u. a. in Deutschland durch Bonifatius.

Reformbewegung und Ordensgemeinschaften: Einen neuen Aufschwung brachte die Klosterreform zu Beginn des 10. Jh.s mit sich, die von dem burgundischen Kloster Cluny und dem Kloster Gorze in Lothringen ausging. Inhalt dieser Reformen war die striktere Einhaltung der ursprünglichen Regel und vor allem der Zusammenschluß der Klöster in einem zentral geführten Klosterverband, womit überhaupt erst eine Ordensgemeinschaft, eine **Kongregation**, im heutigen Verständnis entstand. Cluny und die anderen Klöster zogen viele Adelige an, die hinter den Klostermauern ein durchgeistigtes, aber standesgemäßes Leben führten. Unter Besinnung auf das alte Ideal der Einsamkeit und Armut entstanden neue Orden wie die **Kartäuser**, deren Orden von dem Kölner Domherrn Bruno 1084 in Chartreuse bei Grenoble gegründet wurde. Die **Zisterzienser**, deren Geschichte 1098 im französischen Citeaux beginnt, gaben sich als Regel *Die Mönche unseres Ordens müssen von ihrer Hände Arbeit, Ackerbau und Viehzucht leben.* Die Zisterzienser wurden durch **Bernhard von Clairvaux** zum führenden Orden und hatten großen Anteil an den Fortschritten und Neuerungen der Landwirtschaft. An die Seite der Mönche traten die **Kanoniker**, auch Chorherren genannt; gemeint sind Geistliche aus dem Umfeld des Bischofs, aus dem **Domkapitel**, die ein mönchisches Leben führten, z. B. die **Prämonstratenser**.

Neue Aufgaben und Orden: Orden übernahmen über die Seelsorge und Mission hinaus viele Aufgaben, die heute beim Staat liegen. Im 13. Jh. entstanden die **Bettelorden** u. a. der **Dominikaner** (gegründet 1216), **Franziskaner** (gegründet 1223) und **Augustiner** (gegründet 1256). Gegenüber dem ursprünglichen Mönchsideal der Weltabgeschiedenheit trat eine Lebensform in den Vordergrund, die vor allem dem Gebot der Nächstenliebe folgte. Die Mönche lebten nicht von einem festen Besitz, sondern von ihrer Arbeit und suchten ihre Tätigkeit in sozialen Diensten.

Junge Mönche im Kloster Tschechog Ling/Indien

Sie lebten in den Städten und versorgten Reisende und Pilger, Arme, Kranke, Schwache und alte Menschen. Vor allem Dominikaner und Franziskaner waren aber auch in den kirchlichen Gerichtsverfahren der Inquisition gegen Ketzer aktiv. Die Kreuzzüge führten zur Gründung der geistlichen Ritterorden, die sich dem kämpferischen Einsatz für das heilige Land widmeten. Durch seine Bedeutung für die Gegenreformation, die Rückgewinnung zum katholischen Glauben, und die Missionstätigkeit gewann der Jesuitenorden im 16. Jh. großen Einfluß; die *Gesellschaft Jesu* unterstand unmittelbar dem Papst.
Damals entstanden auch die ersten selbständigen weiblichen Ordensgemeinschaften, z. B. die **Ursulinen** 1535 von **Angela Merici** gegründet, und die **Englischen Fräulein** 1609/45 von **Maria Ward** gegründet, die besonders im Schul- und Bildungswesen hervortraten. Bis in die Gegenwart leisten Ordensgemeinschaften Hervorragendes für Kirche und Welt. Sie bewahren eine ursprüngliche religiöse Lebensform, die ihre Anziehungskraft trotz mancher Rückschläge nicht verloren hat. Ein Beispiel ist das Aufkommen der sogenannten **Kommunitäten** vor allem in der evangelischen Kirche (Kommunität Casteller Ring usw.). Die erst im 19./20. Jh. gebildeten Bruder- und Schwestergemeinschaften verwirklichen die Ideale der Armut, der Ehelosigkeit und des Gehorsams in zeitgemäßen Formen (zum Teil Verzicht auf Ordenskleid, klösterliche Gemeinschaft u. a.).

Osiris Die altägyptische Mythologie berichtet, der Gott Osiris sei von seinem Bruder Seth ermordet und von seiner Gattin **Isis** wieder zum Leben erweckt worden. Er galt daher im Neuen Reich um 1580–700 v. Chr. und in der Spätzeit 700–332 v. Chr. Ägyptens als Herr des Totenreiches; man stellte ihn in Mumiengestalt dar. Osiris war zugleich Gott der Auferstehung der Toten zu jenseitigem Leben, von dem die Ägypter fest überzeugt waren. Der Kult der Isis und des Osiris verbreitete sich in der Kaiserzeit über das ganze Römische Reich, und er hat viele ▶ Mysterienkulte bis in die Neuzeit beschäftigt.

Österreichischer Staatsvertrag Am 15. 5. 1955 in Wien zwischen dem österreichischen Außenminister und den vier Außenministern der Siegermächte von 1945 unterzeichnet, stellte der Vertrag Österreichs Souveränität und Unabhängigkeit in den Grenzen vom 1. 1. 1938 wieder her. Er führte zum Abzug der Besatzungstruppen sowie zur freiwilligen Erklärung dauernder militärischer Neutralität. Verboten wurde der Besitz bestimmter Waffen, einschließlich Atomwaffen. Die Alliierten verzichteten auf Reparationen. Lediglich die Sowjetunion erhielt gewisse befristete Nutzungsrechte zugestanden. Die politische oder wirtschaftliche Vereinigung mit Deutschland wurde verboten.

Ostrakismós (griech.: Scherbengericht) Der Schöpfer der griechischen Demokratie, **Kleisthenes**, hatte um 500 v. Chr. zum Schutz der athenischen Staatsordnung das Scherbengericht eingeführt. Dadurch konnten mißliebige Bürger, welche die Demokratie gefährdeten oder in Verdacht geraten waren, die Alleinherrschaft zu erstreben, für 10 Jahre des Landes verwiesen werden. Die Verbannung trat in Kraft, sobald in der Volksversammlung die Mehrheit von mindestens 6000 Stimmberechtigten den Namen eines zu Verbannenden auf Tonscherben eingeritzt oder geschrieben hatten. Vermögen und Ehre blieben durch diese Verurteilung unangetastet. ▶ Kleisthenes-Reformen

Ostsiedlung Die Suche nach neuem Siedlungsraum ist schon aus der griechischen Antike bekannt (▶ Kolonisation). Die deutsche Ostkolonisation begann unter Karl dem Großen. Die Germanen hatten in der Völkerwanderung Osteuropa geräumt, ihnen folgten vom Osten her vor allem ▶ Slawen, **Awaren**, ein aus Asien stammendes Steppenvolk, das an Donau und Theiß siedelte, und ▶ Ungarn. Im Gegenzug begann der bairische Stamm um die Mitte des 8. Jh.s mit der Besiedlung des heute österreichischen Donauraumes und der Alpen bis nach Südtirol. Nach seinem Sieg über die Awaren errichtete Karl die **Pannonische Mark**, und Kolonisten zogen weit über die heutige Sprachengrenze nach dem Osten. Der Einbruch der Ungarn am Ende des 9. Jh.s hat diese Ostsiedlung aber wieder vernichtet.

Nach dem Sieg Ottos I. über die Ungarn (955) wurde die **Ostmark** errichtet. Deutsche Siedlungen schoben sich wieder weit in den Osten vor und dehnten sich auch über Kärnten und die **Steiermark** aus. Die ungarischen Fürsten begannen selbst, Siedler ins Land zu holen, um ihren noch dünn besiedelten Raum mit Menschen zu füllen, zumal sie immer wieder Eroberungsversuchen von Völkern aus dem Süden ausgesetzt waren (Bulgaren, Serben, Türken). So entstanden schon im 12. Jh. geschlossene deutsche Gebiete in der Zips und in Siebenbürgen (**Siebenbürger Sachsen**). Nach den Siegen der Habsburger über die Türken siedelten Deutsche im 17. Jh. in größerer Zahl zwischen Drau und Donau (**Schwäbische Türkei**) und im 18. Jh. in der Batschka, in der Bukowina und im Banat (**Banater Schwaben**).

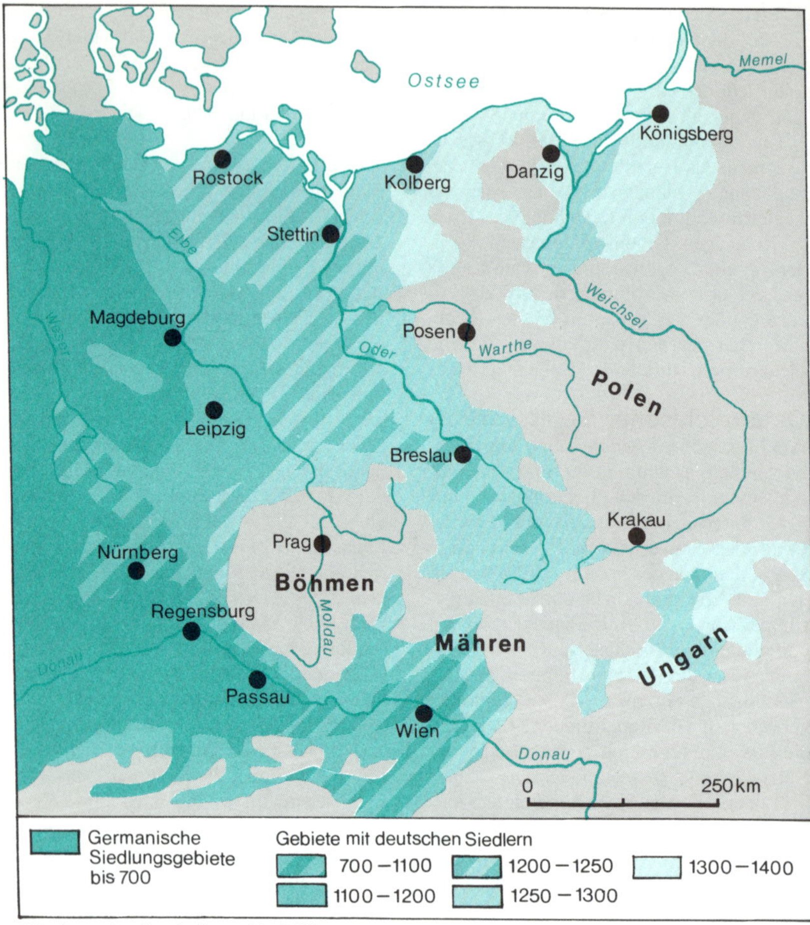

Die deutsche Ostsiedlung bis 1400

Im Nordosten des Reiches hatte sich unter den Karolingern an Elbe und Saale eine klare Grenze zwischen Deutschen und Slawen gebildet. Allmählich schoben deutsche Fürsten sie in Richtung Osten vor, Bauern und Mönche folgten. In den **Slawenaufständen** von 983/1006 ging der Großteil dieser Gebiete wieder verloren, doch im 12. Jh. änderte sich die Lage entscheidend. Unter den Staufern wuchs die Bevölkerung in Deutschland stark an, und durch die Entwicklung von Städten, Handel und Gewerbe war das Reich dem dünn besiedelten und rein bäuerlichen Osten kulturell und wirtschaftlich überlegen. Jetzt warben die slawischen Herrscher deutsche Bauern,

Handwerker, Kaufherren und Bergleute an. Herzog **Konrad I. von Masowien** rief 1225 auch den **Deutschen Orden** (▶ Ritterorden), der bis zu seinem Niedergang im 15. Jh. Eroberungspolitik trieb. Der Großteil der hochmittelalterlichen Ostsiedlung verlief aber friedich. Sie erfolgte planvoll und wurde von Werbeagenten (**Lokatoren**) organisiert. Die Einwanderer schlossen mit den slawischen Fürsten Verträge, die ihnen Privilegien gaben (persönliche Freiheit, eigenes Recht, Selbstverwaltung, Steuerfreiheit u. a.). Die slawische Bevölkerung übernahm häufig die Sprache der kulturell überlegenen und privilegierten Einwanderer. Ins Baltikum wanderten nur Stadtbürger ein. Hier wie in Ungarn, Polen, Böhmen und Mähren gehen fast alle Städte auf deutsche Gründungen jener Zeit zurück. Der Tod unzähliger Menschen durch die Pest von 1348 hat die Auswanderung aus Deutschland stark verringert. In den folgenden Jahrhunderten zogen zwar immer noch Siedler nach dem Osten, vor allem aus armen Gebieten oder aus religiösen Gründen. So konnte Maria Theresia in Schwaben Bauern anwerben, und **Katharina II.** von Rußland holte ab 1763 Deutsche an die Wolga, ans Schwarze Meer, in den Kaukasus und nach Bessarabien. Die große Zeit der Ostkolonisation jedoch war mit dem 14. Jh. zu Ende.

Ostverträge Mit der sozialliberalen Koalition (1969–1982) unter Bundeskanzler **Brandt** (SPD) und Außenminister **Scheel** (FDP) begann eine neue Phase der Ostpolitik. Langwierige Verhandlungen gingen dem **Moskauer Vertrag** (1970 mit der UdSSR), dem **Warschauer Vertrag** 1970 mit Polen, und dem Vertrag mit der ČSFR 1973 voraus. Insgesamt liefen sie alle auf die Anerkennung des territorialen Status quo in Osteuropa hinaus. Ein wechselseitiger Gewaltverzicht wurde mit der Garantie der Unverletzlichkeit der Staatsgrenzen verknüpft, ohne daß die Bundesre-

Unterzeichnung des Moskauer Vertrages: Bundeskanzler Willy Brandt (links), der sowjetische Ministerpräsident Alexej Kossygin (rechts)

gierung auf die im Grundgesetz der Bundesrepublik Deutschland geforderte Wiedervereinigungspolitik hätte verzichten müssen.

Otto I., der Große (912–73) 936 wurde der Sachsenherzog Otto von den übrigen Herzögen des Reiches zum König gewählt. Als Otto I. die königliche Macht energischer durchsetzen wollte, kam es 937 zu einem ersten Aufstand der Herzöge, in den auch Frankreich mit hineingezogen wurde. Otto und der ihm treue Herzog von Schwaben besiegten die Aufrührer und Frankreich. Um die Geschlossenheit des Reiches, auch im Hinblick auf die äußeren Gefahren, zu sichern, setzte er nun vor allem Verwandte als Herzöge ein.
951 zog er zum erstenmal nach Italien und beanspruchte als Nachfolger der Karolinger die langobardische Krone (Heirat mit Adelheid, der verwitweten Langobardenkönigin). Eine letzte große Erhebung der Herzöge, nun auch der eigenen Verwandten, wurde nach schweren Kämpfen niedergeworfen, nicht zuletzt dank der tatkräftigen Hilfe königstreuer Bischöfe. Otto stärkte nun als Gegengewicht gegen die Fürsten die Stellung des hohen Reichsklerus und legte die Grundlagen für das ▶ Reichskirchensystem. Die neue Geschlossenheit des Reichs bewährte sich, als 955

Reiterstandbild Ottos I. auf dem Alten Markt in Magdeburg

die Ungarn erneut ins Reich einfielen. In der Schlacht auf dem Lechfeld bei Augsburg wurden sie vernichtend geschlagen. Während des 2. Italienzuges wurde Otto 962 vom Papst zum Kaiser gekrönt, und er bestätigte die Schenkungen der Karolinger an die römische Kirche. Auf dem 3. Italienzug (966–72) ließ Otto seinen Sohn, **Otto II.**, zum Mitkaiser krönen. Ottos Italienpolitik, die enge Verbindung zwischen weltlicher und geistlicher Macht, zwischen Deutschland und Italien, zwischen deutschem Königtum und römischem Kaisertum wurden richtungsweisend für die künftigen deutschen Herrscher des Hochmittelalters. Für die Kirche in den unterworfenen und christianisierten slawischen Gebieten an der Ostgrenze des Reichs gründete er das Bistum Magdeburg als neuen Mittelpunkt. Schon die Zeitgenossen gaben Otto den Beinamen *der Große.*

Ottonen Unter den Erben Karls des Großen im 9. Jh. zerfiel das Ostfränkische Reich. Die Stämme führten unter ihren Herzögen, die an einem starken Königtum kein Interesse hatten, ein Eigenleben. Von Osten griffen aber die Ungarn und von Norden die Normannen immer wieder an. Da wählten die Fürsten den Sachsenherzog **Heinrich I.** aus dem Geschlecht der **Liudolfinger** zum König. Mit ihm (R. 919–36) begann die Dynastie der sächsischen Könige und Kaiser, die deshalb auch Ottonen genannt werden, weil drei von ihnen den Namen *Otto* führten. Sie regierten das Reich bis 1024 und verhalfen ihm zu einer neuen Glanzzeit.

Heinrich I. gewann 925 Lothringen vom Westreich zurück und besiegte 933 die Ungarn an der Unstrut. Sein Ansehen war so groß, daß die Herzöge seinen Sohn ▶ Otto I. einstimmig zum Nachfolger wählten. Er besiegte die Ungarn endgültig auf dem ▶ Lechfeld; Polen, Böhmen und die slawischen Stämme zwischen Elbe und Oder konnte er durch Lehnsverträge an das Reich binden. Auf seinen Italienzügen sicherte er den Einfluß des Reiches, auch auf das Papsttum. Nach dem **Privilegium Ottonianum** von 962 konnte der Papst erst nach seinem Treueeid gegenüber dem Kaiser geweiht werden. Seine Macht stärkte Otto auch durch das ▶ Reichskirchensystem, durch das er die Geistlichkeit in die Reichsverwaltung einband. Seinen Sohn, **Otto II.** (R. 973–83), verheiratete er mit der byzantinischen Prinzessin **Theophanu** und verhinderte dadurch Zwistigkeiten mit dem Byzantinischen Reich. Otto II. gelang es, beim großen Slawenaufstand von 983 die Ostgrenze des Reiches zu sichern, unter der Regierungszeit seines Sohnes, **Otto III.** (R. 983–1002), begann die von Cluny ausgehende Kirchenreform, die sein Nachfolger **Heinrich II.** (R. 1002–24) stark förderte. – Die ottonischen Kaiser förderten Kunst und Kirchenbau, z. B. bauten sie die Dome von Magdeburg und Halberstadt.

P

Palästina-Frage Viele der über die ganze Welt verstreuten Juden haben nie die Hoffnung auf Rückkehr in ihre alte Heimat aufgegeben. *Nächstes Jahr in Jerusalem* war fast 2000 Jahre lang eine feste Grußformel. Mit dem Nationalismus entstand gegen Ende des 19. Jh.s der ▶ Zionismus mit dem Ziel, wieder einen jüdischen Staat in Palästina zu errichten. Um die Unterstützung der amerikanischen Zionisten im 1. Weltkrieg zu bekommen, versprach die englische Regierung 1917 in der **Balfour-Declaration** die Verwirklichung dieses Plans. Zugleich sagten aber England und Frankreich den Arabern einen große Teile des Nahen Ostens umfassenden Staat als Lohn für einen Aufstand gegen die Türken zu, die diesen Raum seit dem Beginn des 16. Jh.s beherrschten. Damit war die Palästina-Frage als Streit um den Besitzanspruch auf dieses Gebiet vorgeprägt.
Nach Ansicht vieler Juden war ein eigener Staat eine Überlebensfrage, und für die Araber bedeutete ein Staat die Befreiung von langer Fremdherrschaft. Dazu spielte und spielt noch auf beiden Seiten die Re-

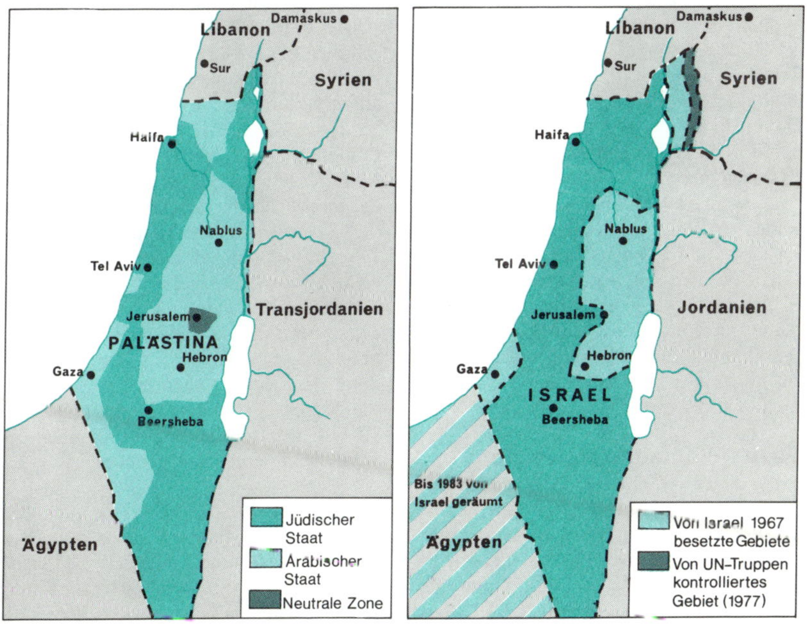

UN-Teilungsplan und Gebiet Israels heute

ligion eine große Rolle, denn in dem umstrittenen Land liegen heilige Stätten der Moslems wie der Juden. Die Türkei mußte Palästina 1919 abtreten, und der Völkerbund wies es England als Mandat (Auftragsverwaltung) zu. Sowohl das Versprechen an die Araber wie jenes an die Juden wurde also von den Siegermächten des 1. Weltkriegs nicht erfüllt. Zwangsläufig kam es deshalb zwischen Arabern und den durch zahlreiche Einwanderer verstärkten Juden zu erbitterten Auseinandersetzungen, denn beide Seiten fühlten sich im Recht. Ab 1945 begannen intensive Partisanenaktionen beider Seiten, und nach dem Abzug der Engländer 1948 brach ein offener Krieg aus. Der daraus entstandene ▶ Nahost-Konflikt ist bis heute nicht gelöst.

Palimpsest Schon in der Antike kannte man einen Schreibstoff, den man nach der Stadt Pergamon in Kleinasien nannte. Das **Pergament** wurde aus gebeizten und dünn geschabten Tierhäuten hergestellt. Da es sehr kostbar war, verwendete man es häufig mehrfach, indem man die Schrift mit Bimsstein abschabte oder abwusch und es dann wieder beschrieb. Solche wiederverwendeten Pergamente hießen Palimpsest (Schabtext). Die alten Schriftzeichen lassen sich meistens mehr oder minder gut unter den neuen wiedererkennen und werden heute mit Hilfe eines Fluoreszenzverfahrens besser sichtbar gemacht. – Auch Papyrus wurde nach dem Abwischen der Schrift mehrfach verwendet.

Panafrikanische Bewegung Um 1900 gründeten Schwarze in den USA und Westindien eine Vereinigung, um für die Nachkommen der im ▶ Sklavenhandel verschleppten ehemaligen Sklaven eine neue Heimat in Afrika zu schaffen. Denn auf dem Papier hatten sie zwar ihre Gleichberechtigung erreicht, in der Praxis wurden sie aber weiter diskriminiert. Erstes Ergebnis ihrer Bemühungen war die Gründung des Staates Liberia. Ein großer Erfolg wurde dieser aber nicht, denn die Mehrzahl der Afrikaner blieb lieber in Amerika, statt das Abenteuer eines Neuanfangs im unterentwickelten Afrika zu wagen. Auch fehlte vielen das Geld für ein derartiges Unternehmen. So blieb es eine Forderung, um den Interessen der Afroamerikaner überhaupt Gehör zu verschaffen.
Zwischen den beiden Weltkriegen verlagerte sich das Gewicht von der Interessenvertretung der Schwarzen Amerikas zur Unterstützung des Unabhängigkeitsstrebens der Einwohner Afrikas. 1944 wurde in London eine Pan-African Federation gegründet, und 1945 forderte der 5. Panafrikanische Kongreß in Manchester erstmals die Unabhängigkeit aller Kolonien auf dem schwarzen Kontinent. In den folgenden Jahren traten 50 afrikanische Länder der Bewegung bei. Sie versuchten, eine den ganzen Kontinent umfassende Zusammenarbeit zustande zu bringen, und zunächst gelang dies auch. Die All African People's Conference in Accra 1958 und weitere Konferenzen in Tunis 1960 und Kairo 1961 haben die Unabhängigkeitsbestrebungen der Kolonien tatkräftig unterstützt und 1963 zur Gründung der OAU (Organization of African Unity) geführt. In den folgenden Jahren aber zeigte sich, daß die Interessen der schwarzafrikanischen und der arabischen Staaten Afrikas weit auseinandergingen. Heute stehen sich in der OAU die Gruppe der Schwarzafrikaner (**Brazzaville-Staaten**) und der Araber (**Casablanca-Staaten)** oft feindlich gegenüber.

Panamaskandal Der Erbauer des Suezkanals, **Ferdinand Lesseps**, gründete 1879 eine Gesellschaft, mit der er die Finanzierung einer Wasserstraße durch die Landenge von Panama sichern wollte. Für einen solchen Kanal, der den bisherigen Seeweg

um Südamerika herum um 8000 Seemeilen verkürzen würde, hatte man schon im 16. Jh. Pläne gehabt. Beim Bau stieß er auf unerwartete Schwierigkeiten. Immer wieder verschütteten Erdrutsche die Baustellen, es gab viele Tote, und auch tropische Seuchen forderten unter den Arbeitern zahlreiche Opfer. Unter diesen Lasten kam es 1888 zu einer finanziellen Krise und 1889 zum Zusammenbruch der Gesellschaft. Kurz vorher hatten ihr die französischen Behörden noch den Verkauf einer großen Anleihe bewilligt. Daraufhin beschuldigten einige Abgeordnete Lesseps, er habe diese Bewilligung nur durch Bestechung erreicht. Die Regierung mußte zurücktreten, Lesseps und sein Sohn wurden vor Gericht gestellt, zunächst verurteilt, dann aber von einer höheren Instanz freigesprochen.
Der heutige Panamakanal zwischen Atlantik und Pazifik wurde Anfang des 20. Jh.s von den USA gebaut, die bis heute auch besondere Rechte in der Kanalzone besitzen.

Panslawismus Zu Beginn des 19. Jh.s entstand die Vorstellung von einem großen Bund aller Slawen, die zu diesem Zeitpunkt überwiegend unter türkischer oder österreichischer Herrschaft standen. In Rußland setzte eine Propaganda ein, Rußland müsse die Schutzmacht aller slawischen Völkerschaften werden. Die einen verlangten vom Zarenreich die Befreiung aller Brudervölker und deren Unabhängigkeit, die durch einen sicheren Bund mit Rußland gewährleistet werden sollte. Andere Slawophile (Slawenfreunde) begründeten den Führungsanspruch des Slawentums damit, der Westen sei greisenhaft und ungläubig geworden; den wahren Glauben verkündige nur die griechisch-russische Orthodoxie. Sie verlangten daher die Vernichtung des türkischen und habsburgischen Reiches. Der Dichter Dostojewskij sah den Sendungsauftrag der Russen darin, alle Völker nach dem Gesetz Christi und des Evangeliums brüderlich zu einen. Im Laufe der Zeit schlug der russische Panslawismus eine betont antideutsche und antihabsburgische Richtung ein, die einen russischen Imperialismus auf dem Balkan vertrat. Auf dem **Slawenkongreß** von 1908 waren freilich andere Töne zu hören. Der **Neoslawismus** (eine neuslawische Bewegung) setzte sich nun für einen Bund Rußlands mit der Habsburger Doppelmonarchie ein und propagierte nicht mehr die Hegemonie Rußlands. Das Konzept erwies sich in der **Bosnienkrise** von 1908, der Annexion Bosniens durch Österreich, den ▶ Balkankriegen von 1912/13 als wenig realistisch. Nach dem 1. Weltkrieg kam es dann zu teilweise erbitterter Feindschaft zwischen slawischen Völkern (Polen-Ukrainer; Tschechen-Slowaken; Serben-Kroaten). Erst der 2. Weltkrieg ließ die slawische Solidarität im gemeinsamen Kampf gegen das nationalsozialistische Deutschland wiedererstehen. Heute gibt es wieder große Konflikte untereinander.

In den Nischen des Pantheons standen früher Götterstatuen.

Pantheon (griech.: Tempel für alle Götter) Dieser größte antike Kuppelbau wurde unter Kaiser Hadrian wahrscheinlich zwischen 120 und 125 n. Chr. auf dem Platz eines älteren Tempels auf dem Marsfeld in Rom erbaut. Der Durchmesser der Kuppel beträgt 43,5 m, was genau der Höhe des

Baues entspricht. Durch eine runde Öffnung von 9 m Durchmesser empfängt der feierliche Innenraum sein Licht. Die zahlreichen Götterstatuen des Innenraumes wurden 609 n. Chr. beseitigt, als Papst Bonifaz IV. das ihm vom byzantinischen Kaiser geschenkte Pantheon als Kirche S. Maria Rotonda der Jungfrau Maria und sämtlichen Märtyrern weihte. – Heute verstehen wir unter Pantheon auch eine Gedächtnisstätte bedeutender Persönlichkeiten, z. B. das Panthéon in Paris.

Papst (griech.: papas, lat.: papa = Vater) Der *Heilige Vater* ist das Oberhaupt der katholischen Christenheit. Nach der römisch-katholischen Lehre ist er von Jesus Christus eingesetzt. Zur Begründung dient seit dem 3. Jh. die Lehre, daß Christus seinem Jünger Petrus eine oberste Gewalt vor den anderen Aposteln und in seiner Kirche verliehen hat (insbesondere Matth. 16,18). Die Päpste gelten als Nachfolger Petri im römischen Bischofsamt und beanspruchen damit die oberste Kirchengewalt, den **Primat** des Papstes.

Der Primat des Papstes: Die Vorrangstellung des römischen Bischofs bildete sich vermutlich erst seit dem 3. Jh. aus. Die Überlieferung vom Tod der beiden *Häupter* Paulus und Petrus in Rom und das Ansehen der großen römischen Gemeinde führten dazu, daß der römische Bischof von den übrigen Gemeinden als Schiedsrichter in allen Streitfragen und Hüter des rechten Glaubens anerkannt wurde. Im Jahr 313 gewährte Konstantin der Große den Christen die Glaubensfreiheit, 391 erhob **Theodosius** das Christentum zur Staatsreligion, womit sich der Machtanspruch des römischen Bischofs ausdehnte. Mit der Teilung des Römischen Reiches 395 erwuchs ihm aber im Patriarchen von Konstantinopel ein mächtiger Rivale, so daß seine Vorrangstellung nur im lateinischen Abendland, nicht im oströmischen Reich galt.

Papst **Leo I.** (R440–61), auch der Große genannt, führte den Primat auf einen ersten Höhepunkt. Der weströmische Kaiser **Valentinian III.** verlieh dem Papst damals die Rechtsgewalt in kirchlichen Angelegenheiten und erkannte damit den Primat an (445). Durch den Zusammenbruch der kaiserlichen Gewalt in Italien trat eine weltliche Führungsrolle hinzu. Nach der Überlieferung soll Papst Leo I. den Hunnenführer Attila zum Abzug aus Rom überredet haben. Einer seiner Nachfolger, Papst **Gelasius** (R492–96), forderte Ostrom mit der Behauptung heraus, die geistliche Macht des Papstes besitze den Vorrang vor der weltlichen Macht des Kaisers und begründete mit dieser ▶ Zweischwertertheorie den Anspruch des Papsttums, zur Verteidigung der Kirche auch in den weltlichen Bereich einzugreifen.

Entstehung des Kirchenstaates: Der Untergang des weströmischen Reiches 476 führte dazu, daß oströmische Truppen unter **Belisar** Italien eroberten und der Papst zum Untertanen des oströmischen Kaisers absank. Erst **Gregor I.**, auch der Große (R. 590–604) genannt, gewann die Führungsstellung zurück. Die Christianisierung Englands erfolgte unter Führung Roms. Seit der Taufe des Frankenkönigs **Chlodwig** 499 hatte sich das Papsttum mit den Franken verbündet. Der Karolinger **Pippin** ließ sich, um seine Herrschaft zu rechtfertigen, 754 vom Papst zum König salben. Er verpflichtete sich und seine Nachfolger zum Schutz des Papsttum und machte den Papst zum Herrscher über einen Teil der von den Langobarden eroberten Ge-

Papst Alexander VI. demonstriert Macht und Reichtum der Kirche vor der Kirchenspaltung. Detail aus dem Fresko „Auferstehung" von Pinturicchio

biete. Die **Pippinische Schenkung** wurde von Karl dem Großen, der 800 von **Leo II.** zum Kaiser gekrönt wurde, bestätigt. Damit wurde der Kirchenstaat begründet. Er bestand bis 1870 und umfaßte neben Rom weite Teile Mittelitaliens.

Bilderstreit und Bruch mit Byzanz: Der Bilderstreit führte zum Bruch zwischen Rom und Ostrom, Byzanz. Der oströmische Kaiser erließ ein Verbot der Bilderverehrung und verfolgte Gläubige, die Christus, Maria oder die Heiligen in Bildern verehrten, mit Folter und Hinrichtung. Der Streit um theologische Fragen wurde machtpolitisch entschieden. Mit der Kaiserkrönung Karls des Großen schuf Papst Leo III. ein westliches, mit Byzanz rivalisierendes Kaisertum der Karolinger. Durch das *Morgenländische* ▶ Schisma (griech.: Spaltung) entstanden 867, endgültig 1056, zwei getrennte Kirchen des Morgen- und Abendlandes. Die gegenseitige Bannung der beiden Oberhäupter, des römischen Papstes und des Patriarchen von Konstantinopel, wurde erst 1965 aufgehoben, die Kirchenspaltung besteht aber bis heute fort.

Reformpapsttum und Investiturstreit: Das von Otto I. begründete Kaisertum der Ottonen und Salier stützte sich auf die Kirche (Reichskirchenpolitik). Trotz der Krönung durch den Papst sah sich der Kaiser, wie bereits Karl der Große, als Herr über die Kirche und leitete aus dieser Aufgabe das Recht ab, Bischöfe und selbst den Papst einzusetzen. Auf der **Synode von Sutri** 1046 setzte Kaiser **Heinrich III.** drei rivalisierende Päpste ab und gab den Anstoß zur Kirchenreform. Auf den Heiligen Stuhl gelangten fromme Kirchenmänner, die von den Idealen der kirchlichen Reformbewegung von ▶ Cluny geprägt waren und den Kampf gegen Priesterehe, **Simonie** (Kauf kirchlicher Ämter) und **Laieninvestitur (**Einsetzung in das geistliche Amt durch Laien) aufnahmen. Auf der **Lateransynode** des Jahres 1059 wurde festgelegt, daß der Papst durch das Kollegium der Kardinäle ausgewählt werden muß (▶ Konklave). Als die kaiserliche Gewalt durch den Tod Heinrichs III. in eine Krise geriet, konnte ein erstarktes Papsttum sich auf einen Konflikt mit dem Kaiser einlassen. Papst ▶ Gregor VII. (R. 1073–85) sah sich als Stellvertreter Gottes auf Erden dazu berufen, nicht nur die Kirche, sondern auch die weltliche Macht der päpstlichen Oberhoheit zu unterwerfen. Er formulierte 1075 ein Programm (**Dictatus Papae**), das den Vorrang des Papstes vor dem Kaiser beanspruchte, und eröffnete damit den ▶ Investiturstreit gegen Kaiser Heinrich IV, der erst mit dem **Wormser Konkordat** von 1122 beigelegt wurde.

Weltherrschaftspläne und Niedergang: In einer mitreißenden Predigt rief Papst **Urban II.** im Jahr 1095 die im französischen Clermont-Ferrand versammelten Ritter dazu auf, Jerusalem von den Seldschucken zu befreien. Mit der Kreuzzugsbewegung stand das Papsttum auf dem Höhepunkt seiner Macht. Im Bündnis mit allen Gegnern der Staufer suchte der Papst den Kaiser Friedrich I. Barbarossa aus Italien zu verdrängen. Die Pläne des Papstes schienen verwirklicht, als Papst Innozenz III. (R.1198–1216) die Vormundschaft über den dreijährigen Kaiser Friedrich II. an sich riß und in den folgenden Thronstreitigkeiten zum Schiedsrichter Europas wurde. In Deutschland, Frankreich und selbst in Norwegen entschied der Papst die Thronfolge. Die Könige von Aragon und England wurden seine Vasallen. Als aber Papst **Bonifaz VIII.** (R.1294–1303) mit Hilfe Frankreichs die Staufer besiegte, lieferte er das Papsttum einem übermächtigen „Beschützer" aus. Sein Nachfolger **Clemens V.**, ein Franzose, willigte 1309 ein, den päpstlichen Stuhl in das südfranzösischen Avignon zu verlegen (bis 1377). Man sprach von der *Babylonischen Gefangenschaft der Kirche.* Als sich der Papst 1378 erneut dem Druck ausgesetzt sah, von Rom nach Avignon zu gehen, aber standhaft blieb, wählte ein Teil der Kardinäle unter Einfluß Frankreichs einen Gegenpapst, der in Avignon residierte. Beide Päpste bannten sich gegenseitig, womit sich die Kirche im *Großen abendländischen Schisma* befand. Auf dem Konzil von **Konstanz** (1414–18) wurden drei Päpste abgesetzt, das Werk der Kirchenreform blieb aber in Anfängen stecken.
Renaissance und Gegenreformation: In der Renaissance saßen kunstsinnige, den Wissenschaften aufgeschlossene Fürsten auf dem Stuhl Petri, die als Baumeister hervortraten.Sie suchten aber auch ihren Familien durch Verleihung kirchlicher Ämter Macht und Reichtum zu sichern. Papst **Julius II.** beschloß den vollständigen Neubau der Peterskirche. Bauleiter wurde 1564 **Michelangelo**, der die Riesenkuppel entwarf. Um die ungeheuren Baukosten zu finanzieren, schrieb **Leo X.** 1515 einen ▶ Ablaß aus. Mit den 95 Thesen, die Luther 1517 gegen den Ablaß verfaßte, begann die Reformation. Von Leo X. anfangs als *Mönchsgezänk* abgetan, enthielten die Thesen bereits eine grundsätzliche Kritik an der päpstlichen Gewalt in Dingen der Sündenvergebung und damit an der theologischen Rechtfertigung des Primates des Papstes. Erst mit dem Konzil von Trient, dem ▶ Tridentinum (1543–63), gelang es, eine Reform von innen her durchzuführen und die Herausforderung durch Luther anzunehmen. Die katholische Kirche leitete ihre eigene Reformation ein, in der sie viele Mißstände abstellte und ihre Glaubensinhalte in den strittigen Punkten gegenüber den neuen Bekenntnissen abgrenzte. In der Gegenreformation versuchten die Päpste, mit Hilfe der katholischen Landesfürsten und der Jesuiten den Protestantismus einzudämmen und ihre geistliche Macht zurückzugewinnen. In den Religionskriegen erstrebte das Papsttum auch einen machtpolitischen Wiederaufstieg. Aber bereits der Dreißigjährige Krieg zeigte die politische Schwäche des Papsttums, das sich in der Folgezeit nicht gegen die absolutistischen Fürsten behaupten konnte.
Dogma von der Unfehlbarkeit des Papstes: Die Französische Revolution und ihre Folgen schienen den Machtverfall des Papsttums zu besiegeln: **Pius VI.** starb 1799 in französischer Haft, **Pius VII.** geriet in die Gefangenschaft Napoleons I., der 1809 den Kirchenstaat beseitigte. Nach seiner Wiederherstellung durch den Wiener Kon-

Peterskirche und Petersplatz in Rom, Zentrum der katholischen Kirche

greß 1815 wurde der Kirchenstaat im Zuge der nationalen Einigung im Königreich Italien 1870 endgültig aufgehoben. Der heutige Vatikanstaat wurde erst 1929 durch einen Vertrag zwischen Papst und italienischen Königreich geschaffen. Seit dem Verlust der weltlichen Macht stützte sich der Papst verstärkt auf seine kirchliche Amtsgewalt und ließ sich im ▶ Vatikanischen Konzil 1870/1 die **Unfehlbarkeit** in Glaubens- und Sittenfragen unter bestimmten Voraussetzungen zusprechen. Der Streit um den politischen Einfluß der Päpste ging weiter. Als Papst **Leo XII.** (R.1878–1903) in der Enzyklika (päpstliches Rundschreiben) **Rerum novarum** 1891 dem liberalen wie sozialistischen Gesellschaftsmodell eine Absage erteilte, aber Staat und Gesellschaft zur Hilfe für die Arbeiterschaft aufforderte, setzte er sich gewissermaßen zwischen alle Stühle. Ein Manifest des kirchlichen Widerstandes gegen Hitler ist die Enzyklika **Mit brennender Sorge** von 1937, in der Papst **Pius XI.** (R. 1922–39) die nationalsozialistischen Glaubenslehren verurteilte. Mit der Einberufung des 2. Vatikanischen Konzils 1962 stellte sich Papst **Johannes XXIII.** (R. 1958–63) an die Spitze einer kirchlichen Reformbewegung, die durch den Dialog mit den getrennten christlichen Kirchen wie den anderen Religionen und eine Öffnung zur Welt gekennzeichnet ist. Auch unter seinen Nachfolgern blieb die Ökumene (Gesamtheit der christlichen Kirchen) das große Leitziel. 1978 wurde mit **Johannes Paul II.** der erste Pole und seit 1522/3 der erste Nichtitaliener Papst.

Parlament (franz.: parler = reden). Bereits im Mittelalter stand dem englischen König ein *Parliament* gegenüber, dem die geistlichen und weltlichen Großen angehörten. Seit dem 17./18. Jh. gewann das englische Parlament starken Einfluß auf die Regierung, vor allem durch das Recht auf Gesetzgebung, Steuerbewilligung und Kontrolle der Haushaltsmittel. Wie beim englischen Vorbild setzte sich seit dem 19. Jh. in vielen Ländern die parlamentarische Regierungsform durch. Der Chef der Regierung wird vom Parlament gewählt und ist damit von der Zustimmung und dem Vertrauen der Mehrheit der Abgeordneten abhängig. Von den Bürgern gewählte Abgeordnete, die sich als Vertreter des Volkes verstehen, gab es zuerst in den USA und in der Französischen Revolution. Auch in Deutschland setzte sich im 19. Jh. der Parlamentarismus durch. Das erste deutsche Parlament tagte in der Frankfurter Paulskirche (1848/49), wurde aber nach dem Scheitern der Revolution aufgelöst. Im Deutschen Kaiserreich von 1871 bis 1918 bestand der Reichstag in Berlin, der aber erst in der Weimarer Republik (1918–33) Einfluß auf Bildung und Sturz der Regierung gewann.

Parlamentarischer Rat Am 1. Juli 1948 überreichten die Militärgouverneure der drei Westzonen den Ministerpräsidenten der westdeutschen Länder die **Frankfurter Dokumente**, die den Auftrag enthielten, eine verfassungsgebende Versammlung zu berufen. Danach trat am 1. September in Bonn der Parlamentarische Rat zusammen, ein Gremium von 65 Abgeordneten, die von den Länderparlamenten entsprechend der Stärke der dort vertretenen Parteien abgestellt wurden. Unter seinem Präsidenten Adenauer arbeiteten die Mitglieder das ▶Grundgesetz der künftigen Bundesrepublik Deutschland aus. Zu den besonderen Aufgaben gehörte es, die demokratische Grundordnung und die Grundrechte besser zu sichern, als das in der Verfassung der Weimarer Republik geschehen war, und zugleich die Wiedervereinigung Deutschlands offenzuhalten. Am 8. Mai 1949 nahm die Mehrheit des Parlamentarischen Rates das Grundgesetz an.

Parteien Kämpfe zwischen politischen Parteien, die aus unterschiedlichen Interessen um die Macht im Staat ringen, gab es bereits in der Antike. Das moderne Parteienwesen entwickelte sich aber aus dem Parlamentarismus (▶ Parlament). Im 18. Jh. traten in England die ▶ Whigs und Tories auf. Sie waren, wie ähnliche Parteienbildungen in den USA und in der Französischen Revolution, aus politischen Richtungskämpfen im Parlament hervorgegangen. Als Vorläufer der Parteien gelten in Deutschland die Zusammenschlüsse von Abgeordneten der Frankfurter Paulskirche (1848/49). Aus Wahlvereinen entstanden organisierte Massenparteien, die nicht nur *eine* Bevölkerungs- oder Interessengruppe ansprachen, wie es noch in der Weimarer Republik häufig der Fall war, sondern als Volksparteien möglichst viele Bevölkerungsschichten.

Zu den Kennzeichen moderner Volksparteien gehören eine feste Organisation mit einem Kern von hauptberuflichen Funktionsträgern und eine breite Mitgliederbasis sowie ein politisches Programm mit Aussagen zu allen wichtigen Feldern der Politik. Dies und ihr Verfassungsauftrag (Art. 21 Grundgesetz), der ihnen auch feste Einkünfte sichert, unterscheidet sie z. B. von Bürgerinitiativen. – Die Anfänge der SPD gehen bis in das Jahr 1863 zurück (▶ Arbeiterbewegung), auch die erst 1945 gegründeten Parteien CDU/CSU und FDP besitzen im katholischen Zentrum sowie den frühen liberalen und konservativen Parteien eine Vorgeschichte, die bis 1848/49 zurückreicht.

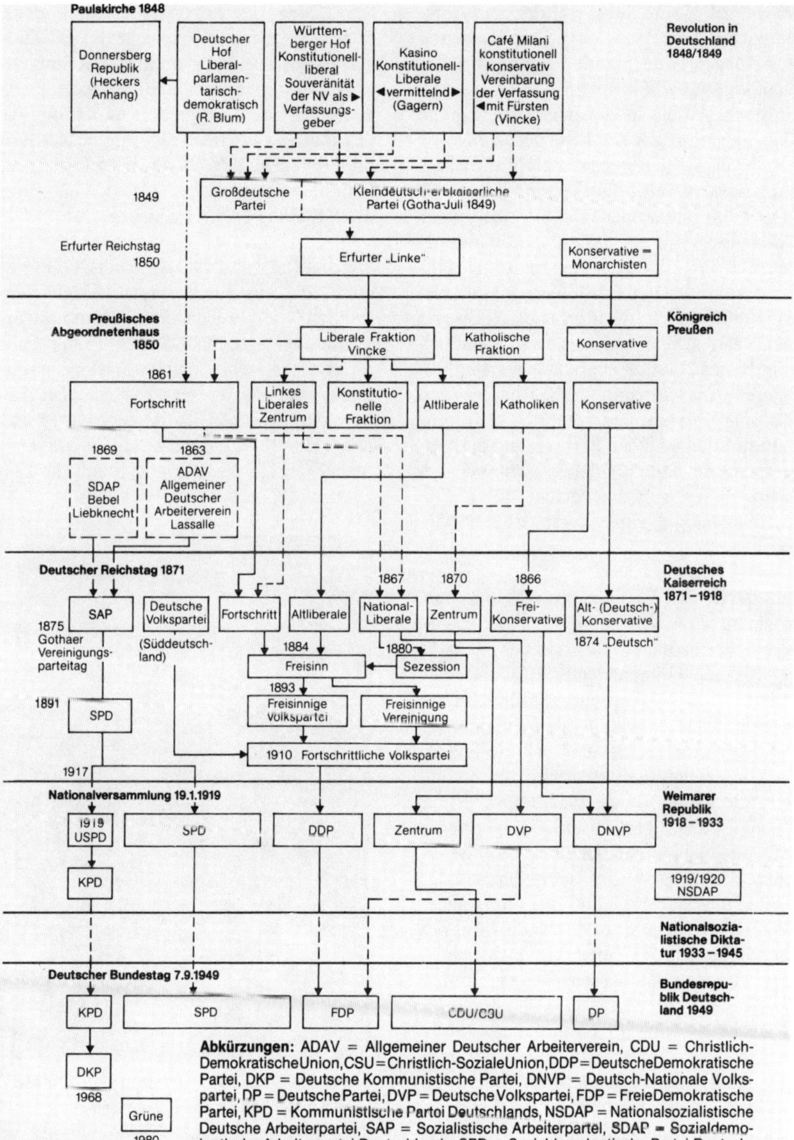

Abkürzungen: ADAV = Allgemeiner Deutscher Arbeiterverein, CDU = Christlich-Demokratische Union, CSU = Christlich-Soziale Union, DDP = Deutsche Demokratische Partei, DKP = Deutsche Kommunistische Partei, DNVP = Deutsch-Nationale Volkspartei, DP = Deutsche Partei, DVP = Deutsche Volkspartei, FDP = Freie Demokratische Partei, KPD = Kommunistische Partei Deutschlands, NSDAP = Nationalsozialistische Deutsche Arbeiterpartei, SAP = Sozialistische Arbeiterpartei, SDAP = Sozialdemokratische Arbeiterpartei Deutschlands, SPD = Sozialdemokratische Partei Deutschlands, USPD = Unabhängige Sozialdemokratische Partei Deutschlands.

Die Entwicklung der deutschen Parteien seit 1848

Parther Nachdem Alexander der Große das Reich der persischen **Achämeniden** zerschlagen hatte, wanderte die **Parni**, ein Teil der ▶ Skythen, um 250 v. Chr. aus den Steppen Asiens in die persische Provinz Parthia südöstlich des Kaspischen Meeres ein. Nach ihr nannten sie sich hinfort Parther. Bald organisierten sie den Widerstand gegen die **Seleukiden**, die als Nachfolger Alexanders in Persien herrschten, und eroberten weite Teile des Nahen Ostens. Unter dem kulturellen Einfluß des ▶ Hellenismus bildeten sie ein mächtiges Reich mit den Residenzen Ktesiphon im Irak (südlich von Bagdad) und Ekbatana in Persien. Im letzten Jh. v. Chr. drangen die Römer in den Nahen Osten ein und kämpften dort jahrhundertelang mit den Parthern um die Vorherrschaft. Durch diese Kämpfe geschwächt erlagen die Parther 224 n. Chr. den **Sassaniden**, einer innerpersischen Opposition.

Pataria Die radikale, aus religiösen und sozialen Unruhen hervorgegangene Aufstandsbewegung mobilisierte vor allem die städtischen Unterschichten Mailands und anderer oberitalienischer Städte. Sie ist vermutlich nach dem Trödelmarkt in Mailand benannt. Der Protest richtete sich gegen den Reichtum und die Verweltlichung des Klerus und führte 1057/59 und erneut 1066/67 zu blutigen Auseinandersetzungen mit dem Mailänder Erzbischof Guido, einem Parteigänger des deutschen Königs, der schließlich abdankte. Der Papst schlug sich auf die Seite der Aufständischen, weil er mit ihnen in der Zeit des Investiturstreits Politik gegen den Kaiser machen konnte.

Patriziat Im Hochmittelalter bestand die soziale Oberschicht der Städte aus Fernkaufleuten, Ministerialen (Dienstleuten des Stadtherren) und dem Landadel, der in die Städte gezogen war. Erreichte eine Stadt die Unabhängigkeit vom Stadtherrn, dem Bischof oder Fürsten, dann übernahm diese Oberschicht der **ratsfähigen Geschlechter** das politische Regiment. Im Rang war sie dem niederen Adel ebenbürtig. Seit dem 13. Jh. kam es oft zu **Ständekämpfen** zwischen Patriziat und Zünften um die Herrschaft. Wo die Zünfte siegten, hemmten sie meist die Entwicklung, und diese Städte blieben bedeutungslos.

Paulskirche Das erste deutsche Parlament, die aus allgemeinen und gleichen Wahlen hervorgegangene **Nationalversammlung**, tagte 1848/49 in der Frankfurter Paulskirche. In diesem **Honoratiorenparlament** überwog das akademische Bürgertum, denn von den 585 Abgeordneten und den 245 Stellvertretern waren 49 Universitätslehrer, 157 Richter und Staatsanwälte,

Die Mitglieder des Vorparlaments ziehen am 30. 3. 1848 in die Frankfurter Paulskirche ein, nach einer Zeichnung von Fritz Bergen.

66 Rechtsanwälte, aber nur 5 Handwerker und ein einziger Bauer. Bauern und Arbeiter fehlten nicht nur, weil keine Diäten bezahlt wurden, sondern auch, weil man ihnen einen Einfluß auf die Formulierung der Verfassung nicht zutraute. Federführend beim Entwurf einer bundesstaatlichen Verfassung war **Friedrich Christoph Dahlmann**, der Wortführer der ▶ Göttinger Sieben. Während bei der Diskussion der *Grundrechte des deutschen Volkes* von Juli bis Dezember 1848 kostbare Zeit verstrich, konnten die Habsburger die Aufstände in Böhmen, Ungarn und Wien niederschlagen, konnte in Preußen eine stockkonservative Verfassung durchgesetzt werden. Nachdem ein Bundesstaat mit Österreichs nichtdeutschen Ländern abgelehnt wurde, wählte eine Mehrheit König **Friedrich Wilhelm IV.** von Preußen zum Reichsoberhaupt. Mit Rücksicht auf die deutschen Fürsten lehnte dieser die Krone ab. Als sich auf Druck Österreichs und Preußens die Nationalversammlung auflöste, tagte ein Rest linksradikaler Abgeordneter als **Rumpfparlament** in Stuttgart, der von württembergischem Militär verjagt wurde.

Paulus (um 10–um 67 n. Chr.). Als Sohn wohlhabender jüdischer Eltern im kleinasiatischen Tarsus geboren, bildete er sich auf berühmten jüdischen Schulen zum Rabbiner. Er bekämpfte als streng gesetzestreuer Pharisäer leidenschaftlich die Christen, bis er vor Damaskus in einer Vision den Auftrag erhielt, Juden und Heiden das Evangelium zu verkünden. Aus dem jüdischen **Saulus** war der christliche Apostel Paulus geworden.

Nach Jahren der Selbstbesinnung begann Paulus seine großen Missionsreisen, deren Hauptstationen Damaskus, Antiochia, Tarsus, Korinth und Ephesus waren. Wenn das Christentum Weltreligion werden konnte, ist es in erheblichem Maße sein Verdienst. Er konnte sich in griechischer Sprache an eine hellenistisch gebildete Welt wenden und besaß, vom Vater her, die römische Staatsbürgerschaft, die ihm das Reisen durch das römische Weltreich erleichterte. Seine Missionstätigkeit bei den Heiden löste das Christentum aus der engen Verbindung mit dem Judentum; er wirkte maßgeblich am Kompromiß des **Apostelkonzils** um 50 mit, wo das Zusammenleben zwischen Heidenchristen und Judenchristen festgelegt wurde. Wiederholte Verhaftungen durch römische Behörden wegen Aufruhrs konnten ihn an seiner missionarischen Tätigkeit nicht hindern. Er wurde während einer Christenverfolgung in Rom mit dem Schwert enthauptet. – Seine Briefe an die von ihm gegründeten Gemeinden hatten nachhaltigen Einfluß und haben die Jahrhunderte überdauert.

Pearl Harbor 1938 verbot Australien wegen des ▶ Chinesisch-Japanischen Krieges die Ausfuhr von Eisen– und Manganerzen nach Japan. 1939 kündigten die USA aus demselben Grund ihren Handelsvertrag mit Japan und verhängten im Juli 1941 einen Wirtschaftsboykott gegen das Land. Als Reaktion darauf griff das in wirtschaftliche Bedrängnis geratene Japan am 7. Dezember 1941 ohne Kriegserklärung und ohne Absprache mit den anderen ▶ Achsenmächten den US-Stützpunkt Pearl Harbor auf Oahu/Hawai an. Seine U-Boote und trägergestützten Flugzeuge vernichteten oder beschädigten 8 amerikanische Schlachtschiffe und 11 andere Kriegsschiffe. Die schweren Verluste der US-Flotte reichten aber nicht aus, um den Japanern in den folgenden Kämpfen – Kriegserklärung der USA und Großbritanniens an Japan am 8. Dezember – ein dauerndes Übergewicht zu geben.

Peloponnesischer Krieg Die Spannungen, die sich seit der Mitte des 5. Jh.s v. Chr. zwischen den beiden um die

Vorherrschaft in Griechenland rivalisierenden Mächten Athen und Sparta angestaut hatten, und der Streit um Einflußsphären führten im Jahre 431 v. Chr. zum Ausbruch des Krieges, den schon Thukydides, der Geschichtsschreiber jener Zeit, den *Peloponnesischen* nennt. Der leitende athenische Staatsmann Perikles sammelte das Landvolk hinter den riesigen Befestigungsanlagen Athens und überließ den Spartanern, die keine Flotte hatten, das flache Land, das sie nun alljährlich schonungslos verwüsteten. Andererseits konnten auch die Athener, zu Lande unterlegen, keine Entscheidung herbeiführen. Als gar Perikles 429 einer Seuche erlag, verschlechterte sich die Lage Athens so sehr, daß man schließlich 421 geneigt war, den **Nikiasfrieden** hinzunehmen, der alles beim alten ließ und damit allerdings auch die Hoffnungen auf Machtzuwachs zerstörte.

Da gelang es dem begabten, aber auch skrupellosen **Alkibiades**, die Athener für eine kriegerische Expedition nach Sizilien zu begeistern, wo Erfolge zu winken schienen. Aber das Unternehmen endete 413 mit einer Katastrophe für Athen. Alkibiades war inzwischen, um einem Prozeß wegen Religionsfrevels zu entgehen, nach Sparta geflohen und schmiedete Pläne gegen seine Vaterstadt. Auf seinen Rat blieben spartanische Truppen nun dauernd auf der Halbinsel Attika und ließen Athen nicht mehr zur Ruhe kommen; und auf seinen Rat baute Sparta eine Flotte, die nach wechselhaften Kämpfen schließlich 405 die athenische am **Hellespont** völlig besiegte. Nun wurden die Häfen Attikas blockiert, bis Athen 404 durch Hunger zur Übergabe gezwungen wurde. Die Friedensbedingungen (Gebietsverlust, Abgabe der Schiffe, Schleifung der Langen Mauern zum Hafen Piräus) waren so hart, daß Athen seine führende Stellung in Griechenland endgültig verlor, während Sparta vorübergehend zur Vormacht unter den Griechen wurde.

Perikles (um 490–429 v. Chr.). Er stammte aus einem adeligen, jedoch traditionell demokratisch gesinnten athenischen Geschlecht. Schon in jungen Jahren arbeitete er mit demokratischen Politikern zusammen und trieb die Demokratisierung Athens und die Entmachtung des Adels voran. Zu den Reformen, die er förderte, gehörte die Einführung einer Besoldung für politische Mandatsträger und Beamte, so daß nun alle, die ihren staatsbürgerlichen Pflichten nachkamen, auch die kleinen Leute, für ihren Verdienstausfall entschädigt wurden. In der Endphase des Perserkrieges erlitt die von Perikles vertretene Strategie zunächst einen Rückschlag, weil sie die Kräfte Athens überdehnte. Doch nutzte er die Krise, um die Kasse des Attisch–Delischen Seebundes von Delos nach Athen zu überführen, wo man in der Folgezeit recht eigenmächtig mit Bundesgeldern umging, um den Athenern Arbeit und Verdienst zu verschaffen. Die Bundesmitglieder wurden zum Teil mit Gewalt gezwungen, weiterhin zu zahlen. Nach Beendigung des Perserkrieges 446 begann für Athen ein Zeitraum höchsten kulturellen Glanzes, das **Perikleische Zeitalter**, mit dem wir die Prachtbauten auf der Akropolis und die Blüte des griechischen Theaters verbinden. Perikles selbst war Stratege (Feldherr), und zwar einer unter zehn, kein hervorragendes Amt, aber eines, über das nicht das Los entschied, sondern die Wahl durch die Volksversammlung. Dank seiner Beredsamkeit und seines hohen Ansehens lenkte er von dieser Basis aus bis zu seinem Tod den Staat, der, nach dem athenischen Geschichtsschreiber Thukydides, *dem Namen nach eine Demokratie, in Wirklichkeit jedoch die Herrschaft des ersten Mannes* war. Perikles sah den Entscheidungskampf mit Sparta im Peloponnesischen Krieg kommen und rüstete seine Stadt dafür. Die ersten Mißerfolge führten zu einer Anklage. Kaum rehabilitiert, starb er an einer Seuche.

Relief am östlichen Treppenaufgang des Apadana-Palastes in Persepolis

Persepolis Die Sommerresidenz der persischen Königsdynastie der **Achämeniden** im Südwesten des Iran, wurde um 518 gegründet und 330 v. Chr. von Alexander erobert und bei einem Fest niedergebrannt. Persepolis war nicht nur Residenz, sondern auch Kultort. Hier fanden die Neujahrsfeiern statt, die zu den wichtigsten religiösen Zeremonien des Landes gehörten. Deshalb liegen neben dem Palast auch Felsengräber von vier Königen der Achämeniden, die Persien vor Alexander regierten. Heute ist Persepolis durch die Reliefs an den Sockeln seiner Ruinen berühmt. Sie haben der Archäologie viele Kenntnisse über das antike Persien vermittelt.

Perser Diese Stammesgruppe iranischer Reitervölker nannte sich selbst *Parsa.* Sie stammte aus den Steppengebieten um das Kaspische Meer und tauchte erstmals um 1000 v. Chr. im Nordwesten des heutigen Iran auf. Über jene Zeit berichten nur sagenhafte Überlieferungen; wir wissen aber, daß die Perser in den ersten Jahrhunderten unter der Oberhoheit der **Meder**, eines anderen iranischen Stammes, standen. Erst ▶ Kyros dem Großen aus der Dynastie der **Achämeniden** gelang es, im 6. Jh. v. Chr. die Hoheit der Meder abzuschütteln und dieses Volk, ebenso wie Lydien im Westen Kleinasiens und Babylon zu unterwerfen. **Kambyses II.** (R. 524–522) eroberte auch Ägypten, Libyen und Nubien (Südägypten und Nordsudan) und dessen Nachfolger ▶ Dareios I. (R. 522–486) dazu noch Thrakien auf dem Balkan, Makedonien, Sogdien und das Indusgebiet im Osten. Damit waren die Perser zu Herren eines Weltreichs geworden.

Doch bald regte sich Widerstand. Der **Ionische Aufstand** der griechischen Städte an der Küste Kleinasiens (500–494)löste die Perserkriege mit den Griechen aus, mit denen unter ▶ Xerxes I. der Abstieg der Achämeniden begann, bis schließlich Alexander der Große ihr Reich eroberte. 250 v. Chr. gelang es dem Stamm der Parther, das von **Seleukos** in der Nachfolge Alexanders gegründete Diadochenreich zu zerstören und im Nahen Osten wieder einen persisch beherrschten Staat zu gründen. In einer Revolution bemächtigte sich dann die neue Dynastie der **Sassaniden** 224 n. Chr. der Macht im Staat, der fortan als **Neupersisches Reich** bezeichnet wird. Es erlag um 650 n. Chr. dem Ansturm des Islam.

Perserkriege Im 6. Jh. v. Chr. hatten die Perser ihre Herrschaft nach Westen auf Kleinasien ausgedehnt und um 540 auch die griechischen Küstenstädte des Ionischen Bundes unterworfen. Einige dieser Städte versuchten 500–494 mit Unterstützung durch Athen vergeblich einen Aufstand. Als Rache unternahmen die Perser 492 eine Expedition gegen Athen, doch ging ihre Flotte mitsamt einem Teil des Heeres in einem Sturm an den Klippen des Athos verloren. Zwei Jahre später zog ein neues Heer gegen Athen, wurde aber von Miltiades bei **Marathon** vernichtend geschlagen. 480 wagte der persische König Xerxes einen neuen Versuch. Er wollte nicht nur Athen, sondern ganz Griechenland erobern. Die meisten griechischen Staaten vereinigten sich unter der Führung Spartas zur Abwehr.

Griechenland und das Perserreich

An einem Engpaß bei den **Thermopylen** trafen die Heere aufeinander. Der Verräter Ephialtes führte die Perser in den Rücken der griechischen Stellung, und die Griechen konnten nur entkommen, weil einige hundert Spataner unter Führung des **Leonidas** den Rückzug unter Opferung ihres Lebens deckten. Die Perser verwüsteten Athen, verloren aber im selben Jahr 480 in der Seeschlacht bei ▶ Salamis ihre Flotte, wurden 479 bei **Platää** auch zu Land geschlagen und mußten Griechenland räumen. Der Krieg ging unter Führung Athens an der Küste Kleinasiens weiter und endete 448 mit dem **Kalliasfrieden**: Persien gab die ionischen Küstenstädte frei, die Griechen überließen Zypern den Persern.

Der Sieg über Persien hat das Selbstbewußtsein der Griechen außerordentlich gesteigert. Alexander der Große hat noch mehr als ein Jahrhundert später den persischen Angriff zum Vorwand für seine eigenen Eroberungen genommen und erklärt, Persien müsse für seine damaligen Übeltaten bestraft werden.

Pest Römische Soldaten schleppten die Krankheit nach den Partherkriegen 162–66 n. Chr. nach Europa ein. Am schlimmsten wütete die Seuche 1347–52; ca. 25 Mio. Menschen starben, weite Landstriche wurden entvölkert. 1665 wurde London verheert, nach einer heftigen Epidemie in Marseille und in der Provence 1720/21 erlosch der **Schwarze Tod** in Europa. Das erst 1894 entdeckte Bakterium befiel vor allem Ratten und wurde durch Flöhe auf den Menschen übertragen. Bei der Beulenpest lag die Sterblichkeit bei 15%, bei der Lungenpest, die durch Tröpfcheninfektion direkt übertragen wurde, kamen fast alle Befallenen um. Die Pest konnte sich z. T. auch deshalb so schnell in Europa ausbreiten, weil die Handelsbeziehungen vor allem Städte eng verband. Da Juden, dank besserer Hygiene, weniger unter der Pest zu leiden hatten, bezichtigte man sie der Brunnenvergiftung, und es kam mit Ausbruch der Seuche häufig zu Verfolgungen. Durch Pestkreuze, Prozessionen, Gelübde usw. suchte man sich vor der Krankheit zu „schützen“.

Peter der Große (1672–1725) Dieser populärste unter den russischen Zaren wuchs ohne geregelte Erziehung auf und wurde nach dem Tod eines älteren Bruders Thronfolger; er mußte sich gegen die Ansprüche seiner ehrgeizigen älteren Schwester Sophia wehren, die nach dem Tod des Vaters für den Minderjährigen die Regentschaft übernahm. Sophia trieb zwar Machtpolitik nach außen, war aber ganz dem mittelalterlichen Rußland verhaftet. Peter dagegen interessierte sich für alles Fremde und Neue, vor allem aber für Technik. 1689 konnte er seine Schwester ausschalten und ging daran, Rußland zu modernisieren. 1697/98 reiste er – zum Teil anonym – durch Deutschland, die Niederlande und England, verhandelte über Bündnisse gegen die Türkei und studierte Wirtschaft, Industrie und Verwaltung der westeuropäischen Staaten. Als leidenschaftlicher Schiffsbauer ließ er die erste russische Flotte bauen, die ihre Einsatzbereitschaft im Kampf gegen die Türken bewies. Im ▶ Nordischen Krieg 1701–21 konnte Peter die Vorherrschaft Schwedens über Osteuropa und die Ostsee brechen und begründete damit die russische Großmachtstellung. Im Bau der neuen Hauptstadt Petersburg (ab 1703) drückte sich sein Anspruch auf moderne Herrschaft und neues russisches Selbstbewußtsein aus.
Der Zar schickte Hunderte junger Russen zur Ausbildung nach Westeuropa und holte Ausländer als Offiziere, Beamte und Unternehmer nach Rußland, um auch im Inneren einen modernen Staat aufzubauen, denn dem Land fehlte ein leistungsfähiges Bürgertum als Träger der Modernisierung. Es gelang Peter jedoch nicht, die beharrenden Elemente im Adel und die Kirche zu entmachten; er durchbrach zwar die Isolation Rußlands und führte sein Land an die europäische Politik heran, im Inneren blieb es aber rückständig.

Petra Im 2. Jh. v. Chr. entstand um die südpalästinesische Stadt Petra das vom Hellenismus beeinflußte Reich der **Nabatäer**. Es kontrollierte die Handelsstraßen aus dem Jemen und aus Ägypten nach Syrien und zog daraus Macht und Reichtum. Das Alphabet der Nabatäer ist eine Vorform der arabischen Schrift und ihre Sprache eine Frühform des klassischen Arabisch. Im 1. Jh. n. Chr. kam Petra in den Einflußbereich Roms und wurde als Provinz **Arabia Felix** von den Römern wirtschaftlich sehr gefördert. Die Ruinenstädte gehören heute zu den Touristenattraktionen des Nahen Ostens.

Pfahlbau Die Jäger und Sammler der Eiszeit waren allmählich zu seßhaften Viehzüchtern und Ackerbauern geworden und lebten in Dorfgemeinschaften. Sie bauten einfache Häuser aus Holz, Lehm und Schilf. Manche Häuser standen auf Holzpfählen, um Schutz vor Tieren, Bodenfeuchtigkeit und Überschwemmungen zu bieten. Bei Unteruhldingen am Bodensee wurde 1922 ein Freilichtmuseum aufgebaut, in dem Funde aus der Jüngeren Steinzeit (2200 v. Chr.) und der Bronzezeit (1100 v. Chr.) zu einer Pfahlbausiedlung aufgestellt sind. Da die Pfahlreste unter den Schlammschichten des Sees entdeckt wurden, glaubte man zunächst an eine über dem Wasser gebaute Siedlung. Heute wissen wir, daß die Pfahlbauten einst am Ufer des Bodensees errichtet und erst durch das Steigen des Wasserspiegels überflutet wurden. Um 800 v. Chr. wurden sie von den Bewohnern aufgegeben.

Pfalz (lat.: palatium = Palast). Die wenigsten Pfalzen waren Paläste, wie die Wortableitung den Eindruck vermittelt, sondern hauptsächlich große und gut befestigte Höfe. Sie dienten den Königen des Mittelalters, die keine feste Residenz besaßen, sondern mit ihrem Gefolge im Reich umherzogen, als Unterkünfte, Verwaltungssitze und Gerichtsorte. Sie lagen auf **Königsgut**, dem König direkt unterstelltem Land. Zu den bedeutendsten Pfalzen der Karolinger gehörten Aachen, wo Karl der Große besonders gern residierte und das er sich dementsprechend prachtvoll ausbaute, Frankfurt, Worms und Forchheim. Die sächsischen Könige bevorzugten Quedlinburg und Magdeburg, die Salier und Staufer Speyer, Eger, Goßlar, Wimpfen, Gelnhausen und Hagenau im Elsaß. Die um die Pfalzen entstandenen Siedlungen entwickelten sich schon früh zu Reichsstädten.

Felsentempel von Abu Simbel mit dem sitzenden Ramses II., in einer Nische über dem Eingang steht eine Statue des Sonnengottes Re.

Pharao Ägypten wurde 3000 Jahre lang von Königen regiert, die wir Pharaonen nennen. Das Wort entstand aus dem ägyptischen *hat ka ptah* = Haus des Ka (der Lebenskraft) des Schöpfergottes **Ptah**. Die Ägypter glaubten nämlich ursprünglich, der König sei eine Verkörperung der Gottheit. Im **Alten Reich** (um 2650–2100) war Ptah Hauptgott der Residenz Memphis und ihrer Totenstädte Sakkara und Giseh und damit auch Reichsgott. Seit dem Ausgang des Alten Reichs am Ende des 3. Jt.s galt der König nur noch als Sohn des Reichsgottes, dessen Rolle der Sonnengott **Re** und später der Windgott ▶ Amun übernahm. Herrschaftssymbole der Pharaonen waren Wedel, Krummstab und die doppelte Krone, zusammengesetzt aus der weißen Krone Unterägyptens und der in ihr steckenden roten Krone Oberägyptens. Die Ägypter haben durch diese Krone die Erinnerung an das Entstehen ihres Landes aus zwei Teilen bewahrt.

Phöniker Sie lebten an der Küste des heutigen Syriens und des Libanons. Ihre Städte waren Byblos, Tyrus, Sidon und das heutige Beirut. Hier trafen sich die Karawanen aus Ägypten, Mesopotamien und Kleinasien, die besten Voraussetzungen, daß die Phöniker tüchtige Händler und Seeleute werden konnten, die mit den Schätzen des Alten Orients an den Küsten des gesamten Mittelmeers Handel trieben. Von etwa 1200 bis 750 v. Chr. waren sie das bedeutendste Seefahrervolk der Alten Welt. Ihren Namen erhielten sie von den Griechen, denen die *Purpurhändler* kostbare, dunkelrot gefärbte Stoffe verkauften, die sie selbst nicht herstellen konnten. An der Küste Phönikiens gab es nämlich die Purpurschnecke, aus deren Saft man die Farbe gewann. Die Ägypter bezogen aus dem Libanon edles Zedernholz, hier entstanden auch kleine Glashütten, aus denen das erste durchsichtige Glas kam. Im Tauschhandel brachten phönikische Schiffe Silber aus Spanien und Zinn aus Südengland in alle Länder.
Für ihren Handel mußten die Phöniker Geschäftsbriefe schreiben und Buch führen, sie brauchten also eine Schrift. Von diesem phönikischen ▶ Alphabet stammen alle westlichen Buchstabenschriften ab. Sie verbreiteten auch babylonische Maße und Gewichte und die Wissenschaften des Alten Orients. Seit etwa 1100 v. Chr. gründeten sie Handelsniederlassungen und Kolonien im ganzen Mittelmeerraum, so in Zypern, Sizilien, Malta, Südspanien und Nordafrika (▶Karthago).

Physiokraten So bezeichnet man jene französischen Wirtschaftstheoretiker des 18. Jh.s, die statt staatlicher Lenkung des Wirtschaftslebens, wie sie für den ▶ Merkantilismus absolutistischer Staaten kennzeichnend war, die Herrschaft der Natur verlangten. Das hieß, daß sie die bäuerliche Lebensweise für die natürlichste hielten und nicht im Geld und Handel, sondern in Grund und Boden die Quellen staatlichen Reichtums erkannten. Die in der Landwirtschaft Tätigen bilden, dieser Lehre zufolge, die einzige wirtschaftlich produktive Klasse, während die Klasse der Grundeigentümer die an sie abgeführten Grundrenten in Umlauf bringt.

Piasten Der polnische Herzog **Mieszko I.** aus dem Adelsgeschlecht der Piasten ließ sich 966 taufen und stellte sein Land unter den Schutz des Papstes. Im Laufe der Regierungszeit der Dynastie (10. Jh.–1138) kam es oft zu Streitigkeiten mit dem deutschen Kaiser, zu dem eine Treue-, z. T. sogar ein Lehnsverhältnis bestand, und den böhmischen **Přemysliden** um die Vorherrschaft über die Westslawen. 1025 wurde Polen Königreich, zerfiel aber von 1138–1320 in Teilfürstentümer, die 1241 von den Tartaren vernichtet wurden. Nur die Kirche hielt noch das Volk zusammen. In dieser Zeit stärkte die deutsche ▶ Ostkolonisation das Bürgertum gegen den Adel. Von 1320–70 vereinigte die Familie der Piasten das Land wieder, konnte aber die Macht des Adels nicht brechen.

Pilger Wallfahrten und Pilgerreisen spielten im Mittelalter eine weit größere Rolle als heute. In ganz Europa nahmen zahllose Menschen die oft großen Strapazen solcher Reisen aus Glaubensgründen auf sich oder wurden von der Kirche als Buße dazu verurteilt. Zu den wichtigsten Pilgerstätten zählten Rom, Jerusalem und Santiago de Compostela im Nordwesten Spaniens. Daneben gab es aber noch viele andere kleinere Wallfahrtsorte.

Pilger müssen auf dem Weg nach Jerusalem in Jaffa Wegzoll bezahlen, mittelalterl. Illustration.

Im Laufe der Zeit wurde das Pilgerwesen sorgfältig durchorganisiert und nahm gelegentlich schon Formen und Auswüchse des modernen Massentourismus an. Es gab ganz bestimmte Wallfahrtsstraßen, denen die Pilger folgten; sie waren in Pilgerführern genau beschrieben. Klöster und Gasthöfe (in verschiedenen Kategorien) hatten sich entlang dieser Straßen auf die Versorgung spezialisiert. Viele Pilger erkannte man an ihrem Gewand. So hefteten sich die Pilger nach Santiago, dem Grab des Apostels Jakob, sogenannte Jakobsmuscheln an, wie man sie noch deutlich auf mittelalterlichen Gemälden, Altarbildern oder Figuren erkennt.

Pilgerväter Die Kirchenpolitik des englischen Königs **Jakob I.** (R. 1603–25), die die anglikanische Hochkirche gegen den Puritanismus stärkte, enttäuschte die Hoffnungen der radikalen Puritaner. Eine Gruppe von ihnen hatte bereits 1608 Zuflucht in Holland gesucht und wanderte schließlich 1620 nach Neu-England in den heutigen USA aus. Die 35 Puritaner und 67 anderen Siedler landeten mit ihrem Schiff **Mayflower** nicht, wie geplant in Virginia, sondern weiter nördlich. Dort gründeten sie die Stadt Plymouth. Mit dem **Mayflower Compact** – einer Art Gemeindeverfassung – schufen die Pilgerväter eine staatliche Ordnung, die bereits den Willen zur Selbstverwaltung erkennen läßt. Durch die Zuwanderung weiterer Puritaner entstand die Kolonie Massachusetts. – Die Bezeichnung Pilgerväter ist erst seit Anfang des 19. Jh.s gebräuchlich.

Piraten oder Seeräuber machten zu allen Zeiten die Meere der Welt unsicher. 67 v. Chr. mußte Rom eine ganze Flotte und 17000 Legionäre einsetzen, um das Piratenunwesen im östlichen Mittelmeer einzudämmen. Zu den berüchtigsten Piraten des Mittelalters gehörten die ▶ Vitalienbrüder und die **Likedeeler**, die den Schiffsverkehr der Hanse bedrohten, bis diese ihre bedeutendsten Anführer **Klaus Störtebeker** und **Godeke Michel** überwältigte.
Die britische Königin Elisabeth I. legalisierte im Kampf gegen Spanien im 16. Jh. die Piraterie und verlieh ihren Kapitänen **Francis Drake, John Hawkins,** die sie an der Beute beteiligen mußte, besondere Kaperbriefe. Im 17. Jh. erlebten die **Flibustier** (Freibeuter), meist spanische und französische Piraten, in der Karibik ihre große Zeit und gründeten hier ein eigenes Staatswesen, von dem aus sie Vorstöße bis in die Südsee unternahmen. Im Mittelmeer waren seit dem ausgehenden Mittelalter die Bewohner Nordafrikas in den Barbareskenstaaten (vor allem Algerien und Tunis) als Seeräuber gefürchtet, weil sie sich auf Menschenraub spezialisierten und gefangene Seeleute in die Sklaverei verkauften. Sie wurden auch **Korsaren** genannt, und diese Bezeichnung ging im 18. und 19. Jh. ganz allgemein auf die Piraten und Freibeuter über.

Platon (um 427–347 v. Chr.). Er lebte in Athen und war einer der bedeutendsten Philosophen der Antike. Acht Jahre war er Schüler des ▶ Sokrates, reiste nach dessen Tod 399 durch Unteritalien und Sizilien und gründete 385 in Athen eine eigene Philosophenschule, die **Akademie**. In vielen Schriften hat Platon seine Gedanken dargelegt. Er bediente sich dabei des Dialogs, d. h. er schrieb fiktive Diskussionen nieder, in denen er das Für und Wider seiner Gedanken erörterte. Dabei bleibt manchmal offen, welche Meinung er selbst vertrat. Eine weitere Schwierigkeit seine Lehren nachzuvollziehen, liegt in der Tatsache, daß er sich mancher Bilder bediente oder Mythen einflocht, deren Sinn wir nicht mehr kennen. Auch verwandte er alltägliche Wörter in einem anderen Sinn, als wir ihn aus der Umgangssprache kennen. Andererseits schrieb Platon für Laien und bemühte sich um eine klare Sprache.
Ebenso wie sein Lehrer Sokrates wandte er sich gegen die Auffassung der ▶ Sophisten, alle Wahrheit sei relativ, da menschlich. Er meinte, es gäbe im *Reich der Ideen,* einer überirdischen Welt, eine unwandelbare Wahrheit. Diese Ideen formen nach Platons Meinung die passive und daher verachtenswerte Materie. Dinge und Erfahrungen sind wandelbar, die Ideen aber ewig. Auch die unsterbliche Seele des Menschen stammt aus dem Reich der Ideen und strebt dorthin zurück. Der Körper aber ist das *Gefängnis der Seele.* Mit diesen Vorstellungen hat Platon das Christentum beeinflußt.
Während Sokrates sich hauptsächlich mit Fragen der individuellen Ethik befaßte, dachte Platon vor allem über das richtige Verhalten der Menschen in der Gesell-

schaft und im Staat nach. Sein Ideal war der von einer Elite von Philosophen regierte, von einem Kriegerstand verteidigte und vom Erwerbsstand getragene Ständestaat mit Güter-, Frauen- und Kindergemeinschaft für Adel und Krieger. Auch mit dieser Staatslehre hat Platon spätere Zeiten beeinflußt.

Polis Wir verdanken den Griechen der Antike viele unserer politischen Begriffe und Ideen. Dazu gehört auch das Wort *Politik,* das denselben Stamm hat wie die griechische Polis, die als Idee der Selbstverwaltung, der Bürgerfreiheit und des Rechtsstaates unsere Zeit mitgeprägt hat. In der ▶ Mykenischen Kultur bezeichnete das Wort ursprünglich die Burg einer Stadt, wandelte sich aber später zum Begriff des Stadtstaates oder Gemeindestaates, als einer Gemeinschaft freier und gleichberechtigter Bürger (**politäi**).
Es waren nur Vollbürger (ca. 10% der Bevölkerung) nicht aber Halbfreie, Sklaven, Frauen oder Fremde an den politischen Geschäften beteiligt. Freiheit und Gleichberechtigung verlangten, daß die Bürger sich selbst durch Beschlüsse der Volksversammlung oder durch gewählte Vertreter verwalteten, also nicht durch einen König oder den Adel der Stadt regiert wurden. Rechte wie Pflichten waren genau festgelegt. Der freie Bürger konnte in der Volksversammlung seine Stimme abgeben, er konnte in ein Beamten- oder Richteramt gewählt werden, und er mußte, wenn er waffenfähig war, im Kriegsfall auf eigene Kosten seine Ausrüstung stellen. Dafür gab ihm die Gemeinde seiner Mitbürger neben den politischen Mitbestimmungsrechten auch Rechtssicherheit. Die Polis war die Keimzelle aller Demokratien. Allerdings wurden diese Ideale nur in wenigen Städten verwirklicht, so zum Beispiel in Athen. Das Wort Polis wird auch noch in einem allgemeineren Sinne verwendet und bezeichnet dann alle griechischen Stadtstaaten, ganz gleichgültig, ob sie Demokratie oder Tyrannis waren. Im Hellenismus verloren alle griechischen Städte ihre Unabhängigkeit und gingen in den Territorialstaaten der Diadochen auf.

Polnischer Aufstand Durch die polnischen Teilungen 1772, 1793 und 1795 war Polen als selbständiger Staat ausgelöscht worden. Seit dem Wiener Kongreß von 1815 bestand eine **Personalunion** – eine lose Verbindung selbständiger Staaten unter einem Monarchen – zwischen dem Herzogtum Warschau als Königreich Polen (**Kongreß-Polen**) und Rußland. Aber die Polen fanden sich damit nicht ab. Im November 1830 wagte ein Kreis von Warschauer Offizieren und Intellektuellen den Aufstand gegen die Fremdherrschaft. Der Vizekönig, Großfürst Konstantin, und mit ihm die russischen Truppen mußten abziehen. Der polnische Reichstag vollzog den Bruch mit Rußland und erklärte die Zarenfamilie Romanov in Polen für abgesetzt. Die Revolutionsregierung des Fürsten **Czartoryski** erhoffte sich vergeblich Beistand von Frankreich und anderen Mächten. Im September 1831 eroberten die Russen Warschau zurück, Polen wurde Rußland eingegliedert. Weitere Aufstandsversuche – auch in den unter deutscher und österreichischer Herrschaft stehenden Gebieten – in Galizien (1846), Posen (1848) und der Januaraufstand von 1863 wurden ebenfalls blutig niedergeschlagen.

Polnische Teilungen Die polnischen Könige gelangten seit dem Aussterben des Königsgeschlechts der ▶ Jagellonen (1572) nicht durch Erbfolge, sondern durch Wahl auf den Thron. Häufig wurde die polnische Krone an ausländische Fürsten vergeben, wobei hohe Bestechungsgelder im Spiel waren. Im Reichstag besaß jedes Mitglied das Recht, durch Einspruch einen Beschluß zu

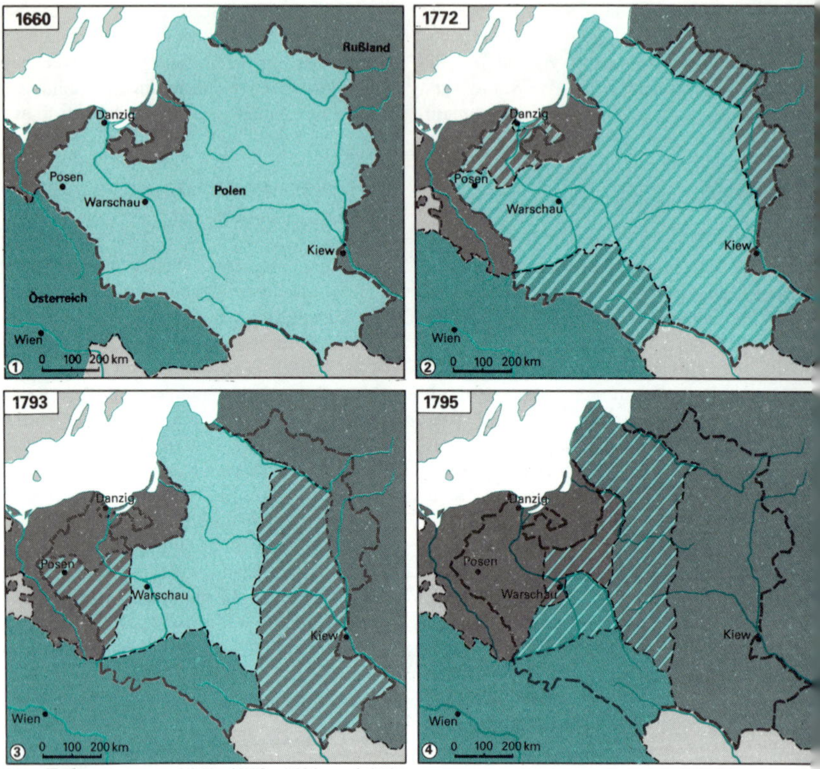

Die Teilungen von 1660, 1772, 1793 und 1795

Fall zu bringen (Veto). Diese Freiheit der Adelsfamilien lähmte das Staatsleben. Als 1764 der polnische König **Stanislaw August Poniatowski** versuchte, den Staat durch Reformen und die Abschaffung des Vetorechts zu stärken, löste die russische Zarin **Katharina II.** einen Bürgerkrieg aus, in den die Nachbarstaaten eingriffen. Er führte zur 1. polnischen Teilung 1772, mit der ein Viertel des polnischen Staatsgebietes an Rußland, Preußen und Österreich fiel. Als der polnische Reichstag einen erneuten Reformversuch unternahm, griffen Rußland und Preußen wieder ein, nachdem russische Parteigänger im Adel einen Vorwand geliefert hatten. Durch die 2. polnische Teilung 1793 wurde Polen zu einem nicht mehr lebensfähigen Reststaat. Der ▶ Polnische Aufstand von 1794 unter **Kościuszko** lieferte den drei Teilungsmächten den Vorwand zur 3. polnischen Teilung 1795, die Polen als selbständigen Staat auslöschte. Unter der Fremdherrschaft (1795–1918) entwickelte sich ein glühendes polnisches Nationalbewußtsein. Der 1918 als Republik wiedererstandene polnische Staat fiel durch die Teilungspläne im **Hitler-Stalin-Pakt** von 1939 erneut den beiden Nachbarn zum Opfer.

Porträt des reichgewordenen pompejanischen Bäckers Publius Paquius Proculus und seiner Frau, Fresko

Pompeji 63 n. Chr. verwüstete ein Erdbeben die römische Provinzstadt am Fuße des Vesuvs, südöstlich von Neapel. Der Wiederaufbau war noch nicht beendet, da brach 79 der Vesuv aus und deckte den Ort in kürzester Zeit mit einer bis zu 6,5 m hohen Schicht aus heißer Asche und glühenden Steinen zu; Häuser, Tiere und Menschen wurden begraben. Wir verdanken dieser Katastrophe genaue Kenntnisse über das Leben einer römischen Stadt im 1. Jh. n. Chr., denn die Asche konservierte die von ihr bedeckten Dinge hervorragend. Auch die benachbarten Kleinstädte **Stabiae** und **Herculaneum** sowie viele Dörfer und Gehöfte fielen dem Unglück zum Opfer. Sie sind noch wenig erforscht. Von Pompeji selbst legten die Archäologen seit 1860 über 60 Prozent frei.

Potemkinsche Dörfer Grigorij Alexandrowitsch Potemkin wurde 1774 Liebhaber und einflußreicher politischer Berater der Zarin **Katharina II.**, die ihn zum Generalgouverneur der den Türken entrissenen südlichen Provinzen ernannte. Dort gründete er die Städte Cherson, Nikolajew, das heutige Dnjepropetrowsk und, nachdem er 1783 die Krim erobert hatte, Sewastopol. Da er das Land zwischen Don und Wolga nicht so schnell bevölkern konnte, wie die Zarin wünschte, ließ er bei ihrer Besichtigungsreise Dörfer vortäuschen, indem er seitwärts der Route transportable Attrappen aufstellen und etwas Volk jubeln ließ. Seitdem wird der Ausdruck für ähnliche Täuschungsmanöver benutzt.

Prager Fenstersturz In Böhmen hatte Kaiser **Rudolf II.** den protestantischen Ständen 1609 in einem Majestätsbrief volle Religionsfreiheit und besondere ständische Privilegien zugesichert. Als nach seinem Tode Kaiser **Matthias** in seiner Eigenschaft als König von Böhmen diese Zusagen nicht einhielt, kam es 1618 zu einer Empörung des Adels. Dessen Vertreter zogen in Prag auf die Burg, den Hradschin, und warfen dort die kaiserlichen Statthalter **Martinitz** und **Slawata** sowie deren Sekretär **Fabrizius**, die sie für das kaiserliche Vorgehen verantwortlich machten, durch das Fenster der Kanzlei in den 16 Meter tiefen Burggraben. Wie durch ein Wunder blieben die drei aber weitgehend unverletzt. Der Fenstersturz war das Signal für den offenen Aufstand in Böhmen und, damit verbunden für die Wahl Friedrichs von der Pfalz (▶ Winterkönig) zum böhmischen König. Daraus entwickelte sich der **Böhmisch-Pfälzische Krieg** als erster Abschnitt des Dreißigjährigen Krieges.

Prager Frühling bezeichnet eine 1968 in der Tschechoslowakei eingeleitete Politik der Liberalisierung und Demokratisie-

Nach dem Einmarsch in Prag: Jugendliche besetzen sowjetische Panzer.

rung. Nach Jahren der wirtschaftlichen Erstarrung und politischen Bevormundung durch die UdSSR sollte das politische, wirtschaftliche und kulturelle Leben durch eine umfassende Reformpolitik freier gestaltet werden. Reformpolitiker in der kommunistischen Partei, insbesondere **Alexander Dubcek**, begeisterten mit ihrem Vorhaben die Bevölkerung. Als auch in anderen Ostblockstaaten Sympathien für den tschechischen Reformkurs geäußert wurden, beschloß die Sowjetunion, militärisch einzugreifen, da sie in ihrem Machtbereich keine eigenständige Politik duldete. Truppen des Warschauer Paktes aus Bulgarien, der DDR, Polen, Ungarn und der UdSSR besetzten das Land und erzwangen das Ende der Reformpolitik. Die UdSSR rechtfertigte das Eingreifen mit der **Breschnew-Doktrin**, nach der die Staaten des sozialistischen Lagers nur beschränkt souverän seien. Moskautreue Politiker ersetzten die Reformer, die aus der Partei ausgeschlossen wurden. Im Herbst 1989 wurde u. a. von Moskau das Eingreifen der Warschauer-Pakt-Staaten verurteilt, die einstigen Reformer wurden rehabilitiert.

Pragmatische Sanktion Mit diesem Vertrag erließ Kaiser Karl VI. 1713 eine neue Erbfolgeordnung. Da er keine männlichen Erben besaß, sicherte er seinen Töchtern die Thronfolge in den Ländern des Hauses Habsburg. Der Vertrag legte außerdem die Unteilbarkeit des habsburgischen Besitzes fest. Thronanwärter in Bayern und Sachsen, verheiratet mit Töchtern Josephs I., Karls Bruder, wurden damit übergangen. Obwohl der Vertrag nach langjährigen Verhandlungen und großen Zugeständnissen Österreichs international anerkannt wurde, mußte Karls Tochter ▶ Maria Theresia, nach ihrer Thronbesteigung im **Österreichischen Erbfolgekrieg** (1740–48) um die Durchsetzung der Pragmatischen Sanktion kämpfen.

Preußen 1525 schloß sich der letzte Großmeister des **Deutschen Ordens** der Reformation an und verwandelte den Ordensstaat in das weltliche Herzogtum Preußen unter polnischer Hoheit. 1618 erbten die brandenburgischen Hohenzollern das Herzogtum, schüttelten 1660 die polnische Lehensherrschaft ab, und der Namen Preußen ging auf den ganzen Hohenzollernstaat über. 1701 nahm Kurfürst Friedrich (R.1688–1713) als **Friedrich I.** den Königstitel an. Der *Soldatenkönig* ▶ Friedrich Wilhelm I., schuf den preußischen Militär- und Beamtenstaat, in dem Gehorsam, Sparsamkeit und Pflichterfüllung als Ideale galten. 1720 kaufte er Vorpommern. Sein Sohn ▶ Friedrich II., der Große erbte Ostfriesland, erhielt in der ersten ▶ Polnischen

Die territoriale Entwicklung Preußens 1789–1815

Teilung Westpreußen, das Ermland und den Netze-Distrikt, eroberte Schlesien von Österreich (▶ Schlesische Kriege) und führte Preußen auf den Rang einer Großmacht. Die Reformen des **aufgeklärten Absolutismus** (Religionsfreiheit, Trennung von Justiz und Verwaltung, Trennung von Staatskasse und Privatkasse des Königs, Merkantilismus) und die Reformen der napoleonischen Zeit stärkten Preußen innerlich. Mit dem Wiener Kongreß von 1815 und abermals mit dem Regierungsantritt von **Friedrich Wilhelm IV.** (R. 1840–61) verschärfte sich der Widerstand der Konservativen, vor allem der Großgrundbesitzer, gegen Reformen. Der Kampf um die Demokratie dauerte bis 1918.

Ab 1862 übernahm Preußen die Führung der deutschen Einigungsbewegung und hatte im Deutschen Reich durch Bevölkerungszahl, Wirtschaftskraft, den Zusammenfall der Kaiserwürde mit dem Amt des preußischen Königs und dem des Reichskanzlers mit dem Amt des preußischen Ministerpräsidenten ein großes Übergewicht. 1918 endete die Herrschaft der Hohenzollern über das Land, das von 1918 bis 1932 sozialdemokratische Regierungen hatte. 1933 wurde Preußen, wie alle Reichsländer, gleichgeschaltet und 1947 vom Alliierten Kontrollrat aufgelöst, da es den Siegern als Inbegriff des **Militarismus** und mangelnder Demokratie galt.

Priester Johannes Er hat für die Entdeckungsgeschichte eine ähnliche Funktion wie der Stein der Weisen für die

Chemie. Es hat ihn nie gegeben, aber die Suche nach ihm brachte neue wissenschaftliche Erkenntnisse. Der Sage nach war er ein christlicher König, der *im Osten* gegen Ungläubige kämpfte. Möglicherweise geht die Figur auf frühe Christen in China oder auf die christlichen Könige Äthiopiens zurück. Das Mittelalter glaubte in ihm bzw. in seinen Nachfolgern, Verbündete im Kampf gegen den Islam sehen zu können. Die Suche nach seinem Reich wurde zu einem wichtigen Antrieb für die Asienreisen des Mittelalters und die frühen Entdeckungsfahrten der Portugiesen entlang der Küste Afrikas.

Prinzipat Im Senat der Stadt Rom gab es eine Reihe besonders angesehener Männer, die *principes*, d. h. die Ersten. Sie wurden so genannt, weil sie in den Versammlungen das erste Wort hatten. Kaiser Augustus sprach von sich selbst immer nur als dem *princeps civium*, dem ersten unter den Bürgern. Der Senat und mit ihm die Würde der Principes bestand auch unter ihm und seinen Nachfolgern weiter, und so konnte der Anschein aufrechterhalten werden, Rom sei weiterhin eine Republik, obwohl es sich längst in eine Monarchie verwandelt hatte. Wir bezeichnen deshalb die Kaiserzeit der ersten drei Jahrhunderte n. Chr. als Prinzipat. Ab **Diokletian** (R.284–305) verwandelte sich das Römische Reich offen in eine absolute Monarchie nach orientalischem Muster, in der der Kaiser *dominus* (Herr) im Staat war. Deshalb sprechen wir ab da vom ▶ Dominat.

Protektorat meint die *Schutzherrschaft* eines Staates über einen anderen. Auch der beherrschte Staat selbst wird als Protektorat bezeichnet. Theoretisch bleibt er souverän und tritt nur einzelne Befugnisse ab, doch in der Regel wird unter dem Vorwand des Schutzes das schwächere Gebiet von einer stärkeren Macht unterworfen. Besonders oft wurde der Vorwand der Schutzherrschaft von Kolonialmächten verwendet. Nachdem Hitler das Sudetenland im Herbst 1938 aufgrund des ▶ Münchner Abkommens annektiert, die Slowakei aus dem Staatsverband gelöst und damit die Tschechoslowakei auf einen Bruchteil ihres ursprünglichen Gebietes reduziert hatte, besetzten die Nationalsozialisten im Frühjahr 1939 unter Vertragsbruch auch den Rest und verwalteten ihn als **Protektorat Böhmen und Mähren**. Auch hier hatte die tschechische Marionettenregierung keine Möglichkeiten zu eigener Politik.

Protestantismus Die evangelischen Reichsstände (reformierte Fürsten und Städte) erhoben auf dem **Reichstag von Speyer** (1529) gegen den Beschluß der Mehrheit der altkirchlichen Ständevertreter, am **Wormser Edikt** festzuhalten, Einspruch. In diesem 1521 auf dem Reichstag erlassenen Edikt hatte Kaiser Karl V. Luther geächtet, weil er seinen Lehren nicht abschwören wollte. Die Stände verweigerten nun die Verlängerung mit der Begründung, in Glaubensangelegenheiten dürfe es keine Mehrheitsbeschlüsse geben, weil sonst das Einzelgewissen vergewaltigt würde. Seit diesem Einspruch, der Protestation, ist der Name *Protestanten* (zunächst als Schimpfwort) gebräuchlich.

Der Begriff Protestantismus faßt indes alle von der Reformation geprägten christlichen Kirchen und Gemeinschaften zusammen, die u. a. das Papsttum, die Heiligenverehrung, den römischen Sakramentsbegriff und ein Eheverbot für Priester (Zölibat) ablehnen. Dazu zählen u. a. die Lutheraner und Reformierten mit zahlreichen nationalen, landeskirchlichen und freikirchlichen Gruppen, Altlutheraner, Altreformierte, Baptisten und Quäker. Der Protestantismus kennt keine kirchlich institutionalisierte Einheit, aber auch keine Bekenntniseinheit. Dennoch hat er sich als ökumenischer Gesprächspartner erwiesen, da – trotz der Vielfalt seiner Kirchen – eine klare theologische Prinzipientreue im Protestantismus gewahrt blieb. Für den Protestantismus des 20. Jh.s ist verbindlich: Die Schrift ist alleinige Offenbarungsquelle. Christus ist alleiniger Heilsgrund. Der Glaube ist die einzige Existenzmöglichkeit des Christen. Die Kirche ist stets reformbedürftig.

Provinz Ursprünglich wurde mit *provincia* der Aufgabenkreis eines mit ziviler und militärischer Gewalt ausgestatteten römischen Statthalters bezeichnet, dann verwendete man die Bezeichnung für das Land selbst, dessen Bevölkerung meist nicht versklavt oder verschleppt, aber zu Abgaben herangezogen wurde. Sobald Rom ein fremdes Territorium unterworfen hatte, erhielt dieses baldmöglichst ein Provinzialgrundgesetz, das der Eigenart der Provinz Rechnung trug. Dem Provinzstatthalter, der den Rang eines **Prätors, Proprätors** oder **Proconsuls** (▶ Ämterlaufbahn) bekleidete, oblag die Gerichtsbarkeit sowie die Aufsicht über alle in ihrer Selbstverwaltung belassenen Gemeinden. Die Toleranz der Römer führte im Laufe der Zeit dazu, daß alle freien Bewohner der Provinzen das römische Bürgerrecht erlangten. Dies war ein wesentlicher Grund dafür, daß die **Romanisierung** (Ausbau der Infrastruktur, Übernahme der Sprache und römischen Kultur, Rechtsfrieden) in den Provinzen rasch gelang.

Ptolemäer Nach dem Tod Alexanders des Großen (323 v. Chr.) teilten seine Nachfolger, die Diadochen, sein Reich unter sich auf (vgl. Karte S. 18). Ägypten fiel an seinen Jugendfreund, den makedonischen Feldherrn **Ptolemaios** (R. 323–283 v. Chr.). Im Jahr 305 nahm dieser mit dem Beinamen *Soter*, der Retter, den Königstitel an, und die von ihm abstammende Dynastie der Ptholemäer regierte Ägypten bis zur Niederlage von ▶ Kleopatra VII. (R.51–31 v. Chr.) gegen Octavianus, den späteren Kaiser Augustus. Das Reich des Ptolemaios umfaßte neben Ägypten Teile Libyens, Jordaniens, Israels, den Libanon, Südsyrien, die Südküste der Türkei und verschiedene Inseln im Ägäischen Meer. Seine Nachfolger haben diesen Besitz mit wechselndem Glück und in wechselndem Umfang gehalten.
Die Ptolemäer haben sich in den äußeren Formen der ägyptischen Kultur angepaßt; sie sind aber Griechen geblieben, und Kleopatra, die Letzte der Dynastie, hatte nach drei Jahrhunderten ptolemäischer Herrschaft über das Land keinen einzigen Tropfen ägyptischen Blutes in ihren Adern. Die Ptolemäer haben Göttlichkeit beansprucht, sie haben den Staat straff organisiert und viele Wirtschaftszweige als Staatsmonopol betrieben. Dadurch standen ihnen große Finanzmittel zur Verfügung, die sie zur Förderung der griechischen Kultur (des ▶ Hellenismus) nutzten. In der Akademie von Alexandria schufen sie mit hohen Kosten die wichtigste wissenschaftliche Einrichtung der antiken Welt, mit der sich viele bedeutende Namen verbinden. Besonders berühmt war die Bibliothek von Alexandria, die verbrannte, als Caesar sich in der Stadt gegen seine ägyptischen Belagerer verschanzte.

Punische Kriege Die Römer nannten die Phöniker und die mit diesen verwandten Karthager in Nordafrika häufig *Punier*. Das Verhältnis zwischen Rom und Karthago war recht gut gewesen, solange sich die jeweiligen Interessensphären – Italien und Sizilien – nicht überschnitten. Doch ein ursprünglich lokaler Streit in der Stadt Messina auf Sizilien löste 264 v. Chr. den 1. Punischen Krieg (64–241) aus. Nach wechselvollen Kämpfen auf Sizilien entschlossen sich die Römer zum Bau einer

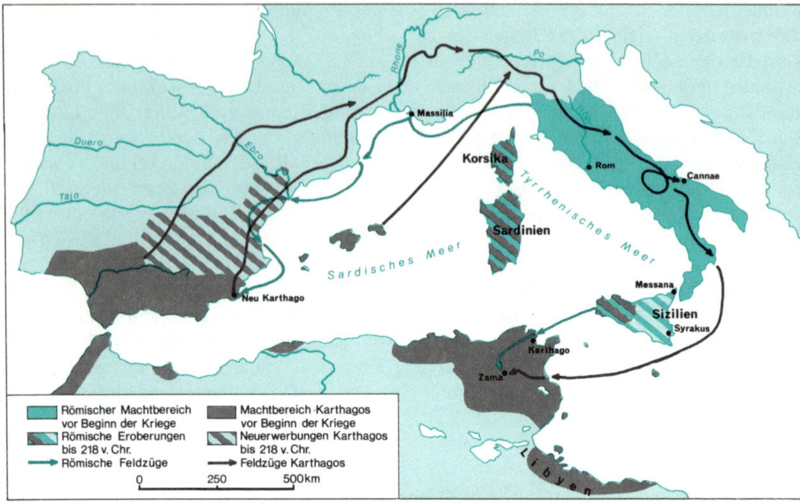

Rom und Karthago zur Zeit des 2. Punischen Krieges

Flotte, um den Krieg nach Afrika tragen zu können. Langwierige Kämpfe folgten, in denen die Römer etliche Niederlagen hinnehmen mußten, bis sie schließlich 241 die heiß umkämpfte Insel Sizilien zu ihrer ersten Provinz machen konnten. Karthago wurde zusätzlich zu Kriegsentschädigungen verpflichtet.

In den folgenden Jahrzehnten orientierte sich die Politik Karthagos neu, Ausbau und Festigung ihrer Herrschaft in Spanien standen im Mittelpunkt. Spanien war vor allem deshalb wichtig, weil es über reiche Erzvorkommen verfügte und es so den Karthagern erleichterte, den Zahlungen an Rom relativ leicht nachzukommen. Die beiderseitigen Interessen in Spanien wurden sowohl von Rom als auch von Karthago akzeptiert, der Ebro galt als Grenze des Einfluß- und Herrschaftsgebietes. So löste nach dem Angriff ▶ Hannibals auf Sagunt die Überschreitung des Ebros den 2. Punischen Krieg (218–201) aus. Es folgte Hannibals berühmter Alpenübergang, die Siegesserie der Karthager in den Schlachten am **Ticinus**, an der **Trebia**, am **Trasimenischen See** bis hin zur Vernichtung eines römischen Heeres bei ▶ Cannae 216. Doch von da an verweigerten die Römer Hannibal die Schlacht und nahmen ihm damit die Möglichkeit zu einem entscheidenden Schlag. Hannibal blieb in Italien, z. T. konnte er römische Bundesgenossen zum Abfall bewegen, aber eine Belagerung von Rom selbst war nicht denkbar. Die Lage änderte sich entscheidend, als **Publius Cornelius Scipio** die Eroberung Spaniens gelang. Damit war das karthagische Heer von der Versorgung abgeschnitten und den Karthagern ihre Machtbasis genommen, besonders nachdem Scipio 204 in Afrika gelandet war. Hannibal war damit zur Räumung Italiens gezwungen. Die letzte Schlacht des Krieges bei **Zama** 202 gewann Scipio.

Militärisch war Karthago vernichtet, der Friedensschluß machte Rom zur Vormacht im westlichen Mittelmeer. Karthago verlor Spanien, mußte Entschädigungen zahlen, bis auf wenige Schiffe die Flotte abliefern, durfte nur mit römischer Genehmigung Krieg führen. Der letzte Punkt sollte Karthago im 3. Punischen Krieg (148–146) zum Verhängnis werden. Als sich das wirtschaftlich erholte Karthago gegen die ständigen Übergriffe des Numiderfürsten **Masinissa** wehrte, nahm Rom dies zum Anlaß, die Rivalin endgültig zu vernichten. Die Stadt wurde völlig zerstört, ihre Bewohner in die Sklaverei verkauft, das Land zur römischen Provinz Africa.

Punt Das Land Punt wird in ägyptischen Inschriften immer wieder genannt, weil die Ägypter dorthin Handelsreisen unternahmen. Auf einer Wand im Totentempel der Königin ▶ Hatschepsut in Theben wird in Wort und Bild sehr anschaulich von einer Expedition erzählt, die wahrscheinlich im Auftrag dieser Königin 1482 v. Chr. mit mehreren Schiffen von dort Weihrauch und Edelhölzer auf der ▶ Weihrauchstraße holte. Auch König Salomo sandte Schiffe nach Punt. Trotzdem ist die Lage des Landes nicht genau bekannt. Man sucht es an der Somaliküste in Afrika, einige Forscher vermuten es aber auch in Südostafrika.

Puritaner So werden seit 1563 die englischen Calvinisten bezeichnet. Puritanische Gruppen gab es innerhalb und außerhalb der Anglikanischen Kirche, der Staatskirche Englands. Sie forderten eine einfache Lebensführung und eine stärkere Reinigung des Gottesdienstes. Die radikalen Puritaner verlangten auch die Abschaffung des Bischofsamtes und die Selbstverwaltung der christlichen Gemeinden. Da dies die Herrschaft der englischen Könige über die Kirche unmöglich gemacht hätte, gerieten sie in Konflikt mit der Krone. Großen Einfluß hatten die Puritaner vor allem während des ▶ Englischen Bürgerkrieges und auf die Entwicklung der USA (▶ Pilgerväter).

Pyramiden Am ältesten sind die Pyramiden Ägyptens. Um 2800 v. Chr. (+/– 250 Jahre) ließ Parao **Djoser** in **Sakkara** bei Kairo auf 125 mal 109 Metern Grundfläche einen 63 Meter hohen Bau aus 6 Stufen errichten, unter dem vielleicht das Grab des Königs lag. Er war von Höfen und großen Begleitbauten umgeben und durch eine hohe Mauer von der Umwelt abgeschlossen. Djosers Beispiel folgten alle Herrscher Ägyptens während des **Alten Reiches** (um 2650–2100).
Aus dem Stufenbau entwickelten sie im Laufe der Zeit die glattwandige Pyramide; Grundfläche und Höhe wurden immer größer, bis um 2600 die großen Pyramiden des **Cheops** (einst 230 x 230 m bei 146,6 m Höhe) und des **Chephren** in **Giseh** entstanden. Keine der Pyramiden gleicht in Form und innerem Aufbau einer anderen. Wir können daraus schließen, daß sie immer im Experimentierstadium blieben. Dabei gab es wahrscheinlich nicht nur technische, sondern vor allem religiöse Probleme. Wir wissen nicht genau, welchen kultischen Zwecken die Pyramiden dienten. Sie müssen aber zentrale Bedeutung gehabt haben, sonst wären solche Bauleistungen nicht möglich gewesen. Die Erklärung, sie seien Pharaonengräber gewesen, reicht wohl alleine nicht aus. Am Ende der 4. Dynastie (um 2500) schrumpften die ägyptischen Pyramiden wieder, wurden immer schlechter gebaut und verkümmerten am Ende des Alten Reiches (kurz vor 2000) zu Kleinformen. Insgesamt haben die Ägypter etwa 140 Pyramiden gebaut.
Die Sumerer und Babylonier errichteten zwischen 2500 und 600 v. Chr. in Mesopotamien ebenfalls Stufenpyramiden, **Zikkurat** genannt. Die bekannteste ist der **Turm von Babel.** Sie waren wesentlich kleiner als die ägyptischen Pyramiden, aus luftgetrockneten Ziegeln gebaut, daher wenig dauerhaft und trugen auf ihrer obersten Plattform vermutlich kleine Tempel. Welchen Ze-

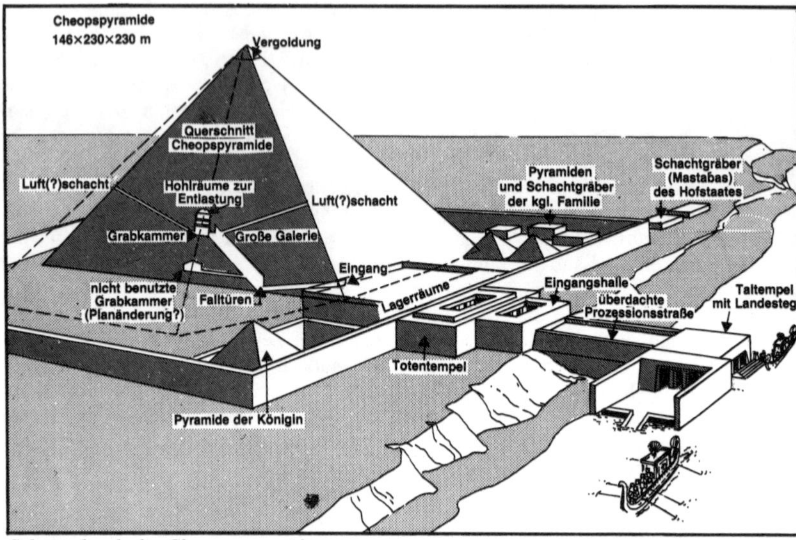

Schnitt durch die Cheopspyramide

remonien sie dienten, wissen wir nicht. Ähnlich ist es mit den Stufenpyramiden der Azteken, Maya und anderer mittelamerikanischer Völker aus den Jahrhunderten vor der Entdeckung Amerikas. Auch auf ihnen standen Tempel, teilweise dienten sie zur Beobachtung der Sterne, und vereinzelt wurden in ihnen Tote beigesetzt.

Pythagoras (um 570–480 v. Chr.) Der geometrische Lehrsatz ($a^2 + b^2 = c^2$), der dem ionischen Naturphilosophen zugeschrieben wird, war bereits vor seiner Zeit den babylonischen Mathematikern bekannt. In der Antike galt der Philosoph aus Samos aber als der vollkommene Weise und soll fast wie ein Gott verehrt worden sein. In Kroton in Unteritalien gründete er eine religiöse Bruderschaft und lehrte u. a., daß das Wesen aller Dinge in der Zahl besteht. Hieraus entwickelten seine Schüler, die sogenannten **Pythagoreer**, mathematische Theorien, z. B. zur Berechnung des Tonsystems. Sie erkannten bereits die Kugelgestalt der Erde, außerdem verfochten sie auf vielen Gebieten Ideen, deren weltverändernde Bedeutung erst viel später erfaßt wurde.

R

Ramses II. Im Neuen Reich Ägyptens gab es mehrere Pharaonen dieses Namens. Der bedeutendste war Ramses II., König um 1290–24 v. Chr.. Sein außenpolitisches Ziel, die **Hethiter**, ein indogermanisches Volk, aus dem Norden Syriens zu verdrängen, hat er nicht erreicht; er mußte nach der unentschiedenen Schlacht bei **Kadesch** (1285) einen Kompromißfrieden schließen, der aber die Stellung Ägyptens im Nahen Osten für mehrere Jahrzehnte sicherte. Ramses ließ viel bauen, und seine Tempelanlagen u. a. in **Luxor**, **Abydos** und **Abu Simbel** und die zahllosen Kunstwerke, die er in Auftrag gab, erregen heute noch das Staunen der Touristen. Die Kriege und die Bauwut des Königs haben den blühenden Staat wirtschaftlich ausgeblutet und nach Ramses Tod begann der Abstieg Ägyptens.

Rapallo-Vertrag Interessengegensätze zwischen der jungen Sowjetunion und den Westmächten sowie die unnachgiebige Haltung Frankreichs in der Frage der ▶ Reparationen führten 1922 am Rande einer Wirtschaftskonferenz in Genua zu einer Annäherung der deutschen und sowjetischen Konferenzdelegationen und schließlich am 16. April 1922 zum Abschluß eines deutsch-sowjetischen Vertrags. Darin verzichteten die Unterzeichner auf den Ersatz von Kriegskosten und Kriegsschäden und vereinbarten beiderseitige Handels- und Wirtschaftsbeziehungen nach dem Grundsatz der Meistbegünstigung sowie die Aufnahme diplomatischer und konsularischer Beziehungen. Mit dem Vertrag von Rapallo, der die Weltöffentlichkeit überraschte, gelang es der Sowjetunion wie dem Deutschen Reich, ihre bisherige außenpolitische Isolierung zu durchbrechen. Rapallo bedeutete freilich keine einseitige Festlegung der deutschen Außenpolitk zugunsten der kommunistischen Großmacht.

Raumfahrt Der Vorstoß in das Weltall ist ein alter Menschheitstraum, der bereits im 2. Jh. n. Chr. den Schriftsteller **Lukian von Samosata** beschäftigte. Der Klassiker des utopischen Reiseromans ist **Jules Vernes** *Von der Erde zum Mond* (1865). Aber erst um die Jahrhundertwende gelang ein Durchbruch. Raumfahrtpioniere wie die Deutschen **Ganswindt** und **Hohmann**, der Russe **Ciolkovskij** oder der Amerikaner **Goddard** widmeten sich den technisch-wissenschaftlichen Voraussetzungen, z. B. den Raumflugbahnen, die im Sonnensystem möglich sind, der Antriebstechnik sowie Steuerung von Raketen. Die Raketentechnik wurde während des 2. Weltkrieges vor allem von **Hermann Oberth** und **Wernher von Braun** vorangetrieben, die in Peenemünde die erste automatisch gesteuerte Flüssigkeitsrakete, die spätere *V 2*, entwickelten, die aber nicht mehr eingesetzt wurde. Wernher von Braun ging 1945 zur amerikanischen Weltraumbehörde NASA und wurde mit seinen Weiterentwicklungen der „Vater" des amerikanischen Mondflugprogramms *Apollo*.

Den ersten Schritt in den Weltraum vollzogen aber die Sowjets mit dem Start des *Sputnik 1* am 4. 10. 1957; *Explorer 1*, der er-

1530 – 1969, der „Durchbruch des Menschen durch das Himmelsgewölbe" ist gelungen.

ste amerikanische Erdsatellit, startete ein Jahr später. 1961 wagten die Sowjets den ersten bemannten Raumflug, die USA folgten. Die Raumfahrt war zum Wettlauf und zur Prestigefrage zwischen den Supermächten geworden. Am 21. 7. 1969 landeten die Amerikaner Armstrong und Aldrin mit *Apollo 11* als erste Menschen auf dem Mond. In der Folgezeit verlagerte sich die Raumfahrt auf die Entwicklung bemannter Raumstationen (*Skylab, Sajut* 1973/1974), die Erforschung der Planeten und der Sonne mit Hilfe leistungsfähiger Raumsonden und die technische Nutzung, z. B. durch Kommunikationssatelliten, die Fernsehprogramme ausstrahlen. **SDI** heißt eine *Strategische Verteidigungsinitiative* des damaligen US-Präsidenten **Reagan** aus dem Jahr 1983: Ein lückenloses Abwehrsystem im Weltraum soll jeden anfliegenden Flugkörper des Gegners schon in der Luft zerstören. Die militärische Raumfahrt als Teil des Wettrüstens zwischen den Supermächten und die friedliche Erforschung des Weltraums sind nur schwer voneinander zu trennen.

Reconquista Das spanische Wort *Rückeroberung* meint den Kampf gegen die ▶ Mauren in Spanien und Portugal. 711 hatten die Mauren das Reich der Westgoten erobert, doch nach der Schlacht bei **Tours** und **Poitiers** 732 begann der Gegenangriff des Frankenreiches. Karl der Große drängte die Mauren an den Ebro zurück, zugleich begannen Angriffe aus den christlichen Rückzugsgebieten in Asturien in Nordwestspanien. Ab dem 11. Jh. steigerte sich die Intensität der Reconquista, und 1492 – dem Jahr, in dem Kolumbus Amerika entdeckte – fiel mit dem Sultanat Granada die letzte islamische Herrschaft in Spanien.

Reformation Für das ausgehende Mittelalter war der Ruf nach einer *reformatio* der Kirche, nach deren Erneuerung und Neugestaltung charakteristisch. Konzilien wie das von **Konstanz** (1414–18) oder **Basel** (1431–49) befaßten sich mit diesem Thema. Die heutige Geschichtswissenschaft verwendet den Begriff vor allem für die von Luther ausgegangene Bewegung, die zur Kirchenspaltung geführt hat.

Zu den Voraussetzungen der Reformation zählen der Humanismus und die Renaissance. Sie haben zu einem Wandel der Lebens- und Weltanschauung geführt, den Einzelmenschen von der Bindung an die Tradition befreit und der kirchlichen Autorität gegenüber kritisch gemacht. Das ▶ Schisma von 1378, als zwei Päpste gewählt wurden, trug überdies zum Verlust des Ansehens von Kirche und Papsttum bei. Die Konzilen von **Pisa** (1409, zur Beseitigung des Schismas), Konstanz, Basel und das **V. Laterankonzil** (1512–17) hatten keine tiefgreifenden Reformen bewirkt. An den innerkirchlichen Mißständen nahmen Geistliche und Laien immer wieder Anstoß, vor allem der geistige und moralische Zustand der Geistlichen beschwor herbe Kritik herauf. Weitere Voraussetzungen der Reformation waren die durch die Humanisten geforderte Rückkehr zu den Quellen und die damit verbundene Hinwendung zur Bibel. So deklarierten die Reformatoren die Heilige Schrift zur alleinigen Glaubensquelle und die intensive Beschäftigung mit dem Alten und Neuen Testament führte zu neuen theologischen Anschauungen. Schließlich wurzelten Luthers Reformbestrebungen in der damals gerade im klösterlichen Bereich aufbrechenden Erneuerungsbewegung. Mit seinen Bibelauslegungen (seit 1513) entwickelte Luther seine reformatorische Theologie, von der Tradition der ▶ Scholastik rückte er seit 1517 ab. Im gleichen Jahr geriet er in Konflikt mit der Kirche. Dabei verwarf er die Autorität des Papstes und bezweifelte die Irrtumslosigkeit der Konzilien, Richtschnur des Glaubens ist allein die Bibel, nicht andere Überlieferungen.

Die Exkommunikation Luthers und die Reichsacht konnten die Reformation nicht an ihrer Ausbreitung hindern, da zahlreiche deutsche Fürsten und Reichsstädte auf die Seite des Reformators überwechselten. Infolge der Türkengefahr und auswärtiger Kriege mußte zudem der Kaiser den Protestanten wiederholt Zugeständnisse machen, ehe er sich, nach dem Scheitern der Verhandlungen zwischen ▶ Union und Liga mit dem ▶ Schmalkaldischen Bund gewaltsam auseinanderzusetzen begann. Im ▶ Augsburger Religionsfrieden (1555) wurde schließlich das Augsburger Bekenntnis von 1530 reichsrechtlich anerkannt und den Landesherrn (nicht den Landeskindern) das Recht der freien Religionsausübung zugestanden. Die rasche Ausbreitung der Reformation in Deutschland ist nicht Luthers Verdienst allein, sondern auch das anderer Reformatoren, wie **Melanchton**, **Bugenhagen**, **Bucer** und **Osiander**.

Außerhalb Deutschlands faßte die Reformation in den Niederlanden, in Frankreich, Italien und Spanien Fuß, vor allem nachhaltig in Dänemark, Norwegen, Schweden, Island und Finnland. In England entstand unter Heinrich VIII. die ▶ Anglikanische Staatskirche. In Zürich wirkte der Reformator ▶ Zwingli, während in der Westschweiz unter ▶ Calvin eine neue Reformbewegung entstand. Das Trienter Konzil von 1545 (▶ Tridentinum) leitete die Selbstbesinnung und Erneuerung der katholischen Kirche ein und bereitete den Boden für die ▶ Gegenreformation vor.

Reichsacht

Die Verhängung der Reichsacht im Mittelalter durch den Kaiser bedeutete, daß der Geächtete im ganzen Reich aus der Gemeinschaft ausgeschlossen war, weder unterstützt noch aufgenommen und von jedem straflos getötet werden durfte. Wer diesen Geboten zuwiderhandelte, verfiel seinerseits der Acht. Verhängt wurde die Strafe bei Landfriedensbruch, Nichtbefolgung einer Vorladung oder Nichtzahlung von Reichssteuern. Meist ging die Acht mit der kirchlichen Strafe des Banns (▶ Kirchenbann) einher. Von den Rechtsfolgen einer Reichsacht konnten der Kaiser, der Reichshofrat oder das Reichskammergericht befreien.

Reichsdeputationshauptschluß

Im **Frieden von Lunéville** (1801) war die Abtretung der von Frankreich besetzten

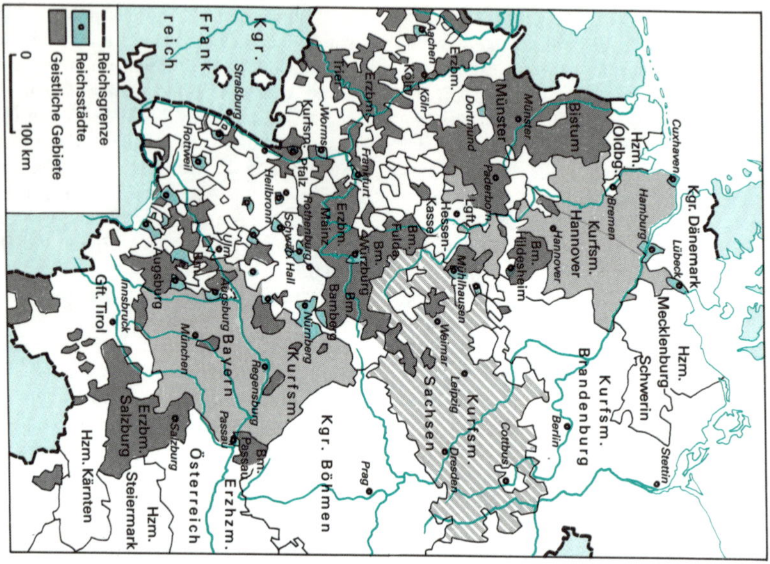

Mitteleuropa 1789

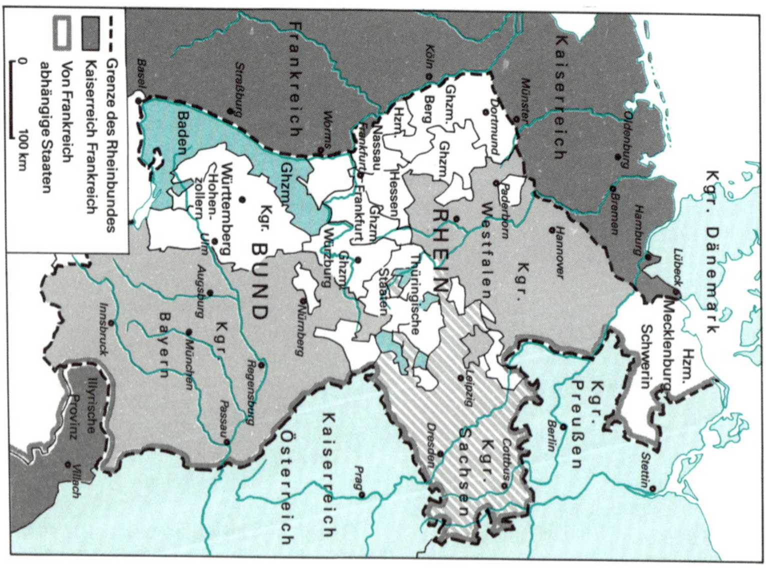

Mitteleuropa zwischen 1806 und 1815

linksrheinischen Gebiete formal akzeptiert und ein Entschädigungsanspruch der deutschen Fürsten festgelegt worden. Mit der Umsetzung der Vereinbarungen wurde ein Ausschuß des Regensburger Reichstages, die **Reichsdeputation**, beauftragt, wobei die tatsächlichen Entscheidungen in Paris fielen. Die durch den Reichsdeputationshauptschluß vom 25. 2. 1803 vorgenommenen Gebietsumschichtungen gingen dann auch über eine bloße Entschädigung hinaus. Fast alle geistlichen Fürstentümer wurden säkularisiert, d. h. weltlicher Herrschaft unterstellt. 45 Reichsstädte und 112 Kleinstaaten kamen unter die Herrschaft eines Landesherren, sie wurden mediatisiert. Entsprechend den Absichten Napoleons stärkten **Säkularisierung** und **Mediatisierung** die deutschen Mittelstaaten und legten die Grundlagen für eine Bündnispolitik mit Frankreich (▶ Rheinbund). Die politische Basis des alten Deutschen Reiches wurde damit zerstört und. Es endete 1806.

Reichsinsignien Im Laufe von knapp 400 Jahren sammelten die deutschen Könige eine Anzahl von wichtigen Gegenständen und Reliquien, die für die Krönungen benötigt wurden und deren Besitz zugleich ihren Herrschaftsanspruch legitimierte. Dazu gehörten die im 10. Jh. entstandene Reichskrone, die Heilige Lanze, das Reichsschwert, Reichsapfel und Zepter, das Reichskreuz mit einem Splitter aus dem Kreuz Christi, das Reichsevangeliar und der Krönungsmantel, der aus Sizilien stammte. Jeder Gegenstand hatte auch symbolische Bedeutung; der Reichsapfel war als Weltkugel mit dem Kreuz als Sinnbild christlicher Weltherrschaft dargestellt. Zu den wichtigsten Aufbewahrungsorten dieses Schatzes gehörten Burg Trifels in der Pfalz, Burg Karlstein in Böhmen, Nürnberg, wo er über 350 Jahre lagerte, und schließlich seit dem 19. Jh. die Schatzkam-

Deutsche Kaiserkrone, Reichsapfel und Zepter

mer in der Hofburg zu Wien. Das Evangeliar, der „Säbel Karls des Großen" und die Stefansbursa, ein Reliquienbehälter wurden bis zum Ende des 18. Jh.s in Aachen verwahrt.

Reichskirchensystem Gegen die kaiserliche Zentralgewalt ▶ Ottos I. wehrten sich im 10. Jh. in mehreren Aufständen die Herzöge, die auf Wahrung und Vergrößerung ihrer eigenen Machtposition bedacht waren. So begannen Otto und seine Nachfolger aus dem ottonisch-salischen Herrscherhaus in erheblichem Maße die Mitglieder des hohen Klerus, Bischöfe und Äbte, auch für weltliche Aufgaben heranzuziehen. Sie übertrugen ihnen die wichtigsten Staatsämter und belehnten sie mit Reichs- und Königsgut. Die Vorteile lagen auf der Hand: Die in der Regel gebildeten Kirchenmänner, die aus den angesehensten Familien des Reiches kamen, waren für Verwaltungsaufgaben meist geeigneter als Laien. Das Amt fiel nach dem Tod des In-

habers an die Krone zurück, da die hohen Geistlichen nicht verheiratet waren und keine Erben hatten. Der König konnte also immer wieder neue, vertrauenswürdige und kluge Männer an die Schaltstellen der Macht bringen.
Das System war dennoch anfällig. Es setzte voraus, daß der König das unangefochtene Recht hatte, Bischöfe seiner Wahl einzusetzen, sie zu investieren. Außerdem mußte er den Bischöfen gewissermaßen den Rücken freihalten, indem er ein gutes Einvernehmen mit dem Papst wahrte. Den mächtigen ottonisch-salischen Herrschern gelang dies, zumal sie mit dem **Privilegium Ottonianum** von 962 faktisch den Papst bestimmten. Dieses Gesetz legte fest, daß der Papst erst geweiht werden durfte, wenn er dem Kaiser einen Treueeid abgelegt hatte. Das uneingeschränkte Recht der Investitur und das gute Einvernehmen mit dem Papst wurden durch den Investiturstreit Ende des 11. Jh.s in Frage gestellt, der die Einsetzung durch Laien nun verbot. Damit fiel eine der wichtigsten Voraussetzungen des bisherigen Reichskirchensystems weg.

Reichsstädte Die ältesten Städte , die dem König oder Kaiser direkt unterstellt waren, entstanden auf **Königsgut**. Die Reichsstädte waren dem König zu Diensten und Abgaben verpflichtet, aber sie hatten keinen weiteren Herrn über sich. Später erlangten auch andere Städte durch Vertrag oder Verleihung die **Reichsunmittelbarkeit**. Nach 1250 brachten andere Städte, die von kaiserlichen Vögten verwaltet, aber in den Herrschaftsbereich der Kirche fielen, die Hoheitsrechte (Steuererhebung, Gerichtsbarkeit usw.) an sich. In Bischofsstädten sagten sich die Bürger häufig nach Kämpfen von ihrem bisherigen Herrn los. Die Grenzen zwischen den einzelnen Stadtformen verwischten sich, ab der Neuzeit wird häufig nur noch von Freien Reichsstädten gesprochen. Ab 1489 waren die Reichsstädte zu den Reichstagen geladen, wo Regensburg den Vorsitz auf der **Schwäbischen**, Köln den auf der **Rheinischen Städtebank** hatte. Neben Reichsstädten wie Frankfurt, Nürnberg, Augsburg oder Ulm waren dort auch kleinste Reichsstädte wie Gengenbach oder Bopfingen vertreten. Das alte Reich überdauerten als Freie Städte nur Bremen, Hamburg, Frankfurt (bis 1866, wurde dann preußisch) und Lübeck (bis 1937). Die meisten Reichsstädte wurden durch den ▶ Reichsdeputationshauptschluß von 1803 mediatisiert, d. h. weltlichen Fürstentümern unter Verlust der Reichsunmittelbarkeit eingegliedert, eine weitere Gruppe verlor ihre Selbständigkeit unter den Auswirkungen der napoleonischen Zeit in den Rheinbundstaaten.

Reichstag Der Reichstag entwickelte sich aus den **Hoftagen** der Fürsten, die vom König zu hohen Kirchenfesten oder vor einem Heerzug einberufen wurden. Er war im alten Deutschen Reich bis 1806 kein Parlament, in dem gewählte Volksvertreter saßen, sondern eine Versammlung der Stände. Neben den Fürsten, Grafen und freien Herren saßen Vertreter der Reichs- und Bischofsstädte im Reichstag. Er gliederte sich in drei getrennt tagende Kollegien (Gruppen): die Kurfürsten unter dem Vorsitz des Reichskanzlers (des Erzbischofs von Mainz), die Reichsfürsten und das Kollegium der Städte. Der Reichstag trat seit 1663 als ständiger Gesandtenkongreß, als **Immerwährender Reichstag**, in Regensburg zusammen. Er hatte zwar keine ganz eindeutig festgelegten Kompetenzen, seit dem ausgehenden 15. Jh. beschäftigte er sich aber mit Reichsgesetzen und -steuern, der Entscheidung über Krieg und Frieden, dem Heereswesen und anderen Staatsgeschäften.
Reichsgesetze kamen nur nach einem sehr umständlichen Verfahren zustande. Waren

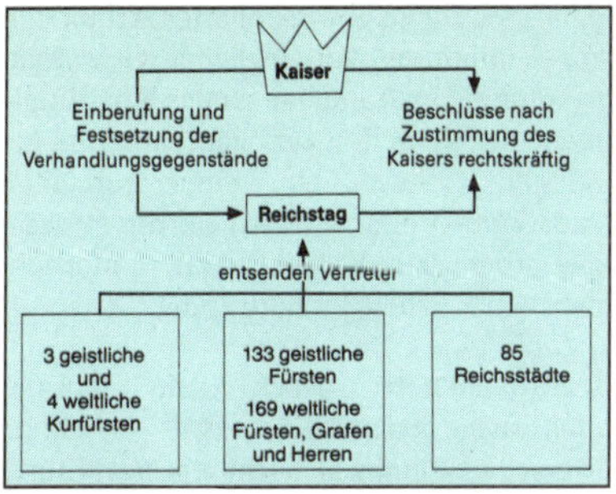

Kaiser, Reichsstände und Reichstag um 1500

sich die Kurfürsten einig, stimmen sie sich mit der Fürstenbank ab und dann beide zusammen mit den Städten. Die gemeinsame Vorlage konnte dann der Kaiser als **Reichsabschied** gutheißen. Einen Reichstag gab es auch im ▶ Norddeutschen Bund und im ▶ Deutschen Reich von 1871–1945.

Renaissance Das französische Wort wurde einst in der italienischen Form *Rinascità* (Wiedergeburt) für einen Vorgang, dann für einen Stil verwendet und bezeichnet heute jene am Ende des Mittelalters durch den ▶ Humanismus eingeleitete Kulturwende. Sie war gekennzeichnet durch die Wiederentdeckung und Pflege der lateinischen und griechischen Sprache, Literatur und Wissenschaft und durch das Suchen eines neuen Bildungsideals. Der Mensch sollte aus seiner mittelalterlichen Gebundenheit und den durch den kirchlich bestimmten Zeitgeist geprägten Regelzwang befreit werden. Auf allen Lebensgebieten sollte sich der Einzelne in freier Selbstbestimmung bewähren und entwickeln können und zu selbständigem Denken und Forschen kommen. Natur und Welt galten dem Renaissance-Humanismus nicht mehr nur als Vorstufe und Hinweis auf eine jenseitige Welt, sondern als eigene Größen, die es jetzt zu entdecken galt. Träger dieses neuen Geistes waren Künstler, Wissenschaftler, Adelige, selbst Päpste und eine große Zahl von Bürgern italienischer Stadtstaaten, in denen eine Herauslösung des Menschen aus der bislang ständisch gegliederten und religiös begründeten Ordnung möglich wurde. Die Akademie in Florenz, aber auch die zahlreichen neugegründeten Universitäten erwiesen sich als geistige Mittelpunkte dieser Bewegung.
Zu den großartigsten Leistungen der italienischen Renaissance sind die literarischen Werke ▶ Dantes (1265–1321), **Boccaccios** (1313–75) und **Petrarcas** (1304–74) zu zählen. Aus der Vielzahl der großen Vertreter der bildenden Künste seien **Bramante** (um 1444–1514), **Leonardo da Vinci** (1452–1519), **Michelangelo** (1475–1564), **Donatello** (1386–1466), **Raffael** 1483–1520) und **Tizian** (1476/77–1576) genannt.

Teilansicht des Florenzer Domes

Reparationen Häufig verlangten die Sieger eines Krieges Geld-, Sach- oder Arbeitsleistungen als Bedingung für einen Friedensschluß. Das Ziel war, Beute zu machen oder die eigenen Lasten zu erleichtern und den unterlegenen Gegner zu schwächen. 1919 wurde dafür erstmals die Bezeichnung Reparationen verwendet. Das Deutsche Reich mußte in Artikel 231 des Versailler Vertrages seine Alleinschuld am Ausbruch des 1. Weltkriegs anerkennen und deshalb, wie die anderen Verlierer, Reparationen leisten. Diese wurden durch **Dawesplan**, ▶ Youngplan und das **Hoover-Moratorium** von 1932 schließlich auf 3 Mrd. Mark herabgesetzt.
Nach dem 2. Weltkrieg regelte die **Potsdamer Konferenz** der Alliierten 1945 die deutschen Reparationsverpflichtungen in Form von Demontagen und Entnahmen der Sieger aus der laufenden Produktion. 1950 wurden die Demontagen eingestellt, 1953 verzichteten im **Londoner Schuldenabkommen** die Westmächte und 1954 auch die Sowjetunion auf weitere Ansprüche. Der beginnende Kalte Krieg zwischen Ost und West hatte die Einstellung der Demontagen in den Westzonen und die Unterstützung des Wiederaufbaus auch mit Hilfe des ▶ Marshallplans beschleunigt, während die sowjetische Besatzungszone durch umfangreiche Demontagen wesentlich schlechtere Ausgangsbedingungen für ihre zukünftige wirtschaftliche Entwicklung hatte.

Rerum novarum Mit diesen Worten beginnt die **Enzyklika** (Lehrschreiben) Papst **Leos XIII.**, in der er 1891 Stellung zur Arbeiterfrage bezog. Gegenüber dem Sozialismus verteidigte er darin das Eigentumsrecht, gegenüber dem Liberalismus betonte er die Pflicht des Staates zu einer gerechten Lohnpolitik und zur Arbeitsschutzgesetzgebung. Arbeitgeber ermahnte er, die Würde des Menschen zu achten, den Arbeiter zu gewissenhafter Arbeit und zur Enthaltung von jeglicher Gewaltanwendung. Unabdingbar sei das Koalitionsrecht der Arbeiter zur Sicherung des gerechten Lohnes. Um einer gerechten Eigentumsordnung willen sei die Zusammenarbeit von Kirche, Staat, Unternehmern und Arbeitern notwendig.

Résistance Nach dem Zusammenbruch Frankreichs 1940 errichtete Marschall **Pétain** in Vichy ein autoritäres Regime, das mit Nazi-Deutschland kooperierte. Währenddessen setzten die **Forces Francaises Libres** des Generals de Gaulle von London aus den Krieg fort (Auslandsrésistance). In Frankreich selbst bildeten sich um illegale Zeitungen Gruppen, die bald zum aktiven Widerstand übergingen, z. B. die Gruppen des **Maquis**. 1941 verstärkte die KP Frankreichs die Bewegung entscheidend. Der Zusammenschluß der isolierten Gruppen verlieh der *inneren* Résistance politisches Gewicht. Sie unterstützte die Invasion in der Normandie durch Sabotageakte, hatte als Folge deutscher Repressalien aber auch hohe Verluste zu verzeichnen.

Restauration (lat.: restaurare = wiederherstellen) Nach der Vertreibung Napoleons trafen sich die europäischen Mächte 1814/15 auf dem ▶ Wiener Kongreß, um Europa neu zu ordnen. Eine zentrale Frage war die Wiederherstellung der vorrevolutionären Zustände vor der Französischen Revolution und vor Napoleon. Die Herrscher, die sich auf das ▶ Gottesgnadentum stützten, sollten wieder in ihre Rechte eingesetzt und die von der Französischen Revolution vertretenen Ideen von Freiheit und Gleichheit sowie das Prinzip der Volkssouveränität ausgeschaltet werden. Um sich gegen liberale und nationale Strömungen zu schützen, wollten sich die Mächte gegenseitig absichern und schlossen sich daher zur ▶ Heiligen Allianz zusammen. Das innenpolitische Klima in den meisten europäischen Ländern war darum bis zur Revolution von 1848 von Zensur, Beschränkung der Pressefreiheit und Unterdrückungsmaßnahmen jeglicher Art geprägt. Die Restauration der alten Territorien gelang deshalb nicht vollständig, weil zahlreiche Staaten, die durch napoleonische Gebietsveränderungen in Deutschland profitiert hatten, nun auf ihre Gebietsgewinne nicht mehr verzichten wollten.

Restitutionsedikt Das 1629 von Kaiser **Ferdinand II.** erlassene Gesetz bestimmte, daß alle seit dem **Vertrag von Passau** 1552 durch Protestanten eingezogene Kirchengüter an die Katholiken zurückgegeben werden sollen. Ferner wurden die Reformierten vom Religionsfrieden ausgenommen, und die katholischen Reichsstände bekamen die Erlaubnis, die in ihren Territorien lebenden Protestanten wieder zum Katholizismus zu zwingen. Das Edikt sollte der ▶ Gegenreformation nach den kaiserlichen Siegen eine Rechtsgrundlage geben, blieb aber wegen des weiteren Verlaufs des Dreißigjährigen Krieges wirkungslos.

Réunionen (franz. = Wiedervereinigungen) Mit der durch den Westfälischen Frieden und den **Pyrenäenfrieden** zwischen Spanien und Frankreich (1659) erlangten Vormachtstellung Frankreichs gab sich Ludwig XIV. nicht zufrieden. Vielmehr ging er ab 1661, gestützt auf gute Armeen, gewandte Diplomaten und nützliche Bundesgenossen, zur Expansionspolitik über, um seinem Königreich möglichst viele Territorien jenseits der Ostgrenze Frankreichs einzuverleiben.
Den spanischen Thronwechsel nahm er zum Anlaß, westflandrische Besitzungen Spaniens an sich zu reißen, so erhielt er u. a. von den spanischen Niederlanden die Freigrafschaft Burgund, das Land um Besançon im heutigen Osten Frankreichs. Die holländischen Generalstaaten wehrten sich 1672–78 zäh gegen die französische Eroberung.
Die zweite Stoßrichtung der Expansion ging gegen das Deutsche Reich. Zum einen sollten die nach dem Dreißigjährigen Krieg vertraglich an Frankreich abgetretenen Gebiete miteinander verbunden werden, zum anderen wollte Ludwig die Grenze nach Osten verschieben und die ersehnte Rheingrenze erobern. Alle Gebiete, die irgendwann einmal mit Frankreich lehnsrechtlich verbunden gewesen waren bzw die sich aus Verbindungen mit den nach 1648 erhaltenen Territorien ergaben, sollten Frankreich einverleibt werden. So bemächtigte sich Ludwig seit 1679 aller Städte und Dörfer des Elsaß, die Besitzergreifungen wurden „réuniert", d. h. wiedervereinigt. Extra eingerichtete Réunionskammern in Metz, Breisach, Besançon und Tournai mußten den Besitzanspruch durch ein juristisches Verfahren plausibel machen. Etwa 600 Herrschaften und Orte wurden so vom Reich gelöst. Ohne Rechtsvorwand und ohne jede Kriegserklärung ließ Ludwig 1681 die Reichsstadt Straßburg besetzen und seinem Königreich einverleiben. Die Abwesenheit des Kaisers wegen der Türkengefahr nutzte Ludwig 1684 zur Besetzung von Luxemburg und Trier. Rechtswidrig ließ er im Rhein- und Moselgebiet Festungen bauen. Mit seinem Versuch, ohne ernsthafte Rechtsgrundlage Erbansprüche auf die Kurpfalz zu erheben, zog er schließlich den Reichskrieg auf sich. Eine Große Allianz (Niederländische Generalstaaten, England, Österreich u. a.) zwang ihn im **Pfälzischen Krieg** (1688–97) auf die Pfalz zu verzichten, im **Frieden von Rijswijk** 1697 bekam Frankreich Straßburg und die elsässischen Réeunionen zugestanden, die anderen Eroberungen mußten zurückgegeben werden.

Der Begriff **Raubkriege**, wie die Réunionen von deutscher Seite genannt wurden, belastete jahrhundertelang das deutsch-französische Verhältnis und wurde vor allem im wilhelminischen Kaiserreich unnötig hochgespielt.

Revolution 1848/49 Im Februar 1848 kam es in Paris zu einer Revolution, durch die der Rücktritt des *Bürgerkönigs* **Louis Philippe** erzwungen und eine Republik errichtet wurde. Der Aufstand griff auch auf die deutschen Staaten über und löste eine Welle revolutionärer Unruhen aus. Deutlich lassen sich dabei drei Grundströmungen unterscheiden: eine liberale mit den Forderungen nach Presse- und Vereinsfreiheit sowie nach Schwurgerichten; eine nationale, die in Deutschland in dem Streben nach einer neuen politischen Einheit und einer Reichsverfassung gipfelte, während die nichtdeutschen Teile der Habsburger Monarchie (Ungarn, Oberitalien) ihre nationale Unabhängigkeit zu erkämpfen suchten; schließlich eine soziale Strömung, die sich nur in geringem Maße auf die Revolution selbst auswirkte, dafür aber die Entwicklung der ▶ Arbeiterbewegung einleitete.

Die erste Phase der Revolution dauerte von Februar bis Mai 1848. Noch dominierte die monarchische Idee, liberale Forderungen wurden vom Mittelstand vertreten. In kleinen und mittleren deutschen Staaten gaben die Regierungen rasch und kampflos nach. Dagegen kam es in Wien zu Straßenkämpfen, der gefürchtete Staatskanzler ▶ Metternich wurde vertrieben und ein verfassungsgebender Reichstag für Österreich einberufen. Oberitalien und Ungarn suchten ihre nationale Unabhängigkeit zu erlangen, die Slawen strebten nur eine Umformung der Monarchie an. In Berlin erzwangen Barrikadenkämpfe vom preußischen König die Berufung des Vereinigten Landtags.

Die zweite Phase von Mai bis Oktober war gekennzeichnet durch die Bemühungen um eine neue deutsche Einheit. In Frankfurt trat am 18. Mai in der Paulskirche eine frei gewählte **Nationalversammlung** zusammen, deren Abgeordnete eine Verfassung zu schaffen suchten. Dabei standen sich vor allem die Vertreter der **großdeutschen** Lösung eines Deutschen Reiches mit Einschluß Österreichs und unter der Führung Habsburgs und die einer **kleindeutschen** Richtung – ohne Österreich – gegenüber. Die Monarchisten spalteten sich in Anhänger eines Erb- und eines Wahlkaisertums; außerdem gab es noch eine kleine Gruppe, die sich für eine deutsche Republik einsetzte. Die von großem Verantwortungsbewußtsein getragenen Verhandlungen zogen sich zu lange hin. Das nutzten beharrende Kräfte in Preußen und Österreich, um in der 3. Phase, vom Oktober 1848 bis Juni 1949, die Liberalen zurückzudrängen. Der österreichischen Armee gelang es, die Aufstände in Ungarn, Böhmen und Italien niederzuwerfen. Fürst **Schwarzenberg** erzwang als neuer Staatskanzler die Annahme einer Verfassung, die Österreich praktisch zu einem Einheitsstaat machte, und forderte vom Parlament der Paulskirche die Aufnahme dieses habsburgischen Gesamtstaates – also auch der nichtdeutschen Teile – in den neuen deutschen Staat. Daraufhin einigte man sich in Frankfurt auf eine kleindeutsche Lösung mit einem Erbkaisertum unter preußischer Führung: Doch als der preußische König **Friedrich Wilhelm IV.** die Kaiserkrone ablehnte, weil an ihr *der Ludergeruch der Revolution klebe*, führte das zum Scheitern der Nationalversammlung. Nun flackerten noch einmal in Sachsen, in der Pfalz und Baden Aufstände auf, die aber durch das Einschreiten vor allem preußischer Truppen blutig niedergeworfen wurden. Damit war die mit viel Hoffnungen begonnene deutsche Revolution gescheitert, aber sie war nicht ganz vergeblich gewesen. Zum ersten Male war in einem Parlament die deutsche Frage diskutiert und dabei auch jene Grundrechte festgelegt worden, die heute die Grundlage unserer Verfassung bilden.

Rheinbund Nach dem ▶ Reichsdeputationshauptschluß von 1803 und dem **Frieden von Preßburg** 1805 zwischen Frankreich und Österreich waren sich Napoleon I. und die deutschen Mittelstaaten darin einig, den Einfluß Österreichs im Reich auszuschalten. Auf eine Initiative des Mainzer Kurfürsten **von Dalberg** schlossen sich zunächst 16 deutsche Fürsten zum Rheinbund zusammen. Die Föderation beinhaltete einen Militärpakt, Napoleon wurde *Protektor* (Schutzherr) und erhielt die Verfügungsgewalt über die Truppen der Mitgliedstaaten. Nach der Unterzeichnung der Rheinbund-Akte am 12. 7. 1806 erklärten die beteiligten deutschen Fürsten ihren Austritt aus dem Heiligen Römischen Reich; **Franz II.** legte daraufhin, gedrängt durch ein französisches Ultimatum, am 6. 8. die Krone nieder. Nach der Niederlage Preußens gegen Napoleon traten weitere deutsche Staaten dem Rheinbund bei, der sich erst nach der Niederlage Napoleons 1813 (▶ Völkerschlacht) wieder auflöste.
Innenpolitisch kam es in den Rheinbundstaaten zu unterschiedlich stark ausgeprägten Veränderungen: Reformen von Verfassung, Zunftbeschränkungen und Übernahme des **Code civil**, des französischen Zivilrechts.

Rheinlandbesetzung Der Versailler Vertrag hatte bestimmt, daß das Rheinland links des Stromes und zusätzlich in einer 50 km breiten Zone östlich des Stromes zu entmilitarisieren ist. Die in der Zone zunächst stationierten Truppen der alliierten Siegermächte wurden etappenweise bis 1930 wieder abgezogen. Im **Locarnopakt** von 1925 hatte Deutschland freiwillig und rechtskräftig unterschrieben, daß jede Verletzung der entmilitarisierten Zone der Eröffnung eines Krieges gleichkomme. Hitler kündigte jedoch am 7. März 1936 unter Hinweis auf einen französisch-sowjetischen Beistandspakt den Vertrag, schlug gleichzeitig einen neuen Nichtangriffspakt und die Rückkehr Deutschlands in den Völkerbund vor und ließ drei Bataillone in die demilitarisierte Rheinlandzone einrücken. Die von ihm befürchtete militärische Gegenaktion Frankreichs und Belgiens unterblieb. Deutschland wurde zwar vom Völkerbundsrat wegen Vertragsbruches verurteilt, aber da England Verständnis zeigte für die deutsche Revisionspolitik (die Rückgängigmachung der Bestimmungen von Versailles) und den Frieden bewahren wollte, geschah nichts weiteres.

Rhodes, Cecil (1853–1902) Der in Herdforshire geborene Engländer gilt als der bedeutendste Vertreter der britischen Kolonialpolitik in Afrika. Wegen eines Lungenleidens ging er als junger Mann in die britische Kap-Provinz, wo er bald durch Diamantenminen ein großes Vermögen erwarb. Überzeugt von der Bedeutung und einer gottgewollten Vorherrschaft des britschen Volkes, begann er 1881 seine Karriere als Politiker und brachte es bald bis zum Ministerpräsidenten der Kapkolonie.
1889 gründete er die **Chartered Company**, eine Gesellschaft, durch die er weite Teile des Betschuanalandes als Kolonialbesitz erwarb, der nach ihm **Rhodesien** genannt wurde. Da er sich an den Vorbereitungen für einen mißlungenen militärischen Einfall in die Burenrepubliken beteiligt hatte, mußte er als Ministerpräsident zurücktreten und widmete sich bis zu seinem Tode nur noch der Verwaltung seiner Kolonie, die bis 1923/24 im Besitz der Company blieb und dann erst den Status einer britischen Kolonie (mit Selbstverwaltung) er-

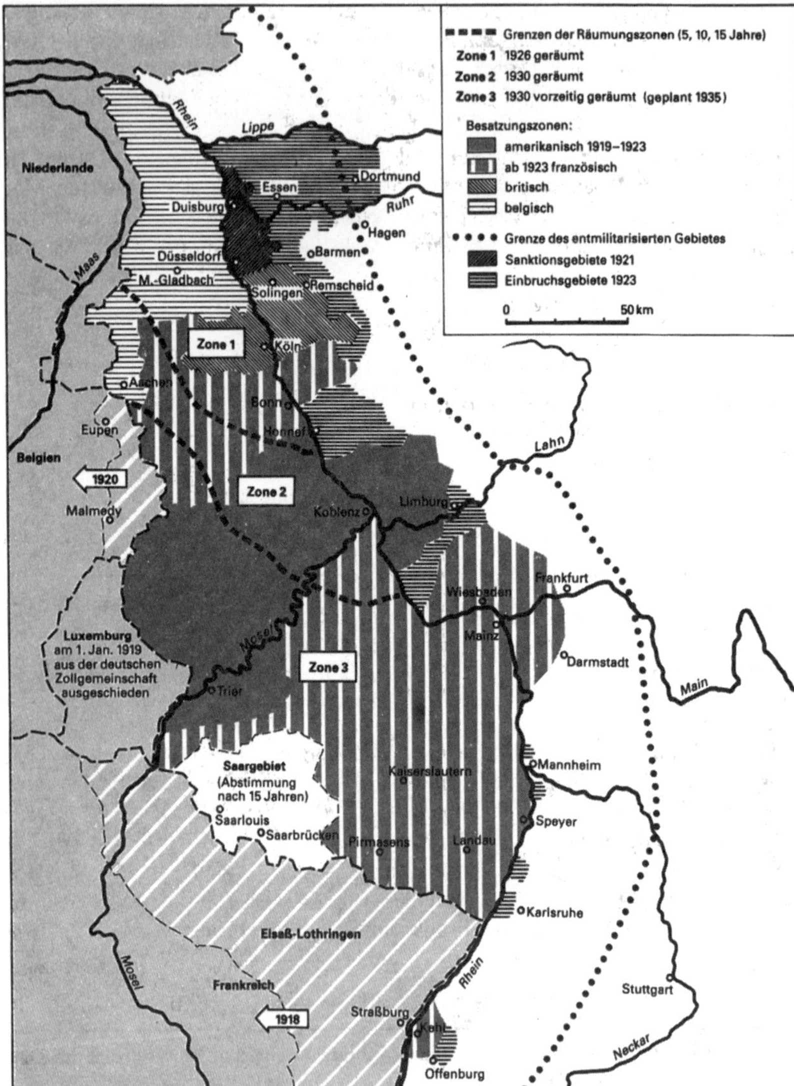

Das Rheinland 1920–35

Im Heiligen Land veranstalten Kreuzfahrer eine Massenhinrichtung – auch von Zivilpersonen. Richard Löwenherz (links auf dem Balkon) schaut zu, mittelalterl. Darstellung.

hielt. – Das Gebiet Rhodesiens gehört heute zu dem 1964 unabhängig gewordenen Sambia und zu Simbabwe, das erst nach langen blutigen Auseinandersetzungen zwischen der weißen und schwarzen Bevölkerung 1980 unabhängig wurde.

Richard I., Löwenherz

(1157–99) Er wurde als dritter Sohn des englischen Königs **Heinrich II.** (R. 1154–89) geboren und erbte 1189, da seine älteren Brüder schon tot waren, das Reich des Vaters, das damals außer England auch mehr als die Hälfte von Frankreich bis hin zu den Pyrenäen umfaßte. Mehr ritterlicher Draufgänger als planender Herrscher, nahm er begeistert am 3. Kreuzzug 1190–92 teil und tat sich durch kriegerische Erfolge, auch gegen den gefürchteten Sultan ▶ Saladin hervor. Aber er beleidigte den Herzog von Österreich so schwer, daß der ihn auf der Rückreise gefangensetzen ließ und an Kaiser **Heinrich VI.** auslieferte. Erst nach Zahlung eines hohen Lösegelds und Leistung des Lehnseids kam er frei. In England mußte er sich gegen seinen jüngeren Bruder **Johann ohne Land** durchsetzen, ehe er wieder als König Anerkennung fand. Bei einer Fehde fand Richard I. den Tod.

Richelieu

(1585–1642) Armand-Jean du Plessis, Herzog von Richelieu (ab 1622 Kardinal), machte Karriere als Berater **Maria von Medicis**, der Regentin Frankreichs. 1624 wurde er Erster Minister König **Ludwigs XIII.**, der trotz vieler Intrigen und Verschwörungen des Adels immer an Richelieu festhielt und so dessen erfolgreiche Politik erst ermöglichte.

Richelieu überwand die Gefahren, die das sehr geschwächte französische Königtum bedrohten. 1628 nahm er mit **La Rochelle** den letzten Sicherheitsplatz der ▶ Hugenotten ein, die vorher einen Staat im Staate gebildet hatten. Gegen die Übergriffe des Adels setzte er die Autorität der Krone durch, wobei er auch vor Hinrichtungen nicht zurückschreckte. Mit seiner Bündnispolitik und dem Eintritt in den Dreißigjährigen Krieg verhinderte er die europäische Vormachtstellung der Habsburger. Als Richelieu starb, vollendete sein Schützling und Nachfolger **Mazarin** sein Werk.

Ritter Seit der Völkerwanderung drangen aus dem Osten immer wieder Reitervölker gegen Europa vor (Hunnen, Awaren, Ungarn und andere), denen die Fußkämpfer, aus denen das germanische Bauernheer bestand, nicht gewachsen waren. Außerdem stiegen die Ansprüche an Bewaffnung und Ausrüstung, und die Bauern konnten sich der Lage meist nicht anpassen. Dies war die Wurzel für das Entstehen des mittelalterlichen Ritterstandes, zuerst in Südfrankreich. Von dort verbreitete er sich über Flandern und Burgund in ganz Europa. Die leicht bewaffneten wehrpflichtigen Bauern wurden von schwer bewaffneten, gepanzerten und berittenen Berufskämpfern abgelöst. Ihre Waffen waren vor allem Schwert, Lanze und Streitkolben. Die schweren, unbeweglichen Plattenpanzer waren nicht Kampf-, sondern ausschließlich Turnierrüstungen, der Kriegspanzer bestand aus Helm, Kettenhemd, Arm- und Beinschienen.
Rechte und Pflichten der Ritter waren im Rahmen des Lehnswesens durch Verträge mit dem König oder den Fürsten geregelt. Seit dem 11. Jh. ermöglichte es der Ritterdienst auch Unfreien, als Dienstmannen (▶ Ministerialen) des Königs oder eines Fürsten sozial aufzusteigen. Erst im 13. Jh. schloß sich der Ritterstand ab, und künftig konnte nur, wer schon zum niederen Adel gehörte, Ritterdienste leisten.
Als im 15. Jh. die Landsknechtheere entstanden, ging die Zeit der Ritter zu Ende. Zwar waren die ▶ Landsknechte Fußkämpfer, doch waren sie ebenfalls schwer bewaffnet und vor allem im Kampf streng diszipliniert; ihre geschlossenen Haufen folgten auf dem Schlachtfeld jedem Befehl. Gegen diese Großverbände hatten die Ritter keine Chance, denn sie verstanden sich als Individualisten, als freie Herren, die ihre Entscheidungen im Kampf selber trafen. Es waren also nicht die Feuerwaffen, die den Ritterheeren ein Ende bereiteten, sondern die Unfähigkeit zur militärischen Disziplin. Gepanzerte Reiterheere waren noch in späteren Kriegen entscheidend, z. B. die **Pappenheimer Kürassiere** im Dreißigjährigen Krieg, und noch im Deutsch-Französischen Krieg von 1870/71 kamen gepanzerte Reiterregimenter zum Einsatz, allerdings im geschlossenen, disziplinierten Verband.
Ebenso groß wie die militärische war die kulturelle Bedeutung der Ritter. Wir sprechen heute noch von ritterlichem Verhalten, wenn sich jemand uneigennützig, großzügig, hilfsbereit benimmt. Der Ritterstand entwickelte seinen eigenen Ehrenkodex, der für andere Stände vorbildlich wurde. **Höfisches** Verhalten, wir würden heute sagen Höflichkeit, war eine selbstverständliche Pflicht des Ritters. Vor allem verlangte man von ihm **mâze**, also Selbstbeherrschung und Bescheidenheit, **staete**, das heißt Beständigkeit und Zuverlässigkeit, sowie **milte**, Großmut gegen Unterlegene. Alle diese Pflichten sollten zur **zuht** (Selbstzucht) und einem vorbildlichen Leben führen. Besonderer Schutz galt Alten, Kindern, Schwachen, der Kirche und den Frauen. **Minnedienst**, die in den Formen streng geregelte achtungsvolle Verehrung der Frauen, war ein wichtiger Teil ritterlicher Tugenden. Im ▶ Minnesang kommt diese Verehrung zum Ausdruck.
Die Anforderungen an den Ritter waren also hoch, deshalb genoß er eine lange und sorgfältige Erziehung. Noch vor dem 10. Lebensjahr trat er als **Knappe** in den Dienst eines anderen Ritters oder eines Fürsten und lernte dort das Waffenhandwerk und standesgemäßes Verhalten. Dazu kam eine solide Wissensbildung,

Kampfszene, Handschrift des Wilhelm von Oranse, angefertigt 1334 für Landgraf Heinrich von Hessen

besonderes Gewicht lag aber auf der musischen Ausbildung. Der angehende Ritter sollte die Regeln der Dichtkunst beherrschen und möglichst auch singen und ein Instrument spielen können. War die Ausbildung des Knappen beendet, wurde er durch die ▶ Schwertleite, später den **Ritterschlag** in den Ritterstand aufgenommen. Jetzt mußte er sich als **miles christianus** (christlicher Kämpfer) bewähren. Dazu gehörte die ständige Übung im Waffenhandwerk, die Bewährung im Turnier, Treue gegenüber dem Lehnsherrn und die Bereitschaft, die eigenen Ideale jederzeit mit der Waffe zu verteidigen.
Die Reformen von Cluny im 10. Jh. haben dem Ritterstand eine besondere Richtung gegeben, denn sie schärften das Selbstbewußtsein des christlichen Abendlandes gegenüber Andersgläubigen. Als die Moslems im 11. Jh. den Pilgern den Zugang zu den Heiligen Stätten der Christenheit in Palästina versperrten, sahen es viele Ritter als ihre Pflicht an, dem Aufruf der Päpste zum ▶ Kreuzzug zu folgen. Das 11.–13. Jh. gilt als Blütezeit des Rittertums. In der Berührung mit dem Orient hat sich seine Kultur voll entfaltet, denn auch im Nahen Osten war der Adel von ähnlichen Idealen beherrscht wie in Europa, doch war die Technik dort weiter fortgeschritten. Das gilt auch für den Festungsbau. Die Sitze der Ritter waren vor der Kreuzzugszeit nur mit Holzpalisaden und Erdwällen befestigt. Im Orient lernten sie Steinburgen kennen und übernahmen diese Bauweise für Europa.
Der Ausbau der Territorialstaaten durch die Fürsten engte seit dem 14. Jh. den Spielraum der kleinen Herren immer mehr ein, und der wirtschaftliche Fortschritt fand nicht in der Landwirtschaft, sondern in den Städten statt. So verlor die anspruchsvolle Elite der Ritter immer mehr politische Rechte und geriet sozial in Schwierigkeiten. Sie schloß sich zu **Ritterbünden** zusammen, um ihre Interessen durchzusetzen. Aus diesen entstand die **Reichsritterschaft**, die in den **Ritterbänken** der Landstände eine politische Vertretung hatte. Vor allem in Südwestdeutschland entwickelten sich die Bünde zeitweise zu einer Gefahr für die öffentliche Ordnung. Manche Ritter zogen in die Städte und gliederten sich in das Patriziat ein, viele aber preßten die Bauern aus, um den eigenen Lebensstandard halten zu können, und schufen damit eine der Ursachen für den Bauernkrieg; andere entwickelten sich zu **Raubrittern**. Mit dem militärischen und wirtschaftlichen Niedergang verlor die Ritterschaft viel Ansehen. Nur in Bayern und Österreich wurde der Titel Ritter noch bis 1918 als Auszeichnung verliehen. In England gibt es ihn heute noch.

Ritterorden Als Orden bezeichnet man jeden Zusammenschluß von Menschen, die gemeinsam ein Ziel verfolgen, sich dazu feste Regeln (lat.: ordines) geben und auf diese ein Gelübde ablegen. Dabei unterscheidet man geistliche Nonnen- oder Mönchsorden, deren Mitglieder religiöse Gelübde auf Lebenszeit abgelegt haben, und weltliche Orden. Auch die Mitglieder weltlicher Orden haben gemeinsame Ziele und unterliegen bestimmten Regeln und Pflichten, sie sind jedoch Laien und nicht auf Lebenszeit gebunden.

Viele Ritter entwickelten unter dem Einfluß der Reformen von Cluny im 10. Jh. eine ausgesprochen christliche Gesinnung und gründeten *geistliche* Ritterorden. Die wichtigsten entstanden in den Kreuzzügen, denn im *Heiligen Krieg* konnten die ritterlichen Ideale, wie bewaffneter Schutz der Kranken und der Kirche, in hohem Maß verwirklicht werden.

Als erster unter den bedeutenden entstand der **Johanniterorden**. Wahrscheinlich haben ihn Kaufleute aus Amalfi 1097 oder 1098 in Jerusalem gegründet. Seine Mitglieder spezialisierten sich als Kämpfer, Priester oder Krankenpfleger. In der Verteidigung des Heiligen Landes und später in der Abwehr der Türken haben die Johanniter eine große Rolle gespielt. Als Saladin 1187 Jerusalem eroberte, verlegte der Orden seinen Sitz an die Küste nach Akkon, dann 1291 nach Zypern, 1310 nach Rhodos, und nach dessen Eroberung durch die Türken (1523) stellte Kaiser Karl V. dem Orden 1530 die Insel Malta zur Verfügung. Nach ihr nannten sich die Johanniter künftig **Malteserritter**. Ihren souveränen Staat auf Malta hat Napoleon I. 1798 vernichtet.

Der zweite unter den großen geistlichen Ritterorden war der **Templerorden**. Franzosen gründeten ihn 1119 in Jerusalem als Kampforden zum Schutz christlicher Pilger. Auch er mußte nach den Siegen Saladins seinen Sitz zunächst nach Akkon und dann nach Zypern verlegen. Der Untergang des Ordens kam im 14. Jh. Die Templer waren durch ihre Länderreien und Geldverleih sehr reich geworden, und 1305 ließ der hochverschuldete **Philipp IV.** von Frankreich viele Ritter als angebliche Ketzer hinrichten, um an das Vermögen des Ordens zu kommen. Andere Herrscher folgten, 1312 löste der Papst den Orden auf.

Der jüngste unter den großen geistlichen Ritterorden war der **Deutsche Orden**. Kaufleute aus Lübeck und Bremen hatten ihn 1190 in Jerusalem als Krankenpflegerorden gegründet, 1198 wurde er in einen Ritterorden mit Sitz in Akkon umgewandelt. 1225 rief Herzog **Konrad von Masowien** die Deutschherren gegen die heidnischen Preußen zu Hilfe und gab ihnen dafür das Culmerland im heutigen Polen. Von hier aus eroberten sie das Land der **Pruzzen**, der Preußen, und beherrschten nach ihrer Vereinigung mit dem **Schwertbrüderorden** (1237) auch Kurland und Livland und erweiterten ihr Gebiet bis 1402 um Danzig, Pomerellen, Estland, Gotland und die Neumark. Dann kamen in langen Kriegen gegen Litauen und Polen schwere Rückschläge, so 1410 mit der verlorenen Schlacht bei **Tannenberg**. 1525 schloß sich der letzte Hochmeister, Albrecht von Brandenburg-Ansbach, der Reformation an und verwandelte den Rest des Ordensstaates in das weltliche Herzogtum Preußen.

Ab dem 13. Jh. gründeten einige Fürsten *weltliche* Ritterorden. Sie wollten die Ritter dadurch enger an sich binden, denn die Aufnahme galt als Auszeichnung und war auch mit manchen Privilegien verbunden. In der Neuzeit verliehen die Fürsten oft nur die äußeren Abzeichen eines Ordens als Anerkennung; daraus entstanden unsere Auszeichnungen. Manche der geistlichen Ritterorden leben heute noch als weltliche Orden weiter und widmen sich vor allem der Krankenpflege.

Die Wies, Blick zum Hauptaltar

Rokoko (franz.: rocaille =Muschelwerk) Monumentaler Prunk des Barock und Ernst der Aufklärung forderten eine Gegenwelt heraus; diente die Kunst bisher der Repräsentation des Fürsten, bot sie nun im Rokoko (1730–80) den Rahmen für Feste einer vergnügungssüchtigen höfischen Gesellschaft. Aufgelockerte Bauformen, reich verzierte Innendekorationen mit verspielten Muschel- und Pflanzenornamenten, eine Flucht von Räumen mit kostbaren Möbeln, Spiegeln, Gobelins und Porzellan verdrängten düstere Feierlichkeit und luden zur Geselligkeit ein. Gärten mit Pavillons, Grotten, Teichen, Brunnen und Putten wollten in eine Zauberwelt entführen, so in Schwetzingen, Würzburg-Veitshöchheim, Sanssouci. In lichterfüllten Kirchen wie in der Wies mit prächtigen Deckengemälden und Stukkaturen sollte das gläubige Volk mit dem Abglanz des Himmels getröstet werden. – Andrerseits spiegelte eine galante, erotisch-verspielte Literatur einem Kreis von Kennern ein wirklichkeitsfremdes Diesseits vor.

Rom Nach einer römischen Sage gründeten **Romulus** und **Remus** die Stadt am 21. April 753 v. Chr. In Wirklichkeit waren die sieben Hügel um das Forum Romanum schon in der jüngeren Steinzeit besiedelt; diese Siedlungen wuchsen um 575 v. Chr. zu einer Stadt zusammen. Wie alle damaligen Städte Mittelitaliens stand sie unter der Herrschaft von Königen aus dem Volk der Etrusker. Etwa 509 v. Chr. gelang es dem Adel der Stadt, den etruskischen König **Tarquinius Superbus** zu vertreiben, Rom unabhängig zu machen und den Einfluß Roms allmählich auf das Umland auszudehnen. Große Bedeutung hatte Rom damals noch nicht, denn erst nach seiner Eroberung und Zerstörung durch die Kelten unter **Brennus** im Jahr 486 v. Chr. begann sein Aufstieg zur Weltmacht des ▶ Römischen Reiches.

Zwar entstanden schon in der Zeit der Republik Tempel und öffentliche Gebäude, doch berichten die antiken Autoren, Rom sei eine wenig ansehnliche Stadt gewesen. Das änderte sich, als Caesar auf dem Forum mit dem Bau eines neuen Gebäudes für den Senat und einer großen Basilika, einer Mehrzweckhalle, begann. In der Kaiserzeit wetteiferten seine Nachfolger im Ausbau der Stadt. Wasserleitungen und Brunnen, Thermen, Tempel, Basiliken, Kaiserpaläste, Triumphbögen, Denkmäler und Kaisergräber entstanden. Nach dem großen Stadtbrand von 64 n. Chr., den vermutlich Kaiser Nero legen ließ und der große Teile Roms vernichtete, wurde besonders viel gebaut. Die antiken Bauten wurden in einer so hervorragenden Qualität errichtet, daß manche heute noch, nach bald 2000 Jahren, ihrem ursprünglichen Zweck dienen. So werden z. B. noch einige Dutzend Wohnblocks zwischen Kapitol und Tiber aus der Kaiserzeit bewohnt und das ▶ Pantheon wird heute als Kirche genutzt. Die Schätzungen über die Einwohnerzahl Roms in seiner Glanzzeit schwanken zwischen 0,5 und 1,8 Mio.

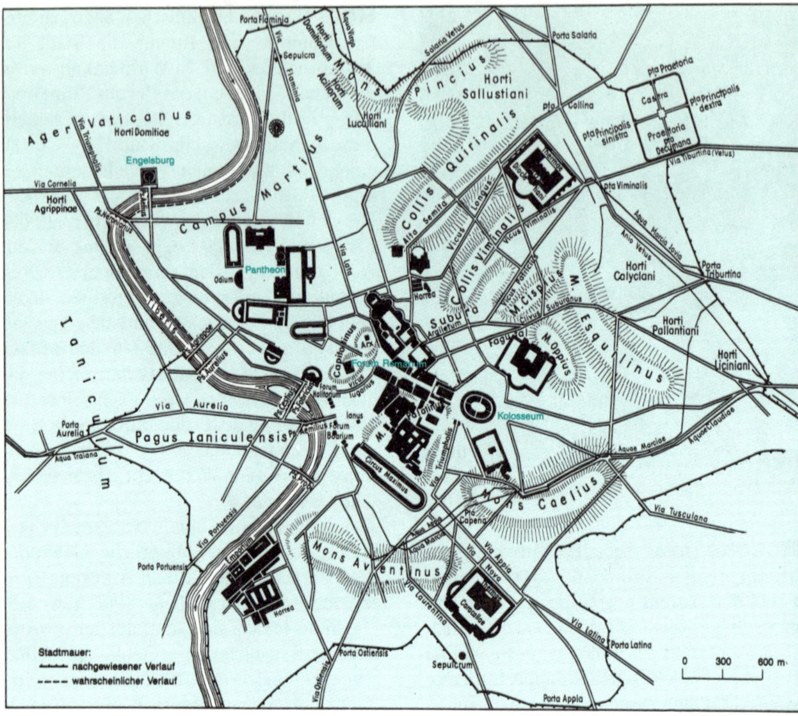

Rom zur Zeit von Kaiser Augustus

Auf jeden Fall war es die größte Stadt der Antike. Roms Abstieg begann mit den Bürgerkriegen in der 2. Hälfte des 3. Jh.s. Schon nach der Eroberung durch Brennus hatte es für kurze Zeit eine Stadtmauer bekommen, die aber wegen der Macht des Römischen Reiches bald überflüssig war und verfiel. 271 n. Chr. wurde Rom von Kaiser **Aurelian** wieder befestigt. Während in den vorhergehenden Jahrzehnten die offene Stadt leicht zu erobern war, wurde sie jetzt mehrfach belagert, was zu viel schwereren Schäden führte. Als dann Konstantin der Große 330 die Residenz nach Konstantinopel verlegte und nach der Reichsteilung die Herrscher des Weströmischen Reiches von Mailand, Trier und Ravenna aus regierten, war der Untergang der Stadt besiegelt.

410 plünderten die **Westgoten** unter **Alarich** und 455 die ▶ Wandalen unter **Geiserich** Rom und 546 wurde es von den **Ostgoten** unter **Totila** gebrandschatzt. Immer mehr Menschen flüchteten. Die Bauten, die die Eroberungen überstanden hatten, begannen zu verfallen. Zu Beginn des Mittelalters hatte sich die Stadt in ein Ruinenfeld verwandelt. Reisende berichteten, sie habe zeitweise kaum 1000 Einwohner gehabt. Erst der Aufstieg der Päpste seit dem Spätmittelalter brachte einen Neuanfang, und mit Italiens Einigung im 19. Jh. wurde Rom wieder Großstadt.

Romanik Der Kirchenbaustil der Romanik (950–1150) weist römische Formelemente wie Rundbogen, Pfeiler, Säule und Gewölbe auf (vgl. Foto S. 83). Anders als der Name nahelegt, gingen bei diesem Baustil die entscheidenden Impulse von Deutschland aus. In der Romanik liegt zum ersten Mal seit der Antike ein Stil vor, in dem das christliche Abendland als Einheit erscheint. Die Übernahme römischer Elemente verdeutlicht, wie stark sich die Kirche mit ihrem westlichen Zentrum Rom verbunden fühlte. In Deutschland sind die herausragendsten Beispiele für diesen Baustil. Obwohl die Romanik ein sakraler Stil ist, erscheinen ihre Elemente auch in Kaiserpfalzen der Staufer und den trutzigen Wohn- und Kampftürmen italienischer Städte. Die Malerei der Romanik blieb als Fresko und Mosaik in den Kirchen erhalten, seltener als farbige Glasfenster.

Romantik Die in verschiedenen Ansätzen sich entwickelnde, auf verschiedene Ziele ausgerichtete Bewegung prägte das 19. Jh. nachhaltig in Religion, Dichtung, Kunst, Wissenschaft und Politik. Anstoß gab um 1795 die **Frühromantik** in Jena. Ihr neues Lebensgefühl (romantisch = modern) flüchtete aus der Wirklichkeit in eine von Phantasie und Gefühl beherrschte, in Hell und Dunkel gespaltene Traumwelt. Zeitlebens waren die Romantiker auf der Suche nach der *Blauen Blume*, wie der Dichter **Novalis** die Erfüllung aller Sehnsucht symbolhaft nannte. Die Künstler stellten Nacht- und Schattenseiten des Lebens dar, Ahnungen und Ängste, die den Menschen bedrohen. In den Bildern **Caspar David Friedrichs** wird der Mensch mit der unendlichen Weite der Landschaft konfrontiert.

Die Heidelberger **Hochromantik** führte diese Anregungen weiter (**Brentano, Arnim, Eichendorff**), verschrieb sich aber ebenso einem neu erwachten Nationalgefühl, das der Untergang des Reichs von 1806 entfacht hatte. Durch Ausgaben von Volksdichtungen (Liedern, Märchen, Sagen) wurde die eigene Vergangenheit neu entdeckt. Das Mittelalter als religiöse und politische Einheit wurde zum Ideal erhoben, man begann Geschichtsquellen zu sammeln, den Bau von Domen (Köln, Regensburg, Ulm, Speyer, Bamberg) zu vollenden und den gotischen Stil in Neubauten nachzuahmen. Ein mittelalterlicher Ständestaat sollte wieder erstehen, der für Revolution keinen Platz ließ. Die Malschule der „Nazarener" stellte sich ganz in den Dienst der religiösen Malerei und strebte deren Erneuerung an. Auch in den Opern **Carl Maria von Webers** („Der Freischütz") wird die Sagenwelt und das Volksleben vergangener Zeiten hörbar.

Die Romantik lief aber auch Gefahr, mit der radikalen Wendung in die Vergangenheit die Augen vor den gesellschaftlichen Umbrüchen zu verschließen.

Römisches Reich Bis ins 5. Jh. v. Chr. war Rom eine unbedeutende Stadt, dann aber begann ein kometenhafter Aufstieg, der das erste dauerhafte Großreich der Geschichte begründete. Über die frühe Zeit wissen wir wenig Zuverlässiges, denn alle schriftlichen Aufzeichnungen gingen im Keltensturm des Jahres 386 v. Chr. unter, und spätere Berichte sind nicht vertrauenswürdig. Sie entsprachen eher dem Bedürfnis eines großgewordenen Staates nach einer heroischen Geschichte.

Um 510 v. Chr. schüttelte der Adel Roms die Oberhoheit der Etrusker ab und wandelte die Monarchie in eine Adelsrepublik um. Rom begann nun seinerseits, die umliegenden Städte der Etrusker, Latiner und Samniter zu unterwerfen. Der Einbruch der Kelten unter **Brennus** (386) hat die Erweiterung des römischen Herrschaftsbereichs nur kurz unterbrochen. In den langen Kriegen waren die Kräfte des Adels überfordert. Er mußte deshalb das Volk, die **Plebejer**, zu immer mehr Leistungen für den Staat heranziehen und ihnen dafür auch mehr Rechte einräumen. In den **Ständekämpfen** setzten die Plebejer 494 das Amt der Volkstribunen durch und 450 das **Zwölftafelgesetz** (Aufzeichnung und damit Überprüfbarkeit des Rechts). 445 wurde das Heiratsverbot zwischen Patriziern und Plebejern aufgehoben; 421 erhielten letztere Zugang zur Quästur (Finanzverwaltung) und 366 durch die **Licinischen Gesetze** zum Konsulat, 300 dann zu allen staatlichen und religiösen Ämtern (▶ Ämterlaufbahn). 287 wurden die Beschlüsse der Volksversammlung durch die **Lex Hortensia** verbindlich. Damit war die Mitbestimmung des Volkes und sein voller Einsatz für den Staat gesichert. (Vgl. Grafik S. 322).

Das römische Bürgerheer war billig, schnell ergänzbar und hatte eine hohe Kampfmoral, und so war bis 264 v. Chr. ganz Italien außer der Poebene unter römischer Herrschaft. Dabei blieb das Kerngebiet, der **ager romanus**, mit 27000 Quadratkilometern klein. Manche Stämme wurden militärisch unterworfen, und Rom gründete auf deren Gebiet **Bürgerkolonien** (8000 Quadratkilometer). Mit vielen Völkern schloß Rom, teils auf freiwilliger Basis, teils unter militärischem Druck **Bundesgenossenverträge** (90000 Quadratkilometer). Diese Völker behielten ihre innere Selbstverwaltung, mußten aber die Außenpolitik Rom überlassen und Kontingente für das Heer stellen. Den heftigsten Widerstand leisteten die griechischen Städte im Süden Italiens im Bündnis mit König **Pyrrhos** von Epiros.

264 v. Chr. begannen die ▶ Punischen Kriege mit Karthago. Im Laufe der drei Kriege erweiterte sich Roms Herrschaftsbereich um Sizilien, Sardinien, Korsika und Spanien, die Poebene als Provinz **Gallia Cisalpina** kam dazu und schließlich 146 v. Chr. nach der Zerstörung Karthagos die Provinz **Africa**. Innerhalb eines weiteren Jahrhunderts (von 146–44 v. Chr.) waren das heutige Deutschland bis zum Rhein, die Beneluxstaaten, Frankreich (die **Gallia Transalpina**), der Balkan, Kleinasien, Syrien und Ägypten erobert, im 1. Jh. n. Chr. auch weite Teile Großbritanniens.

Die Ausdehnung des Reiches veränderte seine soziale Struktur: Die Bauern Italiens verarmten durch die Verwüstungen des 2. Punischen Kriegs, den langen Militärdienst und die Konkurrenz der karthagischen Sklavenplantagen, die die römische Oberschicht übernahm. Viele Kriegsgefangene kamen als Sklaven auf die Latifundien der einheimischen Großgrundbesitzer in Italien und drückten die Wettbewerbsfähigkeit der Bauern. Als Folge entstand ein **Proletariat**, das sich in den Städten sammelte und seine Wahlstimmen jenen zu Verfügung stellte, die am meisten zahlten. Das bisherige Bürgerheer war für Besatzungsaufgaben ungeeignet, denn die Soldaten wollten nach Hause auf ihre Äcker; ein Söldnerheer für die neuen Aufgaben entstand. Die römischen Behörden konnten die eroberten Gebieten – dem Reich als Provinzen angegliedert – von Rom aus nicht verwalten und verpachteten sie an Privatunternehmer zur Steuer- und Abgabeneintreibung. Diese wurden dadurch reich, warben Söldner an und verfolgten bald ihre eigenen Interessen und nicht mehr die des Staates. Aus dem Osten drang die verfeinerte Kultur des ▶ Hellenismus ein und zersetzte mit ihrer kritischen Philosophie die alten Bürgertugenden. Der Weg zur Weltmacht hat also die sozialen und auch die moralischen Grundlagen des Staates zerstört.

Die Bundesgenossen mußten alle Lasten mittragen, hatten aber keinen Einfluß auf die Politik. Deshalb kam es 91–89 v. Chr. zum **Bundesgenossenkrieg**, der Italien verwüstete. Als Ergebnis erhielten 89 v. Chr. alle Einwohner Italiens, außer jenen in der Poebene, das Bürgerrecht, was ihnen aber

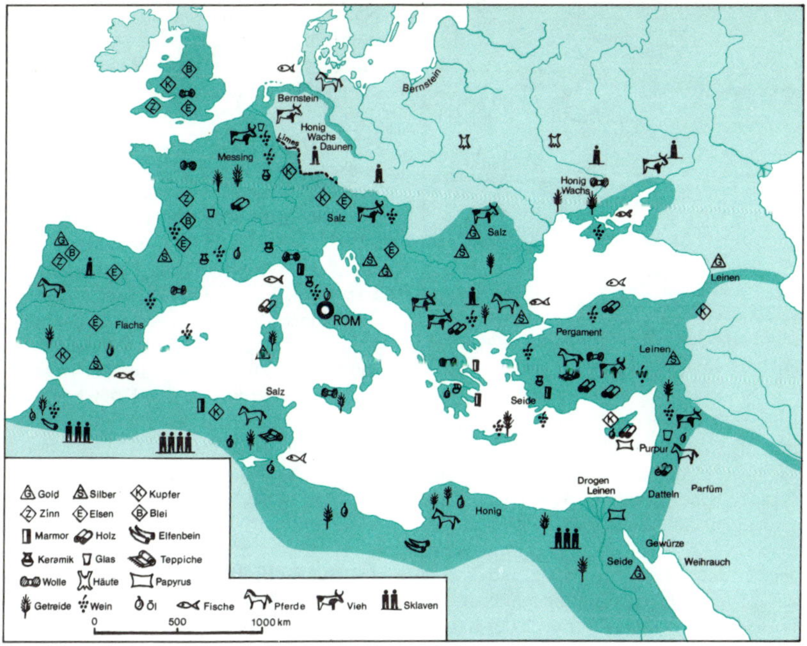

Produkte, die in das Wirtschaftszentrum Rom geliefert werden

wenig nützte, weil sie ihre Stimme bei Wahlen oder Volksabstimmungen nur in Rom abgeben konnten. Die sozialen Spannungen entluden sich in Bürgerkriegen zwischen **Optimaten** (Patrizier und reich gewordene Bürger) und Plebejern und im Sklavenaufstand des ▶ Spartacus. Die ▶ Gracchen scheiterten mit ihren Sozialreformen, und die römische Politik wurde immer mehr zur Sache reicher Männer und ihrer Privatarmeen. **Marius** und **Sulla**, ▶ Caesar, **Pompejus** und **Lepidus**, Marcus Octavianus, der spätere Kaiser ▶ Augustus, kämpften mit- und gegeneinander um die Herrschaft. Formal blieben die Einrichtungen der Republik erhalten, tatsächlich wandelte sich der Staat nach dem Sieg Octavians über **Marcus Antonius** und ▶ Kleopatra in eine Monarchie. Augustus reformierte das Reich: Er schuf ein stehendes Heer auf Staatskosten und ein Berufsbeamtentum, verwaltete die Provinzen durch kaiserliche **Legaten** (Beamte) und beendete die Eroberungspolitik (vgl. Grafik S. 37). Die **Pax Romana**, der **Augustäische Friede**, die *Zeit der guten Kaiser* führte Rom auf die Höhe politischer Macht und kultureller Blüte (Vergil, Horaz, Ovid, Livius).
Allerdings zeigen die Christenverfolgungen und Herrscher wie ▶ Nero oder **Caligula**, daß der Glanz trog. Mit der Ermordung des Kaisers **Commodus** 192 n. Chr. brach die Reichskrise aus. Bei den Germanen waren große Stammesverbände entstanden, die Rom immer mehr bedrohten. Um 250 durchbrachen die **Alemannen** den

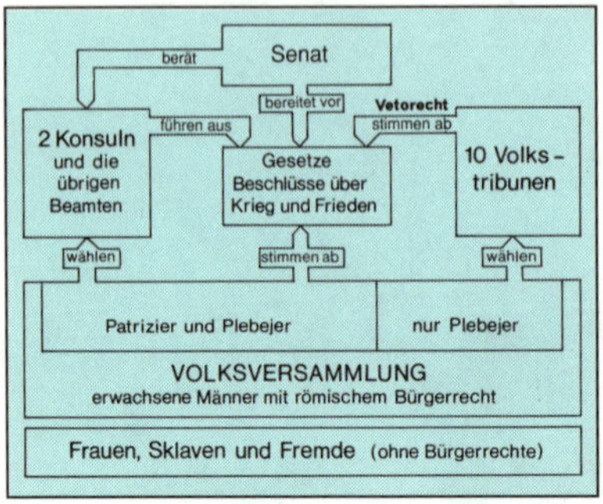

Die Verfassung der römischen Republik nach den Ständekämpfen

Limes, die Goten drangen in Griechenland und die Franken in das römische Niederrheingebiet ein. Im Osten bedrohte das Neupersische Reich der **Sassaniden** Rom, und in den dauernden Zweifrontenkriegen erschöpfte sich der Staat. Das innenpolitische Gewicht der Armee stieg, und da eine geregelte Nachfolgeordnung fehlte, griffen immer wieder Heerführer nach der Krone. Allein von 235–284, also in 49 Jahren, kamen 35 **Soldatenkaiser** an die Macht. Die Bürgerkriege und das Eindringen des orientalischen **Despotismus**, die Ausübung unumschränkter Herrschaft, zerrütteten zusammen mit der schlechter werdenden sozialen Lage die Staatsgesinnung der Bürger. Die Staatsorganisation war dem Druck nicht gewachsen, auch die Teilung der kaiserlichen Macht durch das Einsetzen von Nebenkaisern seit **Diokletian** (R. 284–305) löste die Probleme nicht. Nach dem Tode ▶ Justinians I. 395 erfolgte deshalb die Reichsteilung. Der Osten verwandelte sich in das ▶ Byzantinische Reich, das Westreich löste sich in der ▶Völkerwanderung allmählich auf.

Roosevelt, Franklin Delano

(1882–1945) Als einziger Amerikaner wurde er viermal in Folge Präsident der USA. Nach dem Studium begann der Jurist seine politische Karriere im Marineministerium, mußte sich wegen einer Kinderlähmung aber 1921 für Jahre aus der Politik zurückziehen. Als er während der Weltwirtschaftskrise 1932 zum Präsidenten gewählt wurde, sahen die Amerikaner in ihm ein Vorbild, dessen Selbstbeherrschung und zuversichtliche Ausstrahlung erheblich dazu beitrugen, daß sein Programm zur Belebung der Wirtschaft, das Konzept des ▶ New Deal, die Krise zu überwinden half. Im 2. Weltkrieg setzte er gegen Widerstand im Kongreß durch, daß die USA die Alliierten mit Kriegsmaterial unterstützten, lange bevor das Land selbst in den Krieg hineingezogen wurde. Schon während des Krieges entwickelte er die Idee der UNO, die in Anlehnung an den gescheiterten Völkerbund eine zukünftige Weltfriedensordnung sichern sollte. (S. Foto S. 73).

Rosenkriege

Das englische Herrscherhaus **Plantagenet** hatte sich während des ▶ Hundertjährigen Kriegs mit Frankreich geteilt, in die ältere, regierende Linie **Lancaster**, der König **Heinrich VI.** (R.1422–61) angehörte, und in die jüngere Linie **York**, deren Oberhaupt Herzog Richard war. Richard erhob sich 1455 gegen den König und löste damit in England eine Serie von Bürgerkriegen aus, die als die Rosenkriege (1455–85) in die Geschichte eingegangen sind: denn Lancaster kämpfte im Zeichen der roten, York im Zeichen der weißen Rose. Die Lancaster verloren die Krone, ihr Versuch, sie zurückzugewinnen, endete mit ihrer Vernichtung. **Edward IV.** (R. 1461–83), der Sohn Richards von York, vermochte sich durchzusetzen, doch mit seinem Bruder **Richard III.** endete auch das Haus York. Er fiel in der Schlacht von **Bosworth** 1485 gegen Heinrich **Tudor**, der eine Politik der Versöhnung versprach und als **Heinrich VII.** (R. 1485–1509) eine neue Dynastie begründete.

Rotes Kreuz Unter dem Eindruck der Schlacht von Solferino (1859) rief der Schweizer Schriftsteller **Henri Dunant** eine Bewegung ins Leben, die 1864, 1906, 1919 und 1949, teilweise in Ergänzung der **Haager Landkriegsordnung** von 1899/1907, jene **Genfer Konventionen** entwickelte, welche im Kriegsfall den Gefangenen und Verwundeten, dem Sanitätspersonal sowie der Zivilbevölkerung unter dem Zeichen des Roten Kreuzes Schutz gewähren sollte. Heute ist das Internationale Rote Kreuz (IRK) die Gesamtheit aller Rotkreuzverbünde, zu denen (u. a. das Internationale Komitee vom Roten Kreuz, die Liga der Rotkreuzgesellschaften,) die nationalen Rotkreuz-Gesellschaften einschließlich islamischer Organisationen (Roter Halbmond, Roter Löwe, Rote Sonne) gehören. Das Deutsche Rote Kreuz (DRK) hat im Rettungsdienst, in der Krankenpflege und bei der Familienzusammenführung nach dem 2. Weltkrieg wertvolle Hilfe geleistet.

Rückversicherungsvertrag Im Juni 1887 schlossen das Deutsche Reich und Rußland einen Geheimvertrag für mindestens 3 Jahre, mit dem sich Bismarck für den Fall eines französischen Angriffs auf Deutschland die russische Neutralität zusichern ließ, während er für einen Angriff Österreich-Ungarns auf das Zarenreich die deutsche Neutralität in Aussicht stellte. Ein streng geheimes Zusatzabkommen anerkannte zudem die Interessen Rußlands in Bulgarien und am Bosporus, was auf eine Schwächung der Donaumonarchie hinauslief. Um dies aber zu verhindern, unterstützte Bismarck zugleich alle Bestrebungen Englands, Österreich-Ungarns und Italiens, die auf eine Bewahrung des Status quo im Gebiet des Mittelmeers und des Schwarzen Meeres hinausliefen und die Existenz der Türkei zu erhalten trachteten. Nach der Entlassung Bismarcks (1890) wurde der Vertrag nicht mehr erneuert.

Rudolf I., von Habsburg (1218–91) Er war ein Anhänger der Hohenstaufen gewesen, aber er hatte es vermieden, sich in ihren Untergang mit hineinreißen zu lassen. Die Habsburger hatten, wenn wir heutige Grenzen zugrunde legen, in der Schweiz, in Deutschland und in Frankreich Besitz, und Rudolf verstand es, seine Güter durch Heirat zu mehren. Seine Wahl zum deutschen König im Jahre 1273, die von einigen Fürsten betrieben wurde, beendete das Interregnum, die kaiserlose Zeit 1254–73. Von der alten königlichen Macht war kaum mehr etwas übriggeblieben. Doch Rudolf ging alsbald daran, alte Rechte geltend zu machen. Den böhmischen König **Ottokar II.** zwang er, widerrechtlich erworbenes Reichsgut zurückzugeben. In der entscheidenden Schlacht 1278 siegte Rudolf, Ottokar fiel. Böhmen und Mähren blieben bei Ottokars Sohn **Wenzel II.**, die übrigen gewonnenen Gebiete in Österreich bildeten die Grundlage für die spätere Machtstellung (die Hausmacht) der Habsburger. Die Krönung zum Kaiser zerschlug sich, da Rudolf vorher starb. (Vgl. Abb. S. 147).

Ruhrkrise Deutschland war nach dem 1. Weltkrieg im Versailler Vertrag zur Zahlung von Reparationen an die Siegermächte verpflichtet worden. Frankreich nahm am 11. 1. 1923 einen Rückstand bei den Lieferungen zum Anlaß, um zusammen mit belgischen Truppen ins Ruhrgebiet einzumarschieren. Die Erfüllung deutscher Verpflichtungen sollte so erzwungen werden. Darauf rief die Reichsregierung die Bevölkerung zum passiven Widerstand auf, wodurch Produktion und Verkehr im Ruhrgebiet lahmgelegt und alle Reparationen eingestellt wurden. Der Konflikt verschärfte die Inflation bis hin zum wirtschaftlichen Zusammenbruch, da die Regierung den passiven Widerstand der Bevölkerung finanzieren mußte. Im September 1923 lenkte die Regierung Stresemann ein und verständigte sich mit den Allierten auf einen neuen Ratenplan und Maßnahmen zur Stabilisierung der deutschen Wirtschaft, den **Dawesplan**.

Runen

(geheimnisvolle Kunde) Ihre Herkunft ist umstritten, wahrscheinlich sind sie ein etruskisch-lateinisches Mischalphabet, das im 1. Jh. n. Chr. über das Markomannenreich bis zur Ostsee nach Skandinavien gelangte. Die älteste germanische Runenreihe hat 24 Zeichen, nach den ersten sechs **Futhark** genannt. Jede Rune, außer *z*, hat einen Lautwert und einen Namen, z. B. *f* = Vieh, fahrende Habe, *u* = Ur, Auerochs, *th* = Thurse, Riese. Die Zeilen liefen meist von links nach rechts. Von den 5000 Runeninschriften wurden 3000 in Schweden gefunden. Dort und in Norwegen begann man nach 350 n. Chr. Runen in Felswände und freistehende Steine zu meißeln, was in Dänemark erst um 800 geschah; in Mooren fand man auch auf Holz geritzte Runen. Die älteste der 40 deutschen Runeninschriften wurde nach 400 für ein Wehrgehänge geschaffen. – Insgesamt verwendete man die Runen nicht für historische oder literarische Niederschriften, sondern überwiegend für Gedenkinschriften, alltägliche Mitteilungen oder zur Notierung des Besitzers auf Waffen.

Russische Revolution

Schon im 19. Jh. erschütterten revolutionäre Unruhen das politisch, wirtschaftlich und sozial rückständige Rußland. Die Regierung des Zaren sah den Ausbruch des 1. Weltkrieges als eine Chance, die drohende Revolution durch einen großen militärischen Erfolg und die von ihm erhoffte Besserung der inneren Lage abzuwenden. Rußland verlor jedoch mehrere Schlachten, und als im Sommer 1916 die Brussilow-Offensive keinen Sieg, sondern nur schwere Verluste brachte, begannen Meutereien im Heer und Revolten in der Heimat, denn die Versorgung der Bevölkerung wurde unter der Last des Krieges immer schlechter. Am 15. März 1917 (nach dem alten russischen Kalender noch Februar) kam es zu einer Revolution links-liberaler Kräfte und gemäßigter Sozialisten. Diese **Februarrevolution** stürzte den Zaren, der als reformfeindlich galt, und eine provisorische Regierung unter dem Fürsten **Lwow** übernahm die Macht. Sie setzte den Krieg gegen Deutschland fort und verlor deshalb den Rückhalt bei Volk und Armee.

Neben den bürgerlichen Revolutionären waren die radikalen Sozialisten (**Bolschewiki**) aktiv. Im April 1917 kehrte ▶ Lenin, einer ihrer Führer, mit deutscher Hilfe aus dem Schweizer Exil nach Rußland zurück. Man versprach sich davon weitere Unruhen und damit das schnellere Zusammenbrechen Rußlands. Ein von Lenin organisierter Putsch in Petrograd (später Leningrad) scheiterte im Juli 1917 am Widerstand des Militärs. Lenin floh nach Finnland, und **Alexander Feodorowitsch Kerenski**, ein gemäßigter Sozialist, wurde Ministerpräsident. Kerenski scheiterte aber, weil auch er den Krieg fortsetzte und die Versorgungslage sich weiter verschlechterte. Außerdem weigerte sich Kerenski, eine Bodenreform einzuleiten und er verzögerte die Wahlen zu einer Verfassungsgebenden Versammlung. So konnten die Bolschewiki um Lenin, **Trotzki**, **Sinowjew** und **Kamenew** viele Anhänger in Armee und Volk gewinnen, zumal schon Lenins **Aprilthesen** *Alle Macht den Sowjets* (Räten), *Alles Land den Bauern* und *Friede um jeden Preis* die Stimmung trafen.

Am 6. November 1917 (nach alter Rechnung am 24. Oktober) begann die von den Bolschewiki organisierte **Oktoberrevolution** mit dem *Sturm auf das Winterpalais* in Petrograd (ehemaliger Zarenpalast, nun Regierungssitz). Am 8. November trat der **II. Allrussische Sowjetkongreß** zusammen.

Die Gliederung der russischen Gesellschaft vor der Revolution

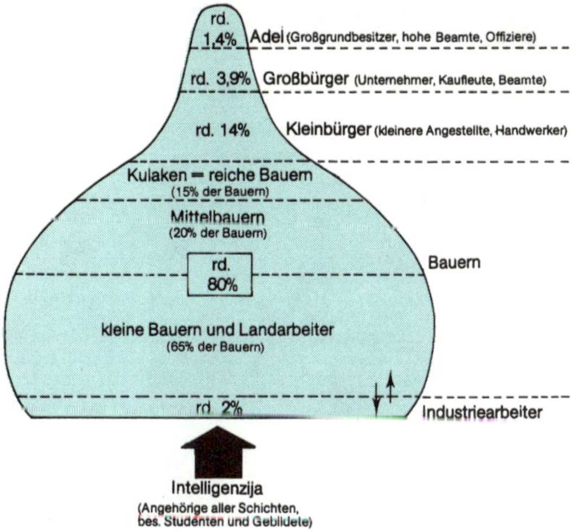

Er ließ die alte Regierung verhaften und setzte einen **Rat der Volkskommissare** als neue Regierung ein. Der Rat gewann die Mehrheit der Landbevölkerung mit der Forderung nach entschädigungsloser Enteignung des Großgrundbesitzes zugunsten der Bauern und viele Soldaten mit dem Versprechen, den Krieg sofort zu beenden. Auch schien die Regierung bereit, Rußland in eine Demokratie zu verwandeln, denn sie verkündete am 15. November das Selbstbestimmungsrecht für alle Völker des Russischen Reiches und ließ am 8. Dezember 1917 eine Verfassunggebende Versammlung wählen. Die Mehrheit der Bevölkerung schien die sozialistische Revolution bei der Beseitigung des alten Staates zu unterstützen, gab Lenins Partei bei den Wahlen am 8. Dezember aber nur 9 von 36 Mio. Stimmen. Darauf ließ der Rat der Volkskommissare am 19. Januar 1918 die Verfassunggebende Versammlung durch ihm ergebene Truppen auflösen.

Rüstung Germanische Krieger kämpften ursprünglich ohne Helm und Panzer, häufig sogar mit nacktem Oberkörper, sie waren(seit der Eisenzeit) mit Schwert, Wurfspieß und Streitaxt bewaffnet und schützten sich nur mit einem Holzschild. Damit unterschieden sie sich von den Kriegern in den frühen Hochkulturen und bei den Mittelmeervölkern. Helme aus Stoff, Leder oder Kupfer wurden bei den Babyloniern, Assyrern und Persern getragen, bei den Ägyptern nur von höheren Offizieren. Die ältesten Panzer zum Schutz von Brust und Leib dürften aus Stoff oder Leder gewesen sein. Metallpanzer aus Bronze tauchten schon um 1500 v. Chr. auf, wurden aber erst seit dem 7. Jh. v. Chr. allgemein üblich. Dabei unterschied man zwischen mehrteiligen Platten- und Schuppenpanzern. Bei letzteren wurden Metallplättchen auf Stoff oder Leder aufgenäht und erlaubten so eine größere Beweglichkeit, während der Platten- oder Körperpanzer zwar einen relativ guten Schutz bot, seinen Träger aber beim Kampf auch behinderte.
In Griechenland trugen die schwerbewaffneten Krieger (**Hopliten**) einen Helm, Brustpanzer und Beinschienen aus Bronze, dazu einen runden Schutzschild, eine Lanze und ein kurzes Schwert. Die verschiede-

Der spanische Eroberer Hernando Cortez präsentiert sich in einer Prunkrüstung.

nen griechischen Helme gehen dabei auf zwei Grundformen zurück, einen älteren kegelförmigen Typ, der aus mehreren Bronzeringen zusammengesetzt war, und den korinthischen Typ, der das ganze Gesicht abdeckte und nur Sehschlitze aussparte. Als Metallpanzer diente der aus zwei Schalen bestehende Glockenpanzer, seit dem 6. Jh. der in seiner äußeren Form besser dem Körper angepaßte sog. Muskelpanzer (mit herausmodellierten Muskelpartien). Der Hoplit trug gewöhnlich den aus mehreren Leinenschichten bestehenden Leinenpanzer, der gelegentlich durch Metallplättchen verstärkt war. Er blieb bis etwa 250 v. Chr. in Gebrauch und wurde vom Kettenpanzer abgelöst. Diesen trugen auch die römischen Legionäre bis zur Kaiserzeit, dann kam der Gliederpanzer in Gebrauch, bei dem die einzelnen Platten durch Riemen miteinander verbunden waren. Der römische Helm entwickelte sich aus dem korinthischen, zeigte verschiedene Varianten, ließ aber stets das Gesicht frei und schützte nur zusätzlich die Backen. Zur weiteren Ausrüstung gehörten Kurzschwert, Dolch, Lanze und ein großer rechteckiger Schild. Eine gute Darstellung gerüsteter römischer Legionäre liefern die Bilder der Trajansäule in Rom.

Im Mittelalter trugen die Ritter als Rüstung den **Harnisch**, ein Eisengewand, dessen Hauptstück eine Art Panzerhemd (Brünne) bildete. Ein langes, enges Gewand aus festem Tuch oder Leder war ursprünglich mit Eisenschuppen, später mit ineinander verflochtenen Eisenringen besetzt. Erst gegen Ende der staufischen Zeit, Ende des 13. Jh.s, kam daneben auch der Plattenschutz in Gebrauch, das waren Eisenplättchen, die auf eine Leder- bzw. Stoffjacke aufgenietet wurden. Seit dem 14. Jh. gab es den Krebspanzer, der aus Metallplatten bestand, die durch Riemen und Haken miteinander verbunden waren. Er wird im allgemeinen eben als *Ritterrüstung* bezeichnet. Die Krönung der Rüstung bildete der Helm. Er entwickelte sich aus dem zylindrigen Topfhelm, konnte als Kübelhelm unmittelbar auf der Schulter aufsitzen und wies beim Gebrauch in Turnieren noch eine Helmzier (**Zimier**), eine Figur aus Stoff, Holz oder Leder auf. Zum Krebspanzer oder Plattenharnisch wurde der schwere geschlossene Visierhelm getragen.

Je mehr der Harnisch seit dem 16. Jh. seine tatsächliche Schutzfunktion einbüßte, umso aufwendiger wurde er ausgestattet und verziert, bis er schließlich nur noch als Prunkharnisch diente. Sein Nachfolger wurde seit dem 17. Jh. der von den Reitern getragene **Küraß**. Der Helm blieb weiterhin in Gebrauch, als Eisenhut bei den Landsknechten und Söldnern, als Schützenhaube, im ausgehenden 18. Jh. als **Tschako**, im 19. als **Pickelhaube**. Der im Ersten Weltkrieg eingeführte **Stahlhelm** gehört auch heute noch bei den Truppen zur militärischen Ausrüstung.

S

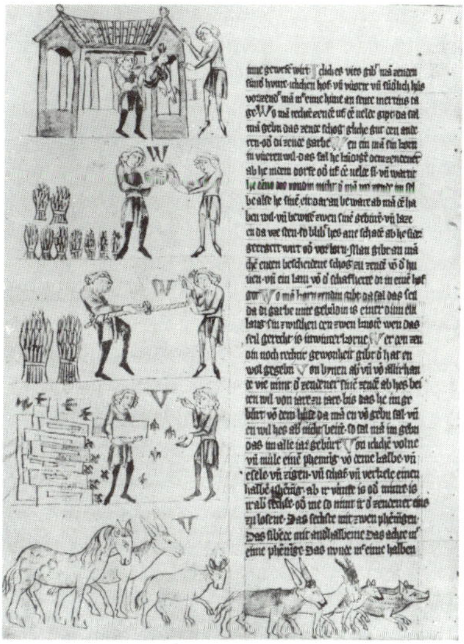

Im Sachsenspiegel werden Abgaben bildlich dargestellt: z. B. Zehnt von der Hofstatt, Feldzehnt, Garbenmaß, Bienenzehnt.

Sachsenspiegel Auf Wunsch seines Landesherren hat **Eike von Repgow**, ein Schöffe aus Anhalt, um 1224 die erste deutschsprachige Niederschrift von Rechtssätzen verfaßt. Das Rechtsbuch faßt in seinem Landrechtsteil das Erb- und Eherecht sowie alle Fragen des Straf- und Privatrechts zusammen, wie es zu Beginn des 13. Jh.s bei den freien Sachsen aller Stände im Gebrauch war. Der Lehensrechtsteil behandelt die Sonderrechte des Adels. Als Gültigkeitsbereich hat Eike den im Süden durch fränkisches Gebiet begrenzten Raum zwischen Oder und Friesland vorgesehen. Der Sachsenspiegel diente bald als Vorbild des Deutschen- und Schwabenspiegels und erlangte teilweise in Polen, Ungarn und Rußland Bedeutung.

Saladin (um 1138–93) Der Anführer kurdischer Söldner am Hof der Fatimiden-Dynastie in Ägypten brachte es bis zum Wesir und wurde 1171 durch einen Putsch selbst Sultan von Ägypten. 1174 vereinte er, teils durch Erbschaft und teils mit Gewalt, Gebiete des Nahen Ostens mit Ägypten. 1187 besiegte er im Bündnis mit benachbarten Herrschern die Kreuzritter bei **Hattin**, eroberte Jerusalem und löste dadurch den 3. Kreuzzug unter Führung Kaiser Friedrichs I. aus. Nach Friedrichs Tod übernahm Richard Löwenherz, König von England, die Führung. Mit ihm schloß Saladin 1192 einen Kompromißfrieden, der den christlichen Pilgern freien Zugang zu den heiligen Stätten Palästinas sicherte. Saladin ist bis heute die Idealfigur jener Politiker, die von einem gesamtarabischen Staat träumen. Arabische und europäische Quellen schildern Saladin als bescheiden, tolerant und politisch maßvoll. Lessing hat ihm in seinem Schauspiel *Nathan der Weise* ein Denkmal gesetzt.

Salamis Mit rund 1200 Schiffen und mindestens 50000 Mann rückte im Jahre 480 v. Chr. der persische Großkönig Xerxes I. gegen Griechenland heran. Dagegen nahmen sich das griechische Heer unter der Führung Spartas und die griechische Flotte unter der Führung Athens bescheiden aus.

Doch es gelang dem Athener **Themistokles**, die persische Flotte in dem engen Sund zwischen dem Festland Attikas und der Insel Salamis so zu packen, daß ihre Überzahl gegen die wendigen Schiffe der Griechen nicht zur Geltung kam und die Perser eine vernichtende Niederlage erlitten. Im Jahr darauf schlugen die Spartaner das persische Landheer in einer weiteren Schlacht der ▶ Perserkriege.

Salier Das fränkische Hochadelsgeschlecht besaß im 8. Jh. Hausgüter an Saar und Mosel, später um Speyer und Worms, da der Salier Werner († 917) Graf im Speyergau geworden war. Sein Sohn **Konrad der Rote**, Herzog von Lothringen, heiratete Luitgard, Tochter Kaiser Ottos I., und begründete damit Erbansprüche auf die Nachfolge. Ihr Urenkel wird als **Konrad II.** 1024 König und 1027 Kaiser. Er und seine Nachfolger erweiterten planmäßig das Krongut und versuchten, das bisherige sächsische Königsland zum Flächenstaat auszubauen. Dazu setzten sie die neue Schicht der ▶ Ministerialen gegen den Adel ein. Konrad festigte die Verbindung nach Italien, indem er oberitalienische Bistümer mit Deutschen besetzte und Heiraten zwischen italienischen und deutschen Adelsfamilien förderte. Dank alter Verträge konnte er 1032 Burgund erwerben. Er wurde, wie die ihm folgenden salischen Kaiser, in dem von ihm gegründeten Dom zu Speyer beigesetzt.
Sein Sohn **Heinrich III.** (R. 1039–56) versuchte, im Einklang mit den Reformideen von ▶ Cluny zu regieren und den aus Burgund gekommenen Gottesfrieden durch eigene Gesetze durchzusetzen. Beim Romzug 1046 setzte er drei streitende Päpste ab und Bischof Suidger von Bamberg als **Clemens II.** ein. Die Herzöge von Böhmen und Lothringen unterwarf er und nahm Ungarn und Apulien zu Vasallen. Sein Sohn ▶ Heinrich IV. (R. 1056–1106), unter Vormundschaft aufgewachsen, konnte sich nur mit Hilfe der Ministerialen gegen die Fürsten durchsetzen. Im Investiturstreit, dem Streit um die Einsetzung der Bischöfe, von Papst Gregor VII. gebannt, mußte er sich durch den *Gang nach Canossa* aus dem Bann lösen. Er rieb sich im Kampf gegen Päpste und deutsche Fürsten auf und wurde schließlich von seinem Sohn Heinrich V. (R. 1106–25) abgesetzt. Dieser konnte im **Wormser Konkordat** zwar die Investitur in Deutschland für seine Person behalten, verlor sie aber in Burgund und Italien.

Salomo (um 965–926 v. Chr.) Um den jüdischen König, den Sohn Davids, bildeten sich zahlreiche Erzählungen und Legenden. Seine unermeßliche Weisheit soll ihn befähigt haben, sich über die Gebote hinwegzusetzen und über Geister und Dämonen zu befehligen. Er gilt, neben David, als Verfasser zahlreicher Sprüche und Psalmen der Bibel. Die Geschichtsschreibung sieht in ihm den größten Staatsmann des alten Israel, der durch die Einteilung des Reiches in 12 Provinzen das Königtum stärkte und dem Reich durch ein Berufsheer und kluge Diplomatie den Frieden sicherte. Seinen ganzen Eifer widmete er dem Ausbau und der Befestigung der Städte. So verlieh er seiner Residenz Jerusalem durch den Bau des Tempels und des Königspalastes ein prachtvolles Aussehen. Seine Bauwut bedeutete für die Israeliten aber harte Fronarbeit und hohe Steuerlasten, die Kluft zwischen König und Volk vertiefte sich.

Salpeterkrieg Von den ehemaligen spanischen Kolonien war das 1817/18 unabhängig gewordene Chile eines der politisch und wirtschaftlich stabilsten. Chile verdankte diese Stellung u. a. seinen Salpetervorkommen im Norden des Landes; Salpeter wird als Grundlage für Farbstoffe, Schieß- und Sprengstoffe und als Dünger gebraucht. Ende des 19. Jh.s kam es zum

Konflikt mit den Nachbarländern Peru und Bolivien um die Salpetervorkommen in der Wüste von Atacama. 1879 begann der Krieg, Chile drang weit nach Peru vor, eroberte die Hauptstadt Lima und konnte 1883/84 die Friedensbedingungen diktieren. Nach dem **Frieden von Ancón** mit Peru und dem **Frieden von Valparaiso** mit Bolivien erhielt Chile die Salpetervorkommen und Bolivien verlor seinen Zugang zum Meer. Chiles Weltmonopol sicherte ihm eine Hochkonjunktur während des 1. Weltkrieges. Der wirtschaftliche Niedergang setzte ein, als es gelang, Stickstoff aus der Luft zu gewinnen und Chiles Rohstoff an Wert verlor.

Samniter Sie waren nach Italien eingewanderte Indogermanen und sollen Nachfahren der Sabiner gewesen sein, die nach der Sage vom Raub der Sabinerinnen eine so wichtige Rolle bei der Gründung Roms spielten. Die Samniter verdrängten im 5. Jh. v. Chr. die Etrusker und eroberten die Landschaft Kampanien, von wo sie sich in drei blutigen **Samnitenkriegen** (343–290 v. Chr.) und im **Bundesgenossenkrieg** (90/88 v. Chr.) letztlich erfolglos gegen die Römer zur Wehr setzten. Sie erhielten wie alle Italiker das römische Bürgerrecht. Das durch die vielen Kriege verwüstete Land fiel in die Hände der römischen Großgrundbesitzer, die samnitischen Bauern verarmten.

Sanktionen sind wirtschaftliche, militärische und politische Zwangsmaßnahmen zur Durchführung rechtlicher Verpflichtungen von Staaten. Häufig sind Verletzungen des Völkerrechts Auslöser von Sanktionen. In den Weltorganisationen Völkerbund und UNO wurden sie vielfach eingesetzt, um bewaffnete Konflikte zu verhindern und den Frieden zu sichern. Häufig zeigten die Sanktionen allerdings wenig Wirkung und führten im Falle des Völkerbundes zu einem Macht- und Ansehensverlust. Wegen der unterschiedlichen Interessen einzelner Staaten werden sie häufig unterlaufen und sind daher umstritten.

Sarajewo Die Hauptstadt Bosniens, das im Jahre 1908 von der Habsburger Doppelmonarchie annektiert worden war, wurde zum Schauplatz eines Attentats, dem am 28. Juni 1914 der österreichische Thronfolger Erzherzog **Franz Ferdinand** und seine Gemahlin zum Opfer fielen. Der jugendliche Täter Gavrilo Princip kam aus den Kreisen eines großserbisch-nationalistischen Geheimbundes (Schwarze Hand), der für die Befreiung der Serben aus österreichisch-ungarischer und türkischer Oberhoheit kämpfte. Das Attentat wurde Anlaß für den Ausbruch des 1. Weltkrieges.

Saud Mehrere Fürsten aus der Sippe Saud haben auf der Arabischen Halbinsel in den letzten 200 Jahren eine Rolle gespielt. Der wichtigste von ihnen war jener **Ibn Saud** (R. 1924–1953), der im 1. Weltkrieg mit britischer Hilfe die Türken aus Arabien vertrieb. Er eroberte 1924 von seinem Stammesgebiet um Ar Rijad aus große Teile der Halbinsel und gründete den nach seiner Familie benannten Staat Saudi-Arabien. Er regierte selbstherrlich, ebenso wie seine Nachfolger heute noch, unterstützte die islamische Erneuerungsbewegung der **Wahhabiten**, bemühte sich aber auch um die technische Modernisierung des hierin sehr rückständigen Landes.

Schisma Das griechische Wort für *Trennung* wird auf zwei kirchengeschichtliche Ereignisse angewendet: Zum einen auf die 1054 eingetretene Spaltung der Kirche in eine westlich-lateinische und eine östlich-byzantinische (**Morgenländisches Schisma**); zum zweiten auf die Spaltung der katholischen Kirche zwischen 1378 und 1417 (**Abendländisches Schisma**). Das Mor-

genländische Schisma hat eine lange Vorgeschichte; politisch, kulturell, kirchendisziplinär und dogmatisch war eine Entfremdung der abendländischen gegenüber der byzantinischen Kirche eingetreten. Streitpunkte waren die unterschiedlichen Auffassungen von der Gottesherrschaft Christi, der Dreieinigkeit, dem Abendmahl, der Priesterehe und der Rolle des Papstes. Ausgerechnet bei Einigungsverhandlungen kam es zur Trennung, wobei recht persönliche Gründe der Gesprächspartner das Schisma mitverschuldeten. Erst Papst **Paul VI.** konnte während des 2. Vatikanischen Konzils den Schritt auf die Ostkirche zugehen, ohne damit die Wiedervereinigung beider Kirchen einzuleiten.
Zum Abendländischen Schisma kam es, als 1378 unter gewaltsamem Druck des stadtrömischen Adels ein Italiener (**Urban VI.**) zum Papst gewählt worden war, der sich aber mit den Kardinälen (vornehmlich Franzosen) sehr rasch überwarf, so daß diese den zweifelhaften Wahlvorgang für ungültig erklärten. Sie wählten **Clemens VII.** zum Gegenpapst, der den gesamten päpstlichen Verwaltungsapparat nach Avignon in Südfrankreich holte und eine neue Kurie aufbaute. Jetzt gab es zwei Päpste und zwei Kurien, ein Papst belegte den anderen und dessen Anhängerschaft mit Bann. Die Fürsten ergriffen unterschiedlich Partei: Die französischen, spanischen und deutschen Könige, die ihren Einfluß in Europa mit Hilfe des Papsttums verstärken wollten, erschwerten dabei die Lösung des Konflikts. Erst das **Konzil von Konstanz** (1414–18) vermochte 1417 mit der Wahl **Martins V.** die Einheit der abendländischen Kirche formell wiederherzustellen. Das moralische Ansehen des Papsttums war jedoch stark angeschlagen.

Schlesische Kriege

Kurz nach seinem Regierungsantritt ließ Friedrich II., der Große seine Truppen im österreichischen Schlesien einfallen, um zweifelhafte Erbansprüche gegen Maria Theresia durchzusetzten. Daraus entwickelte sich der *Erste* Schlesische Krieg (1740–42), an dessen Ende Österreich auf Schlesien verzichten mußte. Im *Zweiten* Schlesischen Krieg (1744/45) konnte Preußen die Eroberung gegen eine österreichisch-französische Koalition behaupten und erkannte als Kompromiß nur Maria Theresias Gatten, Franz von Lothringen, als Kaiser **Franz I.** an. Auch im *Dritten* Schlesischen Krieg, dem ▶ Siebenjährigen Krieg (1756–63), konnte Österreich Schlesien nicht zurückgewinnen. Für Preußen war der Reichtum Schlesiens an Menschen, Bodenschätzen und Gewerbe ein bedeutender Machtzuwachs, für Österreich wog der Verlust im Kampf um die Vorherrschaft im Reich schwer.

Schleswig-Holsteinische Frage

Die Grafen **von Schauenburg** waren seit 1110 Herren in Holstein, und 1386 belehnte sie der dänische König auch mit Schleswig. Seither vertieften sich die Bindungen der beiden Länder immer mehr, und 1460 versicherte König **Christian I.** von Dänemark bei seiner Wahl, daß beide niemals geteilt werden sollten. Allerdings stand dieses Versprechen oft nur auf dem Papier, 1490, 1544, 1564 und 1581 kamen sie doch unter verschiedene Herren. Die Bewohner beider Länder – gleichgültig ob Dänen oder Deutsche – haben aber immer auf eine Wiedervereinigung hingearbeitet und die Reformation hat das Zusammengehörigkeitsgefühl der beiden protestantischen Gebiete dann noch weiter gestärkt.
Dies änderte sich, als im 19. Jh. der Nationalismus stark wurde und die Deutschen sich der deutschen Einigungsbewegung anschlossen. Daran hatten weder die dänischen Bürger noch der dänische König als Lehnsherr ein Interesse. Die beiden Länder wurden geteilt, Schleswig mit der vorwiegend dänisch sprechenden Bevölke-

rung dem dänischen Staat angegliedert. Dagegen kam es in Holstein 1848/50 zu einer Volkserhebung. Sie wurde zunächst von Preußen unterstützt, jedoch auf Eingreifen des Deutschen Bundes fallengelassen und von Dänemark niedergeworfen. 1864 forderten Preußen und Österreich in einem Ultimatum von Dänemark die Herausgabe Schleswigs und seine Vereinigung mit Holstein unter einem eigenen Herrscher. Als Dänemark sich weigerte, kam es zum Krieg, den die Dänen verloren. Österreich übernahm die Verwaltung Holsteins, Preußen die Schleswigs. Streitigkeiten über das Vorgehen in den beiden Ländern lieferten Preußen dann 1866 den Vorwand zum ▶ Deutschen Krieg gegen Österreich.

Schlieffen-Plan Der nach dem Generalstabschef Graf von Schlieffen benannte Operationsplan von 1905 war für den gleichzeitigen Kriegsfall des Deutschen Reiches mit Frankreich und Rußland, also für einen **Zweifrontenkrieg**, gedacht. Nach dem Plan sollte der Osten nur schwach gesichert bleiben, während eine Großoffensive im Westen kriegsentscheidend werden sollte. Die Masse des Feldheeres war für einen schnellen Vorstoß am rechten Flügel bis westlich von Paris vorgesehen, um dann, nach Osten eindrehend, in einer Umfassungsschlacht das französische Heer zu schlagen. Das Vorhaben setzte den Durchmarsch durch luxemburgisches, belgisches und niederländisches Gebiet und damit die Verletzung der Neutralität der drei Länder voraus. Der Plan wurde 1914 in abgeschwächter Form angewandt und brachte keinen durchschlagenden Erfolg.

Schloß Schon im Späten Mittelalter steigerte der aufkommende Lebensstil das Bedürfnis des Adels nach komfortablen und repräsentativen Wohnsitzen, während gleichzeitig die verbesserten Feuerwaffen die Burgen als Wehrbauten überflüssig machten. So entwickelte sich ab ca. 1500 in Italien eine selbständige Schloßbaukunst, wobei in der Renaissance der rechteckige Grundriß um einen Arkadeninnenhof als das *klassische* Modell galt.
Im Zeitalter des ▶ Absolutismus spielte das Schloß des Monarchen oder Landesherren eine wichtige Rolle innerhalb des zentralistisch strukturierten Staates. Die Hofhaltung diente u. a. der *Domestizierung* des Hochadels, der nur noch am Hof wirtschaftliche Privilegien und Einfluß erwerben konnte, sich dabei aber der ständigen Kontrolle des Monarchen unterwarf. Das Schloß bildete aber auch die Zentrale der Verwaltung und der Armee. Es ermög-

Das Schloß von Versailles

lichte so die Durchsetzung einer einheitlichen, rational angelegten Politik für den gesamten Herrschaftsbereich.
Die barocken Schloßanlagen wurden häufig außerhalb der Städte errichtet. Im Zentrum des Komplexes lag das Schlafgemach des Fürsten, seine Arbeitszimmer und der Repräsentationstrakt mit den prächtig ausgestatteten Empfangsräumen, dem Treppenhaus, evtl. einem Spiegelsaal als Wandelhalle. Um diesen Pol gruppierten sich die meist recht schlichten Wohnungen der Höflinge und Minister, aber auch die Wirtschaftsgebäude, die Küche und die Ställe. So entstanden ganze Fluchten offener Höfe, die die zentrale Rolle der Gemächer des Königs noch betonten. Oft richtete sich die gesamte Stadtplanung am Schloß aus. Die Rückfront war dem Park zugewandt. Die ganze Anlage einschließlich der Gärten war durch regelmäßige Formen, Linien und durch Symmetrie geprägt, so daß sie zum Sinnbild der ordnenden Kraft des Herrschers wurde.

Schmalkaldischer Bund Nachdem der Augsburger Reichstag von 1530 für das kommende Jahr die Erneuerung des **Wormser Edikts**, mit dem 1521 die Reichsacht über Luther verhängt worden war, in Aussicht gestellt hatte, schlossen sich am 27. 2. 1531 zu Schmalkalden vornehmlich lutherisch gesinnte Fürsten und Städte zu einem Bund zusammen. Der Bund, der über ein eigenes Heer verfügte, wollte damit Reichsexekution und Zwangsmaßnahmen in Glaubenssachen gemeinsam abwehren. Karl V., bei seinem Kampf gegen die Türken auch auf die protestantischen Fürsten angewiesen, gewährte daraufhin noch einmal einen Religionsfrieden. Obwohl Luther in seinen **Schmalkaldischen Artikeln** von 1536 die Trennungslinie zwischen katholischer und protestantischer Kirche für unüberwindbar erklärte, liefen, teilweise im Beisein des Kaisers, Gespräche zur Beilegung der religiösen Streitpunkte weiter. Als sie scheiterten, entschied sich Karl V. für den Einsatz militärischer Mittel und schloß mit Papst **Paul III.** 1546 ein Bündnis gegen die Schmalkaldener. Im **Schmalkaldischen Krieg** 1546/47 siegte das kaiserliche Heer in der entscheidenden Schlacht bei **Mühlberg** an der Elbe. Die Führer der Protestanten, Kurfürst Friedrich von Sachsen und Landgraf Philipp von Hessen gerieten in Gefangenschaft.

Schogun Der japanische Titel meint *Oberste Heerführer* und wurde 794 erstmals verliehen. Als **Schogunat** bezeichnet man die Regierung der Feldherren, die seit 1192 faktisch die gesamte Macht an sich rissen und den militärischen Oberbefehl zum Erbrecht ihrer Familie erhoben. Erst nach dem Bürgerkrieg von 1866/67 gelang die Abschaffung des Schogunats, so daß der japanische Kaiser, der **Tenno**, die volle Herrschaftsgewalt wiedergewann.

Scholar nannte man im Mittelalter einen Schüler (lat.: Scholar), Studenten, gelegentlich auch ganz allgemein einen Gelehrten der Universität. Die frühesten Schulen wurden von Klöstern geführt und dienten in erster Linie der Ausbildung der Geistlichen. Seit dem 12. Jh. kamen in mittleren und größeren Städten Lateinschulen für die Bürgerkinder dazu. Eine allgemeine Schulpflicht kannte man dabei ebensowenig wie Schulprüfungen. Da es nicht an allen Orten geeignete Schulen gab, kamen seit dem 14. Jh. die **fahrenden Schüler** (scholares vagantes) auf, die nach dem Beispiel der wandernden Kleriker von Ort zu Ort zogen und stets nur eine Zeitlang die jeweiligen Lateinschulen besuchten oder sich als Hilfslehrer verdingten. Im Volksmund nannte man sie in Anlehnung an den römischen Gott des Weins Bachanten. Sie führten auf ihren Wanderungen häufig jüngere Knaben mit sich (die sog. Schützen), angeblich um sie zu einer Schule zu bringen oder selbst zu unterrichten, häufig aber nur, um sie für sich betteln oder stehlen („schießen") zu lassen.

Scholastik bezeichnet die Philosophie und Wissenschaft des Mittelalters. Diese diente vor allem der Kirche, die glaubte, endgültige Antworten auf alle Fragen zu besitzen. Deshalb sollte die Scholastik nicht nach Wahrheit suchen, sondern den Glauben mit wissenschaftlichen Argumenten gegen Angriffe verteidigen. Man unterscheidet drei Epochen:
In der **Frühscholastik** (9.–12. Jh., Hauptvertreter **Anselm von Canterbury**) ging es vor allem darum, in den Auseinandersetzungen mit der griechisch-orthodoxen Kirche, Moslems und Juden Argumente für den eigenen Glauben zu liefern, denn durch die häufiger werdenden Pilgerfahrten ins Heilige Land, durch die Kreuzzüge und den erstarkenden Fernhandel wuchsen auch die Berührungspunkte mit dem Gedankengut des Orients.
In der **Hochscholastik** (13. und Anfang des 14. Jh.s., Hauptvertreter ▶ Albertus Magnus und **Thomas von Aquin**) verarbeitete Europa dann jenes Wissen der Antike, das vergessen oder aus religiösen Gründen verdrängt worden war, das jedoch der Islam bewahrt hatte, vor allem die Schriften des ▶ Aristoteles. Zugleich mußte das Wissen der überlegenen orientalischen Naturwissenschaften mit den Lehren der Kirche in Einklang gebracht werden. Es entstanden zahlreiche Hochschulen – 1348 in Prag die erste deutsche Universität –, die Bildung nicht nur an Kleriker, sondern auch an Laien vermittelten.
In der **Spätscholastik** (14. und 15. Jh., Hauptvertreter **Wilhelm von Ockham**) wurde die Spannung zwischen den religiösen Glaubenssätzen und wissenschaftlicher Erkenntnis immer größer; die Kirche konnte nicht länger verhindern, daß sich immer mehr Lehren verbreiteten, die nicht mehr mit den Dogmen übereinstimmten. Dieser Verfall der kirchlichen Autorität bereitete die Reformation vor.

Schreiber In Mesopotamien und Ägypten entstand zuerst die Kunst des Schreibens. Nur wenige Menschen waren ihrer kundig, und da die Frühen Hochkulturen in Politik, Verwaltung und Kultur nicht mehr ohne Keilschrift oder Hieroglyphen auskamen, genossen die Schreiber hohes Ansehen. Die Ägypter haben uns unzählige Statuen und Bilder von Schreibern hinterlassen, die im Schneidersitz eine Rolle Papyrus auf den Knien halten. Ihr Ansehen war so hoch, daß sich selbst hohe Adelige so darstellen ließen, um damit ihre Bildung zu betonen.

Ägyptische Plastik eines Schreibers

Schriftrollen Bis zum Aufkommen des aus Tierhäuten gefertigten Pergament – in Pergamon seit dem 2. Jh. v. Chr., in Rom erst 400 Jahre später – , das in Buchform (▶ Codex) gebracht werden konnte, war die Papyrusrolle der bedeutendste Schriftträger. Den Papyrus mußte man aus Ägypten beziehen, wo in den Sümpfen des Nils die bis zu 3 Meter hohe Papyrusstaude wuchs. Das Mark der Pflanze wurde in dünne Streifen geschnitten, in Schichten aufgelegt, feucht geleimt, dann getrocknet und durch Klopfen bzw. Pressen verbunden und geglättet. Einzelne Blätter wurden so zu Bahnen von bis zu 40 m, in der Regel aber 6 bis 10 m, aneinandergesetzt. Zum Auf- und Abrollen benutzte man Holz- oder Elfenbeinstäbe. Das Lesen der Schriftrollen war recht unbequem und unpraktisch, wenn man z. B. eine Textstelle nachschlagen wollte. Die Papyrustexte wurden deshalb später häufig auf Codices umgeschrieben. Dennoch sind einzigartige Werke der Weltliteratur, z. B. Aristoteles' Werk über die Staatsverfassung der Athener, nur auf Papyrus überliefert. Die ältesten erhaltenen Papyrustexte stammen aus dem 3. Jt. v. Chr.

Schwarzmarkt In Zeiten von Warenknappheit durch staatliche Rationierung oder die Wirtschaftsproduktion wird häufig versucht, trotz schwerer Strafen, vor allem Lebensmittel zu erhöhten Preisen zu kaufen oder zu tauschen. Da z. B. in Deutschland nach dem 2. Weltkrieg Luxus und Reisen unmöglich, Mieten und Lebensmittelpreise aber eingefroren waren, entstand ein Kaufkraftüberhang, der die Preise hochtrieb und die offizielle Währung aushöhlte. Stattdessen galt die Butter- oder Zigarettenwährung. Wer nicht zahlen konnte, mußte kompensieren, d. h., Wertgegenstände wie Schmuck oder Teppiche zum Tausch anbieten. Als nach der ▶ Währungsreform 1948 wieder ein normales Warenangebot verfügbar war, verschwand der Schwarzmarkt.

Schwertleite Ein Knappe, der Ritter werden sollte, konnte mit 20 Jahren die **Ritterweihe** oder Schwertleite erhalten. In Frankreich kam die Sitte auf, daß er seine Waffen in der Nacht davor auf dem Altar einer Kirche niederlegte und dort wachte und betete. In Deutschland ging der Schwertleite eine Messe voraus, dann gürtete der Herr seinen bisherigen Knappen mit dem Schwert, überreichte ihm Schild und Lanze und ließ ihm die Sporen anlegen. Erst im 14. Jh. kam der **Ritterschlag** auf, wobei der Ritter, der die Weihe vornahm, dem Knappen mit der bloßen Hand leicht auf Hals oder Nacken schlug. Der Ritterschlag mit dem Schwert wurde später als Zeremonie eingeführt. Die Schwertleite endete meistens mit einem Fest, z. B. mit dem Hoftag zu Mainz 1184 zur Schwertleite der beiden Söhne Friedrichs I.

SED Die Sozialistische Einheitspartei Deutschlands entstand 1946 durch den zwangsweisen Zusammenschluß der SPD mit der KPD. Die SED verstand sich als marxistisch-leninistische Partei und war nach dem Prinzip des sog. demokratischen Zentralismus aufgebaut, d. h., daß die Parteiorgane gewählt werden, aber alle Beschlüsse der höheren Parteiorgane für die nachgeordneten bindend sind. Das oberste Organ der Partei war das Zentralkomitee (ZK), wichtige Entscheidungen fielen jedoch im Politbüro. Es gab zwar weitere Parteien und Massenorganisationen (z. B. CDU, Liberaldemokratische Partei NDPD) in der DDR, sie waren aber in der *Nationalen Front* der Führung durch die SED unterstellt.

Seebund, attischer Nach der Abwehr der persischen Invasion in den ▶ Perserkriegen, bei der sich Athen als Seemacht bewährt hatte, schlossen sich zahlreiche griechische Städte und Inseln um 477 v. Chr. zu einem Seebund unter Athens Führung zusammen. Zweck war die Abwehr künftiger Perserangriffe. Je nach Leistungsfähigkeit mußten die Bündnispartner entweder Kriegsschiffe stellen oder Beiträge an die Bundeskasse auf der Insel Delos abführen. Jährlich fand eine Bundesversammlung statt. Ein zweiter kleinerer Bund (378–354 v. Chr.) vereinte später gleichberechtigte Partner gegen spartanisches Hegemoniebestreben.

Seefahrt in der Antike Im Grab eines Mannes aus dem 4. Jt. v. Chr. in Eridu (Südirak) fand man das älteste Modell eines Segelbootes. Um zu beweisen, daß die Sumerer mit ihren Schilfbooten bis in den Indischen Ozean gelangen konnten, segelte Thor Heyerdahl 1977/78 mit seiner nach alten Vorbildern gebauten „Tigris“ vom Shatt Al Arab bis nach Djibouti. Vom heutigen Syrien aus beherrschten die Phöniker mit hölzernen Schiffen alle wichtigen Plätze des Mittelmeers und gelangten die atlantische Küste entlang bis nach Britannien. Sie sollen im Auftrag des ägyptischen Pharao sogar Afrika umsegelt haben. Auch die Kreter der Minoischen Kultur und die Etrusker stiegen als Seefahrer zu Handelsmächten auf. Von den abenteuerlichen Handels- und Kriegsfahrten der frühen Griechen erzählen die Sagen Homers.

Das wichtigste Kriegsschiff seit dem 6. Jh. v. Chr. war ein Dreidecker, die **Triere**. Die Mannschaft war wahrscheinlich auf drei Reihen übereinander plaziert. Die Ruderbänke standen schräg zur Mittelachse des Schiffes, so daß der innere Mann nicht den äußeren behinderte. Die Ruder benutzte man aber nur zur exakten Steuerung während des Kampfes oder im Hafen, sonst setzte man ein viereckiges Segel, das an den umlegbaren Mast angeschlagen war und normalerweise quer zum Schiff stand (Rahsegler). Zweimaster sind selten belegt. Zwischen den Ruderreihen standen die Krieger, die während des Kampfes auf die Brücke kamen. Angriffswaffe war vor allem der eiserne Rammsporn am Bug. Die Besatzung bestand aus bis zu 170 Ruderern, 10 bis 20 Matrosen und 10 bis 20 Seesoldaten. Am Heck befanden sich der Schiffskommandant (Trierach) und die beiden Seeleute. Das schnelle Kriegsschiff war bis zu 50 Meter lang und 5 Meter breit. Seit 400 v. Chr. setzte man mehrere Ruderer auf eine Ruderbank, mit einer Mannschaftsstärke bis zu 900 Mann konnten Kampfschiffe dieses Typs aber keine längeren Manöver bestehen, da die erschöpften Männer nicht abgewechselt werden konnten. Seit dem 1. Punischen Krieg (264/41 v. Chr.) errangen die Römer die Seeherrschaft im östlichen Mittelmeer. Die römischen Waffeningenieure brachten die Enterbrücke, Geschütze jeder Art, wie z. B. die gefürchteten Feuerwerfer, und selbst Kampftürme an Bord.

Römisches Weinschiff auf der Mosel, süddeutsches Relief aus der Kaiserzeit

Die meisten Schiffe der Antike waren jedoch für den Frachthandel und Reiseverkehr gebaut. Sie fuhren, häufig von Kriegsschiffen gegen Seeräuber geschützt, in Geleitzügen. Die Handelsschiffe der Griechen faßten zwischen 30 und 100 Tonnen, entsprachen also den Schiffsgrößen, die noch bis in die Zeit des Kolumbus üblich waren. Es gab auch kuriose Sonderanfertigungen wie das Riesenschiff, das Archimedes für König Hieron von Syrakus entwarf. Es war 108 Meter lang und 30 Meter breit, wobei die Tragfähigkeit bei etwa 4200 Tonnen lag. An Bord konnten 60000 Scheffel Getreide

und 20000 Krüge mit Fisch oder Olivenöl sowie eine größere Zahl von Reisenden sein, außerdem die 600 Matrosen und 300 Seesoldaten. Es ließ sich nur zwischen Syrakus und Alexandria einsetzen, weil es wegen seiner Größe keinen anderen Hafen anlaufen konnte.
In der Antike segelte man vornehmlich an der Küste entlang, weil die Orientierung auf offener See vor Erfindung des Kompaß kaum möglich war, nachts richtete man sich nach den Sternen. Die Seefahrt ruhte im Winter. Die Bedeutung der römischen Handelsflotte mag eine Zahl verdeutlichen: In den Jahren um 60 n. Chr. wurden im Hafen Roms jährlich etwa 500000 Tonnen Getreide aus den überseeischen Provinzen umgeschlagen. Die Anzahl der Passagiere lag bei bis zu 600 Menschen. Die durchschnittliche Reisegeschwindigkeit betrug zwischen 3 und 4 Knoten, etwa 6,5 km pro Stunde. Eine Fahrt von Athen nach Ägypten dauerte 7,5 Tage, von Karthago nach Gibraltar 7 Tage, in 4 Tagen konnte man von Karthago nach Rom reisen.

Senat

In der Zeit der römischen Republik (ca. 500–27 v. Chr.) gehörten zu diesem Beratungsgremium Angehörige des **Patriziats** und der **Plebs**, wenn sie vorher ein hohes Staatsamt bekleidet hatten. Da die Zugehörigkeit zum Senat lebenslänglich war, wurde eine kontinuierliche Politik möglich. In Regierungsgeschäfte griff der Senat zwar nicht unmittelbar ein, aber es war die Regel, daß nur das, was von ihm gutgeheißen wurde, auch in der **Volksversammlung** zur Abstimmung kam. Zu den besonderen Aufgaben des Senats gehörten Gesetzesvorschläge, Kriegserklärungen und Friedensschlüsse, die Kontrolle der Staatsfinanzen und der Beamten sowie die Ausrufung des Notstands. Die Mitgliederzahl schwankte im Laufe der Zeit zwischen 300 und 900.

Senussi

Der islamische **Derwischorden**, eine Art Mönchsorden, wurde 1837 von dem Algerier Mohammed Ben Ali es-Senussi gegründet. Unter dem Sohn des Stifters ließen sich seine Mitglieder in der Oase Kufra im Süden von Tripolitanien in der Libyschen Wüste nieder und kämpften von hier aus gegen den zunehmenden europäischen Einfluß in Nordafrika. Im ▶ Tripoliskrieg unterstützten sie die Türkei, 1923 wurden sie von den Italienern unterworfen. Im 2. Weltkrieg traten sie auf die Seite der Alliierten. Nach Kriegsende wurde das Oberhaupt der Senussi als **Idris I.** König der neuen konstitutionellen Monarchie Libyen, doch schon 1969 wurde er durch einen Militärputsch unter Oberst **al-Ghadafi** vertrieben.

Sepoy-Aufstand

Ab 1800 erzwang die britische Kolonialverwaltung Indiens verstärkt die Verwendung der englischen Sprache und gestaltete 1835 das höhere Schulwesen nach dem Vorbild Englands um. Diese Überfremdung führte 1857/58 zum Aufstand der indischen Söldner, der Sepoy. Sie riefen Bahadur Shah II., den letzten Mogul, zum Kaiser von Indien aus und bedrohten ernsthaft die englische Herrschaft. Schließlich gelang es, mit Hilfe anderer Söldner, vor allem Sikhs und Gurkhas, den Aufstand niederzuschlagen. Anschließend wurde die **Britisch-ostindische Kompanie**, die Indien bisher verwaltet hatte, aufgelöst und Indien vom englischen Staat übernommen.

Sezessionskrieg

Der amerikanische Bürgerkrieg (*The War Between the States* oder *Civil War*) dauerte 4 Jahre (1861–65) und endete mit dem Sieg der Nordstaaten über den Süden, nach sehr hohen Verlusten an Menschenleben. Kriegsanlaß war, ob in den neuen Westgebieten – wie in den Nordstaaten – die Sklaverei verboten sein sollte. Dabei spielte auch die Handelspolitik eine

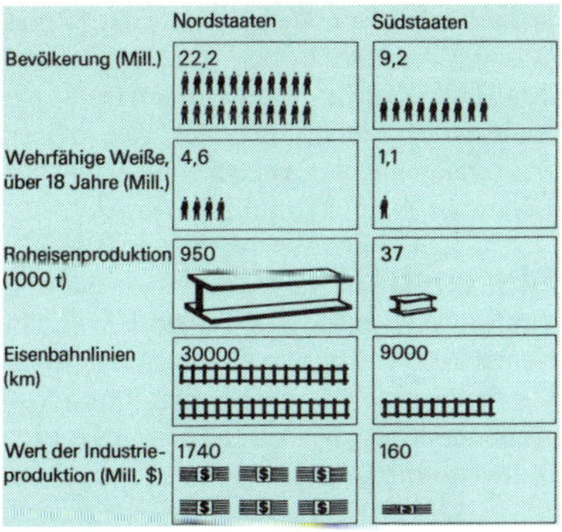

Bevölkerung und Wirtschaft der USA um 1861

Rolle. Im Gegensatz zu dem früh industrialisierten Norden brauchten die Südstaaten die Sklavenarbeit und einen freien Warenverkehr für ihre exportabhängige Plantagenwirtschaft (Baumwolle, Tabak, Reis und Rohrzucker). Die 1854 in Wisconsin gegründete Republikanische Partei forderte dagegen Schutzzölle und das Verbot der Sklaverei. Als ihr Kandidat **Abraham Lincoln** am 6. 11. 1860 zum Präsidenten gewählt wurde, erklärten 11 Südstaaten ihren Austritt (Sezession) aus der Union und bildeten unter **Jefferson Davis** die **Konföderierten Staaten von Amerika**. Der Süden war an Bevölkerung und an wirtschaftlichem Potential weit unterlegen. Der Norden konnte eine gewaltige Rüstungsindustrie aufbauen und mit seinen Kriegsschiffen die Konföderierten von der Zufuhr von Lebensmitteln und Kriegsmaterial abschneiden. Nach wechselvollen und erbitterten Kämpfen führte General **William T. Sherman** die Unionsarmee von Atlantis nach Savannah, verwüstete Georgia und zwang die Konföderierten nach der Schlacht von **Appomatox** am 9. 4. 1865 zur Kapitulation.

Eine Verfassungsänderung erklärte bereits 1863 die Abschaffung der Sklaverei, aber das Los der befreiten Schwarzen blieb bedrückend. Abraham Lincoln, der den Süden durch Wirtschaftshilfe mit der Union versöhnen wollte, wurde von einem Südstaatler erschossen. Der besetzte Süden wurde im folgenden Jahrzehnt unterdrückt und wirtschaftlich ausgeplündert, gleichzeitig erlebten die Nordstaaten einen Wirtschaftsaufschwung, der das *Big business*, Großunternehmer wie Vanderbilt, Rockefeller und Carnegie, hervorbrachte.

Siebenjähriger Krieg Da England seit 1754 französischen Garnisonen in Kanada und 1756 Madras und die französischen Kolonien in Indien angriff, um seine eigenen Besitzungen zu erweitern, schloß es einen Vertrag mit Preußen. Dieser Vertrag sah **Subsidien**, finanzielle Unterstützung, für Preußen vor, damit es im Falle eines französischen Angriffs das mit der englischen Krone verbundene Hannover schütze. Frankreich verbündete sich daher mit Österreich, das Preußen die in den ▶ Schlesischen Kriegen verlorene Provinz abgewinnen wollte. Dieser Koalition schlossen sich Rußland und Schweden an, um Preußen auf Brandenburg und Hinterpommern zu reduzieren. Um ihnen zuvorzukommen, überfiel Friedrich II., der Große 1756 Sachsen und drang bis Prag vor, mußte aber nach der Niederlage von **Kolin** Böhmen räumen. In Rundumverteidigung schlug er die Franzosen und die Armee des Deutschen Reichs, das sich nach dem Überfall auf Kursachsen der Koalition angeschlossen hatte, bei **Roßbach**, die Österreicher bei **Leuthen**, zwang 1758 die Russen aus der Neumark und Pommern, die Österreicher aus Sachsen. 1759/60 schien Preußen der Kapitulation nahe; nur durch eine drastische Münzverschlechterung und hohe Kriegssteuern konnte es die Feldzüge fortsetzen. Nachdem die Engländer 1759/60 Kanada erobert und 1761 die Franzosen in Indien kapituliert hatten, wurden

die Subsidienzahlungen an Preußen eingestellt.
Der Tod der Zarin Elisabeth 1762 und ein Friedensvertrag mit Zar **Peter III.** bewahrten Preußen vor dem Untergang. Nachdem Frankreich durch den Vorfrieden von **Fontainebleau** 1762 aus der Koalition ausgeschieden war, wurde 1763 in **Hubertusburg** der Friede zwischen Preußen, Sachsen und Österreich geschlossen; der Gebietsstand von 1756 blieb unverändert. Trotz hoher Verluste an Soldaten und verwüsteter Städte und Landschaften ging Preußen aus dem Krieg als europäische Großmacht hervor, während Österreich unter Maria Theresia vor dem finanziellen Ruin stand. Frankreich war politisch und militärisch geschwächt worden und hatte wertvolle Kolonien verloren. England legte mit seinen Eroberungen den Grundstein zum Empire, erhielt beim Friedensschluß alles Land östlich des Mississippi, dazu Florida von Spanien, das, von Frankreich gedrängt, noch 1761 in den Krieg eingetreten war.

Siegel (lat.: sigillum = Bildchen) Gemeint ist die vertieft geschnittene Form des Siegelstempels, ganz allgemein auch dessen Abdruck. Schon in römischer Zeit traten Siegel in Urkunden an die Stelle von Unterschriften, wobei sie unter die Urkunde gesetzt oder an sie angehängt wurden. Nach dem Siegelbild unterscheidet man Schrift-, Bild-, Porträt- und Wappensiegel, nach dem Siegelstoff Wachs- und Metallsiegel, vor allem aus Blei und Gold. Siegellack kam erst seit dem 16. Jh. auf (▶ Bulle).

Skarabäus Gegen Ende des 3. Jt.s v. Chr. trat der Sonnengott **Re** in den Mittelpunkt des Götterhimmels Ägyptens. Eines seiner Symbole war der Skarabäus, ein Mistkäfer. Er rollt aus tierischem Dung Kugeln, legt seine Eier hinein und läßt sie von der in der Sonne gärenden Kugel ausbrüten. Für die Ägypter war das ein Hinweis auf die lebensspendende Kraft der Sonne. Wir finden deshalb den Skarabäus unter den Hieroglyphen, wir sehen ihn unzählige Male auf Reliefs, und jeder Tote bekam Skarabäen aus den verschiedensten Materialien als Amulette mit ins Grab.

Sklavenbefreiung Die Abschaffung der Sklaverei hatte u. a. religiöse Wurzeln, sie wurde z. B. von den **Quäkern** abgelehnt, aber sie wurzelt auch in humanitären Vorstellungen der ▶ Aufklärung. Die erste Sklavenbefreiung erfolgte aber nicht in den USA, wo 1790 ca. 700000 Schwarze als Sklaven lebten, sondern im französischen Haiti im Gefolge der Französischen Revolution. Als durch Simon Bolivar Ende des 18. Jh.s die südamerikanischen Kolonien Spaniens unabhängig wurden, wurden dort Sklavenhandel und Sklaverei abgeschafft. In den britischen Kolonien erfolgte die Befreiung 1833, in den französischen und dänischen 1848, in den niederländischen 1863. Auf Kuba endete die Sklaverei erst 1870, auf Puerto Rico 1873, in Brasilien 1888.
Gegen die Sklavenbefreiung in den USA stemmten sich vehement die 15 Südstaaten, da der Reichtum der weißen Baumwollpflanzer im wesentlichen auf Sklavenarbeit beruhte. Die beginnende Industrialisierung der Nordstaaten brauchte jedoch „Arbeiter", keine Sklaven mehr. Abraham Lincoln verkündete 1863 die Sklavenbefreiung, die zwei Jahre später im 13. Verfassungszusatz geltendes Recht wurde.

Sklavenhandel Als auf den Pflanzungen, in den Bergwerken und bei der Perlenfischerei in den spanischen Kolonien Mittelamerikas die indianische Bevölkerung durch Überforderung und Seuchen dezimiert war, wurden als Ersatz Schwarze aus Afrika in die Karibik und seit 1619 in die englischen Kolonien im südlichen Nordamerika gebracht. Für rund 300 Jahre entwickelte sich ein **Dreiecksgeschäft**: europä-

	1451 bis 1600	1601 bis 1700	1701 bis 1810	1811 bis 1870	insgesamt
Brit.-Nordamerika	–	–	348,0	51,0	399,0
Span.-Amerika	75,0	292,5	578,6	606,0	1552,1
Brit.-Westindien	–	263,7	1401,3	–	1665,0
Franz.-Westindien	–	155,8	1348,4	96,0	1600,2
Holl.-Westindien	–	40,0	460,0	–	500,0
Span.-Westindien	–	4,0	24,0	–	28,0
Brasilien (port.)	50,0	560,0	1891,4	1145,4	3646,8
Europa und atlantische Inseln	149,9	25,1	–	–	175,0
insgesamt	274,9	1341,1	6051,7	1898,4	9566,1

Geschätzte Sklavenimporte in Amerika und Europa 1451–1870 (in Tsd.)

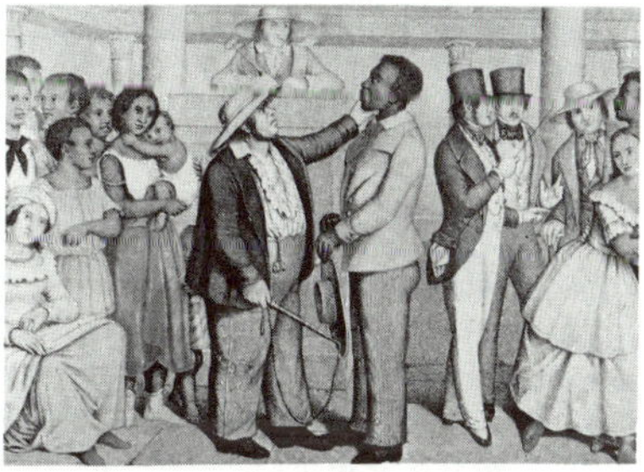

Illustration aus „Onkel Toms Hütte" von Harriet Beecher-Stowe – ein Appell gegen die Sklaverei in den Südstaaten

ische Waren, vor allem Textilien, Waffen, Alkohol, Eisen- und Messingwaren wurden an der westafrikanischen Küste (Sklavenküste) bei den überwiegend arabischen Sklavenjägern gegen eingefangene Schwarze getauscht, deren Erlös dann in Amerika in der Rückfracht (Zucker, Baumwolle, Tabak) angelegt wurde. Von 1520 bis 1850 wurden so 8–10 Mio. Schwarze nach Amerika gebracht. Die Verluste auf dem Transport und die hohe Sterblichkeit der Sklaven forderten immer neuen Nachschub. Da viele Plantagenbesitzer den Geschlechtsverkehr strikt unterbanden, Schwangere bei der harten Arbeit nicht geschont wurden, blieb der Nachwuchs der Sklaven gering.

Bis zum Ende des 17. Jh.s war Sklavenhandel das Vorrecht der konzessionierten Handelskompanien, bis **Wilhelm III. von Oranien** deren Monopol aufhob und ihn allen britischen Untertanen freigab. 1730 gelang es England, das seit 1702 Frankreich zustehende Recht, allein die spanischen Kolonien mit Sklaven zu beliefern, an sich zu bringen. Der britische Sklavenhandel erreichte kurz vor der Unabhängigkeitserklärung der USA 1776 seinen Höhepunkt. Aus den Häfen Liverpool, London und Bristol brachten damals jährlich 192 Schiffe etwa 47000 Sklaven zu den amerikanischen Märkten. Kleinere Transporte gingen in die spanischen, französischen, niederländischen und dänischen Kolonien bis zum Verbot des Sklavenhandel in Großbritannien 1807, durch den Wiener Kongreß 1815 und in allen europäischen Staaten bis 1850.

Sklaverei in der Antike Den frühen Hochkulturen scheinen Sklaven unbekannt gewesen zu sein. Ab dem 2. Jt. v. Chr. stoßen wir dann vor allem im Nahen Osten überall auf Halbfreie und Unfreie. Von hier breitete sich die Sklaverei über den ganzen Mittelmeerraum aus. In der Zeit der Kolonisation (750–550 v. Chr.) faßte sie in Griechenland Fuß, und auch im Rom der Königszeit und der frühen Republik war die Sklaverei bekannt, spielte aber in beiden Gebieten noch keine große Rolle.

Unfreiheit konnte in den verschiedensten Formen und aus sehr verschiedenen Ursachen entstehen. Sie bedeutete, daß ein Mensch bestimmte Rechte verlor, die auf einen anderen übergingen. Die mildeste Form der Unfreiheit war die **Schuldknechtschaft**: Nahm jemand einen Kredit auf, dann verpflichtete er sich als Sicherheitsleistung dazu, seinen Wohnort nur mit Zustimmung des Gläubigers zu verlassen. Die Freiheit war mit Rückzahlung des Kredits wiedererlangt. Der Schuldner konnte sich auch verpflichten, den Kredit durch unentgeltliche Arbeitsleistungen für den Gläubiger abzutragen. Die Unfreiheit endete dann nach einer vereinbarten Zeit.

Eine krassere Form der Unfreiheit brachten Kriege. Gefangene oder Einwohner eroberter Orte galten als Beute und wurden unter die Sieger als deren Eigentum verteilt. In diesem Falle war der Freiheitsverlust lebenslang und bedingungslos. Die Lage der Sklaven war nach Ort und Zeit sehr verschieden. Im Orient waren sie meist vollkommen rechtlos und unterlagen der Willkür ihres Herrn. In Rom und in Griechenland waren sie in der frühen Zeit zwar unfrei, d. h. sie konnten keine selbständigen Entscheidungen treffen, waren jedoch in die patriarchalische Großfamilie integriert und genossen auch einen gewissen, von Ort zu Ort unterschiedlichen Rechtsschutz. So konnten von ihren Herrn grausam behandelte Sklaven in Athen Asyl im Theseion (Tempel des Hephaistos) oder am Altar der Eumeniden am Areopag suchen, sich in den Schutz der Priester stellen und verlangen, daß ihr Herr sie an einen anderen verkaufte. Zeigte ein Sklave seinen Herrn bei Gericht wegen einer strafbaren Handlung an und die Beschuldigung stellte sich als wahr heraus, dann erhielt der Sklave die Freiheit.

Mit der Durchsetzung des Geldwesens und dem Entstehen einer arbeitsteiligen Wirtschaft mit landwirtschaftlichen und gewerblichen Großbetrieben im 5. Jh. v. Chr. verschlechterte sich die Lage der meisten Sklaven drastisch, denn jetzt konnte deren rücksichtslose Ausbeutung den Gewinn der Unternehmer erhöhen. Die Rechtsordnung Griechenlands und Roms gab den Sklaven zwar theoretisch weiterhin einen gewissen Schutz, doch stand er meist nur auf dem Papier, da der politische Einfluß der Sklaveneigner zu stark war. Erst in der römischen Kaiserzeit schränkten Gesetze die Willkür ein. Das heißt nicht, daß vor allem manche *Haussklaven* (Diener, Kindermädchen, Köche, Hauslehrer usw.) nicht von verantwortungsbewußten Herren auch vorher gut behandelt worden wären.

Ab dem 4. Jh. v. Chr. wuchs die Zahl der Sklaven im ganzen Mittelmeerraum stark an. Die Eroberungskriege Roms versklavten viele Kriegsgefangene; eine andere Quelle war der Sklavenhandel. Vor allem die Stammeshäuptlinge Afrikas und Osteuropas schickten im Austausch gegen Gewerbeerzeugnisse Menschen auf die Sklavenmärkte des Mittelmeerraums. Das Italienische hat heute noch nur ein Wort für Sklaven und Slawen (*schiavi*). Regelrechte *Sklavenjagden* an den Grenzen der damals bekannten Welt, vor allem in Afrika, verstärkten den Zustrom. Der größte Sklavenmarkt der Antike war **Delos**, wo im letzten vorchristlichen Jahrhundert an einem einzigen der monatlichen Markttage bis zu 10000 Menschen verkauft wurden. Der Preis schwankte nach Geschlecht, Alter, Kenntnissen und anderen Eigenschaften der verkauften Person, sowie abhängig von Angebot und Nachfrage, zwischen 50 und 5000 Denaren. Die in der Sklaverei geborenen Kinder gehörten dem Herrn ihrer Eltern, sie spielten aber zahlenmäßig gegenüber den neu Versklavten nur eine geringe Rolle.

Viele Zweige der antiken Wirtschaft lebten ab dem 4. Jh. v. Chr. von der Sklaverei. Der Bergbau wurde ganz überwiegend mit Unfreien betrieben, und in den größeren Manufakturen, die Textilien, Tonwaren oder Waffen in Massenproduktion herstellten, setzte man sie in großer Zahl ein. Auch die Großgrundbesitzer verwendeten im Weizen-, Öl- und Weinbau viele Sklaven. Das Vorbild waren die karthagischen Sklavenplantagen. Die Römer haben sie nach den Punischen Kriegen weitergeführt und auch in den anderen eroberten Gebieten die Landwirtschaft nach deren Muster organisiert. Im militärischen Bereich brauchte man Sklaven als Ruderer auf den Galeeren. Solange mit den Eroberungskriegen große Mengen von Sklaven auf die Märkte kamen, blieben die Preise so niedrig, daß es sich nicht rentierte, sie zu schonen. Deshalb waren die Lebensverhältnisse oft verzweifelt schlecht und es kam zu **Sklavenaufständen**; den wichtigsten führte ▶ Spartacus an. Die mit Sklaven arbeitenden Manufakturen und großen Landgüter produzierten so billig, daß Bauern und Handwerker gegen sie im Konkurrenzkampf keine Chance hatten, sie sanken ins städtische Proletariat ab. Der wirtschaftliche Niedergang der Bauern und Handwerker, die in der Frühzeit die römische Republik als Wehrpflichtige und als politisch selbstbewußte Bürger getragen haben, ist zu einem großen Teil eine Folge der Sklavenwirtschaft. Diese hat das Römische Reich noch auf einem anderen Wege geschädigt, denn durch Sklavenarbeit reich Gewordene kauften die Wahlstimmen des Proletariats und rüsteten Privatarmeen aus, um mit ihnen das Gemeinwesen selbstherrlich umzugestalten.

Auch kulturell hat die Sklaverei die antike Welt verändert. Im 2. Jh. v. Chr. überragte der Bildungsstand der Bevölkerung im Ostteil der Mittelmeerwelt den im Westen erheblich. Als die Römer in den Osten eindrangen, kauften viele römische Familien gebildete griechische oder syrische Sklaven als Hauslehrer, Privatsekretäre oder Hauspersonal. Mit ihnen kamen Ideen und Bildungsgut des ▶ Hellenismus in die westliche Mittelmeerwelt und haben an der Umgestaltung der Kultur des römischen Imperiums mitgewirkt.

Mit dem Ende der römischen Expansion im 1. Jh. n. Chr. wurde der Zustrom neuer Sklaven geringer. Die Preise stiegen, und damit verbesserte sich die Lage der Unfreien. Jetzt kam es öfter vor, daß ein Herr seinem Sklaven nur noch festgelegte Leistungen abverlangte oder ihm einen selbständigen Nebenerwerb erlaubte. Arbeitete der Sklave mehr, dann konnte er Ersparnisse bilden und sich eines Tages freikaufen. Öfters wurden jetzt auch Sklaven als Lohn für langjährige treue Dienste freigelassen. In der Landwirtschaft stiegen im Ausgang der Antike viele Sklaven in den Stand der **Halbfreien** auf. Sie verschmolzen mit den in den Stand der Halbfreien absinkenden Bauern, die sich bis dahin neben den Großgütern behauptet hatten, und bildeten die **Klientel** (Gefolgschaft) der Großgrundbesitzer und damit eine der Grundlagen der politischen und wirtschaftlichen Struktur der ausgehenden Antike und des Frühmittelalter.

Skythen wurde von den Griechen ein ostiranisches Reiternomadenvolk genannt, das aus den Steppengebieten Mittelasiens zwischen dem 9. und dem 7. Jh. v. Chr. in den südrussischen Raum zwischen den Karpaten und dem Don wanderte. Sie selbst nannten sich *Skoloten*. Die Skythen lebten von der Viehzucht; im Krieg waren sie gefürchtete Bogenschützen. Ihre Kunst hat griechische, persische und sogar chinesische Einflüsse aufgenommen, blieb aber an Gebrauchsgegenstände aus Textilien, Holz, Knochen und Metall gebunden. Die Skythen bauten für ihre Fürsten große Hügelgräber (**Kurgane**), aus denen die Archäologen reiche Goldschätze bargen. Der Perserkönig Dareios I. hat die Skythen um 520 v. Chr. unterworfen, ein letztes Fürstentum auf der Krim unterlag 108 v. Chr. dem König **Mithridates VI.** von Pontos. Während der Völkerwanderung gingen die Skythen in anderen Völkern auf.

Slawen Diese indoeuropäische Völkergruppe tauchte erstmals um die Zeitenwende in den Berichten griechischer Reisender auf. Sie wohnte ursprünglich im Gebiet der Pripjetsümpfe am Oberlauf des Dnjepr und seiner Nebenflüsse. Von dort aus wanderten ihre Stämme in zwei Richtungen. Die eine Gruppe wanderte in Richtung Westen bis ins heutige Franken, Thüringen und Holstein. Die wichtigsten Stämme dieser

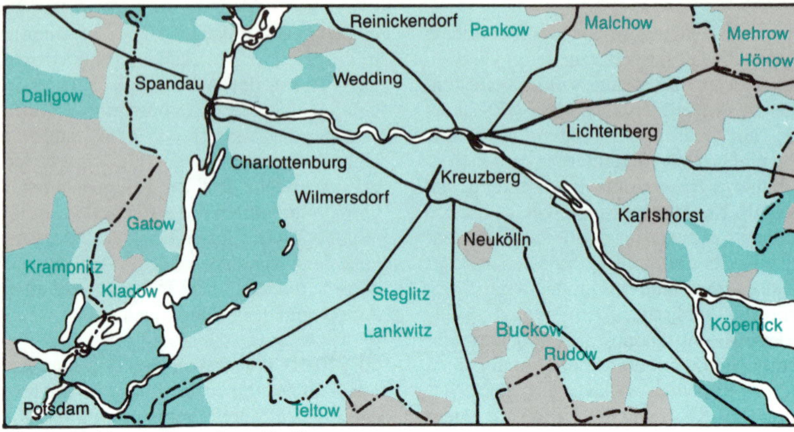

Slawische Namen in und um Berlin

Westslawen sind heute Tschechen, Slowaken und Polen. Viele der kleineren Stämme, vor allem in Ostdeutschland (Sorben, Liutizen und andere), wurden ab dem 9. Jh. von deutschen Eroberern weitgehend germanisiert oder im Zuge der Ostsiedlung von einwandernden Deutschen assimiliert, so in Schlesien, Ostpreußen, Pommern.
Die **Südslawen** wanderten in der Völkerwanderung in jene Gebiete auf dem Balkan, die Germanen, Kelten und Römer geräumt hatten. Es sind die Stämme der Slowenen, Kroaten und Serben. Aus jenen Stämmen, die in den ursprünglichen Wohngebieten blieben (**Ostslawen**), entwickelten sich im Laufe des Mittelalters die Russen, Ukrainer und andere Völkerschaften.
Anfangs standen die Slawen meist unter der Herrschaft anderer Völker, zum Beispiel der vom Asowschen Meer 560 nach Pannonien (Ungarn) übersiedelten **Awaren**. Es ist daher schwer, ihre eigenständigen Wanderungen zu verfolgen. Im 9. Jh. entwickelte sich dann aus einer Vermischung der türkisch-tatarischen **Bulgaren** mit slawischen Volksmassen das erste slawische Großreich. Zugleich entstand auf dem Gebiet der heutigen Tschechoslowakei bis 906 das **Großmährische Reich**. In seiner Zeit schlossen sich die Tschechen der Römischen Kirche an. Um 894 ging die Führung der Tschechen auf den Fürsten **Přemysl** über. Unter seinen Nachkommen, den **Přemysliden**, gingen Böhmen und Mähren eine enge Verbindung mit dem Deutschen Reich ein. Im 10. Jh. wurden auch die Polen von Rom bzw. dem Deutschen Reich aus christianisiert, während sich Ost- und Südslawen der griechischen Kirche anschlossen und die Ostslawen einen mächtigen Staat unter Führung der Russen entwickelten.

Sokrates (470/69–399 v. Chr.) hat nichts Schriftliches hinterlassen, von seinem Schüler ▶ Platon wissen wir aber, daß er auf den Straßen, in Werkstätten und Villen Athens seine Zeitgenossen in philosophische Gespräche verwickelte. Er versuchte die Grenzen des Wissens und den Wahrheitsgehalt von Wertbegriffen herauszufinden und seine Umwelt zu Selbstkritik, tugendvollem Leben und damit zur Unsterblichkeit zu führen. Von der Lehr- und Lernbarkeit der Tugend überzeugt, vertraute er seiner inneren Stimme, dem *Daimonion*, wie er es nannte. Da er die politischen Verhältnisse mutig kritisierte, selbstgefälligen Weisheitslehrern seiner Zeit (▶ Sophisten) entgegentrat und gegen Vorurteile und religiöse Erstarrung kämpfte, wurde er wegen Jugendverführung und Gottlosigkeit angeklagt und zum Tod durch den Giftbecher verurteilt. Sokrates hat Platons Ideenlehre stark beeinflußt und verkörperte vor allem in der europäischen Aufklärung das Ideal des Weisen.

Soldatenhandel Seit dem Dreißigjährigen Krieg war es bei deutschen Mittel- und Kleinstaaten üblich, gegen Gelder (**Subsidien**) eigene Truppen in fremde Dienste zu vermieten. Mit diesen Einnahmen konnte u. a. die aufwendige Hofhaltung bezahlt werden. Als Landgraf **Friedrich II.** von Hessen-Kassel 1776/77 12000 Mann an England zum Einsatz gegen die aufständischen Kolonien in Nordamerika vermietete, wurden er und seine Nachahmer, u. a. die Markgrafen von Ansbach und Herzog Karl Eugen von Württemberg, moralisch verurteilt. Bei der Einschiffung des Kontingentes aus Ansbach-Bayreuth kam es zu einer Meuterei, die Schiller in *Kabale und Liebe* literarisch verarbeitete.

Solon (um 640 – um 560 v. Chr.) Er stammte aus einem alten griechischen Königsgeschlecht und wurde in Athen geboren. Solon gelang es als Reformer und Friedensstifter, die starken Spannungen zwischen den verschiedenen Ständen seiner Heimatstadt Athen zu beseitigen. Auf seine Initiative erfolgte eine Reihe von Reformen: Die Hypothekenschulden (Verpfändung von Grundstücken als Sicherheit für einen Kredit) wurden aufgehoben, denn sie drückten viele Bauern schwer. Die Schuldknechtschaft (Verzicht eines Menschen auf seine Freiheit zur Absicherung eines Kredits) wurde beseitigt und für die Zukunft verboten. Die Bevölkerung wurde nach ihrem Einkommen in vier Gruppen

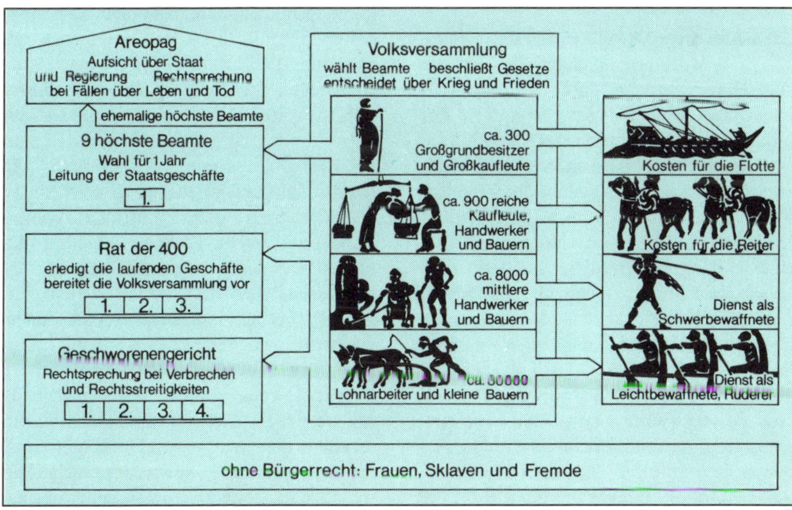

Die Verfassung Athens nach den Reformen Solons, 594 v. Chr.

mit genau festgelegten Rechten und Pflichten, z. B. für den Heeresdienst, eingeteilt. Damit erloschen die Privilegien des Adels, und die Rechtssicherheit wuchs. Außerdem wurde der vom Volk gewählte **Rat der Vierhundert** geschaffen. Auch um eine Maß-, Gewichts- und Münzreform hat sich Solon verdient gemacht und durch sie die Wirtschaft der Stadt gefördert.

Sophisten Während Sokrates und Platon die Existenz einer absoluten Wahrheit lehrten, behaupteten die Sophisten, alle Wahrheit sei menschlich und damit relativ. *Über Götter weiß ich nichts zu sagen, weder daß sie sind, noch daß sie nicht sind*, lehrte **Protagoras von Abdera** im 5. Jh. v. Chr. und folgerte daraus: *Der Mensch ist das Maß aller Dinge*. Wir kennen die Sophisten fast nur aus den Schriften ihrer Gegner, deshalb fällt es schwer, sie gerecht zu beurteilen. Jedenfalls haben sie aber mit ihren Lehren gegen Tradition und Aberglauben eine antike Aufklärung in Gang gebracht und dadurch die Welt beeinflußt.

Soziale Frage Schon aus der Antike und dem Mittelalter kennen wir Berichte über Elend, in das Menschen durch wirtschaftliche Umwälzungen gerieten. In der Industriellen Revolution des 19. Jh.s kam es dann in Deutschland und vielen anderen Staaten zu einem Massenelend der Arbeiterschaft, denn das Angebot an Arbeitsplätzen in den Fabriken wuchs langsamer als die Bevölkerung. Außerdem suchten viele Landbewohner, die nach der Bauernbefreiung nicht mehr an ihre Höfe gebunden waren und wegen des schärfer werdenden Wettbewerbs der Großgrundbesitzer und der Importe aus günstiger produzierenden überseeischen Gebieten in der Landwirtschaft kein Auskommen mehr fanden, Arbeit in den Städten. Das Überangebot an Arbeitskräften drückte auf die Löhne, die zeitweise sogar das Existenzminimum nicht

Eine unverschämte Person – „Bitt' schön, wenn der Herr Hund vielleicht nicht alles aufessen kann ...", Zeichnung von Th. Th. Heine 1896 im Simplicissimus

mehr sicherten. Unterernährung, Krankheiten, Elendsquartiere, Kinderarbeit bestimmten die Lage des Proletariats.
Erst gegen Ende des 19. Jh.s verbesserte sich die Situation unter dem Druck der entstehenden Gewerkschaften und der sozialistischen Parteien. Dazu kam (in Deutschland seit 1883) die gesetzliche Sozialversicherung und Selbsthilfeorganisationen von Verbrauchern und Kleinproduzenten (Konsumgenossenschaften, Raiffeisenkassen). Das Angebot an Arbeitsplätzen stieg bei nachlassendem Bevölkerungswachstum und gleichzeitig steigender Auswanderung, vor allem nach Nordamerika.
Möglicherweise entsteht heute eine neue soziale Frage, da nicht alle Schichten der Bevölkerung vom wirtschaftlichen Fortschritt profitieren. Außerdem wächst das soziale Gefälle zwischen den Industriestaaten und vielen Ländern der Dritten Welt.

Sozialgesetzgebung Der Gedanke der Sicherung gegen materielle Not durch Verteilung von Risiken auf alle Angehörigen einer Gruppe taucht schon im Mittelalter auf, z. B. organisierten sich die Bergleute in Knappschaften.

1883 versuchte Bismarck, diesen Grundsatz zu einer umfassenden Absicherung der Arbeiterschaft auszubauen. Ein Gesetz regelte die Einführung von Krankenversicherungen, die erkrankten Lohnabhängigen die Behandlungskosten und einen Teil des Lohnausfalls ersetzten. Die 1884 eingeführte Unfallversicherung sicherte die Arbeiter und ihre Familien gegen die Folgen von Unfällen. 1889 kam eine gesetzliche Altersversorgung dazu, deren Kosten z. T. vom Staat aufgebracht wurden. Mit Bismarcks Sozialgesetzgebung wurde ein großer Schritt zur Überwindung der Klassengegensätze durch eine soziale Partnerschaft getan. Das damals entworfene Versicherungssystem wurde während der Weimarer Republik durch die Einrichtung einer Arbeitslosenversicherung vervollständigt.

Diese Fortschritte müssen aber im Zusammenhang mit der Politik jener Zeit gewertet werden. Bismarck versuchte auf diese Weise auch, Arbeiter von ihren Gewerkschaften und der SPD zu trennen (Sozialistengesetze) und stärker an den Staat zu binden. Er übte damit aber auch Druck auf die Liberalen aus, die ihn seit dem Übergang zur **Schutzzollpolitik** 1877 kritisierten.

Sozialismus Der aus der Philosophie der Aufklärung stammende Liberalismus hat die Gedanken von Freiheit, Gleichheit und Brüderlichkeit zum politischen Programm erhoben. In der Praxis sah es allerdings für viele Menschen anders aus; besonders für Handwerksgesellen und Manufakturarbeiter wuchs die soziale Not schon im 18. Jh. immer mehr an. Die Industrielle Revolution hat das Elend der Lohnarbeiter zwar vergrößert, aber nicht geschaffen. Kirchen, Philosphie und Politik versagten vor dieser Aufgabe. Die einen meinten, der Mensch müsse die ihm von Gott auferlegten Leiden geduldig ertragen; die anderen glaubten, die Welt sei zwar unvollkommen, sie bewege sich aber zum Besseren hin und der augenblickliche Zustand sei eben *die beste der möglichen Welten*, an der durch menschliches Handeln nichts zu ändern sei; und schließlich lehrten die Anhänger der Marktwirtschaft, soziale Fragen seien kein Problem, denn der Markt werde alles von selbst regeln, wenn man den Dingen nur ihren freien Lauf lasse (▶ Manchestertum).

Schon im 18. Jh. regte sich gegen diese Auffassungen vor allem in der Bildungsschicht Frankreichs Widerstand. **Francois Babeuf** und **Claude-Henri Saint-Simon** dachten über den Zusammenhang von Privateigentum und gesellschaftlichen Verhältnissen mit der sozialen Lage der Armen nach, **Charles Fourier** und **Louis Blanc** schlugen Produktionsgenossenschaften der Arbeiter vor. Alle diese Theoretiker, die **Frühsozialisten**, spielten mit dem Gedanken an Abschaffung des Privateigentums an Produktionsmitteln und an staatliche Wirtschaftslenkung. Karl ▶ Marx bezeichnete sie verächtlich als **Utopische Sozialisten**, weil seiner Meinung nach das Problem nicht durch Reformen innerhalb der bestehenden Gesellschaftsordnung, sondern nur durch Revolution, Abschaffung des Staates und eine eigentumsfreie Gesellschaftsordnung gelöst werden konnte.

Erst um die Mitte des 19. Jh.s, mit dem Anwachsen der Arbeiterschaft, entwickelte sich der Sozialismus vom Gedankenspiel der Intellektuellen zur politischen Bewegung. Von Anfang an war sie in revolutionäre Marxisten und in Reformsozialisten gespalten. Die Marxisten blieben in der Minderheit, machten teilweise gemeinsame Sache mit den Gesetzlosigkeit pro-

Schmuckblatt der SPD-Maifest-Zeitung für das Jahr 1896

pagierenden **Anarchisten** und lehnten Sozialreformen ab, da sie in ihren Augen die ohnehin kommende Revolution hinauszögerten. Die Reformer dagegen kämpften für allgemeines und gleiches Wahlrecht, Streikrecht und Verbesserung der Arbeitsbedingungen. Die Mehrheit der deutschen Reformsozialisten organisierte sich unter Führung von **Ferdinand Lassalle** (1825–64) in Gewerkschaften, **Arbeiterbildungsvereinen** und im **Allgemeinen Deutschen Arbeiterverein /ADAV** (1863). Er schloß sich 1875 mit der von **August Bebel** und **Wilhelm Liebknecht** geführten radikaleren **Sozialdemokratischen Arbeiterpartei/SDAP** zur **Sozialistischen Arbeiterpartei Deutschlands** (ab 1890 **Sozialdemokratische Partei Deutschlands/SPD**) zusammen. In ihr bekamen zunächst die Radikalen die Oberhand. Ihr **Gothaer Programm** und ihre Erfolge bei Wahlen lösten Bismarcks vergeblichen Versuch aus, die Arbeiterbewegung durch Verbote (Sozialistengesetze) und Sozialgesetzgebung zu schwächen. Um die Jahrhundertwende setzten sich in der Partei die Reformer durch; ihre Propaganda war weiterhin revolutionär, ihre Politik aber staatstreu. Das führte im 1. Weltkrieg nach der Bewilligung der Kriegskredite zur Abspaltung von **USPD** und **Spartakusbund**, die sich 1918 zur **Kommunistischen Partei Deutschlands/KPD** vereinigten. Seither besteht zwischen Sozialdemokraten und Kommunisten ein unüberbrückbarer Gegensatz.

Nach dem 2. Weltkrieg entwickelte sich die SPD durch Entideologisierung von einer Arbeiterpartei zur Volkspartei. Sie übernahm im **Godesberger Programm** 1959 die gesellschaftlichen Vorstellungen der Sozialen Marktwirtschaft. In der sowjetischen Besatzungszone wurde die SPD 1946 zwangsweise mit der KPD zur **Sozialistischen Einheitspartei Deutschlands/SED** vereinigt.

Die Führer der Sowjetunion versuchten ab 1918, die Ideen des revolutionären Sozialismus gemäß den Vorstellungen von Marx und Lenin in die Wirklichkeit umzusetzen. Ab 1945 wurden sie auf die anderen Staaten des sozialistischen Lagers übertragen. Diese Versuche sind wirtschaftlich und politisch gescheitert, die sozialistischen Staaten haben sich zunehmend sozialdemokratischen oder bürgerlich-liberalen Ideen genähert.

Manche Staaten der Dritten Welt bezeichnen sich als sozialistisch. In der Regel ist das aber nur ein vermeintlich werbewirksames Etikett und hat nichts oder wenig mit den weltanschaulichen Ideen des europäischen Sozialismus zu tun. ▶ Arbeiterbewegung

Sozialistengesetz Zwei Attentatsversuche auf Kaiser **Wilhelm I.** im Jahre 1878 lastete Bismarck grundlos den Sozialdemokraten an. Sie waren ihm Anlaß im Reichstag ein Gesetz zur Abstimmung zu bringen, das *gegen die gemeingefährlichen Bestrebungen der Sozialdemokratie* gerichtet war und mit 221 gegen 149 Stimmen angenommen wurde. Demzufolge waren alle sozialdemokratischen, sozialistischen oder kommunistischen Vereine, Versammlungen, Demonstrationen und Druckschriften zu verbieten. Verstöße im Sinne des Gesetzes konnten den Verlust der Freizügigkeit, Berufsverbot, Ausweisung oder Gefängnis bedeuten. Von den Bestimmungen ausgenommen blieb die sozialdemokratische Reichstagsfraktion und deren parlamentarische Arbeit. Das Gesetz, das bis 1890 in Kraft blieb, verfehlte seine Absicht, Sozialdemokratie und Arbeiterschaft einander zu entfremden. Die Stimmenzahl sozialdemokratischer Wähler verdreifachte sich zwischen 1878 und 1890.

Spanischer Bürgerkrieg Nach der Abdankung König **Alfons XIII.** und der Ausrufung der Republik im Jahre 1931 kam das agrarisch geprägte, politisch und gesellschaftlich von Adel, Armee und Kirche bestimmte Spanien nicht zur Ruhe. Vor allem die Masse der Landarbeiter, aber auch die Industriearbeiterschaft sympathisierte mit kommunistischen, separatistischen und anarchistischen Ideen (▶ Sozialismus), was den Widerstand des Besitzbürgertums, der Armee und der Kirche gegen soziale und politische Reformen verstärkte. Aber auch nationalistische, faschistische Gruppierungen entstanden, unter denen die **Falange** am bedeutendsten war. Eine vorrevolutionäre Unruhe verbreitete sich im ganzen Land. Als 1936 die Linksparteien unter Führung von Sozialisten und Kommunisten eine **Volksfrontregierung** bildeten, drängten rechtsgerichtete Militärs und Monarchisten auf den Sturz der Regierung. Eine von General **Franco** im Juli 1936 in Spanisch-Marokko ausgelöste Militärrevolte griff rasch auf das spanische Mutterland über. In Burgos bildete sich eine nationale Gegenregierung. Franco wurde Staats- und Regierungschef. Es begann ein jahrelanger Bürgerkrieg, der wahrscheinlich fast eine Million Menschenleben gefordert hat. Die „Republikaner“ fanden Unterstützung durch die Sowjetunion und Freiwilligenverbände aus zahlreichen Ländern, die **Internationalen Brigaden**, Franco bekam Hilfe vom faschistischen Italien und nationalsozialistischen Deutschland; die baskische Stadt **Guernica** wurde beispielsweise durch deutsche Streitkräfte, die **Legion Condor**, völlig zerstört. Großbritannien, USA und Frankreich griffen nicht ein,

Fotomontage von John Heartfield gegen die Unterstützung Francos durch Italien und Deutschland

Spanische Milizionäre in Madrid, Juli 1936

um den Konflikt nicht auszuweiten. Nachdem im März 1939 Madrid von den „Nationalisten" eingenommen worden war, begann eine fast 40jährige Diktatur unter Franco, welche unter Beibehaltung der traditionellen Gesellschaftsstruktur mit Terror jede politische Gegnerschaft bekämpfte, allerdings im 2. Weltkrieg Neutralität wahrte.

Spanischer Erbfolgekrieg

Mit **Karl II.** starb 1700 der letzte Habsburger auf dem spanischen Thron. Kaiser Leopold verlangte das Erbe für seinen 2. Sohn, – den späteren Kaiser **Karl VI.** – ,da seine Frau Margarete die jüngere Schwester Karls II. gewesen war. Obwohl die ältere Schwester bei ihrer Heirat mit Ludwig XIV. auf ihre Thronrechte verzichtet hatte, beanspruchte dieser Spanien für seinen Enkel **Philipp**, Herzog von Anjou, weil ihn Karl II. in seinem Testament zum Erben eingesetzt hatte. Um ein französisches Übergewicht zu verhindern, schlossen England und Holland 1701 die **Große Allianz**, der sich das Reich, Preußen, Savoyen und Portugal anschlossen. Ludwig XIV. hatte nur Kurbayern und Kurköln als Verbündete. Der spanische Erbfolgekrieg begann in Italien, wo Prinz ▶ Eugen Mailand besetzte. In Kastilien wurde Philipp begeistert aufgenommen, doch unterstützten die Katalanen Erzherzog Karl, der ihre Sonderrechte zu erneuern versprach. Die englische Flotte, die im Handstreich Gibraltar genommen hatte, sicherte die Landung Karls in Barcelona. Ihm gelang es zweimal, Madrid zu erobern, doch siegte 1710 Philipp, der 1714 Barcelona einnehmen konnte.

Durch die Siege des Prinzen ▶ Eugen und des englischen Feldherren **Marlborough** wurden Franzosen und Bayern aus Deutschland, den spanischen Niederlanden und Oberitalien gedrängt. Die Große Allianz löste sich allerdings 1711 auf, als die Vereinigung der spanischen und deutschen Länder Habsburgs in der Hand Karls VI. drohte. Im **Utrechter Frieden** von 1713, dem Kaiser und Reich 1714 beitraten, erhielt Habsburg die spanischen Niederlande, Mailand, Mantua, Neapel und Sardinien; England von Frankreich Neufundland, Neuschottland und die Hudsonbailänder, von Spanien Gibraltar und Menorca; Preußen den größeren Teil von Obergeldern in den spanischen Niederlanden.

Sparta

Um das Jahr 1000 v. Chr. drangen die Vorfahren der späteren Spartaner in die Flußebene des Eurotas auf dem Peloponnes ein und machten die Ansiedlung Sparta zum Mittelpunkt ihres Herrschaftsgebiets. Die fruchtbaren Böden fielen an den Kriegeradel, die **Spartiaten**, die geringen Böden an die weniger angesehenen **Periöken** (Umwohner). Die unterworfene Bevölkerung, die **Heloten**, arbeiteten auf den Gütern des Adels, rechtlos und unfrei.

An der Spitze des Staates standen zwei Könige, die im Krieg das Heer führten. Eine gewisse Rolle spielten die Volksversammlung der Spartiaten und die **Gerusie** (Rat der Alten). Entscheidenden Einfluß hatten die fünf **Ephoren** (Aufseher), vor denen sich auch die Könige zu verantworten hatten.

Die Bevölkerung Spartas (Ungefähre Angaben für das frühe 5. Jahrhundert v. Chr.)	
Spartiaten (Vollbürger)	ca. 9000
Perióken	ca. 40000–60000
Heloten	ca. 140000–200000

Da im Staat die Unterdrückten und Rechtlosen die Herrenschicht an Zahl weit übertrafen, waren die Spartiaten aus Sorge ums Überleben stets auf Krieg und Kampfbereitschaft eingestellt. Das begann bei der Erziehung der Jugend, auch der Mädchen, zu Tüchtigkeit und Anspruchslosigkeit. Die Männer lebten zusammengefaßt in 3 **Phylen**, in Gemeinschaften und ständigen kriegerischen Übungen, so daß der Staat selbst im Frieden einem Heerlager glich. Im 7. Jh. faßte Sparta die benachbarten Staaten zum **Peloponnesischen Bund** zusammen, der dann die Basis für die Hegemonie Spartas unter den griechischen Staaten bis zu den ▶ Perserkriegen des 5. Jh.s bildete. Die präzise spartanische Militärmaschine bewährte sich aber auch im Kampf gegen die Perser. Nach dem Sieg über Athen im ▶ Peloponnesischen Krieg 431–404 v. Chr. übte Sparta noch einmal die Hegemonie aus, ehe das bis dahin unbesiegte Spartiatenheer 371 v. Chr. von den Truppen Thebens geschlagen wurde. Die Zahl der echten Spartiaten war zusammengeschmolzen, Sparta versank in Mittelmäßigkeit. An eine Erholung war nicht zu denken, da sich der Adel allen Reformen verschloß.

Spartakus Er stammte aus einer vornehmen Familie aus Thrakien auf dem Balkan, geriet aber als Sklave in eine Gladiatorenschule in Capua in Italien. Im Jahre 73 v. Chr. gelang ihm der Ausbruch. Bald scharte sich um ihn ein Heer von Sklaven, das schließlich auf 60000 Mann anwuchs. Spartakus, offenbar ein glänzender Organisator und begabter Heerführer, schlug mehrfach römische Truppen und plante wohl, den Sklaven die Rückkehr in die Heimat im Südosten der Balkanhalbinsel zu erkämpfen. Doch die siegestrunkenen und beutegierigen Scharen zogen plündernd durch Italien, bis es dem römischen Feldherren **Crassus** 71 gelang, sie zu besiegen. Spartakus fiel im Kampf.

Sphinx Man unterscheidet die ägyptische und die griechische Sphinx. Die ägyptische Form ist eine Mischung von Löwenleib und Menschenkopf und fast immer männlich. Das älteste Beispiel ist die Sphinx von Giseh, die die Grabanlage des Pharaos **Chephren** um 2500 v. Chr. bewacht. Viele kleinere Sphingen dienten dann bis zum Untergang des alten Ägyptens als magischer Schutz für Gräber und Tempel.
Bei den Griechen der Antike war die Sphinx fast immer weiblich, ihr Tierkörper hatte oft Phantasiegestalt. Man hielt sie in der Regel für ein dem Menschen feindlich gesinntes Wesen. Nach der Sage konnte

Sphinx und Cheopspyramide in Giseh

Ödipus das Rätsel der Sphinx von Theben lösen, die vorher jeden getötet hatte, der dies nicht konnte.

Spießrutenlaufen Es geht in seiner Urform auf ein altes Recht der Landsknechte zurück, mit dem sie selbst die Bestrafung eines Missetäters, z. B. eines Fahnenflüchtigen, aus den eigenen Reihen fordern durften. Das Urteil wurde dabei erst nach sorgfältiger Beratung des ganzen Regiments vollzogen. Der schuldige *arme Mann* mußte dann durch eine Gasse laufen, die von seinen Kameraden mit ihren Spießen gebildet wurden, und fand dabei den Tod. Daraus entwickelte sich als militärische Strafe einfacher Soldaten das **Gassenlaufen**, eine grausame Art der Bestrafung, die von den kommandierenden Offizieren willkürlich und ohne Gerichtsurteil verhängt wurde. Dabei traten Ruten an die Stelle der Spieße. Das Gassenlaufen wurde in der preußischen Armee erst 1807 von General **von Scharnhorst** aufgehoben.

SS (Abkürzung für Schutz-Staffel) 1925 zum persönlichen Schutz Hitlers gegründet, war sie ursprünglich der **SA** (Schutz-Abteilung) unterstellt, gewann aber unter dem „Reichsführer SS" **Heinrich Himmler** zunehmend an Bedeutung. Sie empfand sich als Eliteeinheit und suchte sich den Charakter eines militärischen Ordens zu geben. Dabei gliederte sie sich in die **Allgemeine SS** mit zuletzt etwa 200000 Mitgliedern und die aus der SS-Verfügungstruppe (seit 1939) hervorgegangene **Waffen-SS**. Der Sicherheitsdienst der SS (**SD**) entwickelte sich zum politischen Kontrollorgan des gesamten Staatsapparates. 1936 wurde Himmler zugleich „Chef der deutschen Polizei", die damit in den Machtbereich der SS geriet. Die SS und ihre Einsatzgruppen waren verantwortlich für die Überwachung der Konzentrationslager und die Ermordung von Millionen Juden

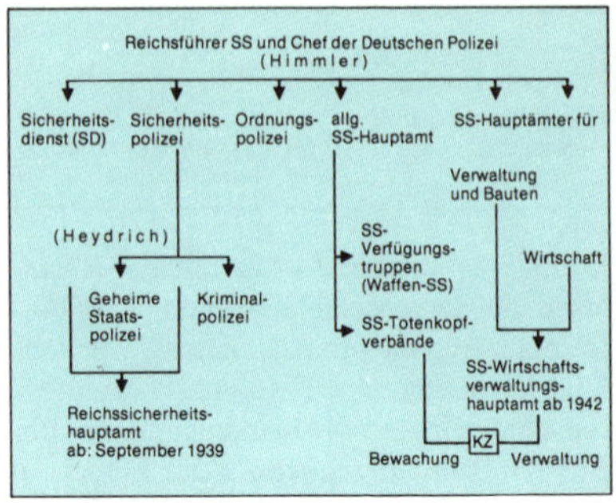

Die Organisation der SS

und politischer Gegner. Die Waffen-SS stellte im Krieg militärische Divisionen für den Fronteinsatz.

Städtebünde entstanden zum Schutz des für den städtischen Handel lebenswichtigen Landfriedens, zur Verteidigung der städtischen Freiheitsrechte gegen die Landesherren und als politisches Kampfmittel zur Erringung von Handelsvorteilen. Der berühmteste Zusammenschluß von deutschen Städten ist die ▶ Hanse. Der Wohlstand der Städte hing entscheidend von der Sicherheit der Handelsstraßen ab, die immer wieder durch Raubzüge des umliegenden Adels bedroht waren. Bereits 1254, also mitten in der kaiserlosen Zeit des Interregnums, schlossen Mainz und Worms ein *ewiges Bündnis* zur Errichtung des allgemeinen Landfriedens und zum Schutz gegen die vielen Zölle entlang des Rheins. Von Lübeck bis Zürich, von Aachen bis Regensburg fanden sich über 70 Städte im **Rheinischen Bund** zusammen, dem auch die Fürsten beitraten. Er zerbrach jedoch 1257, als es zur Wahl zweier Kaiser kam und die Städte der werdenden Hanse wegen des Englandhandels **Richard von Cornwall** unterstützten, der Rest des Bundes **Alfons von Kastilien**. Im Jahre 1381 gründete sich ein neuer Rheinischer Bund, der sich gegen die

Raubüberfälle der von Armut und sozialem Abstieg bedrohten Ritter erfolgreich zur Wehr setzte. Die häufig gewalttätigen **Ritterbünde** wurden weitgehend aufgelöst.
Viele Städte waren Reichsstädte, also nur dem König zu Zahlungen verpflichtet. In ihrer Finanznot gingen die Könige dazu über, einzelne Steuern oder ganze Städte an die Fürsten zu verpfänden, die Bürger mußten sich dann wieder freikaufen oder gerieten in die Hand eines Landesherrn. Kaiser ▶ Karl IV. hatte sich durch riesige Wahlgeschenke an die Fürsten bei den Städten verhaßt gemacht. Gegen Kaiser und Fürsten begann 1376 der **Schwäbische Städtebund** einen besonders hart geführten Krieg. Er wurde durch den **Landfrieden von Eger** beendet, der die Auflösung der Städtebünde erzwang. Die Versuche der Städte, mit militärischem Druck Einfluß auf die Reichspolitik zu gewinnen, waren damit gescheitert.

Stadt im Mittelalter In der Frankfurter Kupferstecherwerkstatt des Matthäus Merian (1593–1650) entstanden die berühmten Städteansichten, die uns ein Bild von der imposanten Silhouette der mittelalterlichen Stadt überliefern. Mit ihren Mauern, Türmen und Giebeln, den mächtigen Rathäusern und den alles überragenden Kirchen hob sich die Stadt schon auf den ersten Blick vom Lande ab. Sie war im Gegensatz zum Dorf wie eine Burg befestigt. Man nannte sie ursprünglich – wie es viele alte Städtenamen zeigen – *burg*, ihre Bewohner *burgaere* (Bürger). Die Stadt bildete durch das von Königen und Fürsten verliehene Stadtrecht einen besonderen Rechtsbezirk. Im Gegensatz zum Landbewohner war der Bürger persönlich frei, er konnte sich unabhängig von den Lasten und Verpflichtungen, die ein Grundherr seinem Hörigen aufbürdete, freier entfalten. Der Bürger konnte sich eine selbständige Existenz aufbauen und sein Leben in einem gewissen Rahmen planen, z. B. konnte er heiraten, was dem Hörigen vielfach verwehrt wurde. Er konnte über seinen Besitz frei verfügen, ihn vermehren und verkaufen. Allerdings war die Verleihung des Bürgerrechts in vielen Stadtrechten an bestimmte Vermögensuntergrenzen gebunden, um die vielen Landflüchtigen abzuhalten oder zumindest an den Rand der städtischen Gesellschaft zu drängen. Oft zählte die Hälfte aller Einwohner zu den Mitwohnern ohne Bürgerrecht. In der Stadt bestimmten Handel und Gewerbe das Wirtschaftsleben. Eines der Kennzeichen, das eine Stadt ausmachte, war das Marktrecht. Als Marktort war die Stadt der zentrale Mittelpunkt des umliegenden Landes.
Die Städte des Mittelalters sind nach Ursprung und Gründung, topographischer Lage und Aussehen, Recht und Funktion sehr verschieden. Die ältesten Städte – u. a. die Städte an Rhein und Donau (Mainz, Bonn, Köln, Augsburg, Regensburg) – entwickelten sich aus römischen Gründungen. Als Bischofssitze behielten sie auch nach dem Abzug der Römer eine größere Bedeutung für das Umland und zogen Händler und Handwerker an. In anderen Gegenden entstanden die frühen Handwerker- und Händlersiedlungen u. a. in der Nachbarschaft von Bischofspfalzen, Klöstern oder Wallfahrtskirchen, die gute Absatzmöglichkeiten eröffneten. Ein Beispiel ist Fulda, das von Bonifatius Mitte des 8. Jh.s errichtet wurde. Heinrich II. verlieh der Stadt im Jahr 1114 das Marktrecht. Städtische Siedlungen entstanden auch im Schutz von Burgen, Königspfalzen oder großen Gutshöfen. So besitzt

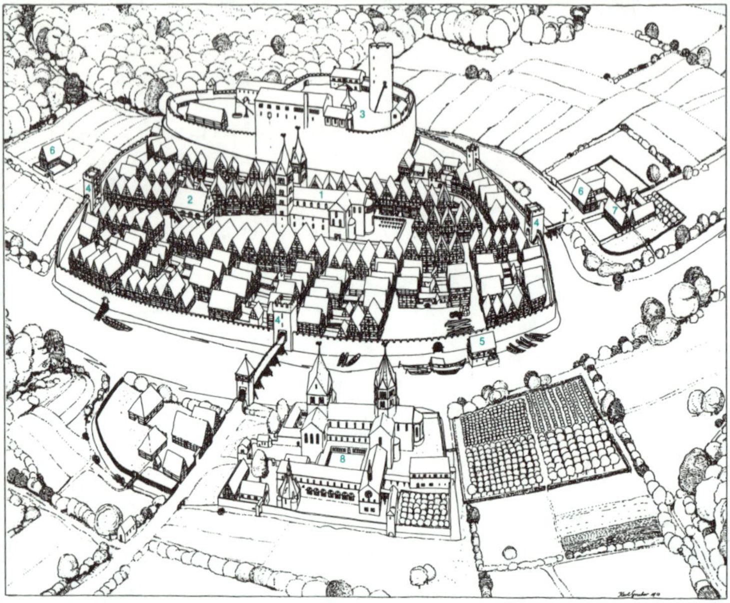

Eine deutsche Stadt um 1250...
1 Pfarrkirche, 2 Rathaus, 3 Burg, 4 Tortürme, 5 Mühle, 6 Herbergen, 7 Hospital mit Kapelle, 8 Benediktinerkloster

Nürnberg seinen Ursprung in der salischen Königsburg, die Heinrich III. um 1040 gründete. In Nürnberg wie auch andernorts spielte die Lage im Schnittpunkt von Verkehrs- und Handelswegen eine große Rolle. Schließlich war auch eine *Furt* (Schweinfurt) oder die *Brücke* über den Fluß (Innsbruck, Zweibrücken) wichtig für die Stadtbildung. Vor allem an der Küste, aber auch im Binnenland boten Handelsplätze einen Ausgangspunkt fester Siedlungen. Man nannte sie **Wik**. Die Bezeichnung hat sich in Städtenamen wie Schleswig oder Braunschweig erhalten. In vielen Fällen kamen gleich mehrere der genannten Bedingungen zusammen.
Neben den gewachsenen Städten kennen wir Gründungsstädte. Die Blütezeit der Stadtgründungen beginnt mit dem späten 11. Jh. und bricht etwa Mitte des 13. Jh.s ab. Damals suchten die Staufer das Reichsland wirtschaftlich und bevölkerungsmäßig zu erschließen, um dem Kaisertum eine feste Grundlage zu geben. Mit ihnen wetteiferten die vielen großen und kleinen Landesherren, die ihre Herrschaft durch Stadtgründungen ausbauen wollten. Um aber die nun umworbenen Handwerker und Kaufleute zur Ansiedlung zu bewegen, mußten ihnen die Stadtgründer recht-

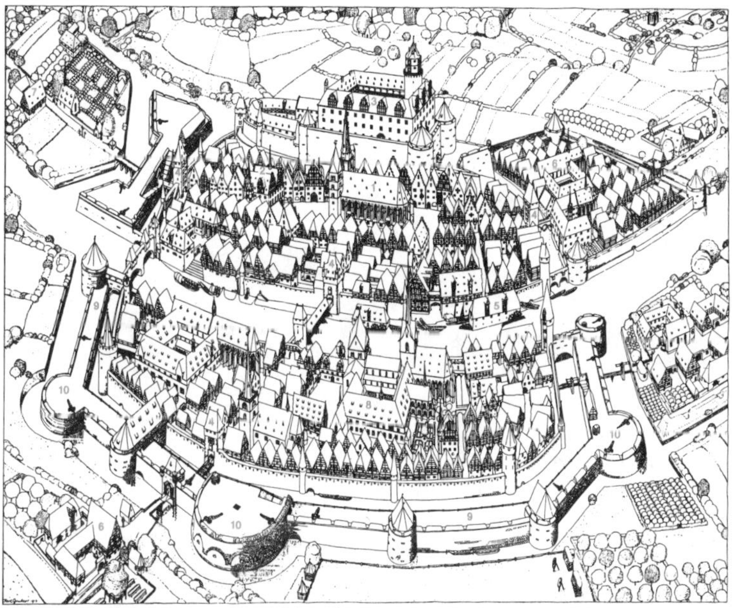

...und 1550 – idealtypische Darstellung
1 Pfarrkirche, 2 das neue Rathaus, 3 Schloß, 4 Stadttore, 5 Mühlen, 6 Herbergen, 7 Siechenhaus, 8 Benediktinerkloster, 9 Wall, 10 Bastionen

liche und wirtschaftliche Vorteile gewähren, z. B. eine eigene Gerichtsbarkeit oder Zollfreiheit. Das älteste Beispiel einer Gründungsstadt ist Freiburg im Breisgau, der der Herzog von Zähringen 1120 das Stadtrecht verlieh. Heinrich der Löwe lockte durch eine Reihe von Freiheitsrechten Kaufleute nach Lübeck, das zur wichtigsten Handelsstadt der Ostsee aufstieg.
Um 1150 gab es im deutschen Reich etwa 200 Städte, um 1500 etwa 3000. Aber nur etwa 20 Städte zählten mehr als 10000 Einwohner, u. a.: Köln 40000, Lübeck und Straßburg 25000, Hamburg, Nürnberg und Danzig 22000, Augsburg, Worms, Rostock, Ulm und Breslau 20000, Braunschweig 16000, Frankfurt am Main 15000. Weitere 25 Städte hatten über 2000 Einwohner, galten also nach damaligen Begriffen als groß. Etwa 2800 Städte erreichten Einwohnerzahlen von unter 1000 Einwohnern. Sie waren von ihrer Struktur her ummauerte Dörfer. Suhlenden Schweinen, Hühnern und anderem Kleinvieh konnte der Besucher freilich auch in den Gassen der großen Städte begegnen. Mangelnde Hygiene in Verbindung mit drückender Wohnungsnot führte in den trotz manchen Stadterweiterungen über-

Mittelalterliche Stadt heute – Rothenburg o. d. Tauber

völkerten Städten zu großer Seuchengefahr. Die Lebenserwartung des Städters war niedriger als die des Landbewohners.
Stadtherren waren ursprünglich der König, dann die Landesherren oder der Bischof. Die Verwaltung lag in der Hand des **Burggrafen**, die Rechtsprechung übte ein **Schultheiß** aus. Aus den Sonderrechten, die die Stadtherren der Stadtbevölkerung verliehen hatten, entwickelte sich allmählich das ▶ Stadtrecht. Um dem Stadtherren weitere Rechte abzutrotzen und die Selbstregierung zu erlangen, bildeten die Bürger schon im 11. Jh. **Schwurvereinigungen** und griffen – z. B. in Köln – sogar zu den Waffen. Dabei standen die reichen Bürger an der Spitze, weil sie den Stadtherrn unter wirtschaftlichen Druck setzen konnten. Im Spätmittelalter hatte sich die Idee der Selbstverwaltung allgemein durchgesetzt. An die Stelle des Stadtherrn traten der *Rat* der Stadt und ein oder mehrere Bürgermeister. Als ratsfähig galten ursprünglich nur die Patrizier (▶ Patriziat), die auch die städtischen Ämter innehatten. Seit dem 13. Jh. erkämpften sich die in Zünften zusammengeschlossenen Handwerker die Beteiligung am Stadtregiment, z. B. in Köln, Frankfurt, Ulm oder Augsburg. Auch sie schlossen bestimmte Gruppen von der Beteiligung an der Stadtregierung aus. So galten häufig die Weber und Schneider, zahlenmäßig besonders starke Zünfte, als nicht ratsfähig. Die mittelalterliche Stadt war nicht der Nährboden für demokratische Ideen. Es zählten vor allem Leistung und wirtschaftliche Macht, aber auch – wie in der übrigen Gesellschaft – die Herkunft. Die ständische Ordnung begegnet uns in den vielen Kleiderordnungen, die verhindern sollten, daß sich der einfache Bürger den Reichen gleichstellte. Der Rat der Stadt untersagte z. B. in Augsburg, daß Knechte bei einem Tanzfest dabei waren, wenn eine Bürgerin daran teilnahm. Die sozialen Schranken waren stark ausgeprägt, in der spätmittelalterlichen Stadt bestand ein krasser Gegensatz zwischen arm und reich.
Zur städtischen Oberschicht gehörten vor allem die Fernhändler und die Ministe-

rialen, die als Amtsträger (Burggraf, Schultheiß, Zöllner oder Münzmeister) des Stadtherren in die Städte zogen und sich später bei Auseinandersetzungen häufig auf die Seite der Bürger stellten. In kleineren Städten konnten auch reichere Handwerker sozial aufsteigen. Die städtischen Mittelschichten konnten in den großen Handelsstädten zahlenmäßig stärker sein, oft war aber der Anteil der wohlhabenden, erfolgreichen Handwerker und Händler gering. Zu den städtischen Unterschichten zählten die Gesellen, Lehrlinge und Gehilfen, Tagelöhner, das Gesinde und die Dienstboten. Stadtbewohner minderen Standes waren auch die unehelich Geborenen und die ▶ Unehrlichen Leute. Man schätzt den Anteil der besitzlosen Unterschichten auf rund 40%. Daneben gab es noch Schichten außerhalb der städtischen Gesellschaft. Zu diesen Randgruppen gehörten Bettler, Fremde und **Pfahlbürger**, die auf dem Lande lebten, aber als eingeschriebene Bürger die Vorteile der Stadtfreiheiten genoßen.

Die Sonderrechte der Pfahlbürger brachten die benachbarten Landesherren gegen die zur Selbstregierung gelangten Städte auf. Auch übten die städtischen Freiheiten eine bedrohliche Anziehungskraft auf die Hörigen und Leibeigenen der Adeligen aus. Hinzu kam der Neid auf die wirtschaftlichen Erfolge der Bürger, an denen der Landesherr häufig nicht einmal über Steuern und Abgaben beteiligt war. Außerdem begannen die Landesherren, alle Herrschaftsrechte und Besitzungen zu einem einheitlich verwalteten Herrschaftsgebiet (**Territorium**)zusammenzulegen. Die Städte bildeten die Städtebünde und führten sogar Kriege. Am Ende des Mittelalters hatten sich die Fürsten durchgesetzt. Die meisten Städte verloren ihre politische Unabhängigkeit und wurden als Landstädte in die Territoren eingegliedert.

Stadtrecht Das Stadtrecht bestand aus einer Vielzahl von Sonderrechten und Freiheiten, die das Zusammenleben der Bürger untereinander, ihr Verhältnis zum Stadtherren und andere Verwaltungsangelegenheiten regelten. Es konnte gewissermaßen die Gründungsurkunde bilden, wenn ein Fürst durch großzügige Freiheitsrechte Kaufleute, Handwerker und andere Siedler für eine Neugründung gewinnen wollte, es konnte nach harten Bürgerkämpfen dem Stadtherren abgetrotzt sein. Häufig entstand es durch Übernahme des fortschrittlichen Rechts einer anderen Stadt, so daß sich **Stadtrechtsfamilien** bildeten. Das Stadtrecht beinhaltete vielfach den Satz *Stadtluft macht frei*: ein geflohener Höriger oder Leibeigener konnte also nach einem Jahr in der Stadt frei werden, wenn ihn sein Herr nicht zurückverlangte. Vor allem ging es um die Beteiligung der Bürger am Stadtregiment, die Bildung eines Stadtrats, den Zugang zu Ämtern und zum Gericht, die eigene Steuererhebung und die Freiheit von Lasten wie der Heerfahrt. *Ratsfähig* war zunächst nur die reiche Oberschicht des Patriziats, erst im späten Mittelalter drängten auch die Handwerker in den Stadtrat.

Stadtstaat Städte mit selbständigem Staatswesen waren vor allem die griechischen Poleis der Antike, verkörpert in der Polis Athen, das antike Rom unter den Königen, die oberitalienischen und toskanischen Städte des Mittelalters. Im weiteren Sinn zählen auch die freien Reichsstädte dazu, die dem König allein untertan und gegenüber dem benachbarten Landesherrn selbständig waren, aber bereits im Spätmittelalter militärisch, politisch und auch wirt-

schaftlich so sehr in Abhängigkeit gerieten, daß sich mit der stolz verkündeten Freiheit in der Regel keine besondere Machtstellung mehr verband. Deutsche Stadtstaaten der Gegenwart sind die *Freie Hansestadt Bremen*, die *Freie und Hansestadt Hamburg* und *Berlin*. Große Bedeutung für die Reichsgeschichte erlangten die reichsitalienischen Städte des 11. Jh.s Seestädte wie Venedig, Pisa und Genua, die mit ihren Kriegs- und Handelsflotten das ganze Mittelmeer beherrschten, aber auch die an den Handelsstraßen über die Alpen gelegenen Wirtschaftszentren Mailand, Pavia und Cremona strebten, durch den Handel reich und mächtig geworden, nach der Unabhängigkeit. Symbol des Freiheitskampfes gegen die deutschen Könige und Kaiser war in Mailand der *Carrocio*, ein Fahnenwagen, an dessen Mastbaum ein heiliges Kreuz schwebte. Die lombardischen Städte bildeten einen kriegerischen Städtebund, den lombardischen Bund, und erzwangen vom deutschen Kaiser Friedrich I., Barbarossa 1183 einen Friedensschluß, in dem sie zwar die Oberhoheit des Reiches anerkannten, aber die Selbstregierung erlangten, so daß die Rechte des Reiches nur noch dem Namen nach fortbestanden.
Die italienischen Stadtstaaten gerieten nach vielen Bürgerkriegen in die Hände einzelner, mit Handel und Bankgeschäften reich gewordener Familien, die zum Teil in den Fürstenstand aufstiegen. Berühmt wurden die **Visconti** und später die **Sforza** in Mailand, die **Gonzaga** in Mantua, die **Este** in Modena und Ferrara und die ▶ Medici in Florenz.

Stahlhelm Von dem Magdeburger Fabrikanten **Franz Seldte** im November 1918 gegründet, entwickelte sich der **Bund der Frontsoldaten**, wie der Stahlhelm auch genannt wurde, neben den Gewerkschaften zur größten nichtparteilichen Organisation der Weimarer Republik. Seit 1924 wurden auch Nichtkriegsteilnehmer aufgenommen. 1931 reihte sich die nationalistisch-militaristische Organisation mit Vaterländischen Verbänden, der DNVP Hugenbergs und der NSDAP Hitlers in die republikfeindliche, antidemokratische **Harzburger Front** ein. 1933 wurde der Stahlhelm teilweise von der SA übernommen, 1935 schließlich aufgelöst. Der Stahlhelm-Führer Seldte gehörte von 1933 bis 1945 als Reichsarbeitsminister dem Kabinett Hitler an. Nach dem 2. Weltkrieg erlebte der Stahlhelm noch einmal eine bescheidene Erneuerung.

Stalin (rechts) und Lenin als Denkmal an der Autobahn Brest–Minsk–Smolensk

Stalin, Iossif (Josef) Wissarionowitsch (1879–1953) Stalin hieß eigentlich mit Nachnamen **Dschugaschwili** und war der Sohn eines Schuhmachers aus dem kaukasischen Tiflis. Das Priesterseminar in Tiflis mußte er wegen revolutionären Aktivitäten verlassen, er wurde mehrfach verhaftet und verbannt. Entgegen der von ihm selbst verbreiteten Legende vom engen Kampfbündnis mit ▶ Lenin spielte Stalin in der Oktoberrevolution· 1917 keine entscheidende Rolle. In der ersten Sowjetregierung war er Volkskommissar für Nationalitäten, seit 1922 Generalsekretär der

Kommunistischen Partei. Durch geschickte Beherrschung des Parteiapparates schaltete er alle Rivalen um die Nachfolge Lenins aus. Dieser hatte in seinem Testament die Absetzung Stalins gefordert, dem er zutiefst mißtraute.
Stalin wandte sich von Lenins Auffassung der **Weltrevolution** ab und verfolgte stattdessen den *Aufbau des Sozialismus in einem Land*. Die UdSSR sollte als notwendige Voraussetzung zur Weltrevolution zunächst gestärkt werden, ein Ziel, dem sich auch andere kommunistische Parteien unterordnen mußten (▶ Komintern). So wurde der Aufbau der Grundstoff- und Schwerindustrie zugunsten der Konsumgüterindustrie forciert, die Landwirtschaft zwangsweise kollektiviert. Dieses Ziel wurde mit blutigem Terror und unter unermeßlichen Menschenopfern durchgesetzt. Die *Säuberungen* in Partei, Staat und Gesellschaft trafen vermeintliche oder tatsächliche Gegner, es folgten Schauprozesse, Massenverhaftungen und -erschießungen, Verschleppung in Arbeitslager usw. In der 1956 eingeleiteten ▶ Entstalinisierung wurden die stalinistischen Herrschaftsmethoden verurteilt (s. auch Foto S. 73).

Stalingrad Mit der sowjetischen Stadt an der Wolga, die von 1925–61 Stalins Namen trug und heute Wolgograd heißt, verbindet sich die Erinnerung an eine der kriegsentscheidenden Schlachten des 2. Weltkrieges. Am 22. November 1942 wurde die 6. deutsche Armee unter General **Paulus** mit rund 300 000 Mann durch die Rote Armee eingekesselt. Als Hitler einen Ausbruch verbot, die Luftversorgung versagte und ein Entsatzversuch von Panzertruppen scheiterte, mußte die 6. Armee zwischen dem 31. Januar und 2. Februar 1943 kapitulieren. Die Sowjets gaben an, 91 000 Gefangene gemacht zu haben. Viele wurden in Arbeitslager nach Sibirien gebracht. Trotz der Endsieg-Propaganda wurde vielen Deutschen durch diese Niederlage klar, daß der Krieg nun nicht mehr zu gewinnen war.

Ständewesen Bei aller Verschiedenheit der Lebensbedingungen in der Stadt und auf dem Land besaß die mittelalterliche Gesellschaft im Ständewesen eine verbindliche Ordnungsvorstellung, die alle sozialen Dinge regelte. Danach waren *Geburt* und soziale Herkunft des einzelnen bestimmend für den Zugang zu Berufen, politischen Rechten, Bildungsmöglichkeit, Lebensstandard, nicht zuletzt für die Kleidung, wie die vielen Kleider- und Luxusordnungen zeigen. Die Ungleichheit der Menschen wurde durch die göttliche Schöpfungsordnung gerechtfertigt. Geistlichkeit, Adel und Bauern bildeten, in sich vielfältig abgestuft, die drei Stände. Hinzu kam im Laufe der Zeit das Bürgertum. Nichtständisch waren die Unterschichten, unter ihnen z. B. die ▶ unehrlichen Leute und die Juden. Die Standesgrenzen konnten vereinzelt durchbrochen werden, ihrer Gültigkeit tat dies keinen Abbruch.

Stein-Hardenbergsche Reformen Die Niederlage gegen Napoleon I. 1806/07 war für Preußen nicht nur eine militärische Schlappe; die Gebietsverluste, die hohe Kriegsentschädigung und die fortdauernde Besetzung des Landes gefährdeten die Existenz des Staates. Das aber brachte Männer an die Macht, die schon seit 1795 wichtige Errungenschaften der Französischen Revolution übernehmen wollten. Man hatte erkannt, daß der veraltete Ständestaat mit seinen starren Reglementierungen dem revolutionären Frankreich und seinem auf der allgemeinen Wehrpflicht basierenden Volksheer nicht mehr gewachsen war. Um dies zu ändern, sollte das preußische Volk, vor allem das Bürgertum, im Sinne der ▶ Aufklärung, mehr Mitsprache in der Verwaltung und

mehr wirtschaftliche Freizügigkeit erhalten. Man erhoffte sich davon mehr Mitarbeit und Einsatzbereitschaft für das Gemeinwesen. Aus bevormundeten *Untertanen* sollten *Staatsbürger werden.*
Die bedeutendsten Reformer waren Freiherr **vom Stein** (1757–1831), der während seiner kurzen Amtszeit als Erster Minister 1807/08 wichtige Neuerungen durchsetzte, und Freiherr **von Hardenberg** (1750–1822), der ab 1810 das Werk Steins weiterführte. Sie setzten die Neuordnung des Regierungsapparates in die fünf *klassischen* Ministerien (Krieg, Äußeres, Inneres, Finanzen und Justiz) sowie die Aufwertung der Minister von bloßen Befehlsempfängern zu verantwortlichen Leitern ihres Ressorts durch. Preußen wurde neu in Provinzen gegliedert. Die Städte erhielten weitgehende Selbstverwaltung. Wirtschaftliche Beschränkungen, die z. B. Stadtbürgern den Kauf von Bauernland verboten, entfielen ebenso wie die Zwänge der Zunftordnungen. Die Erbuntertänigkeit der Bauern hob man auf (▶ Bauernbefreiung), die Juden erhielten die Gleichberechtigung. Auch entfielen Privilegien des Adels, die ihnen Staatsämter und alle Offiziersstellen vorbehielten. Darüber hinaus konnten Bürger jetzt Land von Adligen kaufen. Wichtig war auch die Bildungsreform Wilhelm von Humboldts und der Neuaufbau der Armee, den **von Scharnhorst** und **von Gneisenau** organisierten.
Als Preußen nach 1815 wieder eine ausgesprochen konservative Politik betrieb, wurden die Reformen in fast allen Bereichen nicht konsequent genug verwirklicht. So führte die bereits 1811 getroffene Regelung, die die Bauern verpflichtete, einige der abgeschafften Rechte des Grundherren durch Geldzahlungen zu entschädigen, entgegen der ursprünglichen Absicht der Reformer zu einer Stärkung des Großgrundbesitzes, da sie viele Bauern zwang, Land zu verkaufen.

Sträflingskolonie Schon im Altertum gab es strafweise Verbannungen. Seit dem 17. Jh. deportierte England seine Verbrecher nach Nordamerika. Nach der Unabhängigkeitserklärung der USA war dies nicht mehr möglich. Versuche, nach Kanada auszuweichen, schlugen fehl. 1788 diente das Gebiet des heutigen Sidney in Australien zur Verbannung, später verweigerten die Siedler die Aufnahme. Frankreich schickte Gefangene in die Strafarbeitskolonie Guayana. Die umfangreichsten Sträflingsdeportationen sind aus der Zaren- und Stalinzeit bekannt, in der man kriminelle und politische Gefangene nach Sibirien verbannte.

Straßen, römische Das riesige Römische Reich wurde durch ein hervorragendes weitläufiges Straßennetz für Handel, Reisen und schnelle Truppenverschiebung erschlossen. Die großen Überlandstraßen wurden vom Staat oder den Gemeinden unterhalten. Sie waren meist 3,90 m breit und geradlinig von Ort zu Ort gezogen, doch wurden sie auch, vor allem im Gebirge, dem Gelände angepaßt. Auf Dämmen wurden Sümpfe, mit Viadukten Schluchten überbrückt. In Ortsnähe waren die Straßen gepflastert, sonst geschottert. Der Straßenkörper war etwa 1 m stark und bestand aus einer Unterschicht von Lehm, dann mit Mörtel verbundenen Steinen, groben und feinen Kieseln und einer Decke aus gestampftem Kies und Sand. Die Decke war flach gewölbt, damit das Regenwasser in die seitlichen Gräben ablaufen konnte. Meilensteine gaben die Entfernung von Rom in Meilen an (1 röm. M. = 1,48 km). Am Ausgangspunkt ließ Kaiser Augustus auf dem Forum Romanum den goldenen Meilenstein aufstellen.
Benannt waren die großen Straßen nach den Erbauern, später nach den Kaisern. Die berühmteste war die **Via Appia**, die, 312 v. Chr. angelegt, von Rom nach Capua

führte und dann bis Brindisi verlängert wurde. Die **Via Flaminia** zog nach Rimini und wurde von der **Via Aemilia** bis Piacenza fortgeführt. Die wichtigste Römerstraße außerhalb Italiens war die **Via Egnatia** von Durazzo nach Byzanz. Kaiser Augustus ließ Straßen über die Alpen, sein Schwiegersohn Agrippa Straßen in Spanien, Gallien und im Rheinland bauen. Die **Via Claudia**, die über Kempten (Cambodunum) nach Augsburg (Augusta Vindelicum) führte, ist stellenweise noch sichtbar. Eine im 12. Jh. gefertigte Kopie einer römischen Straßenkarte, die *Tabula Peutingeriana*, ist in der Nationalbibliothek in Wien erhalten geblieben.

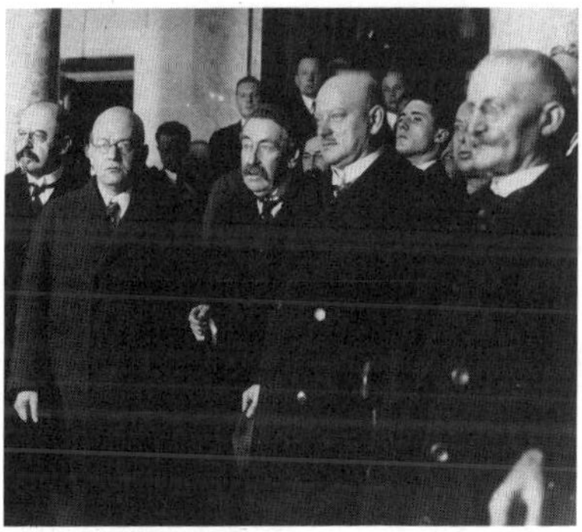

Gustav Stresemann (2. v. r.) und der französische Außenminister Briand (3. v. r.) auf einer Sitzung des Völkerbundes, 1926

Stresemann, Gustav (1878–1929) Der Sohn eines Berliner Kneipiers studierte Volkswirtschaft und wurde mit 28 Jahren bereits in den Reichstag gewählt. Während des 1. Weltkrieges trat er als Nationalliberaler zunächst für einen **Siegfrieden** des Deutschen Reiches – im Gegensatz zu Verhandlungen und Kompromissen – und den uneingeschränkten ▶U-Bootkrieg ein. Nach Kriegsende 1918 führte er die **Deutsche Volkspartei**, **DVP**, die er allmählich aus ihrer ablehnenden Haltung zur Weimarer Republik löste, der er bis zum ▶Kapp-Putsch 1922 selbst auch reserviert gegenüberstand. Auf dem Höhepunkt der ▶Ruhrkrise 1923 übernahm er als Kanzler die Verantwortung für eine Politik der Verständigung mit Frankreich und wurde deshalb von der radikalen Rechten als Verräter und *Erfüllungspolitiker* beschimpft. Stresemann wollte mit der genauen Einhaltung und Erfüllung aller Bestimmungen des Versailler Vertrages jedoch gerade dessen Unerfüllbarkeit zeigen und eine Änderung z. B. der Reparationszahlungen erreichen. Diese friedliche Revision des Versailler Vertrages und eine Versöhnung mit Frankreich gelang ihm als Außenminister. Der europäisch denkende Politiker erreichte 1926 auch die Aufnahme Deutschlands in den Völkerbund.

Stuarts Der Name dieser Dynastie leitet sich von *Steward* ab, da die ersten wichtigen Männer dieser Familie Hofmeister der Könige Schottlands waren. 1371 bestieg mit **Robert II.** der erste Stuart den schottischen Thron, der bis 1689 in den Händen dieser Dynastie blieb. Mit **Jakob I.** (=Jakob VI. von Schottland) wurde ein Stuart auch König von England, da seine Großmutter eine Tochter Heinrichs VII. von England war. Unter Königin Anne wurden 1707 die beiden Königreiche England und Schottland vereinigt. Mit ihrem Tod 1714 endeten die Stuarts als regierende Dynastie in England. Das heute in Großbritannien herrschende Haus **Windsor** erhielt die Krone aufgrund seiner Verwandtschaft mit den Stuarts.

Sudetenfrage Das seit Mitte des 19. Jh.s gespannte Verhältnis zwischen Tschechen und Deutschen hatte sich durch den Versailler Vertrag und den Frieden von St. Germain mit Österreich noch verschärft. Als dann die außenpolitischen Erfolge Hitlers es als möglich erscheinen ließen, die Friedensverträge zu revidieren, organisierten sich viele Deutsche in der Tschechoslowakei unter Führung **Konrad Henleins** und begannen, den Anschluß ans Reich zu fordern und den tschechoslowakischen Staat von innen her zu zerstören. Hitler konnte die einstigen Siegermächte England und Frankreich zunächst unter Hinweis auf das Selbstbestimmungsrecht der Völker zum Stillhalten gegenüber seiner Politik bewegen und erreichte 1938 im Münchner Abkommen den Anschluß des fast ausschließlich von Deutschen bewohnten Sudetenlandes an das Deutsche Reich. Als er im Frühjahr 1939 auch den Rest der Tschechoslowakei als ▶ Protektorat annektierte, erkannten die Alliierten die Aussichtslosigkeit ihrer ▶ Appeasementpolitik (Beschwichtigungspolitik). 1945/47 bereinigten die Tschechen die Sudetenfrage gewaltsam durch Vertreibung der Deutschen aus ihrer Heimat. 1990 hat die neue tschechoslowakische Regierung das den deutschen Vertriebenen angetane Unrecht zutiefst bedauert.

Suezkanal Schon im alten Ägypten verband ein Kanal den Nil mit dem Roten Meer. In Mittelalter und Neuzeit gab es mehrere Pläne, ihn zu erneuern, doch erst 1859–69 wurde der moderne, 161 km lange, schleusenlose Kanal nach den Plänen des Italieners **Negrelli** von einer französischen Gesellschaft unter Leitung von **Ferdinand Lesseps** gebaut. Er verkürzte den Seeweg aus der Nordsee nach Indien, dem wichtigsten englischen Kolonialbesitz, um 9000 km, und so kam er schnell in das Blickfeld englischer Interessen: Gibraltar, Malta und Aden waren schon englisch, 1875 erwarb Großbritannien 75 % der Suezkanal-Aktien, 1878 besetzten die Engländer Zypern, 1882 Ägypten. Damit war der Weg nach Indien durch eine Kette von Kolonien und starken Stützpunkten gesichert. Mit der Auflösung seines Kolonialreiches zog sich England aus diesem Raum zurück, und der Kanal fiel 1957 nach kurzen Kämpfen (▶Suezkrise) an das nach dem 2. Weltkrieg wieder unabhängige Ägypten.

Suezkrise Wegen der ägyptischen Aufrüstung gegen Israel verweigerten die USA Kredite für den Bau des Assuan-Staudammes. Der ägyptische Präsident **Gamal Abd An Nasser**, der nach einem Staatsstreich gegen König Faruk 1952 die Macht übernommen hatte, lehnte sich daher an die Sowjetunion an und verstaatlichte 1956 den Suezkanal. Die Enteignung der Kanalgesellschaft wurde von England und Frankreich nicht hingenommen, die den Hauptanteil der Kanalaktien besaßen. Nach ergebnislosen Verhandlungen griffen sie Ägypten militärisch an. Gleichzeitig besetzte Israel den Gaza-Streifen und Sinai. Eine internationale Ausweitung der Krise konnte verhindert werden, weil auf Druck der USA und der UdSSR die Kampfhandlungen eingestellt und die ausländischen Truppen aus der Kanalzone zurückgezogen wurden.

Sumerer Das Volk unbekannter Herkunft entwickelte seit etwa 3100 v. Chr. die älteste Hochkultur Mesopotamiens. Wichtige stadtähnliche Siedlungen waren Uruk, Kisch, Ur und Lagasch; Wahrzeichen der Sumerer ist der Tempelturm. Die selbständigen Stadtstaaten wurden von Fürsten regiert, die als Stellvertreter des jeweiligen Stadtgottes galten. Ebenso besaßen Priester und Beamte große Macht. Viele technische und kulturelle Errungenschaften gehen auf die Sumerer zurück. Sie erfanden eine Bilderschrift, aus der die spätere babylonische Keilschrift hervorging, sie begründeten Mathematik und Astronomie. Ebenso zeigten sie beim Bau von Bewässerungssystemen großes technisches Können. Nach 1950 v. Chr. übernahmen die Babylonier und Assyrer ihr kulturelles Erbe.

T

Tal der Könige Im Neuen Reich (um 1580–700 v. Chr.) bestatteten die Ägypter die Mumien ihrer Pharaonen mit reichen Grabbeigaben in einem Tal der Steinwüste auf dem westlichen Nilufer, gegenüber Luxor (▶ Theben in Ägypten). Die Eingänge zu den Gräbern wurden sorgfältig getarnt und der Eingang zum Tal scharf bewacht. Trotzdem haben wohl schon in der Antike Grabräuber alle bisher bekannten Anlagen geplündert, mit Ausnahme des Grabes von König ▶ Tut-ench-amun. Die Königinnen bestattete man in einem eigenen Tal in einigen Kilometern Entfernung. Schon in der römischen Kaiserzeit galt das Tal der Könige als Touristenattraktion.

Tempel In vorgeschichtlicher Zeit verehrten alle Völker übernatürliche Kräfte in Gestalt von heiligen Bäumen, Felsen, Quellen und anderen Objekten der Natur. Das galt auch noch für die Germanen, und für manche Naturvölker gilt es heute noch. In den frühen Hochkulturen hat man sich diese Kräfte wohl erstmals als Götter in Menschengestalt vorgestellt. Wie die Menschen, brauchten damit auch sie ein Haus, einen Tempel, in dem sie wohnen und in dem man sie besuchen und verehren konnte. Die ältesten bisher bekannten Tempel entstanden vor 3000 v. Chr. in Mesopotamien.

In allen Kulturen haben die Tempel ähnliche Grundformen angenommen. Im Zentrum lag stets ein kleiner, meist fensterloser Raum, die **Cella**, in der das Götterbild stand. Diesen Raum durften nur die höchsten Priester betreten. Vor dem Götterbild oder in einem Vorraum, manchmal auch vor dem Tempel, stand ein Altar, auf dem der Gottheit Opfer dargebracht wurden. Auch diese Räume waren nur für Priester zugänglich. Nur sie konnten den eigentlichen Gottesdienst ausüben. Die Götterkulte der Antike waren also **Klerikerreligionen**, bei denen das Volk höchstens aus der Ferne zusah. Es durfte nur die Höfe im äußeren Tempelbereich betreten und konnte dort zu den Göttern beten und seine Opfergaben abliefern, die zusammen mit den Tempelgeräten in kleinen Räumen nahe der Cella aufbewahrt wurden. Neben der Cella mit ihren Nebenräumen und den Höfen für das Volk gehörten zu einer antiken Tempelanlage noch die Wohnungen der Priesterschaft und Wirtschaftsgebäude. Der ganze heilige Bezirk wurde durch eine hohe Mauer von der Umwelt abgetrennt.

Das Baumaterial richtete sich immer nach den wirtschaftlichen und technischen Möglichkeiten. Da Mesopotamien ein an Steinen armes Schwemmland ist, wurden dort die Tempel meist aus luftgetrockneten Lehmziegeln gebaut, deshalb sind heu-

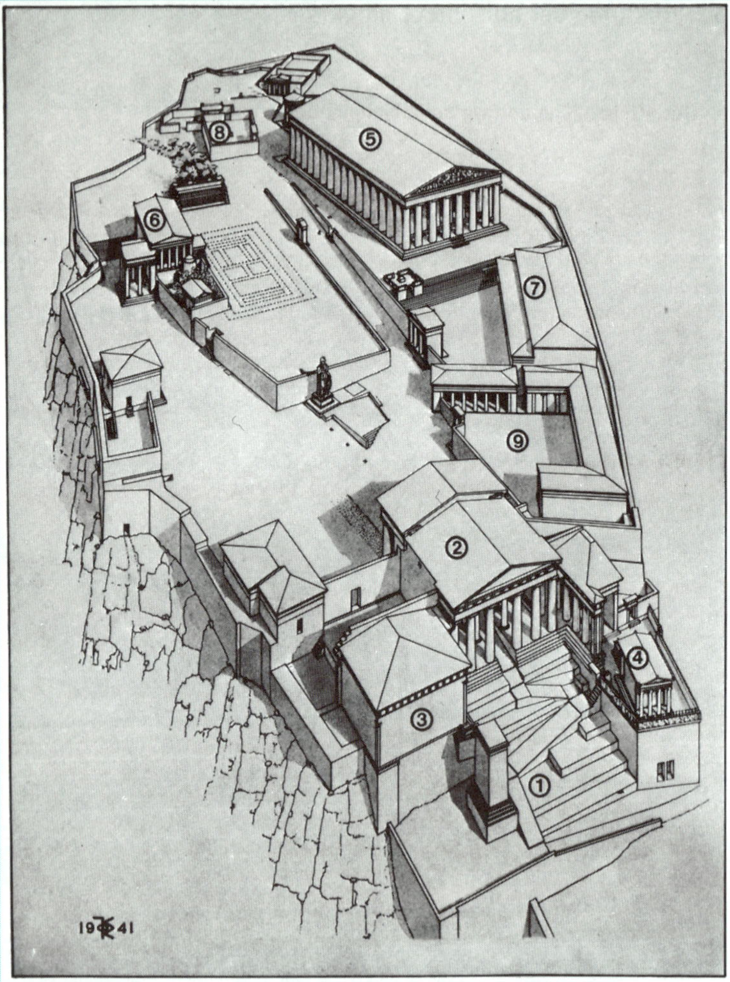

Rekonstruktion der Akropolis in Athen: 1 Panathenäenstraße von der Agora, dem Marktplatz, kommend, 2 Torbau der Propyläen, 3 für das Opfermahl bestimmte Pinakothek mit Bildern der berühmtesten griechischen Maler, 4 Tempel der Athena Nike, der Siegesgöttin, 5 Parthenon, der Tempel der Schutz-

göttin Athens, Athene, auf einem 10 m hohen Fundament, 6 Erechtheion, Tempel der Athena Polias, 7 Chalkothek, Aufbewahrungsort für die Geschenke zu Ehren der Götter, 8 Tempel des Zeus an der höchsten Stelle der Akropolis, 9 Tempel der Artemis

te nur noch geringe Reste erhalten. Die Ägypter dagegen errichteten ihre Tempel immer aus Stein. Im Alten Reich standen sie immer an den ▶ Pyramiden und dienten dem Totenkult der Pharaonen, die als Verkörperung des Reichsgottes galten. Im Neuen Reich entstanden neben den Bauten für den Totenkult der Herrscher auch Tempelanlagen für die Götter. Auch bei ihnen blieb aber die Cella, der Bereich für den eigentlichen Gottesdienst klein.

Die frühen Tempel der Griechen waren sehr klein und, wie alle anderen Bauten, aus Holz und Lehm errichtet, ab dem 7. Jh. dann aus verputztem Kalkstein und später auch aus Marmor. Sie boten aber ein ganz anderes Aussehen als heute, denn sie waren in kräftigen Farben bemalt, während wir heute nur noch den nackten Stein sehen. Im Laufe der Jahrhunderte wurden die Tempel der Griechen größer, die von Säulen gebildete Vorhalle verwandelte sich in eine Säulenhalle, die die Cella auf allen Seiten umgab. Die Tempel wurden immer nach denselben Grundsätzen gebaut, aber die Ausführung der Einzelheiten, der Stil, änderte sich. Der älteste ist der **Dorische Stil**, den man besonders im 6. und 5. Jh. verwendete. Er entstand auf dem Festland. Seine Säulen waren gedrungen, mit gerillter (kanellierter) Oberfläche. Sie standen auf einfachen Steinplatten, und die flachen Kapitelle (Kopfstücke der Säulen) hatten geometrische Formen. In der **Klassischen Zeit** wurden die Säulen schlanker und alle Bauteile harmonischer aufeinander abgestimmt. Zugleich entstand an der Westküste der heutigen Türkei der **Ionische Stil**, benannt nach den dort lebenden ionischen Griechen. Seine schlanken Säulen stehen auf reich gegliederten Basen, die Kapitelle haben Volutenform (Spiral- oder Schneckenform). Der Schmuck der Architrave (das Dach tragende Balken) und der Gesimse wird reicher. Einige Tempel bekommen riesige Abmessungen – auf Sizilien schon früh – manche einen doppelten Säulenumgang. Am Ende des 5. Jh.s entsteht dann der **Korinthische Stil** mit stark gegliederten Kapitellen aus steinernen Akanthusblättern. In der Walhalla bei Regensburg ließ Ludwig I. von Bayern im 19. Jh. einen griechischen Tempel nachbauen.

Die Tempel der Römer folgten zuerst Vorbildern der Etrusker: sie standen auf hohen Podesten und hatten nur auf der Eingangsseite eine Treppe und einen Säulenvorbau. Später nahmen sie immer mehr griechische Formen auf.

Neben dem Gottesdienst bekamen die Tempel viele andere Funktionen. Durch Geschenke und Stiftungen der Gläubigen für die Götter (vor allem Landbesitz) wurden die Tempel im Laufe der Jahrhunderte reich und ihre Priesterschaft bekam über die wirtschaftliche Macht auch politischen Einfluß. Andererseits dienten prachtvolle Tempelanlagen oft der Repräsentation staatlicher Macht. Durch ihren eigenen Reichtum und die vom Staat geforderte Prunkentfaltung wurden die Tempel zu wichtigen Auftraggebern für die antiken Künstler und aufgrund ihrer Wirtschaftskraft auch zu Zentren der Sozialfürsorge und des Schulwesens.

Erechtheion auf der Akropolis in Athen

Die frühen Christen haben einzelne Tempel als Kirchen weiterverwendet, doch ist das Christentum im Gegensatz zu den antiken Kulten eine **Volksreligion**. Es beteiligen sich also nicht nur die Priester am Gottesdienst, sondern die ganze Gemeinde, und für so viele Menschen boten die kleinen Innenräume der antiken Tempel keinen Platz; so verfielen sie oder wurden zerstört.

Tempelturm Die **Zikkurat**, wie der Tempelturm der frühen Hochkulturen Mesopotamiens auch genannt wurde, erinnert auf den ersten Blick an die ägyptischen Pyramiden. Der Tempelturm war aber kein lichtloses, labyrinthartiges Königsgrab, sondern ein stufenförmiger Massivbau, auf dem vermutlich Kultobjekte, Altäre und in der Spätzeit der *Wohnsitz* des Stadtgottes standen. Er bedeutete die Verbindung der Stadtbewohner mit der Götterwelt. Anders als die Ägypter bauten die Bewohner Mesopotamiens nicht mit Naturstein, sondern mit Schlammziegeln. Neue Tempelanlagen wurden auf den eingeebneten Trümmern der rasch verfallenden Ziegelbauten errichtet. So erklärt sich die Entstehung der Terrassenbauten mit ihren mächtigen Freitreppen. Der am besten erhaltene Tempelturm ist der des Mondgottes **Nanna** in Ur aus dem 2. Jt. v. Chr. Der berühmte **Turm von Babel**, ebenfalls ein Tempelturm, ragte einst bis zu 90 Meter hoch in den Himmel (vgl. Rekonstruktion S. 42). Außer dem Ausgrabungsplatz ist nichts mehr erhalten.

Tempel von Jerusalem Bevor die Juden seßhaft wurden, hatten sie kein festes Heiligtum, sondern führten die **Bundeslade** als Thron Gottes mit. Diese enthielt zwei Tafeln mit den Zehn Geboten, die Gott *Jahwe* dem Moses auf dem Sinai gegeben hatte. Nachdem die Juden um 1200 v. Chr. seßhaft waren, blieb die Bundeslade an einem Ort; zuerst vermutlich in Sichem, schließlich in Jerusalem. König Salomo (R. um 965–26 v. Chr.) ließ auf einem Berg in Jerusalem den *Ersten* Tempel bauen, der nur aus Überlieferungen bekannt ist. Danach soll er sehr prachtvoll und seine Bauweise stark von den Phönikern beeinflußt gewesen sein. In dem rechteckigen Raum war an einer Schmalseite ein Teil als Allerheiligstes abgetrennt. Dort wurde die Bundeslade aufbewahrt und nur Hohepriester durften das innerste Heiligtum betreten. Im ummauerten Hof stand ein Altar für die Brandopfer. 586 v. Chr. eroberten die Babylonier Jerusalem und zerstörten den Tempel Salomos; wahrscheinlich wurde dabei auch die Bundeslade vernichtet. Als die Juden 537 v. Chr. aus der **Babylonischen Gefangenschaft** zurückkehrten, errichteten sie einen *zweiten* Tempel. Sein Allerheiligstes war leer, denn Bilder Gottes sind den Juden verboten. ▶ Herodes ersetzte im 1. Jh. v. Chr. diesen Tempel durch einen prunkvollen Bau, um seine Unbeliebtheit beim Volk zu mildern. Das Neue Testament berichtet, im Augenblick des Todes Jesu sei der Vorhang vor dem Eingang zum Allerheiligsten zerrissen. Der römische Feldherr und spätere Kaiser **Titus** zerstörte diesen Tempel 70 n. Chr. bei der Niederschlagung des jüdischen Aufstandes (▶ Jüdischer Krieg). Vom jüdischen Tempel ist nur eine Stützmauer an der Westseite geblieben, die **Klagemauer**; auf dem Tempelberg von Jerusalem errichteten die Moslems nach der Eroberung der Stadt 637 eine Moschee, den Felsendom (s. Foto S. 183).

Terrorismus (lat.: terror = Furcht und Schrecken) Mit dem Begriff bezeichnet man im engeren Sinn Gewaltakte von Einzeltätern oder organisierten Gruppen gegen Personen und Sachen, die staatliche oder öffentliche Macht repräsentieren, in einem weiteren Sinn auch Herrschaftssysteme, die Terror planmäßig gegenüber der Bevölkerung anwenden. Terroristische Geheimbünde traten bereits seit der Antike auf. Ein Beispiel sind die **Sicarii**, eine nationalistische jüdische Bewegung aus dem 1. Jh. n. Chr., aber auch der radikale Zweig der ▶ Wiedertäufer, der in der Reformationszeit das Reich Gottes mit Gewalt durchzusetzen versuchte. Einer widerstrebenden Mehrheit das eigene Programm aufzuzwingen und dabei den moralisch-seelischen

Widerstand der Bevölkerung zu brechen (**Gesinnungsterror**), war das erklärte Ziel der Jakobiner unter Robbespierre in der Französischen Revolution (1793/94). Von der Ermordung **Alexanders II.** von Rußland 1881 und dem Attentat auf den österreichisch-ungarischen Thronfolger Franz Ferdinand in ▶ Sarajewo am 28. 6. 1914 bis in die Gegenwart rechtfertigten sich Terroristen damit, für eine vermeintlich gerechte Sache zu kämpfen und durch ihre Tat *die Welt wachzurütteln*. Ein Nährboden des Terrorismus war der **Anarchismus** des 19. Jh.s, der auch so ausgelegt werden konnte, daß sein Ideal einer freien, durch keine staatlichen und gesellschaftlichen Zwänge beherrschten Menschheit nur durch den gewalttätigen *Befreiungsschlag* erkämpft werden könne. Zu den bedrückenden Erfahrungen des 20. Jh.s zählen die terroristischen Herrschaftssysteme des Dritten Reiches und der stalinistischen Diktatur, der ganze Bevölkerungsgruppen zum Opfer fielen.

Der Terrorismus der Gegenwart ist ein internationales Phänomen mit vielen Gesichtern. Die Aktionen reichen von Brandstiftungen und Sprengstoffanschlägen, erpresserischen Geiselnahmen bis zu Flugzeugattentaten und Geiselhinrichtungen. Eine Wurzel sind ungelöste Nationalitätenprobleme (Nordirland, Baskenland, zeitweise Südtirol, Palästina) und soziale Mißstände (Tupamaros u. a. in Lateinamerika). Selbst ein politisch gefestigter Industriestaat, wie es die Bundesregierung Deutschland ist, muß sich gegen den Terrorismus behaupten (sog. Rote Armee Fraktion, Rechtsextremismus). Eine Erscheinungsform des Terrorismus, die im Jahr 1991 Empörung hervorrief, ist der militärische Terror, der offensichtlich der Kriegsführung des Iraks im Golfkrieg zugrunde liegt (Raketenangriffe auf das nichtkriegführende Israel und Drohung mit Umweltkatastrophen).

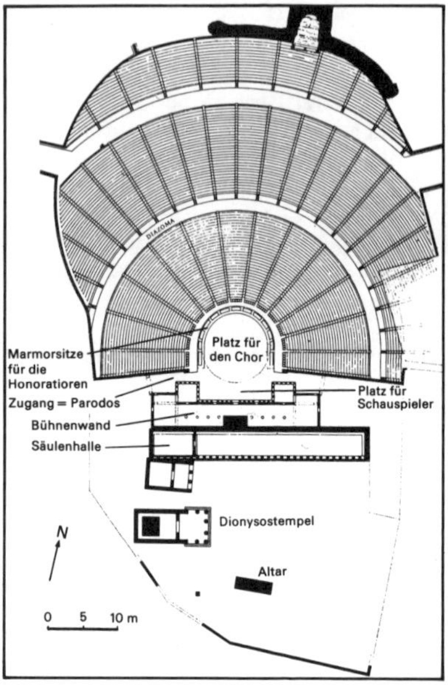

Rekonstruktion des griechischen Dionysostheaters in Athen

Theater in der Antike

Im 5. Jh. v. Chr., der großen Zeit klassischer Tragödien und Komödien, gab es in Athen noch kein festes Theater. Auf dem Aufführungsplatz am Südosthang des Burgberges war nur ein kreisrunder Tanzplatz, die **Orchestra**, angelegt, Bühnengebäude und Zuschauertribünen wurden je nach Bedarf aufgebaut; erst um 330 v. Chr. entstand ein steinernes Theater. Die nun halbkreisförmige Orchestra umgaben in den Felsen eingehauene Sitzstufen; marmorne Prunkstühle in der ersten Reihe waren den Priestern vorbehalten. Die **Skené** (Bühnenhaus) hinter der Orchestra erlebte mit der Zeit mehrere Umgestaltungen. An der zuerst nur durch Türen gegliederten Vorderfront wurden später drehbare, bemalte Prismen angebracht, die als Kulissen dien-

ten. Im Bühnengebäude befanden sich die Theatermaschinen: der Kran, der den in einem Korb sitzenden *deus ex machina* auf die Bühne schwenkte, damit die verwirrte Handlung durch göttliches Eingreifen geordnet würde; das *Ekkyklema*, ein Rollwagen, der, wenn man von Mord sprach, sogleich auf die Orchestra geschoben wurde, um das Opfer zu zeigen, außerdem Geräte zum Nachahmen von Geräuschen u. ä.
Die römischen Theater waren nicht wie die griechischen in Hügel eingebettet, sondern standen frei (s. Foto S. 24). Gespielt wurde nicht mehr in der Orchestra, sondern auf der Bühne vor dem Bühnenhaus, dessen Wand zu einer Prunkfassade ausgebaut war. Dekoration und Technik wurden weiterentwickelt (Bühnenvorhang, Kulissen, Flugmaschinen, Wasserspiele). 55. v. Chr. errichtete Pompeius in Rom das erste steinerne Theater; das Marcellus-Theater des Augustus wurde Muster für die römischen Theater der Folgezeit.

Theben in Ägypten Im Mittleren und im Neuen Reich , also ca. 2000–700 v. Chr., war das heutige Luxor Hauptresidenz der Pharaonen. Die Ägypter nannten es *Ne*, die Griechen in der Zeit des Hellenismus *Das hunderttorige Theben*. Dieser Name läßt auf Größe und Bedeutung der antiken Stadt schließen. In Ne standen mit den Kultstätten des Reichsgottes ▶ Amun (Karnak- und Luxor-Tempel) die beiden größten Tempel Ägyptens. Sie waren von königlichen Palästen, Beamtenwohnungen, Magazinen und Häusern des Adels umgeben. Die Stadt erstreckte sich auf dem Ostufer des Nils über mehrere Kilometer. Genauso bedeutend war der Friedhofsbereich am Westufer des Nils mit dem ▶ Tal der Könige, dem Tal der Königinnen, den Gräbern der Vornehmen, den Totentempeln der ▶ Hatschepsut, ▶ Ramses II., dem Tempel Ramses III., und den Memnonkolossen.

Theben in Griechenland Um die Stadt etwa 60 km nordwestlich von Athen ranken sich viele griechische Sagen (u. a. von Ödipus und Theseus). Im ▶ Peloponnesischen Krieg konnte Theben durch den Sieg bei **Leuktra** 371 v. Chr. die Vormacht Spartas über Griechenland brechen und weite Teile des Landes seiner eigenen Vormacht unterwerfen. König **Philipp II.** von Makedonien, der Vater Alexanders des Großen, eroberte Theben 338 v. Chr. nach der Schlacht bei **Chaironeia**. 335 versuchte die Stadt noch einmal einen Aufstand gegen die Makedonen, wurde aber von Alexander zerstört und blieb unbedeutend.

Theoderich der Große (453–526) Er stammte aus dem ostgotischen Königsgeschlecht der Amaler und regierte von 474–526 n. Chr. Als er sein Amt antrat, lebte sein Volk in Südrußland. Unter dem Druck der Hunnen führte Theoderich die **Ostgoten** an den Unterlauf der Donau und erreichte 488 von Kaiser **Zenon** für sie die Aufnahme als **Foederati** (Bundesgenossen) in das Byzantinische Reich. Theoderich erhielt die Aufgabe, nach Italien zu ziehen. Dort herrschte **Odoaker**, ein Führer germanischer Söldner, der den letzten weströmischen Kaiser abgesetzt hatte. 489 fiel Theoderich in Italien ein und schlug Odoaker in einem bis 493 dauernden Krieg. Er siedelte seine Goten vorwiegend in Ober und Mittelitalien an und regierte das Land von Ravenna aus. Goten und Eingesessene lebten getrennt, für beide Völker gab es eine gesonderte Verwaltung. Für die Verwaltung der Einheimischen bediente er sich der Hilfe bekannter Römer, wie **Boethius** und **Cassiodorus**, um den Eindruck unpopulärer germanischer Fremdherrschaft zu vermeiden. Deshalb erließ Theoderich auch alle Dekrete im Namen des römischen Kaisers und ließ Münzen stets mit dessen Bild schlagen. Real war er aber unumschränkter Herr Italiens.

Grabmal Theoderichs in Ravenna/Italien

Außenpolitisch versuchte er seine Stellung durch Heiratsbündnisse mit den Herrschern der **Westgoten**, **Thüringer**, **Burgunder** und ▶ Wandalen zu festigen. Es gelang ihm aber nicht, ein germanisches Völkerbündnis zu schaffen. Schon zu Lebzeiten ließ sich Theoderich in Ravenna ein Grabmal bauen, das vollständig erhalten ist. Seine Totenruhe dauerte aber nicht lange, denn nachdem die Byzantiner 552/53 das Reich der Ostgoten zerschlagen hatten, wurden seine Überreste in den Sümpfen um Ravenna verstreut. – In den deutschen Sagen spielt Theoderich als *Dietrich von Bern* (Bern = Verona) eine Rolle.

Thermen Zu jeder römischen Stadt und zu jedem festen Militärlager gehörten Thermen mit Umkleideräumen, kalten, lauwarmen und heißen Bädern, Gymnastikhallen, Massageeinrichtungen und allem, was dem körperlichen Wohlbefinden diente. Die Römer verbrachten dort viel Zeit, denn man traf sich nicht nur zur Körperpflege, sondern auch zu Geselligkeit und Geschäften, und manches politische Unternehmen wurde in den Thermen besprochen. Sie waren der vielseitige Treffpunkt einer römischen Siedlung, entsprechend groß war der bauliche und künstlerische Aufwand, den man mit ihnen trieb. Reiche Leute, die populär sein wollten, stifteten prächtige Thermen, zu den größten zählten die Thermen des Kaisers **Caracalla** in Rom.

Thukydides (um 460– um 400 v. Chr.) Er war der Sohn einer vermögenden athenischen Familie, die auch in Thrakien, im Norden Griechenlands, begütert war. Im Jahr 424, während des ▶ Peloponnesischen Kriegs, war Thukydides einer der zehn **Strategen**, der gewählten Feldherrn der Stadt Athen. Nach einem militärischen Mißerfolg verurteilten ihn die Athener zur Verbannung. Die Jahre des Exils verbrachte er auf seinen Gütern und wurde dort, fern von staatlichen Geschäften, zum Geschichtsschreiber seiner Zeit. Sein Werk über den Peloponnesischen Krieg ist weniger Kriegsgeschichte und durchaus kein unterhaltendes Werk, wie etwa das Geschichtswerk ▶ Herodots, sondern es ist ein politisches Werk, verfaßt auch in der Absicht zu belehren. Thukydides unterschied zwischen tieferen Ursachen und vordergründigen Anlässen der Ereignisse. Berühmt sind die Reden, die er den Hauptakteuren in den Mund legt.

Timur (1336–1405) Von seiner mittelasiatischen Hauptstadt Samarkand aus, errichtete der islamisierte Mongole *Timur-Leng* (Timur der Lahme) auch **Tamerlan** genannt, ein Reich, das von Südrußland über Zentralasien und Persien bis nach Indien reichte. Sein Vorbild war ▶ Dschingis Chan, dessen Reich er erneuern wollte. Timur ist heute noch berüchtigt, weil er versuchte, den Widerstand seiner Gegner durch äußerste Grausamkeit zu brechen. Unter seinen Nachkommen zerfiel das Reich schnell.

Titoismus meint den vom jugoslawischen Staatschef **Tito** (eigentlich Josip Broz) propagandierten *eigenen Weg zum Sozialismus*. Tito hatte als überlegener Partisanenführer an der Seite der Alliierten in den Jahren 1941–44 sein Land von den Italienern und Deutschen befreit, die zerstrittenen Völker Jugoslawiens unter seiner Führung geeint und einerseits nach Stalins Vorbild dem Kommunismus unterworfen, andererseits aber dem Einfluß Moskaus weitgehend entzogen. Sein Rückhalt im Westen und sein persönliches Ansehen verhalfen ihm dazu. Seine Politik blieb aber widersprüchlich. Er verwahrte sich gegen die ideologische Bevormundung durch die KPdSU, auch wenn ihm als *Abweichler* schlimmste Strafen angedroht wurden, sprach von *freiheitlichem* Kommunismus und dem nationalen Eigenweg Jugoslawiens. Er durchbrach das starre Sowjetsystem durch marktwirtschaftliche Wirtschaftsmaßnahmen und betrieb eine Politik der Blockfreiheit. Er zögerte aber auch nicht, gegen innenpolitische Gegner mit größter Härte vorzugehen.

Tordesillas, Vertrag von Die Entdeckungen und Eroberungen der Spanier und Portugiesen im letzten Drittel des 15. Jh.s führten zu Meinungsverschiedenheiten über die Besitzansprüche der beiden Königreiche. Daraufhin erwirkten die spanischen Könige **Ferdinand II.** und **Isabella I.** einen Schiedsspruch von Papst **Alexander VI.** Dieser teilte mit der Bulle *Inter cetera divinai* 1493 die Erde durch eine 100 Meilen (1 Meile/legua = 6349 m) westlich der Azoren von Pol zu Pol laufende Linie in eine (östliche) portugiesische und eine (westliche) spanische Hälfte. Bereits ein Jahr später wurde zwischen den beiden Königreichen Spanien und Portugal in der spanischen Stadt Tordesillas ein Vertrag geschlossen, der diese Demarkationslinie um 270 Meilen nach Westen verschob und damit den Portugiesen auch einen Anteil an den neu entdeckten Gebieten Südamerikas gewährte.

Trade Unions Die britischen Gewerkschaften, die als erste derartige Organisationen bereits Anfang des 19. Jh.s entstanden, dienten der Arbeiterbewegung aller anderen Länder als Vorbild. Das Recht auf Zusammenschluß in Gewerkschaften, die Löhne aushandeln und Streiks organisieren konnten, mußten sich die Arbeiter gegen das liberale Bürgertum erkämpfen, das sich von der unverfälschten Wirkung der Marktgesetze die beste Entwicklung der Wirtschaft versprach. Schwere soziale Mißstände und die Empörung, die das **Massaker von „Peterloo“** am 16. 8. 1819 von britischen Soldaten an unbewaffneten Arbeitern auslöste, zwangen zum Umdenken. 1824 wurden die Gesetze gegen die Trade Unions gelockert, jeder Gewerbezweig konnte sich nun organisieren.

Tragödie Die Anfänge gehen auf den griechischen **Dionysos-Kult** zurück, wo in Bocksfellen verkleidete Sänger sich im Tanzschritt um den Opferaltar des Gottes bewegten und den feierlichen Dithyrambos-Hymnos sangen. Als 534 v. Chr. ein Sprecher mit dem Chorführer ins Gespräch kam, begann die dramatische Gestaltung im Zusammenspiel von Wort, Musik und Tanz. Sie gewann an Spannung, als **Aischylos** (525–455) einen zweiten Schauspieler einführte, dem **Sophokles** (497–06) einen dritten hinzufügte, und an Farbe, als **Euripides** (485–06) mit neuen Mitteln der Rhetorik und Musik die Schauspieler-Arie einführte. Die der Mythologie entnommenen

Stoffe zeigten den Menschen im Kampf gegen ein unerforschliches Schicksal und seinen unverschuldeten Untergang. Einer Einführung und dem Einzug des Chores folgte die streng gegliederte, durch Chorlieder unterbrochene Handlung, auf deren Höhepunkt die Hauptperson mit dem Chor einen Dialog führte; den Abschluß bildete der Auszug des Chores. Seit dem 4. Jh. v. Chr. trat die dramatische Handlung immer mehr in den Vordergrund und drängte den Chor zurück, der schließlich als Beiwerk verkümmerte. Die Römer entwickelten die Tragödie nicht weiter; erst **Shakespeare** und die französischen Klassiker knüpften an sie an.

Transsibirische Eisenbahn Als die Reiche der Mongolen ab dem 15. Jh. in Sibirien zerfielen, begann die allmähliche Erschließung des Landes von Rußland aus. Kosaken in russischen Diensten drangen bis zum Baikalsee und zum Pazifischen Ozean vor, errichteten Stützpunkte und sicherten die Herrschaft des Zaren. 1891 begann der Bau der Transsibirischen Eisenbahn, die eine Verbindung von Moskau bis zum Pazifischen Ozean herstellen sollte. 1916 war die über 8000 km lange Strecke fertig, ein rascherer Zugriff auf die sibirischen Rohstoffe und der Beginn einer Industrialisierung wurden möglich. Siedler begannen zuzuwandern, nachdem Sibirien jahrhundertelang nur als ▶ Sträflingskolonie für Kriminelle, politische und religiöse Gegner oder aufrührerische Leibeigene gedient hatte. Besonders unter Stalin nahm die Zahl der Deportationen in die Lager Sibiriens wieder große Ausmaße an, dazu kamen zwangsweise umgesiedelte Volksgruppen wie die Wolgadeutschen und die deutschen Kriegsgefangenen des 2. Weltkrieges. Durch ihre Zwangsarbeit konnte Sibirien, *die* russische Kolonie, weiter erschlossen werden.

Tridentinum Bereits 1518 von Luther gefordert, begann 1545 das 19. allgemeine Konzil in Trient, das Tridentinum, wie die lateinische Bezeichnung lautet. Es beschäftigte sich während dreier Sitzungsperioden (1545/47/49; 1551/52; 1562/63) mit der Reformation und zugleich mit der Erneuerung der katholischen Kirche und erarbeitete eine Reihe von Dekreten zur Rechtfertigungslehre, zur Frage nach dem Verhältnis von Schrift und Tradition, sowie zur Sakramenten- und Erbsündelehre. Ferner regelte es die Amtspflichten der Bischöfe, machte die regelmäßige Abhaltung von Synoden zur Pflicht und verbot die gleichzeitige Betreuung mehrerer Bistümer, die Pfründenhäufung. Es verfügte die gründliche Ausbildung des Priesternachwuchses an dafür einzurichtenden Priesterseminaren. Das Konzil trug zur Erneuerung des Katholizismus bei, festigte das in Mißkredit geratene Papsttum, besiegelte aber auch die Glaubensspaltung. Es schuf die Voraussetzungen für die beginnende Gegenreformation, die Rückgewinnung für den alten Glauben. Ziel des Tridentinum war nicht die Aussöhnung mit den Protestanten, auch wenn diese zum Konzil eingeladen worden waren. Deren Forderung, die Bibel als Grundlage der Diskussion zu nehmen, wurde ebenso abgelehnt, wie die Forderung, der Papst solle das Konzil nicht alleine leiten.

Tripoliskrieg Im Bestreben, einen Anteil am afrikanischen Kolonialbesitz zu erhalten, sicherte sich Italien in Verhandlungen mit Frankreich, Rußland und Großbritannien das Gebiet der türkischen Provinz Tripolitanien, der Nordwesten des heutigen Libyens, als Interessensphäre und brach dort willkürlich 1911 einen Krieg mit der Türkei vom Zaune. Italien konnte zwar nur die Küstengebiete erobern, da aber die Türkei wegen des ▶ Balkankrieges 1912 in Europa gebunden war, mußte sie schließlich im Frieden von Lausanne die gesamte

Provinz an Italien abtreten. Im 1. Weltkrieg wurden die Italiener durch einen Aufstand der ▶ Senussi und der Türken wieder vertrieben, kamen aber danach erneut ins Land, das sie endgültig nach dem 2. Weltkrieg räumen mußten.

Triumphzug Siegreichen Feldherren genehmigte der Senat des Römischen Reiches einen Triumphzug. Der Sieger wurde mit einem Lorbeerkranz geschmückt und zog, begleitet von seinen Truppen und den wichtigsten Kriegsgefangenen, auf der **Via Sacra**, der Heiligen Straße, vom Marsfeld, dem Platz der Volksversammlung über das Forum Romanum in den Jupiter-Tempel auf dem Kapitol. Dort opferte der Geehrte dem höchsten Gott, legte die Trophäen seines Sieges nieder; meist wurde sein geschlagener Gegner zu diesem Zeitpunkt im Kerker erwürgt. Mit dem Triumphzug löste sich der Sieger vor der Gottheit von den Gelübden, die er zu Beginn des Feldzugs abgelegt hatte. In der Kaiserzeit blieb der Triumphzug den Herrschern vorbehalten.

Titusbogen in Rom, nach dem Sieg über die Juden 70 n. Chr. errichtet

Troja Durch Homers Epos über den sagenhaften **Trojanischen Krieg** und **Heinrich Schliemanns** Ausgrabungen (1870–94) ist diese vorgeschichtliche Stadt am Westausgang der Dardanellen berühmt geworden. Die älteste ihrer 46 bisher bekannten Siedlungsphasen stammt aus der ersten Hälfte des 3. Jt. v. Chr. Ihren Namen erhielt sie nach **Tros**, einem angeblichen Urenkel des Gottes Zeus. Während der griechischen Kolonisation siedelten sich im 8. Jh. v. Chr. Griechen an der Stelle des frühantiken Troja an und gaben ihrer Siedlung den Namen **Ilion**. Troja war immer stark befestigt und wurde mehrfach erobert und niedergebrannt, da von hier der Seeweg vom Mittelmeer durch die Dardanellen ins Schwarze Meer beherrscht und der schon in der frühen Antike bedeutende Seehandel kontrolliert werden konnte.

Tsushima Am 27. Mai 1905 gelang der japanischen Flotte unter Admiral Togo, im Krieg gegen Rußland (1903–05), bei den Tsushima-Inseln in der Korea-Straße zwischen Japan und dem koreanischen Festland ein entscheidender Sieg. Er hat, wie auch der Landsieg der japanischen Truppen über die Russen, in der ganzen Welt höchstes Aufsehen erregt, denn zum ersten Mal in der Neuzeit gelang es einem nichteuropäischen Land, eine europäische Großmacht zu besiegen. Damit war nicht nur die Expansion Rußlands in Ostasien beendet, sondern in den Kolonien wuchs das Selbstbewußtsein der Völker und ihr Glaube an die Möglichkeit, die Fremdherrschaft abschütteln zu können. Das bis dahin wenig beachtete Japan aber hatte sich in den Kreis der Großmächte eingereiht.

Türken In der Antike lebte in Innerasien eine Gruppe von Völkern, die in Herkunft, Sprache und Kultur vieles gemeinsam hatten. Es sind die **Turkvölker** oder Türken im weiteren Sinne. In der Völkerwanderung drängten Teile dieser Stämme nach Westen, erreichten Europa und siedelten sich teilweise in Osteuropa und im Nahen Osten an. Zu den wandernden Turkvölkern gehörten in der ausgehenden Antike u. a. ▶ Hunnen, **Awaren** und **Bulgaren**. Ab dem 11. Jh. n. Chr. setzte ein neuer Wanderungsschub aus dem Osten ein. Damals wichen nomadisierende islamische Turkstämme aus den Steppengebieten Zentralasiens unter dem Druck der Mongolen nach Westen aus, überrannten große Teile Kleinasiens, wurden seßhaft und vermischten sich mit der bodenständigen Bevölkerung. So entstand das heutige Volk der Türken im engeren Sinne.

Ihr bedeutendster Anführer war **Osman** (1288–1326) aus dem Stamme der Usen. Er einte die Einwanderer, die sich nach ihm **Osmanen** nannten, das Byzantinische Reich zerstörten und unter ihren Sultanen ein Imperium errichteten, das zeitweise von Tunis bis vor die Tore Wiens reichte. Die heutige Türkei ist der Rest dieses ehemaligen Weltreiches. Die in ihrer ursprünglichen Heimat gebliebenen Turkvölker leben heute meist in den Nachfolgestaaten der Sowjetunion. Ab der Mitte des vorigen Jahrhunderts bis zum 1. Weltkrieg wurden sie von den Zaren unterworfen. Die wichtigsten dieser Stämme sind die **Tataren**, **Kirgisen**, **Turkmenen**, **Usbeken** und **Aserbeidschaner**. Unter dem Einfluß nationalistischer Strömungen und des Islam wächst der Widerstand gegen den Verbleib in der GUS als Nachfolgestaat der Sowjetunion.

Türkenkriege 1354 errichteten die Türken ihren ersten Stützpunkt auf dem Boden Europas und drangen dann zügig auf dem Balkan nach Norden vor, besiegten 1389 die Serben und 1448 die Ungarn auf dem **Amselfeld** und bedrohten damit auch Mitteleuropa. 1453 eroberten sie Konstantinopel und zerschlugen den letzten Rest des Byzantischen Reiches.

Die Hauptlast der Türkenabwehr ging an Venedig über, das durch die Expansion seine Handelsinteressen im Mittelmeer gefährdet sah. Nach wechselvollen militärischen Auseinandersetzungen konnte in der Seeschlacht bei **Lepanto** 1571 die vereinigte Flotte des Papstes, des Kaisers, der Ritterorden und Venedigs zum erstenmal die Türken besiegen. Die Überlegenheit der Türken zur See war zwar damit gebrochen, zu Land verlor Venedig aber immer mehr und mußte im Frieden von **Passarowitz** 1718 auf seine letzten Stützpunkte auf Kreta und auf dem Peloponnes verzichten. Der Stadtstaat hatte damit seine mächtige Stellung verloren.

Auf dem Balkan versuchten vor allem die Habsburger, nach den Niederlagen der Serben und Ungarn, die Türken zunächst ohne Erfolg abzuwehren. 1521 eroberte Sultan **Soliman der Große** (R. 1520–66) Belgrad, schlug die Ungarn 1526 bei **Mohács** erneut vernichtend und stand 1529 vor **Wien**. Die Stadt wurde vergeblich belagert, nach dem Abzug der Türken erhielt Wien einen stärkeren Befestigungsgürtel, dessen Verlauf in der Ringstraße heute noch zu erkennen ist. Kaiser **Rudolf II.** (R. 1576–1612) begann mit den ersten energischen Gegenangriffen. Mit wechselndem Kriegsglück kämpften auch Polen (1672–76) und Rußland (1677–81) gegen die Türken. 1683 zogen die Türken unter dem Kommando des Großwesirs **Kara Mustafa** abermals gegen die Hauptstadt des Habsburgerreiches und belagerten Wien zwei Monate lang. Als die Lage der Stadt schon fast unhaltbar war, erschien ein deutsch-polnisches Entsatzheer unter der Führung von König **Jan II. Sobieski** und **Karl V. Leopold**, Herzog von Lothringen und schlug die Türken in der Schlacht am **Kahlenberg** vor der Stadt.

Nach dem Sieg vor Wien begann der *Große Türkenkrieg* (1683–99). Karl V.Leopold, Herzog von Lothringen, **Maximilian II. Emanuel**, Kurfürst von Bayern, **Ludwig**

Das belagerte Wien und der Kampf um seine Befreiung, Gemälde von Geffels um 1700

Wilhelm I., Markgraf von Baden (der *Türkenlouis*) und ▶ Eugen, Prinz von Savoyen eroberten den Balkan bis Belgrad. Im Frieden von **Karlowitz** 1699 mußten die Türken Siebenbürgen und große Teile Ungarns an Habsburg zurückgeben. In weiteren Kriegen erreichten die Österreicher bis 1775 im wesentlichen jene Grenze, die dann ein Jahrhundert Bestand hatte.
Rußland, daß sich schon Ende des 17. Jh.s an den Kämpfen beteiligt hatte, versuchte seit Anfang des 18. Jh.s verstärkt, die Türken zurückzudrängen, um sein eigenes Gebiet auszuweiten bzw. Zugang zum Schwarzen Meer und zum Bosporus zu erhalten. Rußland eroberte die Krim und weitere Gebiete und erreichte im Laufe des Jahrhunderts das Zugeständnis auf freie Handelsschiffahrt in den türkischen Gewässern. Im 19. Jh. war das osmanische Türkenreich so geschwächt, daß man es als *Kranken Mann am Bosporus* bezeichnete, als Machtfaktor und Bedrohung Europas spielte es keine Rolle mehr.

Turnier Um für den Ernstfall geübt zu sein, veranstalteten die mittelalterlichen Ritter Reiter-, Kampf- und Waffenspiele. Die einfachste Form war die **Tiost**, der Einzelkampf Mann gegen Mann, wobei die Kämpfer mit stumpfen Lanzen gegeneinander anritten und versuchten, den Gegner durch einen Stoß *unter das Kinn* oder *zu den vier Nägeln* auf den Schild aus dem Sattel zu heben. Beim **Buhurt** trugen die Teilnehmer keine Rüstung, sondern nur Schild und Lanze, ritten in Gruppen gegen- und durcheinander und zeigten ihre Geschicklichkeit beim Reiten. Im Turnier trafen sich eine größere Zahl von Rittern zum harten Kampf wie bei der Tjost. Das erste Turnier auf deutschem Boden wurde 1127 vor den Mauern von Würzburg abgehalten. Da es bei Turnieren immer wieder zu Unfällen –

Ritterliches Turnier mit Hellebarden aus der Zeit Maximilians I., Darstellung aus dem 16. Jh.

oft mit Todesfolge – kam, suchte die Kirche ein Verbot der Spiele zu erreichen.

Tut-ench-amun war einer der ägyptischen Pharaonen der 18. Dynastie (R. 1347–37 v. Chr.) und Nachfolger ▶ Echnatons, wahrscheinlich auch dessen Sohn. Ursprünglich hieß er **Tut anch Aton**, änderte aber seinen Namen, nachdem die Religionsreform Echnatons gescheitert war und Ägypten zu Amun als Reichsgott zurückkehrte. Er bestieg schon als Zehnjähriger den Thron. Seine Regierung war von inneren Unruhen geprägt, und wahrscheinlich starb er keines natürlichen Todes. Als Herrscher war Tutenchamun unbedeutend. Berühmt wurde er durch die Schätze, die Howard Carter 1922 in seinem Grab im Tal der Könige fand.

Die Goldmaske Tut-ench-amuns

Tyrannis In Griechenland setzten sich im 7. und 6. Jh. v. Chr. in den Städten vielfach Alleinherrscher gegen das Königtum oder die Aristokratie durch. Gestützt auf die unteren Schichten der städtischen Bevölkerung oder die Bauern des Umlandes kamen sie an die Macht und förderten die Gewerbetreibenden und Kaufleute, die den Wohlstand mehrten. Sie beschützten die Bürger vor den Aristokraten, denen die Sonderrechte genommen wurden, hielten in den reichen Städten, z. B. in Korinth, Milet und Syrakus, glänzend Hof und unterstützten Künstler und Wissenschaftler. So führte **Peisistratos** in Athen die großen Feste der **Panathenäen** und **Dionysien** ein und ließ eine Quellwasserleitung bauen. Auf Samos ließ der durch ein Gedicht von Schiller bis heute bekannte Tyrann **Polykrates** ebenfalls eine lebenswichtige Wasserleitung bauen. Die Tyrannen, die im 5. Jh. vor allem in Sizilien zur Abwehr der Karthager an die Macht kamen (z. B. **Dionysios** von Syrakus oder **Hieron II.** von Syrakus), nutzten die inneren Zerwürfnisse in den Stadtstaaten für ihre Zwecke aus. Hier entstand das Bild des grausamen und verwerflichen Herrschers, das Philosophen wie Platon und Aristoteles in ihren Werken verbreiteten. – In der römischen Kaiserzeit wurden gewalttätige Kaiser und Gegenkaiser als Tyrannen bezeichnet.

U

U-Bootkrieg Die deutsche Marine nutzte in beiden Weltkriegen U-Boote für eine neue Form des Wirtschaftskrieges, um den gegnerischen Seehandel zu unterbinden. Zunächst hielt man sich an die Prisenordnung, das Seekriegsrecht, d. h. ein kriegführender Staat darf feindliche Schiffe stoppen und sie oder ihre Ladung nach einem festgesetzten Verfahren einziehen. Die Bewaffnung gegnerischer Handelsschiffe, Täuschungsmanöver mit neutralen Flaggen und die Verwendung von U-Bootfallen führten bald zur Praxis des *uneingeschränkten* U-Bootkrieges, bei der alle Schiffe ohne Warnung und Durchsuchung versenkt wurden. Dies führte zu politischen Verwicklungen mit neutralen Staaten und gab 1917 den Anlaß für den Kriegseintritt der USA gegen Deutschland.

Ulbricht, Walter (1893–1973) Der Sohn eines Leipziger Schneiders, selbst gelernter Tischler, machte bereits in der KPD der Weimarer Republik Karriere. Während des Dritten Reiches war er in Moskau. **Gruppe Ulbricht** hieß die Kadertruppe deutscher Kommunisten, die 1945 mit der Roten Armee in die sowjetisch besetzte Zone kam, um die Macht zu ergreifen. Ulbricht betrieb die Zwangsvereinigung der SPD mit der KPD zur SED und die Gründung der DDR im Jahr 1949. Die höchsten Ämter überließ er zunächst **Wilhelm Pieck**, war aber der mächtigste Mann in Partei und Staat. 1960 vereinigte er dann die Partei- und Staatsspitze in seiner Person. Unter ihm wurde der Aufstand vom 17. Juni 1953 niedergeschlagen und die Berliner Mauer im August 1961 errichtet. Außenpolitisch bemühte sich Ulbricht um die internationale Anerkennung der DDR; der ▶ Grundlagenvertrag mit der Bundesrepublik Deutschland 1972 nach seiner Ablösung durch **Erich Honecker** steht in dieser Tradition.

Unabhängigkeitserklärung Als im amerikanischen Unabhängigkeitskrieg gegen das englische Mutterland schon über ein Jahr gekämpft wurde, und eine Einigung der 13 Kolonien mit dem Londoner Parlament nicht mehr möglich schien, setzten sich während des 2. Kontinentalkongresses in Philadelphia, die radikaleren Kräfte gegen diejenigen durch, die bis dahin einen endgültigen Bruch mit England verhindert hatten. Der Kongreß stimmte am 4. 7. 1776 der Unabhängigkeitserklärung zu. Dabei war bedeutsam, daß sich die Kolonisten auf die Volkssouveränität und auf angeborene und unveräußerliche Menschenrechte beriefen, die die englische Regierung oft mißachtet hatte. Sie begründeten damit ihren Widerstand mit den Lehren der ▶ Aufklärung.

Unehrliche Leute Im alten deutschen Recht hatten alle, die ein „unehrliches" Gewerbe trieben, samt ihren Kindern und deren Nachfahren weniger Rechte. Zu den Unehrlichen zählten die **Henker** und ihre Knechte, weil sie Menschen töteten, und die **Abdecker** (Schinder), weil sie mit Aas zu tun hatten. In manchen Gegenden rechnete man auch **Schäfer** und **Müller** dazu, weil sie abseits der Gemeinden wohnten und wegen ihrer Kräuterkenntnisse von manchen Krankheiten verschont blieben, was sie verdächtig machte. Aber auch **Totengräber**, **Abortreiniger**, **Musikanten** und **Fahrende** gehörten zu den Unehrlichen Leuten. Man zwang sie, außerhalb der Stadtmauern zu wohnen oder ihren Aufenthalt auf wenige Tage im Jahr, etwa bei Messen und Jahrmärkten, zu beschränken. Zu den Nichtseßhaften zählten alle **Jahrmarktsunterhalter** wie z. B. Athleten, Bärenführer, Gaukler, Seiltänzer, Taschenspieler und Wahrsager. Zu ihnen gesellten sich auch die **Hausierer**, die jüdischen **Altkleiderhändler**, die **Scherenschleifer** und **Kesselflicker**, die herumziehen mußten, weil sie in ihrer engeren Heimat keinen genügend großen Kundenkreis hatten.

Als Unehrliche konnten sie und ihre Nachkommen kein Haus erwerben, um seßhaft zu werden, konnten weder Kaufmann noch Handwerker werden, denn gerade die Zünfte waren auf ehrliche Abstammung ihrer Lehrlinge bedacht. Keine Unehrliche konnte in eine *ehrliche* Familie einheiraten; eine *ehrliche* Tochter wurde nach ihrer Heirat mit einem Unehrlichen *ehrlos*. Nicht einmal auf dem Friedhof wollte man neben ihnen auf das Jüngste Gericht warten. Fast überall wurden Unehrliche außerhalb der Friedhofsmauer nahe der Selbstmörderecke begraben. Nicht zu

Jahrmarktsvorführung: Einem Ochsen werden die Hörner verdreht. Vermutlich waren die Hörner vorher aufgeweicht worden, um 1500.

ihnen zählten die ▶ Scholaren, die fahrenden Schüler, die ja von *ehrlichen Eltern* abstammten und in ordentliche Berufe gelangen konnten.
Nach Herkunft und Lebensweise bildeten die **Zigeuner** eine eigene Gruppe unter den Umherziehenden. Zur Verständigung benutzten sie wie die umherreisenden Juden das Rotwelsch, dessen Wörter zumeist aus dem Jiddischen (dem Mittelhochdeutschen der Ostjuden) und den Zigeunersprachen stammen. Man verdächtigte die Zigeuner, die als Kupferschmiede und Wahrsager geschätzt waren, von Diebstählen zu leben und Kinder zu entführen.
Erst unter dem Einfluß der ▶ Aufklärung und der Lehren des Naturrechts ließ die Diskriminierung nach. Im **Reichsschluß** von 1731 und im **Preußischen Allgemeinen Landrecht** von 1794 wurden die rechtlichen Hindernisse beseitigt; die volle Rechtsfähigkeit der Unehrlichen wurde aber erst im 19. Jh. hergestellt, ausgenommen die nichtseßhaften Zigeuner.

Ungarn Um 895 n. Chr. eroberte das nomadische Reitervolk der Ungarn (**Madjaren**) unter seinem Fürsten **Arpad** die Tiefebenen zwischen Alpen und Karpaten und unternahm von dort aus immer wieder Raubzüge bis nach Thüringen, Bayern, und Oberitalien. Otto I. besiegte sie 955 auf dem Lechfeld, die Ungarn wurden seßhaft, ihr Großfürst **Geza** (R.972–97) ließ sich taufen, und Papst Sylvester II. krönte dessen Sohn **Stephan den Heiligen** (R. 997–1038) zum König. Seine Krone, die *Stephanskrone*, ist heute noch Ungarns nationales Symbol. In den folgenden Jahrhunderten wurde Ungarn zu einem Bollwerk Europas gegen alle Angriffe aus dem Osten und Südosten; gegen das Byzantinische Reich, gegen Mongolen (13. Jh.) und Türken (ab dem 15. Jh.) behauptete Ungarn seine Unabhängigkeit. Auf dem Thron des Heiligen Stephan wechselten nach dem Aussterben des Hauses Arpad (1301) Habsburger, Jagiellonen, Luxemburger und Könige aus dem Hause Anjou. Heute noch genießt **Matthias I. Corvinus** hohes Ansehen, den der Adel im 15. Jh. aus seinen Reihen zum König wählte (R.1458–90). Er eroberte Mähren, Schlesien , die Lausitz und zeitweise auch Niederösterreich und Wien und war ein bedeutender Förderer der Künste. Im 16. Jh. konnten die Türken große Teile des Landes unterwerfen. Deshalb suchten die Ungarn Anlehnung an den starken österreichischen Nachbarn, und seit dem **Landtag von Preßburg** 1687 war die Krone im Mannesstamm der Habsburger erblich. Nach den Türkenkriegen mußten die Osmanen im **Frieden von Karlowitz** 1699 den größten Teil und 1718 auch den Rest Ungarns freigeben. Trotz vieler Streitpunkte (z. B. Aufstand des Fürsten **Rákóczi** 1703/11 und in der Revolution von 1848) und wachsendem Nationalbewußtsein blieb Ungarn bis 1918 Habsburg verbunden, seit 1869 als ▶ K. u. K.-Doppelmonarchie.

Ungarnaufstand Die Abrechnung des sowjetischen Parteisekretärs **Nikita Chruschtschow** mit dem **Stalinismus** auf dem XX. Parteikongreß 1956 führte im Oktober 1956 nach einer Studentenkundgebung in Budapest zu einer Massenbewegung in Ungarn, in der Forderungen nach nationaler Unabhängigkeit, wirtschaftlichen und demokratischen Reformen sowie nach freien Wahlen vertreten wurden. Ungarische Kommunisten gewährten mehr Meinungsfreiheit, und es durften sogar nichtkommunistische Parteien gegründet werden. Ministerpräsident **Imre Nagy** forderte den Abzug sowjetischer Truppen, kündigte die Mitgliedschaft im Warschauer Pakt und proklamierte die Neutralität des Landes. Nun intervenierte die Sowjetunion militärisch, walzte den Aufstand mit Panzern nieder und setzte eine moskauhörige Regierung unter **Janos Kádar** ein. Die führenden Männer des Volksaufstandes wurden hingerichtet, die Alleinherrschaft der KP wiederhergestellt, alle Reformen rückgängig gemacht. Wegen der gleichzeitig schwelenden ▶ Suezkrise unterblieb eine Intervention der Westmächte, aber auch, weil man den Einflußbereich der Sowjetunion akzeptierte. 1989 wurden die hingerichteten Führer des Aufstandes rehabilitiert und unter großer Anteilnahme der ungarischen Bevölkerung ehrenvoll beigesetzt.

Union 1608 schlossen sich nach dem Scheitern der Verhandlungen auf dem **Reichstag von Regensburg** protestantische Fürsten zu einem Bündnis, der *protestantischen* Union zusammen, um dem Druck der ▶ Gegenreformation besser widerstehen zu können. Kurfürst **Friedrich V.** von der Pfalz war ihr Führer. Als Reaktion darauf entstand 1609 unter Führung des Herzogs **Maximilian I.** von Bayern die *katholische* **Liga**. Damit hatten sich die beiden Parteien formiert, deren Politik ein knappes Jahrzehnt später zum Dreißigjährigen Krieg führte. Die Stände Böhmens wählten Friedrich 1619 zum König, doch der kaiserliche Feldherr **Tilly** besiegte den ▶ Winterkönig 1620 in der Schlacht am **Weißen Berg** vor den Toren Prags. Friedrich wurde vertrieben, und die Union löste sich 1621 auf.

Universität Vom lat. *universitas* abgeleitet, wurde der Begriff 1221 in Paris zum erstenmal für die Körperschaft von Lehrern und Studenten verwendet, die an dem sog. **studium generale** (so hieß die Lehrstätte ursprünglich) arbeiteten. Neben Paris diente die Rechtsschule von Bologna zum Vorbild zahlreicher, von Kaisern und Päpsten mit Sonderrechten (z. B. eigene Gerichtsbarkeit) ausgestatteten Universitätsgründungen. Die erste deutsche Universität wurde von Karl IV. 1348 in Prag ins Leben gerufen. Unterrichtet wurde in lateinischer Sprache in vier Fakultäten (Jura, Theologie, Medizin, Philosophie), wobei das Philosophiestudium Voraussetzung für das weitere Studium war.

Ur Die Hauptstadt und bedeutende Handelsstadt der Sumerer (2500 bis 1950 v. Chr.) liegt heute als Schutthügel in der Salzwüste des Südiraks. Englische Ausgrabungen unter Sir Leonard Woley (1922–34) legten hier den berühmten Königsfriedhof (um 2500 v. Chr.) frei. Mit dem König wurden seine – durch Gift getöteten – Gefolgsleute beigesetzt. Kostbare Grabbeigaben wie die sogenannte Kultstandarte, eine hölzerne Bildtafel mit einzigartigen Einlegearbeiten, sollten den Ruhm des Herrschers in das Jenseits hinübertragen. Der dreistufige Tempel des Mondgottes **Nanna**, des Stadtgottes von Ur, besitzt noch heute monumentales Ausmaß. Die erhaltene untere Terrasse mißt an der Basis 62,5 mal 63 Meter.

Urchristentum Aus der Apostelgeschichte und den Briefen des Neuen Testaments erfahren wir, daß unter dem Eindruck der Osterereignisse in Jerusalem eine judenchristliche Gemeinde entstanden ist, die nicht mit der jüdischen Gesetzesreligion brach, sondern nach wie vor den Tempel besuchte und in jüdischer Weise fastete, sich aber durch den Glauben an die bevorstehende Wiederkunft des Messias von den orthodoxen Juden unterschied. An der Spitze der in brüderlicher Eintracht und Gütergemeinschaft lebenden Gläubigen standen Petrus, Johannes und Jakobus.

In Samaria und an der Küste missionierten unter den Diasporajuden, die wegen ihrer im Ausland erworbenen Bildung **Hellenisten** genannt wurden und zur jüdischen Gesetzesreligion eine freiere Haltung einnahmen, Philippus oder Stephanus, der erste Märtyrer des jungen Christentums.
Die ersten Todfeinde der Urkirche waren die oft fanatischen Juden. So ließ König Herodes Agrippa I. Jakobus den Älteren enthaupten, und Jakobus der Gerechte wurde von aufgebrachten Juden getötet. Um sich weiteren Verfolgungen zu entziehen, flohen viele Christen nach Phönizien und Syrien; in Antiochia, damals die drittgrößte Stadt des Römerreiches, entstand eine blühende Christengemeinde. In Syrien wurden die Jünger Jesu zum erstenmal *Christen* oder *Christianer* genannt. Antiochia sollte zum Ausgangspunkt der Missionsreisen des Völkerapostels Paulus werden, der in den Jahren 45–64 in Syrien, Kleinasien und Griechenland das Evangelium predigte und die Gemeinden Philippi, Athen und Korinth gründete. Dabei hat er es verstanden, alles von Christus in aramäischer Sprache Überlieferte in die griechische Sprache, Denkweise und Gemeinsprache umzuformen. Paulus war es auch, der das Christentum in der Auseinandersetzung mit der Urgemeinde Jerusalems auf dem **Apostelkonzil** (um 48/49) von den Einschränkungen durch das jüdische Gesetz befreite und zusammen mit Petrus die Anerkennung der **Heidenmisson** erkämpfte. Der Aufstand der Juden gegen die Römer (66–70) brachte die Zerstörung Jerusalems und das Ende der Urgemeinde.
In Rom selbst gab es um die Mitte des 1. Jh.s bereits eine judenchristliche Gemeinde. Über das Wirken des Apostels Petrus besitzen wir allerdings keine direkten Zeugnisse. Ebenso ist unbekannt, wer das Christentum in die Hauptstadt des Römischen Reichs gebracht hat; in Frage kommen Glaubensflüchtlinge aus dem Osten, Wanderprediger, reisende Kaufleute und Handwerker oder römische Soldaten. Am Ende des 1. Jh.s sollen nach vorsichtigen Schätzungen etwa 500000 Gläubige gelebt haben. Christengemeinden gab es nicht nur im Mittelmeerraum, sondern auch am Schwarzen Meer, in Mesopotamien und in Indien. Da in der 2. Hälfte des Jh.s die Evangelien des Markus, Matthäus, Lukas und Johannes aufgezeichnet wurden, darf man dem Christentum den Charakter einer Schriftreligion zuweisen, die sich nun nicht mehr allein auf das Alte Testament stützte. Nach den ▶ Christenverfolgungen aus persönlicher Willkür, wie sie für die Kaiser Nero und Domitian typisch sind, kam um 100 die Zeit der rechtlich geregelten Christenprozesse. Sich als Christ bekennen, hieß, dem Martyrium verfallen sein. Eine Gesamtorganisation der christlichen Gemeinden gab es im 1. Jh. noch nicht. Ihre Leitung lag vielmehr, wie bei den Synagogen, in der Hand der Ältesten. Daneben gab es spezielle Funktionen bei der Gemeindeunterweisung, Krankenfürsorge und Missionsarbeit. Nach dem Untergang der Urgemeinde im Jahre 70 zeichneten sich bald andere Schwerpunkte des Christentums ab. Die wichtigsten waren Antiochia, Rom und Alexandria.

Urkunde Da im Mittelalter die Rechtsstellung des einzelnen weniger durch allgemein bindende Gesetze als durch Einzelentscheidungen geprägt war, spielten Urkunden, für die auch die lateinischen Begriffe **praeceptum**, **testimonium**, **carta** verwendet wurden, als Schriftstücke über Vorgänge rechtlicher Natur eine wesentliche Rolle. Sie sind deshalb heute wichtige historische Zeugnisse und Quellen. Man unterscheidet öffentliche, private und Geschäftsurkunden. Für die Ausfertigung ihrer oft sehr zahlreichen Urkunden verfügten geistliche wie weltliche Fürsten über **Kanzleien** (*cancellaria*; am päpstlichen Hof *curia*), in denen Schreiber (scriptores) und Notare unter der Aufsicht des ▶ Kanzlers arbeiteten. Als Schreibmaterial für Urkunden diente Pergament, Urkundensprache war bis ins hohe Mittelalter ausschließlich Latein, dann allmählich die jeweilige Landessprache, wobei die bedeutenden Kanzleien einen eigenen Sprachstil entwickelten. So wurde das Deutsch der Prager Kanzlei Karls IV. von der Meißner Kanzlei übernommen. Um die Glaubwürdigkeit der Urkunden zu sichern, wurden vor allem für Herrscher- und Papsturkunden ein ganz bestimmter Aufbau mit festen Urkundenformeln für Einleitung, Text und Beglaubigung verwendet. Letztere erfolgte bei wichtigeren Urkunden fast ausschließlich mit dem Siegel. Nach den Siegelbehältern aus Blei, den ▶ Bullen, wurden seit dem Hochmittelalter päpstliche Urkunden allgemein als Bullen bezeichnet. Von allen Urkunden wurden in den Kanzleien Abschriften gefertigt und in die **Register**(bücher) eingetragen, die man in den Archiven der Kanzleien aufbewahrte, aber es gab auch schon die Möglichkeit, den wesentlichen Inhalt einer Urkunde in einem **Regest** knapp zusammenzufassen.

V

Vasenmalerei Von den Werken der griechischen Monumentalmalerei ist nichts erhalten gebleiben, stattdessen eine überwältigende Zahl von Vasen, Tongefäße (Keramik) jeder Art und zu jedem denkbaren Zweck des täglichen Lebens. Vasen dienten als Tafelgeschirr und Trinkbecher, Wasser- und Mischkrüge, in denen der schwere Wein mit Wasser gemischt wurde, zur Aufbewahrung von Wein und Öl.

Keramische Erzeugnisse aus feinem Ton mit der Töpferscheibe herzustellen und mit Malereien zu verzieren war eine alte Kunst. Doch griechische Meister des 8. Jh.s v. Chr., vor allem in Korinth, vervollkommneten die Technik und verfeinerten die Gestalten und Ornamente, die mit schwarzer Farbe auf den roten Ton aufgetragen wurden. Die schwarzfigurige Malerei wurde später in Athen um 520 v. Chr. durch rotfigurige abgelöst, bei der die vorgezeichneten Szenen beim Farbauftrag ausgespart wurden. Die schwarzfigurigen Vasen verschwanden jedoch nie ganz vom Markt. In den dargestellten Szenen tauchten fast alle Lebensbereiche der Griechen auf, zunächst beherrschten Themen aus Götter- und Heldengeschichten, auch aus der Odyssee, die Malerei. Unter den Göttern erfreute sich **Dionysos**, der Gott des Weins und der ekstatischen Freude, besonderer Beliebtheit. So waren auch Gelage, Feste und Tänze beliebte Themen; ferner Szenen aus dem häuslichen Leben, aus dem Leben der Frauen, Männer bei der Feldarbeit oder in der Werkstatt.

Die Vasen fanden auch als Exportartikel im ganzen Mittelmeerraum Verbreitung und

Griechische Frauen beim Bad

gelangten bis an die Küsten des Schwarzen Meers, von wo die Athener im Gegenzug ihr Getreide bezogen. Nach dem Peloponnesischen Krieg hat sich die Kunst der Vasenmalerei um 400 v. Chr. erschöpft.

Vatikanisches Konzil Das 1. Vatikanische Konzil fand vom 8. 12. 1869 bis 18. 7. 1870 als Ökumenisches Konzil in der Peterskirche in Rom statt und zählte ca. 700 stimmberechtigte Mitglieder. Die Konzilsväter beschäftigten sich mit theologischen Fragen zum Wesen des Glaubens, mit Fragen der Seelsorge und kirchlicher Disziplin. Von Anfang an stand fest, daß auch die Frage der **Unfehlbarkeit**, die **Infallibilität** des Papstes in Glaubens- und Sittenfragen, zur Abstimmung gelangen würde. Dies wünschten Papst **Pius IX**. und etwa 450 Konzilsteilnehmer. Die endgültige Abstimmung über diese Frage erbrachte 533 Ja- und nur 2 Neinstimmen, da die Opposition (ungefähr 70 Bischöfe) mit Billigung des Papstes der Abstimmung ferngeblieben oder wegen drohender Kriegsgefahr – einen Tag später brach der Deutsch-Französische Krieg aus – abgereist war.
Das 2. Vatikanische Konzil wurde von Papst **Johannes XXIII.** nach Rom einberufen und fand 1962 bis 1965 ebenfalls in der Peterskirche statt. Es sollte die Kirche für die Probleme der Gegenwart öffnen.

Venedig Aus den während der Völkerwanderung besiedelten Inseln im Norden der Adria entstand nach der Loslösung von Byzanz 840 eine oligarchisch verfaßte Republik, – **Oligarchie** bedeutet Herrschaft weniger – unter einem auf Lebenszeit gewählten ▶ Dogen. Der gemeinsame Gegensatz zu den sizilischen Normannen begründete im 11. Jh. ein besonderes Verhältnis zu Byzanz, wodurch sich Venedig Privilegien im **Levantehandel**, dem Handel mit den Ländern des östlichen Mittelmeeres, zu sichern wußte. Dies und die Kreuzzüge nutzte man zum Erwerb eines umfangreichen Kolonialreiches im östlichen Mittelmeer. 1204 erreichte diese Entwicklung ihren Höhepunkt, als der Doge Enrico Dandalo den 4. Kreuzzug *gegen* Byzanz *umleitete*. Die Rivalität mit Genua, der zweiten Handelsmetropole, wurde erst 1378 im **Chioggiakrieg** zugunsten Venedigs entschieden. Ab 1400 führte die Expansion der Türken zum Verlust der Kolonien, während die Konkurrenz Portugals im Gewürzhandel und die Entdeckung Amerikas den wirtschaftlichen Niedergang der Lagunenstadt einleitete. 1797 von Napoleon erobert, fiel Venedig an Österreich im Tausch für Mailand und Belgien.

Vereinte Nationen Die United Nations Organization, abgekürzt UNO oder UN, wurde 1945 in San Francisco gegründet. Ihre Hauptziele sind, den Frieden auf der Grundlage der Gleichberechtigung und des Selbstbestimmungsrechts der Völker zu sichern, die Durchsetzung der Menschenrechte zu fördern sowie die internationale Zusammenarbeit bei der Lösung wirtschaftlicher, sozialer, kultureller und humanitärer Probleme zu verstärken. Die

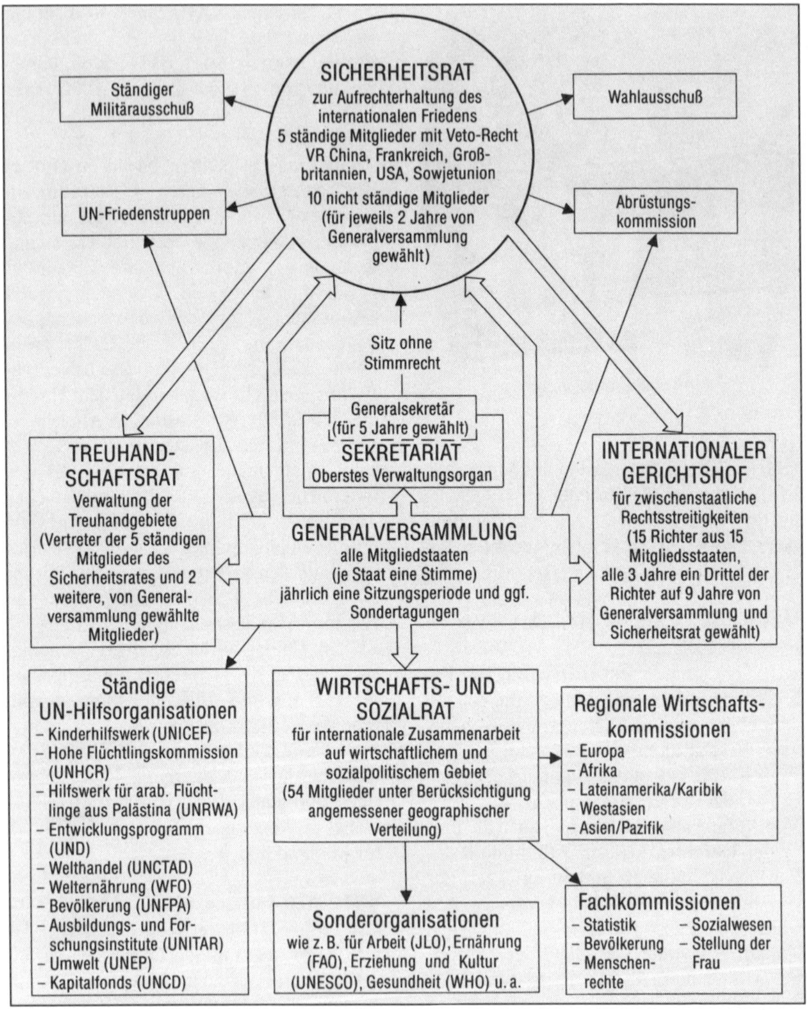

Aufbau der Vereinten Nationen

heute 159 Staaten umfassende UN hat folgende Organe:
Die **General**- oder **Vollversammlung** aller Mitglieder. Sie tagt mindestens einmal im Jahr und besitzt beratende Funktion.
Der **Sicherheitsrat**, das wichtigste Organ, das vor allem für die Friedenswahrung zuständig ist und über Maßnahmen zur friedlichen Beilegung von Streitfällen entscheidet. Seine ständigen Mitglieder (USA, Sowjetunion, Volksrepublik China, Großbritannien und Frankreich) haben das Vetorecht, mit dem jedes einzelne Mitglied eine Ratsentscheidung blockieren kann. Neben den ständigen Mitgliedern gibt es 10 nichtständige, von der Generalversammlung mit Zweidrittelmehrheit für zwei Jahre gewählt. In Fällen des Friedensbruches und der Aggression hat der Sicherheitsrat zwingende Anordnungsbefugnis, ansonsten gibt er Empfehlungen. Die Verfassung der UN, die Charta, sieht die Möglichkeit des Einsatzes einer Friedenstruppe vor, sofern einzelne Mitgliedstaaten hierfür freiwillig Truppen zur Verfügung stellen.
Der von der Generalversammlung für die Dauer von 5 Jahren gewählte **Generalsekretär** leitet die Sitzungen.
Bei Rechtsstreitigkeiten zwischen Mitgliedsstaaten kann der **Internationale Gerichtshof** in Den Haag angerufen werden. Dieser besteht aus 15 hauptamtlichen Richtern, die auf 9 Jahre von der Generalversammlung und dem Sicherheitsrat gewählt werden.
Daneben gibt es noch zahlreiche Sonder- und Unterorganisationen der UN, die ihren Sitz in europäischen, asiatischen und afrikanischen Weltstädten haben. – Die UN lösten den ▶ Völkerbund ab und basieren auf der Atlantik-Charta, die vor allem von ▶ Churchill vorangetrieben wurde.

Versailler Vertrag Zusammen mit den anderen ▶ Vorortfriedensschlüssen sollte der Versailler Vertrag nach dem 1. Weltkrieg als Grundlage einer Neuordnung Europas dienen. Der Vertragstext wurde während der Pariser Friedenskonferenz, die am 18. 1. 1919 eröffnet wurde, ohne deutsche Vertretung zwischen den Siegermächten ausgehandelt. Ursprünglich sollten die ▶ Vierzehn Punkte des amerikanischen Präsidenten Wilson übernommen werden und den Friedenscharakter des Vertrages herausstellen, doch wurden deren Inhalte durch nationale Interessen, insbesondere dem Sicherheitsbedürfnis Frankreichs, unterlaufen. Auch hatten sich die übrigen Alliierten bereits während des Krieges in Geheimverträgen über einige Fragen geeinigt.
Anders als alle anderen Friedensschlüsse vorher, sollte der in nicht weniger als 440 Artikel gegliederte Vertrag nicht nur die aktuellen Probleme regeln; man versuchte vielmehr, alle nur denkbaren Streitpunkte auf Kosten Deutschlands zu bereinigen. Für die weitere Entwicklung besonders wichtig wurden die umfangreichen Gebietsabtretungen an Polen (Posen, Teile Westpreußens als *Korridor*, Teile Oberschlesiens) und Frankreich (das seit 1871 zum Deutschen Reich gehörende Elsaß-Lothringen), die neben 13% des deutschen Staatsgebietes auch alle deutschen Kolonien betrafen. Danzig wurde freie Stadt, das Rheinland durch alliierte Truppen besetzt, der Anschluß Österreichs ans Reich verboten. Die deutsche Armee wurde auf ein Berufsheer von 100000 Mann ohne Flugzeuge, Panzer und Generalstab beschränkt, wozu noch eine kleine Flotte kam. Artikel 231 schrieb die Kriegsschuld allein Deutschland zu. Dies diente als Begründung für die geforderten ▶ Reparationen. Der Vertrag enthielt auch die Satzung des Völkerbundes, dem das besiegte Reich zunächst nicht beitreten durfte.
Der Versailler Frieden wurde teilweise selbst in Großbritannien und den USA als ungerechtes Diktat empfunden und löste in

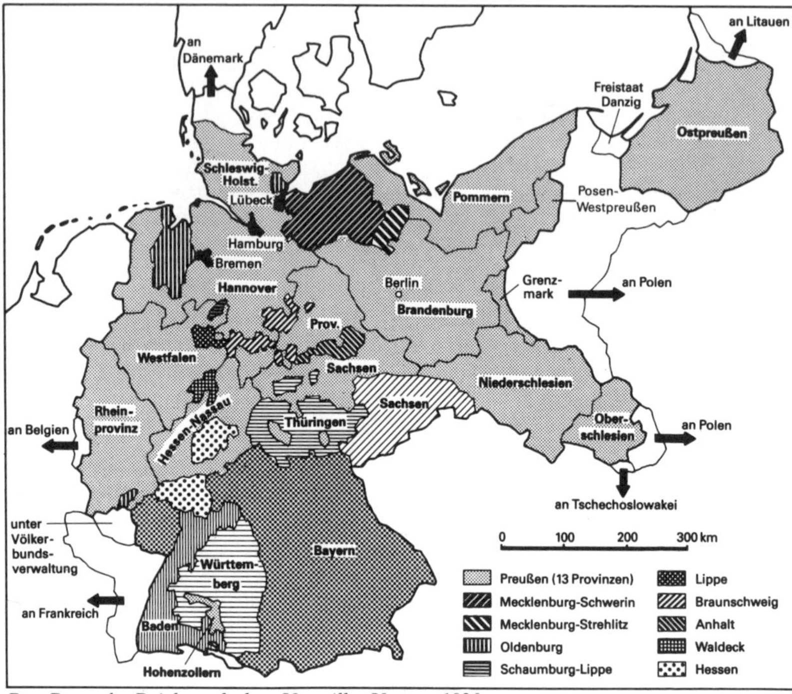

Das Deutsche Reich nach dem Versailler Vertrag 1920

Deutschland große Erbitterung aus. Die Unterzeichnung, die Deutschland nach einem alliierten Ultimatum am 28. 6. 1919 schließlich vollzog, geschah unter Protest. Die Reparationen entwickelten sich zum zentralen politischen Problem der zwanziger Jahre, das einen wirklichen Ausgleich zwischen Deutschland und den Siegern immer wieder verhinderte. In den Vereinigten Staaten scheiterte die Ratifizierung des Vertrages am Widerstand des Kongresses. Dort befürchtete man, durch den damit verbundenen Beitritt zum Völkerbund könnten die USA dauerhaft in europäische und koloniale Streitigkeiten verwickelt werden. Der daraufhin am 24. 8. 1921 mit Deutschland geschlossene separate Frieden sicherte den USA aber alle ihre im Versailler Vertrag enthaltenen Rechte.

Victoria (1819–1901) wurde 1837 Königin von Großbritannien. Ihr Regierungsantritt beendete die Personalunion zwischen Hannover und Großbritannien, da in Hannover die weibliche Thronfolge nicht vorgesehen war. Während ihrer langen Herrschaft festigte sich die führende Position ihres Landes als Welt- und Wirtschaftsmacht so, daß man von einem **viktorianischen Zeitalter** spricht. Ihre vornehme, würdige Haltung verschaffte der *Queen* nicht nur Popularität, sondern verlieh ihrer

Stimme auch politisches Gewicht in einem Staat, dessen Regierung vom Parlament kontrolliert wurde. Am 1. Januar 1877 nahm sie den Titel *Kaiserin von Indien* an, wodurch die Krone zu einem wichtigen Bindeglied innerhalb des britischen Empires aufgewertet wurde.

Vierzehn Punkte Um den in den 1. Weltkrieg verwickelten Völkern einen annehmbaren Frieden zu ermöglichen, legte der amerikanische Präsident **Thomas Woodrow Wilson** im Januar 1918 dem Senat ein Vierzehn Punkte-Programm vor. Darin forderte er: Abschaffung der Geheimdiplomatie, Freiheit des Handels und der Meere, Rüstungsbeschränkungen, die Ordnung kolonialer Ansprüche, die Wiederherstellung Belgiens, die Rückgabe Elsaß-Lothringens an Frankreich, eine generelle Neuordnung Europas und der politischen Zugehörigkeit jener unter russischer, österreichischer und türkischer Herrschaft lebenden Völker unter Anwendung des Selbstbestimmungsrechts, die Errichtung eines selbständigen Polens mit einem Zugang zur Ostsee, die Wiederherstellung Rumäniens, Montenegros und Serbiens sowie einen Völkerbund, der die Unversehrtheit aller Staaten gewährleisten sollte.

Vietnamkrieg Der Konflikt in Vietnam läßt sich in zwei Hauptphasen einteilen (1946–54, 1965–73). In der ersten Phase, dem ▶ Indochinakrieg, erzwang das kommunistische Nordvietnam mit Unterstützung Chinas den Abzug der Kolonialmacht Frankreich, die nach jahrelangen Kämpfen 1954 die Konsequenzen aus der vernichtenden Niederlage bei **Dien Bien Phu** zog. In Südvietnam stützten die USA in den folgenden Jahren den diktatorischen Präsidenten **Ngo Dinh Diem**, der jedoch die 1954 vereinbarten freien Wahlen für ganz Vietnam nicht durchführen ließ, da er dem Norden mißtraute. Seit 1960 kam es

Ein buddhistischer Mönch verbrennt sich aus Protest gegen den Krieg in Vietnam.

daher zu einem Guerillakampf der kommunistischen Freiheitsbewegung **Vietcong**, der sich zu einem Krieg zwischen Nord- und Südvietnam ausweitete.
Während der Ostblock den Norden unterstützte, leisteten die USA unter Präsident **Kennedy** seit 1961 militärische Hilfe für den Süden und verwickelten damit das Land in den Konflikt. Mit Wissen der USA wurde Diem 1963 gestürzt, doch die Erfolge des Vietcong nahmen so stark zu, daß die US-Armee durch systematische Bombardierung Nordvietnams (1965–68, 1970–73) eine Entscheidung erzwingen wollten. Trotz furchtbarer Verwüstungen wurde der Widerstand nicht gebrochen, die Vietcong starteten 1968 die **Tet-Offensive** und bauten damit ihre Stellungen aus. Von nun an traten die USA für eine Vietnamisierung des Krieges ein und wollten ihre Truppen so schnell wie möglich zurückziehen. Grund hierfür war nicht zuletzt die immer schärfer werdende internationale Kritik an den USA und die Protestaktionen im eigenen Land. Nach vierjährigen Verhandlungen in Paris kam es 1973 zum Waffenstillstand. Das nach dem Abzug der Amerikaner zusammengebrochene Südvietnam wurde vom Norden besetzt und 1975 mit der Volksrepublik Vietnam vereinigt. Die

USA brauchten Jahre, um die Niederlage zu verarbeiten und ihr Ansehen als westliche Führungsmacht wiederzugewinnen.

Vitalienbrüder Ursprünglich waren die Vitalienbrüder kühne Freibeuter, die während des Krieges zwischen König Albrecht von Schweden und Königin Margarete von Dänemark Ende des 14. Jh.s, Stockholm jahrelang von der See aus mit lebensnotwendigen Gütern (Viktualien, Vitalien) versorgten. Allmählich aber wandten sie sich nur noch der Seeräuberei zu und waren als ▶ Piraten in der Ost- und der Nordsee gleichermaßen geachtet und gefürchtet. Da sie ihre Beute stets gleichmäßig unter alle aufteilten, nannte man sie auch **Likedeeler** (Gleichteiler). Als sie 1394 die Insel Gotland eroberten, schlossen sich der Deutsche Orden, Dänemark und die Hanse gegen sie zusammen. Den Hamburgern gelang 1402 bei Helgoland ein entscheidender Sieg. Sie nahmen **Klaus Störtebecker**, einen der kühnsten Anführer, gefangen und ließen ihn hinrichten. Trotzdem hielten sich die Vitalienbrüder noch bis zur Mitte des 15. Jh.s.

Völkerbund Die internationale Organisation bestand von 1920 bis 1946 und war bereits 1918 vom US-Präsidenten Wilson vorgeschlagen worden. Zweck dieser Institution sollte es sein, den Frieden der Völker zu gewährleisten und ihre Zusammenarbeit zu fördern. Die 26 Artikel der Völkerbundsatzung waren Bestandteil aller nach 1918 zwischen den am 1. Weltkrieg beteiligten Staaten geschlossenen Friedensverträgen. Die Mitgliederzahl schwankte, da zu den ursprünglich 45 Völkerbundstaaten weitere 21 hinzukamen, bis 1942 aber wiederum 20 austraten. Deutschland gehörte dem Völkerbund in den Jahren 1926 bis 1933 an.

Sitz der Organisation war Genf, wo jährlich die **Bundesversammlung** tagte. Dem **Völkerbundrat** gehörten die europäischen Hauptmächte an, ferner (bis 1933) Japan, dazu 9 nichtselbständige Mitglieder auf jeweils 3 Jahre. Die Leitung des Sekretariats lag in den Händen eines **Generalsekretärs**. Zu den Sonderaufgaben des Völkerbundes zählten u. a. die Verwaltung von Kolonien und Territorien, die sich noch nicht selbst verwalten konnten, ferner der Flüchtlingsschutz und die Bekämpfung der Sklaverei. Für Streitfragen war seit 1920 der **Ständige Internationale Gerichtshof** zuständig mit 15 von den Organen des Völkerbundes für die Dauer von 9 Jahren gewählten Richtern. Die Rechtsnachfolge dieses Gerichtshofes trat nach der Auflösung 1945 der Internationale Gerichtshof an, eines der 6 Hauptorgane der ▶ Vereinten Nationen. Die Bedeutung des Völkerbundes auf humanitärem Gebiet ist unbestritten. Hingegen war er nicht imstande, den internationalen Frieden oder die territoriale Integrität der Mitgliedsländer zu bewahren. Dies gilt vor allem für die japanische Invasion in China 1931, für den Einfall Italiens 1936 in Äthiopien, für die Zerschlagung der Tschechoslowakei durch Hitler (1938/39). Politisch ohnmächtig erwies sich der Völkerbund beim Beginn des 2. Weltkriegs.

Völkerschlacht bei Leipzig Vom 16.–19. 10. 1813 fiel bei Leipzig die Entscheidung der Befreiungskriege gegen Napoleon. Die Schlacht erhielt ihren Namen wegen der Masse der beteiligten Truppen aus fast ganz Europa (ca. 500000 Mann). Sie endete mit einer Niederlage Napoleons, dessen sächsische und württembergische Einheiten auf dem Schlachtfeld die Seiten wechselten, was die Überlegenheit der verbündeten Armeen noch verstärkte. Die Folgen waren der Rückzug der Franzosen, der Abfall ihrer deutschen Verbündeten und die Auflösung des Rheinbundes. Napoleon lehnte aber weiterhin alle Friedensangebote ab.

Völkerwanderung Zu allen Zeiten wanderten Stämme und Völker in neue Wohngebiete. Die einen wurden von der Aussicht auf Beute getrieben, andere mußten dem Druck stärkerer Nachbarn weichen, und wieder andere machten sich auf die Suche nach besserem Acker- oder Weideland. Auch Europa erlebte viele solcher Wanderungen, von denen manche das Gesicht des Kontinents formten. Die größten dieser Völkerwellen waren die beiden **Indoeuropäischen Wanderungen** um 2000 und um 1200 v. Chr. Sie schufen die Grundlagen des antiken Griechenland, des Römischen Reiches und der frühen germanischen Stämme.

Im engeren Sinne meint Völkerwanderung jene Zeit, in der germanische Völker in Bewegung kamen. **Kimbern** und **Teutonen** zogen im 1. Jh. v. Chr. nach Naturkatastrophen, auf der Suche nach Land aus ihren alten Wohnsitzen zwischen Jütland und der Elbmündung durch Deutschland, Frankreich und Oberitalien und konnten von den Römern nur mit Mühe bei **Aquae Sextiae** in Südfrankreich und **Vercellae** in Oberitalien abgewehrt werden. Im 1. Jh. n. Chr. wanderten **Markomannen** und **Quaden** unter dem Druck Roms von Rhein und Main ab und siedelten sich in Böhmen und Mähren an. Im 2. Jh. wanderten ▶ Goten von der Ostsee in die Steppen Südrußlands, und die Markomannen versuchten, in das Römische Reich einzubrechen, konnten aber abgewehrt werden. 269 nahm das Byzantinische Reich die Westgoten als Bundesgenossen auf. Sie zogen über Italien nach Südfrankreich, von wo aus sie Spanien eroberten. 375 begann der Angriff der ▶ Hunnen auf unseren Kontinent, und unter ihrem Druck zogen Germanen aus Osteuropa und dem Balkan nach Süden und Westen. Der größte dieser Stämme waren die Ostgoten. 454 wanderten sie aus Südrußland ab, wurden von Byzanz als Bundesgenossen auf-

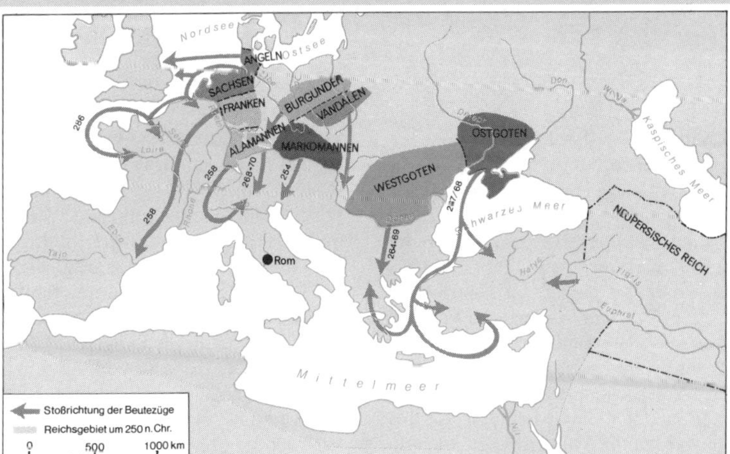

Europa während der Völkerwanderung

genommen und siedelten sich 489 unter Führung ▶ Theoderichs in Italien an. Um 260 überrannten Westgermanen den Limes, und **Alemannen** siedelten sich im heutigen Südwestdeutschland an, während die ▶ Franken zwischen dem 3. und 5. Jh. über den Rhein nach Gallien drängten und die ▶ Wandalen unter Geiserich im 5. Jh. bis nach Nordafrika zogen.
Nicht nur der Druck der Hunnen hat die Germanen in Bewegung gebracht, sondern auch die kulturelle Anziehungskraft Roms und sein hoher wirtschaftlicher Stand. Rom war für viele Germanen „kein Feind, sondern eine Karriere". (de Coulanges). Der Cheruskerfürst **Arminius**, der als Führer eines Stämmebündnisses den Römern 9 n. Chr. die Niederlage im Teutoburger Wald beibrachte, hatte lange als Offizier im römischen Heer gedient. Rom hat die Germanen einzeln oder in ganzen Völkerschaften als Söldner eingesetzt, viele haben in Militär und Verwaltung Karriere gemacht, und schließlich war das ganze Weströmische Reich von Germanen durchsetzt. Sie wollten das Imperium nicht zerstören, sondern sie suchten bei ihm Schutz und sozialen Aufstieg. Wo sie als Eroberer kamen, weil ihnen die friedliche Einwanderung verwehrt wurde, haben oft nicht Römer, sondern andere Germanen den Widerstand organisiert. Auch die Eroberer haben stets danach getrachtet, sich in die Ordnung der römischen Welt einzufügen. Die auf dem Boden des Weströmischen Reiches entstehenden germanischen **Volkskönigreiche** haben immer die formale Oberhoheit des Kaisers in Byzanz anerkannt. Die Einwanderer konnten ihre Identität auch nicht lange bewahren, sondern wurden schnell romanisiert, da sie zahlenmäßig schwach und kulturell den Römern unterlegen waren. Nur nördlich der Alpen haben sie eigenes Volkstum bewahrt und dauerhafte Staaten gegründet. Im Mittelmeerraum fielen sie, mit Ausnahme des Westgotenreiches in Spanien, dem Wiedererstarken des Byzantinischen Reiches unter **Justinian I.** (527–565) zum Opfer.

Volkstribun In den Kriegen gegen **Latiner** und ▶ Samniter mußte das römische Volk schwere Lasten tragen, die politischen Rechte lagen aber alleine beim Adel. In den **Ständekämpfen** setzten die **Plebejer** Mitbestimmungsrechte durch, und 494 v. Chr. wurde das Amt der Volkstribunen geschaffen. Dies waren zehn vom Volk auf ein Jahr gewählte Beamte, die ein Vetorecht gegen Entscheidungen des Senats hatten, Volksabstimmungen veranlassen konnten und Immunität besaßen. Ab 149 v. Chr. wurden die Volkstribunen nach ihrer Amtszeit Senatoren. Seit Augustus war das Volkstribunat Teil der kaiserlichen Befugnisse.

Vorgeschichte Sie begann vor etwa 600000 Jahren und zeigt den frühen Menschen als ein Wesen, das den Gebrauch des Feuers kannte, erste einfache Werkzeuge und Waffen herstellte, Unterkünfte baute und vermutlich bereits sprechen konnte. Eine schriftliche Überlieferung fehlt, aber Funde und Ausgrabungen ermöglichen Aussagen über die Siedlungsräume, die Arbeits- und Lebensweise und die religiösen Vorstellungen dieser Menschen. Erst mit der Erfindung der Schrift im Alten Orient nach 3000 v. Chr. kann man von *Geschichte* im eigentlichen Sinn sprechen. Forscher teilen die europäische Vorgeschichte nach den Materialien ein, aus denen die Men-

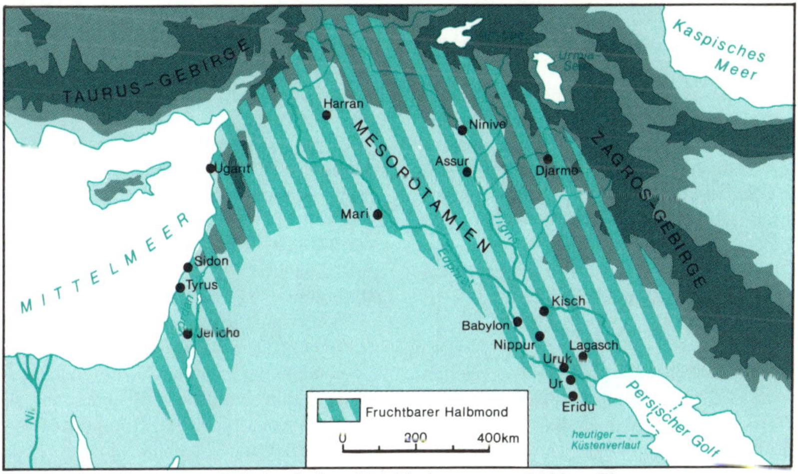

Der Vordere Orient zur Zeit der frühen Hochkulturen, um 3000 v. Chr.

schen ihre Werkzeuge überwiegend herstellten: **Altsteinzeit** (**Paläolitikum**) – etwa 600000 bis etwa 8000 – , **Mittlere Steinzeit** (**Mesolithikum**, **Jüngere Steinzeit** (**Neolithikum**) – in Deutschland etwa 5000 bis 1800 – , ▶ Bronzezeit (etwa 1800–800) und ▶ Eisenzeit (seit etwa 800 v. Chr.).

Die Anfänge der Menschheit reichen aber weiter zurück. Früheste Spuren menschenähnlicher Wesen fand man in Ostafrika (etwa 5,5 Mio Jahre). Der wichtigste Entwicklungsschritt war der aufrechte Gang, denn dadurch wurden die Hände frei und konnten sich zu einem vielseitigen *Werkzeug* entwickeln. Funde für diesen Homo erectus (aufrechtgehenden Menschen) stammen aus Afrika, Asien (Peking und Java) und Europa (Fund von Mauer bei Heidelberg). Sie umfassen den Zeitraum von 1,5 Mio. bis 0,5 Mio. Jahre. Am Ende dieser Entwicklung dürfte der Homo sapiens (vernunftbegabte Mensch) stehen, dem auch wir uns zurechnen. Er tritt vor etwa 35000 Jahren in Europa im ▶ Cro-Magnon auf. In der Altsteinzeit lebten die Menschen als Jäger und Sammler in Familien, Sippen und Horden. Höhlen und Zelte aus Zweigen und Fellen dienten als Unterschlupf. Der aus Feuerstein gefertigte Faustkeil war ein vielseitig verwendbares Werkzeug und die wichtigste Waffe. Daneben benutzte man Geräte aus Knochen und Holz. Seit etwa 30000 traten die Großwildjäger auf. Sie richteten den Hund zu ihrem Begleiter ab und jagten Mammut, Wildpferd, Moschusochse und Rentier, die bereits mit Pfeil und Bogen erlegt wurden. Die ▶ Höhlenmalerei hat die künstlerischen Fähigkeiten und das religiöse Denken dieser ganz auf die Jagd eingestellten Menschen überliefert.

Vor etwa 10000 Jahren änderten sich die Umweltbedingungen. Mit der nacheiszeitlichen Erwärmung zog sich das bisherige Jagdwild in die kälteren Gegenden im Norden zurück. Viele Tiere, z. B. das Mammut, starben aus. In den eisfreien Gebieten breiteten sich Wälder mit einer Tierwelt aus, die der heutigen ähnlich ist.

Der Schritt zur Seßhaftigkeit erfolgte wahrscheinlich zuerst in Kleinasien, Mesopotamien und Syrien; Jericho im Jordantal war bereits um 7000 v. Chr. mit einer Mauer geschützt. Die Menschen Vorderasiens lernten, die Körner von wild wachsenden Getreidearten nicht nur zu sammeln, sondern auch als Samen auf vorbereitetem Boden auszustreuen. Man erfand den Pflug und verwendete das Rind als Zugtier; Hund, Ziege, Rind, Pferd, Schaf und Schwein wurden Haustiere. Aus den Jägern und Sammlern der Jungsteinzeit waren Ackerbauer und Viehzüchter geworden.

Vorortfriedensschlüsse Neben dem Frieden mit Deutschland im Versailler Vertrag legte die Pariser Konferenz auch die Friedensbedingungen für die anderen ehemaligen Mittelmächte des 1. Weltkrieges fest. In den ebenfalls in Pariser Vororten geschlossenen Friedensschlüssen wurden die Verhältnisse auf dem Balkan und im Nahen Osten neu geordnet. Im einzelnen waren das der Vertrag von **Saint-Germain-en-Laye** mit Österreich (10. 9. 1919), der Vertrag von **Neuilly** mit Bulgarien (27. 11. 1919), der Vertrag von **Trianon** mit Ungarn (4. 11. 1920) und der Frieden von **Sèvres** mit der Türkei (10. 8. 1920). Die Alliierten sahen in Österreich und Ungarn Nachfolgestaaten der Donaumonarchie, während man die übrigen Völker des ehemaligen Habsburger Reiches zu den Siegern zählte. Die Bedingungen des Friedens von Sèvres konnten letztendlich nicht durchgesetzt werden, da die türkischen Nationalisten um ▶ Atatürk Widerstand gegen die Gebietsabtretungen leisteten.

Vorsokratiker Im 7. Jh. v. Chr. lösten sich frühe griechische Philosophen von der Mythologie, begannen über die Welt nachzudenken und die Antwort auf alle Fragen in der stofflichen Zusammensetzung des Universums zu suchen. Sie kamen dabei durch Denken und Naturbeobachtung zu erstaunlichen Ergebnissen. So lehrte **Thales von Milet** (um 624–546 v. Chr.), die Erde schwebe frei im All, einst habe das Meer die ganze Welt bedeckt, und alles Leben stamme aus dem Wasser. Wir unterscheiden nach ihren Lehrmeinungen die **Frühen Naturphilosophen** (Schule von Milet), die **Pythagoreer** (▶ Pythagoras) und die **Jüngeren Naturphilosophen**. Sie alle werden, grob vereinfachend, als Vorsokratiker bezeichnet. Dies geht von der antiken These aus, ▶ Sokrates habe durch das Einbringen ethischer Fragen in die Philosophie einen grundlegend neuen Abschnitt eingeleitet.

W

Währungsreform Nach 1945 gab es in Deutschland mehr Geld als Güter. Da viele Preise nicht erhöht werden durften, bot niemand seine Waren zum Kauf an, sondern tauschte sie auf dem Schwarzmarkt ein. Erst die am 20. 6. 1948 von den Westmächten angeordnete Währungsreform beseitigte den Geldüberhang, indem sie Sparguthaben und Bargeld weitgehend entwertete. Von der neuen Währung, der Deutschen Mark, erhielten alle Bürger ein Kopfgeld von 40 DM. Die Währungsreform teilte Deutschland auch wirtschaftlich und bot der UdSSR den Anlaß für die Blockade Berlins, sie ermöglichte aber auch das *Wirtschaftswunder* der 50er Jahre in der Bundesrepublik.

Waldenser Nachdem er seine Familie versorgt hatte, verschenkte der reiche Kaufmann **Petrus Waldes** aus Lyon seinen Besitz, ließ die Heilige Schrift ins Provençalische übersetzen und predigte Buße und „apostolische Armut" in der Nachfolge der Apostel. Als seine Anhänger außer der *Sittenpredigt* auch die *Glaubenspredigt* übernahmen, also auch Glaubenssätze auslegten, was nur der Kirchenleitung zustand, kamen sie 1184 als Ketzer in den Kirchenbann. Unter dem Einfluß der ▶ Katharer und der wörtlichen Auslegung der Bergpredigt lehnten die Waldenser die kirchliche Reliquienverehrung, Ablaß, Eid, Zehnt, Kriegsdienst und die Todesstrafe ab.
Zunächst fanden sie Anhänger unter den **Humiliaten**, die sich mit ihnen zu den **Armen Lombarden** Oberitaliens zusammenschlossen. Auch in Deutschland, Böhmen, Polen, Ungarn, der Schweiz und Unteritalien verbreitete sich die Lehre der Waldenser. Die meisten erlagen der Verfolgung durch die Inquisition. Einige Gemeinden hielten sich in den Tälern Savoyens und Piemonts, die sich später mehrheitlich dem Kalvinismus anschlossen.

Wallenstein (1583–1634) Albrecht Wenzel Eusebius v. Waldstein, bei Schiller Wallenstein genannt, stammte aus einem in Böhmen und Mähren weit verbreiteten Geschlecht. Er trat 1601 zum Katholizismus über, nahm 1604 kaiserliche Dienste an und wurde 1609 durch Heirat reich. 1618/19 im Böhmischen Aufstand der protestantischen Stände gegen die katholischen Habsburger, der den Dreißigjährigen Krieg auslöste, blieb er kaisertreu, zeichnete sich als Offizier aus, avancierte 1620 zum Militärkommandanten in Nordböhmen, wurde 1621 Mitglied des Hofkriegsrates und 1622 Mitglied der böhmischen Landesregierung. Eine zweite Heriat 1623 brachte ihn dem Hof nahe, 1624 erhob ihn Ferdinand II. in den Reichsfürstenstand (Herzog von Friedland 1625, Fürst von Sagan 1627, Herzog von Mecklenburg 1627). Ab 1625 stellte er dem Kaiser auf eigene Kosten ein Söldnerheer, wurde auch Befehlshaber der kaiserlichen Truppen und bestritt den Unterhalt zum Teil durch erzwungene Zahlungen der besetzten Gebiete. 1626 schlug er die Protestanten unter dem Herzog **von Mansfeld** bei Dessau, vertrieb 1627 die Dänen aus Norddeutschland und wurde nach dem **Frieden von Lübeck** (1629) entlassen. In den Augen der Reichsstände hatten die Siege Wallenstein zu mächtig werden lassen, so daß sie die Absetzung Wallensteins durchsetzten. Doch nach den Siegen der Schweden übernahm er 1632 wieder das Kommando, schlug Gustav II. Adolf bei **Lützen** (1632), wurde geheimer Abmachungen mit den Schweden und der Absicht eines Staatsstreichs verdächtigt und deshalb in Eger ermordet.

Wandalen Teilstämme der Wandalen, **Asdingen** und **Silingen**, waren zunächst in Schlesien und Westpolen ansässig. Um 400 zogen sie mit **Sweben** und einem Teil der **Alanen** westwärts und durch Gallien auf die Pyrenäenhalbinsel, wo sie 411 als römische Bundesgenossen aufgenommen wurden. Durchs Los erhielten Asdingen und Sweben Galicien, die Silingen den Westen Andalusiens. 428 führte König **Geiserich** etwa 80 000 Wandalen nach Nordafrika und siedelte sie um das 439 eroberte Karthago (Tunis) an. Mit ihrer Flotte beherrschten sie das westliche Mittelmeer und plünderten 455 Rom. **Belisar** besiegte 534 die Wandalen und ließ die Überlebenden aus Nordafrika vertreiben.

Das Wappen Berlins von 1875

Wappen Bereits die althochdeutsche Wortherkunft *Wapen = wafen* verweist auf den Zusammenhang von Wappen und Waffen. Um die in geschlossener Rüstung im Krieg oder im Turnier Kämpfenden erkennen und unterscheiden zu können, wurden seit dem 12. Jh. Schildzeichen eingeführt, aus denen sich der wappenmäßige Schmuck entwickelte. Ursprünglich führten nur Adlige ein Wappen, doch im 14. Jh. zeigten selbst die Bauern Wappen. Fast gleichzeitig mit der Einführung von Wappen als Erkennungszeichen auf den Waffen tauchten sie auch auf den Siegeln auf, mit denen Urkunden bekräftigt wurden. Auch hier waren sie ursprünglich allein dem Adel vorbehalten, jedoch siegelten seit dem 13. Jh. auch Städte und Bürger mit Wappensiegeln.

Ursprünglich bestanden Wappen nur aus einem Schild mit Schildumrandung und **Schildfigur** bzw. -bild. Dieses sollte mindestens zwei Farben zeigen, ein Metall (Gold oder Silber) und eine Farbe (z. B. Rot, Blau, Purpur usw.) Die Schildfigur ergab sich dann aus der Teilung in Metall und Farbe z. B. in Form einer Raute oder aus Figuren und Symbolen, die frei im Schild stehen. Auf dem Schild sitzt der Helm mit Wulst und Helmkrone, mit ihm fest verbunden ist die **Helmzier**.

Aus der Notwendigkeit, die Wappen nach bestimmten Regeln festzulegen, entwickelte sich die **Heraldik** (von Herold = seit dem 13. Jh. der Betreuer der Turniere und des Wappenwesens). Sie umfaßt die Wappenkunst, d. h. das Gestalten der Wappen, die Wappenkunde, die genaue Kenntnis des Wappenwesens, und das Wappenrecht, die Rechtsgrundlage der Wappenführung; sie wird heute noch gepflegt.

Warschauer Aufstand Auch nach der Konferenz von Teheran weigerte sich die polnische Exilregierung, die von der UdSSR geforderte Westverschiebung Polens zu akzeptieren. Stalin begann deshalb, nachdem die Rote Armee Ende Juli 1944 die Weichsel erreicht hatte, mit dem Aufbau einer kommunistischen Verwaltung, des **Lubliner Komitees**, in Polen selbst. Die Exilregierung, die zumindest Warschau selbst befreien wollte, ordnete daraufhin den Aufstand ihrer im Untergrund operierenden „Heimatarmee“ gegen die deutschen Besatzer an, der am 2. 8. begann. Da die Rote Armee die Erhebung nicht unterstützte, wurde diese endgültig am 2. 10. durch SS-Einheiten niedergeschlagen.

Auch die Erhebung weniger bewaffneter jüdischer Untergrundkämpfer im Warschauer Getto am 18. April 1943 wird als Warschauer Aufstand bezeichnet. Ausgelöst wurde der Aufstand, als die SS beginnen wollte, das Getto zu räumen und die Transporte in die Vernichtungslager forcierte. Der verzweifelte Widerstand zögerte die Auflösung des Gettos um einen Monat hinaus (s. Foto S. 187).

Warschauer Pakt Nach dem Beitritt der Bundesrepublik Deutschland zur Nato wurde 1955 der Warschauer Pakt als Militärbündnis des Ostblocks gegründet. Unter Führung der UdSSR verpflichteten sich die Mitgliedstaaten (Bulgarien, DDR, Polen, Rumänien, CSSR, Ungarn, UdSSR) zu gegenseitiger Hilfe im Verteidigungsfall. Das vereinigte Oberkommando hat seinen Sitz in Moskau und wird stets von einem Sowjetmarschall geführt. Die Staaten können nach Ablauf des Paktes, der 1985 um 20 Jahre verlängert wurde, austreten.
Die Zugehörigkeit zum Warschauer Pakt bedeutete bis 1989, daß die Sowjetunion durch Truppenstationierung und politische Einflußnahme die Mitgliedstaaten in Abhängigkeit halten konnte. Die Niederschlagung des ▶ Ungarnaufstandes 1956 und die gewaltsame Beendigung des ▶ Prager Frühlings 1968 zeigten, daß der Pakt auch als Instrument der Disziplinierung eingesetzt wurde. Inzwischen wurden diese Interventionen als ungesetzliche Einmischungen verworfen. Das Militärbündnis hat 1991 seine Auflösung beschlossen, ausgelöst durch die politischen Veränderungen in Osteuropa.

Wartburgfest Als die Jenaer Burschenschaft zu einem Treffen aufrief, kamen am 18. 10. 1817 fast 500 Delegierte von 12 deutschen Universitäten zur Wartburg bei Eisenach, um des Reformationsjahres 1517 und der Völkerschlacht bei Leizpig 1813 zu gedenken. Reaktionäre Bücher und Symbole (Zopf, Korporalstock) wurden verbrannt und die *Grundsätze und Beschlüsse des 18. Oktober* vorgetragen (s. auch Abb. S. 65). Gefordert wurden die staatliche, rechtliche, wirtschaftliche und kirchliche Einheit Deutschlands, eine verfassungsgebundene Erbmonarchie, Gleichheit vor dem Gesetz, öffentliche Rechtsverfahren, Geschworenengerichte, Rede- und Pressefreiheit sowie die allgemeine Wehrpflicht.

George Washington, Stahlstich von Gilbert Stuart um 1850

Washington, George (1732–99) war der erste Präsident der Vereinigten Staaten. Als der ▶ amerikanische Unabhängigkeitskrieg ausbrach, war der wohlhabende Gutsbesitzer aus Mount Vernon der Delegierte Virginias auf dem 2. Kontinentalkongreß. Er hatte sich als Kommandeur in den Grenzkämpfen gegen Franzosen und Indianer bewährt, 1775 stieg er nun zum Oberbefehlshaber der amerikanischen Truppen auf, die er durch seine moralische Autorität zu einer disziplinierten, opferbereiten Armee formte. Der große militärische Triumpf blieb Washington verwehrt, aber nach seinem Sieg vor **Saratoga** (1777) trat Frankreich in den Krieg gegen England ein. Washingtons Truppen erzwangen den Rückzug der Engländer und den Pariser Friedensschluß von 1783. Der General wurde Präsident der Verfassungsgebenden Versammlung und einstimmig zum ersten Präsidenten der USA (1789–97) gewählt. Im Frieden wie im Krieg bewährte sich Washington als ein untadeliger, die Massen mitreißender Führer. Der noch ungefestigte Bundesstaat gewann durch sein persönliches Ansehen die notwendige Anerkennung. Washington wird deshalb von seinen Landsleuten als Schöpfer der Nation verehrt; die Bundeshauptstadt *Washington D.C.* trägt seinen Namen.

Watergate-Affäre Während des Wahlkampfes, der mit der Wiederwahl des republikanischen Präsidenten **Richard Nixon** endete, wurde am 17. 6. 1972 ein Einbruch in das im Watergate Hotel in Washington untergebrachte Hauptquartier der Demokratischen Partei entdeckt. Die Ermittlungen ergaben, daß die Hintermänner in Nixons Wahlkampfkomitees zu suchen waren. Weitergehende Recherchen zweier Reporter der „Washington Post" deckten immer mehr Fälle von Korruption innerhalb der Regierung selbst auf. Entscheidend wurden aber die vom Präsidenten ausgehenden Vertuschungsmanöver. Die drohende Amtsenthebung zwang Nixon schließlich am 9. 8. 1974 zum Rücktritt. Die Watergate-Affäre stellte das gesamte politische System und die Verfassung der USA in Frage, da Machtverschiebungen zugunsten der Exekutive das Kontrollsystem der *checks and balances* , der ▶ Gewaltenteilung, offenbar funktionsunfähig gemacht hatten.

Weberaufstand Da sich durch Konkurrenzdruck und ungünstige Zolltarife die Erwerbsbedingungen der schlesischen Weber jahrzehntelang dramatisch verschlechtert hatten, kam es im Juni 1844 in Peterswaldau und Langenbielau (Niederschlesien) zu einer Hungerrevolte, in deren Verlauf etwa 3000 Aufständische Maschinen, Buchführungsunterlagen und Wohnungseinrichtungen von verhaßten Fabrikanten und Verlegern zerstörten. Die Vorgänge erinnerten an die englischen Maschinenstürmer des 18. Jh.s oder an die Seidenweberaufstände in Lyon (1831 und 1834). Die schlesischen Vorgänge ermunterten die preußischen und sächsischen Eisenbahnarbeiter zu Streiks und Demonstrationen gegen unternehmerische Willkür. Durch den Einsatz von Militär wurden in Niederschlesien 11 Menschen getötet, 24 schwer verletzt. Von den zahlreichen Verhafteten wurden 80 zu Zuchthaus- und Festungshaftstrafen verurteilt.

Weihrauchstraße Der aus einem Pflanzenharz gewonnene **Weihrauch** diente schon im Alten Orient als beliebtes Räuchermittel und Opfergabe für die Götter. Die Ägypter besorgten das kostbare Harz aus ▶ Punt, später wurde es vorwiegend aus dem südlichen Arabien am Golf von Aden bezogen. Von hier ging die Weihrauchstraße nordostwärts zuerst in das Königreich **Saba** und von da in einer Entfernung von 200 Kilometern parallel zum Roten Meer nordwärts bis ▶ Petra im heutigen Jordanien und zu den Mittelmeerhäfen. Die Karawanen transportierten auf ihr außer Weihrauch Myrrhe, Pistazienharz und Safran. Auch die Königin von Saba nutzte diese älteste bekannte Welthandelsstraße bei ihrer Reise zu König Salomo.

Weimarer Republik Die erste deutsche Republik (1919–1933) erhielt ihren Namen nach dem Tagungsort der Nationalversammlung. Im Anschluß an das Deutsche Reich (seit 1871) als die Folge des 1. Weltkrieges (1914–18) durch die erzwungene Abdankung des Kaisers 1918 ein Ende fand, entstand die Weimarer Republik. Nach einer von revolutionären Wirren geprägten Übergangsphase (▶ Novemberrevolution) wählte die in Weimar zusammengetretene Nationalversammlung **Friedrich Ebert** (SPD) am 11. Februar 1919 zum ersten Reichspräsidenten. Damit hatte sich

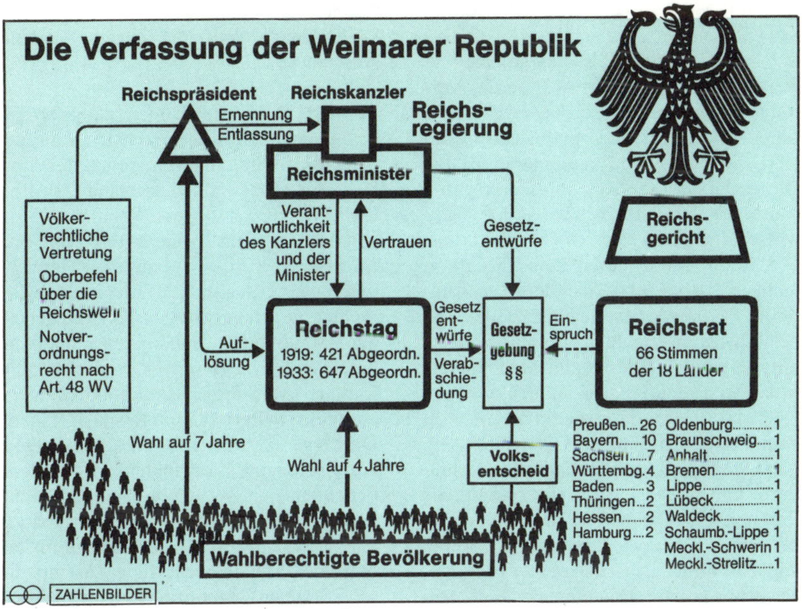

das Modell einer parlamentarischen Demokratie gegenüber einer Rätedemokratie sowjetischen Musters in Deutschland durchgesetzt. Die demokratischen Parteien der sogenannten Weimarer Koalition (SPD, Zentrum, DDP) übernahmen die Verantwortung für den Neuanfang und stellten die erste Regierung. Durch den verlorenen Krieg und seine Folgen war die Republik von Beginn an großen Belastungen ausgesetzt: Millionen Soldaten mußten in den Arbeitsprozeß eingegliedert, die Wirtschaft mußte schrittweise auf Friedensproduktion umgestellt werden, enorme Kriegsschulden, eine rasch steigende Inflation, drückende ▶ Reparationen und Gebietsverluste erschwerten den Neubeginn. Hinzu kam der als Diktat empfundene ▶ Versailler Friedensvertrag, in dem Deutschland die alleinige Kriegsschuld zugesprochen wurde. Radikale von links und rechts nutzten die Enttäuschung über den verlorenen Krieg und die harten Friedensbedingungen, um gegen die Republik zu hetzen (▶ Dolchstoßlegende). Trotz dieser unruhigen Anfangsphase wurde die liberale Weimarer Verfassung verabschiedet, die auch Gegnern der Republik weitgehende Freiheiten einräumte. Als problematisch erwies sich, daß die Demokratie auf den Schutz der **Reichswehr** angewiesen war, die entschieden gegen Aufstände von links vorging, sich gegenüber einer Bedrohung von rechts aber neutral verhielt. Nach dem ▶ Kapp-Putsch 1920, kommunistischen Aufständen 1921–23, dem **Hitler-Putsch** 1923, der ▶ Ruhrkrise und dem Zusammenbruch der Währung 1923 durch die Inflation, hatte die Republik 1924 die ersten Krisenjahre überstanden. Häufig wechselnde Regierungen, Stimmenverluste demokratischer Parteien, Anwachsen antidemokratischer Kräfte (DNVP, KPD), Parteienzersplitterung, politische Morde an führenden Politikern wie **Walter Rathenau** und eine Justiz, die rechtsradikale Gewalt anders beurteilte als linksradikale – all diese Erscheinungen schwächten das Vertrauen in die Republik. Nach der wirtschaftlichen und politischen Stabilisierung ab 1924 durch die neue Rentenmark und den **Dawesplan**, der die Reparationen regelte, wurde die Republik 1929 von der ▶ Weltwirtschaftskrise erneut schwer erschüttert. Die Demokraten hatten keine Mehrheit mehr im Parlament, so daß der Reichspräsident **Präsidialkabinette** einsetzte, die ohne Mehrheiten unabhängig vom Reichstag, mit Billigung des Präsidenten über **Notverordnungen** regierten. Die Wahlen zwischen 1930 und 1933 stärkten die radikalen, antidemokratischen Flügel (KPD, NSDAP). Um eine Präsidentschaft Hitlers zu verhindern, unterstützten SPD und bürgerliche Parteien 1932 Feldmarschall **Hindenburg** bei seiner Wiederwahl. Hindenburg lehnte zunächst Hitler als Kanzler einer Präsidialregierung ab, übertrug ihm aber nach dem Scheitern der Kabinette **Brüning**, **Papen** und **Schleicher** am 30. Januar 1933 die Regierungsverantwortung in einer rechten Koalitionsregierung. Dieser von den Nationalsozialisten als *Machtergreifung* bezeichnete Akt der Machtübertragung führte ab Frühjahr 1933 zur Aushöhlung und Ablösung der Weimarer Republik durch den diktatorischen NS-Führerstaat.

Außenpolitisch war Deutschland nach dem Krieg völlig isoliert und international geächtet. Durch die Verträge von ▶ Rapallo 1922 und Berlin 1925 mit der Sowjetunion gelang eine Öffnung nach Osten. Der **Locarno-Vertrag** 1925 bahnte auch eine Verständigung mit dem Kriegsgegner Frankreich an und legte die Republik auf eine friedliche Revision des Versailler Vertrages fest. Diese in Deutschland von rechts und links kritisierte Politik des Ausgleichs mündete schließlich im Beitritt zum Völkerbund 1926. Treibende Kraft dieser Politik war der Außenminister ▶ Stresemann, der Deutschland wieder zu internationalem Ansehen verhalf.

Welfen Die Welfen kamen bereits 888 in Burgund zur Königsherrschaft, während die schwäbische Linie von Weingarten aus, Besitz in ganz Süddeutschland erwarb. **Welf IV.** (1035–1101),der Sohn **Azzos II.** von Este, begründete die jüngere Linie des Hauses und wurde 1070 mit dem Herzogtum Bayern belehnt. 1125 unterstützten die Welfen die Königswahl **Lothars III.** gegen den staufischen Kandidaten, dehnten durch die Heirat **Heinrichs des Stolzen** mit Lothars Erbin ihren Einfluß auf Sachsen aus und erweiterten ihren Besitz in Italien. Der Gegensatz zu den Staufern wurde 1156 vorübergehend überwunden, was es dem bedeutendsten Welfen ▶ Heinrich dem Löwen (1129–95) erlaubte, im Ostseeraum eine rücksichtslose Expansionspolitik zu betreiben. Der so begünstigte Zusammenschluß seiner Gegner führte schließlich zu Heinrichs Sturz, als ihm in zwei Prozessen alle Reichslehen entzogen wurden. Auch das welfische Kaisertum **Ottos IV.** (1198–1218) blieb nach der Niederlage bei **Bouvines** 1214 ein Zwischenspiel. Von 1692 bis 1866 regierte die welfische Seitenlinie **Calenberg** im Kurfürstentum (nach 1814 Königreich) Hannover, von 1714 bis 1837 auch in Großbritannien.

Welser Das Augsburger Patriziergeschlecht gründete 1498 eine Handelsgesellschaft, an der auch die **Vöhlin** aus Memmingen beteiligt waren. Sie betrieben Waren- und Seehandel sowie Geldgeschäfte und stiegen zu einem der mächtigsten Unternehmen ihrer Zeit auf mit Handelsstützpunkten in allen Teilen der bekannten Welt. Ähnlich wie die ▶ Fugger hatten sie durch die Wahl und die Verbindung zu Karl V. 1519 auch politischen Einfluß. Als Karls Gläubiger erwarben sie 1528/30 in

Südamerika das Kolonisationsrecht an einem Gebiet, das sich in der Breite der Küste Venezuelas nach Süden erstreckte. Feldhauptleute der Welser drangen auf ihren Expeditionen ins Amazonasgebiet und zu den Hochkordilleren vor. Die Welser verloren ihre Kolonie, als Karl V. 1556 abdankte und ihnen das spanische Handelsgebiet gesperrt wurde. 1614 ging das Handelshaus in Konkurs, eine Folge der Staatsbankrotte Frankreichs und Spaniens durch anhaltende Kriege.

Weltbild Darunter verstehen wir heute die Zusammenfassung der Ergebnisse objektivierbaren Wissens zu einer Gesamtsicht der Welt, wie sie vor allem die Naturwissenschaften vermitteln, während wir dem Begriff **Weltanschauung** mehr eine Gesamtauffassung von Wesen und Sinn der Welt und des menschlichen Lebens zuordnen. Die uns bekannt gewordenen ältesten Weltbilder, die den antiken Hochkulturen Babyloniens und Ägyptens entstammen, lassen im Grunde eine solche Unterscheidung nicht zu; sie unterliegen dem **Mythos**, d. h., es sind Erklärungsmodelle zur Weltentstehung und Weltordnung, in denen Götter, Geister und Dämonen eine entscheidende Rolle spielen. Auffallend ist bei den mythischen Weltbildern immer wieder das dreigeteilte Weltschema: Erde – Himmel – Urflut (bzw. Unterwelt). Im Alten Testament erscheint die Erde als Scheibe oder Viereck, von Säulen gestützt und von einer Urflut umspült. Der Himmel gleicht entweder einer über die Erde gestülpten Halbkugel oder einem Viereck, ruht ebenfalls auf Säulen, ist geschichtet und enthält die *Wohnung Gottes*. Unter der Erde befindet sich das Urmeer, das segensreiche Fluten zur Oberfläche schickt, wie es auch die Unterwelt enthält, die später als *Hölle* gedeutet wird.
Die am stärksten von der babylonischen Tradition geprägte Schule des ▶ Pythagoras im 5. Jh. v. Chr. umschreibt den Kosmos präziser als ein wohlgeordnetes System von mathematischer Gesetzmäßigkeit bestimmter Weltprozesse, wo die Wiederkehr gleicher Bewegungen und Positionen göttliche Beseeltheit ahnen läßt. Typisch für die theoretisch-philosophischen Weltbilder der Griechen ist die Verbindung der Seinsprinzipien des menschlichen mit dem kosmischen Bereich. So bestimmt etwa bei ▶ Platon (428/427–347 v. Chr.) der Dualismus Schein/Sein den stufenartig angelegten Kosmos, der von einem göttlichen Weltenlenker den ersten Bewegungsstoß erlangt hat. Stärker naturwissenschaftlich orientiert, aber immer noch zu theoretisch-philosophisch ist das Weltbild des ▶ Aristoteles (384–322 v. Chr.), welches für fast 2000 Jahre bestimmend sein sollte. Im Mittelpunkt seines astronomischen Weltbildes steht die Erdkugel mit ihrer Atmosphäre. Diese ist umschlossen von den vier **Sphären** der reinen Naturelemente Erde, Wasser, Luft und Feuer, denen sich die Sphäre des Äthers, des Mondes, der Sonne und der Planeten Merkur, Venus, Mars und Saturn anschließen. Es folgt die Sphäre der Fixsterne. Abgeschlossen wird das Universum von einer Sphäre, die alle anderen in Bewegung hält. Die Sphären bestehen aus Kristall, an denen die Himmelskörper befestigt sind. Von den Gestirnen unterscheidet sich die Erde dadurch, daß sie unvollkommen und wandelbar ist, während die Himmelskörper göttlichen Geistes und damit vollkommen sind. Eine ähnliche Struktur kennt das astronomische System des **Ptolemäus** (um 90–160 n. Chr.), in dem die Planeten Großkreise um die Erde beschreiben, aber unter-

Das Weltbild des Homer (8. Jh. v. Chr.) zeigt die Erde als runde Scheibe, vom Ozean umflossen (links).
Eine christliche Weltkarte aus dem 13. Jh. (rechts)

schiedliche Geschwindigkeiten aufweisen. Daß ein Weltbild mit der Erde als Mittelpunkt mit jener griechischen Überzeugung zusammenpaßte, daß die Erde Urgrund des Lebens und der Mensch das Maß aller Dinge sei, ließ sich leicht einsehen. Wer im Altertum die Sonne in den Mittelpunkt zu setzen wagte, wie **Aristarch** (gest. 250 v. Chr.), galt als gotteslästerlich.

Mit der Wiederentdeckung griechischen Denkens im Zeitalter der Kreuzzüge begann für die Theologen der mittelalterlichen ▶ Scholastik (**Thomas von Aquin**, ▶ Albertus Magnus) die Aufgabe, antike Weltbilder für die christliche Philosophie fruchtbar zu machen. Offenbar problemlos ließ sich das philosophisch-theoretische Weltbild eines Aristoteles sowohl mit der biblischen Schöpfungsgeschichte als auch mit der Tradition der Kirche in Einklang bringen. Mensch und Welt wurden nun in einen Natur-Geist-Zusammenhang gebracht, der in der Grundidee von der Welt als *Ordo* gipfelte, d. h. einem von Gott geschaffenem sinnvollen Ganzen, in dessen Zentrum der Gottesebenbildlichkeit besitzende Mensch, zwischen Gut und Böse lebend, zugleich an Geistig-Übersinnlichem wie Naturhaft-Sinnlichem gebunden galt.

Als aber mit dem Anbruch der ▶ Renaissance der Mensch auf die Kraft seiner Vernunft und die Fähigkeit selbständigen Sehens zu bauen begann, unterzogen insbesondere die Astronomen alle überlieferten Welt- und Menschenbilder kritischer Prüfung. Jene *Sechs Bücher über die Bewegung der Himmelskörper*, die der Frauenberger Domherr, Arzt und Astronom **Nikolaus Kopernikus** (1473–1543) kurz vor seinem Tode Papst Paul III. gewidmet hat, bedeuteten geradezu eine Revolutionierung des mittelalterlichen Weltbildes. Unter Anlehnung an kritisch reflektierte Beobachtungen und durch antike Überlieferungen angeregt, entschied sich Kopernikus für das **heliozentrische** Weltbild. Nicht mehr die Erde, sondern die Sonne stand jetzt im Zentrum des Weltsystems, in welchem sich die Planeten auf kreisförmigen Bahnen um den Mittelpunkt bewegten. Durch die Rotation der Erde um ihre Achse ließ sich der Wechsel von Tag und Nacht leicht erklären. Nach Kopernikus' Tod setzte die Kirche die *Sechs Bücher* auf die Verbotsliste. Zu ungeheuerlich erschien es, daß die Erde nur als einer der Planeten, und noch dazu an unbedeutender Stelle im Weltall stehen sollte. Störte das nicht die Rangordnung von Gott zu den Menschen? Erst **Johannes Kepler** (1571–1630), von Tycho Brahes präzisen Positionsbestimmungen angeregt, hat die Kreisbahnvorstellungen aufgegeben und den Planeten elliptische Bahnen zugeteilt, in deren einem Brennpunkt die Sonne steht. Geistige Unabhängigkeit bewahrte sich, gegenüber der noch immer aristotelisch-thomistisch orientierten Kirche, auch **Galileo Galilei** (1564–1642), als er die Naturvorgänge nicht philosophisch oder theologisch, sondern mit Naturgesetzen erklärte. Durch ein Fernrohr entdeckte er, daß es am Himmel viel mehr Sterne gab, als bisher bekannt war, daß der Mond eine unregelmäßige Oberfläche hat und selbst die Sonne Flecken aufweist. Damit war die aristotelische Auffassung von der makellosen Vollkommenheit des Himmels ebenso widerlegt wie die Lehre vom Men-

Die Erde hat Kugelgestalt angenommen. Der italienische Seefahrer Amerigo Vespucci und das von ihm entdeckte Gebiet, Darstellung von 1513

schen als Mittelpunkt der Schöpfung erschüttert. Naturwissenschaftliches Denken, von der Herrschaft mittelalterlicher Theologie befreit, entwickelte in den folgenden Jahrhunderten immer präzisere, wissenschaftlich überprüfbare Weltbilder.
Überzeugt von der augenscheinlichen Beobachtung und der mathematischen Bestimmbarkeit aller Einzelerscheinungen, konnte **Isaac Newton** (1643–1727) mit seinem Gravitationsgesetz nachweisen, daß sich Körper gegenseitig mit einer Kraft anziehen, die umgekehrt proportional zum Quadrat ihres Abstandes ist. Jetzt ließ sich auch Keplers Ellipsensystem oder die Präzession der Erdachse beweisen oder der Gezeitenwechsel begründen. Die Himmelsphysik entsprang nach Newton einem göttlichen Willensakt. Das **mechanische** Weltbild der klassischen Physik bestimmt die nächsten zwei Jahrhunderte naturwissenschaftliches Denken. Noch am Ende des 19. Jh.s war die allgemeine Lehrmeinung, daß die Welt aus Partikeln bestehe, deren Verhalten durch mechanische Gesetze bestimmt sei. Als ▶ Darwin 1859 sein Prinzip der natürlichen Auslese begründete, glaubten viele Naturwissenschaftler, daß auch das Leben sich nach mechanischen Gesetzen entwickle. Nach dem mechanischen Weltbild lebte der Mensch gewissermaßen in einer Welt, deren Vergangenheit bekannt, deren Zukunft bis in ihre kleinste Einzelheit vorprogrammiert ist. Für dieses System galt das **Kausalitätsprinzip**, demzufolge alles eine Ursache hat und gleiche Ursachen gleiche Wirkungen nach sich ziehen. Jeder materielle Prozeß galt als exakt meßbar, man mußte nur die entsprechende Methode und Meßtechnik anwenden.
Gleich zu Beginn des 20. Jh.s wurden diese Prinzipiengläubigkeit schwer erschüttert und das mechanische Weltbild korrigiert. Die im Jahre 1900 von **Max Planck** veröffentlichte **Quantentheorie** bedeutete einen klaren Bruch mit der klassischen Physik, da bewiesen werden konnte, daß das Kausalitätsprinzip keinesfalls in dieser schlichten Formulierung gültig ist, weil es in der Natur eine Reihe von Vorgängen gibt, die offensichtlich zufällig sind. Die Biologie z. B. konnte auf plötzliche und zufällige Veränderungen, die Mutationen, hinweisen. Die **Unschärferelation** von **Werner Heisenberg** 1927 zwang zu dem Schluß, daß es eine untere Grenze gibt, unter der genaue Aussagen über einen Prozeßablauf nicht möglich sind, da die Meßgeräte dann selbst Einfluß bekommen auf den Vorgang. **Albert Einsteins Relativitätstheorie** (1905/17) führte zu der Folgerung, daß Raum und Zeit keine unveränderlichen Größen sind, sondern von der Materie und vom Betrachter abhängen. Mit der Erfindung des Transistors und damit verknüpfter Mammutrechenprogramme oder beispielsweise durch die Verbesserung der Spiegelteleskope wurden nach dem 2. Weltkrieg atemberaubende Entwicklungen eingeleitet. Seit dem Beginn der Raumfahrt (1957) ist das Weltbild der modernen Naturwissenschaften in dauernder Veränderung begriffen. Den meisten Zeitgenossen dürften die Ergebnisse der Kernforschung, Radioteleskopie oder Radioastronomie nur schwer begreifbar sein. Die sensationelle Entdeckung der sog. Great Wall (einer Anhäufung von ca. 4000 Sternensystemen = Galaxien), durch die amerikanischen Astronomen **Geller** und **Huchra** Ende 1989, – es handelt sich hierbei um das größte je im Weltall beobachtete Objekt – hat nach Ansicht der Fachwelt die bis 1990 weitgehend anerkannte **Urknall-Theorie** zur Entstehung und Gestalt des Weltalls in Frage gestellt.

Weltwirtschaftskrise Die Phase einer weltweiten Hochkonjunktur in dem Jahrzehnt nach dem 1. Weltkrieg endete 1929 abrupt. Ein boomartiger Wirtschaftsaufschwung, der durch eine starke Nachfrage an Konsumgütern beschleunigt wurde, hatte zu einem unkontrollierten Wirtschaftswachstum geführt. Vor allem Kredite der USA und internationale Finanzspekulationen verleiteten zu gewagten Investitionen, die eine Wirtschaftsblüte auf Pump zur Folge hatten. Mit dem plötzlichen Zusammenburch der Aktienkurse in New York am **Schwarzen Freitag** (29. Oktober 1929) wurden zahlreiche Banken zahlungsunfähig. Überproduktion hatte zu Absatzkrisen geführt, Firmen, die vielfach mit Krediten finanziert waren, brachen zusammen. Die Banken versuchten Anleihen und kurzfristige Kredite aus dem Ausland zurückzuziehen und brachten damit andere Staaten in Finanzschwierigkeiten. Gleichzeitig schützten die Amerikaner ihren Markt durch Zollerhöhungen, was sich negativ auf den internationalen Handel auswirkte.
Die Krise griff rasch auf Europa und die ganze Welt über. Produktionsrückgang, Anstieg der Arbeitslosigkeit, Zusammenbrüche von Firmen und Banken hatten weltweit schwerwiegende politische und soziale Folgen. Das von der Inflation geschwächte und bei den USA erheblich verschuldete Deutsche Reich wurde am stärksten getroffen. Vor allem die Rückzahlung kurzfristiger Kredite, die zum Wiederaufbau der deutschen Wirtschaft über den **Dawesplan** 1924 ins Land geflossen waren, ruinierte jetzt große Teile der Industrie und führte zum Zusammenbruch des Bankwesens. Nach Produktionsdrosselung kletterten die Arbeitslosenzahlen 1932 auf fast 6 Millionen. Während sich in Deutschland nach dem Konzept der Regierung die Wirtschaft gesundschrumpfen sollte, setzten die USA auf das Konzept des ▶ New Deal.

Weltwunder Die Zahl 7 galt schon in der Antike als magische Zahl. Deshalb wählte man auch 7 Werke der Bildhauer- und Baukunst, die sich durch besondere Schönheit oder Größe auszeichneten und bezeichnete sie als die *Sieben Weltwunder*. Dazu zählten: – die Pyramide des Pharao **Cheops** bei Gizeh aus dem 3. Jt. v. Chr.; – die **Hängenden Gärten** in Babylon, deren Entstehung der Königin **Semiramis** zugeschrieben wurden und die König Nebukadnezar als künstlich bewässerte Terrassengärten anlegen ließ. Die weiteren fünf Weltwunder stammen aus griechischer Zeit: – der Tempel der Göttin **Artemis** in Ephesos in Kleinasien, ein besonders schöner und aufwendiger Bau aus dem 6.–4. Jh. v. Chr., der von einem Größenwahnsinnigen niedergebrannt wurde, weil er seinen Namen unsterblich machen wollte; – der Zeus von Olympia, eine etwa 15 m hohe Kolossalstatue, die der Bildhauer **Phidias** aus Gold und Elfenbein geschaffen hatte; – das Grabmal des Königs **Mausolos** in Halikarnassos an der Südwestküste Kleinasiens, eine etwa 50 m hohe, turmartige Anlage, die erst im Mittelalter zerstört wurde. Nach ihr nennt man heute ein aufwendiges Grab *Mausoleum*. - der **Koloß von Rhodos**, das aus Bronze gegossene 40 m hohe Riesenstandbild des Sonnengottes Helios, das über der Hafeneinfahrt stand und durch dessen gespreizte Beine die Schiffe einliefen. Es stürzte nach 56 Jahren bei einem Erdbeben ein. – der Leuchtturm auf der Insel Pharos vor dem Hafen von Alexandria in Ägypten, der 272 m hoch gewesen sein soll, eine technisch überragende Leistung, die unter den ▶ Ptolemäern erbaut wurde. Seine letzten Überreste zerstörte erst 1375 ein Erdbeben, sein Name lebt in dem französischen Wort *phare* = Leuchtturm fort.

Wesir Das aus dem Arabischen stammende Wort hat etwa die Bedeutung unserer Bezeichnung *Minister*. Seit der Zeit der

Abbasiden, der zweiten Dynastie von Kalifen (749–1258 n. Chr.) bis zum Untergang des Osmanischen Reiches 1918, war es der Titel der höchsten zivilen Verwaltungsbeamten islamischer Staaten. Seit Sultan **Muhammad II. Fahti**, dem Eroberer (R. 1451–81), gab es in der Türkei den Titel des **Großwesirs**, der ungefähr unserem Ministerpräsidenten entspricht.

Westfälischer Friede Er beendete nach jahrelangen Verhandlungen in Münster und Osnabück 1648 den Dreißigjährigen Krieg mit einem Kompromiß. Die Konfessionen sollten in Zukunft gleichberechtigt sein und Streit in Religionsfragen durch Vergleich beigelegt werden. Außer in habsburgischen Gebieten wurde 1624 als *Normaljahr* festgelegt, nach dem Bekenntnis und Besitzfragen geregelt wurden. Die Niederlande und die Schweiz wurden völkerrechtlich unabhängig. Durch Gebietsgewinne dehnte sich Frankreich nach Osten aus, während Schweden sich wichtige Flußmündungen (Oder, Elbe, Weser) sicherte und damit den Überseehandel kontrollierte. Beide Staaten nahmen als *Garantiemächte* in den folgenden Jahren starken Einfluß auf die Reichspolitik. Die Reichsstände (▶ Reichstag) erhielten umfangreiche Rechte, die Position des Kaisers hingegen wurde geschwächt. Damit verlor das Deutsche Reich auf lange Zeit seine Rolle als eine der Großmächte in Europa.

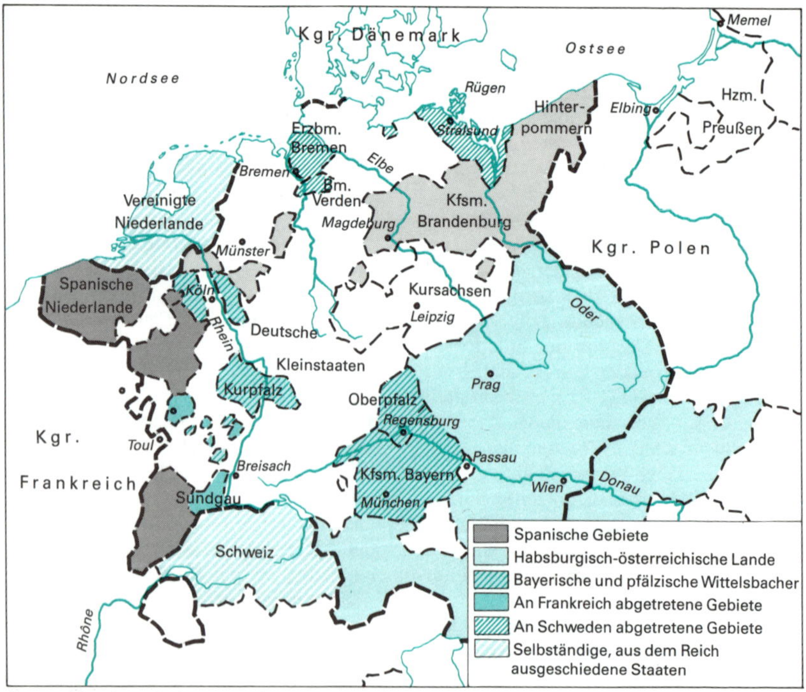

Deutschland nach dem Westfälischen Frieden 1648

Whigs In der englischen ▶ Glorreichen Revolution von 1688/89 kam es im Parlament zu einer Art Parteibildung. Die Gegner der katholischen Thronfolge von **Jakob II.** und Anhänger des protestantischen **Wilhelm III. von Oranien**, die sich in der Glorious Revolution durchsetzen konnten, wurden als Whigs (Viehdiebe) bezeichnet. Sie stellten während des 18. Jh.s wiederholt die Regierung und wandelten sich unter **C. J. Fox** (1749–1806) zu einer fortschrittlichen, bürgerlichen Partei. Die katholischen und anglikanischen Parteigänger Jakobs II. nannte man **Tories** (Verfolger, Räuber). Sie gelangten ebenfalls wiederholt in die Regierung, u. a. unter dem herausragenden Staatsmann **Benjamin Disraeli** (1804–81), und nahmen den wählerwirksameren Namen *Konservative* an. Die ehemaligen Schimpfworte für den politischen Gegner sind auch heute noch in Wahlkämpfen gebräuchlich.

Wiedertäufer Im Verlauf der Reformation entstanden zahlreiche Nebenströmungen des Protestantismus, die, z. T. vermischt mit sozialer Kritik, sich gegen jede staatliche und kirchliche Ordnung wandten, das Reich Gottes auf Erden errichten wollten oder bei ihren religiösen Aussagen auch von Luthers Meinung abwichen. Bei den Wiedertäufern finden sich beide Ausprägungen. Die Kindertaufe hielten sie für aus der Bibel nicht begründbar und, falls sie doch vollzogen, sollte sie von Erwachsenen in freiwilliger Entscheidung wiederholt werden – daher ihr Name, den sie allerdings selbst ablehnten. Die Täufer strebten eine innere Erneuerung aus der Heiligen Schrift heraus an, lehnten Eid und Gewalt (Kriegsdienst) ab, verzichteten auf privates Eigentum und lebten aus dem Geist der Bergpredigt. Luther bekämpfte sie als Schwärmer, weil sie in seinen Augen die Bibel falsch auslegten.
Die meisten Täufer lebten als *Stille im Lande* ein frommes Leben. Terror und Anarchie verbreiteten die radikalen Täufer, die 1534 in Münster das Gottesreich errichten wollten. Ihre Herrschaft wurde blutig niedergeschlagen. Seit dem Reichstag von Speyer 1529 bereits mit der Todesstrafe bedroht, sammelten sich die friedfertigen Täufer 1540 in den Niederlanden um **Menno Simons**. Viele wanderten in den folgenden Jahrzehnten auch in die USA, nach Kanada und Rußland aus. Streng pazifistische **Mennoniten** gibt es heute in Europa ca. 100000.

Wiener Kongreß Vom September 1814 bis Juni 1815 trafen sich in Wien die europäischen Staatsmänner und Monarchen, um nach dem Sturz Napoleons I. Europa eine neue politische Ordnung zu geben. Die unter der Leitung des österreichischen Staatskanzlers ▶ Metternich stehende Konferenz hatte eine schwere Aufgabe, da sie die Wiederherstellung vorrevolutionärer Zustände bei Wahrung des europäischen Kräftegleichgewichts anstrebte und dabei Herrschaftsansprüche gewährleisten mußte, die sich auf das Gottesgnadentum bezogen. Außerdem wollten die Staaten, die unter Napoleon von Gebietserweiterungen profitiert hatten, nicht einfach wieder darauf verzichten. Rußlands Anspruch auf Polen, Preußens Forderung nach der Annexion Sachsens führten im Verlauf des Kongresses zu ernsthaften, bis an die Schwelle des Krieges führenden Konflikten.
Die sich hinziehenden Verhandlungen wurden durch Napoleons plötzliche Rückkehr aus seiner Verbannung auf Elba beschleunigt. Die Krise konnte überwunden werden, als Preußen den nördlichen Teil Sachsens und Rußland den größten Teil des Herzogtums Warschau zugestanden bekam. Preußen erhielt ferner die Kurlande Trier und Köln, die Bistümer Münster und Osnabrück, das restliche ehemalige Schwe-

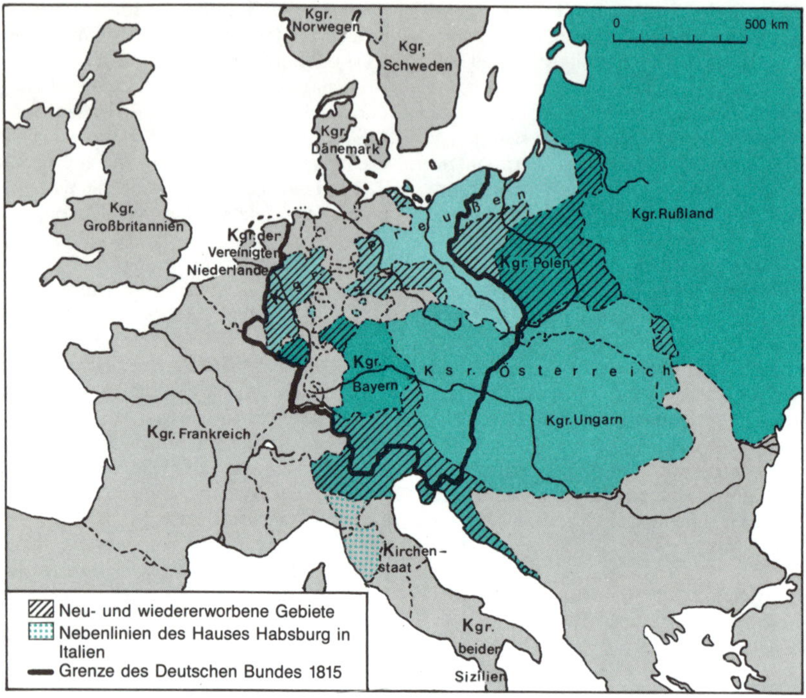

Mittel- und Osteuropa nach dem Wiener Kongreß 1815

disch-Vorpommern, Danzig, Thorn und Posen und übernahm damit die *Wacht am Rhein* gegenüber Frankreich, dessen Königtum wiederhergestellt wurde und das einen günstigen Frieden erlangte. Österreich trat seine Niederlande ab, bekam aber in Italien die Lombardei, Venetien, die Toskana, sowie Modena, dazu Vorarlberg, Tirol, Salzburg, Kärnten, Krain, Istrien und Galizien. England ließ sich auf dem Kongreß seine Erwerbungen wie Malta, Ceylon, das Kapland und Helgoland bestätigen. Der Schweiz wurde die immerwährende Neutralität zugestanden.

An die Stelle des 1806 zu Ende gegangenen Deutschen Reiches trat der durch die Wiener Schlußakte vom 9. Juni 1815 geschaffene ▶ Deutsche Bund mit Frankfurt als Sitz eines Bundestages unter österreichischer Leitung. Von den völkerrechtlichen Vereinbarungen verdient die Ächtung des Sklavenhandels Erwähnung.

Wikinger Übervölkerung des Landes, Abenteuerlust und Beutegier trieben seit dem Ende des 8. Jh.s die in Skandinavien und Dänemark lebenden nordgermanischen Wikinger dazu, mit ihren schnellen, offenen, hochseetüchtigen Kielbooten Raub-, Handels- und Entdeckungsfahren in der Ost- und Nordsee, aber auch im Atlantik und im Mittelmeer zu unternehmen. Ihre Raubzüge, die sie nicht nur an die Küsten, sondern auf den Flüssen auch weit in das Binnenland führten, wurden für mehr als zweihundert Jahre zu einer gefürchteten Plage. Sie plünderten weite Teile Frankreichs, England, Irland und Norddeutschland. Dänische Wikinger setzten sich seit 881 in Nordfrankreich in der später nach ihnen benannten Normandie fest, die ▶ Normannen eroberten von hier aus 1066 unter ▶ Wilhelm dem Eroberer England. Sie entrissen Sizilien den Arabern und gründeten in Unteritalien ein Reich, das 1186 durch Heirat an die Staufer fiel. Den Wikingern gelangen auch kühne Entdeckungsfahrten.

Schwedischer Bildstein: Oben eine Kampfszene, in der Mitte das Begräbnis eines Kriegers und sein Einzug in Walhall, unten ein Wikingerschiff

So entdeckten und besiedelten sie Island und 982/5 Grönland unter **Erik dem Roten** und drangen bis zur Küste Nordamerikas vor, die sie **Vinland** nannten. In Osteuropa, wo man sie **Waräger** nannte, gründeten sie im 9. Jh. im Raum Nowogrod eine Herrschaft, eroberten Kiew, unterwarfen die slawischen Stämme und bedrohten von da aus Byzanz. Die Handelsverbindungen der Wikinger reichten von Grönland bis nach Bagdad, ihnen ist eine enorme Ausweitung des europäischen Handelsraumes zu verdanken. Zu den wichtigsten Handelsstützpunkten, die sie neu anlegten, gehörten **Birka** im Mälarsee/Schweden und **Haithabu** in Schleswig. Mit der allmählichen Annahme des Christentums fanden im 11. Jh. die Wikingerzüge ein Ende.

Wilhelm der Eroberer (um 1027–87)

Der Sohn des Herzogs Robert von der Normandie fand nach dem Tod des Vaters (1035) zwar beim Adel und beim französischen König Anerkennung, hatte aber noch lange zu kämpfen, bis er sich durchsetzte. Anfang 1066 starb der englische König Eduard, als dessen rechtmäßiger Nachfolger sich Wilhelm betrachtete. Doch König wurde **Harald II.**, der einer mächtigen Familie entstammte. Wilhelm entschloß sich zu einem Kriegszug und eroberte mit seinen ▶ Normannen durch den Sieg bei **Hastings** am 14. 10. 66 die Krone Englands. Wilhelm, der neue König (R. 1066–87), unterwarf bis 1071 das gesamte Land, das nunmehr unter normannischem Adel neu und zentral organisiert wurde. Zum Beispiel wurden die Steuerleistungen in **Domesday Books**, Grundbücher für 34 Grafschaften, eingeteilt nach Ertragswert, bis ins einzelne aufgezeichnet. Die Forderungen des Papstes Gregor VII. nach einer Art Oberhoheit wies Wilhelm zurück. Er starb 1087 im Herzogtum Normandie.

Wilhelm II. (1859–1941) Der deutsche Kaiser und König von Preußen (R. 1888–1918) geriet nach der Thronbesteigung bald in Konflikt mit dem Reichskanzler Bismarck, den er 1890 entließ (s. Foto S. 56). Der von sich selbst überzeugte Herrscher, der Deutschland einer großen Zeit entgegenführen wollte, schien den politischen Realitäten und Anforderungen seines Amtes wenig gewachsen. Er fand nicht die fähigen Männer für seine Regierungen und verspielte mit seiner **Flottenpolitik** (Aufbau einer Flotte in Konkurrenz zu England) die Freundschaft Englands. 1914 versuchte er zwar dem drohenden Krieg auszuweichen, wurde aber mitschuldig an der Katastrophe des 1. Weltkrieges. Auf dessen Verlauf hat er kaum Einfluß ausgeübt; die Entscheidungen überließ er den Militärs. Nach Kriegsende mußte er abdanken und ging ins Exil in die Niederlande.

Winterkönig Nachdem die böhmischen Stände den Habsburger **Ferdinand II.** abgesetzt hatten, wählten sie im August 1619 Kurfürst **Friedrich V.** von der Pfalz zum König von Böhmen und krönten ihn im November 1619. Nach der Niederlage am **Weißen Berg** durch das Heer der katholischen ▶ Union, mußte er im November 1620 aus Prag fliehen. Von dieser kurzen Episode als böhmischer König rührt sein Spottname Winterkönig her. Die Oberpfalz und die Kurwürde gingen an **Maximilian I.** von Bayern, die Rheinpfalz wurde verwüstet, er selbst geächtet. Im niederländischen Exil lebte er vom Vermögen seiner Frau, einer Tochter König Jakobs I. von England. Im Westfälischen Frieden von 1648 erhielt sein Sohn die Rheinpfalz zurück und die achte Kurwürde.

Wittelsbacher Der von den Grafen von Scheyern abstammende Otto von Wittelsbach wurde 1180 nach dem Sturz ▶ Heinrichs des Löwen zum Herzog von Bayern erhoben, wo seinem Haus der Aufbau einer geschlossenen Landesherrschaft gelang. Dem Erwerb weiterer Gebiete, z. B. der Rheinpfalz 1329, standen aber mehrere Teilungen des Hausbesitzes gegenüber. Mit **Ludwig dem Bayern** (1314–47) stellten die Wittelsbacher erstmals den Kaiser. Ludwig besiegte seinen Konkurrenten aus dem Hause Habsburg, verlor aber durch seinen Kampf um die Reichsrechte in Italien und durch seine Hausmachtspolitik die Unterstützung der Fürsten. Das ab 1504 wiedervereinigte Bayern stieg unter **Maximilian I.** (1597–1651) zu einem Zentrum der Gegenreformation und zum Kernland der katholischen **Liga** auf. 1623 wurde die Kurwürde der calvinistischen pfälzischen Linie auf Bayern übertragen. Im 18. Jh. scheiterten mehrere Versuche, entscheidend in die Weltpolitik einzugreifen. Dagegen gelang 1777 der Zusammenschluß der Pfalz und Bayerns. 1806 zu Königen erhoben, regierten die Wittelsbacher bis 1918.

Wohnverhältnisse im Mittelalter Auf dem Land gab es fast ausschließlich einfache Fachwerk- oder Blockhäuser, die oft nur einen einzigen Raum besaßen. Der Boden bestand aus gestampftem Lehm, bei den Wänden begnügte man sich mit einem Kalkbewurf. Viereckige Öffnungen, die man mit Tüchern oder Weidengeflecht verschließen konnte, ließen Licht und Luft ein und dienten zugleich als Abzug für den Rauch des Herdfeuers. Hier lebten die Menschen und zumindest das Kleinvieh gemeinsam. Ein Tisch, ein paar Hocker, Schränke und Truhen dienten als Mobiliar, ein Strohsack auf einer Bank und im Winter auf dem Ofen als Bett. Gedeckt waren diese Hütten mit Stroh, Schilf oder mit Holzschindeln.

Nicht viel anders lagen die Verhältnisse in den Städten, wo bis zum 14. Jh. ebenfalls das Fachwerk dominierte; Steinhäuser waren in Deutschland bis dahin selten. Vor allem in Süd- und Mitteldeutschland kam das Haus in „gemischter Bauweise“ dazu, im Norden wurden Backsteinbauten bevorzugt. Steinhäuser blieben zunächst den Patriziern vorbehalten, die sich in einigen größeren Städten (Regensburg) auch festungsartige Wohntürme nach italienischem Vorbild errichteten. Deshalb konnten sich Brände verheerend auswirken und ganze Städte in Asche legen. Nach zwei großen Stadtbränden schrieb Lübeck 1276 steinerne Wohnhäuser vor. Seit dem 15. Jh. entwickelte sich mehr Wohnkomfort. Im allgemeinen wurden die Häuser einstöckig gebaut, aber es gibt auch Beispiele für mehrgeschossige Bauten. Oft ragten die oberen Stockwerke weiter in die Gasse als das Erdgeschoß, um sich so mehr Wohnraum zu beschaffen. Damit aber wurde die Licht- und Luftzufuhr in den engen Gassen zusätzlich eingeschränkt. Das Untergeschoß diente vorwiegend für Handel und Handwerk, während das Obergeschoß der Familie vorbehalten war. Gesinde und Gehilfen hausten unter dem Dach. Die sanitären Verhältnisse waren durchwegs sehr schlecht. Abtritte lagen im Hof oder in Erkern über fließendem Wasser. Wer baden wollte, benutzte einen Zuber oder besuchte ein Badehaus, das es in jeder Stadt gab. Man badete auch in Bächen und Flüssen.

X

Xerxes I. (um 519–465 v. Chr.)Der Sohn des Perserkönigs Dareios der Große war einer der bedeutendsten Könige aus der Dynastie der **Achämeniden**, sein Name heißt im Deutschen *Der über Helden Herrschende*. Während seiner ganzen Regierungszeit (R. 486–465 v. Chr.) hatte Xerxes mit außen- und innenpolitischen Schwierigkeiten zu kämpfen: Er mußte Revolten in Babylonien und Ägypten niederschlagen und er scheiterte, ebenso wie Dareios, bei dem Versuch, Griechenland aus den aus dem **Ionischen Aufstand** griechischer Städte an der Küste Kleinasiens (500 v. Chr.) hervorgehenden Perserkriegen zu unterwerfen. 480 v. Chr. vernichteten die Griechen die Flotte der Perser bei Salamis und 479 v. Chr. das Heer bei **Plataä**. Xerxes hat seine Residenz Persepolis prachtvoll ausgebaut. Er wurde während einer Palastrevolte ermordet.

Y

Youngplan Der nach dem amerikanischen Bankier Young benannte Plan regelte 1929 die deutschen ▶ Reparationen neu und trat damit an die Stelle des **Dawesplanes** von 1924. Die jährlichen Raten wurden niedriger angesetzt, die internationale Kontrolle über Reichsbahn und Reichsbank aufgehoben. Erreicht wurde außerdem eine vorzeitige Räumung des Rheinlandes (1930). Insgesamt sollte Deutschland bis 1988, also 59 Jahre lang, 37 Mrd. Mark zahlen. Rechtsradikale und KPD empfanden die geforderte Zahlung als „Versklavung” und schlachteten sie dementsprechend propagandistisch aus. Ein Volksbegehren gegen den Youngplan scheiterte, machte aber Hitler erstmals einer breiten Öffentlichkeit bekannt.

Z

Zarathustra Zwischen 800 und 600 v. Chr. trat im östlichen Persien ein Religionsstifter auf, über dessen Lebenslauf wir nur sehr wenig wissen. Die Griechen nannten ihn *Zoroastres* (dt. Zoroaster). Er vertrat einen religiösen Dualismus, das heißt, er lehrte die Existenz zweier seit aller Zeit nebeneinander bestehender Mächte, nämlich des bösen Geistes *Angra Manju* und des guten Geistes *Ahura Mazda* . Zwischen ihnen muß sich der Mensch ethisch entscheiden. Die von Zarathustra begründete Religion ist der **Parsismus**. Als **Mazdaismus** wurde er unter den **Achämeniden** zur Staatsreligion Persiens und hat viele nahöstliche Religionen stark beeinflußt. In der heiligen Schrift des Parsismus, der **Awesta**, sind die **Gathas** genannten Texte wahrscheinlich wörtliche Aussagen Zarathustras.

Zeitmessung Das Mittelalter kannte den 24stündigen *vollen* und den *lichten* Tag von Sonnenaufgang bis -untergang. Ersterer wurde nach den alten römischen Bezeichnungen von *media nox* (Mitternacht) bis *intempesta nox* unterteilt, letzterer dagegen – nach den gottesdienstlichen Verrichtungen jahreszeitlich verschieden – von etwa 3 Uhr früh bis gegen 7 Uhr abends in *Matutina* (gegen 3 Uhr), *Prima* (ab 5), *Tertia* (ab 8/9), *Sexta* (ab 11/12), *Nona* (ab2/3), *Vespera* (ab 4/5), *Completorium* (nach Sonnenuntergang). Nach diesen **horae canonicae** richteten sich auch die Mahlzeiten. Die Uhr mit gleichbleibenden Stunden wurde erst Mitte des 14. Jh.s eingeführt, wobei es kleine und große Uhren (12 bzw. 24 Stunden) gab.

Zeppelin (1838–1917) Ferdinand Graf Zeppelin konstruierte bei Friedrichshafen das erste lenkbare Starr-Luftschiff mit einem Gerippe aus Aluminium und Wasserstoff im Inneren der zahlreichen Gaszellen. Als es am 2. 7. 1900 aufstieg, besaß es bereits die schlanke Zigarrenform wie die folgenden 129 Luftschiffe. Nachdem Abstürze das Vermögen des Grafen dezimiert hatten, wurde durch die Zeppelinspende des deutschen Volkes die *AG zur Förderung der Luftschiffahrt* wieder handlungsfähig. Im ersten Weltkrieg wurden Zeppeline zur Bombardierung Londons eingesetzt. Nachdem 1937 das mit Helium gefüllte Luftschiff *Hindenburg* in Lakehurst explodiert war, wurden keine mehr gebaut.

Zeus Der indoeuropäische Namensstamm des griechischen Göttervaters ist *djeus*, das Himmelslicht. Zeus war der Sage nach Sohn des **Kronos** und der **Rhea**, lehnte sich gegen seinen Vater auf, stürzte ihn und die **Titanen** (Kräfte des Chaos) in den **Tartaros** (ein Abgrund noch unter der Unterwelt) und herrschte seither mit seinen Brüdern **Poseidon** und **Hades** über die Götter.
Mit seiner Gattin **Hera** hatte er viele Kinder, darunter **Athene, Apollon, Dionysos,**

Ares, Hermes, Hephaistos, Artemis und **Persephone**. Auch mit Menschenfrauen, denen er sich oft in menschlicher oder tierischer Gestalt näherte, hatte Zeus Nachkommen, die Halbgötter oder Heroen wurden. Er galt als Hüter der Gastfreundschaft, des Rechtes und als Retter in der Not. Sein Symboltier war der Adler, seine Hauptkultorte Olympia und Dodona. Die Römer haben ihn mit ihrem Hauptgott **Jupiter** identifiziert.

Bescheinigung einer Ölbaumspende für die Aufforstung Palästinas durch den jüdischen Nationalfonds, 1905

Zionismus

Mit dem Aufkommen des ▶ Nationalismus verschärfte sich in vielen Staaten die antisemitische Agitation. Besonders in den rückständigen Staaten Osteuropas, allen voran Rußland und Rumänien, verband sich diese Tendenz mit religiösen Strömungen, und die Juden litten immer wieder unter Verfolgungen, **Pogromen**. Deshalb wanderten zwischen 1881 und 1914 ungefähr 2,5 Mio. Juden aus Osteuropa aus, die meisten von ihnen in die USA, einige Tausend aber auch nach Palästina (sog. **praktischer Zionismus**). Ab etwa 1896 propagierte **Theodor Herzl** (1860–1904), ein österreichischer Jude, den **politischen Zionismus**. Er forderte in seinen Büchern *Der Judenstaat* (1896) und *Altneuland* (1902) die Errichtung eines jüdischen Staates in Palästina und gründete 1897 auf dem **1. Zionistischen Weltkongreß** in Basel den **Zionistischen Weltbund**, dessen erster Präsident er wurde. In Herzls Vorstellungen trafen die alte Sehnsucht der Juden nach Palästina, der Versuch, Sicherheit vor Verfolgung zu finden und ein von den anderen Völkern Europas inspirierter jüdischer Nationalismus zusammen. In Osteuropa fanden Herzls Ideen ein starkes Echo. Die Mehrzahl der deutschen Juden aber lehnte seine Pläne ab, denn sie fürchtete, die zionistische Propaganda werde den Antisemitismus verstärken, und außerdem wollten die deutschen Juden in ihrer Mehrzahl nichts anderes sein als gute Deutsche.

Nach dem 1. Weltkrieg verstärkten die Zionisten ihre Aktivitäten. 1922 wurde die **Jewish Agency** als Organisation zur Errichtung eines Staates Israel gegründet, die dann nach langen Kämpfen um die ▶ Palästina-Frage nach dem 2. Weltkrieg gelang. Der Begriff Zionismus leitet sich von **Zion** ab, ursprünglich der Name einer Burg der **Jebusiter** in Jerusalem, die König David eroberte, dann Name für die Stadt Jerusalem.

Zollverein

Die Idee, über einen Zollverein die Handelsschranken zwischen den deutschen Bundesstaaten zu beseitigen und langfristig eine Wirtschaftseinheit zu erreichen, ging von Preußen aus. 1818 wurden hier alle Binnenzölle aufgehoben, doch die deutschen Staaten schlossen sich zunächst trotz wirtschaftlicher Vorteile nicht an. 1828 kam es zum **Preußisch-Hessischen Zollverein**, daneben existierten der **Süddeutsche Zollverein** und der **Mitteldeutsche Handelsverein.**

Gegen den Widerstand Österreichs gelang

Der Deutsche Zollverein von 1834

es, ab 1834 mit dem Deutschen Zollverein ein einheitliches Wirtschaftsgebiet ohne Handelsschranken aufzubauen, an dem sich schließlich alle deutschen Staaten bis auf Österreich beteiligten. Über diesen Zusammenschluß konnte Preußen seine wirtschaftliche und politische Vormachtstellung ausbauen, während Österreich als Konkurrent zurückgedrängt wurde. Der Zollverein war damit eine wichtige Weichenstellung für die kleindeutsche Reichsgründung 1871.

Zunft In den mittelalterlichen Städten schlossen sich Handwerker eines jeden Gewerbes zu Unterstützungsvereinen zusammen, denn oft waren Alte, Witwen, Waisen oder Kranke unversorgt. Die Berufsgenossen halfen dann bei den größten Schwierigkeiten. Das christliche Gebot der Nächstenliebe wurde hier von einer Gruppe für ihre Mitglieder in die Praxis umgesetzt. Es spielte aber noch ein anderer Punkt der christlichen Ethik eine Rolle. Nach Lehre der Kirche sollten alle Fragen des Lebens, also auch der Wirtschaft, nach Gesichtspunkten der Gerechtigkeit entschieden werden. Gerechtigkeit war nicht Gleichheit für alle, sondern der standesgemäße Lebensunterhalt. Wer einem höheren Stand angehörte, der sollte auch besser leben. Innerhalb eines Standes sollte aber der Lebensstandard für alle ungefähr gleich sein. Daraus folgte für die Handwerker, daß alle Meister etwa gleich viel arbeiten und verdienen sollten. Man unterwarf sich also einer religiösen Ordnung, man lebte *zünftig*, gemäß einer bestimmten Ordnung. Diese Ordnung ist auch der Inhalt des mittelhochdeutschen Wortes Zunft.

Nun gab es Zunftgenossen, die intelligenter und fleißiger waren oder die einfach nur mehr Glück hatten als andere. Um die Gleichheit zu gewährleisten, regelten die Zünfte ganz genau Ausbildung, Arbeitszeit, Zahl der Lehrlinge und Gesellen eines Meisters. Sie stellten hohe Anforderungen bei Gesellen- und Meisterprüfungen, setzten Preise fest, kontrollierten die Qualität der Arbeit und sogar die Tadellosigkeit der privaten Lebensführung. Verdiente ein Meister mehr als seine Genossen, dann durfte er so lange keinen Auftrag annehmen, bis die anderen auch genug verdient hatten. Stadtherr oder regierendes Patriziat waren an einer Ordnung des Gewerbes interessiert, zumal die Zünfte ihre Mitglieder auch für die Verteidigung der Stadt militärisch organisierten. Sie genehmigten darum die Zünfte als Zwangsorganisationen, niemand konnte sich ihren Regeln entziehen. Verstieß ein Meister gegen die Vorschriften, dann wurde er vom Zunftmeister verwarnt. Beim zweiten Verstoß wurde ihm *das Handwerk gelegt*, das heißt, die Zunftgenossen demolierten seine Werkstatt, er wurde aus der Zunft ausgeschlossen und mußte sich einen anderen Beruf suchen. Seit dem 14. Jh. versuchten die Zünfte neben den Patriziern Einfluß auf die Stadtpolitik zu nehmen.

Sargdeckelschild der Breslauer Strumpfwirker aus dem Jahr 1685

Die Zünfte haben zwar den Lebensstandard der Meister gesichert, andererseits aber die Lage der Lehrlinge und Gesellen verschlechtert und den wirtschaftlichen wie den technischen Fortschritt gehemmt. Aus Angst vor Konkurrenz verlängerten sie die Lehr- und Gesellenzeiten immer mehr, um die Zahl der Meister klein zu halten. So entstand ab dem 14. Jh. ein ständiger Gesellenstand, der sich in **Bruderschaften** organisierte und in den Städten oft einen Unruheherd bildete. Ebenfalls aus Konkurrenzangst erlaubten die Zünfte die Verwendung neuer Werkzeuge oder Produktionsverfahren erst, wenn alle Meister sie beherrschten, oder sie verboten sie ganz. Aus demselben Grund durften die Meister nur auf Bestellung arbeiten und nicht auf Vorrat. Sie konnten daher den unregelmäßigen Ansprüchen des Handels auf größere Lieferungen nicht schnell genug nachkommen und verloren das Geschäft an das nicht zunftgebundene ländliche **Verlagshand-**

werk. Bei diesem System erhielten Heimarbeiter die Rohstoffe und die Werkzeuge von Großkaufleuten gestellt, die gleichzeitig eine Abnahmegarantie für die zu liefernden Waren boten. Die Ideen des ▶ Liberalismus führten um 1800 zur Aufhebung der Zünfte und zu Gewerbefreiheit und freiem Wettbewerb.

Zweischwertertheorie Sie besagt, daß Christus dem heiligen Petrus (Luk. 22,38) die geistliche und weltliche Gewalt, versinnbildlicht in den beiden Schwertern, überreicht habe, um das geistliche Schwert selbst zu behalten und das weltliche dem Fürsten auszuhändigen. Diese Lehre wurde bereits von Papst **Gelasius I.** (492–96) verbreitet, aber erst im Investiturstreit zum politischen Zündstoff, als sich Papst und Kaiser wechselseitig den Vorrang streitig machten. Die kaiserliche Seite vertrat den Standpunkt, daß Gott das weltliche Schwert dem König oder Kaiser unmittelbar zu übergeben habe, während die römische Partei, so noch in einer Bulle von 1302, die Verleihung durch den Papst verkündigte, um den weltlichen Herrscher der Kirche unterzuordnen.

Zweiter Weltkrieg Am 1. 9. 1939 griff das Dritte Reich Polen ohne Kriegserklärung an und löste damit die Kriegserklärung Frankreichs, Englands und seiner Dominien an Deutschland aus. Polen kapitulierte nach 18 Tagen. Der Ostteil wurde gemäß den Vereinbarungen des **Hitler-Stalin-Paktes** aus dem August 1939 von der Sowjetunion annektiert. Als nächstes besetzte die Wehrmacht im April 1940 überraschend Dänemark und Norwegen und begann im Mai unter Verletzung der belgischen, niederländischen und luxemburgischen Neutralität den Angriff auf Frankreich, das nach 42 Tagen kapitulierte. Jetzt trat auch Italien auf deutscher Seite in den Krieg ein. Die großen Anfangserfolge der deutschen Armeen (**Blitzkrieg**) beruhten auf Überlegenheit ihrer schnellen gepanzerten Verbände und der anfangs überlegenen Luftwaffe bei langsam wachsender Rüstung der Gegner. Der ▶ U-Boot-Krieg brachte die englische Versorgung in Schwierigkeiten, bedrohte sie aber nicht entscheidend. 1940 kündigte sich aber auch eine erste Wende an. Große deutsche Verluste in der **Luftschlacht über England** im Herbst und die Verluste der Marine im Norwegenfeldzug machten einen Angriff auf England aussichtslos. Anfangserfolge des deutschen **Afrikakorps**, das den Kolonialtruppen Italiens im heutigen Libyen zu Hilfe kam und die englischen Nachschubverbindungen durch den Suezkanal unterbrechen, vielleicht sogar die Ölfelder des Nahen Ostens bedrohen sollte (Hoffnung auf einen Aufstand der Araber), schlugen bald in eine vernichtende Niederlage um.

Im November 1939 griff Stalin Finnland an, annektierte 1940 die baltischen Staaten und forderte von Hitler freie Hand in Finnland und Bulgarien sowie Stützpunkte in der Türkei. Um eine sowjetische Bedrohung der für Deutschland kriegswichtigen rumänischen Ölfelder zu verhindern, einem englisch-russischen Bündnis zuvorzukommen und freien Zugriff auf die sowjetische Wirtschaftskraft zu bekommen, griff Hitler am 22. 6. 1941 die Sowjetunion an, nachdem deutsche Truppen zuvor Jugoslawien und Griechenland besetzt hatten. Hitlers Hoffnung, die Sowjetunion in einem weiteren Blitzkrieg niederwerfen und damit den von ihm nach den Erfahrungen des 1. Weltkrieges gefürchteten **Zweifrontenkrieg** verhindern zu können, erfüllten sich nicht. Um die immer größer werdenden Rüstungslieferungen der USA an die Gegner mit Hilfe der U-Boote verhindern zu können, erklärten Deutschland und Italien den USA am 11. 12. 1941 den Krieg. Dann begannen die Gegenschläge der Alliierten: Vernichtung der deutschen 6. Armee bei Stalingrad (Januar 1943), Landung der Amerikaner in Nordafrika (November 1942), auf Sizilien (Juni 1943) und dem italienischen Festland (September 1943) sowie in der Normandie im Juni 1944. Diese und die sowjetischen Offensiven, der Luftkrieg, die Kapitulation Italiens (September 1943) und Partisanenaktionen in den besetzten Gebieten verschlechterten die Lage Deutschlands bis zum Zusammenbruch am 8. Mai 1945. Die Verkündung des **totalen Kriegs** (völlige Ausrichtung der deutschen Wirtschaft auf Kriegsproduktion unter Einsatz von Millionen von Kriegsgefangenen und Zwangsarbeitern) am 18. 2. 1943 konnten die Niederlage ebensowenig abwenden wie die verspätete Entwicklung neuer Waffen (Raketen, Düsenflugzeuge). Im Fernen Osten trat Japan durch den Angriff auf die Flotte der USA im Hafen von Pearl Harbor am 7. 12. 1941 in den Krieg ein, besetzte 1942 den größten Teil Südostasiens und der Südsee-Inseln, wurde ab 1943 von den Alliierten immer weiter zurückgedrängt und mußte nach dem Abwurf zweier Atombomben auf Nagasaki und Hiroshima im August 1945 kapitulieren.

Die größte Ausdehnung des deutschen Machtbereiches

Als der Krieg endete, hatten die Alliierten keine klaren Vorstellungen, wie eine Nachkriegsordnung aussehen sollte. Am 14. August 1941 verkündeten Churchill und Roosevelt in der **Atlantikcharta** im wesentlichen eine Neuauflage der ▶ 14 Punkte Wilsons von 1918. Im Januar 1943 forderten sie in **Casablanca** die bedingungslose Kapitulation Deutschlands und seiner Verbündeten und beschlossen, gemeinsam mit Stalin, im November 1943 in **Teheran** die Errichtung einer zweiten Front in Frankreich, die Aufteilung Deutschlands in Besatzungszonen und die Abgrenzung ihrer Interessensgebiete. Allerdings kam es zu keinen konkreten Vereinbarungen. Erst auf der Konferenz von **Jalta** im Februar 1945 wurden die Kapitulationsbedingungen und erste Umrisse zur Behandlung Deutschlands festgelegt. Auf der Konferenz von **Potsdam** (Juli/August 1945) zeigte sich dann aber schnell, daß die Sieger weder ausgereifte Vorstellungen zur Nachkriegspolitik hatten, noch zu Kompromissen bereit waren, sondern Deutschlandpolitik jeweils unter ihren eigenen macht- oder auch innenpolitischen Interessen betrieben.

Europa	Gefallene Soldaten (in Tsd)	Getötete Zivilisten (in Tsd)	Bevölkerungsverluste in Prozent der Vorkriegsbevölkerung
Bulgarien	10	10	unter 0,5%
Deutsches Reich	3250	2280	5%—10%
Finnland	86	2	1%— 5%
Frankreich	250	330	1%— 5%
Griechenland	20	40	1%— 5%
Großbritannien	326	62	0,5%— 1%
Italien	330	80	0,5%— 1%
Jugoslawien	300	1400	10%—15%
Kanada	36	—	—
Norwegen	6	4	unter 0,5%
Polen	100	5400	15%—20%
Rumänien	200	260	1%— 5%
Sowjetunion	13600	7000	10%—15%
USA	174	—	—
Asien			
Australien	29	—	unter 0,5%
Britisches Indien	36	—	unter 0,5%
China	3000	10000	1%— 5%
Japan	1700	360	1%— 5%
Neuseeland	12	—	unter 0,5%
USA	55	—	unter 0,5%

Bevölkerungsverluste im Zweiten Weltkrieg

Zwingli, Huldrych (Ulrich) (1484–1531) Ursprünglich vom ▶ Humanismus geprägt, war Zwingli jahrelang Priester in Glarus (Schweiz), dann Seelsorger in Zürich, wo er nach und nach eine radikalere Reformation als Luther vertrat. So forderte er die Abschaffung der Messe, der Klöster, des Orgelspiels und des Gemeindegesangs und propagierte eine Art Staatskirchentum, in dem christlicher Glaube und politische Verantwortung fast gleich waren. Bei den **Marburger Religionsgesprächen** 1529 wurde der Gegensatz zu Luther deutlich: Während dieser die leibliche Gegenwart Christi im Abendmahl betonte, waren für Zwingli Brot und Wein nur Zeichen, sich an Christus zu erinnern und mit den anderen Christen verbunden zu sein. Er verlangte stets, daß Gottes Wort konkrete soziale und politische Konsequenzen haben müsse. Als er die Reformation in der gesamten Schweiz einführen wollte, kam es zum Krieg mit den katholischen Kantonen. Dabei fiel Zwingli als Feldprediger. Die Reformation in der Schweiz wurde zunächst unterbrochen. Unter ▶ Calvin erhielt sie neue Impulse.

Zypernkonflikt In der Antike besiedelten Griechen Zypern, die östlichste Insel im Mittelmeer. Als im 7. Jh. n. Chr. der Islam den Nahen Osten eroberte, wurde Zypern zu einem wichtigen Stützpunkt des Byzantinischen Reiches, und nachdem Saladin die Kreuzfahrer aus Palästina vertrieben hatte, war die Insel Hauptstützpunkt des **Johanniterordens**, des **Templerordens** und der Republik Venedig. 1571 ging die Insel an die Türken verloren.
Heute besteht die Bevölkerung Zyperns zu 80 Prozent aus Griechen und zu 20 Prozent aus Türken. Im 19. Jh. beteiligten sich die griechischen Zyprioten am Freiheitskampf der Griechen gegen die Türkei, konnten sich jedoch nicht dem neu entstehenden Griechenland anschließen, denn die Engländer besetzten die Insel 1878, um durch diesen Stützpunkt den Suezkanal gegen Osten hin zu sichern.
Nach dem 2. Weltkrieg verstärkten die Griechen unter Führung ihres Erzbischofs **Makarios** ihre Unabhängigkeitsbestrebungen, und die Untergrundbewegung **EOKA** begann Partisanenaktionen gegen die Engländer, bis diese sich 1960 zurückzogen. Durch ein Abkommen zwischen der Türkei, Großbritannien und Griechenland entstand die selbständige Republik Zypern als Mitglied des Commonwealth, denn die Türkei hätte niemals die Eingliederung Zyperns in den griechischen Staat akzeptiert. Die jahrhundertealte Feindschaft zwischen Griechen und Türken führte 1983 zur Abspaltung des vorwiegend von Türken bewohnten Nordteils der Insel. Die Griechen haben diese *Türkische Republik Zypern* nie anerkannt, konnten aber nichts gegen die Teilung tun, da die Türkei Truppen in den von ihren Landsleuten beherrschten Teil der Insel schickte. Bisher sind alle Versuche zur Wiedervereinigung gescheitert.

Empfehlenswerte Museen

5100 **Aachen**, Pontstr. 13, (0241) 472598
Internationales Zeitungsmuseum der Stadt Aachen: Zeitungen seit 1688, Veröffentlichungen der Revolution von 1848/49

7080 **Aalen**, St.-Johann-Str. 5, (07361) 500230
Limesmuseum: Römisches Lager, Belagerungsmaschinen, Grenzbefestigungen

5210 **Arnstadt**, Schloßplatz 1, (03628) 2932
Schloßmuseum: Puppensammlung des 18. Jh.s, die einen guten Einblick in das Alltagsleben der Zeit gewährt.

8900 **Augsburg**, Fuggerei/Mittlere Gasse 13, (0821) 30868
Fuggerei-Museum: Leben in der Fuggerei im 17./18. Jh.

2960 **Aurich**, Oldersumerstr., (04941) 3966
Mühlenfachmuseum „Stiftsmühle Aurich“: Geschichte des Getreideanbaus und der Mühlentechnik

6380 **Bad Homburg v. d. Höhe**, Saalburg-Kastell, (06175) 3148
Saalburgmuseum: Wiederaufgebautes Kastell des römischen Limes mit umfangreicher Sammlung zum Alltagsleben in einem römischen Lager

3522 **Bad Karlshafen**, An der Schlagd 2, (05672) 2412
Deutsches Hugenotten-Museum: Geschichte der Hugenotten von der Bartholomäusnacht bis zur Ansiedlung in Deutschland

6990 **Bad Mergentheim**, Deutschordensschloß, (07931) 57359
Deutschordensmuseum: Geschichte des Ritterordens ab den Kreuzzügen

8532 **Bad Windsheim**, Südring 3, (09841) 1920
Museum für Vor- und Frühgeschichte: Besiedlungsgeschichte von Mittel- und Unterfranken

8600 **Bautzen**, Ortenburg 5, (03591) 42403
Museum der Sorben: Zur Geschichte und Kultur der Sorben

8240 **Berchtesgaden**, Bergwerkstr. 83, (08652) 4061
Salzbergwerk mit Salzmuseum: Unterirdische Anlagen des Salzbergwerks von 1517, Filmvorführungen/Ausstellung zur Salzgewinnung und zum -handel

5060 **Bergisch Gladbach**, Burggraben 9–11, (02204) 55559
Bergisches Museum für Bergbau, Handwerk und Gewerbe: U. a. Bergbau in der Region, Leben der Bergleute

1000 **Berlin** 19 (Charlottenburg), Schloßstr. 1, (030) 32091-1
Antikenmuseum: Schmuck der Etrusker, Skythen, Kelten usw., antike Vasen und Gebrauchsgegenstände

1000 **Berlin**, Museumsinsel, (00372) 203550
Bodemuseum: Kunst und Kultur des alten Ägypten

1000 **Berlin** 21, Reichstagsgebäude, Paul-Löbe-Str., (030) 3972141
„Fragen an die deutsche Geschichte“: Ideen, Kräfte, Entscheidungen von 1800 bis zur Gegenwart / Ständige Ausstellung

1000 **Berlin**, Mühlendamm, (00372) 21713325
Handwerksmuseum: Zur Geschichte des Handwerks vom 13. bis 19. Jh.

1000 **Berlin**, Leipziger Straße (Französischer Dom), (00372) 2291760
Hugenottenmuseum: Zur Geschichte der Hugenotten in Frankreich und Preußen

1000 **Berlin**, Märkisches Ufer, (00372) 2700514
Märkisches Museum: Zur Geschichte der Mark Brandenburg

1000 **Berlin**, Unter den Linden (Zeughaus), (00372) 2000941
Museum für deutsche Geschichte: Nationales Geschichtsmuseum, im Geiste der ehemaligen DDR errichtet

1000 **Berlin** 61, Trebbiner Str. 9, (030) 25484-0
Museum für Verkehr und Technik: Geschichte der Beförderung von Personen und Gütern zu Land, Wasser und in der Luft, Entwicklung der Raumfahrt und der Nachrichtenvermittlung

1000 **Berlin** 19, Schloß Charlottenburg, (030) 3201233
Museum für Vor- und Frühgeschichte: Vor allem Vor- und Frühgeschichte Europas, aber auch frühe Hochkulturen des Vorderen Orients

1000 **Berlin**, Museumsinsel, (00372) 203550
Pergamonmuseum: Pergamonaltar; Markt von Milet; Ischtartor und Prozessionsstraße in Babylon

1000 **Berlin** 30 (Tiergarten), Stauffenbergstr. 14, (030) 2616015
„Widerstand gegen den Nationalsozialismus“: Gedenk- und Bildungsstätte, Dokumentation des deutschen und außerdeutschen Widerstandes gegen den Nationalsozialismus

4630 **Bochum**, Am Bergbaumuseum 28, (0234) 58770
Deutsches Bergbau-Museum: Das größte Fachmuseum der Welt für den Bergbau umfaßt Vorgeschichte bis jüngste Zeit im internationalen Bergbau, Anschauungsbergwerk, zahlreiche funktionsfähige Maschinen und Modelle.

4630 **Bochum** 5, Dr.-C.-Otto-Str. 191, (0234) 492516
Eisenbahnmuseum Bochum-Dahlhausen: Die größte deutsche Sammlung dieser Art zeigt Wagen und weiteres Zubehör bis hin zu einem Bahnbetriebswerk.

5300 **Bonn** 1, Colmantstr. 14–16, (0228) 632158
Rheinisches Landesmuseum: Regionalgeschichte vom Neandertaler an

2850 **Bremerhaven**, van-Ronzelen-Str., (0471) 44048
Deutsches Schiffahrtsmuseum mit Freilichtmuseum: Sehr viele Originale und Modelle, Sozial-, Technik- und Wirtschaftsgeschichte der Schiffahrt

3392 **Clausthal-Zellerfeld**, Bornhardtstr. 16, (05323) 2502
Oberharzer Bergwerks- und Heimatmuseum: Bergbau im Oberharz, Leben der Hirten, Köhler und Hüttenleute

8060 **Dachau**, Alte Römerstr. 75, (08131) 1741
KZ-Gedenkstätte Dachau: Geschichte der nationalsozialistischen Verfolgung und des Lagers

4930 **Detmold**, Krummes Haus, (05231) 23964
Westfälisches Freilichtmuseum/Landesmuseum für Volkskunde: Wohnen, Leben und Wirtschaften der verschiedenen sozialen Schichten dieser Gegend

6340 **Dillenburg**, Postfach 429/Stadtverwaltung, (02771) 7061
Oranien-Nassauisches Museum/Wilhelmsturm: Unterirdische frühmittelalterliche Verteidigungsanlagen, Kasematten, die zu den größten und besterhaltensten Westeuropas zählen

8010 **Dresden,** (0351) 48400
Historisches Museum „Zwinger": Prunkwaffensammlung u. ä.

4100 **Duisburg** 13 (Ruhrort), Dammstr. 11, (0203) 283-3044
Museum der Deutschen Binnenschiffahrt: Alle Bereiche der Binnenschiffahrt wie Treidelschiffahrt, Bau von Wasserstraßen, Schifferzünfte, Leben und Arbeit an Bord

4006 **Erkrath**, Thekhauser Quall 2, (02104) 31149
Neandertal (Museum und Wildgehege): Lebens- und Kulturbild des Neandertalers und seine eiszeitliche Umgebung

4300 **Essen**, Steeler Str. 29, (0201) 1814643
Alte Synagoge Essen: Widerstand und Verfolgung während der Nazizeit in Essen, dokumentiert in einer der größten erhaltenen Synagogen Deutschlands, jüdisches Leben bis zum Holocaust

8741 **Fladungen**, Marktplatz 1, (09778) 414
Rhön-Museum: Lebens- und Arbeitsbedingungen von Bauern und Handwerkern der Region

6000 **Frankfurt am Main** 70, Schaumainkai 53, (069) 6060-1
Bundespostmuseum: Geschichte der Post und der Nachrichtenübermittlung

6000 **Frankfurt am Main** 1, Untermainkai 14/Rothschildpalais, (069) 212-35000
Jüdisches Museum: Geschichte der Frankfurter jüdischen Gemeinde, Alltagsleben und Religion

6000 **Frankfurt am Main** 70, Schaumainkai 71, (069) 212-38617
Liebieghaus/Museum alter Plastik: Entwicklung der Bildhauerkunst seit dem 4. Jt., vorwiegend Kleinplastik

6000 **Frankfurt am Main** 70, Schaumainkai 15, (069) 212-34037
Museum für Kunsthandwerk: Eine der bedeutendsten internationalen Sammlungen des europäischen und asiatischen Kunsthandwerks

1200 **Frankfurt/Oder**, C.P.E. Bach-Str. 11, (0335) 22315
Bezirksmuseum „Viadrina": Geschichte der Stadt und der Universität

8371 **Frauenau**, Am Museumspark 1, (09926) 718
Glasmuseum: Geschichte, Bedeutung, Technik und Formenvielfalt des Glases und Geschichte der 600jährigen Glasherstellung im Bayerischen Wald

3403 **Friedland** 3 (Mollenfelde), (05504) 580
Europäisches Brotmuseum: Herstellung, kulturgeschichtliche Bedeutung eines der wichtigsten Nahrungsmittel ab dem 5. Jt.

5800 **Gotha**, Schloß Friedenstein
Karthographisches Museum Pagenhaus: Zur Geschichte der Kartographie

5800 **Hagen** (Selbecke), Mäckingerbachtal, (02331) 70044
Westfälisches Freilichtmuseum/Technische Kulturdenkmale: Entwicklung der Technik- und Handwerksgeschichte von der Vor- und Frühgeschichte bis zum Beginn der Industrialisierung – z. T. funktionsfähige Maschinen. Aufgebaut sind Mühlen, Schmieden, Drahtzieherei, Holzschuhmacherei usw.

3600 **Halberstadt**, (03941) 58316
Museum für Wohnkultur Vogtei: Bürgerliche Wohnkultur um 1900

2050 **Hamburg** 80, Neuengammer Heerweg, (040) 7231031
KZ-Gedenkstätte Neuengamme: Fotos, Dokumente, Berichte zum Konzentrationslager Neuengamme

6450 **Hanau**, Altstädter Markt 6, (06181) 295430
Hessisches Puppenmuseum: Puppen aus 300 Jahren spiegeln die Vorstellungen von Kindheit, Mode und Schönheit ihrer Zeit

3000 **Hannover**, Humboldtstr. 33, (0511) 16661
Elektrotechnisches Museum: Elektrifizierung des Haushalts ab 1882 (Waschen, Bügeln, Kochen, Radio hören usw.)

3000 **Hannover** 1, Am Maschpark 5, (0511) 883051
Niedersächsisches Landesmuseum: Umfangreiche Sammlungen zur Urgeschichte Niedersachsens und wechselnde Ausstellungen der Völkerkunde-Abteilung

6954 **Haßmersheim** (Neckarmühlbach), Burg Guttenberg, (06266) 359
Burgmuseum Burg Guttenberg: Gerichtsbarkeit früherer Jh.e in einer der wenigen unzerstörten Burganlagen der Stauferzeit

6900 **Heidelberg**, Heidelberger Schloß, (06221) 25880
Deutsches Apotheker-Museum: Geschichte des Apotheken- und Arzneimittelwesens von der Alchimistenküche bis zum modernen Labor

6900 **Heidelberg**, Universitätsbibliothek, (06221) 542380
Dokumenten-Museum: Berühmte Sammlung alter Handschriften, u. a. Manessische Liederhandschrift und Sachsenspiegel

8562 **Hersbruck**, Eisenhüttlin 7, (09151) 2161
Deutsches Hirtenmuseum: Darstellung des Handwerks von der Kleidung, den Arbeitsbedingungen bis zu typischen Arbeitsgeräten

3200 **Hildesheim**, Am Steine 1–2, (05121) 1979
Pelizaeus-Museum: Kulturgeschichte Ägyptens von der Vor- und Frühgeschichte bis in die christlich-koptische Zeit um 1500 n. Chr.

5410 **Höhr-Grenzhausen** (Grenzau), (02624) 3881
Burgmuseum Grenzau im Kannenbäckerland des Westerwaldes: Geschichte des Steinzeugs ab dem Mittelalter in einer Burg aus dem 13. Jh. ausgestellt, Vorführung der Tonverarbeitung

8070 **Ingolstadt**, Anatomiestr. 18/20, (0841) 305493
Deutsches Medizinhistorisches Museum: Überblick über die Geschichte der Medizin

3500 **Kassel**, Brüder-Grimm-Platz 5, (0561) 12787
Hessisches Landesmuseum: U. a. Funde aus steinzeitlichen Hügelgräbern

2300 **Kiel**, Wall 65 (Fischhalle), (0431) 9013428
Kieler Stadt- und Schiffahrtsmuseum: Entwicklung der Segelschiffahrt an Modellen, Schiffbau im 19. Jh., Ausbruch der Novemberrevolution 1918

2300 **Kiel-Rammsee, (**0431) 65555
Schleswig-Holsteinisches Freilichtmuseum: Typische Bauten der Gegend, Demonstration alter Handwerkstechniken wie Korbflechten, Töpfern

5000 **Köln** 1, Burgmauer 68, (0221) 134136
Besteckmuseum Bodo Glaub: Die Entwicklung der Eßkultur, Tischsitten, Tafelausstattung

5000 **Köln**, Ubierring 45, (0221) 311065
Rautenstrauch-Joest-Museum für Völkerkunde: Eine der größten Sammlungen der Bundesrepublik für außereuropäische Kulturen von der Vergangenheit bis zur Gegenwart

5000 **Köln** 1, Roncalliplatz 4, (0221) 221-2301
Römisch-Germanisches Museum: Anschaulich aufgebautes Museum, das vor allem auch Alltagsleben zeigt

7527 **Kraichtal** (Gochsheim), Hintere Gasse, (07521) 2939
Badisches Bäckerei-Museum: Geschichte des Bäckerhandwerks

4150 **Krefeld** 12 (Linn), Andreasmarkt 8, (02151) 572046
Deutsches Textilmuseum: Große Sammlung von Textilien und Kostümen aus der ganzen Welt für wechselnde thematische Ausstellungen

8650 **Kulmbach**, Plassenburg, (09221) 5550
Deutsches Zinnfigurenmuseum: Größtes europäisches Zinnfigurenmuseum auf einer der sehenswertesten deutschen Residenzburgen, thematische Zusammenstellung der Figuren von der Urgeschichte an

8451 **Kümmersbruck-Theuern**, Portnerstr. 1, (09642) 832
Bergbau- und Industriemuseum Ostbayern: Geschichte des „Ruhrgebiets des Mittelalters“ mit seiner Eisenindustrie

6500 **Mainz**, Liebfrauenplatz 5, (06144) 2353
Deutsches Buchbindermuseum/Gutenberg-Museum: Geschichte der Schrift, des Drucks, des Bucheinbandes und der -illustration. In der Gutenbergwerkstatt wird wie im 16. Jh. gegossen, gesetzt und gedruckt.

6800 **Mannheim**, Heidelberger Str., (0621) 2992219
Museum für Technik: Geschichte des Handwerks und der Industrialisierung

2223 **Meldorf**, Bütjestr. 4, (04832) 7252
Dithmarscher Landesmuseum: Kulturgeschichte der Region, Landgewinnung, Deichbau und Entwässerung, Veränderung durch Industrialisierung

7430 **Metzingen**, Postfach 1646, (07123) 161217 u. 4036
Weinbaumuseum: Geschichte des Weinanbaus seit der Römerzeit

5700 **Mühlhausen**, Barfüßerklosterkirche, Kornmarkt, (03601) 6904
Gedenkstätte Deutscher Bauernkrieg: Zur Geschichte des Thüringer Bauernkrieges

8000 **München 22**, Prinzregentstr. 3, (089) 2168-1
Bayerisches Nationalmuseum: Umfaßt ein kunsthistorisches, kunstgewerbliches und kulturhistorisches Museum

8000 **München** 22, Museumsinsel 1, (089) 21791
Deutsches Museum: Geschichte aller naturwissenschaftlichen Disziplinen bis zum neuesten wissenschaftlichen Stand an funktionierenden Modellen und Maschinen im größten technischen Museum Europas. Mehrere Rundgänge erforderlich (insgesamt 16 km!)

8000 **München** 2, St.-Jakobs-Platz 1, (089) 2332370
Münchner Stadtmuseum: Zusammenschluß mehrerer Museen mit hervorragenden Sammlungen: Deutsches Brauerei-Museum, Film- und Photo-Museum, Puppentheatersammlung, Musikinstrumentensammlung

8000 **München** 2, Königsplatz 1, (089) 598359
Staatliche Antikensammlungen: Griechische und römische Töpferarbeiten und Kleinkunst, antike Goldschmiedearbeiten

8000 **München** 2, Hofgartenstr./Residenz, (089) 298546
Staatliche Sammlung ägyptischer Kunst: Ägyptische Kultur von der Vor- und Frühgeschichte bis zu den Anfängen des Christentums

4400 **Münster**, Domplatz 10, (0251) 591251
Westfälisches Landesmuseum für Kunst und Kulturgeschichte: Kunst und Geschichte der Region vom Mittelalter bis zur Gegenwart, spezielle Abteilung zu den Wiedertäufern

6392 **Neu-Anspach**, (06081) 9704 od. 9782
Freilichtmuseum Hessenpark: Regionaler Hausbau aus verschiedenen Jh.en, Demonstration alter Handwerke

2350 **Neumünster** 1, Parkstr. 17, (04321) 403316
Textilmuseum: Geschichte der Weberei und Spinnerei, Kleidung der Bronze- und Eisenzeit

8500 **Nürnberg** 11, Kornmarkt 1, (0911) 203971
Germanisches Nationalmuseum: Umfangreiche Sammlung von der Vor- und Frühgeschichte über Grabausstattung der Merowinger, mittelalterliches Hausgerät, Kostümen bis zu Musikinstrumenten

8500 **Nürnberg**, Rathausplatz 2, (0911) 162247
Lochgefängnisse unter dem Alten Rathaus: Verliese aus dem 14. Jh. und Folterkammer

8500 **Nürnberg**, Karlstr. 13, (0911) 163260
Spielzeugmuseum: Spielzeug aus allen Bereichen, Puppenstuben als Spiegel der jeweiligen Wohnkultur

6050 **Offenbach**, Frankfurter Str. 86, (0611) 813021
Deutsches Ledermuseum/Deutsches Schuhmuseum: Vielfalt der Lederverwendung in allen Kulturen, Entwicklung der Fußbekleidung seit der Römerzeit

1500 **Potsdam**, Wilhelm-Külz-Str. 13, (0331) 22579
Schloß Cecilienhof: Historische Gedenkstätte des Potsdamer Abkommens

7095 **Rainau** (Schwabsberg), Rathaus, (07961) 2012
Freilichtmuseum am Rätischen Limes: Limeswanderung zu römischen Limesanlagen mit Palisaden, Wehrtürmen, Kastell

7550 **Rastatt**, Herrenstr./Schloß, (07222) 39475
Erinnerungsstätte für die Freiheitsbewegungen in der deutschen Geschichte: Vor

allem die Geschichte der Revolution von 1848/49 wird umfassend vorgestellt.

8400 **Regensburg**, Rathausplatz 4, (0941) 507-2411
Reichstagsmuseum im Alten Rathaus: Tagungsraum und Dokumente zum Reichstag des alten Reiches

5630 **Remscheid** 1, Cleffstr. 2–6, (02191) 192519
Deutsches Werkzeugmuseum und Heimatmuseum: Arbeitsgeräte von der Vor- und Frühgeschichte bis heute, Vorführung von Handschmiedeverfahren, Roheisen- und Stahlerzeugung vom Mittelalter bis zum Beginn des 20. Jh.s

2953 **Rhauderfehn**, Rajen 5, (04952) 3044
Fehn- und Schiffahrtsmuseum: Geschichte der Entwässerung, Kolonisierung und Besiedlung der norddeutschen Sümpfe und Moore

2500 **Rostock**, August-Bebel-Str.
Schiffahrtsmuseum: Zur Geschichte der Schiffahrt

8803 **Rothenburg ob der Tauber**, Burggasse 3, (09861) 5359
Kriminal- und Foltermuseum: Rechtspflege und Strafen zwischen 1200 und 1800

6220 **Rüdesheim**, Rheinstr. 2/Brömserburg, (06722) 2348
Rheingauer Museum, Museum für die Geschichte des Weines: Umfassender Überblick über den 2000 Jahre alten Weinbau im Rheingau

3424 **Sankt Andreasberg/Oberharz**, (05582) 1249
Historisches Silbererzbergwerk: Alle Anlagen der Grube, die von 1521–1910 in Betrieb war, sind erhalten und zugänglich.

2380 **Schleswig**, Schloß Gottorf, (04621) 33021
Schleswig-Holsteinisches Landesmuseum für Vor- und Frühgeschichte: Funde vom Wikingerhandelsplatz Haithabu, Moorleichen

7170 **Schwäbisch Hall-Wackershofen**, (07170) 751-363
Hohenloher Freilandmuseum/Regionales Freilandmuseum für Nord-Württemberg: Bäuerliches Wohnen und Arbeiten in der Region aus der Zeit um 1800

5650 **Solingen** 1, Wuppertaler Str. 160, (02122) 591313
Deutsches Klingenmuseum: Geschichte des Schwertschmiedehandwerks seit dem 14. Jh., Beginn der Stahlwarenindustrie, neben der städtischen Handwerksgeschichte Entwicklung der Schneidegeräte über 3 Jt.e und umfangreichste europäische Bestecksammlung

6400 **Sonneberg**, Beethovenstr. 10, (03675) 2856
Spielzeugmuseum: Zur Geschichte des Spielzeugs

6720 **Speyer**, Große Pfaffengasse 10, (06232) 75185
Historisches Museum der Pfalz: Funde aus den Kaisergräbern und das älteste und größte Weinmuseum, das die 2000jährige Geschichte des deutschen Weinanbaus dokumentiert.

3500 **Stendal**, Katharinenkloster/Straße der Freundschaft 48, (03931) 212415
Altmärkisches Museum: Zur Geschichte der Altmark

7000 **Stuttgart** 70 (Hohenheim), Garbenstr. 9a, (0711) 4701-2146
Deutsches Landwirtschaftsmuseum: Entwicklung und Wandel der Landwirtschaft seit der Jungsteinzeit

7000 **Stuttgart** 1, Schillerplatz 6/Altes Schloß, (0711) 2193-1
Württembergisches Landesmuseum: Vorgeschichte, Römerzeit, Mittelalter usw.

6413 **Tann/Rhön**, Schloßstr., (06682) 8011
Freilichtmuseum Rhöner Museumsdorf: Leben und Arbeit der Bauern in der Rhön um 1800

5500 **Trier**, Brückenstr. 10, (0651) 43011
Karl-Marx-Haus: Dokumentation von Leben und Werk von Karl Marx und frühe Geschichte der Arbeiterbewegung

5500 **Trier**, Ostallee 44, (0651) 43588
Rheinisches Landesmuseum: Geschichte der Region, besonders Römer- und Frankenzeit

7772 **Uhldingen-Mühlhofen** (Bodensee), Seepromenade 6, (07556) 8543
Pfahlbaumuseum Deutscher Vorzeit: Rekonstruierte Dörfer der Stein- und Bronzezeit

7987 **Weingarten**, Karlstr. 28, (0751) 4051
Alemannenmuseum: Frühmittelalterliche Geschichte Oberschwabens, Geschichte der Alemannen

3700 **Wernigerode**, Schloß/Klint 10, (03943) 3205
Schloßmuseum: Adel und Rittertum im Mittelalter

4600 **Wittenberg**, Collegienstr. 60, (03491) 2671/2
Lutherhaus: Zur Lebensgeschichte Luthers und zur Geschichte der Reformation

4232 **Xanten**, Trajanstr. 3, (02801) 3311
Archäologischer Park: Freigelegte Römerstadt mit Amphitheater, Tempel usw.

Bildnachweis

Archiv für Kunst und Geschichte, Berlin: 9, 26, 35, 38, 40, 53, 62, 67, 69, 71, 72, 74, 83 (rechts), 87, 104 (oben), 105, 129, 131, 136, 138 (unten), 142, 147, 153, 157, 163, 174, 178, 191, 198, 219, 231, 237, 241, 250, 255, 263, 294, 317, 327, 333, 347, 348, 356, 364, 371, 373, 374 (unten), 392, 393, 398 (links), 405, 409 – **Bayerischer Schulbuchverlag, München**: 203 – **Bildarchiv Preußischer Kulturbesitz, Berlin**: 13, 30, 42, 46, 52, 56, 57, 58, 61, 65, 68, 77, 79, 81, 83 (links), 92, 97 (oben), 104 (unten), 112, 122, 125, 134, 144, 149, 152, 159, 160, 176, 183, 193, 195, 234, 245, 259, 277, 282, 302 (links), 305, 335, 346, 374 (oben), 399 – **dpa, Frankfurt**: 238, 354 – **Droste Verlag, Düsseldorf**: 79, 384 – **E. Gruber, Darmstadt**: 353 – **Erich Schmidt Verlag, Berlin**: 89, 395 – **Globus-Kartendienst, Hamburg**: 107, 172 – **Historia-Photo, Hamburg**: 17, 32, 44, 49, 97 (unten), 109, 115, 137, 138 (oben), 140, 166, 185, 228, 265, 272, 288, 315, 349, 359, 368, 376, 381, 411 – **Klett-Cotta, Stuttgart**: 128, 312 – **Leske Verlag, Leverkusen**: 63, 325 – **Süddeutscher Verlag, München**: 12, 22, 23, 24, 28, 29, 33, 82, 95, 118, 126, 148, 162, 180, 187, 189, 199, 208, 210, 213, 222, 233, 235, 242, 247, 248, 266, 268, 271, 275, 279, 285, 289, 293, 302 (rechts), 307, 313, 326, 331, 339, 398 (rechts) – **Ullstein-Bilderdienst, Berlin**: 385

Schaubilder und Karten: Klaus Becker, Maria Geitmann, Annette Pflügner, Brita von Schenck, Günter Wiesler

Die Autoren

DETTELBACHER, WERNER: Jahrgang 1926, Studium der Geschichte, Deutsch, Geographie und Sozialkunde.
Arbeitete als Studiendirektor an einem Gymnasium. Autor von zahlreichen historischen und kunsthistorischen Schriften.

GLANZ, JOHANNES: Jahrgang 1919, Studium der Geschichte, Germanistik, Altphilologie und Musikwissenschaft.
Arbeitete bis 1984 als Gymnasiallehrer und Seminarlehrer. Mitarbeiter von historischen und literarischen Veröffentlichungen, Arbeiten auf dem Gebiet der Jugendliteratur.

HÄUSLER, LOTHAR: Jahrgang 1930, Studium der Geschichte, Philosophie und Germanistik.
Arbeitet als Lehrer und Seminarleiter an einem Gymnasium. Autor von historischen Beiträgen in Lexika und Sammelwerken.

PLETICHA, HEINRICH, DR.: Jahrgang 1924, Studium der Geschichte und Germanistik.
Arbeitete als Lehrer und Schulleiter an einem musischen Gymnasium, derzeit Honorarprofessor an der Universität Würzburg. Autor und Herausgeber zahlreicher historischer Sachbücher für jugendliche und erwachsene Leser.

ROEDIG, CHRISTIAN: Jahrgang 1951, Studium der Geschichte und Germanistik.
Arbeitet als Lehrer und Seminarlehrer an einem Gymnasium. Autor von Fachaufsätzen, Schulbüchern und didaktischen Handreichungen.

SCHATT, GERHARD: Jahrgang 1929, Studium der Geschichte, Wirtschaftswissenschaften und Geographie.
Arbeitet als Studiendirektor am Nürnberg-Kolleg, einem Gymnasium des Zweiten Bildungsweges. Zahlreiche Veröffentlichungen, u. a. Mitarbeit an Schulbüchern, historischen Sammelwerken und Lexika.

VOCKE, ROLAND, DR.: Jahrgang 1930, Studium der Geschichte, Kunstgeschichte, Germanistik und Anglistik.
Arbeitet als Lehrer an einem Gymnasium. Verfasser zahlreicher Beiträge zu historischen Sachbüchern. Mitarbeit an Werken zum Literaturunterricht. Übersetzungen aus dem Englischen.

WACHTER, JOHANNES: Jahrgang 1958, Studium der Geschichte, Politologie und Germanistik.
Arbeitet als Lehrer an einem Gymnasium. Autor von Arbeiten zur Zeitgeschichte Afghanistans.

WEISMANTEL, WOLFGANG: Jahrgang 1951, Studium der Geschichte, Germanistik und Soziologie.
Fachbetreuer und Lehrer an einem Gymnasium. Mitarbeit an historischen Sachbüchern zur deutschen und europäischen Geschichte, an verschiedenen Lexika und Handbüchern. Tätigkeit als Herausgeber. Veröffentlicht Rezensionen und Funkbeiträge.

Stichwortverzeichnis

In diesem Lexikon gibt es häufig „Begriffsnester“: In der Erklärung zu einem Hauptstichwort wird ein weiteres Stichwort im Zusammenhang ebenfalls erläutert. Solche Unterstichwörter, sogenannte „Nestwörter“, sind durch **fettere Schrift** hervorgehoben.
Das Stichwortverzeichnis enthält diese Nestwörter und verweist auf das zugehörige Hauptstichwort. Wer z. B. wissen will, was unter „Kronvasall“ zu verstehen ist, findet die Erklärung unter „Lehnswesen“ auf S. 223.

Abasiden ▶ Kalif 190, ▶ Wesir 402
Abdecker ▶ „Unehrliche Leute” 376
Abendländisches Schisma ▶ Schisma 329
Abortreiniger ▶ „Unehrliche Leute” 376
Abtei ▶ Kloster 204
Abu Simbel ▶ Ramses II. 301
Abydos ▶ Ramses II. 301
Achäer ▶ Griechen 140, ▶ Indogermanen 172, ▶ Minoische Kultur 243
Achämeniden ▶ Kyros 217, ▶ Parther 282, ▶ Persepolis 285, ▶ Perser 285, ▶ Xerxes I. 407, ▶ Zarathustra 408
Ackerbaukultur ▶ Bauern 45
Actium (Schlacht) ▶ Augustus 37, ▶ Kleopatra VIII. 202
Adalbert ▶ Babenberger 40
Adelheid (Deutsches Reich) ▶ Frau 121
Ädil/Ädilität ▶ Ämterlaufbahn 24/25
Africa ▶ Römisches Reich 320
African National Congress ▶ Apartheid 27
Afrikakorps ▶ Zweiter Weltkrieg 412
Afrikanische Gesellschaft ▶ Afrika-Erschließung 14
Ager romanus ▶ Römisches Reich 320
Agora ▶ Athen 33
Aischylos ▶ Tragödie 369
Akademie ▶ Platon 290
Akbar ▶ Mogul 246
AKP-Staaten ▶ Europäische Vereinigung 108
Akropolis ▶ Athen 33
Aktiengesellschaft ▶ Eisenbahn 94, ▶ Industrielle Revolution 173
Aktives Lehnsrecht ▶ Heerschild 156
Alanen ▶ Hunnen 166
Alarich ▶ Rom 318
Alba, Fernando von ▶ Niederländischer Aufstand 260
Albert I. (Sardinien-Piemont) ▶ Italienische Einigung 180
Albigenser/Albigenserkriege ▶ Katharer 195, ▶ Ketzer 197
Alboin ▶ Langobarden 220
Albrecht I. (Deutsches Reich) ▶ Habsburger 146
Albrecht V. (Deutsches Reich) ▶ Habsburger 147
Albrecht, Wilhelm Eduard ▶ Göttinger Sieben 138
Alemannen ▶ Franken 115, ▶ Limes 227, ▶ Merowinger 239, ▶ Römisches Reich 322, ▶ Völkerwanderung 388
Alembert, Jean le Rond d' ▶ Enzyklopädisten 104
Alexander I. (Rußland) ▶ Dekabristen 76
Alexander II. (Rußland) ▶ Dekabristen 76, ▶ Terrorismus 366
Alexander VI. (Papst) ▶ Tordesillas, Vertrag von 369
Alfons von Kastilien ▶ Interregnum 176, ▶ Städtebünde 351
Alfons XIII. (Spanien) ▶ Spanischer Bürgerkrieg 347
Algeciras (Konferenz) ▶ Marokkokrise 235
Alkibiades ▶ Peleponnesischer Krieg 284
Allgemeiner Deutscher Arbeiterverein/ADAV ▶ Arbeiterbewegung 28, Sozialismus 346
Allgemeines Landrecht ▶ Absolutismus 11
Allgemeine SS ▶ SS 350
Alliierter Kontrollrat ▶ Besatzungszonen 53
Allmende ▶ Bauern 46
Allod ▶ Lehnswesen 223
Allrussischer Sowjetkongreß, II. ▶ Russische Revolution 324
Almoraviden ▶ Cid 71
Altes Reich ▶ Ägypten 14, ▶ Pharao 288, ▶ Pyramiden 299
Altmensch ▶ Cro-Magnon 74
Altsteinzeit ▶ Cro-Magnon 74, ▶ Vorgeschichte 389
Amal-Milizen ▶ Islam 178
Ambrosius ▶ Augustinus 36
Amenophis IV. ▶ Echnaton 92
Amselfeld (Schlacht) ▶ Türkenkriege 372
Amtsadel ▶ Adel 13

Amun-Re ▶ Amun 25
Amundsen, Roald ▶ Entdecker 100
Anarchismus ▶ Sozialismus 345, ▶ Terrorismus 366
ANC ▶ Apartheid 27
Ancón (Frieden) ▶ Salpeterkrieg 329
Angeln ▶ Germanen 134
Anna Amalia (Sachsen-Weimar) ▶ Frau 122
Anna von Österreich ▶ Ludwig XIV. 228
Anselm von Canterbury ▶ Scholastik 333
Antigonos ▶ Diadochen 81
Antike ▶ Altertum 20
Antikominternpakt ▶ Achsenmächte 12, ▶ Komintern 208
Antiochos III. (Syrien) ▶ Hannibal 151
Antisemitenpartei ▶ Judenverfolgungen 186
Antonius der Einsiedler ▶ Ordenswesen 266
Antonius, Marcus ▶ Augustus 37, ▶ Cicero70, ▶ Kleopatra VIII. 202, ▶ Römisches Reich 321
Aphrodite ▶ Ischtar 177
Apollon ▶ Delphi 76, ▶ Orakel 266, ▶ Zeus 409
Apostelkonzil ▶ Konzil 212, ▶ Paulus 283, ▶ Urchristentum 379
Appomatox (Schlacht) ▶ Sezessionskrieg 337
Aprilthesen ▶ Lenin 224, ▶ Russische Revolution 324
Aquae Sextiae (Schlacht) ▶ Völkerwanderung 387
Arabia Felix ▶ Petra 287
Arbeiter- und Soldatenräte ▶ Novemberrevolution 263
Arbeiterbildungsverein ▶ Sozialismus 346
Arbeiterverein ▶ Gewerkschaften 135
Archaische Zeit ▶ Griechen 141
Archon Basileus ▶ Archon 31
Archon Polymarchos ▶ Archon 31
Areopag ▶ Archon 31, ▶ Athen 33
Ares ▶ Zeus 409
Arier ▶ Indogermanen 172, ▶ Induskultur 172
Aristarch ▶ Weltbild 398
Aristophanes ▶ Komödie 208
Arius ▶ Arianer 31
Arme Lombarden ▶ Waldenser 391
Arminius ▶ Völkerwanderung 388
Arnim, Achim von ▶ Romantik 319
Arpad ▶ Ungarn 377
Arsinoë ▶ Frau 121
Artaxerxes (Persien) ▶ Anabasis 25
Artemis ▶ Weltwunder 400, ▶ Zeus 409
39 Artikel ▶ Anglikanische Kirche 25
Asdingen ▶ Wandalen 391
Aserbeidschaner ▶ Türken 372
Asklepios ▶ Orakel 266
Aspasia ▶ Frau 121
Assignaten ▶ Französische Revolution 119
Assur ▶ Assyrer 32
Assurbanipal ▶ Assyrer 33
Atahualpa ▶ Inkareich 175
Ataman ▶ Kosaken 213
Athene ▶ Zeus 409
Atlantikcharta ▶ Churchill 70, ▶ Zweiter Weltkrieg 414
Atomteststoppabkommen ▶ Abrüstung 10
Atomwaffensperrvertrag ▶ Abrüstung 10
Aton ▶ Echnaton 92
Atrium ▶ Haus in der Antike 154
Attila ▶ Hunnen 166
Aufgeklärter Absolutismus ▶ Absolutismus 11, ▶ Friedrich II., der Große 127, ▶ Preußen 295
Auguren ▶ Auspizien 38
Augusta ▶ Bibliothek 55
Augustäischer Friede ▶ Römisches Reich 321
Augustiner ▶ Babenberger 40, ▶ Ordenswesen 267
Aurangsib ▶ Mogul 246
Aurelian ▶ Rom 318
Auspizium ▶ Auspizien 38
Austrien ▶ Hausmeier 155
Authari ▶ Langobarden 220
Auxiliarkastell ▶ Limes 226
Awaren ▶ Hunnen 166, ▶ Langobarden 220, ▶ Ostsiedlung 269, ▶ Slawen 342, ▶ Türken 372
Awesta ▶ Zarathustra 408
Azzo II. (Este) ▶ Welfen 396

Babeuf, Francois ▶ Sozialismus 345
Babur ▶ Mogul 246, ▶ Mongolen 247
Babylonische Gefangenschaft ▶ Flüchtlingsbewegungen 112, ▶ Juda 184, ▶ Kyros 217, ▶ Tempel von Jerusalem 365
Balboa, Vasco Nunez de ▶ Entdecker 98
Baldwin, Stanley ▶ Appeasementpolitik 27
Balfour-Declaration ▶ Palästina-Frage 273
Banater Schwaben ▶ Ostsiedlung 270
Barbarus ▶ Barbaren 43
Barth, Heinrich ▶ Afrika-Erschließung 14
Bar Kochba ▶ Massada 236
Basel (Konzil) ▶ Hussiten 167, ▶ Reformation 302

Basilisk ▶ Fabelwesen 109
Bastille ▶ Französische Revolution 119
Batista, Fulgenio ▶ Kubakrise 215
Battuta, Ibn ▶ Entdecker 97
Bauernparlament ▶ Bauernkrieg 49
BDM ▶ Hitlerjugend 161
Bebel, August ▶ Arbeiterbewegung 28, ▶ Sozialismus 346
Beck, Ludwig ▶ Drittes Reich 90
Belgien ▶ Niederländischer Aufstand 260
Belisar ▶ Byzanz 66, ▶ Goten 137, ▶ Papst 276, ▶ Wandalen 391
Benedek ▶ Königgrätz 209
Benediktiner ▶ Babenberger 40
Ben Bella, Mohammed Ahmed ▶ Algerienkrieg 18
Ben Gurion, David ▶ Israel 179
Benedikt von Nursia ▶ Abt 12, ▶ Kloster 202, ▶ Ordenswesen 267
Benes, Eduard ▶ Nachfolgestaaten 251
Bergfried ▶ Burg 63
Bergpartei ▶ Französische Revolution 120
Berlichingen, Götz von ▶ Bauernkrieg 49
Bernhard von Clairvaux ▶ Kreuzzüge 214, ▶ Mystik 251, ▶ Ordenswesen 267
Bernini, Gian Lorenzo ▶ Barock 44
Bernsteinstraße ▶ Handelsstraßen 151
Berthold ▶ Babenberger 40
Bettelorden ▶ Ordenswesen 267
Bewegungskrieg ▶ Erster Weltkrieg 104
Biffa ▶ Belagerungsmaschinen 51
Bildersturm ▶ Niederländischer Aufstand 260
Bill of Rights ▶ Glorreiche Revolution 136
Birka ▶ Wikinger 405
Bizone ▶ Besatzungszonen 53
Blanc, Louis ▶ Sozialismus 345
Blide ▶ Belagerungsmaschinen 51
Blitzkrieg ▶ Zweiter Weltkrieg 412
Blutbanner ▶ Blutgerichtsbarkeit 57
Bluthochzeit ▶ Bartholomäusnacht 45
Boccaccio, Giovanni ▶ Humanismus 165, ▶ Renaissance 307
Boethius ▶ Theoderich der Große 367
Böhmisch-Pfälzischer Krieg ▶ Dreißigjähriger Krieg 85, ▶ Prager Fenstersturz 293
Böhmischer Aufstand ▶ Majestätsbrief 232
Bojer ▶ Böhmen 57
Boleyn, Anna ▶ Elisabeth I. 95
Bolschewiki ▶ Lenin 224, ▶ Russische Revolution 324
Bonaventura ▶ Mystik 251
Bonhoeffer, Dietrich ▶ Drittes Reich 90
Bonifaz VIII. ▶ Papst 278
Bonpland, Aimé ▶ Entdecker 98
Bosnienkrise ▶ Panslawismus 275
Boston Tea Party ▶ Amerikanischer Unabhängigkeitskrieg 23
Bosworth (Schlacht) ▶ Rosenkriege 322
Bourbon-Anjou ▶ Bourbonen 59
Bourbon-Vendôme ▶ Bourbonen 59
Bourgeoisie ▶ Marxismus 236
Bouvines (Schlacht) ▶ Magna Charta 231, ▶ Welfen 396
Bramante ▶ Renaissance 307
Brandt, Willy ▶ Ostverträge 271
Brant, Sebastian ▶ Humanismus 166
Braun, Wernher von ▶ Raumfahrt 301
Brazzaville-Staaten ▶ Panafrikanische Bewegung 274
Breitenfeld (Schlacht) ▶ Gustaf II., Adolf 146
Brennus ▶ Kelten 196, ▶ Rom 317, ▶ Römisches Reich 319
Brentano, Clemens von ▶ Romantik 319
Breschnew-Doktrin ▶ Prager Frühling 294
Briand, Aristide ▶ Dritte Republik 87, ▶ Europäische Vereinigung 107
Brian von Munster ▶ Nordirland-Konflikt 261
Britannien ▶ Hadrianswall 148
Britisch-Ostindische Kompanie ▶ Handelskompanien 150, ▶ Sepoy-Aufstand 336
Bruderschaft ▶ Zunft 411
Brüning, Heinrich ▶ Weimarer Republik 396
Brutus, Marcus ▶ Caesar 67, ▶ Cicero 71
Bucer, Martin ▶ Reformation 303
Buddhismus ▶ Dalai Lama 75, ▶ Kloster 202, ▶ Ordenswesen 266
Bugenhagen, Johannes ▶ Reformation 303
Buhurt ▶ Turnier 373
Bulgaren ▶ Byzanz 66, ▶ Slawen 342, ▶ Türken 372
Bundesgenossenkrieg ▶ Römisches Reich 320, ▶ Samniter 329
Bundesgenossenverträge ▶ Römisches Reich 320
Bundeslade ▶ Tempel von Jerusalem 365
Bundesstaat ▶ Föderalismus 114
Bundestag ▶ Deutscher Bund 78
Bundesversammlung ▶ Deutscher Bund 78
Bundesversammlung ▶ Völkerbund 386
Bundschuh ▶ Bauernkrieg 48
Bund der Frontsoldaten ▶ Stahlhelm 356
Bund der Kommunisten ▶ Marx 235
Bund Deutcher Mädel/BDM ▶ Hitlerjugend 161
Burchardinger ▶ Hohenzollern 163
Burckhardt, Johann ▶ Entdecker 100

Buren-Freistaat ▶ Großer Treck 144
Bürgerkolonien ▶ Römisches Reich 320
Burgfrieden ▶ Bürger 63
Burgfrieden ▶ Deutsches Reich 80
Burggraf ▶ Stadt im Mittelalter 354
Burgunder ▶ Germanen 134, ▶ Theoderich der Große 367
Burton, Richard ▶ Entdecker 100
Byron, George Gordon Noel ▶ Griechische Unabhängigkeit 143

Cagliostro ▶ Alchimie 17
Calenberg (Hannover) ▶ Welfen 396
Caligula, Gaius ▶ Römisches Reich 321
Calixtiner ▶ Hussiten 167
Calixtus II. (Papst) ▶ Investiturstreit 177
Caracalla ▶ Thermen 368
Carta ▶ Urkunde 379
Casablanca (Konferenz) ▶ Zweiter Weltkrieg 414
Casablanca-Staaten ▶ Panafrikanische Bewegung 274
Cäsarenwahn ▶ Nero 256
Cassiodorus ▶ Theoderich der Große 367
Cassius, Gajus ▶ Caesar 67, ▶ Cicero 71
Castro, Fidel ▶ Kubakrise 215
Catilina, Lucius ▶ Cicero 70
CDU ▶ Adenauer 13
Cella ▶ Tempel 361
Censor ▶ Ämterlaufbahn 24
Chaironeia (Schlacht) ▶ Alexander der Große 17, ▶ Theben 367
Chamberlain, Arthur Neville ▶ Appeasement-politik 27, ▶ Münchner Abkommen 249
Chamberlain, Houston Stewart ▶ Judenverfolgungen 186
Champlain, Samuel de ▶ Entdecker 98
Chartered Company ▶ Rhodes, Cecil 311
Chasaren ▶ Hunnen 166
Chauvinismus ▶ Nationalismus 255
Cheops ▶ Pyramiden 299, ▶ Weltwunder 400
Chephren ▶ Pyramiden 299, ▶ Sphinx 349
Cheyenne ▶ Indianerkriege 171
Chimäre ▶ Fabelwesen 109
Chioggiakrieg ▶ Venedig 381
Chlodwig I. ▶ Arianer 31, ▶ Franken 115, ▶ Merowinger 239, ▶ Papst 276
Chomeini ▶ Islam 179
Christian I. (Dänemark) ▶ Schleswig-Holsteinische Frage 330
Christian IV. (Dänemark) ▶ Dreißigjähriger Krieg 85
Chruschtschow, Nikita ▶ Entstalinisierung 103, ▶ Kubakrise 215, ▶ Ungarnaufstand 377
Ciolkovskj ▶ Raumfahrt 301
Circus maximus ▶ Circus 71
Cisalpina, Gallia ▶ Kelten 196, ▶ Römisches Reich 320
City ▶ Englischer Bürgerkrieg 96
Clay, Lucius ▶ Berlinkrise 52
Clemens II. (Papst) ▶ Salier 328
Clemens V. ▶ Papst 278
Clemens VII. (Papst) ▶ Schisma 330
Cloaca Maxima ▶ Forum Romanum 115
Cluniazensische Reform ▶ Cluny 73
Code civil ▶ Napoleon I. Bonaparte 253, ▶ Rheinbund 311
Codex Justinianus ▶ Codex 73
Colbert, Jean-Baptiste ▶ Ludwig XIV. 228
Coligny, Gaspard de ▶ Bartholomäusnacht 45
Commodus ▶ Römisches Reich 321
Commonwealth of England ▶ Cromwell 74
Common Prayer Book ▶ Anglikanische Kirche 25
Condamine, Charles de la ▶ Entdecker 98
Condé ▶ Ludwig XIV. 228
Condillac, Etienne Bonnot de ▶ Enzyklopädisten 104
Constitutio criminalis Theresiana ▶ Absolutismus 11
Cook, James ▶ Entdecker 98
Cornelia ▶ Frau 121
Cortez, Hernando ▶ Entdecker 98
Cosimo de Medici ▶ Medici 238
Cosimo I. (Florenz) ▶ Medici 238
Coubertain, Pierre de ▶ Olympische Spiele 265
Crassus, Marcus ▶ Caesar 66
Cuius regio, eius religio ▶ Augsburger Religionsfriede 35, ▶ Gegenreformation 132
Czartoryski, Adam Jerzy ▶ Polnischer Aufstand 291

Dahlmann, Friedrich Christoph ▶ Göttinger Sieben 138, ▶ Paulskirche 283
Dalberg, Karl Theodor von ▶ Rheinbund 311
Dampfmaschine ▶ Industrielle Revolution 172
Danton, Georges Jacques ▶ Französische Revolution 120
Dareios III. (Persien) ▶ Alexander der Große 17
Darwin, Charles ▶ Darwinismus 76
David, Jacques Louis ▶ Klassizismus 199

Davis, Jefferson ▶ Sezessionskrieg 337
Dawesplan ▶ Reparationen 308, ▶ Ruhrkrise 324, ▶ Weimarer Republik 396, ▶ Weltwirtschaftskrise 401, ▶ Youngplan 407
Delos ▶ Sklaverei in der Antike 340
Demilitarisierung ▶ Besatzungszonen 53
Demokratisierung ▶ Besatzungszonen 53
Demontage ▶ Besatzungszonen 53
Denazifizierung ▶ Besatzungszonen 53
Derwisch/Derwischorden ▶ Mahdiaufstand 232, ▶ Senussi 336
Desiderius ▶ Karl I., der Große 192, ▶ Langobarden 220
Despotismus ▶ Römisches Reich 322
Deutsch-Sowjetischer Nichtangriffspakt/Hitler-Stalin-Pakt ▶ Baltikum 43, ▶ Polnische Teilungen 292, ▶ Zweiter Weltkrieg 412
Deutsch-Südwestafrika ▶ Hereroaufstand 158
Deutsche Bundesakte ▶ Deutscher Bund 77
Deutscher Handels- und Gewerbeverein ▶List 227
Deutscher Orden ▶ Jagellonen 182, ▶ Ostsiedlung 271, ▶ Preußen 294, ▶ Ritterorden 316
Deutsches Jungvolk ▶ Hitlerjugend 161
Deutsche Volkspartei/DVP ▶ Stresemann 359
Dias, Bartolomeo ▶ Afrika-Erschließung 14
Dictator ▶ Ämterlaufbahn 25
Dictatus Papae ▶ Gregor VII. 140, ▶ Papst 277
Diderot, Denis ▶ Enzyklopädisten 104
Dien Bien Phu (Schlacht) ▶ Indochinakrieg 171, ▶ Vietnamkrieg 385
Diktatur des Proletariats ▶ Marxismus 236
Dingaan ▶ Großer Treck 144
Diokletian ▶ Konstantin I., der Große 210, ▶ Prinzipat 296, ▶ Römisches Reich 322
Dionysien ▶ Komödie 208, ▶ Tyrannis 374
Dionysos-Kult ▶ Tragödie 369
Dionysos ▶ Tyrannis 374, ▶ Vasenmalerei 380, ▶ Zeus 409
Diözese ▶ Bischof 55
Direkte Demokratie ▶ Demokratie 77
Direktorium ▶ Französische Revolution 120
Disraeli, Benjamin ▶ Whigs 403
Djoser ▶ Pyramiden 299
Dolmen ▶ Großsteingräber 144
Domesday Books ▶ Wilhelm der Eroberer 405
Dominikaner ▶ Ordenswesen 267
Dominium ▶ Entkolonialisierung 101
Domitian ▶ Limes 226
Domkapitel ▶ Bischof 55, ▶ Ordenswesen 267
Donatello ▶ Renaissance 308
Donatismus ▶ Augustinus 36
Don Juan d'Austria ▶ Lepanto 224
Doppelmonarchie ▶ Franz Joseph I. 117
Dorer ▶ Griechen 141, ▶ Indogermanen 172, ▶ Minoische Kultur 243
Dorischer Stil ▶ Tempel 363
Dormitorium ▶ Kloster 202
Drache ▶ Fabelwesen 109
Dragoner ▶ Dragonaden 84
Drake, Francis ▶ Armada 32, ▶ Elisabeth I. 95, ▶ Piraten 290
Dreiecksgeschäft ▶ Sklavenhandel 339
Dreikaiserbündnis ▶ Bismarck 56, ▶ Deutsches Reich 80
Dreimächtepakt ▶ Achsenmächte 12
Dritter Stand ▶ Französische Revolution 119
Drittes Rom ▶ Iwan III. 181
Droste-Hülshoff, Annette von ▶ Biedermeier 55
Druiden ▶ Gallien 130, ▶ Kelten 196
Dschugaschwili ▶ Stalin 356
Dubcek, Alexander ▶ Prager Frühling 294
Dukat ▶ Kirchenstaat 198
Dunant, Henri ▶ Rotes Kreuz 323
Dyck, Antonis van ▶ Barock 44

Ebert, Friedrich ▶ Novemberrevolution 263, ▶ Weimarer Republik 395
Eckart ▶ Mystik 251
EDES ▶ Griechischer Bürgerkrieg 143
Edikt von Nantes ▶ Hugenotten 164
Edington (Schlacht) ▶ Alfred der Große 18
Edward IV. (England) ▶ Rosenkriege 322
Egmond, Lamoraal von ▶ Niederländischer Aufstand 260
Ehrhardt, Hermann ▶ Kapp-Putsch 191
Eichendorff, Joseph von ▶ Romantik 319
Eichmann, Karl-Adolf ▶ Eichmann-Prozeß 92
Eike von Repgow ▶ Sachsenspiegel 327
Einhorn ▶ Fabelwesen 109
Einstein, Albert ▶ Weltbild 400
el-Gaadafi, Muammar ▶ Senussi 336
ELAS ▶ Griechischer Bürgerkrieg 143
Eleusische Mysterien ▶ Mysterien 250
Elisabethanisches Zeitalter ▶ Elisabeth I. 95
Emser Depesche ▶ Deutsch-Französischer Krieg 81

Engels, Friedrich ▶ Marx 235
Engelsburg ▶ Hadrian 148
Englische Fräulein ▶ Ordenswesen 268
Entente von 1907 ▶ Bagdadbahn 42
Enver Pascha ▶ Jungtürken 188
Enzyklika ▶ Rerum novarum 308
EOKA ▶ Zypernkonflikt 415
Ephoren ▶ Sparta 348
Erbmonarchie ▶ Gegenkönig 132
Erbuntertänigkeit ▶ Bauern 46, ▶ Leibeigenschaft 224
Erechtheion ▶ Athen 33
Eremit ▶ Ordenswesen 266
Erik der Rote ▶ Entdecker 97, ▶ Wikinger 405
Ermächtigungsgesetz ▶ Drittes Reich 88
Ermanarich ▶ Hunnen 166
Erzämter ▶ Kurfürsten 217
Erzberger, Matthias ▶ Freikorps 123
Erzkanzler ▶ Kanzler 190
Este ▶ Stadtstaat 356
Euripides ▶ Tragödie 369
Europäische Atomgemeinsch. (Euratom) ▶ Europäische Vereinigung 108
Europäischer Gerichtshof ▶ Europäische Vereinigung 108
Europäische Kommission ▶ Europäische Vereinigung 108
Europäische Parlamentarische Union ▶ Europäische Vereinigung 108
Europäischer Rechnungshof ▶ Europäische Vereinigung 108
Europäisches Währungssystem ▶ Europäische Vereinigung 108
Europäische Wirtschaftsgem. (EWG) ▶ Europäische Vereinigung 108
Europaparlament ▶ Europäische Vereinigung 108
Europarat ▶ Adenauer 13, ▶ Europäische Vereinigung 108
Europaunion ▶ Europäische Vereinigung 108
European Recovery Program ▶ Marshallplan 235
Evian (Frieden) ▶ Algerienkrieg 18
Ewald, Heinrich ▶ Göttinger Sieben 138
Ewiger Bund ▶ Eidgenossenschaft 93
Ewiger Landfrieden ▶ Landfrieden 218
Exekutive ▶ Gewaltenteilung 135, ▶ Montesquieu 248

Fabrizius ▶ Prager Fenstersturz 293
Fahrende ▶ „Unehrliche Leute" 376
Fahrender Schüler ▶ Scholar 332
Falange ▶ Spanischer Bürgerkrieg 347
Falkner ▶ Falkenbeize 109
Farnese, Alexander ▶ Niederländischer Aufstand 260
Fasces ▶ Faschismus 110
Faschismustheorien ▶ Faschismus 110
Fasci ▶ Faschismus 110
Fasci di combattimento ▶ Faschismus 110
Februarrevolution ▶ Russische Revolution 324
Fehrbellin (Schlacht) ▶ Friedrich Wilhelm von Brandenburg 127
Felsendom ▶ Jerusalem 183
Fememord ▶ Freikorps 123
Ferdinand II. (Spanien) ▶ Kolumbus 207, ▶ Tordesillas, Vertrag von 369
Ferdinand I. (Deutsches Reich) ▶ Augsburger Religionsfriede 35, ▶ Habsburger 147
Ferdinand II. (Deutsches Reich) ▶ Dreißigjähriger Krieg 84, ▶ Habsburger 147, ▶ Restitutionsedikt 309, ▶ Winterkönig 406
Feudalismus ▶ Lehnswesen 222
Flagellanten ▶ Geißler 133
Flibustier ▶ Piraten 290
Fliegende Blätter ▶ Biedermeier 55
FLN ▶ Algerienkrieg 18
Flotow, Friedrich von ▶ Biedermeier 55
Flottenpolitik ▶ Deutsches Reich 80, ▶ Entente cordiale 100, ▶ Wilhelm II. 406
Fluchtburg ▶ Burg 61
Föderation ▶ Föderalismus 115
Foederati ▶ Theoderich der Große 367
Follen, Karl, ▶ Burschenschaft 65
Fontainebleau (Frieden) ▶ Siebenjähriger Krieg 338
Forces Françaises Libres ▶ Résistance 308
Fourier, Charles ▶ Sozialismus 345
Fox, C. J. ▶ Whigs 403
Franco, Bahamonde ▶ Spanischer Bürgerkrieg 347
Frankfurt (Frieden) ▶ Deutsch-Französischer Krieg 81
Frankfurter Dokumente ▶ Parlamentarischer Rat 280
Franziskaner ▶ Ordenswesen 267
Franz Ferdinand (Österreich) ▶ Sarajewo 329
Franz I. (Lothringen/Deutsches Reich) ▶ Maria Theresia 234, ▶ Medici 238, ▶ Schlesische Kriege 330
Franz II. (Deutsches Reich) ▶ Rheinbund 311
Freie Künste ▶ Kloster 204

Freie Marktwirtschaft ▶ Marktwirtschaft 235
Freihandelspolitik ▶ Deutsches Reich 80
Freiheit, Gleichheit, Brüderlichkeit ▶ Französische Revolution 118
Fremdarbeiter ▶ Flüchtlingsbewegungen 113
Friedrich Barbarossa ▶ Friedrich I. 125
Friedrich, Caspar David ▶ Biedermeier 55, ▶ Romantik 319
Friedrich der Schöne ▶ Luxemburger 230
Friedrich der Streitbare ▶ Babenberger 40
Friedrich der Weise ▶ Luther 229
Friedrich I. ▶ Preußen 294
Friedrich II. (Hessen-Kassel) ▶ Soldatenhandel 343
Friedrich III. ▶ Hohenzollern 163
Friedrich V. (Deutsches Reich) ▶ Dreißigjähriger Krieg 84
Friedrich V. (Pfalz) ▶ Böhmen 57, ▶ Union 378, ▶ Winterkönig 406
Friedrich Wilhelm IV. (Preußen) ▶ Paulskirche 283, ▶ Preußen 295, ▶ Revolution 1848/49 311,
Froben, Frobenius ▶ Humanismus 165
Frobisher, Martin ▶ Entdecker 98
Frontdienst ▶ Bauern 45
Frühe Naturphilosophen ▶ Vorsokratiker 390
Frühe Neuzeit ▶ Neuzeit 258
Frühromantik ▶ Romantik 319
Frühscholastik ▶ Scholastik 333
Frühsozialisten ▶ Sozialismus 345
Frundsberg, Georg von ▶ Landsknechte 218
Fuggerei ▶ Fugger 130
Fulkonen ▶ Anjou 25
Fundamentalismus ▶ Islam 178
Fürstabt, Fürstäbtissin ▶ Abt 12
Futhark ▶ Runen 324

Galantes Frauenzimmer ▶ Frau 122
Galater ▶ Diodochen 81, ▶ Kelten 197
Galilei, Galileo ▶ Weltbild 399
Galloromanische Mischkultur ▶ Gallien 130
Ganggrab ▶ Großsteingräber 144
Ganswindt, Hermann ▶ Raumfahrt 301
Gasperi, Alcide de ▶ Europäische Vereinigung 108
Gassenlaufen ▶ Spießrutenlaufen 350
Gathas ▶ Zarathustra 408
GATT ▶ Freihandel 123
Gaugamela (Schlacht) ▶ Alexander der Große 17
Gaulle, Charles de ▶ Algerienkrieg 18, ▶ Gaullismus 132
Geblütsrecht ▶ Königtum 209
Gefolgschaftstreue ▶ Mittelalter 244
Geheimer Rat ▶ Kabinett 188
Geiserich ▶ Rom 318
Gelasius ▶ Papst 276, ▶ Zweischwertertheorie 412
Geller ▶ Weltbild 400
Gemeinsamer Markt ▶ Europäische Vereinigung 108
Generalbaßzeitalter ▶ Barock 44
Generalsekretär ▶ Vereinte Nationen 383
Generalsekretär ▶ Völkerbund 386
Generalstaaten ▶ Niederländischer Aufstand 260
Generalstreik ▶ Kapp-Putsch 191
Generalversammlung ▶ Vereinte Nationen 383
Genfer Kirchenordnung ▶ Calvin 67
Genfer Konventionen ▶ Rotes Kreuz 323
Gentry ▶ Englischer Bürgerkrieg 96
Geoffroi v. Plantagenet ▶ Anjou 25
Georg II. (Griechenland) ▶ Griechischer Bürgerkrieg 143
Gepiden ▶ Germanen 134, ▶ Langobarden 219
Gerusie ▶ Sparta 348
Gervinus, Georg Gottfried ▶ Göttinger Sieben 138
Geschwister Scholl ▶ Drittes Reich 90
Gesellschaftsvertrag ▶ Absolutismus 11
Gesellschaft Jesu ▶ Jesuiten 184
Gesetz über die Hitlerjugend ▶ Hitlerjugend 161
Gesindezwang ▶ Bauern 45, ▶ Leibeigenschaft 224
Gesinnungsterror ▶ Terrorismus 365
Gestapo ▶ Drittes Reich 88
Geusen ▶ Niederländischer Aufstand 260
Geyer, Florian ▶ Bauernkrieg 49
Geza ▶ Ungarn 377
Ghibellinen ▶ Guelfen 146
Gilgamesch-Epos ▶ Gilgamesch 135
Giovine Italia ▶ Garibaldi 131
Gipfelburg ▶ Burg 62
Girondisten ▶ Französische Revolution 120
Giseh ▶ Pyramiden 299
Gleichschaltung ▶ Drittes Reich 88
Gneisenau, August Wilh. Anton v. ▶ Stein-Hardenbergsche Reformen 358
Gobineau, Joseph Arthur von ▶ Judenverfolgungen 186
Goddard, Robert Hutchins ▶ Raumfahrt 301
Godesberger Programm ▶ Sozialismus 346
Goebbels, Joseph ▶ Drittes Reich 88

Goerdeler, Carl-Friedrich ▶ Drittes Reich 90
Gonzage ▶ Stadtstaat 356
Gorze ▶ Cluny 73
Gothaer Programm ▶ Sozialismus 346
Gotttfried von Bouillon ▶ Judenverfolgungen 185, ▶ Kreuzfahrerstaaten 214
Gotthelf, Jeremias ▶ Biedermeier 55
Göttliche Komödie ▶ Dante Alighieri 75
Gracchus, Gaius ▶ Gracchen 139
Gracchus, Tiberius ▶ Gracchen 139
Grafenbank ▶ Graf 139
Granikos (Schlacht) ▶ Alexander der Große 17
Granvelle, Antoine Perrenot von ▶ Niederländischer Aufstand 260
Gregor I. (Papst) ▶ Ordenswesen 267, ▶ Papst 276
Gregor IX. (Papst) ▶ Friedrich II. 126, ▶ Inquisition 175, ▶ Ketzer 197
Grillparzer, Franz ▶ Biedermeier 55
Grimm, Jakob ▶ Göttinger Sieben 138
Grimm, Wilhelm ▶ Göttinger Sieben 138
Großdeutsche Lösung ▶ Deutscher Krieg 78, ▶ Revolution 1848/49 310
Großdeutsches Reich ▶ Drittes Reich 88
Große Allianz ▶ Spanischer Erbfolgekrieg 348
Große Apartheid ▶ Apartheid 27
Großer Sprung nach vorn ▶ Mao 233
Großgermanisches Reich ▶ Drittes Reich 88
Großmährisches Reich ▶ Slawen 342
Großwesir ▶ Wesir 402
Groitus, Hugo ▶ Aufklärung 35, ▶ Freiheit der Meere 123
Gründerkrach ▶ Deutsches Reich 78, ▶ Gründerzeit 145
Grundherr/Grundherrschaft ▶ Bauern 45, ▶ Eigenkirchenrecht 93, ▶ Leibeigenschaft 224
Gruppe Ulbricht ▶ Ulbricht 375
Gryphius, Andreas ▶ Barock 44
Guernica ▶ Spanischer Bürgerkrieg 347
Gutenberg, Johannes ▶ Buchdruck 60
Gutleutehäuser ▶ Aussatz 38
Gutsherr/Gutsherrschaft ▶ Bauern 46, Bauernbefreiung 46, ▶ Leibeigenschaft 224

Haager Friedenskonferenz ▶ Abrüstung 10, ▶ Friedensbewegung 123
Haager Frieden ▶ Niederländischer Aufstand 261
Haager Landkriegsordnung ▶ Rotes Kreuz 323
Hades ▶ Zeus 409
Haile Selassie I. ▶ Abessinienkrieg 9
Haithabu ▶ Wikinger 405
Halbfreier ▶ Bauern 46, ▶ Skalverei in der Antike 341
Hallstattzeit ▶ Eisenzeit 94, ▶ Kelten 196
Halsgericht ▶ Blutgerichtsbarkeit 57
Hamilkar Barkas ▶ Hannibal 151
Händel, Friedrich ▶ Barock 44
Handsalbe ▶ Kurfürsten 217
Hangburg ▶ Burg 62
Hängende Gärten ▶ Weltwunder 400
Hanno ▶ Afrika-Erschließung 14
Hansetag ▶ Hanse 152
Harald II. (England) ▶ Wilhelm der Eroberer 405
Hardenberg, Karl August von ▶ Bauernbefreiung 46, ▶ Stein-Hardenbergsche Reformen 358
Häresie/Häretiker ▶ Ketzer 197
Harnisch ▶ Rüstung 326
Harrapa ▶ Indus-Kultur 172
Hartmann von Aue ▶ Minnesang 242
Harzburger Front ▶ Stahlhelm 356
Hasdrubal ▶ Hannibal 151
Hastings (Schlacht) ▶ Normannen 262, ▶ Wilhelm der Eroberer 405
Hattin ▶ Saladin 327
Hausierer ▶ „Unehrliche Leute" 376
Hawkins, John ▶ Piraten 290
Hedwig von Polen ▶ Jagellonen 182
Heidenmission ▶ Urchristentum 379
Heiliger Krieg ▶ Islam 177
Heinrich I. (Deutsches Reich) ▶ Herzog 159, ▶ Ottonen 272
Heinrich der Seefahrer ▶ Afrika-Erschließung 14, ▶ Entdecker 98
Heinrich der Stolze ▶ Welfen 396
Heinrich der Zänker ▶ Babenberger 40
Heinrich II. (Deutsches Reich) ▶ Ottonen 272
Heinrich II. v. Plantagenet (England) ▶ Anjou 26, ▶ Nordirland-Konflikt 261, ▶ Richard I., Löwenherz 313
Heinrich III. (Deutsches Reich) ▶ Heinrich IV. 156, ▶ Papst 277, ▶ Salier 328
Heinrich V. (Deutsches Reich) ▶ Investiturstreit 177
Heinrich VI. (Deutsches Reich) ▶ Friedrich II. 125, ▶ Heinrich der

Löwe 157, ▶ Hohenstaufen 162, ▶ Richard I., Löwenherz 313
Heinrich VI. (England) ▶ Rosenkriege 322
Heinrich VII. (England) ▶ Rosenkriege 322
Heinrich VII. (Deutsches Reich) ▶ Luxemburger 230
Heinrich VIII. (England) ▶ Anglikanische Kirche 25, ▶ Elisabeth I. 95
Heinrich von Navarra ▶ Bartholomäusnacht 45, ▶Bourbonen 59
Heisenberg, Werner ▶ Weltbild 400
Heliozentrisches Weltbild ▶ Weltbild 399
Hellenisten ▶ Urchristentum 379
Hellespont (Schlacht) ▶ Peleponnesischer Krieg 284
Helmzier ▶ Wappen 392
Heloten ▶ Sparta 348
Henker ▶ „Unehrliche Leute" 376
Henlein, Konrad ▶ Sudetenfrage 360
Hephaistos ▶Zeus 409
Hera ▶ Olympische Spiele 264, ▶ Zeus 409
Heräen ▶ Olympische Spiele 264
Heraldik ▶ Wappen 392
Herculaneum ▶ Pompeji 293
Hermes ▶ Zeus 409
Herrendienst ▶ Bauern 45
Herrenfall ▶ Lehnswesen 222
Herrenhof ▶ Burg 61
Herzl, Theodor ▶ Zionismus 409
Hetairoi ▶ Makedonische Kriege 232
Hetäre ▶ Frau 121
Hethiter ▶ Assyrer 32, ▶ Ramses II. 301
Hetman ▶ Kosaken 213
Hexenhammer ▶ Hexenverfolgungen 159
Hieron II. (Syrakus) ▶ Tyrannis 374
Himmler, Heinrich ▶ SS 350
Hindenburg, Paul von ▶ Dolchstoßlegende 82, ▶ Drittes Reich 88, ▶ Hitler 161, ▶ Weimarer Republik 396
Hinduismus ▶ Ordenswesen 266
Hipler, Wendel ▶ Bauernkrieg 49
Hiroshima ▶ Atombombe 34
Hirsau ▶ Cluny 73
Hitler-Putsch ▶ Weimarer Republik 395
Hitler-Stalin-Pakt/Deutsch-Sowjetischer Nichtangriffspakt ▶ Baltikum 43, ▶ Polnische Teilungen 292, ▶ Zweiter Weltkrieg 412
HJ ▶Hitlerjugend 161
Hochkapitalismus ▶ Frühkapitalismus 129
Hochkultur ▶ Altertum 20
Hochromantik ▶ Romantik 319
Hochscholastik ▶ Scholastik 333
Hofburg ▶ Burg 62
Höfisches Verhalten ▶ Ritter 314
Hoftag ▶ Landstände 219, ▶ Reichstag 306
Hohmann ▶ Raumfahrt 301
Ho Chi-minh ▶ Entkolonialisierung 102, ▶ Indochinakrieg 171
Hofmannswaldau, Christian Hofmann von ▶ Barock 44
Hohe Gerichtsbarkeit ▶ Blutgerichtsbarkeit 57
Höhenburg ▶ Burg 62
Holbach, Paul Heinrich Dietrich von ▶ Enzyklopädisten 104
Honecker, Erich ▶ Ulbricht 375
Honoratiorenparlament ▶ Paulskirche 282
Hoorn, Graf von ▶ Niederländischer Aufstand 260
Hoover-Moratorium ▶ Reparationen 308
Hoplit ▶ Miltiades 241, ▶ Rüstung 325
Horae canonicae ▶ Zeitmessung 408
Höriger ▶ Bauern 45, ▶ Leibeigenschaft 224
Horthy, Nikolaus ▶ Nachfolgestaaten 251
Howard ▶ Armada 32
Hroswitha von Gandersheim ▶ Frau 121
Huascar ▶ Inkareich 175
Hubertusburg (Frieden) ▶ Siebenjähriger Krieg 338
Huchra ▶ Weltbild 400
Hudson, Henry ▶ Entdecker 98
Hugenottenkriege ▶ Hugenotten 164
Huitzilopochtli ▶ Azteken 39
Humboldt, Alexander von ▶ Entdecker 98
Hume, David ▶ Aufklärung 35
Humiliaten ▶ Waldenser 391
Hundert-Blumen-Bewegung ▶ Mao 233
Hünengrab ▶ Großsteingräber 144
Hus, Jan ▶ Hussiten 167, ▶ Luxemburger 230, ▶ Majestätsbrief 232
Hutten, Ulrich von ▶ Humanismus 166, ▶ Nationalismus 254
Hydra ▶ Fabelwesen 109
Hyksos ▶ Ägypten 15

Ibn Saud ▶ Saud 329
Iden des März ▶ Caesar 67
Idris I. (Libyen) ▶ Senussi 336
Iller-Limes ▶ Limes 227
Illion ▶ Troja 371
Imam ▶ Kalif 190
Immerwährender Reichstag ▶ Reichstag 306
Imperator Caesar Divi filius ▶ Augustus 37
Imperium Romanum ▶ Imperialismus 168
Independenten ▶ Englischer Bürgerkrieg 96

Indischer Nationalkongreß ▶Gandhi 131
Indoeuropäer ▶ Indogermanen 172
Indoeuropäische Wanderungen ▶ Griechen 140, ▶ Italiker 181, ▶ Völkerwanderung 387
Industriearchäologie ▶ Archäologie 30
Infallibilität ▶ Vatikanisches Konzil 381
Ingres, Jean Auguste Dominique ▶ Klassizismus 199
Inka ▶ Inkareich 175
Innere Schule ▶ Kloster 204
Innozenz III. (Papst) ▶ Friedrich II. 125
Innozenz VIII. (Papst) ▶ Hexenverfolgungen 159
Institoris, Heinrich ▶ Hexenverfolgungen 159
Internationale Brigaden ▶ Spanischer Bürgerkrieg 347
Internationaler Gerichtshof ▶ Vereinte Nationen 383
Intifada ▶ Israel 180
Ioner ▶ Griechen 140, ▶ Indogermanen 172
Ionischer Aufstand ▶ Dareios I. 75, ▶ Perser 285, ▶ Xerxes I. 407
Ionischer Stil ▶ Tempel 363
IRA ▶ Nordirland-Konflikt 261
Irland, Republik ▶ Nordirland-Konflikt 261
Ironsides ▶ Englischer Bürgerkrieg 96
Isabella I. (Spanien) ▶ Kolumbus 207, ▶ Tordesillas, Vertrag von 369
Isis ▶ Osiris 269
Islamische Revolution ▶ Islam 178
Italiker ▶ Indogermanen 172

Jahn'sche Turner ▶ Burschenschaft 65
Jahrmarktsunterhalter ▶ „Unehrliche Leute" 376
Jakob I. (England) ▶ Pilgerväter 289, ▶ Stuarts 359
Jakob II. (England) ▶ Glorreiche Revolution 136, ▶ Whigs 403
Jalta (Konferenz) ▶ Besatzungszonen 52, ▶ Oder-Neiße-Linie 264, ▶ Zweiter Weltkrieg 414
Jan II. Sobieski (Polen) ▶ Türkenkriege 372
Jasomirgott, Heinrich ▶ Babenberger 40
Jebusiter ▶ Zionismus 409
Jefferson, Thomas ▶ Amerikanischer Unabhängigkeitskrieg 23
Jermak, Timofejewitsch ▶ Kosaken 213
Jesuitengesetz ▶ Kulturkampf 216
Jewish Agency ▶ Zionismus 409
Johanniterorden ▶ Zypernkonflikt 415
Johann ohne Land ▶ Magna Charta 231, ▶ Richard I., Löwenherz 313, ▶ Ritterorden 316
Johannes Paul II. ▶ Papst 279
Johannes XXIII. (Papst) ▶ Vatikanisches Konzil 381
Jom-Kippur-Krieg ▶ Nahostkonflikt 253
Joseph II. (Österreich) ▶ Absolutismus 11 ▶ Josephinismus 184, ▶ Maria Theresia 234
Judas Makkabäus ▶ Makkabäer 232
Judenreferat ▶ Eichmann-Prozeß 92
Judikative ▶ Gewaltenteilung 135, ▶ Montesquieu 248
20. Juli 1944 ▶ Adenauer 13
Julianischer Kalender ▶ Caesar 67
Julisch-claudische Dynastie ▶ Nero 256
Julius II. ▶ Papst 278
Jüngere Naturphilosophen ▶ Vorsokratiker 390
Jüngere Neuzeit ▶ Neuzeit 258
Jüngere Steinzeit/Jungsteinezeit ▶ Großsteingräber 144, ▶ Vorgeschichte 389
Junges Italien ▶ Karbonari 191
Jungmädelbund ▶ Hitlerjugend 161
Jupiter ▶Zeus 409
Justinian I. (Byzanz) ▶ Byzanz 65, ▶ Goten 137, ▶ Kirchenstaat 198, ▶ Völkerwanderung 388

Kabbala ▶ Mystik 251
Kádar, Janos ▶ Ungarnaufstand 377
Kadesch ▶ Ramses II. 301
Kahlenberg (Schlacht) ▶ Türkenkriege 372
Kalasiris ▶ Kleidung 200
Kalliasfrieden ▶ Perserkriege 286
Kalter Krieg ▶ Berlinkrise 52, ▶ Kubakrise 215
Kambyses II. ▶ Perser 285
Kamenew, Leo Borissowitsch ▶ Russische Revolution 324
Kamerun ▶ Hereroaufstand 158
Kämmerer ▶ Kurfürsten 217
Kammerknecht ▶ Judenverfolgungen 185
Kanoniker ▶ Kloster 205, ▶ Ordenswesen 267
Kant, Immanuel ▶ Aufklärung 34
Kanzelparagraph ▶ Kulturkampf 216
Kanzlei-Humanismus ▶ Humanismus 166
Kanzlei ▶ Kanzler 190, ▶ Urkunde 379
Kapetinger ▶ Anjou 25, ▶ Burgund 64, ▶ Hundertjähriger Krieg 166
Kapitelsaal ▶ Kloster 202

Kapp, Wolfgang ▶ Kapp-Putsch 190
Kapuziner ▶ Franz von Assisi 116, ▶ Gegenreformation 133
Kara Mustafa ▶ Türkenkriege 372
Karer ▶ Griechen 140
Karlmann ▶ Karl I., der Große 191
Karlowitz (Frieden) ▶ Türkenkriege 373, ▶ Ungarn 377
Karl der Kühne ▶ Burgund 65
Karl I. (England) ▶ Cromwell 74
Karl I. (Österreich) ▶ Habsburger 148
Karl II. (England) ▶ Glorreiche Revolution 136
Karl II. (Spanien) ▶ Spanischer Erbfolgekrieg 348
Karl II., der Kahle ▶ Karolinger 194
Karl IX. (Frankreich) ▶ Bartholomäusnacht 45
Karl Martell ▶ Karolinger 194
Karl V. Leopold (Lothringen) ▶ Türkenkriege 372
Karl VI. (Deutsches Reich) ▶ Habsburger 147 ▶ Spanischer Erbfolgekrieg 348
Karl VIII. (Frankreich) ▶ Jeanne d'Arc 182
Karl von Anjou ▶ Anjou 26
Karl XII. (Schweden) ▶ Nordischer Krieg 262
Kartäuser ▶ Ordenswesen 267
Kartoffelkrieg ▶ Bayrische Erbfolgekriege 50
Kassander ▶ Diadochen 81
Kastell ▶ Burg 61
Katalaunische Felder (Schlacht) ▶ Hunnen 166
Katharina II. (Rußland) ▶ Ostsiedlung 271, ▶ Polnische Teilungen 292, ▶ Potemkinsche Dörfer 293
Katharina von Aragon ▶ Anglikanische Kirche 25
Katharina von Medici ▶ Bartholomäusnacht 45, ▶ Medici 238
Kathedrale ▶ Dom 82
Kaufmannsgilde ▶ Fernkaufleute 111
Kausalitätsprinzip ▶ Weltbild 400
Keltiberer ▶ Kelten 196
Kennedy, Edmund ▶ Entdecker 100
Kennedy, John F. ▶ Vietnamkrieg 385
Kentaur ▶ Fabelwesen 109
Kepler, Johannes ▶ Weltbild 399
Kerberus ▶ Fabelwesen 109
Kerenski, Alexander Feodorowitsch ▶ Russische Revolution 324
Kesselflicker ▶ „Unehrliche Leute" 376
Ketteler, Wilhelm ▶ Arbeiterbewegung 29
Kimbern ▶ Völkerwanderung 387
Kimon ▶ Miltiades 241
King, Martin Luther ▶ Bürgerrechtsbewegungen 64
Kirchenväter ▶ Ordenswesen 267
Kirgisen ▶ Türken 372
Kitchener, Horatio Herbert ▶ Burenkrieg 61
Klagemauer ▶ Tempel von Jerusalem 365
Klara von Assisi ▶ Franz von Assisi 116
Klarissen ▶ Franz von Assisi 116
Klassenkampf ▶ Marxismus 236
Klassische Zeit ▶ Tempel 363
Klausur ▶ Kloster 202
Kleindeutsche Lösung ▶ Deutscher Krieg 78, Revolution 1848/49 310
Kleine Apartheid ▶ Apartheid 27
Kleisthenes ▶ Ostrakismós 269
Klenze, Franz Karl Leo von ▶ Klassizismus 199
Klerikerreligion ▶ Tempel 361
Klientel ▶ Sklaverei in der Antike 341
Knappe ▶ Ritter 314
Knossos ▶ Minoische Kultur 243
Koalitionskriege ▶ Napoleon I. 253, 254
Kohorte ▶ Legion 221
Kolin (Schlacht) ▶ Siebenjähriger Krieg 337
Kollegium ▶ Kloster 205
Kolonialismus ▶ s. Kolonien 205 f., Imperialismus 168 ff.
Kolonialwarenhandel ▶ Kontinentalsperre 211
Kolosseum ▶ Amphitheater 24
Koloß von Rhodos ▶ Weltwunder 400
Kolping, Adolf ▶ Arbeiterbewegung 29
Kommandation ▶ Lehnswesen 222
Kommunistische Gesellschaft ▶ Marxismus 236
Kommunistische Partei Deutschlands/KPD ▶ Arbeiterbewegung 28, ▶ Sozialismus 346
Kommunität ▶ Ordenswesen 268
Konföderation ▶ Föderalismus 115
Konföderierte Staaten von Amerika ▶ Sezessionskrieg 337
Kongoakte ▶ Kongokonferenz 208
Kongogreuel ▶ Kongokonferenz 208
Kongregation ▶ Cluny 73, ▶ Ordenswesen 267
Kongreß-Polen ▶ Polnischer Aufstand 291
Königsgut ▶ Pfalz 288, ▶ Reichsstädte 306
Königswahl ▶ Goldene Bulle 136
Konrad (Deutsches Reich) ▶ Friedrich II. 126 ▶ Herzog 159
Konradin ▶ Hohenstaufen 162

Konrad der Rote ▶ Salier 328
Konrad I. von Masowien ▶ Ostsiedlung 270, ▶ Ritterorden 316
Konrad II. (Deutsches Reich) ▶ Salier 328
Konrad II. (Frankreich) ▶ Kreuzzüge 214
Konrad III. (Deutsches Reich) ▶ Hohenstaufen 162
Konrad IV. (Deutsches Reich) ▶ Hohenstaufen 162
Konstanze (Deutsches Reich) ▶ Frau 121, ▶ Friedrich II. 125, ▶ Normannen 262
Konstanz (Konzil) ▶ Luxemburger 230, ▶ Papst 278, ▶ Reformation 302, ▶ Schisma 330
Konstituante ▶ Französische Revolution 120
Konstitutionelle Monarchie ▶ Französische Revolution 119
Konsul/Consulat ▶ Ämterlaufbahn 24/25
Kontinentalkongreß ▶ Amerikanischer Unabhängigkeitskrieg 23
Kontribution ▶ Akzise 16
Konvent ▶ Kloster 204
Kopernikus, Nikolaus ▶ Weltbild 398
Korinthischer Stil ▶ Tempel 363
Korsaren ▶ Piraten 290
Kossuth, Lajos/Ludwig von ▶ Franz Joseph I. 117
Kościuszko, Tadeusz Andrzej ▶ Polnische Teilungen 292
Kotzebue, August von ▶ Burschenschaft 65, ▶ Karlsbader Beschlüsse 194
Kreisauer Kreis ▶ Drittes Reich 90
Kreutzer, Conrad ▶ Biedermeier 55
Kreuzgang ▶ Kloster 202
Kriegsadel ▶ Adel 12
Kriegskommunismus ▶ Lenin 224
Kristallnacht ▶ Drittes Reich 90
Kronos ▶ Zeus 408
Kronvasall ▶ Lehnswesen 223
Krösos ▶ Delphi 77
Krüger, Ohm ▶ Burenkrieg 61
KSZE ▶ Abrüstung 10, ▶ Bürgerrechtsbewegung 64, ▶ Friedensbewegung 124
Kublai Chan ▶ Entdecker 97
Kulturnationalismus ▶ Nationalismus 254
Küraß ▶ Rüstung 326
Kurfürstentag ▶ Kurverein 217
Kurgane ▶ Skythen 341
Kuriositätenkabinett ▶ Archäologie 29
Kyffhäuser ▶ Friedrich I. 125
Kyklopen ▶ Mykenische Kultur 250
Kyros der Jüngere ▶ Anabasis 25
Kyros II., der Große ▶ Kyros 217

Lafayette, Marie Josephe de ▶ Französische Revolution 119
Laieninvestitur ▶ Papst 277
Lamaismus ▶ Dalai Lama 75, ▶ Ordenswesen 266
Lancaster ▶ Rosenkriege 322
Landeshoheit ▶ Landesherr 218
Landfrieden von Eger ▶ Städtebünde 351
Landgraf ▶ Graf 139
Landtag ▶ Landstände 219
Landtag von Preßburg ▶ Ungarn 377
Lange Mauern ▶ Athen 34
Langhans, Carl Gotthard ▶ Klassizismus 199
Lassalle, Ferdinand ▶ Arbeiterbewegung 28, ▶ Sozialismus 346
La-Tène-Zeit ▶ Eisenzeit 94, ▶ Kelten 196
Lateransynode ▶ Papst 277
Latiner ▶ Volkstribun 388
Latino-Falisker ▶ Italiker 181
La Rochelle ▶ Richelieu 313
Laterankonzil, V. ▶ Reformation 303
Legat ▶ Römisches Reich 321
Legien, Carl ▶ Arbeitervereine 135
Legion Condor ▶ Spanischer Bürgerkrieg 347
Legislative ▶ Gewaltenteilung 135, ▶ Montesquieu 248
Lehnspyramide ▶ Lehnswesen 223
Leibherr ▶ Bauern 45, ▶ Leibeigenschaft 224
Leichhardt, Ludwig ▶ Entdecker 100
Leif ▶ Entdecker 97
Leihezwang ▶ Lehnswesen 223
Leipzig (Schlacht) ▶ Napoleon I. Bonaparte 253
Leipziger Disputation ▶ Luther 229
Leo I. (Papst) ▶ Papst 276
Leo II. (Papst) ▶ Papst 277
Leo X. (Papst) ▶ Medici 238, ▶ Papst 279
Leo XII. (Papst) ▶ Papst 279
Leo XIII. (Papst) ▶ Rerum novarum 308
Leonidas ▶ Perserkriege 286
Leopold I. (Deutsches Reich) ▶ Habsburger 147
Leopold II. (Belgien) ▶ Kongokonferenz 208
Leopold V. (Herzog/Österreich) ▶ Babenberger 40
Lepidus, Marcus ▶ Augustus 37, ▶ Cicero 70, ▶ Römisches Reich 321
Leprosorien ▶ Aussatz 38
Lesseps, Ferdinand ▶ Panamaskandal 274, ▶ Suezkanal 360
Lessing, Gotthold Ephraim ▶ Aufklärung 35
Leuchtturm von Pharos ▶ Alexandria 18

Leuktra (Schlacht) ▶ Theben 367
Leuthen (Schlacht) ▶ Siebenjähriger Krieg 337
Levantehandel ▶ Venedig 381
Lex Hortensia ▶ Römisches Reich 320
Licinische Gesetze ▶ Römisches Reich 320
Lictor ▶ Ämterlaufbahn 25
Liebknecht, Karl ▶ Luxemburg, Rosa 230, ▶ Novemberrevolution 263
Liebknecht, Wilhelm ▶ Arbeiterbewegung 28, ▶ Sozialismus 346
Liegnitz (Schlacht) ▶ Mongolen 247
Liga ▶ Dreißigjähriger Krieg 84, ▶ Union 378, ▶ Wittelsbacher 406
Likedeeler ▶ Piraten 290, ▶ Vitalienbrüder 386
Lincoln, Abraham ▶ Sezessionskrieg 337
Linear A und B, Schrift ▶ Minoische Kultur 243
Little Big Horn (Schlacht) ▶ Indianerkriege 171
Liudolfinger ▶ Ottonen 272
Livingstone, David ▶ Afrika-Erschließung 14
Lobenstein ▶ Barock 44
Locarno, Verträge von/Locarnopakt ▶ Drittes Reich 89, ▶ Rheinlandbesetzung 311, ▶ Weimarer Republik 396
Lokator ▶ Ostsiedlung 271
Lombardischer Bund ▶ Lombardei 227
Londoner Schuldenabkommen ▶ Reparationen 308
Lorenzo il Magnifico ▶ Medici 238
Lortzing, Albert ▶ Biedermeier 55
Lothar I. (Lothringen) ▶ Karolinger 194
Lothar III. (Deutsches Reich) ▶ Welfen 396
Louis Philippe (Frankreich) ▶ Bourbonen 59, ▶ Februarrevolution 111, ▶ Revolution 1848/49 310
Lübeck (Frieden) ▶ Wallenstein 391
Lubliner Komitee ▶ Warschauer Aufstand 392
Ludwig das Kind ▶ Karolinger 194
Ludwig IV., der Bayer ▶ Licet iuris 225, ▶ Luxemburger 230, ▶ Wittelsbacher 406
Ludwig der Deutsche ▶ Karolinger 194
Ludwig der Fromme ▶ Karl I., der Große 192, ▶ Karolinger 194
Ludwig IX. (Frankreich) ▶ Kreuzzüge 215
Ludwig VII. (Frankreich) ▶ Kreuzzüge 214
Ludwig Wilhelm I. (Baden) ▶ Türkenkriege 372
Ludwig XIII. (Frankreich) ▶Richelieu 313
Ludwig XVI. (Frankreich) ▶ Französische Revolution 118, ▶ Generalstände 133
Luftschlacht über England ▶ Zweiter Weltkrieg 412
Luitpold ▶ Babenberger 40
Lukian von Samosata ▶ Raumfahrt 301
Lumumba, Patrice ▶ Kongokrise 209
Lunéville (Frieden) ▶ Reichsdeputationshauptschluß 303
Lutter am Barenberg (Schlacht) ▶ Dreißigjähriger Krieg 85
Lüttwitz, Walther von ▶ Kapp-Putsch 190
Lützen (Schlacht) ▶ Dreißigjähriger Krieg 86, ▶ Gustaf II., Adolf 146, ▶ Wallenstein 391
Lützow, Ludwig Adolf Wilhelm von ▶ Freikorps 123
Luxor ▶ Ramses II. 301
Lwow, Georgij Jewgenjewitsch ▶ Russische Revolution 324
Lyon (Konzil) ▶ Friedrich II. 126
Lysimachos ▶ Diadochen 81

MacArthur, Douglas ▶ Koreakrieg 213
Machiavellismus ▶ Machiavelli 231
Madjaren ▶ Ungarn 377
Magellan, Fernao ▶ Entdecker 98
Magenta (Schlacht) ▶ Italienische Einigung 180
Magna Mater ▶ Griechen 140
Mahatma ▶ Gandhi 130
Maigesetze ▶ Kulturkampf 216
Makarios ▶ Zypernkonflikt 415
Malteserritter ▶ Ritterorden 316
Mameluken ▶ Mohammed Ali 246
Mandela, Nelson ▶ Apartheid 27
Mandschukuo ▶ Chinesisch-Japanischer Krieg 69
Manessische Handschrift ▶ Falkenbeize 109
Manfred ▶ Hohenstaufen 162
Manichäismus ▶ Augustinus 36
Manifest der kommunistischen Partei ▶ Marx 236
Manipel ▶ Legion 221
Mannfall ▶ Lehnswesen 222
Mansfeld, Herzog von ▶ Wallenstein 391
Manufaktur ▶ Frühkapitalismus 129
Manutius, Aldus ▶ Humanismus 165
Maquis ▶ Résistance 308
Marat, Jean Paul ▶ Französische Revolution 120
Marathon (Schlacht) ▶ Dareios I. 75, ▶ Miltiades 241, ▶ Perserkriege 285
Marbod ▶ Langobarden 219
Marburger Religionsgespräche ▶ Zwingli 415

Marco Polo ▶ Entdecker 97
Marduk ▶ Babylon 41
Margarete von Parma ▶ Niederländischer Aufstand 260
Maria Stuart ▶ Elisabeth I. 95
Maria von Medici ▶ Medici 238, ▶ Richelieu 313
Marie Antoinette ▶ Französische Revolution 118
Marignano (Schlacht) ▶ Eidgenossenschaft 93
Marius, Gajus ▶ Römisches Reich 321
Marius, Gallius ▶ Legion 220
Markgraf ▶ Babenberger 40, ▶ Graf 139, ▶ Herzog 158
Markomannenkriege ▶ Marc Aurel 233
Markomannen ▶ Völkerwanderung 387
Marktfriede ▶ Markt 234
Marktkreuz ▶ Markt 234
Marktordnung ▶ Markt 234
Marktrecht ▶ Markt 234
Marlborough (engl. Herzöge) ▶ Churchill 69, ▶ Eugen, Prinz von Savoyen 106, ▶ Spanischer Erbfolgekrieg 348
Marmontel, Jean-François ▶ Enzyklopädisten 104
Marokko-Kongo-Abkommen ▶ Marokkokrise 235
Marquette, Jacques ▶ Entdecker 98
Marschall ▶ Kurfürsten 217
Marsch auf Rom ▶ Faschismus 110, ▶ Mussolini 249
Marschner, Heinrich August ▶ Biedermeier 55
Marshall, George Catlett ▶ Marshallplan 235
Marston Moor (Schlacht) ▶ Cromwell 74, ▶ Englischer Bürgerkrieg 96
Martinitz ▶ Prager Fenstersturz 293
Martin V. (Papst) ▶ Schisma 330
Masaryk, Tomás ▶ Nachfolgestaaten 251
Masinissa ▶ Punische Kriege 299
Massaker von Peterloo ▶ Trade Unions 369
Mathias I. Corvinus ▶ Ungarn 377
Mathilde von Tuscien ▶ Frau 121, ▶ Kirchenstaat 199
Matthias (Deutsches Reich) ▶ Habsburger 147, ▶ Prager Fenstersturz 293
Mausolos ▶ Weltwunder 400
Maximilian I. (Bayern) ▶ Union 378, ▶ Winterkönig 406, ▶ Wittelsbacher 406
Maximilian II. Emanuel (Bayern) ▶ Türkenkriege 372
Mayflower ▶ Pilgerväter 290
Mayflower Compact ▶ Pilgerväter 290
Mazarin, Jules ▶ Eugen, Prinz von Savoyen 106, ▶ Ludwig XIV. 228, ▶ Richelieu 313
Mazdaismus ▶ Zarathustra 408
Mâze ▶ Ritter 314
Mazzini, Giuseppe ▶ Garibaldi 131
MBFR ▶ Abrüstung 10
Meaux (Frieden) ▶ Katharer 195
Mechanisches Weltbild ▶ Weltbild 400
Meder ▶ Perser 285
Mediatisierung ▶ Reichsdeputationshauptschluß 305
Meeresarchäologie ▶ Archäologie 30
Megalithgrab ▶ Großsteingräber 144
Mehmed Ali ▶ Mohammed Ali 246
Melanchton, Philipp ▶ Reformation 303
Menander ▶ Komödie 208
Menes ▶ Ägypten 14
Mennoniten ▶ Wiedertäufer 403
Menschenrechte ▶ Französische Revolution 119
Menschewiki ▶ Lenin 224
Merici, Angela ▶ Ordenswesen 268
Merowech ▶ Merowinger 239
Mesolithikum ▶ Vorgeschichte 389
Mexteken ▶ Azteken 40
Michel, Godeke ▶ Piraten 290
Michelangelo ▶ Papst 278, ▶ Renaissance 308
Mieszko I. (Polen) ▶ Piasten 289
Miklas, Wilhelm ▶ Anschluß 27
Miles christianus ▶ Ritter 315
Militarismus ▶ Preußen 295
Milizheer ▶ Legion 221
Milte ▶ Ritter 314
Milvische Brücke (Schlacht) ▶ Konstantin I., der Große 210
Minderbrüder ▶ Franz von Assisi 116
Minnedienst ▶ Ritter 314
Minoriten ▶ Franz von Assisi 116
Minos ▶ Minoische Kultur 242
Mirabeau, Honoré Gabriel de ▶ Französische Revolution 119
Mirandola, Pico della ▶ Humanismus 165
Mithridates VI. ▶ Skythen 341
Mitteldeutscher Handelsverein ▶ Zollverein 409
Mittleres Reich ▶ Ägypten 14
Mittlere Steinzeit ▶ Vorgeschichte 389
Moctezuma II. ▶ Azteken 40
Mohács (Schlacht) ▶ Türkenkriege 372
Mohammed ▶ Islam 177, ▶ Koran 212, ▶ Mekka 238

Moltke, Helmuth James von ▶ Drittes Reich 90
Moltke, Helmuth von ▶ Königgrätz 209
Montanunion ▶ Adenauer 13, ▶ Europäische Vereinigung 108
Monteverdi, Claudio ▶ Barock 44
Montségur ▶ Katharer 195
Morgarten (Schlacht) ▶ Eidgenossenschaft 93
Morgenländisches Schisma ▶ Schisma 329
Mörike, Eduard ▶ Biedermeier 55
Morisken ▶ Mauren 237
Moskauer Vertrag ▶ Ostverträge 271
Muhammad II. Fahti ▶ Wesir 402
Mühlberg (Schlacht) ▶ Karl V. 193, ▶ Schmalkaldischer Bund 332
Müller ▶ „Unehrliche Leute" 376
Munda (Schlacht) ▶ Caesar 67
Münster ▶ Dom 83
Münster und Osnabrück (Frieden) ▶ Dreißigjähriger Krieg 86
Müntzer, Thomas ▶ Bauernkrieg 49
Münzzersplitterung ▶ Frühkapitalismus
Museion ▶ Alexandria 18
Musikanten ▶ „Unehrliche Leute" 376
Mustafa Kemal Pascha ▶ Atatürk 33
Mustermesse ▶ Messe 240
Mykenae ▶ Mykenische Kultur 250
Mythos ▶ Weltbild 397

Nabatäer ▶ Petra 287
Nachtigal, Gustav ▶ Afrika-Erschließung 14
Nagasaki ▶ Atombombe 34
Nagy, Imre ▶ Ungarnaufstand 377
Nanking, Vertrag von ▶ Opiumkrieg 265
Nanna ▶ Tempelturm 365, ▶ Ur 378
Nansen-Paß ▶ Flüchtlingsbewegungen 114
Narbonensis, Gallia ▶ Gallien 130
Narses ▶ Byzanz 66, ▶ Goten 137
Naseby (Schlacht) ▶ Cromwell 74, ▶ Englischer Bürgerkrieg 96
Nasser, Gamal Abd An ▶ Suezkrise 360
Nationale Sozialisten ▶ Nationalismus 255
Nationalkonvent ▶ Französische Revolution 120
Nationalsozialismus s. Drittes Reich 87 ff.
Nationalstaat ▶ Nationalismus 255
Nationalversammlung ▶ Paulskirche 282, ▶ Revolution 1848/49 310
Naumachien ▶ Amphitheater 24
Navarino (Schlacht) ▶ Griechische Unabhängigkeit 143
Necho ▶ Afrika-Erschließung 14
Necker, Jacques ▶ Französische Revolution 120
Negrelli, Alois ▶ Suezkanal 360
Neidhart von Reuenthal ▶ Minnesang 242
Neofaschismus ▶ Faschismus 110
Neokolonialismus ▶ Imperialismus 171
Neoliberalismus ▶ Liberalismus 225
Neolithikum ▶ Vorgeschichte 389
Neonazismus ▶ Faschismus 110
Neoslawismus ▶ Panslawismus 275
Neue Gesetze ▶ Las Casas 220
Neues Reich ▶ Ägypten 14
Neueste Zeit ▶ Neuzeit 258
Neuilly (Frieden) ▶ Vorortfriedensschlüsse 390
Neumann, Balthasar ▶ Barock 44
Neupersisches Reich ▶ Perser 285
Newton, Isaac ▶ Weltbild 400
Ngo Dinh Diem ▶ Vietnamkrieg 385
Niebuhr, Carsten ▶ Entdecker 100
Niederländisch Ostindische Kompanie ▶ Burenkrieg 60, ▶ Handelskompanien 150
Niemöller, Martin ▶ Drittes Reich 90
Niedersächsisch-Dänischer Krieg ▶ Dreißigjähriger Krieg 85
Nikiasfrieden ▶ Peleponnesischer Krieg 284
Nikolai, Otto ▶ Biedermeier 55
Nixon, Richard ▶ Watergate-Affäre 394
Nizäa (Konzil) ▶ Arianer 31, ▶ Konstantin I., der Große 210
Nobel, Alfred ▶ Friedensbewegung 124
Noblesse de robe ▶ Adel 13
Nofretete ▶ Echnaton 92
Nordatlantikpakt ▶ NATO 255
Nordgermanen ▶ Germanen 133
Nördlingen (Schlacht) ▶ Dreißigjähriger Krieg 86
Nordwestkompanie ▶ Hudsonbai-Kompanie 164
Nordwestpassage ▶ Entdecker 98
North Atlantic Treaty Organization ▶ NATO 255
Notverordnung ▶ Weimarer Republik 396
Notverordnung zum Schutz von Volk und Staat ▶ Drittes Reich 88
Novalis ▶ Romantik 319
NSDAP ▶ Drittes Reich 87, ▶ Hitler 161
Nürnberger Gesetze ▶ Judenverfolgungen 187
Nystad (Frieden) ▶ Nordischer Krieg 262

OAS ▶ Algerienkrieg 18
Obergermanisch-Rätischer Limes ▶ Limes 226
Oberth, Hermann ▶ Raumfahrt 301
Octavia ▶ Nero 256
Odoaker ▶ Theoderich der Große 367
OECD ▶ Adenauer 13
OEEC ▶ Adenauer 13, ▶ Europäische Vereinigung 108
Oktoberrevolution ▶ Russische Revolution 324
Ökumenische Konzilien ▶ Konzil 212
Oligarchie ▶ Venedig 381
Olympiade ▶ Olympische Spiele 264
Omaijaden ▶ Kalif 190
Onager ▶ Belagerungsmaschinen 51
Ophir ▶ Entdecker 96
Optimaten ▶ Römisches Reich 321
Orchestra ▶ Theater in der Antike 366
Ordal ▶ Gottesurteil 138
Ordoliberalismus ▶ Liberalismus 225
Orellana, Franscesco de ▶ Entdecker 98
Orléans ▶ Bourbonen 59
Orphische Mysterien ▶ Mysterien 250
Osiander, Andreas ▶ Reformation 303
Osko-Umbrer ▶ Italiker 181
Osman ▶ Türken 372
Osmanen/Osmanisches Reich ▶ Armenier 32, ▶ Byzanz 66, ▶ Türken 372
Österreichischer Erbfolgekrieg ▶ Maria Theresia 234, ▶ Pragmatische Sanktion 294
Ostgermanen ▶ Germanen 133
Ostgoten ▶ Rom 318, ▶ Theoderich der Große 367
Ostindische Kompanie ▶ Clive, Robert 71
Ostmark ▶ Babenberger 40, ▶ Ostsiedlung 269
Ostslawen ▶ Slawen 342
Otto I. (Bayern) ▶ Griechische Unabhängigkeit 143
Ottokar II. (Böhmen) ▶ Babenberger 40, ▶ Rudolf I. von Habsburg 323
Otto II. (Deutsches Reich) ▶ Babenberger 40, ▶ Otto II., der Große 272
Otto III. (Deutsches Reich) ▶ Ottonen 272
Otto IV. (Deutsches Reich) ▶ Friedrich II. 125, ▶ Welfen 396
Ottokar von Steiermark ▶ Babenberger 40
Oxenstierna, Axel ▶ Dreißigjähriger Krieg 86

Pachomios ▶ Ordenswesen 266
Paläolithikum ▶ Vorgeschichte 389
Palas ▶ Burg 63
Palästinenser ▶ Israel 180
Palatina ▶ Bibliothek 55
Panathenäen ▶ Tyrannis 374
Paneuropa-Bewegung ▶ Europäische Vereinigung 107
Pangermanismus ▶ Imperialismus 170
Panmunjon, Abkommen von ▶ Koreakrieg 213
Pannonische Mark ▶ Ostsiedlung 269
Panthersprung ▶ Marokkokrise 235
Pantschen Lama ▶ Dalai Lama 75
Papen, Franz von ▶ Drittes Reich 88, ▶ Weimarer Republik 396
Pappenheimer Kürassiere ▶ Ritter 314
Papyrusrolle ▶ Codex 73
Parias ▶ Gandhi 131
Paris (Frieden, 1783) ▶ Amerikanischer Unabhängigkeitskrieg 24
Paris (Frieden, 1814) ▶ Balance of Power 42
Pariser Edikt von 614 ▶ Immunität 168
Park, Mungo ▶ Afrika-Erschließung 14
Parlamentarische Demokratie ▶ Demokratie 77
Parni ▶ Parther 282
Parsismus ▶ Zarathustra 408
Parthenon ▶ Athen 33
Passarowitz (Schlacht) ▶ Türkenkriege 372
Passau, Vertrag von ▶ Restitutionsedikt 309
Passiver Widerstand ▶ Gandhi 131
Pataria ▶ Parther 282
Patrimonium Petri ▶ Kirchenstaat 198
Patriotismus ▶ Nationalismus 254
Patriziat/Patrizier ▶ Ämterlaufbahn 24 ▶ Senat 336
Patronatsrecht ▶ Eigenkirchenrecht 94
Paulus, Friedrich ▶ Stalingrad 357
Paul III. (Papst) ▶ Schmalkaldischer Bund 332
Paul VI. (Papst) ▶ Schisma 330
Pavia (Schlacht) ▶ Karl V. 193
Pax Romana ▶ Römisches Reich 321
Pazifismus ▶ Abrüstung 10
Peary, Robert ▶ Entdecker 100
Peiraieus ▶ Athen 34
Peisistratos ▶ Tyrannis 374
Pelagius ▶ Augustinus 36
Peloponnesischer Bund ▶ Sparta 349
Pelsager ▶ Griechen 140
Pentapolis ▶ Kirchenstaat 199
Perdikkas ▶ Diadochen 81
Pergament ▶ Codex 73, ▶ Palimpsest 274
Perikleisches Zeitalter ▶ Perikles 284
Periöken ▶ Sparta 348
Peristyl ▶ Haus in der Antike 154

Perouse, Jean de la ▶ Entdecker 98
Persephone ▶ Zeus 409
Personalunion ▶ K.u.K. 215, ▶ Polnischer Aufstand 291
Personenverbandsstaat ▶ Lehnswesen 222
Pétain, Philippe ▶ Résistance 308
Peter III (Rußland) ▶ Siebenjähriger Krieg 338
Peter von Amiens ▶ Judenverfolgungen 185
Petrarca, Francesco ▶ Humanismus 165, ▶ Renaissance 307
Peutinger, Konrad ▶ Bibliothek 55, ▶ Humanismus 166
Pfahlbürger ▶ Stadt im Mittelalter 355
Pfalzgraf ▶ Graf 139
Pfälzischer Krieg ▶ Réunionen 309
Pharsalos (Schlacht) ▶ Caesar 67
Phidias ▶ Weltwunder 400
Philipp (Anjou) ▶ Spanischer Erbfolgekrieg 348
Philipp (Kastilien) ▶ Habsburger 147
Philipp I. (Deutsches Reich) ▶ Hohenstaufen 162
Philipp der Gute ▶ Burgund 64
Philipp der Kühne ▶ Burgund 64
Philipp II. (Frankreich) ▶ Anjou 26, ▶ Kreuzzüge 214
Philipp II. (Makedonien) ▶ Makedonische Kriege 232, ▶ Theben 367
Philipp II. (Spanien) ▶ Armada 31, ▶ Habsburger 147
Philipp IV. (Frankreich) ▶ Ritterorden 316
Philipp V. (Makedonien) ▶ Hannibal 151
Philippi (Schlacht) ▶ Augustus 37
Phylen ▶ Kleistenes-Reformen 201, ▶ Sparta 349
Piccolomini, Enea Silvio ▶ Humanismus 166
Pickelhaube ▶ Rüstung 326
Pieck, Wilhelm ▶ Ulbricht 375
Pietisten ▶ Mystik 251
Pippin der Jüngere ▶ Hausmeier 155, ▶ Karl I., der Große 191, ▶ Karolinger 194, ▶ Papst 276
Pippin der Mittlere ▶ Hausmeier 155, ▶ Karolinger 193
Pippinische Schenkung ▶ Kirchenstaat 198, ▶ Papst 277
Pirkheimer, Willibald ▶ Humanismus 166
Pisa (Konzil) ▶ Reformation 303
Pius, Antonius ▶ Hadrian 148, ▶ Limes 226, ▶ Marc Aurel 233
Pius II. (Papst) ▶ Humanismus 165
Pius IX. (Papst) ▶ Vatikanisches Konzil 381
Pius V. (Papst) ▶ Medici 238
Pius VI. ▶ Papst 278
Pius VII. ▶ Papst 278
Pius XI. ▶ Papst 279
Pizarro, Francisco ▶ Entdecker 98
Planck, Max ▶ Weltbild 400
Plantagenet ▶ Rosenkriege 322
Plassey (Schlacht) ▶ Clive, Robert 71
Platää (Schlacht) ▶ Perserkriege 286, ▶ Xerxes I. 407
Plebs/Plebejer ▶ Ämterlaufbahn 24, ▶ Römisches Reich 320, ▶ Senat 336, ▶ Volkstribun 388
PLO ▶ Befreiungsbewegungen 50, ▶ Nahostkonflikt 253
Pogrom ▶ Zionismus 409
Poitiers (Schlacht) ▶ Reconquista 302
Politäi ▶ Polis 291
Politbüro ▶ Lenin 224
Politischer Zionismus ▶ Zionismus 409
Poltawa (Schlacht) ▶ Nordischer Krieg 262
Polykrates ▶ Tyrannis 374
Pompeius, Gnaeus ▶ Caesar 66, ▶ Cicero 70, ▶ Römisches Reich 321
Poniatowski, Stanislaw August ▶ Polnische Teilungen 292
Pont du Gard ▶ Aquädukt 28
Popäa Sabina ▶ Nero 256
Poseidon ▶ Zeus 409
Potsdam (Konferenz) ▶ Besatzungszonen 53, ▶ Oder-Neiße-Linie 264, ▶ Reparationen 308, ▶ Zweiter Weltkrieg 414
Potsdamer Abkommen ▶ Berlinkrise 52, ▶ Kontrollrat 211
Prädestination ▶ Calvin 67
Praeceptum ▶ Urkunde 379
Praktischer Zionismus ▶ Zionismus 409
Prämonstratenser ▶ Ordenswesen 267
Präsidialkabinett ▶ Weimarer Republik 396
Prätor/Prätur ▶ Ämterlaufbahn 24/25, ▶ Provinz 297
Přemysl/Přemysliden (Böhmen) ▶ Böhmen 57 ▶ Piasten 289, ▶ Slawen 342
Preßburg (Frieden) ▶ Rheinbund 311
Preston (Schlacht) ▶ Englischer Bürgerkrieg 96
Pretorius, Andries ▶ Großer Treck 144
Preußisch-Hessischer Zollverein ▶ Zollverein 409
Preußisches Allgemeines Landrecht ▶ Unehrliche Leute 377
Primat ▶ Papst 276
Primogenitur ▶ Goldene Bulle 137

Princeps ▶ Augustus 37
Prior ▶ Kloster 205
Privilegium Ottonianum ▶ Ottonen 272, ▶ Reichskirchensystem 306
Proconsul ▶ Provinz 297
Prokop, Andreas ▶ Hussiten 167
Proletariat ▶ Bauernbefreiung 48, ▶ Industrielle Revolution 174, ▶ Marxismus 236
Proletariat ▶ Römisches Reich 320
Proprätor ▶ Provinz 297
Protagoras von Abdera ▶ Sophisten 344
Protektionismus ▶ Freihandel 123
Protektorat Böhmen und Mähren ▶ Nachfolgestaaten 251, Protektorat 296
Provinzlateinisch ▶ Gallien 130
Prusias von Bithynien ▶ Hannibal 151
Pruzzen ▶ Ritterorden 316
Ptah ▶ Pharao 288
Ptolemaios ▶ Diadochen 81, ▶ Ptolemäer 297
Ptolemaios XIII. ▶ Kleopatra VIII. 202
Ptolemäus ▶ Weltbild 397
Pydna (Schlacht) ▶ Makedonische Kriege 232
Pym, John ▶ Englischer Bürgerkrieg 96
Pyrenäenfrieden ▶ Réunionen 309
Pyrrhos ▶ Römisches Reich 320
Pythagoreer ▶ Pythagoras 300, ▶ Vorsokratiker 390
Pytheas ▶ Entdecker 96
Pythia ▶ Delphi 76

Quaden ▶ Völkerwanderung 387
Quäker ▶ Sklavenbefreiung 338
Quantentheorie ▶ Weltbild 400
Quästor/Quästur ▶ Ämterlaufbahn 24/25
Quietisten ▶ Mystik 251

Raffael ▶ Renaissance 308
Rákóczi, Mátyás ▶ Ungarn 377
Rassentheorie ▶ Drittes Reich 88
Rat der Fünfhundert ▶ Kleisthenes-Reformen 201
Rat der Vierhundert ▶ Solon 344
Rat der Volksbeauftragten ▶ Novemberrevolution 263
Rat der Volkskommissare ▶ Lenin 224, ▶ Russische Revolution 324
Räterepublik/Rätesystem ▶ Demokratie 77, ▶ Novemberrevolution 263
Rathenau, Walter, ▶ Freikorps 123, ▶ Weimarer Republik 396
Rationalismus ▶ Aufklärung 35
Ratsfähige Geschlechter ▶ Patriziat 282
Raubkrieg ▶ Réunionen 309
Raubritter ▶ Ritter 315
Re ▶ Amun 25
Realunion ▶ K.u.K. 215
Refektorium ▶ Kloster 202
Reformkonzilien ▶ Konzil 212
Regia ▶ Forum Romanum 115
Reichsabschied ▶ Reichstag 307
Reichsdeputation ▶ Reichsdeputationshauptschluß 305
Reichsfreiheit ▶ Frühkapitalismus 128
Reichskammergericht ▶ Maximilian I. 238
Reichskloster ▶ Kloster 204
Reichsrat ▶ Deutsches Reich 78
Reichsritterschaft ▶ Ritter 315
Reichsschluß ▶ Unehrliche Leute 377
Reichstag ▶ Deutsches Reich 78
Reichstagsbrand ▶ Drittes Reich 88
Re ▶ Obelisk 263, ▶ Pharao 288, ▶ Skarabäus 338
Reagan, Ronald ▶ Raumfahrt 302
Regest ▶ Urkunde 379
Register ▶ Urkunde 379
Reichstag von Mainz ▶ Landfrieden 218
Reichstag von Regensburg ▶ Union 378
Reichstag von Speyer ▶ Protestantismus 296
Reichstag von Worms ▶ Landfrieden 218, ▶ Luther 229, ▶ Maximilian I. 238
Reichsunmittelbarkeit ▶ Reichsstädte 306
Reichswehr ▶ Drittes Reich 88, ▶ Weimarer Republik 395
Reichsweistum ▶ Kurverein 217
Reinmar von Hagenau ▶ Minnesang 242
Relativitätstheorie ▶ Weltbild 400
Rembrandt ▶ Barock 44
Remus ▶ Rom 317
Renovatio imperii ▶ Kaiser 189
Rerum novarum ▶ Papst 279
Restitutionsedikt ▶ Dreißigjähriger Krieg 85
Retief, Piet ▶ Großer Treck 144
Reuchlin, Johannes ▶ Humanismus 166
Rhea ▶ Zeus 408
Rheinischer Bund ▶ Städtbünde 351
Rheinische Städtebank ▶ Reichsstädte 306
Rhodesien ▶ Rhodes, Cecil 311
Ricardo, David ▶ Marktwirtschaft 234
Richard III. (England) ▶ Rosenkriege 322
Richard von Autun ▶ Burgund 64
Richard von Cornwall ▶ Interregnum 176, ▶ Städtebünde 351
Richter, Ludwig ▶ Biedermeier 55
Rijswijk (Frieden) ▶ Réunionen 309

Ripuarier ▶ Franken 115
Risorgimento ▶ Garibaldi 131
Ritteraufstand ▶ Frühkapitalismus 129
Ritterbank ▶ Ritter 315
Ritterbund ▶ Ritter 315, ▶ Städtebünde 351
Ritterschlag ▶ Ritter 315, ▶ Schwertleite 334
Ritterweihe ▶ Schwertleite 334
Robert Guiscard ▶ Normannen 262
Robert II. (Schottland) ▶ Stuarts 359
Robespierre, Maximilien ▶ Französische Revolution 120, ▶ Jakobiner 182
Roger I. ▶ Normannen 262
Roger II. ▶ Normannen 262
Röhmputsch ▶ Drittes Reich 88
Romanisierung ▶ Provinz 297
Romanow ▶ Februarrevolution 111
Romulus ▶ Rom 317
Rosenkreuzer ▶ Mysterien 250
Roßbach (Schlacht) ▶ Siebenjähriger Krieg 337
Rostra ▶ Forum Romanum 115
Rote Armee ▶ Langer Marsch 219
Rote Garden ▶ Kulturrevolution 216
Rotteck, Karl von ▶ Hambacher Fest 149
Rousseau, Jean-Jacques ▶ Enzyklopädisten 104, ▶ Montesquieu 248
RPR ▶ Gaullismus 132
Rubens, Peter Paul ▶ Barock 44
Rubicon ▶ Caesar 67
Rudolf II. (Deutsches Reich) ▶ Habsburger 147, ▶ Majestätsbrief 232, ▶ Prager Fenstersturz 293, ▶ Türkenkriege 372
Rugier ▶ Langobarden 219
Rumpfparlament ▶ Paulskirche 283
Runge, Philipp Otto ▶ Biedermeier 55

SA ▶ Drittes Reich 88
Saba ▶ Weihrauchstraße 394
Sacco di Roma ▶ Bourbonen 59
Sachsen ▶ Germanen 134
Sadowa (Schlacht) ▶ Königgrätz 209
Saint-Germain-en-Laye (Frieden) ▶ Anschluß 26, ▶ Vorortfriedensschlüsse 390
Saint-Simon, Claude-Henri ▶ Sozialismus 345
Saint-Just, Louis Antoine Léon ▶ Französische Revolution 120, ▶ Jakobiner 182
Sakkara ▶ Pyramiden 299
Säkularisation ▶ Gegenreformation 133
Säkularisierung ▶ Reichsdeputationshauptschluß 305
Salle, Robert de la ▶ Entdecker 98
Saló, Republik von ▶ Mussolini 250
SALT ▶ Abrüstung 10
Salzstraße ▶ Handelsstraßen 151
Samnitenkriege ▶ Samniter 329
Samothrakische Mysterien ▶ Mysterien 250
Sand Creek (Schlacht) ▶ Indianerkriege 171
Sand, Karl Ludwig ▶ Burschenschaft 65, ▶ Karlsbader Beschlüsse 195
San Stefano (Frieden) ▶ Brest-Litowsk 59
Saratoga (Schlacht) ▶ Amerikanischer Unabhängigkeitskrieg 24, ▶ Washington, George 393
Sarazenen ▶ Minoische Kultur 243
Sargon I. ▶ Akkader 16, ▶ Altertum 21
Sassaniden ▶ Parther 282, ▶ Perser 285, ▶ Römisches Reich 332
Satrapien ▶ Dareios I. 75
Saulus ▶ Paulus 283
Scarlatti, Alessandro ▶ Barock 44
Schadow, Johann Gottfried ▶ Klassizismus 199
Schäfer ▶ „Unehrliche Leute" 376
Scharia ▶ Islam 178
Scharnhorst, Gerhard Johann David von ▶ Spießrutenlaufen 350, ▶ Stein-Hardenbergsche Reformen 358
Schauenburg, Grafen von ▶ Schleswig-Holsteinische Frage 330
Scheel, Walther ▶ Ostverträge 271
Schenk ▶ Kurfürsten 217
Scherenschleifer ▶ „Unehrliche Leute" 376
Schia ▶ Kalif 189
Schiat Ali ▶ Islam 178
Schiiten ▶ Islam 178
Schildfigur ▶ Wappen 392
Schinkel, Karl Friedrich ▶ Klassizismus 199
Schlagschatz ▶ Münzrecht 249
Schleicher, Kurt von ▶ Weimarer Republik 396
Schliemann, Heinrich ▶ Mykenische Kultur 250, ▶ Troja 371
Schmalkaldische Artikel ▶ Schmalkaldischer Bund 332
Schmalkaldischer Krieg ▶ Schmalkaldischer Bund 332
Schogunat ▶ Schogun 332
Schollenpflichtigkeit ▶ Bauern 46
Schubert, Franz ▶ Biedermeier 55
Schuldknechtschaft ▶ Sklaverei in der Antike 339
Schultheiß ▶ Stadt im Mittelalter 354

Schuman, Robert ▶ Europäische Vereinigung 108
Schumann, Robert ▶ Biedermeier 55
Schuchnigg, Kurt ▶ Anschluß 27
Schütz, Heinrich ▶ Barock 44
Schutzhaft ▶ Konzentrationslager 212
Schutzzollpolitik ▶ Deutsches Reich 80, ▶ Freihandel 123, ▶ Sozialgesetzgebung 345
Schwabenkrieg ▶ Eidgenossenschaft 93
Schäbischer Bund ▶ Bauernkrieg 49
Schwäbische Städtebank ▶ Reichsstädte 306
Schwäbischer Städtbund ▶ Städtebünde 351
Schwäbische Türkei ▶ Ostsiedlung 269
Schwarzenberg, Felix zu ▶ Revolution 1848/49 310
Schwarzer Freitag ▶ Weltwirtschaftskrise 401
Schwarzer Tod ▶ Pest 286
Schwedisch-Französischer Krieg ▶ Dreißigjähriger Krieg 86
Schwedischer Krieg ▶ Dreißigjähriger Krieg 86
Schweinebucht ▶ Kubakrise 215
Schwertbrüderorden ▶ Ritterorden 316
Schwurbrüderschaft ▶ Fernkaufleute 111
Schwurvereinigung ▶ Stadt im Mittelalter 354
Schwyz ▶ Eidgenossenschaft 93
Scipio, Publius ▶ Hannibal 151, ▶ Punische Kriege 298
Scott, Robert F. ▶ Entdecker 100
Scriptores ▶ Bibliothek 53
Scriptorium ▶ Kloster 204
SD/Sicherheitsdienst ▶ SS 350
SDI ▶ Raumfahrt 302
Sechstagekrieg ▶ Nahostkonflikt 253
Sedan (Schlacht) ▶ Deutsch-Französischer Krieg 81
Seidenstraße ▶ Handelsstraßen 151
Seldschuken ▶ Byzanz 66, ▶ Kreuzfahrerstaaten 214
Seldte, Franz ▶ Stahlhelm 356
Seleukiden ▶ Parther 282
Seleukos ▶ Diadochen 81, ▶ Perser 285
Semiramis ▶ Weltwunder 400
Seneca ▶ Nero 256
Seuse, Heinrich ▶ Mystik 251
Sèvres (Frieden) ▶ Atatürk 33, ▶ Vorortfriedensschlüsse 390
Seyß-Inquart, Arthur ▶ Anschluß 27
Sforza ▶ Stadtstaat 356
Shakespeare, William ▶ Elisabeth I. 95, ▶ Tragödie 370
Sherman, William T. ▶ Sezessionskrieg 337
Sibylle ▶ Orakel 266
Sibyllinische Bücher ▶ Orakel 266
Sicarii ▶ Terrorismus 365
Sicherheitsrat ▶ Vereinte Nationen 383
Sieben goldene Städte ▶ Eldorado 95
Siebenbürger Sachsen ▶ Ostsiedlung 269
Siebenpfeiffer, Jacob ▶ Hambacher Fest 149
Siegfrieden ▶ Deutsches Reich 80, ▶ Stresemann 359
Siéyès, Abbé, ▶ Französische Revolution 120
Sigismund (Deutsches Reich) ▶ Hussiten 167
Silingen ▶ Wandalen 391
Simonie ▶ Cluny 73, ▶ Eigenkirchenrecht 94
Simons, Menno ▶ Wiedertäufer 403
Sinowjew, Grigori ▶ Russische Revolution 324
Sintflut ▶ Gilgamesch 135
Sioux ▶ Indianerkriege 171
Sizilianische Vesper ▶ Anjou 26
Skené ▶ Theater in der Antike 366
Sklavenaufstände ▶ Sklaverei in der Antike 341
Slawata ▶ Prager Fenstersturz 293
Slawenaufstände ▶ Ostsiedlung 270
Slawenkongreß ▶ Panslawismus 275
Smith, Adam ▶ Freihandel 122, ▶ Marktwirtschaft 234
Soldatenkaiser ▶ Römisches Reich 322
Söldnerheer ▶ Legion 221
Solferino (Schlacht) ▶ Italienische Einigung 180
Soliman der Große ▶ Türkenkriege 372
Sophokles ▶ Tragödie 369
Sozialdarwinismus ▶ Darwinismus 76
Sozialdemokratische Arbeiterpartei/SDAP ▶ Arbeiterbewegung 28, ▶ Sozialismus 346
Sozialdemokratische Partei Deutschlands/SPD ▶ Arbeiterbewegung 28, ▶ Sozialismus 346
Soziale Marktwirtschaft ▶ Adenauer 14, ▶ Marktwirtschaft 235
Sozialistische Arbeiterpartei Deutschlands ▶ Sozialismus 346
Sozialistische Einheitspartei Deutschlands/SED ▶ Sozialismus 346
Spaak, Paul Henri ▶ Europäische Vereinigung 108
Spanischer Unabhängigkeitskrieg ▶ Junta 188
Spartakusbund ▶ Luxemburg, Rosa 230, ▶ Novemberrevolution 263, ▶ Sozialismus 346
Spartiaten ▶ Sparta 348

Spätantike ▶ Altertum 20
Spätscholastik ▶ Scholastik 333
Spätzeit ▶ Ägypten 14
Spee, Friedrich von ▶ Hexenverfolgungen 160
Sphären ▶ Weltbild 397
Spinoza, Baruch ▶ Aufklärung 35
Spitzweg, Carl ▶ Biedermeier 55
Spornburg ▶ Burg 62
Sprenger, J. ▶ Hexenverfolgungen 159
St. Gallen ▶ Kloster 202
Staatenbund ▶ Föderalismus 114
Stabiae ▶ Pompeji 293
Stadtrechtsfamilien ▶ Stadtrecht 355
Staete ▶ Ritter 314
Stahlhelm ▶ Rüstung 326
Stalinismus ▶ Ungarnaufstand 377
Stammesherzog ▶ Herzog 158
Ständekämpfe ▶ Patriziat 282, ▶ Römisches Reich 320, ▶ Volkstribun 388
Ständestaat ▶ Dollfuß 82, ▶ Faschismus 110
Ständiger Internationaler Gerichtshof ▶ Völkerbund 386
Stanley, Henry M. ▶ Afrika-Erschließung 14, ▶ Kongokonferenz 208
Stapelrecht ▶ Markt 234
Statutum in favorum principium ▶ Friedrich II. 125
Staufer ▶ Hohenstaufen 162
Stauffenberg, Claus Graf Schenk von ▶ Drittes Reich 90
Steiermark ▶ Ostsiedlung 269
Stein der Weisen ▶ Alchimie 17
Stein, Heinrich Friedrich Karl vom und zum ▶ Bauernbefreiung 46, ▶ Stein-Hardenbergsche Reformen 358
Stephan der Heilige ▶ Ungarn 377
Stift ▶ Kloster 205
Stifter, Adalbert ▶ Biedermeier 55
Stockholm (Frieden) ▶ Nordischer Krieg 262
Störtebeker, Klaus ▶ Piraten 290, ▶ Vitalienbrüder 386
Strafen an Hals und Hand ▶ Blutgerichtsbarkeit 57
Strafen an Haut und Haar ▶ Blutgerichtsbarkeit 57
Stralsund (Frieden) ▶ Hanse 153
Stratege ▶ Thukydides 368
Stuart, John, ▶ Entdecker 100
Studium generale ▶ Universität 378
Sturmbock ▶ Belagerungsmaschinen 51
Subsidien ▶ Siebenjähriger Krieg 337, ▶ Soldatenhandel 343
Süddeutscher Zollverein ▶ Zollverein 409
Südslawen ▶ Slawen 342
Suffete ▶ Hannibal 151
Suffragetten ▶ Frauenwahlrecht 122
Sufismus ▶ Mystik 251
Sulla, Lucius ▶ Römisches Reich 321
Sunna/Sunniten ▶ Islam 178, ▶ Kalif 189
Suprematsakte ▶ Anglikanische Kirche 25
Süß-Oppenheimer ▶ Judenverfolgungen 186
Sutri, Synode von ▶ Papst 277
Suttner, Bertha von ▶ Friedensbewegung 124
SWANU ▶ Hereroaufstand 158
SWAPO ▶ Befreiungsbewegungen 50, ▶ Hereroaufstand 158
Sweben ▶ Wandalen 391
Syagrius ▶ Merowinger 239

Taboriten ▶ Hussiten 167
Tacitus ▶ Germanen 134
Tag von Potsdam ▶ Drittes Reich 88
Taiwan ▶ Mao 233
Tamerlan ▶ Timur 368
Tannenberg (Schlacht) ▶ Jagellonen 182, ▶ Ritterorden 316
Taoismus ▶ Mystik 251, ▶ Ordenswesen 266
Tarquinier ▶ Etrusker 105
Tarquinius Superbus ▶ Rom 317
Tartaros ▶ Zeus 408
Tataren ▶ Iwan III. 181, ▶ Türken 372
Tauler, Johannes ▶ Mystik 251
Teheran (Konferenz) ▶ Zweiter Weltkrieg 414
Templerorden ▶ Ritterorden 316, ▶ Zypernkonflikt 415
Temudschin ▶ Dschingis Chan 91
Tenno ▶ Kaiser 189
Tepl, Johann von ▶ Humanismus 166
Territorialherrschaft ▶ Frühkapitalismus 129
Territorium ▶ Stadt im Mittelalter 355
Teschen (Frieden) ▶ Bayerische Erbfolgekriege 50
Testimonium ▶ Urkunde 379
Tet-Offensive ▶ Vietnamkrieg 385
Tetrarchie ▶ Konstantin I., der Große 210
Teutoburger Wald (Schlacht) ▶ Augustus 38
Teutonen ▶ Völkerwanderung 387
Thales von Milet ▶ Vorsokratiker 390
Thapsus (Schlacht) ▶ Caesar 67
Themistokles ▶ Athen 34, ▶ Salamis 328
Theodosius (Rom) ▶ Bischof 55, ▶ Olympische Spiele 264, ▶ Papst 276
Theokratie ▶ Islam 177

Theophanu (Deutsches Reich) ▶ Frau 121, ▶ Ottonen 272
Thermopylen (Schlacht) ▶ Perserkriege 286
Thesen, 95 ▶ Ablaß 10, ▶ Luther 229
Thing ▶ Germanen 134
Thomasius ▶ Hexenverfolgungen 160
Thomas von Aquin ▶ Albertus Magnus 16, ▶ Scholastik 333, ▶ Weltbild 398
Thüringer ▶ Theoderich der Große 367
Thurn und Taxis ▶ Frühkapitalismus 127
Thutmosis I. ▶ Hatschepsut 154
Thutmosis II. ▶ Hatschepsut 154
Thutmosis III. ▶ Hatschepsut 154
Ticinus (Schlacht) ▶ Punische Kriege 298
Tilly, Johann von ▶ Dreißigjähriger Krieg 85, ▶ Gustav II., Adolf 146, ▶ Union 378
Tiost ▶ Turnier 373
Tiryns ▶ Mykenische Kultur 250
Titanen ▶ Zeus 408
Titus, Flavius ▶ Jüdischer Krieg 187, ▶ Tempel von Jerusalem 365
Tizian ▶ Renaissance 308
Tlaloc ▶ Azteken 39
Toga ▶ Kleidung 200
Toleranzedikt von Mailand ▶ Augustinus 37, ▶ Konstantin I., der Große 210
Toleranzpatent von 1781 ▶ Josephinismus 184
Tories ▶ Glorreiche Revolution 136, ▶ Whigs 403
Totaler Krieg ▶ Zweiter Weltkrieg 413
Totalitarismustheorien ▶ Faschismus 110
Totengräber ▶ „Unehrliche Leute" 376
Totila ▶ Rom 318
Tours (Schlacht) ▶ Reconquista 302
Trafalgar (Schlacht) ▶ Große Armee 143
Trajan, Marcus ▶ Hadrian 148, ▶ Limes 226
Transalpina, Gallia ▶ Römisches Reich 320
Translatio imperii ▶ Kaiser 189
Transleithanien ▶ K.u.K. 215
Trasimenischer See (Schlacht) ▶ Punische Kriege 298
Trebia (Schlacht) ▶ Punische Kriege 298
Treuga Dei ▶ Gottesfrieden 138
Trianon (Frieden) ▶ Vorortfriedensschlüsse 390
Triboc ▶ Belagerungsmaschinen 51
Triere ▶ Seefahrt in der Antike 335
Tripelentente ▶ Entente cordiale 100
Triumvirat, 1. ▶ Caesar 66
Triumvirat, 2. ▶ Augustus 37, ▶ Cicero 70
Trizone ▶ Besatzungszonen 53
Trojanischer Krieg ▶ Troja 371
Tros ▶ Troja 371
Trotha, General von ▶ Hereroaufstand 158
Trotzki, Leo ▶ Russische Revolution 324
Troubadour ▶ Minnesang 242
Truchseß ▶ Kurfürsten 217
Truman-Doktrin ▶ Griechischer Bürgerkrieg 143
Trumann, Harald S. ▶ Griechischer Bürgerkrieg 143, ▶ Koreakrieg 213
Tschako ▶ Rüstung 326
Tschang-kien ▶ Entdecker 97
Tschiang Kai-schek ▶ Langer Marsch 219, ▶ Mao 233
Tschuwaschen ▶ Hunnen 166
Tucher ▶ Fernkaufleute 112
Tudor ▶ Rosenkriege 322
Tunika ▶ Kleidung 200
Turenne, Henri de ▶ Ludwig XIV. 228
Turgot, Anne Robert Jacques ▶ Enzyklopädisten 104, ▶ Französische Revolution 120
Turkmenen ▶ Türken 372
Turkvölker ▶ Türken 372
Turmburg ▶ Burg 62
Turm von Babel ▶ Babylon 41, ▶ Pyramiden 299, ▶ Tempelturm 365
Tut anch Aton ▶ Tut-ench-amun 374

UDA ▶ Nordirland-Konflikt 262
Uljanow ▶ Lenin 224
Umhonzo we Siwze ▶ Apartheid 27
Umsiedlung ▶ Flüchtlingsbewegungen 113
Unfehlbarkeit ▶ Papst 279, ▶ Vatikanisches Konzil 381
Unfreie ▶ Bauern 45
Union von Utrecht ▶ Niederländischer Aufstand 260
UNRRA ▶ Flüchtlingsbewegungen 114
Unschärferelation ▶ Weltbild 400
Untervasall ▶ Lehnswesen 223
Urban II. (Papst) ▶ Kreuzzüge 214, ▶ Papst 278
Urban IV. (Papst) ▶ Anjou 26
Urban VI. (Papst) ▶ Schisma 330
Urkantone ▶ Eidgenossenschaft 93
Urknall-Theorie ▶Weltbild 400
Urkundensiegel ▶ Bulle 60
Ursulinen ▶ Ordenswesen 268
Usbeken ▶ Türken 372
USPD ▶ Sozialismus 346
Utopische Sozialisten ▶ Sozialismus 345
Utraquisten ▶ Hussiten 167
Utrecht (Frieden) ▶ Balance of Power 42, ▶ Spanischer Erbfolgekreig 348

Valentinian III. (Papst) ▶ Papst 276
Valois ▶ Bourbonen 59
Valparaiso (Frieden) ▶ Salpeterkrieg 329
Varnhagen, Rahel ▶ Frau 122
Vaterländische Front ▶ Dollfuß 82
Vaticanum I/1. Vatikanisches Konzil ▶ Konzil 212, ▶ Vatikanisches Konzil 381
Vaticanum II/2. Vatikanisches Konzil ▶ Ablaß 10, ▶ Konzil 212, ▶ Vatikanisches Konzil 381
Vauban, Sébastian le Prestre de ▶ Ludwig XIV. 228
Velázquez, Diego ▶ Barock 44
Vercellae (Schlacht) ▶ Völkerwanderung 387
Vercingetorix ▶ Gallien 130
Vereinigte Niederlande ▶ Niederländischer Aufstand 260
Vereinigte Staaten von Europa ▶ Europäische Vereinigung 108
Verfassungsgeb. Nationalversammlung ▶ Französische Revolution 119
Vergil ▶ Homer 164
Verlagshandwerk ▶ Zunft 411
Verlagswesen ▶ Frühkapitalismus 127
Verne, Jules ▶ Raumfahrt 301
Vernichtungslager ▶ Endlösung 96, ▶ Konzentrationslager 212
Versailles (Frieden) ▶ Franklin 116
Versailles ▶ Barock 44
Verständigungsfrieden ▶ Deutsches Reich 80
Vertrag von Verdun ▶ Karolinger 194
Vespucci, Amerigo ▶ Entdecker 98
Via Aemilia ▶ Straßen, römische 359
Via Appia ▶ Straßen, römische 358
Via Claudia ▶ Straßen, römische 359
Via Egnatia ▶ Straßen, römische 359
Via Flaminia ▶ Straßen, römische 359
Via sacra ▶ Triumphzug 371
Vietcong ▶ Vietnamkrieg 385
Vietminh ▶ Entkolonialisierung 102, ▶ Indochinakrieg 171
Viktor Emanuel II. (Sardinien-Piemont) ▶ Italienische Einigung 180
Viktorianisches Zeitalter ▶ Victoria 384
Villanova-Kultur ▶ Italiker 181
Villa Adriana ▶ Hadrian 148
Vinci, Leonardo da ▶ Renaissance 308
Vindeliker ▶ Oppidum 265
Vinland ▶ Entdecker 97, ▶ Wikinger 405
Visconti ▶ Stadtstaat 356
Vivaldi, Antonio ▶ Barock 44
Vöhlin ▶ Welser 396
Völkerbundrat ▶ Völkerbund 386
Völkerrecht ▶ Freiheit der Meere 123
Volksfrontregierung ▶ Spanischer Bürgerkrieg 347
Volksgerichtshof ▶ Drittes Reich 90
Volkskönig/Volkskönigreich ▶ Mittelalter 244, ▶ Völkerwanderung 388
Volksreligion ▶ Tempel 364
Volksrepublik China ▶ Mao 233
Volkstribun ▶ Ämterlaufbahn 25
Volksversammlung ▶ Ämterlaufbahn 24, ▶ Senat 336
Vollversammlung ▶ Vereinte Nationen 383
Voltaire, François-Marie ▶ Aufklärung 35, ▶ Enzyklopädisten 104, ▶ Französische Revolution 118
Vorburg ▶ Burg 63
Vormärz ▶ Biedermeier 55
Vorratswirtschaft ▶ Bauern 45

Waffen-SS ▶ SS 350
Wahhabiten ▶ Saud 329
Wahlkapitulation ▶ Kurfürsten 216, ▶ Kurverein 217
Wahlkönigtum ▶ Gegenkönig 132
Waldburg, Georg von ▶ Bauernkrieg 49
Waldemar IV., Atterdag (Dänemark) ▶ Hanse 153
Waldes, Petrus ▶ Waldenser 391
Walther von der Vogelweide ▶ Babenberger 40, ▶ Minnesang 242
Wannseekonferenz ▶ Endlösung 96
Waräger ▶ Wikinger 405
Ward, Maria ▶ Ordenswesen 268
Warschauer Vertrag ▶ Oder-Neiß-Linie 264, ▶ Ostverträge 271
Wasserburg ▶ Burg 62
Wassergeusen ▶ Niederländischer Aufstand 260
Waterloo (Schlacht) ▶ Napoleon I. Bonaparte 253
Weber, Carl Maria von ▶ Biedermeier 55, ▶ Romantik 319
Weber, Wilhelm Eduard ▶ Göttinger Sieben 138
Weihrauch ▶ Weihrauchstraße 394
Weise Frauen ▶ Frau 121
Weißer Berg (Schlacht) ▶ Böhmen 57, ▶ Dreißigjähriger Krieg 85, ▶ Union 378, ▶ Winterkönig 406
Weiße Rose ▶ Drittes Reich 90

Welcker, Karl Theodor ▶ Hambacher Fest 149
Welf IV. ▶ Welfen 396
Weltanschauung ▶ Weltbild 397
Weltraumvertrag ▶ Abrüstung 10
Weltrevolution ▶ Stalin 357
Wenzel (Deutsches Reich) ▶ Luxemburger 230
Wenzel II. (Böhmen) ▶ Rudolf I. von Habsburg 323
Westgermanen ▶ Germanen 134
Westgoten ▶ Franken 115, ▶ Merowinger 239, ▶ Rom 318, ▶ Theoderich der Große 367
Westrom ▶ Altertum 20
Westslawen ▶ Slawen 342
WEU ▶ Adenauer 13
Widder ▶ Belagerungsmaschinen 51
Widerstand ▶ Drittes Reich 90
Wien, Belagerung von ▶ Türkenkriege 372
Wik ▶ Stadt im Mittelalter 352
Wilhelm Georg (Dänemark) ▶ Griechische Unabhängigkeit 143
Wilhelm I. (Deutsches Reich) ▶ Deutsches Reich 78, ▶ Deutsch-Französischer Krieg 81, ▶ Hohenzollern 163, ▶ Sozialistengesetz 347
Wilhelm von Nassau-Oranien ▶ Niederländischer Aufstand 260
Wilhelm von Ockham ▶ Scholastik 333
Wilhelm III. von Oranien ▶ Glorreiche Revolution 136, ▶ Locke 227, ▶ Sklavenhandel 339, ▶ Whigs 403
Wilson, Thomas Woodrow ▶ Vierzehn Punkte 385
Winckelmann, Johann ▶ Klassizismus 199
Windsor ▶ Stuarts 359
Wirth, August ▶ Hambacher Fest 149
Wissenschaftlicher Sozialismus ▶ Marxismus 236
Wladimir der Heilige ▶ Kiew 197
Wladislaw II. (Polen) ▶ Jagellonen 182
Wohlfahrtsausschuß ▶ Französische Revolution 120
Wolff, Christian ▶ Aufklärung 35
Wolfram von Eschenbach ▶ Minnesang 242
Wolga-Bulgaren ▶ Hunnen 166
Wormser Edikt ▶ Protestantismus 296, ▶ Schmalkaldischer Bund 332
Wormser Konkordat ▶ Investiturstreit 177, ▶ Papst 277, ▶ Salier 328
Wounded Knee (Schlacht) ▶ Indianerkriege 170

Xenophon ▶ Anabasis 25

Yorktown (Schlacht) ▶ Amerikanischer Unabhängigkeitskrieg 24
York ▶ Rosenkriege 322
Ypsilanti, Alexander ▶ Griechische Unabhängigkeit 143

Zama (Schlacht) ▶ Hannibal 151, ▶ Punische Krieg 298
Zar ▶ Kaiser 189
Zehn Gebote ▶ Altes Testament 23
Zeitgeschichte ▶ Neuzeit 259
Zen-Buddhismus ▶ Ordenswesen 266
Zenobia ▶ Frau 121
Zenon ▶ Theoderich der Große 367
Zensuswahlrecht ▶ Demokratie 77, ▶ Französische Revolution 119
Zentralstaat ▶ Föderalismus 115
Zenturie ▶ Legion 221
Zigeuner ▶ „Unehrliche Leute" 377
Zikkurat ▶ Pyramiden 299, ▶ Tempelturm 365
Zimier ▶ Rüstung 326
Zion ▶ Zionismus 409
Zionistischer Weltbund ▶ Zionismus 409
Zionistischer Weltkongreß ▶ Zionismus 409
Zisleithanien ▶ K.u.K. 215
Zisterzienser ▶ Babenberger 40, ▶ Ordenswesen 267
Žižka, Jan ▶ Hussiten 167
Zoon politikon ▶ Aristoteles 31
Zug der Marktweiber ▶ Französische Revolution 119
Zuht ▶ Ritter 314
Zürich (Frieden) ▶ Italienische Einigung 180
Zweibund ▶ Bismark 56, ▶ Deutsches Reich 80, ▶ Dreibund 84
Zweifrontenkrieg ▶ Schlieffen-Plan 331, ▶ Zweiter Weltkrieg 412
Zweistromland ▶ Mesopotamien 239
Zweite Französische Republik ▶ Februarrevolution 111
Zweites Rom ▶ Konstantin I., der Große 210
Zwetschkenrummel ▶ Bayerische Erbfolgekriege 50
Zwölftafelgesetz ▶ Römisches Reich 320
Zwölf Artikel ▶ Bauernkrieg 49

Schülerwettbewerb Deutsche Geschichte
um den Preis des Bundespräsidenten

DIE IDEE: Kinder und Jugendliche unter 21 Jahren entdecken am eigenen Wohnort Spuren der Geschichte.

DIE METHODE: Zeitzeugen interviewen, in Bibliotheken und Archiven stöbern, in alten Zeitungen lesen, an historischen Schauplätzen recherchieren.

DIE THEMEN: Zum Beispiel »Alltag im Nationalsozialismus«, »Umwelt hat Geschichte«, »Unser Ort – Heimat für Fremde?«, »Tempo, Tempo ... Mensch und Verkehr in der Geschichte«.

DIE ERFAHRUNG: 12.000 Projekte von ca. 66.000 Teilnehmern – alle Preisträgerarbeiten sind inhaltlich ausgewertet und ausleihbar.

DER WETTBEWERBSSTART: Alle zwei Jahre am 1. September – 1992, 1994 ...

DIE PREISE: Über 400 im Gesamtwert von 250.000 DM; Anerkennungsgeschenk für jeden, der mitmacht; Überraschungspreise für Grundschul- und Juniorarbeiten; Sonderauswahlverfahren zur Aufnahme in die Studienstiftung des deutschen Volkes; Teilnahme am Akademie-Programm des Schülerwettbewerbs ...

SPUREN SUCHEN: Das farbige Magazin des Schülerwettbewerbs für jeden, der Geschichte von einer anderen Seite kennenlernen möchte, mit Themen und Tips für die eigene Spurensuche vor Ort.

SPUREN SUCHEN gibt es für 2 DM, das Klassenpaket mit 20 Heften für 5 DM, bei der Körber-Stiftung, Kampchaussee 10, 2050 Hamburg 80.